영화 〈닥터 지바고〉 포스터 데이비드 린 감독. 오마 샤리프·줄리 크리스티·알렉 기네스·로드 스테이거·랠프 리차드슨 주연. 미국, 1965.

알데아다빌라 댐 영화 〈닥터 지바고〉 처음과 마지막 장면은 에스파냐와 포르투갈 사이 이 댐에서 촬영했다.

영화 〈닥터 지바고〉 겨울 설경 장면은 핀란드에서 촬영했다.

БЫСТ

БЫСТ
СМЕРТЬ КОНТРРЕВОЛЮЦИИ!

영화 〈닥터 지바고〉 제랄딘 채플린(토냐 역)과 오마 샤리프(유리 지바고 역)

영화 〈닥터 지바고〉(1965) 줄리 크리스티(라라 역)와 오마 샤리프(유리 지바고 역)

브로드웨이 뮤지컬 〈닥터 지바고〉
켈리 바렛(라라 역)과 탐 무투(유리 지바고 역)

발랄라이카(balalaika)
유리 지바고가 라라와 헤어질 때 건네준 악기가 바로 러시아 전통 악기인 발랄라이카이다.

World Book 257

Борис Леонидович Пастернак

ДОКТОР ЖИВАГО

닥터 지바고

보리스 파스테르나크/이동현 옮김

동서문화사

디자인 : 동서랑 미술팀

닥터 지바고

차례

주요 등장인물

유리(유라) **안드레예비치 지바고** 주인공
안토니나(토냐) **알렉산드로브나 지바고**(옛 성 그로메코) 유라의 아내
알렉산드르 알렉산드로비치 그로메코 의붓아버지
안나 이바노브나 그로메코 의붓어머니
예브그라프(그라냐) **안드레예비치 지바고** 배다른 동생
니콜라이(콜랴) **니콜라예비치 베데냐핀** 외삼촌
라리사(라라) **표도로브나 안티포바**(옛 성 기샤르) 여주인공
파벨(파샤) **파블로비치 안티포프** 라라의 남편, 스트렐리니코프
빅토르 이폴리토비치 코마롭스키 변호사
라브렌치 미하일로비치 코로그리보프 라라의 후원자
미하일(미샤) **그리고리예비치 고르돈** 고전중학교 시절의 친구
이노켄티(니카) **데멘치예비치 두도로프** 두 살 위, 평생의 친구
갈리울린 오시프 기마제트진(별명 유수프카) 라라의 어릴 적 친구, 백군
안핌 예피모비치 삼데뱌토프 우랄 지방 볼셰비키 실력파
아베르키 스테파노비치 미쿨리친 우랄 제철소 전 지배인
리베리(리프카) **아베르키예비치 미쿨리친** 숲의 파르티잔 지도자
그바리하 여 기도사
트반초프 자매 유랴친에서의 라라 친구들
마리야(마리나, 마린카) **시차포프** 유라 만년 내연의 처
타티야나(타냐) **베보체레데바** 유라와 라라의 딸

제1장
5시 급행열차

1

〈영원한 기억 러시아 장송곡〉을 부르며 장례 행렬이 이어졌다. 잠시 노랫소리가 멎으면 장례에 참가한 사람들 발자국소리, 말발굽소리, 그리고 때때로 불어오는 바람 소리가 노래를 이어받은 것처럼 느껴져왔다.

지나가던 사람들은 길을 비켜주며 화환의 수를 헤아리고는 성호를 그었다. 호기심 많은 몇 사람이 행렬에 끼어들며 물었다. "어느 분의 장례입니까?" "지바고입니다" 장송곡을 부르던 사람이 대답했다. "그렇군요. 그분이 돌아가셨군요." "아닙니다. 그분이 아니라 마님이십니다."

"어쨌거나 그분의 명복을 빕니다. 참 성대한 장례식이군요."

두 번 다시 되돌릴 수 없는 마지막 순간이 찾아왔다. "이 세상과, 그 안에 가득한 것이 모두 야훼의 것, 이 땅과, 그 위에 사는 것이 모두 야훼의 것"*[1] 사제가 성호를 긋는 몸짓을 하면서 마리야 니콜라예브나의 주검 위에 흙 한 줌을 뿌렸다. 그들은 〈죽은 의인들의 영혼처럼〉을 불렀다. 갑자기 부산해졌다. 이들은 관에 뚜껑을 덮고 네 모서리에 못을 박은 뒤 파 놓은 구덩이 속으로 조심스레 관을 내렸다. 삽 네 자루로 던져 넣는 흙이 소리를 내면서 비처럼 관을 때렸다. 도도록한 흙무덤이 생겼다. 그 위에 열 살 난 소년이 올라갔다.

어머니의 무덤을 밟고 선 아이는 무언가 말하고 싶은 게 있는 듯이 보였다. 하지만 으레 성대한 장례식 끝에는 누구나 감각이 마비되어 멍해지므로 그렇게 보였을지도 모른다.

아이는 무덤 꼭대기에 선 채 고개를 들어 9월의 끝자락, 황량한 가을 벌판

---

*1 〈구약성서〉 시편 24장 1절.

과 수도원의 둥근 지붕들을 넋을 잃고 바라보았다. 사자코 같은 넓적한 아이의 코에 주름이 잡히고 목이 앞으로 뻗어 나왔다. 만약 새끼 늑대가 그런 몸짓을 했다면 당장이라도 울부짖으려는 것처럼 보였을 것이다. 아이는 이내 얼굴을 두 손에 묻은 채 소리내어 훌쩍였다. 아이 쪽으로 흘러온 비구름이 차가운 빗줄기로 아이의 얼굴과 두 손을 채찍처럼 때리기 시작했다. 그때 옷소매에 주름이 잡히고 꽉 끼는, 통이 좁은 검은 옷의 남자가 무덤으로 다가왔다. 고인의 남동생이자 울고 있는 소년의 외삼촌으로, 스스로 성직에서 환속한 사제 니콜라이 니콜라예비치 베데냐핀이었다. 그는 목메어 우는 소년을 데리고 수도원 묘지*[2]를 나갔다.

2

그날 밤 두 사람은 지난날을 정리하고, 수도원에 방 하나를 얻어 머물렀다. 성모제*[3] 전날 밤이었다. 이튿날 소년은 외삼촌과 함께 멀리 러시아 남부로 떠날 예정이었다. 볼가 강 연안에 있는 현청 소재지의 하나인 그곳에서 니콜라이 외삼촌은 진보적인 지방신문을 발행하는 출판사에서 일하고 있었다. 기차표는 미리 사두었고 짐도 꾸려서 방 안에 놓아두었다. 가까이 있는 역에서, 교체 작업을 하고 있는 증기기관차의 흐느끼는 듯한 기적 소리가 바람을 타고 들려왔다.

저녁이 되자 몹시 추워졌다. 땅 높이에 있는 반지하층의 창문 두 개는 시베리아 골담초 덤불로 에워싸인 초라한 채마밭과, 큰길의 얼어붙은 물웅덩이 그리고 그날 마리야 니콜라예브나가 묻힌 묘지를 향하고 있었다. 채마밭에는 이랑 몇 개가 물결무늬를 이루었고 거기에 추위로 시퍼레진 양배추 말고는 아무것도 없었다. 바람이 몰아치자 잎이 다 떨어진 시베리아 골담초가 미친 듯 몸부림치다가 땅바닥에 드러누워 버렸다.

유라는 한밤에 창문 두드리는 소리에 잠에서 깨어났다. 어두운 방을 하얀 빛이 춤추듯 일렁거리며 신비롭게 비추고 있었다. 유라는 잠옷을 입은 채 창문으로 달려가 차가운 유리창에 얼굴을 갖다 댔다.

---

*2 키예프 역 강 건너편에 있는 노보데비치 수도원.

*3 구력 10월 1일 성모마리아 축제. 율리우스력은 러시아에서는 1918년 1월 31일까지 쓰였으며, 그 이후는 신력 그레고리우스력으로 13일을 더한다.

창밖에는 길도 없고 채마밭도 없었다. 수도원 터에 눈보라 흩뿌려 몰아쳐 대기가 희뿌옇게 보였다. 눈보라는 마치 유라를 보기라도 한 것처럼, 자신이 얼마나 무서운지 과시하며 소년을 겁주고 있는 것만 같았다. 눈보라는 휭휭 소리내어 신음하면서, 온갖 방법을 다해 유라의 주의를 끌려고 애쓰고 있었다. 하늘에서 하얀 것이 끝없이 내려와선 땅에 떨어져 관을 덮는 천처럼 대지를 뒤덮었다. 눈보라는 이 세상에 오직 저 혼자만 있는 것 같았다. 어느 누구도, 그 어떤 것도, 눈보라에 맞서는 것은 없었다.

유라가 창문턱에서 내려섰을 때 맨 처음 그의 마음을 움직인 것은, 옷을 입고 밖으로 달려 나가고 싶은 욕구였다. 수도원의 양배추가 눈에 파묻혀 버리는 게 아닐까, 엄마가 이 황량한 벌판에서 눈보라에 묻혀 버리는 게 아닐까, 엄마에게는 아무 힘도 없어서 나에게서 더욱 멀리 깊고 어두운 땅 속으로 밀려들어가도 거부할 수 없으리라는 생각이 그를 두려움에 떨게 했다.

아이는 또다시 눈물을 흘렸다. 잠이 깬 외삼촌은 유라에게 그리스도 이야기를 들려주며 다독이고는 하품을 하면서 창가로 가서 생각에 잠겼다. 둘이서 떠날 채비를 하는 동안 날이 밝아왔다.

3

어머니가 살아 있었을 때 유라는 모르고 있었다. 그의 아버지는 오래전에 그들을 버리고, 시베리아 곳곳의 도시들을 두루 돌아다니며 방탕한 생활과 도박에 빠져 많은 재산을 탕진하고 말았다. 유라는, 아버지가 지금 페테르부르크에 있다거나 때로는 어느 정기시(定期市)에 있다는 이야기를 늘 들었는데, 특히 귀에 익은 것은 우랄의 이르비트 정기시*4였다.

그러다가 늘 병이 끊이지 않았던 어머니에게서 결핵이 발견되었다. 어머니는 날씨요법을 하러 프랑스 남부와 이탈리아 북부로 여행을 했고, 유라도 그 여행에 두 번 따라간 적이 있었다. 그렇게 유라는 어린 시절을 무질서와 끊임없는 수수께끼 속에서, 줄곧 바뀌는 타인의 집에서 보내야만 했다. 그러한 되풀이에 익숙해진 그는, 끊임없이 변하는 환경 속에서 아버지가 함께 있지 않음을 이상하게 여기지 않았다.

---

*4 우랄의 예카테린부르크에서 동쪽으로 204km. 19세기에는 이곳 정기시의 매상액이 러시아에서 두 번째.

유라가 어렸을 때, 정말 많은 것이 자신과 같은 이름으로 불리고 있었던 것을 그는 기억하고 있다. 지바고 직물공장이 있었고, 지바고 빌딩, 그리고 넥타이를 매고 핀을 꽂는 방법에도 지바고 방식이 있었다. 럼주에 적신 스펀지 케이크 비슷한, 둥글고 달콤한 피로크까지 '지바고'라 불렸고, 한때 모스크바에서 마부에게 "지바고로!" 소리치면 "집에서 떨어진 아주 먼 곳으로!"와 같은 말이었다. 그러면 마부는 아득한 저편 머나먼 곳으로 데려다 주었다. 그곳은 주위가 온통 조용한 숲으로 에워싸여 있었다. 축 늘어진 단풍나무 가지에 까마귀들이 내려앉으며 늘어진 고드름들을 떨어뜨리고는 했다. 까마귀 우는 소리가 커다란 나뭇가지가 갈라지는 소리처럼 울려 퍼졌다. 빈터에 새로 지은 저택에서는 순혈종 개들이 길을 가로질러 달려가고, 저택에서는 등불이 하나 둘 켜져 갔다. 그러고 나면 땅거미가 내리며 깔려왔다.

그런데 모든 것이 어느 날 갑자기 흔적도 없이 사라졌다. 그들은 몰락해 버린 것이다.

4

1903년 여름, 유라는 외삼촌과 함께 타란타스 사륜마차를 타고 광대한 평야를 달려, 실 공장 주인이자 예술계의 큰손인 콜로그리보프의 영지 두플랸카로 떠났다. 그곳에 머물고 있는 교육자이자 실학지식의 계몽가인 이반 보스코보이니코프를 만나기 위해서였다.

카잔의 성모이콘 축제일*[5]로, 보리 수확이 한창이었다. 식사 때이거나 축제일이어서 그런지, 밀밭에는 사람 그림자 하나 얼씬거리지 않았다. 해는 머리를 반쯤 깎다 만 듯한 죄수의 뒤통수 같은, 아직 덜 마른 농지를 쨍쨍 내리쬐고 있었다. 하늘에는 새가 날고 있었다. 밀은 이삭을 축 늘어뜨리고, 바람 한 점 없는 속에 꼿꼿한 자세로 서 있거나, 아니면 길에서 멀리 떨어진 곳에서 십자 모양의 볏가리처럼 우뚝 서 있었다. 그곳을 가만히 바라보고 있으면 밀이 마치 움직이는 사람처럼 보였다. 마치 측량기사들이 땅 위를 걸어다니면서 뭔가 적고 있는 모습 같았다.

"그런데 이건" 니콜라이 니콜라예비치가 파벨에게 물었다. 출판사 잡역부이

*5 구력 7월 8일.

자 문지기인 파벨은, 자신은 마부 노릇을 할 사람이 아니며, 지금 하는 일은 천직이 아니라는 듯 허리를 구부리고 다리를 꼰 채 마부석에 비스듬히 앉아 있었다. "저건 뭔가, 지주의 밭인가, 아니면 농민의 밭인가?"

"이쪽은 주인네 것이죠." 파벨은 대답하면서 파이프를 물었다. "그리고 이쪽은" 그는 담배에 불을 붙여 연기를 깊이 빨아들인 뒤 몸을 똑바로 펴더니, 한참 뜸을 들이다가 채찍 손잡이로 다른 쪽을 가리켰다. "저쪽이 저희 겁니다요. 요 녀석, 졸고 있는 게냐?"

그는 끊임없이 말에게 호통을 치면서, 기관사가 압력계를 노려보듯 말꼬리와 궁둥이를 곁눈질로 노려보았다.

그러나 말은 이 세상의 모든 말과 다름없이 달리고 있었다. 즉 말 셋이 끄는 마차의 가운데 말은 솔직한 성격을 타고나서 정직하게 달리고 있었지만, 곁에서 달리는 두 마리는 말을 모르는 사람들에게는 악평이 자자한 형편없는 말이었다. 이 게으름뱅이가 하고 있는 것은, 백조처럼 목을 활 모양으로 구부리고, 달리면 저절로 쩔렁거리는 방울 소리에 맞춰 카자크 춤이나 췄으면 좋겠다는 생각뿐이었다.

니콜라이 니콜라예비치는 보스코보이니코프에게 농지개혁에 대한 팸플릿의 교정쇄를 갖다 주러 왔다. 당국의 검열이 엄격해져서 출판사 쪽에서는 저자가 재검토해주기를 원했다.

"군(郡)에서 민중이 술렁거리고 있지만" 니콜라이 니콜라예비치가 말했다. "파니코프에서 상인이 하나 참살당하고, 군(郡) 젬스트보*6의 말 목장이 불타 버렸지. 자네는 이 일을 어떻게 생각하나? 자네 마을에서는 뭐라고들 얘기하고 있지?"

그러나 파벨은 보스코보이니코프의 농지개혁에 대한 정열을 억누르려는 검열관보다 더욱 심각하게 사태를 보고 있었다.

"뭐라고들 하냐고요? 민중을 제멋대로 날뛰게 만들었다, 그래서 버릇이 없다, 뭐 그러고 있지요. 우리가 형제에게 무엇을 할 수 있겠어요? 농민에게 자유를 줘 보세요. 어휴, 저희끼리 서로 물고 뜯기밖에 더하겠습니까요? 요 녀석아, 잠 다 잤어?"

---

*6 러시아 지방자치체, 의회와 관청을 두고 있다.

외삼촌과 조카의 이 두플랸카 여행은 이번이 두 번째였다. 유라는 자기가 이 길을 기억하고 있다고 생각했다. 쭉 이어지는 들판이 사방으로 끝없이 달리고, 숲이 가느다란 푸른 테처럼 앞뒤에서 에워쌀 때마다, 금방 그 장소가 어디인지 떠오를 것 같은 느낌이 들었다. 저기서 길은 오른쪽으로 구부러진다. 그러면 그 굽은 길에서 10베르스타*[7]나 되는 콜로그리보프 집안의 영지가 파노라마처럼 나타나고, 채 1분도 지나지 않아 멀리서 반짝반짝 빛나는 강이 보일 것이고, 그 건너편에는 철길이 달리다가 다시 사라질 거야. 그러나 그는 번번이 배신당하곤 했다. 쭉 이어진 들판은 다시 새로운 들판으로 바뀌었다. 그렇게 끝없이 숲이 새로운 들판을 에워쌌다. 드넓은 대지가 나타날 때마다 마음이 탁 트이는 듯한 기분이 들었다. 그리고 미래에 대해 이것저것 공상하고 싶어졌다.

나중에 니콜라이 니콜라예비치를 유명하게 만들어줄 만한 책은 아직 한 권도 집필되지 않은 상태였다. 그러나 그의 사상은 이미 완성되어 있었다. 그는 자신의 시대가 가까워져 오고 있음을 아직 모르고 있었다.

그 무렵의 대표적인 문학가와 대학교수, 혁명사상가들 사이에, 언젠가 이 인물이 등장할 예정이었다. 그는 그들과 공통된 주제를 생각하고 있었지만, 전문용어를 빼면 그들과 공통되는 요소는 하나도 없었다. 그들은 모두 똘똘 뭉쳐서, 어떤 신념에 매달려 수사와 과시용 언설로 스스로 만족하고 있었으나, 니콜라이 신부는 톨스토이주의와 혁명사상을 거쳐 쉬지 않고 앞으로 전진해온 사제였다. 그는 생생하게 살아 있는 활기차고 실질적인 사상을 갈망하고 있었다. 그 사상의 움직임은 진실하게 방향을 판단할 수 있는 길을 가르쳐 주고, 무언가를 조금이라도 더 좋은 것으로 바꾸며, 게다가 어린아이와 배우지 못한 사람들도 번갯불이나 천둥의 여운처럼 뚜렷하게 알 수 있는 것이었다. 그는 새로운 것을 갈망하고 있었다.

유라는 이 외삼촌과 함께 있는 것을 좋아했다. 외삼촌은 어머니를 꼭 빼다 박았다. 누이를 닮아 자유롭고, 아무리 새로운 것일지라도 편견을 갖지 않는 사람이었다. 그에게는 누이와 마찬가지로 생명이 있는 모든 것에 대해 귀족적인 평등감각이 있었다. 그리고 누이처럼 한눈에 사물의 모든 것을 이해하고,

---

*7 길이의 단위. 약 1km.

자신의 생각을, 그 의미를 잃어버리기 전에, 머리에 새겨진 모습 그대로 생생하게 표현할 줄 아는 능력이 있었다.

유라는 외삼촌이 자기를 두플랸카에 데리고 온 것이 무척 기뻤다. 그림처럼 아름다운 마을은, 자연을 좋아해서 자주 산책하러 데리고 가 준 어머니를 생각나게 했다. 그 밖에 유라는 보스코보이니코프와 함께 살고 있는 고전(古典)중학교 학생 니카 두도로프를 다시 만나기를 기대하고 있었다. 두 살쯤 위인 그는 유라를 은근히 무시했다. 인사할 때, 그는 악수하는 유라의 손을 아래로 홱 잡아당겨서 앞으로 쏠린 머리카락이 이마로 내려와 얼굴을 반쯤 가리곤 했다.

5

"착취로 인한 대중의 빈곤화 문제의 긴급한 근본은" 니콜라이 니콜라예비치가 정정된 원고를 읽었다.

"'본질'이라고 하는 편이 나을 것 같은데." 이반 이바노비치가 교정쇄를 수정했다.

두 사람은 어두컴컴한 테라스에서 일을 하고 있었다. 아무렇게나 나동그라진 물뿌리개와 정원용 연장들이 보였다. 부서진 의자 등받이에는 비옷이 걸쳐 있다. 한쪽 구석에는 진흙이 말라붙은 늪지용 장화가 목이 꺾인 채로 바닥에 놓여 있다.

"한편, 출생 및 사망률 통계가 보여 주는 바로는" 니콜라이 니콜라예비치가 낭독을 이어갔다.

"'해당 연도의'를 넣자고." 이반 이바노비치가 그렇게 말하고 적어 넣었다.

테라스 안으로 바람이 가볍게 흘러들고 있었다. 조판한 교정쇄의 책장이 날아가지 않도록 그 위에 대리석 조각을 올려놓았다.

일이 끝나자, 니콜라이 니콜라예비치는 귀가를 서둘렀다.

"소나기가 올 것 같군. 돌아갈 준비를 해야겠어."

"무슨 소리. 내가 안 보내줄 거네. 이제부터 차를 마실 거니까."

"저녁까지는 무슨 일이 있어도 시내로 돌아가야 해."

"그래도 안 돼. 듣기 싫어."

울타리를 친 앞마당으로 사모바르를 끓일 때 나는 단내가 흘러와 담배와 헬리오트로프*[8] 향기를 지워 버렸다. 별채에서 짙은 크림과 치즈케이크, 딸기를 내온 참이었다. 갑자기 파벨이 미역을 감고 말을 씻기기 위해 강으로 갔다는 기별이 왔다. 니콜라이 니콜라에비치도 뜻을 굽히지 않을 수 없었다.

"차가 준비되는 동안 낭떠러지까지 걸어가서 잠시 벤치에 앉아 있다 올까."

이반 이바노비치는, 친구로 지내는 덕택으로 부호 콜로그리보프 집안 관리인이 사는 별채의 방 두 개를 빌려 쓰고 있었다. 울타리를 친 앞마당에 붙어 있는 이 별채는, 저택에 오는 마차가 지나다니는 반원형의 오래된 가로수 길 뒤편의 황량한 곳에 있었다. 가로수 길에는 풀이 제멋대로 자라 있었다. 지금은 쓰레기장으로 쓰이는 골짜기에 흙이나 건재를 나를 때만 이 가로수 길을 오고갔다. 진보적인 사상을 가졌으며 혁명에 동조하고 있던 백만장자 콜로그리보프는 현재 부인과 함께 외국에서 살고 있고, 영지에는 딸 나디아와 리파만이 보호자인 여교사와 하인 몇 명과 함께 살고 있었다.

관리인의 작은 마당과 몇 개의 연못, 그리고 풀밭, 안채가 있는 정원 전체 사이에는 검은 불두화나무로 빽빽한 산울타리가 둘러쳐져 있었다. 이반 이바노비치와 니콜라이 니콜라에비치가 이 수풀 바깥쪽을 돌아 걸음을 옮길 때마다, 불두화나무에 우글거리고 있던 참새들이 똑같은 수, 똑같은 간격으로 눈앞에서 날아올랐다. 참새들이 불두화 수풀을 율동적인 재잘거림으로 가득 채우자, 마치 그들 앞에 보이는 산울타리를 따라 빙 둘러친 파이프를 타고 물이 흐르는 것 같았다.

그들은 온실과 정원사의 집, 그리고 무엇에 쓰였는지 알 수 없는 무너진 석조건물 옆을 지나갔다. 두 사람은 과학과 문학계의 젊은 열기에 대해 얘기를 나누고 있었다.

"가끔은 재능 있는 사람들을 만나기도 하지만" 니콜라이 니콜라에비치가 말했다. "지금은 온갖 그룹이니 협회니 하는 것이 유행이라네. 그들이 그렇게 무리 짓는 것을 좋아하는 건 그것이 재능이 없는 자들의 피난처이기 때문이지. 그것이 솔로비요프*[9]에 대한 귀의이든, 칸트 또는 마르크스에 대한 귀의이든 다 같은 거라네. 오직 개인만이 진리를 추구하고, 진리를 그저 적당히 사랑하

---

*8 쌍떡잎식물로 보라색 꽃을 피우는 향이 짙은 식물.

*9 1853~1900년, 블라디미르 솔로비요프. 도스토옙스키를 비롯하여 세기말 시인에 영향을 미친 사상가이자 시인.

는 자들과는 어울리지 않는 법이지. 이 세상에 진정 귀의할 만한 대상이 있을까? 그것은 지극히 드물어. 내 생각에는 우리가 귀의해야 하는 건 불멸, 그걸 다른 이름으로 말하면 조금 강화된 삶, 곧 생명이지. 우리는 바로 이 불멸에 귀의해야 하네. 그리스도에게 귀의해야 한다는 뜻이야! 아, 역시 얼굴을 찡그리는군. 불행한 사람 같으니! 자네는 여전히 아무것도 이해하지 못하는군."

"글쎄, 음." 이반 이바노비치는 신음했다. 호리호리한 몸에 금발머리, 미꾸라지처럼 빈틈없는 그는, 약삭빠르게 보이는 턱수염을 기르고 있어 링컨 시대의 미국인처럼 보였다(그는 끊임없이 그 턱수염을 몇 가닥 손으로 훑어 그 끝을 입술에 물곤 했다). "물론 난 침묵하겠네. 자네도 알겠지만 난 완전히 다르게 보고 있어. 그래, 말이 나온 김에, 자네가 왜 성직을 그만두었는지 듣고 싶군. 전부터 궁금했어. 많이 놀랐겠지, 응? 파문당한 건가? 어떻게 된 거야?"

"왜 화제를 돌리는 건가? 그렇지만 뭐 좋아. 파문당했느냐고? 아니야, 요즘은 파문 같은 건 하지 않아. 분쟁이 좀 있었고, 그래서 그 여파가 좀 있지. 이를테면 오랫동안 공직에 오를 수 없고, 모스크바나 페테르부르크에도 들어가지 못하는 정도지. 하지만 그건 중요하지 않아. 아까의 얘기로 돌아가세. 난 그리스도에게 의지해야 한다고 말했네. 이제 그 의미를 설명하지. 자네는 이해 못하겠지만. 자네는 무신론자일 수 있고, 신이 있는지 또 신이 무엇 때문에 있는 건지 모를 수는 있지만, 인간은 자연이 아니라 역사 속에 살고 있다는 건 이해할 거야. 오늘날의 해석으로는, 그 역사는 그리스도에 의해 만들어진 것이고 복음서가 그 근거라네. 그럼 역사란 무엇일까? 그건 죽음의 수수께끼에 대한 철저한 해명이라네. 그리고 다가올 죽음을 극복하기 위한, 몇 세기에 걸친 모든 노력의 실현이지. 그것을 위해 수학의 무한과 전자파가 발견되었고, 그것을 위해 교향곡이 작곡되는 거야. 어떤 정신적 고양이 없이는 그 방향으로 나아갈 수가 없다네. 그러한 발견을 위해서는 정신적 장치가 필요해. 그 자료가 복음서 속에 담겨 있어. 바로 이런 거라네. 첫째로 이웃에 대한 사랑. 이건 살아 있는 에너지의 최고 형태로, 인간의 마음이 그것으로 가득 차면 저절로 출구를 찾아 흘러넘치게 마련이지. 그리고 그것 없이는 도저히 생각할 수 없는 현대인의 중요한 두 가지 근본 요소, 즉 자유로운 개인의 관념과 자기희생으로서의 생명의 관념이 있어. 아직 이것은 아주 새로운 생각이라네. 그런 의미에서 고대인들에게는 역사가 없었지. 그 시대에 있었던 건, 모든 정복자가 무능하다는 것을 조금도 의심하지 않았던, 잔인하고 얽은 얼굴을 한 칼리굴라 같은 자들의 피비린내 나는 야수성뿐이었어. 그 시대에 있었던 건 청동 기념비와 대리석 원기둥의 생명력 없는 영원이었지. 다만 그리스도가 출현한 뒤, 몇 세기, 몇 대에 걸쳐 자손들의 생명이 시작되었고, 인간은 길바닥이나 울타리 밑이 아니라 역사 속에서, 죽음을 극복해야 하는 노력이 뒤따르는 절정 속에서 죽게 되었다네. 그 주제에 자신을 바쳐서 말이야. 어휴, 진땀이 다 나는군. 말해 봤자 아무 소용도 없겠지만!"

"신부님, 그건 형이상학이에요. 난 의사에게서 형이상학을 금지당했어. 내가 소화를 못한대."

"그렇다고 치지, 뭐. 그만두세. 어쨌든 자넨 행운아야! 정말 멋진 경관인 걸. 아무리 봐도 싫증이 나지 않겠어! 하기는 늘 살다 보면 눈에 들어오지도 않을 테지만 말이야."

강을 바라보고 있으니 눈이 아플 지경이었다. 강은 구리판처럼 움푹 들어가거나 구부러지면서 햇빛을 반사하며 반짝거렸다. 갑자기 물결이 일었다. 이쪽 기슭에서 저쪽 기슭으로 말과 달구지, 시골 아낙네와 농부들을 태운 나룻배가 움직이기 시작했다.

"아니, 이제 겨우 다섯 신가?" 이반 이바노비치가 말했다. "보이나? 시즈란에서 오는 급행열차야. 이곳을 지나가는 것이 다섯 시 몇 분인가 그래."

저 멀리 평원의 오른쪽에서 왼쪽으로 노르스름한 초록색의 말쑥한 열차가 달려갔는데, 멀어서 매우 작아 보였다. 두 사람은 그것이 멈춰 선 것을 문득 깨달았다. 증기기관차 위로 하얀 증기가 소용돌이치며 피어올랐다. 잠시 뒤 불안한 듯한 기적 소리가 몇 번 울렸다.

"이상한데." 보스코보이니코프가 말했다. "무슨 사고가 난 모양이군. 저런 늪지에서 멈출 리가 없지. 무슨 일이 일어난 거야. 어쨌든 우린 차나 마시러 갈까?"

6

니카는 마당에도 집 안에도 보이지 않았다. 우리와 함께 있으면 따분할 것이고, 나는 그의 상대가 되지 않는다. 그래서 피하는 거라고 유라는 짐작했다. 외삼촌은 이반 이바노비치와 일 때문에 테라스로 가면서 유라에게 저택 근처를 산책하라고 권했다.

이곳은 놀랄 만큼 매력적인 곳이었다. 한 순간 한 순간, 꾀꼬리가 아름다운 3색 음조로 지저귀었고, 기다리고 있으면 간격을 두고, 피리에서 마지막까지 짜낸 것 같은 촉촉하게 젖은 음향이 주위를 적셨다. 공중에서 길을 잃은 꽃향기는 더위를 견디지 못해 꽃밭에 내려앉은 듯 고여 있었다. 그것들이 얼마나 프랑스의 앙티브*10와 북이탈리아의 보르디게라*11를 떠올리게 하던지! 유라는 쉴 새 없이 머리를 좌우로 돌렸다. 숲 곳곳에 있는 작은 풀밭의 상공에는 어머니의 목소리가 환청처럼 맴돌면서, 노래하는 듯한 새들의 지저귐과 윙윙거리는 꿀벌의 날갯짓 속에서 울리고 있었다. 유라는 귀를 기울이다가 부르르 몸을 떨었다. 마치 어머니가 자기를 부르며 어딘가로 손짓을 하고 있는 듯한 환각에 끊임없이 사로잡혔다.

그는 골짜기 쪽으로 걸음을 옮겼다. 골짜기 위쪽을 덮고 있는 성글고 맑은 숲을 지나 골짜기 바닥까지 퍼져 있는 오리나무 숲으로 내려갔다.

어둡고 눅진한 그곳에는 나무들이 쓰러져 있고 나뭇가지가 떨어져 있었다. 꽃은 아주 조금만 피어 있고, 마디가 있는 속새 줄기는, 그가 가지고 있는 성서 삽화처럼 이집트 장식이 있는 지팡이와 아주 비슷했다.

유라는 차츰 슬퍼졌다. 울고 싶었다. 그는 무릎을 꿇고 눈물을 뚝뚝 흘렸다.

"하느님의 천사, 나의 성스러운 수호천사님." 유라는 기도했다. "진리의 길에서 저의 지혜가 강해지도록 도와주옵소서. 그리고 어머니가 걱정하지 않으시도록 저는 이곳에서 잘 지내고 있다고 전해 주세요. 만약 사후세계가 있다면, 주님, 어머니를 성인과 의인들의 얼굴이 별처럼 빛나고 있는 천국으로 이끌어 주세요. 제 어머니는 훌륭한 분이에요. 죄를 짓지 않은 분이오니, 어머니를 불쌍히 여겨 주세요. 주님, 어머니가 고통받지 않도록 해 주세요. 엄마!"—그는 가슴이 찢어지는 듯한 슬픔 속에서, 새롭게 성녀의 반열에 오른 사람을 부르듯이 어머니를 부르고는, 갑자기 괴로움을 견디지 못해 땅바닥에 쓰러져 정신을 잃고 말았다.

그가 정신을 잃고 쓰러져 있었던 것은 그리 긴 시간은 아니었다. 정신이 들었을 때, 골짜기 위에서 부르고 있는 외삼촌의 목소리가 들려왔다. 대답한 그

*10 지중해 연안의 항구도시.
*11 이탈리아 북서부의 항구도시.

는 서둘러 골짜기를 올라갔다. 그때 그는 문득, 어머니가 가르쳐 준 대로, 소식을 알 수 없는 아버지에 대해 기도하지 않은 것이 생각났다.

그러나 졸도한 뒤에는 기분이 좋아져서 그 상쾌한 기분을 잃는 것이 두려웠다. 아버지에 대한 기도는 언젠가 다른 기회에 하더라도 두려운 일은 일어나지 않을 거라는 생각이 들었다.

"좀 참고 기다리시라고 해야지." 그는 그렇게 생각했다. 유라에게는 아버지에 대한 기억이 전혀 없었다.

7

우랄 지방 오렌부르크의 변호사 고르돈과 그의 아들 미샤 고르돈은 이등 객실의 열차를 타고 여행하는 길이었다. 고전중학교 2학년생인 미샤는 생각에 잠긴 얼굴에 눈동자가 커다란 열한 살 난 소년이었다. 아버지가 모스크바로 전근하게 되어 소년도 모스크바의 고전중학교로 전학해야 했다. 어머니와 자매들은 한 발 먼저 모스크바로 가서 살 집을 정리하느라 바쁜 나날을 보내고 있었다.

소년은 오늘로 사흘째 아버지와 함께 기차를 타고 가는 길이었다.

차창 밖에서는 석회를 뿌린 것처럼 새하얀 러시아가, 끝없이 이어지는 밭과 초원, 도시와 마을들이, 더위 속에 자욱하게 피어오르는 흙먼지 속을 나는 듯이 달렸다. 길에는 길게 이어진 달구지 행렬이 무겁게 몸을 기울이며 건널목 쪽으로 구부러지고 있었다. 그러나 엄청난 속도로 달리고 있는 열차에서 보면, 달구지는 아무 움직임 없이 서 있고 말들은 같은 장소에서 그저 제자리걸음을 하고 있는 것처럼 보였다.

열차가 큰 역에 닿자 승객들은 앞다투어 매점을 향해 뛰어갔다. 그때, 역 마당에 우뚝 선 나무 뒤로 기울고 있던 저녁 해가 그들의 발밑을 물들이며 열차 바퀴 밑으로 빛을 던졌다.

이 세계의 모든 움직임은 다 냉정하게 계산된 것이지만, 아울러서 바라보면 그 하나하나의 움직임은 생명이라는 전체적인 흐름에 자연스럽게 어우러지고 있었다. 사람들은 자신의 관심사가 지닌 틀에 따라 안달복달하면서 바쁘게 움직였다. 그러나 만약 중요한 조절장치인, 근본적으로 낙천적인 최상의 감각이 그들에게 없다면 그 체제는 잘 움직이지 않을 것이다. 그 낙천성을 가져다주는 것은 다양한 인간들이 서로 이어져 있기 때문이다. 그들이 하나에서 다른 것으로 옮길 수 있어서다. 또한 이 세계에서 일어나고 있는 일은 모두, 죽은 자가 묻히는 지상에 있어서뿐만 아니라, 좀 더 예를 든다면, 어떤 사람들은 하느님의 왕국이라 부르고, 다른 사람들은 역사라 부르며, 또 다른 사람들은 다른 이름으로 부르는, 그런 것들 속에서 이루어지고 있다는 것에 대한 행복감이 있어서다.

소년은 이러한 행동규범에서 벗어난 불행하고 우울한 예외였다. 궁극적으로 그에게 남겨진 원동력은 불안감이었고, 낙천적인 감각은 그를 안심시키거나 고상하게 해 주지 않았다. 그는 자신의 내면에 있는 이 유전적 특질을 알고, 그 다양한 특징을 깊은 의심과 병적인 조심성으로 알아내고 있었다. 그 유전적 특질은 그를 슬프게 했고, 그 특징들이 그에게 굴욕감을 주었다.

철이 들고부터 그는, 팔다리도 똑같이 생기고 공통된 언어와 습관을 지니고 있는데도, 소수에게만 사랑받고 대부분의 사람들에게는 사랑받지 못하는 존재가 있다는 것에 놀랐다. 남들보다 못한 처지, 아무리 노력해서 고치려 해도 안 되는 처지가 있다는 게 그는 도무지 이해할 수가 없었다. 유대인이라는 것은 무엇을 의미하는 것일까? 유대인은 무엇을 위해 존재하는가? 슬픔 말고는 아무것도 가져다주지 않는 이 무기 없는 도전은 무엇으로 보상받고 또 정당화될 수 있을까?

아버지에게 그 해답을 구하자, 그건 너의 출발점이 잘못된 것이다, 그렇게 생각해선 안 된다고 말했다. 그러나 그렇다고 해서, 그 대신 깊은 뜻이 담긴 말로 미샤를 매료해, 그 피할 수 없는 것 앞에 말없이 따르게 할 어떠한 것을 제시하지도 못했다.

그리하여 미샤는 아버지와 어머니는 제쳐 두고라도, 다 먹지도 못할 만큼 죽을 끓이듯 스스로 어려운 일을 만드는 어른들을 차츰 경멸하기 시작했다. 자기가 어른이 되면 그 모든 문제를 해명할 수 있을 거라고 그는 확신했다.

방금 그 미치광이가 승강구로 뛰어나갔을 때 미샤의 아버지가 쫓아간 것은 잘못된 행동이었다고, 또 사내가 그리고리 오시포비치를 있는 힘껏 뿌리치고 마치 잠수할 때 수영장 다이빙대에서 뛰어내리듯이, 전속력으로 달리는 열차에서 길가 둑을 향해 머리부터 몸을 던졌을 때 열차를 멈춘 것은 쓸데없는 짓이었다고 탓할 사람은 아무도 없었을 것이다.

그러나 긴급 브레이크의 손잡이를 돌린 사람은 다름 아닌 그리고리 오시포비치였고, 그 두 사람 때문에 이렇게 열차가 이해할 수 없을 만큼 오래 멈추게 된 것은 사실이었다.

그 이유를 정확하게 아는 사람은 아무도 없었다. 갑자기 차가 멈춘 원인을 어떤 사람은 공기 브레이크의 고장 때문이라고 했고, 또 어떤 사람은 열차가 몹시 가파른 언덕에 접어들어 기관차 가속도를 내지 않고는 올라갈 수 없었다고 말했다. 그리고 세 번째 의견은 유명인이 스스로 목숨을 끊었는데, 함께 열차에 타고 있던 그의 변호사가 조서를 작성하기 위해 가장 가까운 콜로그리보프카 역에서 입회인을 불렀기 때문이라는 것이었다. 그래서 기관사 조수가 전화를 걸기 위해 전신주에 기어 올라갔고, 벌써 수동차가 떠났을 거라고 했다.

냄새를 없애려고 차 안에 화장수를 뿌리기는 했지만 역한 화장실 냄새는 사라지지 않았고, 찌든 기름냄새와 더불어 썩은 듯한 닭튀김 냄새까지 나고 있었다. 페테르부르크에서 온 머리가 하얗게 센 부인들은 증기기관차의 석탄재가 기름진 화장에 뒤덮여 모두 마치 암갈색 얼굴빛 여자 집시 같았다. 그녀들은 여전히 차 안에서 분을 두드리고 손수건으로 손바닥을 닦으며 새된 목소리로 수다를 떨고 있었다. 그녀들이 양 어깨를 케이프로 감싸고, 좁은 복도에서 아양을 떨며 미샤의 객실 옆을 지나갔는데 그 입술 모양을 보면, "오, 여자들은 정말 예민하죠! 우린 특별하거든요! 인텔리라고요! 이런 일은 도저히 견딜 수가 없어요!" 이렇게 말하는 것 같았다.

자살자의 시체는 철도 길 옆 풀밭에 뉘어져 있었다. 이마와 감고 있는 눈두덩이 위로 선을 그은 듯 검게 말라붙은 피가 얼굴에 십자로 그어져 있었다. 피는 그의 몸에서 나온 것이 아니라 마치 진흙이 튀었거나 아니면 마른 자작나무 잎이 들러붙은 것처럼 보였다.

사람들이 호기심과 동정에 끌려 시체 가까이 다가갔다가 흩어져 갔다. 죽은 사람의 친한 친구이자 동행자였던 뚱뚱하고 거만한 변호사, 흠뻑 땀에 젖은 셔츠를 입은 순혈종 동물이 언짢은 얼굴로 서 있었다. 그는 더위에 지쳐 들고 있던 모자로 쉴 새 없이 부채질을 해댔다. 사람들의 질문에 그는 어깨를 으쓱하고는, 고개도 돌리지 않은 채 무뚝뚝하게 대답했다. "알코올 중독입니다. 모르시겠습니까? 알코올 중독 환자의 흔한 마지막 모습이지요."

시체 곁으로 모직 원피스를 입고 머리에 두건을 쓴, 앙상한 몸매의 여인이 두세 번 다가왔다. 아들 둘이 모두 기관사로 있는 과부 티베르지나 할멈이었다. 두 며느리를 데리고 직원용 무임차표로 삼등칸에 타고 있었다. 두건을 깊숙이 내려 쓴 며느리들은 여자 수도원장을 따라가는 두 수녀 같았다. 그녀들의 모습은 사람들에게 존경심을 불러일으켰다. 그녀들이 지나가자 사람들은 물러서며 길을 터 주었다.

티베르지나의 남편은 어느 철도 사고의 대참사에서 불에 타 죽었다. 그녀는 사람들 어깨 너머로 죽은 사람을 보려고 시체에서 몇 걸음 떨어진 곳에 멈춰 섰다. 그리고 남편의 죽음과 비교라도 하듯 몇 번이나 한숨을 내쉬었다. "다 운명이지." 그녀는 그렇게 말하는 것 같았다. "물론 하느님의 뜻이겠지만, 아무리 그렇다 해도 왜 그런 생각을 했을까. 부자로 살던 사람이 미쳐서 죽다니!"

열차의 모든 승객은 잇따라 시체 곁으로 다가갔다가는, 객실을 비운 사이 도둑이라도 맞을까 봐 걱정되어 서둘러 제자리로 돌아갔다.

사람들은 기차에서 뛰어내려 뻣뻣해진 팔다리를 주무르거나, 꽃을 따거나, 가볍게 다리를 푸는 동작을 하면서 모두 같은 것을 느끼고 있었다. 그것은 기차가 갑자기 멈추지 않았더라면 군데군데 야트막한 언덕이 있는 이곳의 풀밭과 드넓은 강, 건너편 높은 기슭에 보이는 교회당이 있는 아름다운 건물도 이 세상에 없는 것이나 마찬가지였을 텐데 하는 감동이었다.

해조차 이 장소의 소유물 같았다. 마치 가까운 곳에서 풀을 뜯던 암소 한 마리가 사람들 곁으로 다가올 때처럼, 해가 슬금슬금 다가와서 내려앉듯 철로 옆 풍경을 비스듬히 비추고 있었다.

이 사건에 충격을 받은 미샤는 처음에는 놀라움과 연민으로 울음을 터뜨렸다. 긴 기차 여행 동안, 자살한 사람은 여러 번 미샤의 객실에 들러 미샤의 아버지와 몇 시간이나 얘기를 나누곤 했다. 이제는 정신적으로 완전히 안정되어 현실적인 문제도 이해할 수 있게 되었다고 말한 그는 여러 가지 복잡한 법률문제와, 어음과 증여증서, 파산과 어음위조에 관한 소송 문제에 대해, 그리고리 오시포비치에게 이런저런 질문을 던지기도 했다.

"아아, 그렇게 되는 거였군요." 그는 고르돈의 설명을 듣고 놀라는 시늉을 했다. "선생의 설명을 들으니 너그러운 법령 해석에 희망이 생기는군요. 제 변호사는 다른 견해를 가지고 있어요. 그는 이 문제를 훨씬 비관적으로 보고 있지요."

이 신경질적인 인물의 기분이 안정될 때마다, 그의 법률고문이자 동행자가 일등 객실에서 쫓아와서는 샴페인을 마시자며 그를 식당차로 끌고 갔다. 그 사람은 건장한 몸집에 깔끔하게 면도를 하고 옷을 잘 차려입은 뻔뻔스러운 변호사였다. 그 변호사는 지금 이 세상에서 일어나는 어떤 일에도 놀라지 않는 태연한 태도로 시체를 내려다보며 서 있었다. 어떤 의미에서, 고객의 끊임없는 신경과민은 그에게 오히려 유리했을 거라는 느낌을 지울 수가 없었다.

아버지의 얘기로는, 이름난 부자인 그 사람은 선량하지만 이미 책임 능력이 거의 없는 방탕아였다. 그는 미샤가 옆에 있어도 개의치 않고 미샤와 나이가 같은 아들과 죽은 아내에 대해 이야기한 뒤, 역시 헤어진 두 번째 가족에 대해서도 이야기했다. 그때 그는 뭔가 새로운 사실이 생각났는지 갑자기 얼굴이 하얗게 질려 어수선하게 지껄이더니, 이성을 잃었다.

그는 미샤에게 이상할 만큼 친절을 베풀었는데, 그것은 아마도 미샤에게 자기 아들을 투영한 결과였으리라. 그는 미샤에게 끊임없이 선물을 주었다. 그래서 그는 기차가 큰 역에 닿을 때마다, 책 진열대가 있고 장난감과 지역 특산품을 팔고 있는 일등차 대합실로 가곤 했다.

그는 쉴 새 없이 술을 마시고 있었고, 이미 석 달째, 잠시라도 술이 깨면 정상적인 사람은 상상도 할 수 없는 지옥 같은 고통에 시달린다고 호소했다.

죽기 1분 전에 그는 두 사람의 객실에 뛰어들어, 그리고리 오시포비치의 손을 잡고 뭔가 말하려다가 끝내 하지 못한 채 승강구로 달려 나가 열차에서 몸을 던졌다.

미샤는 우랄의 광석세트*[12]가 담긴 작은 나무상자를 가만히 바라보았다. 그것은 죽은 사람의 마지막 선물이었다. 갑자기 주위의 모든 것이 움직이기 시작했다. 다른 선로를 통해 수동차가 열차 쪽으로 다가왔다. 휘장을 단 제모를 쓴 예심판사, 의사, 순경 두 사람이 수동차에서 뛰어내렸다. 차갑고 사무적인 목소리가 들려왔다. 질문을 던지고 대답을 적었다. 차장들과 순경이 주검을 철둑 위로 옮기기 위해, 끊임없이 모래 위에 미끄러지고 엎어지면서 겨우 끌고 갔다. 한 아낙네가 큰 소리로 울음을 터뜨렸다. 모두 열차로 돌아가라는 안내가 있었고 기적이 울렸다. 열차는 다시 움직이기 시작했다.

---

*12 우랄은 아름다운 광석의 산지.

8

"또 등잔 기름(유라의 별명)이 왔나 봐!" 니카는 심술궂게 방 안을 이리저리 뛰어다녔다. 손님들의 목소리가 가까워졌다. 물러날 수는 없다. 침실에는 침대가 두 개 있었다. 보스코보이니코프와 그, 즉 니카의 침대였다. 더 생각할 것도 없이 니카는 자기 침대 밑으로 기어들었다.

그는 다른 방에서 자기 이름을 부르는 소리를 듣고 있었다. 그들이 이내 침실에 들어왔다.

"이제 어떡한다?" 베데냐핀이 말했다. "유라, 가거라. 틀림없이 금방 친구를 찾게 될 테니까. 그러면 둘이서 놀려무나."

그들이 페테르부르크와 모스크바에서 일어난 대학의 소요 사태에 대해 얘기하는 동안, 니카는 어리석고 굴욕적인 매복 상태에서 20분이나 갇혀 있어야 했다. 이윽고 그들은 테라스로 나갔다. 니카는 몰래 창문을 열고 밖으로 뛰어내려, 정원으로 달아났다.

니카는 오늘 기분이 그리 좋지 않았다. 간밤에는 잠을 잘 자지 못했다. 열네 살인 그는 더 이상 어린이로 있는 것에 싫증이 났다. 그는 밤새도록 뜬눈으로 있다가 새벽에 별채를 빠져나왔다. 해가 떠올랐고, 이슬에 젖은 나무의 길게 휘어진 그림자가 정원의 바닥을 뒤덮었다. 그 그림자는 검은색이 아니라 흠뻑 젖은 펠트처럼 어두운 잿빛이었다. 소녀의 손가락처럼 길고 희미한 불빛을 띤 대지, 그 위를 덮은 축축한 그림자에서 피어오르는 향기로운 아침 내음이 머리를 몽롱하게 만들었다.

갑자기 풀잎의 이슬방울 같은, 은빛을 띤 가느다란 물줄기가 그에게서 몇 걸음 떨어진 곳에서 흘러가기 시작했다. 그 물줄기는 계속 흘러갔지만 흙은 그것을 빨아들이지 않았다. 그러다가 갑자기 빠르게 움직이면서 옆으로 구부러져 숨어 버렸다. 그것은 율모기*[13]였다. 니카는 몸을 부르르 떨었다.

니카는 특이한 소년이었다. 흥분하면 큰 소리로 혼잣말을 했다. 그는 고상한 화제와 역설을 좋아하는 어머니를 닮은 아이였다.

"이 세상은 정말 멋진 곳이야!" 니카는 생각했다. "하지만 어째서 늘 이토록 괴로운 거지? 신은 물론 있어. 그런데 신이 있다면, 그 신은 바로 나야. 봐, 지금

---

*13 뱀과의 하나.

난 사시나무에게 명령하겠어."—그는 온몸을, 밑동에서 우듬지 끝까지 가늘게 떨고 있는 사시나무를 바라보면서 생각했다. 반짝이는 젖은 잎은 마치 함석으로 만든 것 같았다. "자, 내가 너에게 명령한다."—니카는 지나친 열정에 사로잡혀, 소리내어 외칠 수는 없지만 자신의 몸과 마음을 다 모아서 "멈춰!" 하고 말하며 자신의 뜻대로 되기를 간절히 바랐다. 그러자 사시나무는 어느새 조용하게 멈추더니 움직이지 않았다. 니카는 너무 기뻐 소리내어 웃으면서, 미역을 감으러 강을 향해 전속력으로 달려갔다.

그의 아버지인 테러리스트 데멘티 두도로프는 교수형을 선고받았지만 황제의 특사로 감형되어 유형 중이었다. 어머니는 그루지야 에리스토프 공작 집안의 딸이었다. 자유분방한 성격에 아직 젊은 미녀로, 끊임없이 무슨 반란이나 반역자, 과격한 혁명이론, 유명한 예술가 같은 가난한 실패자들에게 마음을 쏟아 붓고 있었다.

어머니는 아들 니카를 무척 사랑해, 그의 이노켄티라는 이름에서 이노체크니 노체니카 같은 거의 어리석고 사랑스러운 별명을 많이 만들고는, 그를 친척들에게 자랑하기 위해 티플리스*[14]에 데리고 갔다. 거기서 그가 가장 놀란 것은, 두 사람이 머문 집 안마당에서 사방으로 가지를 뻗고 있는 나무를 보았을 때였다. 그것은 괴상하게 생긴 열대 거목이었다. 그 거목은 코끼리 귀처럼 생긴 잎으로, 타는 듯한 남국의 하늘로부터 마당을 보호하고 있었다. 그 나무가 동물이 아니라 식물이라는 사실에 그는 좀처럼 익숙해질 수가 없었다.

소년이 아버지의 성을 잇는 건 위험한 일이었다. 이반 이바노비치는 소년의 어머니에게 허락을 받아, 니카가 어머니 쪽 성을 쓸 수 있도록 황제에게 청원할 생각이었다. 그는 이 세상의 모든 것에 대해 분노를 느끼며 침대 밑에 숨어 있었을 때, 특히 그 일에 대해서도 생각하고 있었다. 이렇게 쓸데없는 참견을 하는 보스코보이니코프라는 사람이 도대체 누구야? 어디 두고 봐라!

게다가 그 여자애, 나디아! 열다섯 살밖에 안 되었으면서 건방지게 날 어린애 취급할 권리가 어디 있다고! 내가 곧 혼쭐을 내 주고 말 테야! "난 그 애를 미워해. 죽여 주겠어! 보트를 타자고 해서 물속에 빠뜨릴 거야." 니카는 몇 번이고 혼잣말을 중얼거렸다.

---

*14 그루지야의 수도.

엄마도 그래. 이곳을 떠나면서 나와 보스코보이니코프를 속였겠다! 캅카스에 가긴 뭘 가. 가장 가까운 환승역에서 북쪽으로 방향을 틀어, 페테르부르크에서 학생들과 함께 태연하게 경찰을 저격한 거지. 난 이런 어리석은 구덩이 속에서 산 채로 썩어갈 거야. 하지만 언젠가 그들 모두를 깜짝 놀라게 하고 말겠어. 나디아를 물에 빠져 죽게 만들고 고전중학교 따위 내팽개치고, 시베리아의 아버지에게 달아나서 반란을 일으키는 거야.

연못에는 수련이 빽빽하게 자라고 있었다. 보트는 바스락거리는 마른 소리를 내면서 그 무성한 수련 속을 헤치고 들어갔다. 보트가 지나갈 때마다 덤불이 갈라지며, 그 틈새로 물이 배어 나왔다.

소년과 소녀는 수련을 꺾기 시작했다. 두 사람이 줄기 하나를 붙잡았지만, 고무처럼 팽팽하고 질겨서 좀처럼 꺾이지 않았다. 그들은 그것을 함께 잡아당겼다. 두 사람은 머리를 맞부딪쳤다. 보트는 갈고리 장대로 끌어당긴 것처럼 기슭에 가서 붙었다. 수련 줄기는 마구 뒤엉켜 짤막하게 보였고, 선명한 하얀 꽃이 물속에 들어갔다가, 꽃잎에 고인 물을 뚝뚝 떨구며 다시 떠올랐다. 나디아와 니카는 보트를 더욱 기울여, 수면에 스칠 듯이 기울어진 뱃전에 거의 드러눕다시피 나란히 앉아 계속 꽃을 꺾었다.

"공부는 지겨워." 니카가 말했다. "이제 인생을 시작할 때야. 세상에 나가 일을 해서 돈을 벌 때라고."

"난 너에게 이차방정식에 대해 물어보려고 했는데. 난 대수가 약해. 하마터면 또다시 시험을 치를 뻔했어."

니카는 이 말에서 뭔가 빈정거림을 느꼈다. 말할 것도 없이 그녀는 그가 아직 어린아이라는 것을 깨닫게 해 분수를 알게 하려는 거였다. 이차방정식이라고! 하지만 두 사람은 아직 대수의 냄새조차 맡지 못했다. 그는 자존심이 상했지만 드러내지 않고, 일부러 무심한 듯 물었다.

"어른이 되면 넌 누구한테 시집갈 거야?"

그러나 그는 곧 자신이 얼마나 어리석은 질문을 했는지 깨달았다.

"그건 아직 먼 미래의 일이야. 아마 누구하고도 결혼하지 않을걸. 생각도 해본 적 없어."

"내가 그 일에 관심이 있을 거라고 생각하지는 마."

"그럼 왜 묻는 건데?"

"넌 바보로구나."

둘은 싸우기 시작했다. 니카는 오늘 아침에 여자를 증오했던 것이 떠올랐다. 그는 나디아에게 건방진 소리를 하면 물에 빠뜨리겠다고 으름장을 놓았다.

"어디 해봐." 나디아가 말했다.

니카는 나디아의 몸을 옆으로 안듯이 붙잡았다. 둘은 몸싸움을 벌이다가 그만 균형을 잃고 물속에 빠져 버렸다.

두 사람은 헤엄을 쳤지만, 수련이 팔다리에 뒤엉켜 좀처럼 바닥을 더듬어 찾을 수가 없었다. 물풀 속에서 서로 얽혀 허우적대다가 가까스로 기슭으로 기어올랐다. 둘의 신발과 주머니에 찼던 물이 줄줄 흘러나왔다. 니카가 특히 더 지쳐 있었다.

둘은 흠뻑 젖어서 나란히 앉았다. 만약 바로 얼마 전, 봄이 끝나 갈 무렵에 이런 일이 있었더라면, 둘은 물에 빠진 생쥐 꼴로 기슭에 앉아서, 틀림없이 소리치고 욕하고 낄낄거리다가 마음을 풀었을지도 모른다. 그런데 지금 그들은 말없이, 가까스로 숨을 몰아쉬면서 그 무의미한 행위에 스스로 어이없어하고 있었다. 나디아는 잔뜩 화가 나서 아무 말이 없었고, 니카는 마치 몽둥이로 팔다리를 얻어맞고 갈비뼈가 으스러지기라도 한 것처럼 온몸이 아팠다.

마침내 나디아가 어른처럼 낮은 목소리로 말했다. "너 미쳤니?" 그러자 그도 역시 어른처럼 말했다. "미안해."

그들은 물지게를 졌던 사람들처럼 등이 젖은 채로 집을 향해 올라갔다. 그 길은 뱀이 우글거리는 흙투성이 비탈로, 아침에 니카가 율모기를 봤던 곳이었다.

니카는 밤의 고양감과 여명, 그리고 자연으로 하여금 자신의 명령에 따르게 했던 아침의 신기한 힘을 떠올렸다. 지금은 무엇을 명령할까 하고 그는 생각했다. 지금 그가 가장 원하는 것은 무엇인가? 그는 언젠가 나디아와 둘이서 다시 한 번 연못에 빠지고 싶다고 생각했다. 그리고 그 일이 이루어질지 아닐지, 알 수만 있다면 당장이라도 모든 것을 바칠 수 있다고 생각했다.

제2장
다른 세상에서 온 소녀

1

일본과의 전쟁은 아직 끝나지 않았다. 뜻밖에 다른 사건들이 전쟁을 가리고 있었다. 혁명의 물결은 더욱 높고 더욱 이상한 방향으로 러시아를 잇따라 휩쓸고 있었다. 그즈음 벨기에인 기사의 미망인으로 프랑스에서 러시아에 귀화한 아말리야 카를로브나 기샤르가, 우랄 지방에서 아들 로디온과 딸 라리사를 데리고 모스크바로 왔다. 기샤르는 아들을 육군 유년학교에 넣고 딸은 여자 중학교에 넣었는데, 우연히 나디아 콜로그리보프가 다니고 있던 학교인 데다 그와 반도 같았다.

기샤르 부인에게는 남편이 남겨 준 유가증권이 있었지만, 얼마 전까지 가치가 올라가다가 지금은 내리막길이었다. 기샤르 부인은 그 재산이 사라져 가는 것을 속수무책으로 바라만 보고 있을 수가 없어, 개선문 근처에 있는 레비츠카야라는 아담한 양장점을 그곳 재봉사의 상속인으로부터 사들였다. 상호를 계속 사용할 권리와 지금까지의 단골, 그리고 양재사와 수습생도 함께 떠맡는 조건이었다.

기샤르 부인이 그 일을 저지른 것은, 지금 자신이 의지하고 있는 죽은 남편의 친구, 러시아 국내의 사업에 대해선 손바닥 들여다보듯 훤히 꿰고 있는 냉혹한 수법의 변호사 코마롭스키의 조언 때문이었다. 부인은 모스크바로 옮기는 것에 대해 편지로 그 변호사와 의논했다. 코마롭스키는 야로슬라블리 역*[1]에서 그들을 맞아, 미리 빌려 두었던 '체르노고리야 여관'의 가구 딸린 방으로 데려다 주었다. 그 여관은 모스크바 시가지를 가로지른 반대쪽 오루제이느이 골목에 있었다. 그리고 기샤르 부인을 설득해 로디아는 육군 유년학교에 보내고,

*1 우랄, 시베리아 방면으로 가는 모스크바의 발착역.

라라는 여자 중학교에 넣었다. 코마롭스키는 소년과 스스럼없이 농담을 지껄이고, 소녀가 얼굴을 붉힐 만큼 넋을 잃고 빤히 바라보고는 했다.

2

가게 근처에 있는 방이 세 개 딸린 작은 집으로 옮길 때까지, 그들은 한 달 가까이 이 '체르노고리야 여관'에서 지냈다.

그곳은 모스크바에서 가장 무서운 장소, 난폭한 마부들이 들끓는 싸구려 술집, 거리 전체가 매춘과 마약의 소굴이자 '타락한 인간들'의 빈민굴이었다.

아이들은 그 불결한 여관과 빈대, 초라한 가구에도 놀라지 않았다. 아버지의 죽음 뒤로, 어머니는 빈곤에 대한 끊임없는 공포 속에 살고 있었다. 로자와 라라는 자신들이 파멸의 구렁텅이에 빠져 버렸다는 말을 늘 듣고 있었다. 그들은 자신들이 집 없는 고아는 아니라는 걸 알고 있었지만, 고아원 아이들처럼 부자들에 대한 두려움이 마음속 깊이 자리잡고 있었다.

그들에게 그러한 공포의 생생한 예를 보여 준 것은 어머니였다. 아말리야 카를로브나 기샤르는 서른다섯 살쯤 된 통통하게 살찐 금발 여성이었다. 그녀가 가끔씩 겪는 심장 발작은 때때로 어리석은 행동으로 나타나곤 했다. 그녀는 지독한 겁쟁이로, 남자들을 죽을 만큼 두려워했다. 바로 그것 때문에 그녀는 기겁을 하고 놀라 어쩔 줄 몰라 하면서 끊임없이 이 남자 저 남자의 품으로 옮겨 다녔다.

'체르노고리야' 여관에서 그들의 방은 23호실이었다. 24호실에는 땀을 많이 흘리고 머리가 벗겨진, 첼로를 연주하는 친절한 티슈케비치가 이 여관이 생긴 날부터 살고 있었다. 누군가를 설득할 때는 기도하듯 두 손을 맞잡아 가슴에 꼭 대었고, 또 상류사회 모임이나 음악회에서는 고개를 뒤로 확 젖힌 채 영감에 찬 눈을 홉떠서 흰자위를 드러내고는 했다. 그는 방에 있는 일이 거의 없이, 볼쇼이 극장이나 음악원에 며칠씩 가 있곤 했다. 그들은 서로 이웃이 되었다. 서로에 대한 친절이 그들을 가까워지게 했다.

아이들이 있을 때 코마롭스키가 오면 아말리야 카를로브나 기샤르가 난처해한다는 것을 알고, 티슈케비치는 자신이 방을 비울 때면 그녀가 친구를 대접할 수 있도록 자기 방 열쇠를 그녀에게 내주었다. 얼마 뒤 기샤르 부인은 그의 헌신에 완전히 길들여져서 몇 번인가 그의 방문을 두드려, 자신의 은인으로부터 보호해달라고 눈물로 사정하는 일도 있었다.

3

가게는 트베르스카야 거리의 한 모퉁이에서 그리 멀지 않은 곳에 자리잡은 단층 건물이었다. 브레스트 역에서도 가까운 곳이었다. 건물 바로 옆에서 철도터와 직원 관사, 기관고와 창고가 시작되고 있었다.

영리한 소녀 올랴 데미나는 모스크바 화물역에서 근무하는 어느 직원의 조카였는데, 집에서 걸어다녔다.

올랴 데미나는 일을 잘하는 수습생이었다. 전 소유자도 그녀를 눈여겨보았는데, 지금의 새로운 소유자도 그녀를 곁에 가까이 두게 되었다. 올랴 데미나는 라라를 무척 좋아했다.

모든 것이 앞서 레비츠카야의 가게일 때와 똑같았다. 재봉틀은 피곤에 찌든 재봉사의 오르내리는 발과 잽싸게 움직이는 손 밑에서 정신없이 돌아갔다. 누군가가 테이블 쪽으로 앉아, 긴 실을 꿴 바늘을 쥐고 쭉 뻗으면서 조용히 바느질을 하고 있었다. 바닥에는 헝겊 조각이 잔뜩 널려 있었다. 재봉틀의 소음과, 창문에 매달린 새장 속의 카나리아, 키릴 모데스토비치(그 이름의 비밀은 전 여주인이 무덤으로 가져가고 말았지만)의 트레몰로 소리에 지지 않으려면 목청 높여 말을 주고받아야 했다.

응접실에서는 그림처럼 아름다운 숙녀들이 패션 잡지가 쌓여 있는 테이블을 에워싸고 있었다. 그녀들은 서 있거나 앉아서, 삽화에서 본 것과 똑같은 자세로 팔꿈치를 괴기도 하고, 모델을 뜯어보면서 유행하는 스타일에 대해 이야기했다. 지배인 자리에 있는 또 하나의 테이블에는 아말리야 카를로브나 기샤르의 조수역인 일급 재단사 파이나 실란티예브나 페티소바가 앉아 있었다. 홀쭉하게 들어간 뺨 여기저기에 사마귀가 있는 뼈만 남은 여자였다.

재단사는 흰자위가 누런 눈을 가늘게 뜬 채, 궐련을 끼운 상아 파이프를 누런 이 사이에 물고 입과 콧구멍으로 누런 연기를 틈틈이 내뿜으면서, 무리짓고 있는 단골손님들의 치수와 영수증 번호, 주소, 요구사항 따위를 수첩에 적어넣고 있었다.

아말리야 카를로브나 기샤르는 이 가게에서는 새내기나 다름없고 주인 노릇도 처음이었다. 그녀는 자신을 진정 주인이라고는 생각하지 않았다. 그러나 직원들은 성실했고 특히 페티소바는 믿을 만한 사람이었다. 그렇지만 불안한 시절이었다. 아말리야 카를로브나 기샤르는 미래를 생각하면 두려웠다. 그녀는 절망에 사로잡혀 있었다. 아무런 의욕도 느낄 수 없었다.

코마롭스키가 가게에 자주 찾아왔다. 빅토르 이폴리토비치는 가게 안을 가로지르며 여자 손님들을 그냥 지나치지 않았다. 옷을 시침질하던 멋쟁이 숙녀들은 깜짝 놀라 칸막이 뒤에 숨어서 그의 노골적인 농담을 장난스럽게 받아넘겼다. 그리고 재봉사들은 그의 뒤에서 자기네끼리 코마롭스키를 욕하고 비웃으면서 수군거렸다.

"또 납셨군.", "주인님이 왔어.", "아말리야의 영감쟁이", "물소", "난봉꾼."

더 큰 증오의 대상은 그가 데리고 오는 불도그 제크였다. 이따금 그는 짧은 개줄을 잡고 그 개를 데리고 왔는데, 개가 얼마나 맹렬하게 돌진하는지, 코마롭스키는 다리를 휘청거리며 개에게 앞서거니 뒤서거니 하면서, 안내자를 따라가는 장님처럼 팔을 허우적거렸다.

어느 봄날, 제크가 라라의 다리에 달려들어 스타킹을 찢어 놓았다.

"악마 같은 저놈을 내가 죽여 줄게." 올랴 데미나가 장난스럽게 라라의 귓전에 대고 쉰 목소리로 속삭였다.

"정말 얄미운 개야. 하지만 바보, 네가 무슨 재주로 그 개를 죽여?"

"쉿, 목소리가 너무 커. 가르쳐 줄게, 들어 봐. 부활제 때 쓰는 돌로 만든 달걀 있잖아? 너희 엄마 찬장 위에……"

"응, 있어. 대리석하고 수정."

"그래, 그거야, 그거. 귀 좀 이리 가까이 대 봐. 그 돌 달걀을 가지고 와서 돼지기름에 담그는 거야. 돼지기름이 미끌미끌하게 묻겠지. 그놈의 옴딱지 같은 개가 그걸 꿀꺽 삼키면 배가 부풀어서, 발딱 뒤집어져 다리를 버둥거릴 거 아냐! 그럼 그 악마 같은 녀석도 끝장이란 말이야!"

라라는 웃음을 터뜨리면서 부럽다는 생각이 들었다. 올랴 데미나는 가난하게 살면서 일하고 있다. 가난한 집 아이들은 조숙한 법이다. 그런데 놀랍게도 그 아이 속에는 어린아이다운 천진난만함이 아직 때 묻지 않고 남아 있었다! 부활절 달걀과 제크—도대체 어디서 그런 기발한 발상을?

'도대체 나는 왜 이렇게 태어났을까?'—라라는 생각했다. '어째서 나에게는 모든 것이 슬퍼 보이고, 이렇게도 가슴 아프게 여겨지는 걸까?'

4

'사실 그 사람에게 엄마는—뭐라고 불러야 하지…… 하지만 그 사람은 엄마의, 바로 그…… 그건 더러운 말이야. 난 되풀이하고 싶지 않아. 왜 그런 식으로, 그런 때, 그런 눈빛으로 나를 쳐다보는 것일까? 난 엄마의 딸인데.'

라라의 나이는 겨우 만 열여섯 살이 조금 지났을 뿐이지만 육체는 완전히 성숙한 처녀였다. 그녀는 열여덟 살도 더 되어 보였다. 머리가 총명하고 성격이 쾌활했으며, 게다가 무척 아름다웠다.

라라와 로자는, 자신들은 인생의 모든 것을 혼자 힘으로 헤쳐 나가야 한다는 것을 알고 있었다. 일을 하지 않아도 생활이 곤란하지 않은 사람들과는 달리, 두 사람에게는 강한 호기심에 몸을 맡기거나, 아직 실제로 겪어 본 적이 없는 사물을 이치로 파악할 겨를은 없었다. 다만 쓸데없는 것은 버릴 뿐이다.

이 남매는 모든 것의 가치를 알고 있었고, 손에 넣은 것은 소중히 여겼다. 어떻게든 살아가려면 좋은 평판을 얻어야 했다. 라라는 공부를 잘했는데, 그것은 지식에 대한 추상적 욕구 때문이 아니었다. 학비를 면제받기 위해서는 성적이 뛰어나야 하고, 그러기 위해서는 공부를 잘해야 했기 때문이다. 이 공부와 마찬가지로, 라라는 힘들이지 않고 설거지를 하고, 가게에서 일을 돕고 어머니 심부름도 다녔다. 그녀는 조용하게 마치 헤엄치듯이 몸을 움직였다. 그녀의 모든 것은—눈에 띄지 않는 날렵한 몸놀림, 키, 목소리, 잿빛 눈동자, 그리고 금발머리까지 모두 서로 조화를 잘 이루었다.

7월 중순의 어느 일요일이었다. 휴일 아침에는 언제나 오랫동안 침대 속에서 게으름을 피울 수 있었다. 라라는 머리 밑에 두 손을 깍지 끼고 반듯하게 누워 있었다.

가게는 보통 때와 달리 매우 조용했다. 거리 쪽으로 나 있는 창문은 열려 있었다. 멀리서 덜커덩거리던 사륜마차가 자갈길에서 철도마차 레일의 홈 속으로 들어가자, 거친 바퀴 소리가 기름 위를 미끄러지는 듯 부드럽게 바뀌는 걸 라라는 들었다. '조금만 더 자야지'—라라는 생각했다. 도시의 낮고 둔한 소음이 자장가처럼 졸음을 부채질했다.

지금 라라는 자신의 키와 침대에서의 위치를 두 곳, 왼쪽 어깻죽지와 오른쪽 엄지발가락으로 느끼고 있었다. 그것은 한쪽 어깨와 한쪽 발이었다. 그리고 그 밖에는 모두—많든 적든 그녀 자체, 그녀의 영혼이고, 또는 늘씬하게 뻗은 몸이 그리는 선(線) 속에 들어가 민감하게 미래를 향해 돌진하는 본질이었다.

'좀 더 자야 해'—이렇게 생각하면서 라라는 상상을 펼쳤다. 이 시각에 해가 마차가게 거리를 비추는 쪽, 깨끗하게 청소된 초원, 팔기 위한 대형 사륜마차가 진열된 마차전시장, 마차 모서리 등의 컷글라스, 박제된 곰, 부유한 생활. 그리고 아래로 조금 내려가면—하고 라라는 그려 보았다. 즈나멘스키 병영에서 열리는 용기병 교련, 새침하게 안마당을 일주해 나아가는 단정한 말들, 안장에 올라타고 도움닫기 뒤의 도약과 보통걸음 승마 훈련, 구보, 갤럽*2 승마 훈련. 그리고 아이들이나 유모들과 함께 입을 떡 벌리고 있는 보모들, 병영 울타리에 기대고 있는 구경꾼의 열. 더 아래로 내려가면—라라는 생각한다. 페트로프카, 페트로프스키 거리이다.

"무슨 소릴 하는 거야, 라라! 어떻게 그런 생각을? 난 그저 당신에게 우리 집을 보여 주고 싶었어. 게다가 아주 가까이 있으니까."

올가 대공비(大公妃)를 기념하는 축일이었다. 마차 거리에 있는 그의 지인 집에, 이 명명일의 이름과 같은 어린 딸이 있다. 그것을 이유로 어른들은 춤과 샴페인으로 흥겹게 즐기고 있었다. 그는 어머니를 초대했지만 어머니는 갈 수 없었다. 몸이 아팠기 때문이다. 어머니가 말했다. "라라를 데리고 가세요. 당신은 언제나 나에게 라라를 잘 보살피라고 말했잖아요? 이제는 당신이 라라를 보살펴 주세요." 그래서 그는 나를 잘 보살펴 준 것이다. 그것뿐이다!

모두 그 춤에서 시작된 거나 다름없다. 왈츠가 얼마나 열광적인 춤인가! 아무것도 생각하지 않고 빙글빙글 돌아간다. 음악이 이어지는 동안, 소설 속의 인생처럼 기나긴 세월이 지나간다. 그런데 연주가 끝나는 순간 깨닫는 것이다. 마치 찬물을 끼얹었거나 알몸을 보여 준 것 같은. 그뿐만이 아니라, 그런 허물없는 태도를, 너는 자신이 이제는 어른이라는 걸 보여 주고 싶어서 자랑스럽게 모두에게 허용했으니까.

그녀는 그가 그렇게 춤을 잘 춘다고는 생각하지 못했다. 그의 손길은 얼마나 능숙하고, 또 얼마나 자신만만하게 허리를 껴안던지! 그렇지만 그런 식으로 키스하는 건 다시는 누구에게도 허락하지 않으리라. 그녀는 자신의 입술에 그렇게 오랫동안 남의 입술이 포개졌을 때, 그 입술이 그토록 파렴치할 줄은 지금

---

*2 gallop. 말이 한 발짝마다 네 발을 모두 땅에서 떼고 뛰는 것. 가장 빠르게 뛰는 법임.

까지 상상도 한 적이 없었다.

그런 어리석은 짓은 그만두어야 한다. 다시는 되풀이하지 말아야 한다. 착한 척하지 말고, 아양 떨지 말고, 수줍은 듯 눈을 내리깔지 말 것. 언젠가 그것은 나쁜 결과로 끝날 것이다. 바로 그 옆에 무서운 행위가 이웃하고 있다. 한 걸음만 잘못 디디면 나락으로 추락한다. 춤에 대해선 생각조차 하지 말 것. 춤은 모든 악의 근원, 가차 없이 끊어야 한다. 춤을 배우지 않았다거나 다리를 다쳤다거나 핑계를 만들 것.

5

가을에 모스크바 관구의 철도에서 소요가 일어났다. 모스크바—카잔 철도가 파업에 돌입했다. 여기에 모스크바—브레스트 철도*[3]도 가담할 예정이었다. 파업은 결정되었지만, 철도위원회에서는 그 고시 일자에 대해 합의를 보지 못하고 있었다. 파업에 대해 철도에서는 모르는 사람이 없었다. 필요한 것은 파업이 자발적으로 이루어진다는 표면상의 구실뿐이었다.

10월 초, 쌀쌀하고 잔뜩 흐린 아침이었다. 그날은 철도에서 급료가 지급되는 날이었다. 아무리 기다려도 경리부에서 전갈이 오지 않았다. 이윽고 출근부와 지급명세서, 가불금을 징수할 목적으로 거둬 가는 노동수첩을 잔뜩 가슴에 안은 소년이 사무소에 들어왔다. 지급이 시작되었다. 목조로 된 관리본부, 역사, 수리공장, 기관고, 철도창고, 철로 사이에 있는 공터에 끝없이 늘어선 차장, 전철수(轉轍手), 수리공, 그 수습공, 차고에서 온 바닥 청소부들의 줄이 느릿느릿 움직이기 시작했다.

도시에서는 겨울이 시작되었음이 느껴졌다. 짓밟힌 단풍나무 잎과 녹은 눈, 증기기관차의 매연 냄새, 역 식당의 지하실 오븐에서 방금 구워 낸 흑빵 냄새가 감돌고 있었다. 열차가 드나들었다. 깃발을 말거나 펼치는 신호에 따라 열차가 편성되고 차량이 교체되곤 했다. 감시 나팔과 차량 연결수의 호각, 증기기관차의 낮은 기적 소리가 저마다 울리기 시작했다. 연기의 기둥은 끝이 보이지 않는 사다리꼴로 하늘 높이 올라갔다. 보일러를 때는 증기기관차는 저마다 끓어오르는 증기로 차가운 겨울 구름에 화상을 입히면서, 차례를 기다리고

---

*3 모스크바와 스몰렌스크 사이 등, 전체 길이 1,100km. 1870~1912년까지. 1896년에 국가의 직할이 되었다.

있었다.

철도기사이자 관구장인 푸플리긴과 역 주변 구역의 보선기사인 파벨 페라폰토비치 안티포프가 길 가장자리를 왔다 갔다 하고 있었다. 안티포프는 레일에 새로 씌울 재료가 마음에 들지 않아 보선공사에 몹시 넌더리를 내고 있었다. 레일은 휨과 파손 검사를 견디지 못했고, 안티포프의 예측으로는 혹한기에는 파손될 것이 분명했다. 관리본부는 파벨 페라폰토비치 안티포프의 불평에 차갑게 대응하고 있었다. 누군가가 그것으로 부당한 이득을 취하고 있었다.

푸플리긴이 입고 있는 철도 제복의 가장자리 장식을 댄 값비싼 모피코트는, 단추가 떨어져서 그 사이로 새로 지은 체비오트 양모 신사복이 살짝 보였다. 그는 양복 옷깃의 직선과 칼날 같은 바지 주름, 고상한 구두 모양을 사뭇 만족스러운 듯이 내려다보며 둑 위를 조심스럽게 걷고 있었다.

안티포프의 말은 그의 한쪽 귀로 들어와 다른 쪽 귀로 빠져나갔다. 푸플리긴은 자기 생각에 빠져 자주 시계를 꺼내 보며 딴 데 정신을 팔고 있었다.

"맞아, 정말이야, 여보게." 그는 초조한 듯이 안티포프의 말을 가로챘다. "하지만 그건 어느 곳이든 교통량이 아주 많은 직통구간일 때 맞는 얘기야. 자네 쪽에는 뭐가 있나? 대피선과 인입선(引入線), 우엉이니 쐐기풀이니, 기껏해야—빈 차량의 조차장과 조차용 소형기관차 '앵무새'의 대피선 아닌가. 그런데도 아직 불만인가! 자네, 지금 제정신이 아니로군? 여기는 철 레일이 아니라 나무 레일을 깔아도 괜찮아."

푸플리긴은 시계를 들여다본 뒤 뚜껑을 탁 닫고는, 저 멀리 포장도로가 철도로 다가오는 풍경을 바라보기 시작했다. 그 길모퉁이에 대형 사륜마차가 나타났다. 푸플리긴의 자가용 마차였다. 아내가 그를 데리러 온 것이다. 마부는 길가에 말을 세우고, 칭얼대는 젖먹이를 어르는 보모처럼 날카로운 목소리로 워워 소리치면서 말들을 다루고 있었다. 말이 철도를 보고 겁을 먹은 것이다. 마차 속에는 예쁜 부인이 한쪽 구석에서 아무렇게나 쿠션에 기대어 앉아 있었다.

"그럼 친구, 다음에 또 보세." 관구장이 손을 흔들었다. "자네의 레일이 문제가 아니라네. 그보다 더 중요한 일이 있어서 말이야."

그들은 마차를 타고 달려갔다.

6

두세 시간 뒤 땅거미가 질 무렵, 길가에서 좀 떨어진 들판에 마치 땅속에서 솟아난 것처럼 조금 전까지 없었던 두 그림자가 나타나더니 자꾸만 주위를 두리번거리면서 빠른 걸음으로 멀어져 갔다. 안티포프와 티베르진이었다.

"좀 더 빨리 가세." 티베르진이 말했다. "누가 우리 뒤를 밟을까 봐 그러는 게 아니네. 난 스파이 따위는 겁내지 않아. 이 사보타주는 곧 끝날 거고, 그들은 땅굴에서 기어 나와 우리를 그러모으려고 할걸. 난 그자들은 꼴도 보고 싶지 않아. 모두 이렇게 질질 끌게 할 거면, 남새밭에 담장을 두르는 식의 쓸데없는 일은 왜 자꾸 하는 건가? 이러면 위원회도 아무 도움이 안 돼. 불장난은 그만두고 지하로 숨어들어야 해! 자네도 참 친절하군. 니콜라에프스크 철도의 분쟁을 지원하다니."

"우리 다리야가 장티푸스에 걸려서 말이야. 병원에 데려가야 해. 그러기 전에는 아무것도 머리에 들어오지 않아."

"오늘 급료가 나온다더군. 난 사무소에 들를 거야. 만일 오늘 임금 지불이 안 된다면 하늘에 맹세코 나는 자네들에게 침을 뱉고, 이러니저러니 할 것 없이 나 자신의 힘으로 분쟁을 끝장내 버리겠네."

"도대체 무슨 방법으로 말인가?"

"그거야 아주 간단해. 보일러실에 들어가서 경적을 한 번 울리면 끝나는 거지."

두 사람은 작별 인사를 한 뒤 저마다 갈 길로 발걸음을 옮겼다.

티베르진은 시내 방향의 선로를 따라 걸었다. 사무소에서 급료를 받아 오는 사람들과 마주쳤다. 그 수가 매우 많았다. 티베르진은 눈짐작으로 역 안의 거의 모든 사람이 품삯을 받았을 거라고 판단했다.

차츰 어두워지기 시작했다. 사무소 옆 광장에 일을 마친 노동자들이 사무소 불빛을 받으며 모여 있었다. 광장 입구에 푸플리긴의 승용마차가 서 있었다. 푸플리긴 부인은 마치 아침부터 마차 밖으로 한 번도 나오지 않은 것처럼, 이전의 자세 그대로 마차 안에 앉아 있었다. 그녀는 사무소에서 품삯을 받고 있는 남편을 기다리는 중이었다.

갑자기 비 섞인 진눈깨비가 흩뿌리기 시작했다. 마부가 마차에서 내려 가죽 포장을 쳤다. 그가 한 발로 마차 뒤쪽을 짚고 버티면서 단단한 지주를 당기는 동안, 푸플리긴 부인은 사무소 불빛 속에서 유리구슬처럼 반짝거리는 은빛 결정을 멍하니 바라보았다. 그녀는 눈도 깜박거리지 않고 꿈꾸는 듯한 눈빛으로, 모여 있는 사람들을 바라보고 있었다. 그것은 마치 필요하다면 안개나 안개비를 뚫고 아무런 거리낌 없이 그들을 관통이라도 할 것 같은 시선이었다.

티베르진이 우연히 그 표정을 포착했다. 티베르진은 불쾌한 느낌이 들었다. 그는 부인에게 인사도 하지 않고 지나친 뒤, 사무소에서 그녀 남편과 마주치지 않으려면 나중에 품삯을 받아야겠다고 생각했다. 티베르진은 불빛이 희미한 수리공장 쪽으로 걸음을 내디뎠다. 그곳에서는 기관차를 기관고로 이끄는 선로를 갖춘 전차대(轉車臺)가 거무스름하게 보였다.

"티베르진! 쿠프리크!" 어둠 속에서 몇 사람이 그를 큰 소리로 불렀다. 수리공장 앞에 사람들이 모여 있었다. 그 속에서 누군가가 소리를 지르고 아이 우는 소리가 들렸다. "키프리얀 사벨리예비치, 이 아이를 좀 구해 주세요." 사람들 틈에서 어떤 여자가 소리쳤다.

고참 현장주임인 피오트르 후돌레예프가 또 자신의 제물인 어린 수습공 유수프카를 때리고 있었다.

후돌레예프는 늘 그러는 것은 아니지만, 수습공을 학대하거나 툭하면 술에 취해 쌈질을 했다. 옛날 사내다운 젊은 노동자였던 시절에는, 상인의 딸과 모스크바 교외 방직공장 지역 사제의 딸들이 그에게 홀딱 반하곤 했다. 그 무렵 그는 여자신학교 졸업반 학생이었던 티베르진의 어머니에게 청혼했지만, 그녀는 거절하고 그의 동료였던 기관사 사벨리 니키티치 티베르진에게 시집을 가 버렸다.

사벨리 니키티치가 죽고(그는 1888년에 엄청난 충격을 주었던 어떤 열차충돌 사고로 불에 타 죽었다) 그녀가 과부가 된 지 6년째에 이 피오트르 페트로비치가 다시 구애를 했는데, 이번에도 마르파 가브릴로브나에게 거절당했다. 그때부터 술을 마시기 시작한 후돌레예프는 자신이 지금 이렇게 된 것은 다 세상 탓이라 생각하며 그 분풀이로 툭하면 싸움질을 했다.

유수프카는 티베르진이 살고 있는 건물의 문지기인 기마제트진의 아들이었다. 티베르진은 수리공장에서 이 소년의 방패막이가 되어 비호해 주고 있었다. 그것이 후돌레예프의 원한을 사게 되었다.

"줄을 왜 그렇게 쥐는 거야, 요 아시아 놈이!" 후돌레예프는 유수프카의 앞머리를 움켜잡고 목덜미를 때리면서 질질 끌고 갔다. "그래 가지고 어떻게 주물을 깎겠다는 거냐? 아무래도 너 내 일을 망쳐 놓을 작정이지? 눈이 쭉 찢어진 타타르 놈, 이 사팔뜨기 이슬람 놈아."

"아야, 안 그럴게요. 아저씨, 다신 안 그럴 게요. 안 그래요! 아야, 아파요!"

"요 녀석, 몇 번을 말해야 알아들어. 앞에 굴대를 먼저 놓고, 그 다음에 버팀목의 나사를 조이라고 했잖아. 그런데도 꼭 제멋대로 한단 말이야. 하마터면 내 굴대를 부러뜨릴 뻔했잖아. 요 쥐새끼 같은 놈아."

"저는 굴대는 만지지 않았어요, 아저씨. 하느님께 맹세코 안 만졌어요."

"왜 그렇게 어린아이를 못살게 굴어요?" 티베르진이 사람들을 헤치고 나서면서 물었다.

"남의 일에는 끼어들지 마." 후돌레예프가 가로막았다.

"당신에게 묻고 있잖소, 왜 아이를 학대하느냐고."

"그럼 말해 줄 테니 괜한 참견 말고 가던 길이나 가. 하마터면 내 굴대를 부러뜨릴 뻔했단 말이야. 무사히 살아남은 것만으로도 내 손에 입을 맞춰야 할걸, 요 못된 사팔뜨기 놈—난 그저 이 녀석의 귀를 비틀고 머리통을 쥐어박았을 뿐이야."

"그럼 뭡니까? 당신 말로는 이 아이의 머리라도 베어 내야 한다는 거요, 후돌레예프 아저씨? 부끄럽지도 않소? 고참 현장 주임님, 머리가 허옇게 세도록 살아도 그렇게 판단을 못한단 말이오?"

"얼른 꺼져 버려, 뼈도 못 추리기 전에. 안 그러면 네놈한테서 영혼을 뽑아 버릴 테니까. 어디서 나를 가르치려 들어, 이 개자식이! 넌 침목 위에서 만들어진 놈이야, 알아? 이 해파리 같은 놈! 네 아비 바로 코앞에서 말이야. 네 어미, 그 걸레 같은 년을 난 아주 잘 알고 있지. 도둑고양이, 누더기가 된 치맛자락을 말이야!"

그 다음 일이 일어나는 데는 채 1분도 걸리지 않았다. 두 사람은 무거운 공구와 쇳조각이 뒹굴고 있는 선반대에서 손에 집히는 대로 아무거나 집어들었다. 그때 모두가 한 덩어리가 되어 두 사람을 떼어 놓기 위해 달려들지 않았더라면, 그들은 서로를 죽이고 말았을 것이다. 후돌레예프와 티베르진은 고개를 숙인 채 거의 이마를 맞대다시피 하여 핏발 선 눈으로 서로를 노려보고 서 있었다. 그들은 잔뜩 흥분해 말도 제대로 하지 못했다. 사람들이 그들을 뒤에서 두 팔을 잡고 꼼짝 못하게 제압했다. 두 사람은 몇 분 동안 서로 힘을 다해 온몸을 비튼 다음, 뒤에 매달려 있는 동료들을 뿌리치고 빠져나오려고 몸부림을 쳤다. 두 사람 주위에서는 시끄러운 고함이 가라앉지 않았다.

"끌이다! 놈의 끌을 빼앗아—머리를 때려." "얌전히 있어, 얌전히! 피오트르 아저씨. 안 그러면 팔이 빠져!" "이대로는 안 되겠어. 떼어 놓고 가둔 뒤 자물쇠를 채워 놓아야 일이 끝나겠어."

갑자기 티베르진이 괴력을 발휘해 달려든 사람들을 뿌리치더니, 단숨에 달아나 어느새 문까지 가 있었다. 사람들이 그를 붙잡으려고 달려갔지만, 그가 더는 흥분한 상태가 아니라는 걸 알고 그대로 내버려 두었다. 티베르진은 문을 쾅 닫고 나가더니 뒤도 돌아보지 않고 갔다. 가을의 축축한 공기와 어둠이 그를 에워쌌다.

"넌 그들에게 잘해 주려고 애쓰는데, 그들은 네 옆구리에 칼을 겨누고 있다." 티베르진은 혼자 중얼거리면서, 지금 자신이 어디로 왜 가는 건지 느끼지도 못한 채 걸어갔다.

비열하고 거짓된 이 세상, 유한부인이 마차를 타고 스쳐 지나가면서 어수룩한 노동자들을 짐짓 깔보는 눈길로 바라보고, 한쪽에서는 이 사회 질서와 술에 찌든 희생자가 자신의 동료를 비웃는 데서 만족감을 찾는 이 세상이, 지금 티베르진에게는 어느 때보다 더욱 혐오스러웠다. 그는 빠른 걸음으로 걸어갔다. 마치 빨리 걸으면 걸을수록, 지금 그가 뜨겁게 열망하는 것처럼 세계의 모든 것이 이성적이고 정연해질 때가 가까워지는 것처럼. 그는 지난 며칠 동안의 자신들의 욕구와 노선상의 혼란, 집회의 연설, 아직 실행되고 있지는 않지만 멈추지 않은 파업 결정—그러한 일들이 모두, 아직은 앞으로 걸어가야 할 먼 길의 첫머리에 지나지 않다는 것을 알고 있었다.

그러나 지금 티베르진은 단숨에 그 길을 끝까지 달려가고 싶어서 참을 수 없을 만큼 들떠 있었다. 그는 큰 걸음으로 걸었다. 자신이 어디로 가고 있는지 생각하지 않았지만, 다리는 그가 가야 하는 곳을 잘 알고 있었다.

티베르진은 자신과 안티포프가 땅굴에서 나온 뒤에 이어진 회의에서, 그날 밤 파업에 들어가기로 결정되었으리라는 것을 오랫동안 의심하지 않았다. 위원회 멤버는 그 자리에서 누가 어디로 가고, 어디서 누구를 뺄지 분류했다. 마치 티베르진의 마음속 깊은 곳에서 울리는 것처럼, 증기기관차 수리공장에서 사이렌 소리가 목 쉰 듯 나다가 차츰 맑고 잔잔하게 울려 퍼졌다. 진격신호에 따라 군중이 이미 시내를 향해 기관차와 화물역에서 움직이기 시작, 티베르진이 울린 경적에 보일러실에서 일손을 내려놓고 뛰쳐나온 새로운 군중과 합류했다.

티베르진은 그날 밤 작업과 운행을 멈추게 한 것은 오로지 자기 한 사람뿐이었다고 여러 해 동안 믿어 왔다. 다만 뒷날의 재판에서 그에게 공모 혐의만이 씌워졌고 파업선동에 대해서는 죄를 묻지 않은 것에서, 그것이 자신의 착각이었음을 깨달은 것이다.

사람들이 달려나와서 물었다. "모두 어디로 가라고 울리고 있는 거지?" 어둠 속에서 대답이 돌아왔다. "귀가 안 들려? 들리잖아—경보야. 불을 꺼야 해." "어디 불이 났는데?" "틀림없이 화재라니까. 경보가 울리잖아."

문이 쾅하고 울리더니 또 새로운 사람들이 쏟아져 나왔다. 다른 목소리가 외쳐댔다. "무슨 소리들이야!—무식한 것들! 바보 같은 소리들 작작 해. 이건 파업이라는 거야, 알아? 옜다. 말굴레와 멍에! 난 이제 종이 아니야. 자, 모두 집에 돌아가자고."

사람들의 수가 차츰 불어났다. 철도 파업이 시작되었다.

7

사흘째 되는 날, 티베르진은 잠도 제대로 자지 못하고 수염은 자랄 대로 자라서, 꽁꽁 언 모습으로 돌아왔다. 전날 밤, 10월 상순치고 지금껏 겪어 보지 못한 엄청난 추위가 시작되었는데 티베르진은 아직 가을 옷차림이었다. 현관에서 문지기 기마제트진이 그를 맞이했다.

"고맙습니다요, 티베르진 나리." 그가 몇 번이나 말했다. "덕분에 유수프카가 모욕을 당하지 않았어요, 평생 하느님께 기도하겠습니다."

"아니, 기마제트진, 당신 미쳤소? 내가 왜 당신에게 나리란 말이오? 그런 소리 그만 집어치우고, 할 말이 있으면 어서 해요. 이렇게 추운데."

"무슨 말씀이세요? 당신의 집은 따뜻해요, 사벨리치. 어제 저와 당신 어머니 마르파 가브릴로브나가 모스크바 화물역에서 장작을 잔뜩 실어 왔습죠. 모두 자작나무예요. 좋은 장작, 잘 마른 장작이죠."

"고마워요, 기마제트진. 그리고 할 말이 더 있지요? 제발 빨리 좀 말해요. 보다시피 난 지금 꽁꽁 얼어 있으니까.”

“집에 계셔서는 안 된다는 겁니다. 사벨리치, 어서 숨어야 해요. 초병이 찾아왔어요. 파출소 소장도 찾아와서 누가 왔었느냐고 묻더군요. 저는 아무도 오지 않았다, 기관사 조수가 왔다, 말했습죠. 증기기관차 승무원들이 오고 철도가 왔다, 낯선 사람은 아무도 오지 않았다, 아무도!”

독신인 티베르진이 어머니, 결혼한 막냇동생과 함께 살고 있는 건물은, 옆에 있는 성 트로이사 교회 소유였다. 이 건물에는 몇몇 성직자와 시내 길거리에서 저마다 청과물과 정육을 파는 두 협동조합원이 살고 있었고, 주민 대부분은 모스크바—브레스트 철도의 하급 직원이었다.

돌로 지은 건물에 나무 복도가 있었다. 이 복도는 포장이 되지 않은 지저분한 안마당을 사방에서 에워싸고 있었다. 복도에서 이층으로 올라가는 나무 계단은 더럽고 미끈거렸다. 계단에서 고양이와 식초에 절인 양배추 냄새가 시큼하게 풍겼다. 계단 층계참에는 행상용 판매대와 맹꽁이자물쇠를 채운 창고가 붙어 있었다.

티베르진의 형은 병졸로 징집되어 뤼순(旅順) 근교의 바팡고 전투에서 부상을 당했다. 시베리아의 크라스노야르스크 병원에서 치료하고 있을 때, 형수는 형을 집으로 데려오기 위해 두 딸을 데리고 그곳으로 떠났다. 대대로 철도원인 티베르진 집안은 한번 마음을 정해야 하는 일에 늑장을 부리지 않았다. 그들은 직원용 무료통행권으로 온 러시아를 돌아다녔다. 지금은 집이 텅 비어 조용했다. 아들과 어머니가 살고 있을 뿐이었다.

집은 이층에 있었다. 복도 입구의 현관문 앞에, 물 운반차가 물을 채워 주고 가는 통이 있었다. 키프리얀 사벨리예비치는 자신이 사는 층에 올라갔을 때, 그 물통 뚜껑이 옆으로 기울어져서, 꽁꽁 언 물 표면에 양철 컵이 얼어붙어 있는 것을 발견했다.

‘이건—틀림없이 프로픈데.’ 희미하게 웃고 나서 티베르진은 생각했다. ‘그는 아무리 마셔도 갈증이 풀리지 않는 대식가, 불의 위장을 지녔어.’

체격이 좋고 아직 젊은 성가대원 프로프 아파나시예비치 소콜로프는 가브릴로브나의 먼 친척이었다.

키프리얀 사벨리예비치는 꽁꽁 언 표면에서 컵을 뜯어낸 뒤 뚜껑을 덮고, 문의 초인종 줄을 당겼다. 사람이 살고 있는 냄새와 맛있는 냄새가 밴 구름 같은 수증기가 그를 맞이했다.

"장작을 많이 땠군요. 어머니, 따뜻해서 좋아요."

어머니는 그에게 달려와서 목덜미를 끌어안고 울음을 터뜨렸다. 그는 어머니의 머리를 어루만지며 잠시 기다렸다가 어머니를 가만히 떼어 냈다.

"용기만 있으면 성도 무너뜨릴 수 있어요, 어머니." 그는 조용히 말했다. "우리 철도*[4]는 모스크바에서 바르샤바까지 정지되었어요."

"알고 있다. 그래서 울고 있지 않니. 넌 엄청난 일을 겪게 될 거야. 쿠프리니카, 어디 먼 곳으로 몸을 피하는 게 좋을 게다."

"어머니의 다정한 친구가, 어머니의 친절한 목자인 피오트르 페트로프가 하마터면 제 머리를 날려 보낼 뻔했어요."

그는 어머니를 웃게 해 줄 생각으로 그렇게 말했다. 그러나 어머니는 농담을 이해하지 못하고 진지하게 답했다.

"그를 비웃는 건 죄악이란다. 쿠프리니카, 가엾게 여겨 주렴. 정말 불행한 사람이고 타락한 영혼이니까."

"안티포프 파시카가 체포됐어요. 파벨 페라폰토비치 말이에요. 한밤중에 찾아와서 샅샅이 뒤졌어요. 아침에 끌려갔죠. 그뿐만이 아니라 그의 다리야는 티푸스에 걸려 병원에 있어요. 실업중학에 다니는 아들 파블루시카*[5]는 귀가 들리지 않는 숙모와 단둘이 집에 있어요. 게다가 그들은 곧 아파트에서 쫓겨날 형편이에요. 그 아이를 우리 집에 데리고 있으면 어떨까 생각하고 있어요. 프로프는 우리 집에 왜 왔어요?"

"너 그걸 어떻게 알았니?"

"물을 보고요, 뚜껑이 열려 있고 컵이 있던데요. 틀림없이 물을 많이 마시는 프로프가 실컷 퍼마신 거라고 생각했죠."

"하여간 눈치가 빨라, 쿠프리니카. 네 말이 맞다. 그래, 프로프, 프로프, 프로프 아파나시예비치가 왔었어. 장작을 얻으러 왔기에 줬지. 어이구 참, 나 좀 봐—내가 꼭 장작이라니까! 그가 전해 준 소식을 까맣게 잊어버리다니. 아들아, 폐하께서 선언서에 서명하셨다는구나. 모든 것을 새롭게 바꾸겠다, 어느 누구도 모욕당하지 않게 하겠다, 농민에게는 땅을 주고 모든 사람을 지주귀족처

---

*4 1905년 10월 6일, 모스크바—카잔 철도 파업이 시작된다.

*5 파벨의 애칭.

럼 대우하겠다고 말이야. 흥, 서명한 칙령*6은 선포만 할 뿐이겠지. 넌 어떻게 생각하니? 종무원*7에서 새로운 탄원서를 보냈는데, 연도니 뭐니 하는 축복기도를 하기 위한 거란다. 프로브시카가 얘기해 줬는데 그만 까먹었지 뭐냐."

8

체포된 파벨 페라폰토비치와 입원 중인 다리야 피리모노브나의 아들 파툴리야 안티포프가 티베르진의 집으로 옮겨 왔다. 그는 아마 빛 머리를 반듯하게 가르마를 탄 말끔한 모습의 소년이었다. 그는 끊임없이 빗으로 머리를 빗고, 재킷과 실업중학교 버클이 달린 허리띠를 반듯하게 고치곤 했다. 파툴리야는 눈물이 나올 만큼 웃기고 관찰력이 뛰어났다. 그는 본 것 들은 것을 그대로 흉내를 잘 내는데 그것이 기가 막히게 닮아 사람들을 웃게 만들었다.

10월 17일의 선언이 나온 뒤 얼마 지나지 않아, 트베르스카야 관문에서 칼루가 거리로 대규모 데모가 계획되었다. 그런데 그 일은 속담에서 흔히 말하는 '사공이 많으면 배가 산으로 올라가는' 꼴이 되고 말았다. 이 계획과 관련된 몇몇 혁명조직은 서로를 탓하며 차례차례 계획에서 손을 뗐는데, 예정된 날 아침, 역시 사람들이 시내로 나갔다는 걸 알고는 황급히 데모대에 조직 대표자들을 파견했다.

11월 초순, 공기가 매우 건조하고 추운 날이었다. 하늘은 온통 잿빛 어린 납빛이었고, 이따금 눈이라는 걸 겨우 알아볼 수 있는 눈가루가 흩날렸다. 그것은 망설이는 것처럼 오랫동안 맴돌면서 춤추다가 마지못해 땅에 떨어져, 이윽고 길의 움푹 팬 곳에 잿빛 먼지처럼 내려앉았다.

군중은 거리 아래쪽으로 몰려갔다. 오롯한 오합지졸로, 얼굴과 얼굴, 또 얼굴, 솜을 넣은 겨울 코트와 양가죽 모자, 노인과 여고생들, 아이들, 제복을 입은 철도원, 전차의 차고 노동자, 무릎 위까지 오는 장화에 가죽점퍼를 입은 전화국 노동자, 김나지움의 중학생과 대학생들이었다.

한동안 '바르샤바 노동가'와 '너희는 희생물이 되었나니', '라 마르세예즈'가 울려 퍼졌다. 한 사내가 데모대 선두에서 등을 돌린 채 뒷걸음치면서 한손에 움켜쥔 모자를 흔들며 노래를 지휘하고 있었다. 그런데 갑자기 지휘를 멈추고

*6 1905년 10월 17일의 '국가질서 개선 조서(詔書)'.
*7 제정러시아가 총주교 제도를 폐지한 뒤 1917년까지 정교회를 관리하던 기관.

모자를 쓰더니, 따라오는 행렬에 등을 돌린 채 앞으로 걷기 시작했다. 그리고 나란히 나아가고 있던 다른 데모 지휘자들의 대화에 귀를 기울였다. 노랫소리는 곡조가 흐트러지더니 이내 끊어졌다. 얼어붙은 길에서는 수많은 사람의 발소리만이 저벅저벅 울려왔다.

동조하는 자들이 데모대 지휘자들에게, 앞쪽에 카자크 병사가 기다리고 있다고 전해 주었다. 누가 가장 가까운 약국에 전화를 걸어 카자크 병사가 숨어 있다고 알려 준 것이다.

"그게 어쨌다는 거지?" 데모 지휘자들이 말했다. "그럴 때 중요한 건—냉정을 유지하고 당황하지 않는 거야. 가다가 공공건물이 보이면 재빨리 점거해서, 위험이 닥쳐오고 있음을 모두에게 알리고 뿔뿔이 흩어져야 해."

어디로 들어가는 게 가장 좋을지 의논했다. 어떤 사람은 상점판매원협회, 다른 사람은 고등공업협회, 또 다른 사람은 외국특파원학교에 들어가자고 제안했다.

그러는 동안 앞쪽에 관청 소유의 건물이 하나 나타났다. 그곳에도 교육기관이 들어 있고 피란 장소로 마땅해서, 지금까지 제안된 것보다 조금도 나쁘지 않았다.

데모대가 그 건물까지 왔을 때, 지도자들이 현관의 반원형 계단 위로 올라가, 행렬의 선두에 정지 신호를 보냈다. 건물의 양쪽 문을 열고 데모대는 모두 털외투와 모자로 줄을 지으며 학교 로비로 몰려가 정면 계단을 올라갔다.

"강당으로, 강당으로!" 뒤에서 저마다 소리쳤지만 군중은 더욱 깊숙이 들어가서 복도와 교실들을 지나 안쪽으로 흩어졌다.

그래도 겨우 모두를 강당으로 돌아오게 한 다음 의자에 앉혔다. 행진하는 길에 배치되어 있는 함정에 대해 지도자가 거듭 주의를 주었으나 귀를 기울이는 사람은 아무도 없었다. 행렬이 멈추고 건물 안으로 들어온 것은 즉흥 집회를 연다는 의미로 해석되어 곧 집회가 시작되었다.

사람들은 오랫동안 노래를 부르면서 행진한 뒤였기에 잠시 입을 다물고 앉아 있고 싶어서, 자신이 아니라 다른 누군가가 대신 큰 목소리를 내 주기를 바랐다. 휴식이 주는 커다란 만족에 비하면, 거의 모든 문제에서 나올 수 있는 발언자들의 하찮은 의견 차이 따위는 아무래도 좋았다.

그래서 행운은 어느 비쩍 마른 웅변가에게 돌아갔는데, 그는 반드시 듣고 싶게 만드는 박진감 있는 연설로 청중의 관심을 끌었다. 그의 한 마디 한 마디에 공감하는 함성이 일어났다. 그의 연설이 찬동의 소음에 묻혀 버려도 아무도 불만을 갖지 않았다. 서로 참지 못하고 그의 의견에 찬성하려고 앞다투어 "치욕이다!" 소리치면서 항의의 전문(電文)을 썼다. 그러다가 갑자기 그의 단조로운 목소리에 싫증이 나서 마치 한 덩어리가 된 것처럼 한꺼번에 일어난 청중들은 웅변가에 대해선 까맣게 잊은 채, 차례차례 모자를 쓰고 줄을 지어 계단을 내려간 뒤 거리로 밀려 나갔다. 행진이 다시 시작되었다.

집회가 열리는 동안, 거리에서는 눈이 내리기 시작했다. 포장도로가 하얗게 뒤덮였다. 눈발이 갈수록 거세졌다.

카자크 용기병들이 돌진해 왔을 때, 대열의 뒤쪽에서는 처음에 무슨 일이 일어났는지 알지 못했다. 갑자기 앞쪽에서 마치 군중이 "후라(만세)!" 소리를 칠 때처럼 둔한 함성이 일기 시작했다. "사람 살려—", "살인자—" 하고 소리치는 목소리와 무슨 소린지 알아들을 수 없는 외침이 들려왔다. 그 소리의 물결 위로, 거의 그 순간 옆으로 비켜난 군중 속에 열린 좁은 통로로, 말의 얼굴과 갈기, 군도를 휘두르는 기병들이 소리도 없이 똑바로 질주해 왔다.

그 소대의 반(半)은 곧바로 군중 속을 빠져나가 방향을 틀더니, 대열을 다시 정렬해 뒤에서 데모대 꼬리 쪽으로 쳐들어갔다. 무차별 살육이 시작되었다.

몇 분 사이에 거리는 거의 텅 비고 말았다. 사람들은 골목으로 뿔뿔이 흩어져 달아났다. 눈발이 뜸해졌다. 저녁 풍경은 목탄화처럼 무덤덤했다. 어느 건물 뒤로 스러져가던 해가 갑자기 모퉁이 뒤에서 마치 손가락질하듯 길 위의 모든 붉은 것들을 비추기 시작했다. 그것은 용기병의 붉은 모자, 땅에 떨어져 있는 찢어진 붉은 깃발 조각, 눈 위에 뿌려진 붉은 선과 점으로 남겨진 핏자국이었다.

두개골이 깨진 사내가 신음하면서 두 손바닥으로 몸을 끌며 길 가장자리를 기어가고 있었다. 아래쪽에서 기병 몇 기가 일렬로 발을 맞춰 다가왔다. 그들은 길 끝까지 군중을 추격한 뒤 거리 끝에서 돌아온 참이었다. 기마병의 발밑에서 두건을 뒷목덜미에 늘어뜨린 마르파 가브릴로브나가 갈팡질팡하면서 걸어갔다. 그녀는 거리 전체를 향해 자신의 목소리 같지 않은 소리로 불러 댔다.

"파샤! 파툴리야!"

파툴리야는 줄곧 그녀와 함께 행진하다가 조금 전 웅변가를 참으로 멋지게 흉내내어 그녀를 즐겁게 해 주었는데, 용기병들이 덮쳤을 때 혼란 속에 갑자기 사라져 버렸다.

궁지에 몰린 마르파 가브릴로브나도 등짝에 카자크 기병의 짧은 채찍을 한 대 얻어맞았다. 그러나 솜을 두껍게 둔 외투를 입고 있어서 아픔은 그리 느껴지지 않았다. 그녀는 멀어져 가는 기병대를 향해 종주먹을 들이대면서 욕을 퍼붓고, 선량한 나로드(민중) 앞에서 자기 같은 할멈을 채찍으로 때린 것에 분노했다.

마르파 가브릴로브나는 흥분한 눈길로 길 양쪽을 바라보았다. 그녀는 반대쪽 길에 있는 소년을 발견했다. 그곳 외제품 가게와 석조 주택의 돌출부 사이 안쪽에 마침 구경꾼들이 무리지어 서 있었다. 길 위로 말을 타고 올라간 한 용기병이 자신의 말 엉덩이와 옆구리로 사람들을 그곳으로 몰아넣었다. 겁에 잔뜩 질린 사람들을 재미있어하며 출구를 막은 용기병은 사람들의 눈앞에서 보란 듯이 급히 방향을 틀어 돈 뒤, 말을 뒷걸음질시키고는 서커스하듯이 뒷다리로만 서게 했다. 그러다가 동료가 보통걸음으로 돌아오자, 말에 박차를 가해 두세 번 높이 뛰어오른 뒤 그들의 대열에 끼어들었다.

막다른 골목 안에 갇혀 있던 사람들은 뿔뿔이 흩어져 달아났다. 두려워서 그때까지 숨을 죽이고 있던 파샤가 그녀를 향해 달려왔다.

두 사람은 집으로 발길을 돌렸다. 마르파 가브릴로브나는 끊임없이 분통을 터뜨렸다.

"저주받을 살인자들, 천벌을 받아도 시원찮을 못된 놈들! 차르가 자유를 준 것을, 그래서 사람들이 기뻐하는 것을 그놈들은 참을 수가 없는 거야. 그놈들은 모든 걸 파괴하고 약속을 모두 뒤엎으려 하고 있어."

그녀는 용기병에 대해, 주위의 모든 세계에 대해, 그리고 그 순간에는 자기 아들에 대해서조차 적의를 느끼고 있었다. 그 격분의 순간, 지금 일어나고 있는 모든 일은 쿠프리니카와 그 멍청이들의 음모다. 그래서 자신은 그들을 덜떨어진 헛똑똑이들이라고 부르는 거라고 그녀는 생각했다.

"뱃속 검은 독사들 같으니라고! 그 미치광이 놈들은 도대체 원하는 게 뭐야? 분별력은 눈곱만큼도 없는 놈들이! 그저 서로 욕하고 입씨름할 뿐이지. 그 웅변가만 해도 그래, 파셰니카, 넌 어떻게 생각하니? 말해 보렴. 오, 그만 좀 해라. 우스워 죽겠구나! 진짜 똑같아. 코를 히힝거리고 말이 푸루루루—. 어이구, 성가신 쥐며느리 같은 놈!"

집에 돌아온 그녀는, 주근깨투성이 얼굴에 머리털이 빳빳한 멍청한 놈이 말 위에서 채찍으로 이 늙은이의 엉덩이를 때렸다고 욕을 하면서 아들에게 넋두리를 늘어놓았다.

"아이고, 그렇게 말씀하시면 어머니! 제가 마치 카자크 중위나 헌병 대장이라도 되는 것 같잖아요."

9

달아나는 사람들의 모습을 보았을 때, 니콜라이 니콜라예비치는 창가에 서 있었다. 그는 그 무리가 데모 참가자라는 것을 알고, 사방으로 흩어져 가는 사람들 속에 유라와 또 누가 있지 않은지 먼 곳까지 유심히 바라보았다. 알고 있는 얼굴은 보이지 않았지만, 단 한 번 두도로프의 아들(니콜라이 니콜라예비치는 그의 이름을 잊고 있었다)이 재빠르게 달아나는 모습을 얼핏 본 것 같았다. 앞뒤 가리지 않는 무모한 성격인 그는 바로 얼마 전에 왼쪽 어깨에서 총알을 끄집어냈는데도, 또다시 위험한 곳에서 어슬렁거렸다.

니콜라이 니콜라예비치는 가을에 페테르부르크에서 이곳으로 옮겨 왔다. 그는 모스크바에는 거처할 곳이 없었지만 호텔 생활은 하고 싶지 않았다. 그는 먼 친척뻘인 스벤티스키의 집에 머물렀다. 스벤티스키는 일층과 이층 중간참에 있는 서재를 그에게 내주었다.

스벤티스키 부부는 아이가 없어 이층짜리 별채가 너무 넓게 느껴졌었다. 지금은 돌아가신 스벤티스키의 부모가 먼 옛날 돌고루키 공작에게서 얻은 집이었다. 안마당이 셋, 정원, 그리고 무질서하게 배치된 다양한 양식의 건물들이 있는 돌고루키 집안의 이 소유지는 골목 세 개를 바라보고 있었고, 이름도 옛날 그대로 방앗간 동네라고 불리고 있었다.

서재는 창문이 네 개나 있는데도 어두컴컴했다. 실내에는 책과 서류, 벽걸이 양탄자와 동판화가 가득했다. 서재에는 바깥쪽에서 건물의 이 부분을 반원형으로 에워싸는 발코니가 있었다. 발코니로 나가는 이중 유리문은 차가운 겨울바람이 들어오지 못하게 빈틈없이 닫혀 있었다.

서재의 두 창문과 발코니의 유리문 너머로 골목 안쪽—멀리 뻗은 썰매길과 비스듬하게 늘어서 있는 아담한 집들, 비스듬한 담장이 보였다.

정원에서 나무들이 서재 속으로 라일락 빛깔의 그림자를 뻗으며 실내를 들여다보고 있었다. 나무들은, 마치 촛농으로 뒤덮인 듯한 살얼음이 낀 무거운 가지들을 바닥에 내려놓고 싶어하는 것 같았다.

니콜라이 니콜라예비치는 골목을 바라보면서, 지난해 겨울 페테르부르크—가폰*8과 고리키, 당대의 인기 작가들이 비테*9를 만난 일 등을 떠올리고 있었다. 그는 그 소란을 피해 옛 수도의 평온한 생활을 찾아왔는데 그것은 구상하고 있는 책을 쓰기 위해서였다. 그런데 웬걸! 불을 피하려다가 불길 속에 뛰어든 꼴이 되고 말았다. 강의와 강연이 나날이 이어져 자신을 되돌아볼 여유조차 없었다. 어느 때는 여자고등학교에서, 어느 때는 종교철학협회에서, 또 어느 때는 적십자에서, 때로는 파업위원회기금으로 쉴 새 없이 돌아다니는 형편이었다. 가능하다면 스위스의 깊은 숲이 있는 지역으로 달아나 한적한 시골에 숨고 싶었다. 맑고 깨끗하고 평온한 호수, 하늘과 산들, 그리고 무엇에든 메아리치는 맑은 공기가 있는.

니콜라이 니콜라예비치는 창문에서 물러났다. 그는 어딘가를 방문하거나, 그냥 목적 없이 거리를 걸어 보고 싶어졌다. 그러나 그때, 톨스토이주의자인 비볼로치노프가 일로 그를 찾아올 예정이어서 집을 비울 수 없다는 것이 생각났다. 그는 실내를 왔다 갔다 했다. 그러는 동안 그의 생각은 조카를 향해 달려가고 있었다.

니콜라이 니콜라예비치는 볼가 연안지방에서 페테르부르크로 옮길 때 유라를 모스크바의 친척에게 데려갔다. 베데냐핀 집안, 오스트로므이슬렌누이 집안, 셀랴비누이 집안, 미하엘리스 집안, 스벤티스키 집안, 그리고 그로메코 집안이었다. 맨 처음 유라는 게으르고 말 많은 오스트로므이슬레누이 노인 집에서 살게 되었다. 친척들은 놀림조로 그를 페지카라 부르고 있었다. 페지카는 모차라고 하는 자신의 수양딸과 남몰래 부부생활을 하고 있었고, 그래서 그는 자신을 기본원리의 파괴자, 이상(理想)의 옹호자로 여기고 있었다. 그는 자신에게 주어진 신뢰에 부응하지 않았을 뿐만 아니라 유라의 양육비로 맡긴 돈을 제멋대로 써 버리는 바람에 나쁜 손버릇까지 밝혀지고 말았다. 유라는 대학교수인

---

*8 1870~1906년. 05년 1월 9일 피의 일요일 사건을 주도한 페테르부르크의 사제.

*9 백작 게오르기 아폴로노비치. 1849~1915년. 러일전쟁 포츠머스 조약 체결의 러시아측 전권. 1905년 당시의 수상.

그로메코 씨의 집으로 옮겨가서 지금도 그곳에 있다.

그로메코 집안에서 유라는 부러울 만큼 친절한 분위기 속에서 지냈다.

'그곳에서 그들은 삼총사다'—니콜라이 니콜라예비치는 생각했다. '유라, 그의 친구이자 고전중학교의 같은 학년인 고르돈, 그리고 주인집 딸 토냐 그로메코. 이 삼총사는 솔로비요프의 《사랑의 의미》와 톨스토이의 《크로이체르 소나타》에 심취해 성적 순결의 설교에 열중해 있어.'

사춘기는 순수에 대한 모든 열광을 통과해야 한다. 그러나 그들은 도가 지나쳐 이성을 잃고 있다.

그들은 무서울 만큼 괴팍하고, 게다가 아직 아이들이다. 그들을 그토록 흥분시키는 육체적 관능의 영역, 그것을 그들은 어째선지 '포쉬로스치(低俗)'라 부르며 아무 데나 그 표현을 쓴다. 몹시 부적절한 언어 선택이다! '저속'—이 말은 그들에게는 본능의 목소리이고 포르노문학이며, 여성의 착취이고, 육체적인 것을 거의 모두 포함한 것이다. 그 말을 발음할 때마다 그들은 얼굴을 붉히거나 새하얗게 질린다!

'내가 모스크바에 있었다면' 니콜라이 니콜라예비치는 생각했다. '이렇게 과격해지는 것을 막았을 텐데. 수치심을 피할 수는 있지만 그래도 한도라는 것이 있다……'

"아, 닐 페오크티스토비치 씨! 어서 오십시오." 그는 소리치면서 손님을 맞이하려 일어섰다.

10

잿빛 루바시카*[10]에 넓은 허리띠를 맨 뚱뚱한 사내가 방 안으로 걸어 들어왔다. 그는 펠트 방한화를 신고 바지는 무릎 앞쪽이 불룩 솟아 있었다. 구름 속에서 노니는 호인 같은 인상이었다. 코에는 넓은 검은색 리본이 달린 코안경이 장난스럽게 얹혀 있었다.

그는 현관방에서 옷을 벗었는데 그 모습이 몹시 어설퍼 보였다. 목도리를 벗지 않아서 그 긴 목도리 자락이 마룻바닥에 끌리고, 손에는 둥근 펠트 모자가 아직도 쥐어져 있었다. 그러한 물건들 때문에 그의 차림새는 옹색해 보였고, 니

---

*10 블라우스처럼 생긴 러시아 남자의 웃옷.

콜라이 니콜라예비치와 악수를 하는 데도 거추장스러울 뿐만 아니라 인사말을 건네는 데도 걸림돌이 되었다.

"에……저어." 그는 눈을 내리뜬 채 한쪽 구석을 바라보면서 어쩔 줄 몰라 하며 입속으로 웅얼거렸다.

"아무 데나 내려놓으세요." 니콜라이 니콜라예비치는 비볼로치노프가 평정을 되찾아 자연스럽게 말할 수 있도록 기다렸다.

이 사람은 레프 니콜라예비치 톨스토이의 추종자 가운데 한 사람이었다. 이러한 신봉자들의 머릿속에서는, 결코 평안을 몰랐던 천재의 사상이 어둡지 않은 긴 휴식을 맛보는 것으로 여겨졌고, 이제는 돌이킬 수 없을 만큼 보잘것없어졌다.

그는 니콜라이 니콜라예비치에게 정치적 유형수들을 위해 어느 학교에서 강연을 해 달라고 부탁하러 온 것이었다.

"그 학교에서는 이미 강연한 적이 있습니다만."

"정치범을 위해서요?"

"그렇습니다."

"한 번 더 오시지요."

니콜라이 니콜라예비치는 잠시 망설였지만 결국 승낙했다.

이것으로 방문 목적은 끝났다. 니콜라이 니콜라예비치는 닐 페오크티스토비치를 붙잡고 싶지 않았다. 그는 일어나 돌아갈 수도 있었다. 그러나 비볼로치노프는 이렇게 금방 자리를 털고 일어서는 건 무례한 일이라고 생각했다. 작별을 할 때는 뭔가 재치 있고 격의 없는 어떤 말을 해야 할 것 같았다. 그리 유쾌하지 않은 장황한 대화가 시작되었다.

"당신은 데카당 파(派)인가요? 신비주의에 빠져 있지요?"

"무슨 말씀이신지?"

"인간은 파멸하는 존재입니다. 젬스트보*[11]를 기억하시는지요?"

"물론입니다. 함께 선거 운동을 했지요."

"사범학교 학생도 농촌 학교를 위해 싸웠지요. 생각나시나요?"

"그럼요, 열렬한 투쟁이었어요."

---

*11 제정 러시아에서 1864년부터 10월 혁명까지 설치되었던 지방 자치 기관.

"그 뒤 당신은 민중의 건강과 사회복지 활동을 하신 것 같은데요, 그렇지 않습니까?"

"잠시 그랬지요."

"그렇군요. 그런데 지금은 목신(牧神) 파우누스니, 수련(垂蓮)이니, 고대 그리스 장정이니 상징주의의 〈태양처럼 되자꾸나〉*12이니 하고 있지요. 도저히 믿을 수가 없군요. 당신처럼 유머 감각이 있고 민중에 대한 이해가 깊은 현명한 분이…… 이런 말 하는 걸 용서하십시오…… 어쩌면 내가 간섭하는 건지도 모르지만…… 비밀스런 무언가가 있는 것이 아닌지요?"

"어째서 생각 없이 함부로 말씀하시는 거죠? 우리는 지금 무엇 때문에 논쟁하고 있는 겁니까? 당신은 내 사상을 알지 못해요!"

"러시아에 필요한 건 학교와 병원이지 파우누스나 수련꽃이 아닙니다."

"아니, 그렇게 생각하지 않는 사람도 있나요?"

"농부들은 헐벗고 굶주림에 시달리고 있어요."

대화는 이렇게 느릿느릿 이어져 나갔다. 니콜라이 니콜라예비치는 이러한 대화가 모두 부질없다는 것을 알면서도, 무엇이 자신과 몇몇 상징주의파 작가들을 가까이 이끌고 있는지 설명해 나갔다. 화제는 톨스토이로 옮겨갔다.

"당신 말을 얼마쯤 이해는 합니다. 그런데 레프 톨스토이는, 사람은 미(美)에 탐닉하면 할수록 선(善)에서 더욱 멀어진다고 말했지요."

"그렇다면 당신은 그 반대라고 생각하시는군요? 미(美)나 신비, 또는 로자노프*13와 도스토옙스키가 세상을 구원할 수 있을까요?"

"아니, 잠깐만! 내 생각을 이야기해 보겠소. 나는 이렇게 생각해요. 만일 인간의 무의식 속에 잠자고 있는 맹수를 가두거나 없앨 수 있다면, 인류의 드높은 표상은 자기를 희생하는 설교자가 아니라 채찍을 든 서커스의 맹수 조련사나 다름없을 것이오. 그런데 문제는 인간을 몇 세기 동안 동물보다 높여서 위로 올려놓은 것은 채찍이 아니라 음악이었다는 점에 있어요. 즉 무기가 필요 없는 진실의 거부할 수 없는 매력, 음악의 본보기로서의 매력입니다. 지금까지는 복음서에서 가장 중요한 건 도덕률과 그 격언이라고 생각되어 왔지만, 나에게 가장 중요한 건 그리스도가 일상의 빛으로 진실을 설명하면서, 일상생활 속에서

---

*12 러시아 상징주의 시인 콘스탄틴 발리몬트의 시에서. 1867~1942년.

*13 1856~1919년. 러시아 종교철학자. 1891년의 도스토옙스키론으로 유명해졌다.

이끌어 낸 비유로 말하고 있다는 점입니다. 그 밑바탕에 있는 건 유한한 인간들 사이의 교류는 영원한 불멸의 것이고, 생명은 상징적이라는 생각입니다. 왜냐하면 생명에는 깊은 의미가 있기 때문입니다."

"도무지 이해가 안 되는군요. 그 이야기는 책에 쓰시는 게 좋겠소."

비볼로치노프가 돌아간 뒤 니콜라이 니콜라예비치는 말로는 나타낼 수 없는 기분에 사로잡혔다. 그는 얼간이 비볼로치노프에게 아무런 인상도 심어 주지 못하면서, 자신이 가슴속에 품어 왔던 사상의 일부를 털어놓고 만 것이 화가 나서 견딜 수가 없었다. 니콜라이 니콜라예비치는, 가끔 있는 일이지만 갑자기 마음을 바꿨다. 그는 마치 비볼로치노프 따위는 존재하지도 않았던 것처럼 완전히 잊어버렸다. 그리고 다른 일을 생각해 냈다. 그는 일기는 쓰지 않았지만 일 년에 한두 번쯤 두꺼운 노트에 자신을 가장 감동시킨 생각을 적어 두곤 했다. 그는 그 노트를 꺼내 크고 읽기 쉬운 필체로 요점을 써 나갔다. 그것은 다음과 같은 내용이었다.

'온종일 그 바보 같은 여자 실레진게르 때문에 자꾸만 화가 난다. 오전에 찾아와서 점심때까지 눌러앉아 꼬박 두 시간 동안 그 잠꼬대 같은 낭독으로 나를 괴롭혔다. 상징주의자 A가 쓴 우주정신이니 네 원소의 목소리니 하는, 작곡가 B의 우주론적인 교향곡을 위한 시의 가사였다. 나는 참고 참다가 더는 견디지 못하고 제발 좀 그만하라고 간청했다.

나는 문득 모든 것을 깨달았다. 어째서 이것이 파우스트에게조차 언제나 살인적일 만큼 견딜 수 없이 부자연스러운지를 나는 이해했다. 그것은 꾸며진 거짓된 관심이기 때문이다. 현대인은 그러한 관심을 갖고 있지 않다. 우주의 수수께끼에 압도되어야 비로소 현대인은 헤시오도스*[14] 시의 6보격운율(步格韻律)이 아니라 물리학에 더욱 깊이 파고든다.

그러나 문제는 이러한 형식의 구태의연함에 있을 뿐만 아니라, 그 형식의 시대착오에 있다. 문제는 이러한 불과 물의 요정들이, 과학이 명확하게 해명한 것을 다시금 불분명하게 만든다는 점이 아니다. 문제는 이 장르가 현재의 예술정신 전체에, 그 존재 의의에, 그 모티프에 모순된다는 점이다.

그 우주관은 아직 인구가 매우 적어 자연이 인간으로 뒤덮이지 않았던 고대

---

*14 고대 그리스의 시인.

세계에는 아주 당연한 것이었다. 지상에는 아직 매머드가 돌아다니고 공룡과 용에 대한 기억도 생생했다. 자연은 인간의 눈에 참으로 뚜렷이 지각되고 인간의 피부에 사납게 실감되고 있었으니, 어쩌면 정말로 만물에 신이 깃들어 있었을지도 모른다. 이것이 인류의 연대기 첫 페이지이고 그 페이지는 이제 막 시작되었을 뿐이다.

이 고대세계는 인구과잉 때문에 로마에서 끝났다.

로마는 다른 나라에서 온 신들과 정복된 민족들이 들끓고, 땅과 하늘로 된 두 층으로 지어진 건물의 지하 같은 혼잡하고 알 수 없는, 마치 창자가 꼬인 듯 단단하게 묶인 세 겹의 매듭이었다. 다키아 인, 헤룰리 인, 스키타이 인, 사르마티아 인, 휴페르보레오스 인, 바퀴살이 없는 무거운 수레바퀴, 지방으로 부어오른 가느다란 눈, 수간(獸姦), 이중턱, 교양 있는 노예의 살로 양식되는 물고기들, 글을 읽고 쓸 줄도 모르는 황제들. 주민의 수는 그 뒤 어느 시대보다도 많았고, 그들은 원형경기장 통로에서 짓밟히며 괴로워했다.

이 대리석과 황금의 세상 속으로, 대단히 인간적이고, 유난히 시골풍인 갈릴리 사람이 찾아온 것이다. 그 순간부터 여러 민족과 여러 신들은 존재하기를 그치고, 인간이, 목수인 인간이, 농부인 인간이, 해질녘에 양 떼 속에 서 있는 목동인 인간이, 조금도 자만스럽게 보이지 않는 인간이, 어머니의 모든 자장가와 세계의 모든 화랑의 그림에 감사하는 마음으로 그려진 인간이 시작된 것이다.'

11

페트로프스키 상점가는 페테르부르크의 어느 한 곳을 모스크바에 옮겨 놓은 것 같은 인상을 준다. 거리 양쪽에는 커다란 건축물이 마주보고 늘어서 있고, 거기에는 세련된 돋을새김으로 꾸며진 정면 현관과 책방, 독서실, 지도 제작소, 매우 품위 있는 담배 가게, 무척 고상한 레스토랑이 들어 있으며, 레스토랑 앞에는 묵직한 가로대에 반원형의 불투명한 반사판이 달린 가스등이 줄지어 있었다.

겨울이 되면 이 거리는 사람을 거부하는 듯한 음울하고 험상궂은 분위기를 자아낸다. 이곳에 사는 이들은 주로 실질적이고 자부심이 강하며 수입이 좋은 자유업에 종사하는 사람들이었다.

빅토르 이폴리토비치 코마롭스키는 그 거리에 있는 호화로운 독신자 아파트, 널찍한 참나무 난간이 달린 계단을 올라간 이층에 세들어 살고 있다. 무슨 일에도 끼어들지 않고 모든 일을 세심하게 보살펴 주는 그의 가정부 엠마 에르네스토브나가, 그의 조용한 독신 생활을 눈에 띄지 않게 관리하고 있었다. 그는 그런 그녀에게 그 같은 신사로서는 당연한, 품격 높은 감사가 담긴 급료를 지불하는 대신, 그녀의 평온한 노처녀의 세계에 어울리지 않는 손님이나 여성 방문자를 꺼려 했다. 그래서 그 집은 금욕적인 수도원 같은 고요가 지배해—커튼이 드리워지고 수술실처럼 티끌 하나, 얼룩 하나 없었다.

빅토르 이폴리토비치는 일요일 저녁 식사 전에 불도그를 데리고 페트로프카와 쿠즈네츠키 거리를 따라 산책하는 습관이 있었다. 그럴 때면 배우이자 도박사인 콘스탄틴 일라리오노비치 사타니지가 어느 모퉁이에선가 튀어나와 합류했다.

그들은 함께 길을 걸어 올라가면서, 세상 돌아가는 일에 대해 깔보며 그저 으르렁거리는 소리로 바꿔도 아무 상관없을 만큼 쓸데없고 하찮은 비평을 주고받았다. 자신들의 큰 목소리를 부끄러워하지도 않고 헐떡거리면서, 몸의 진동에서 나오는 숨막히는 듯한 낮은 베이스 목소리로 쿠즈네츠키 거리의 양쪽 길을 가득 채웠다.

12

날씨는 차츰 풀려 갔다. 눈 녹은 물이 처마에 달린 양철 홈통을 타고 흘러내리며 똑, 똑, 똑, 소리를 내고 있었다. 지붕과 지붕은 똑똑 물방울 떨어지는 소리를 앞다투어가며 내고 있었다. 봄이었다.

라라는 멍한 모습으로 길을 걸어 집에 이르러서야 자기에게 무슨 일이 일어났는지 깨달았다.

가족은 모두 잠들어 있었다. 그녀는 다시 기운이 쭉 빠져 아무런 감각도 없이 여전히 넋이 나간 채, 어머니 화장대 앞에 주저앉았다. 입고 있는 옷은 레이스 장식과 긴 베일이 달린, 거의 흰빛에 가까운 연보랏빛 드레스로, 가장 무도회용으로 하루 저녁 가게에서 빌린 것이었다. 라라는 거울에 비친 자신의 모습 앞에 앉아 있었으나 아무것도 눈에 들어오지 않았다. 이윽고 탁자에 두 손을 포개고 그 위에 머리를 놓았다.

만일 어머니가 알게 된다면 나를 죽이려 할 것이다. 나를 죽이고 자신도 죽을 것이다.

어쩌다 이렇게 되고 말았을까? 어떻게 이런 일이 일어날 수 있단 말인가? 이제는 늦었다. 좀 더 일찍 생각했어야 하는데.

이제 나는 흔히들 말하듯이—이제 나는—타락한 여자다. 나는—프랑스 소설 속에나 등장하는 여자가 되었다. 그리고 내일이면 학교에 가서, 나에 비하면 아직 젖먹이 같은 소녀들과 한 책상에 나란히 앉아 있을 것이다. 오, 하느님, 오, 하느님, 어쩌다 이런 일이 일어나고 말았을까요!

언젠가 아주 오랜 세월이 흐른 뒤 때가 온다면 라라는 이 사실을 올랴 데미나에게 얘기할 것이다. 올랴는 그녀의 머리를 그러안고 울음을 터뜨리겠지.

창밖에서는 눈이 녹아 똑똑 소리와 함께 떨어지며 따뜻한 봄 이야기를 재잘거리고 있었다. 밖에서 누군가가 옆집 문을 쾅쾅 두드렸다. 라라는 고개를 들지 않았다. 어깨가 떨고 있었다. 그녀는 울고 있었다.

13

"오, 엠마 에르네스토브나. 이건 도저히 아니야, 이젠 완전히 싫증이 났어."

그는 양탄자와 소파 위에 커프스든 셔츠 깃이든 되는 대로 집어던지더니, 스스로도 무엇을 찾고 있는 건지 판단하지 못한 채 옷장 서랍을 하나하나 열어젖혔다.

그가 간절히 원하는 것은 그녀였지만, 이번 일요일에는 그녀를 만날 수가 없었다. 그는 어디에도 자신이 있을 곳을 찾지 못한 채 짐승처럼 방 안을 오락가락하고 있었다.

그녀는 무엇과도 견줄 수 없는 영감을 주는 매력을 지니고 있었다. 그녀의 아름다운 두 팔은 지고한 사상이 우리를 깜짝 놀라게 하는 것만큼이나 압도적이었다. 호텔 방 벽에 비친 그녀의 그림자는 그녀의 순결함을 보여 주는 실루엣 같았다. 셔츠는 그녀의 가슴을 수틀에 끼워진 순수한 리넨처럼 팽팽하게 감싸고 있었다.

코마롭스키는 밖에서 따가닥따가닥 소리를 내며 천천히 길을 지나가는 말발굽 소리에 맞춰, 손가락으로 창유리를 톡톡 두드렸다. "라라." 그는 조용히 중얼거리며 눈을 감았다. 그러자 마음속에 새겨진 라라의 모습, 그의 두 손 안에 있는 그녀의 머리, 누군가가 몇 시간 동안 계속 자신을 바라보고 있다는 것을 알지 못한 채 속눈썹을 내리깔고 자고 있는 라라의 얼굴이 또렷하게 떠올랐다. 베개 위에 마구 흩어져 있는 그녀의 풍성하고 아름다운 머리카락이 마치 연기처럼 코마롭스키의 눈을 따갑게 하며 마음속으로 배어들었다.

일요일의 코마롭스키의 산책은 성공적이지 못했다. 그는 잭을 데리고 길을 몇 걸음 걷다가 발을 멈췄다. 쿠즈네츠키 거리와 사타니지의 농담, 마주치는 지인들의 얼굴이 마음속에 떠올랐다. 아니야, 이건 도저히 못 견디겠어! 이 모든 것이 어쩌면 이토록 지겹단 말인가! 코마롭스키는 발길을 돌렸다. 놀란 개가 불만이 가득한 눈길로 그를 올려다보다가, 마지못해 어슬렁어슬렁 그의 뒤를 따라갔다.

'이상한 일이다!' 그는 생각했다. '이게 대체 무엇을 의미하는 걸까!' 이게 어찌 된 일이지? 눈뜬 양심인가, 연민의 감정인가, 아니면 회한의 정인가? 그것도 아니면 불안? 아니다. 그는 라라가 집에 얌전히 있어서 걱정 없다는 건 알고 있었다. 그렇다면 어째서 그녀에 대한 생각이 머릿속에서 떠나지 않는단 말인가!

코마롭스키는 현관을 들어서고 계단 층계참까지 가서 모퉁이를 돌아갔다. 층계참에는 베니스풍의 스테인드글라스 창문이 네 개 있었다. 창문을 통해 들어온 빛줄기가 서로 다른 색을 내며 창문턱과 마룻바닥에 떨어지고 있었다. 층계참 가운데쯤에서 코마롭스키는 걸음을 멈췄다.

고통스럽게 파고드는 이 우울감에 무너져서는 안 된다! 나는 어린아이가 아니다. 죽은 친구의 딸인 라라가 내 광기 어린 사랑의 대상이 되었을 때, 앞으로 나에게 일어날 일을 깨달았어야 했다. 정신을 차려야 한다! 나에게 충실하자, 나의 규칙을 깨서는 안 된다. 그러지 않으면 모든 것이 사라지고 말리라.

코마롭스키는 넓은 난간을 손바닥이 아플 만큼 꽉 잡고 잠깐 눈을 감았다. 그는 갑자기 발길을 돌려 계단을 내려가기 시작했다. 빛이 어른거리는 층계참에서 그는 불도그의 우러러보는 눈빛을 보았다. 잭은 고개를 들고 늘어진 볼때기에 침을 흘리는 늙은 난쟁이처럼 밑에서 그를 올려다보고 있었다.

개는 소녀를 싫어해 라라의 스타킹을 물어 찢고 이빨을 드러내며 으르렁거렸다. 개는 라라에게서 어떤 인간적인 것이 주인에게 감염될까 봐 두려운 듯 라라를 질투했다.

"그래, 그러니까 네녀석은 모든 것이 예전처럼 돌아갈 거라고 생각했군. 사타니지도, 비열한 행위와 소문도, 그렇지? 좋아, 그렇다면 어디 한번 맞아 봐라, 요 녀석, 요 녀석, 요 녀석!"

그는 불도그를 발로 차고 지팡이로 두들겨 댔다. 잭은 비명을 지르며 짖어대다가 엉덩이를 떨면서 비틀비틀 계단으로 달아났다. 잭은 엠마 에르네스토브나의 집으로 달려가 문을 긁어대며 낑낑거렸다.

며칠이 지나가고 몇 주일이 흘러갔다.

14

이 무슨 마법 같은 일인가! 라라의 인생에 있어 코마롭스키와의 만남이 오로지 혐오감을 불러일으킬 뿐이었다면, 라라는 거부하고 뿌리치며 탈출했을 것이다. 그러나 문제는 그리 쉽지 않았다.

그녀에게 아버지뻘 되는 이 머리 희끗희끗한 사내는 모임에서 사람들의 칭송을 받고 신문에도 실리는 멋쟁이 신사였다. 그런 그가 그녀를 위해 돈과 시간을 아끼지 않으면서 천사라고 숭배하고, 극장과 음악회에 데리고 다니면서 '지성'을 채워 주며 그녀를 기쁘게 했다.

라라는 아직 갈색 제복을 입은 미성년의 여학생으로, 학교에서는 장난과 모의에 몰래 끼어들곤 하지 않았던가. 그런데 바로 앞에 마부가 앉아 있는 마차 안에서건, 모든 사람이 보고 있는 극장 관람석 옆의 후미진 의상실에서건, 아무 데고 가리지 않는 코마롭스키의 방탕한 구애는 그 드러나지 않는 대담성으로 인해 그녀의 마음을 사로잡았다. 뿐만 아니라 그녀의 내면에서 잠자고 있던 작은 악마를 깨어나게 했다.

그러나 장난기 가득한 소녀의 열정은 이내 사라져 버렸다. 마구 쑤시는 피로감과 자기 자신에 대한 공포가 그녀 속에 깊게 뿌리를 내리고 있었다. 그리고 늘 못 견디게 졸음이 쏟아졌다. 잠 못 이루는 밤들, 눈물과 끝없는 두통, 학과 공부, 그리고 온몸의 육체적인 피로 때문이었다.

15

그는 라라의 저주 대상이었다. 라라는 그를 증오했다. 그녀는 날마다 그런 생각을 하나하나 새로이 곱씹었다.

이제 그녀는 평생 그의 노예였다. 그는 무엇으로 그녀를 노예로 만들 수 있었을까? 그는 무엇으로 그녀를 복종하게 만들고, 또 그녀는 무엇 때문에 그에게 굴복하고 그의 정욕을 채워 주면서, 치욕스러운 몸짓으로 그를 기쁘게 해 주는 것일까? 그의 나이 때문에, 어머니가 그에게 재정적으로 기대고 있기 때문에, 그가 라라를 교묘하게 협박하고 있기 때문에? 아니다, 아니다, 아니다. 그런 것들은 모두 헛소리다.

그녀가 그에게 예속되어 있는 것이 아니라, 그가 그녀에게 예속되어 있는 것이다. 그가 그녀를 얼마나 열망하고 있는지 그녀가 과연 모르고 있을까? 그녀는 아무것도 두려워하지 않았다. 그녀의 양심은 깨끗했다. 그녀가 만일 그를 폭로한다면 부끄러워하고 두려워해야 할 사람은 오히려 그일 것이다. 그러나 문제는, 그녀가 그런 짓은 절대로 하지 않을 거라는 데 있다. 그녀가 그런 짓을 하기에는, 코마롭스키가 자기에게 굴종하는 약자에게 휘두르는 주된 힘인 비열함이 결여되어 있었다.

그것이 두 사람의 관계가 보통 사람들과 다른 점이었다. 그렇기 때문에 인생이 무서워진 것이다. 무엇이 그녀의 귀를 찢어 놓는가. 천둥과 번개인가? 아니다. 의심의 눈길과 중상의 속삭임 때문이다. 인생은 끊임없이 악의적이고 위험투성이다. 거미줄 같은 실 한 가닥 한 가닥을 당기면, 그 그물에서 빠져나가려고 몸부림치면 칠수록 더욱더 복잡하게 뒤엉킬 뿐이다.

그렇게 강한 자를, 비열하고 약한 자가 지배하는 것이다.

16

그녀는 자신에게 물어보았다. "하지만 만약 내가 결혼했다면? 그것으로 도대체 뭐가 달라질까?" 그녀는 궤변의 길로 들어섰다. 그러나 이따금 출구가 없는 절망이 그녀를 사로잡고 놓아 주지 않았다.

어째서 그는 부끄러운 줄도 모르고 그녀의 발밑에 기어와서 애원하는 것일까—"그래, 이대로 계속할 수는 없어. 너와 내가 무슨 짓을 했는지 생각해 보렴. 너는 비탈길로 굴러떨어질 거야. 네 어머니에게 고백하자꾸나. 난 너와 결혼하겠어."

그는 저항하고 응낙하지 않는 건 그녀라는 듯이 눈물을 흘리며 집요하게 애원했다. 그러나 언제나 같은 말만 되풀이할 뿐이었고, 라라는 그 비극적이고 공허한 말에는 귀를 기울이지 않았다.

그러면서도 여전히 그는 긴 베일로 얼굴을 가린 그녀를 그 소름끼치는 식당의 별실로 데려갔고, 그곳에서는 종업원들과 식사하는 손님들이 마치 벌거벗기기라도 할 것 같은 눈길로 라라를 빤히 바라보았다. 사람들은 왜 사랑하는 사람들을 저렇게 모욕하는 것일까? 그녀는 그렇게 스스로에게 물었다.

어느 날 라라는 꿈을 꾸었다. 그녀는 땅속에 묻혀 있었고, 그녀에게 남아 있는 건 왼쪽 어깨와 옆구리, 그리고 오른쪽 발뿐이었다. 그녀의 왼쪽 젖꼭지에서 한 무더기의 풀이 돋아나고, 지상에서는 사람들이 '검은 눈동자와 하얀 가슴'과 '마샤는 강 건너로 갈 수 없다네'를 노래하고 있었다.

17

라라는 신앙심이 깊지 않았다. 종교적 의식도 믿지 않았다. 그러나 때로 힘든 생활을 견디기 위해, 어떤 내적인 음악의 반주가 필요한 것을 느꼈다. 그러나 그럴 때마다 음악을 스스로 작곡할 수는 없는 노릇이었다. 그 음악은 생명에 대한 하느님의 말씀이었다. 그리고 라라는 그 말을 생각하고 울기 위해 교회에 다녔다.

12월 초 어느 날, 《뇌우(雷雨)》의 카테리나*[15]와 같은 마음이 되었을 때, 라라는 금방이라도 발밑에서 땅이 갈라지고 교회의 둥근 지붕이 무너져 내리는 듯한 느낌을 안고 기도하기 위해 교회로 갔다. 라라로서는 마땅한 일이었다. 그리고 모든 것이 끝날 거다. 오직 수다쟁이 올랴 데미나를 데리고 온 것만이 후회스러웠다.

"프로프 아파나시예비치야." 올랴가 그녀의 귀에 대고 속삭였다.

"쉿, 제발 좀 그만 해. 프로프 아파나시예비치라니, 누구 말이니?"

"프로프 아파나시예비치 소콜로프. 우리 7촌 아저씨뻘이야. 낭송을 하고 있는 저 사람 말이야."

올랴가 말한 것은 성가 낭송자였다. 티베르진의 친척이다.

"쉿, 입 다물어. 제발 방해하지 말고."

그들은 예배가 시작되었을 즈음에 왔다. 사람들은 '내 영혼아 여호와를 송축하라 내 속에 있는 것들아 다 그의 거룩한 이름을 송축하라'*[16]라는 찬송가를

---

*15 러시아 사실주의 극작가 오스트롭스키의 대표작 《뇌우》의 여주인공.

*16 〈시편〉 제103편 1절.

부르고 있었다.

교회 안은 거의 비어 있어서 소리가 낭랑하게 잘 울렸다. 앞쪽에만 사람들이 촘촘히 모여 기도하고 있었다. 새로 지은 교회 건물이었다. 색을 입히지 않은 창유리는, 눈 덮인 잿빛 골목길, 그 위를 오가는 통행인과 마차를 타고 가는 사람들을 무엇 하나 아름답게 가리지 못하고 그대로 보여 주고 있었다. 그 창가에 교회 교구 위원이 서서 예배에는 아랑곳도 하지 않고, 머리가 이상하고 귀가 먹은 남루한 옷차림의 한 여자에게 이야기하고 있었다. 교회 전체가 울릴 만큼 큰 목소리는 창문과 골목길만큼이나 상투적이고 지리멸렬했다.

라라가 자신과 올랴를 위한 양초값인 동전을 손에 꼭 쥐고 기도하는 사람들 사이를 천천히 지나갔다가 돌아오는 동안, 프로프 아파나시예비치는 누구나 다 잘 알고 있는 아홉 가지 지복을 커다란 소리로 빠르게 읽어 낸 참이었다.

마음이 가난한 자는 복이 있나니……, 애통하는 자는 복이 있나니……, 의에 주리고 목마른 자는 복이 있나니…….*17

걷고 있던 라라는 갑자기 몸을 부르르 떨면서 발길을 멈췄다. 이것은 나를 두고 하는 말이다. 그리스도는 그렇게 말하고 있다. 짓밟힌 자들의 숙명은 부러워해야 할 것이라고. 그들에게는 자신들에게 이야기해야 할 것이 있다. 그들에게는 모든 것이 미래에 있다. 그리스도는 그렇게 생각했다. 그것이 그리스도의 생각이다.

18

프레스냐 봉기*18 때였다. 라라의 집은 봉기 지역에 있었다. 트베르스카야 거리에 있는 그녀의 집에서 몇 걸음 떨어진 곳에 바리케이드가 쳐졌다. 그것이 응접실 창문에서 보였다. 사람들은 그들의 집 마당에서 통으로 물을 날라 바리케이드에 부었다. 바리케이드에 쓰인 돌과 쇠부스러기에 얼음을 덮어 굳히기 위해서였다.

옆집 마당에는 무장노동자 부대의 집회장소, 이를테면 진료소와 급식소가 있었다.

---

*17 〈마태복음〉 제5장 3절~6절.

*18 1905년 12월 9일~18일, 모스크바 노동자들의 무장봉기, 프레스냐 지구에서 바리케이드전. 정부군이 진압. 혁명에 있어 중요한 사건이었다.

그곳에 두 소년이 드나들고 있었다. 라라는 두 사람을 알고 있었다. 한 사람은 라라가 나디아의 집에서 알게 된 나디아의 친구 니카 두도로프였다. 그는 말하자면 라라와 같은 종족으로—직선적이고 자만심이 강하며 말이 없고 조용했다. 그는 라라의 성격과 비슷해서 그녀에게는 관심이 없었다.

또 한 사람은 실업학교 학생 안티포프였다. 그는 올랴 데미나의 할머니인 티베르진 할머니 집에서 살고 있었다. 이 마르파 가브릴로브나의 집을 가끔 찾아갔던 라라는, 자기가 이 소년에게 어떤 영향을 주고 있는지 알고 있었다. 파샤 안티포프는 아직 어린애처럼 순수해, 라라의 방문이 자기에게 안겨 주는 기쁨을 감출 수가 없었다. 라라는 마치 방학 때의 깨끗한 풀과 구름이 있는 어느 작은 자작나무 숲 같아서, 그는 남들이 비웃는 것도 두려워하지 않고 그녀에 대한 자기의 열광을 스스럼없이 표현했다.

자기가 그에게 어떤 영향을 주고 있는지 눈치챈 라라는 무의식적으로 그것을 이용하기 시작했다. 그러나 성격이 부드러운 그녀가 더욱 진지하게 그를 사로잡게 된 것은 몇 년 뒤의 일이었다. 그것은 두 사람 사이에 우정이 훨씬 더 깊어지고 난 뒤였고, 그때는 이미 파툴리야는 자기가 그녀를 뜨겁게 사랑하고 있으며 자신의 인생에 포기는 없다는 걸 의식하고 있었다.

소년들은 놀이 가운데 가장 무서운 어른의 놀이, 게다가 거기에 가담했다가는 교수형을 당하거나 유형을 가는 전쟁 놀이를 하고 있었다. 그러나 아이들이 쓴 끝이 뾰족한 모자의 끈을 뒤에서 묶은 모습은 그들이 아직 어린아이이며 엄마와 아빠가 있다는 것을 드러내고 있었다. 아이들의 위험한 놀이에는 어딘지 모르게 순진무구한 데가 있었다. 그 느낌은 그들이 하는 모든 행동에 나타났다. 두터운 서리로 온통 뒤덮여, 그것이 너무 짙어서 잿빛이 아니라 검게 보일 만큼 추운 저녁에도, 파랗게 보이는 마당에도, 소년들이 숨어 있는 맞은편 건물에도. 그리고 무엇보다 중요한 것은, 내내 그곳에서 콩 볶듯이 탕탕거리는 연발총 소리에도. '아이들이 총을 쏘는구나.' 라라가 그렇게 생각한 것은 니카와 파툴리야가 아니라 총을 쏘고 있는 도시 전체에 대해서였다. '착하고 성실한 아이들이야.' 그녀는 생각했다. '정직한 아이들이지, 그래서 총을 쏘아 대고 있는 거야.'

19

바리케이드가 포격을 받을 수도 있어서 그녀들은 이제 자신들의 집이 위험하다는 것을 알았다. 그는 지역은 포위되어 있었고 모스크바의 다른 지역으로 아는 사람을 찾아가는 것을 생각하기에는 이미 늦은 상태였다. 이 근처에서 가장 가까운 곳에 피란처를 찾아야 했다. 그녀들은 '몬테네그로 호텔'을 떠올렸다.

그러나 그들이 맨 처음은 아니었다. 호텔은 이미 꽉꽉 들어차 있었다. 누구나 그들과 같은 상황이었다. 호텔 주인은 옛정으로 그들에게 침구를 넣어두는 방을 내주겠다고 약속했다.

트렁크는 남의 이목을 끌기 때문에 그들은 최소한 필요한 것만 세 꾸러미로 꾸려 놓고, 호텔로 옮기는 것을 하루하루 미루고 있었다.

가게에서는 일꾼들을 한 식구처럼 대하고 있었으므로 파업에도 아랑곳하지 않고 마지막까지 일을 계속하고 있었다. 어느 춥고 쓸쓸한 날 황혼 무렵에 현관에서 벨이 울렸다. 누군가가 요구와 비난을 가지고 찾아왔다. 방문객은 현관에서 주인더러 나오라고 요구했다. 파이나 실란티예브나가 이 수난을 막으려고 현관방으로 달려갔다.

"모두 이리 나와서 인사들 해!" 그녀는 곧 재봉사들을 불러 모아, 찾아온 사내에게 차례로 소개했다.

사내는 한 사람씩 마음을 담아 어색하게 악수하고 페티소바와 뭔가 얘기를 주고받은 뒤 돌아갔다.

재봉사들은 작업장으로 돌아와 머리에 숄을 두르고, 두 팔을 머리 위로 쳐들면서 꼭 끼는 모피 반코트 소매에 팔을 끼웠다.

"무슨 일이지?" 아말리야 카를로브나가 뛰어 나오면서 물었다.

"부인, 우리는 돌아가겠어요. 우리는 파업에 참여할 거예요."

"내가 뭔가…… 내가 너희에게 뭔가 잘못한 일이라도 있는 거니?" 기샤르 부인이 울음을 터뜨렸다.

"너무 실망하지 마세요, 아말리야 카를로브나. 우리는 당신에게 아무런 악의도 없어요. 모두 당신에게 감사하고 있어요. 사실 이건 당신이나 우리 개인에 대한 문제가 아니에요. 지금은 모든 사람이, 온 세상이 그렇게 뜻을 모으고 있는걸요. 그걸 우리만 어떻게 거역할 수 있겠어요?"

그들은 마지막 한 사람까지, 올랴 데미나까지 떠났다. 나가면서 파이나 실란티예브나는, 이 파업은 가게와 주인을 위한 연극이라고 귀띔했다. 그러나 기샤르 부인은 무슨 소린지 알아들을 수가 없었다.

"어쩜 이렇게 배은망덕할 수가 있니! 기가 막히는구나, 내가 사람을 잘못 봐도 한참 잘못 봤어! 내가 그 아이한테 얼마나 잘해줬는데! 그래, 그 앤 아직 어리니까 그렇다고 쳐. 그런데 그 늙은 마녀까지."

"이해하세요, 엄마. 그 사람들이 어머니만을 위해 파업에서 빠질 순 없잖아요." 라라는 어머니를 위로했다. "어머니에게 나쁜 감정을 품은 사람은 아무도 없어요. 오히려 그 반대죠. 지금 주위에서 일어나고 있는 일은 모두, 인류애라는 이름으로 약자를 옹호하고 여성과 아이들 행복을 위해서 하는 일이에요. 정말이에요, 어머니. 그렇게 의심스럽다는 듯이 머리를 흔들지 마시고요. 이번 일로 어머니와 제가 더 나은 생활을 할 수 있게 될 거예요."

그러나 어머니는 전혀 이해하지 못했다.

"글쎄, 늘 이런다니까." 아말리야 카를로브나는 흐느껴 울면서 말했다. "내가 혼란스러울 때마다 너는 더욱 사람을 놀라게 하는 말만 불쑥 하더구나. 내가 이렇게 끔찍하게 배신을 당했는데도 그게 나에게 이익이 된다고 하니. 아니야, 아무래도 정말 모르겠어. 내가 정신이 이상해지려고 해."

로디아는 육군 유년학교에 가고 없었다. 라라와 어머니는 텅 빈 집을 이리저리 서성거렸다. 불빛 없는 거리가 공허한 시선으로 방 안을 들여다보았다. 방도 똑같은 눈길로 그 시선에 응답했다.

"호텔로 가요, 어머니. 더 어두워지기 전에. 어서요, 어머니. 자꾸 미루지 말고 지금 당장 가요."

"필라트, 필라트!" 그들은 문지기를 불렀다. "필라트, 우리를 몬테네그로 호텔로 좀 데려다 줘요."

"예, 마님."

"짐도 좀 맡아 주고 이번 일이 조용해질 때까지 집도 좀 봐줬으면 좋겠어. 그리고 카나리아 키릴 모데스토비치에게 모이와 물 주는 것도 잊지 말고, 자물쇠는 모두 채워 둬요. 아 참, 그리고 무슨 일이 있거든 우리에게 연락해요."

"그러죠, 마님."

"고마워요, 필라트. 신의 가호가 있기를 빌어요. 자, 그럼 헤어지기 전에 잠시 앉았다 가자꾸나, 하느님이 우리를 가호해 주시도록."*[19]

두 사람은 거리로 나섰다. 오랫동안 병을 앓고 난 뒤처럼 공기가 낯설게 느껴졌다. 꽁꽁 얼어붙은 듯 추운 공간에, 마치 선반(旋盤) 공장에서 연마된 듯한 둥글고 미끈한 음향이 메아리치듯 사방으로 가볍게 울렸다. 먼 데서 모든 것을 파괴해 버릴 것 같은 총소리가 쿵, 딱, 파팍 하고 요란한 소리를 냈다.

필라트가 아무리 두 사람의 생각을 바꿔놓으려고 했지만, 라라와 아말리야 카를로브나는 막무가내로 그 총성을 공포탄이라고 우겼다.

"바보 같은 소리 말아요, 필라트. 스스로 판단해 봐요. 누가 쏘는 건지 보이지도 않는데 어떻게 공포탄이 아니라고 생각하는 거지? 그럼 당신 생각엔 정령(精靈)이 총을 쏘기라도 한다는 거야? 말할 것도 없이 저건 공포탄이야."

어느 네거리에서 순찰병이 그들을 불러 세웠다. 카자크 병사들은 이를 드러내고 웃으며 머리에서 발끝까지 훑어보며 자세히 따져 물었다. 턱 끈이 달린 챙 없는 모자가 한쪽 귀까지 비스듬히 젖혀져 있었다. 그래서 모두 애꾸눈처럼 보였다.

'정말 다행이다!' 라라는 생각했다. 시의 다른 구역과 차단되어 있는 동안은 코마롭스키를 만나지 않아도 된다! 그와 관계를 끊는 것은 어머니 때문에 불가능했다. "어머니, 제발 그 사람을 집에 들이지 마세요." 하고 말할 수도 없는 노릇이었다. 그렇게 되면 모든 것이 탄로 나고 만다. 그런데 그게 뭐 어떻다는 건가? 무엇 때문에 그것을 두려워해야 하는 거지? 오, 하느님, 끝장만 낼 수 있다면 모든 것을 잃어도 좋습니다. 하느님, 제발! 제발! 그녀는 혐오감 때문에 금방이라도 길 한복판에서 정신을 잃고 쓰러질 것 같았다. 모든 일이 시작되었던, 그녀가 처음 들어갔던 별실에 걸려 있던 그림, 그 뚱뚱한 로마 사람이 그려져 있던 소름끼치는 그림의 제목이 뭐였더라? '여자'이거나 '꽃병'이었다. 물론 바로 그거였어. 그 유명한 그림. '여자' 혹은 '꽃병'. 그때의 그녀는 그런 값비싼 미술품과 비교될 만한 성숙한 여자는 아니었다. 그것은 그 뒤의 일이다. 식탁은 매우 호화롭게 차려져 있었다.

"너, 미친 사람처럼 어디로 가는 거니? 도저히 따라가질 못하겠구나." 뒤에서 아말리야 카를로브나가 가쁘게 숨을 몰아쉬며 겨우 라라의 뒤를 따라오며 투

---

*19 길 떠나기 전 행운을 빌며 잠시 앉았다 떠나는 러시아의 미신적 풍습.

덜거렸다.

라라는 더욱 빨리 걸었다. 마치 무언가 우쭐한 알 수 없는 힘이, 공기를 타고 걷듯 신속하게 그녀를 데려가고 있었다.

'아, 총소리가 어쩜 저렇게 힘차게 울리고 있을까.' 그녀는 생각했다. '짓밟힌 자는 축복받고, 배반당한 자 축복받으리. 저 총탄에도 축복을 내리소서! 총소리, 총소리, 그것이 너희의 응답!'

20

그로메코 형제의 집은 시프세프 브라제크*[20]와 다른 골목길이 마주치는 모퉁이에 있었다. 알렉산드르와 니콜라이 알렉산드로비치 그로메코는 둘 다 화학자로, 형은 페트로프스키 아카데미의 교수, 동생은 모스크바 대학의 교수였다. 니콜라이 알렉산드로비치는 독신이었으나 알렉산드르 알렉산드로비치는 안나 이바노브나와 결혼했다. 이바노브나는 크류게르 집안 출신이었다. 그녀의 아버지는 제철업자로, 우랄의 유리아틴 부근에 광대한 숲으로 둘러싸인 별장이 딸린 폐광을 가지고 있었다.

그로메코의 집은 이층집이었다. 이층에는 침실과 공부방, 알렉산드르 알렉산드로비치의 서재와 도서실, 안나 이바노브나의 객실, 그리고 토냐와 유라의 방이 있고, 아래층은 손님용으로 쓰이고 있었다. 아래층은 연한 황록색 커튼, 그랜드 피아노 뚜껑에 비치는 거울의 반사, 수족관, 올리브색 가구, 그리고 수중식물을 닮은 실내식물 때문에 나른하게 흔들리고 있는 초록빛 바닷속 같은 인상을 주었다.

그로메코 집안은 교양 있는 사람들로, 손님을 좋아하고 매우 박식하며 음악을 사랑했다. 그들은 자기 집에 사람들을 불러 모아 실내악의 밤을 자주 열었는데, 거기서 피아노 삼중주, 바이올린 소나타, 현악사중주가 연주되곤 했다.

1906년 1월, 니콜라이 니콜라예비치가 해외로 나간 뒤 곧 이 시프세프에서 정기적인 실내악 모임이 열리기로 되어 있었다. 타네예프*[21] 학교 출신인 어느 신인 작곡가의 신작 바이올린 소나타와 차이콥스키의 삼중주가 연주될 예정이었다.

*20 모스크바 도심부, 아르바트 거리와 병행하는 골목.

*21 러시아 작곡가.

준비는 전날부터 시작되었다. 가구를 옮겨 홀을 비웠고, 한쪽 구석에서는 조율사가 똑같은 소리를 수백 번씩 내면서 미묘한 아르페지오*22에 열중해 있었다. 부엌에서는 새의 털을 뜯고 푸성귀를 씻고 소스와 샐러드에 쓰려고 겨자를 올리브기름에 섞고 있었다.

안나 이바노브나와 깊은 속내까지 털어놓는 친구인 슈라 실레진게르가 아침부터 찾아와서 부산을 떨고 있었다.

슈라 실레진게르는 키가 크고 호리호리하며, 생김새는 약간 남자 같고 단정했다. 잿빛 아스트라한*23 모자를 쓴 채 모자에 달린 베일만 조금 들어올리고 있었는데 얼굴이 어딘지 모르게 황제를 떠오르게 했다.

불행한 일이나 걱정거리가 쌓이면 그들은 서로에게 화를 내어 기분을 풀어주었다. 그들은 말끝에 서로에게 심한 독설을 퍼부어 대어서 마지막에는 폭풍 같은 장면도 연출되지만 그것은 순식간에 눈물과 화해로 끝나고는 했다. 이러한 정규적인 말다툼은 한 곳에 뭉친 피를 없앨 때 거머리를 쓰는 것처럼 두 사람에게 꽉 막힌 속이 뚫리는 듯한 시원함을 가져다주었다.

슈라 실레진게르는 결혼을 여러 번 했는데, 이혼과 동시에 남편에 대해선 싹 잊어버리고 마음을 비워서 독신녀 같은 냉정함을 지니고 있었다.

슈라 실레진게르는 신지학(접신론)자였지만, 그와 동시에 러시아정교의 예배의식 진행 과정에 대해서도 잘 알고 있었다. 그래서 성직자가 완전히 무아경에 빠져 있을 때라도, 여기서는 말을 해야 하고 여기서는 노래해야 한다고 사제들에게 넌지시 일러 주곤 했다. '주여, 들어 주소서', '그리하여 모든 때에', '참으로 정결한 게루빔'*24이니 하고 그녀가 빠르게 지껄이는 목소리가 쉬지 않고 들려왔다.

그녀는 수학과 인도의 밀교(密敎)에 대해서뿐만 아니라 모스크바 음악원의 유명한 교수들의 주소와 누가 누구와 살고 있는지 따위에 이르기까지 모르는 것이 없었다. 그래서 그녀는 사람들에게 인생의 모든 위기가 찾아올 때면 여기저기서 판정자나 중재자로 불려 가곤 했다.

때가 되자 손님들이 모여들기 시작했다. 아델라이다 필리포브나, 긴츠, 푸프

---

*22 하나의 화음을 동시에 연주하지 않고 연속해서 빠르게 연주하는 기법.

*23 러시아 아스트라한 지방에서 나는 갓 태어난 새끼양의 모피.

*24 구품천사 가운데 상급에 속하는 천사. 숭고한 지혜를 가졌다고 한다.

코프 부부, 바수르만 부부, 베르지스키 부부, 카프카즈세프 육군 대령이 왔다. 밖에는 눈이 내리고 있었다. 현관문이 열릴 때마다 바깥 공기가 한눈에 들어왔다. 크고 작은 눈송이와 팔랑거리는 눈가루가 뒤엉킨 것처럼 보였다. 남자들은 목이 긴 장화를 신고 추운 바깥에서 들어왔는데, 하나같이 얼빠진 듯 움직임이 굼뜨고 아둔한 몰골이었다. 반면에 추위에 더욱 싱그러워진 부인들은 모피코트의 윗단추를 두 개쯤 풀고, 서리가 하얗게 덮인 머리에 쓴 풍성한 숄을 뒤로 젖혀 마치 이름난 악녀 같은, 조금도 마음을 놓지 않는 교활함을 연출하고 있었다. "큐이*[25]의 조카래요." 이 집에 처음으로 초대된 신인 피아니스트가 문을 들어서자 그렇게 속삭이는 소리가 들려왔다.

열려 있는 홀의 옆문으로, 마치 겨울 길처럼 하얀 식탁보가 씌워진 긴 식탁이 보였다. 크리스털 병에 담긴 빨간 마가목 열매로 담근 술이 불빛을 받아 반짝이는 것이 눈에 들어왔다. 버터와 은접시에 놓인 목이 좁은 유리병에 담긴 식초, 그림처럼 선명한 색깔의 들새와 전채요리가 상상력을 부추겼다. 저마다의 식사 세트를 꾸미는 피라미드형으로 접어 세운 냅킨, 감복숭아 냄새가 나는 연자줏빛 시네라리아 꽃바구니조차 식욕을 돋우는 것 같았다. 음식을 빨리 맛보려고 너도나도 서둘러 마음으로 먹을 준비를 했다. 그들은 홀에 나란히 자리잡고 앉았다. "큐이의 조카라는군요." 피아니스트가 피아노 앞에 자리를 잡자 다시 속삭이는 목소리가 들려왔다. 음악회가 시작되었다.

그 소나타는 지루하고 부자연스러우며 무미건조하다고 알려져 있었는데, 그 연주 또한 마치 그러한 사실을 확인시키기라도 하는 것 같았다. 게다가 끔찍하리만치 길게 늘어지는 작품이었다.

이에 대해 휴식 시간에 평론가인 케림베코프와 알렉산드르 알렉산드로비치 사이에 논쟁이 벌어졌다. 평론가는 이 소나타를 혹평했지만 알렉산드르 알렉산드로비치는 그것을 옹호했다. 사람들은 의자를 이리저리 옮기면서 담배를 피우거나 시끄럽게 잡담을 나눴다.

그러나 사람들은 모두 옆방에 차려 놓은 잘 다림질한 식탁보에서 눈을 떼지 못했다. 모두 늦추지 말고 음악회를 계속하자고 요구했다.

피아니스트는 연주를 시작하기 위해 청중을 곁눈으로 흘끗 보고 나서, 합주

---

*25 러시아 군인이자 작곡가.

자들에게 고개를 끄덕여 신호를 보냈다. 바이올리니스트와 티슈케비치가 활을 쳐들었다. 삼중주가 흐르기 시작했다.

유라와 토냐, 그리고 현재 그로메코 씨네 집에서 반생을 보내고 있는 미샤 고르돈이 세 번째 줄에 앉아 있었다.

"예고로브나가 계속 손짓을 하는데요." 유라가 바로 앞자리에 앉아 있는 알렉산드르 알렉산드로비치에게 속삭였다.

그로메코 씨네의 머리가 하얀 늙은 하녀 아그라페나 예고로브나가 홀 입구에 서 있었다. 그녀는 유라에게 절망적인 시선을 보내면서 매우 절박하게 알렉산드르 알렉산드로비치 쪽으로 고개를 흔들어, 자신이 주인을 급히 만나야 한다는 것을 유라로 하여금 알아차리게 하려 했다.

알렉산드르 알렉산드로비치는 고개를 뒤로 돌려 나무라는 듯한 눈길로 예고로브나를 보면서 어깨를 으쓱했다. 그러나 예고로브나는 물러서지 않았다. 곧 홀 이쪽 끝과 저쪽 끝에 있는 두 사람 사이에 손짓이 오갔다. 모두 그 두 사람을 바라보고 있었다. 안나 이바노브나는 남편에게 매서운 눈총을 던졌다. 알렉산드르 알렉산드로비치가 자리에서 일어났다. 어떻게든 마무리를 해야 했다. 그는 얼굴을 붉히며 홀의 한쪽 구석을 돌아 조용히 예고로브나에게 다가갔다.

"이게 무슨 짓이야, 예고로브나! 도대체 무슨 일인데 이 야단이야! 빨리 얘기해, 무슨 일인지."

예고로브나는 그의 귀에 대고 무슨 말인가 속삭였다.

"체르노고리야?"

"호텔 말이에요."

"그래서?"

"급히 와 달랍니다. 누가 죽어 가고 있대요."

"죽어 간다고? 알겠어. 하지만 지금은 곤란해, 예고로브나. 연주가 끝나려면 아직 좀 더 있어야 해서 그전에 얘기하는 건 곤란해."

"호텔 종업원이 와서 기다리고 있는데요. 마부도 대기하고 있어요. 다시 말씀드리지만 사람이 죽어가고 있답니다. 아시겠어요? 여자랍니다."

"안 돼, 안 돼. 몇 분만 기다리면 되는데 왜 이 야단인지 모르겠구먼."

알렉산드르 알렉산드로비치는 아까처럼 조용한 걸음으로 벽을 따라 자기 자리로 돌아가 콧등을 문지르며 앉았다.

1부가 끝나자 연주자들에게 다가간 그는 박수 소리가 끝나기 전에 티슈케비치에게, 나쁜 일이 생겨서 누가 데리러 왔으니 연주를 멈춰야겠다고 말했다. 그러고 나서 알렉산드르 알렉산드로비치는 홀을 향해 손을 내저어 박수를 그치게 한 뒤 큰 소리로 말했다.

"여러분, 삼중주는 잠시 멈춰야겠습니다. 파데이 카지미로비치에게 동정을 보냅시다. 그에게 슬픈 일이 일어났어요. 그는 지금 이곳을 떠나야 합니다. 이러한 때에 그를 혼자 보내고 싶지 않군요. 제가 옆에 있는 것이 도움이 될지도 모르니까요. 저도 함께 가겠습니다. 유로치카, 얼른 나가서 세묜에게 현관에 마차를 대라고 일러. 아마 이미 마구(馬具)는 채웠을 테니. 여러분, 작별 인사는 하지 않겠습니다. 부디 여러분은 모두 그대로 남아 주시기 바랍니다. 곧 돌아올 테니까요."

두 사내아이가 이 추운 겨울밤에 알렉산드르 알렉산드로비치와 함께 마차를 타고 가겠다며 졸랐다.

21

정상적인 생활로 돌아간 12월 이후에도 여전히 어디선가 총소리가 들려왔다. 그리고 늘 일어나는 새로운 화재는 이전의 화재로 타다 남은 잔해처럼 보였다.

소년들은 그날 밤처럼 멀리, 그리고 오랫동안 나가 본 적이 한 번도 없었다. 사실 그것은 엎어지면 코가 닿을 만큼 가까운 곳이었다. 스몰렌스키, 노빈스키, 그리고 사드바야의 가운데쯤—이었다. 그러나 맹렬한 추위와 안개가, 마치 이 세상 어느 곳도 똑같지 않다는 듯이, 공간을 하나하나 작은 조각으로 갈라 놓았다. 곳곳에 피운 모닥불에서 오르는 뭉실뭉실한 볼품없는 연기*[26]와 저벅저벅 울리는 발소리, 썰매의 날이 내는 끽끽거리는 소리들이, 마치 그들이 알 수 없는 아주 먼 곳으로 마차를 타고 가는 듯한 느낌을 더욱 강하게 했다.

호텔 앞에는 담요를 두른 말이 서 있었다. 발목에 붕대를 감은 말에 좁다랗고 화사한 썰매가 매여 있었다. 마부는 자리를 따뜻하게 데우기 위해 손님 자리에 앉아 손으로 머리를 감싸고 앉아 있었다.

호텔 로비 안은 따뜻했다. 문지기는 입구와 현관의 외투 보관소 사이에 세워

---

*26 아주 추운 날씨에는 네거리에 모닥불을 피워 놓는다.

진 가리개 뒤에서 큰 소리로 코를 골며 선잠을 자다가 제 코 고는 소리에 놀라 잠을 깼다. 그러다가 환풍기 소리와 페치카에서 활활 불이 타오르는 소리, 사모바르의 물 끓는 소리를 들으며 다시 잠이 들고는 했다.

로비 왼쪽 거울 앞에는 밀가루를 뒤집어쓴 것처럼 짙게 화장한 살찐 부인이 서 있었다. 부인은 이런 날씨에는 너무 얇아 보이는 모피 재킷을 입고 있었다. 여자는 위에서 누군가 내려오기를 기다리면서, 거울 앞에 등을 돌리고 서서 때로는 왼쪽 어깨 너머로, 때로는 오른쪽 어깨 너머로 자신의 뒷모습을 비춰 보고 있었다.

추위 때문에 꽁꽁 언 마부가 문 안으로 고개를 내밀었다. 그는 기다란 카프탄*[27]을 입고 있어서 왠지 모르게 빵가게 간판에 그려진 8자 모양의 비스킷을 떠올리게 했는데, 그의 몸에서 모락모락 피어오르는 김 때문에 더욱더 그렇게 보였을 것이다.

"곧 떠나실 겁니까, 부인?" 그는 거울 옆에 서 있는 부인에게 물었다. "부인의 친구분을 기다리다 말이 얼어 죽겠습니다요."

24호실 사건은, 호텔 직원들이 날마다 겪는 괴로운 일들 가운데 그래도 작은 일에 속했다. 벨소리가 잇따라 울리고 벽에 붙어 있는 긴 유리 상자에서 방 번호표가 튀어나오면, 어느 방의 손님이 말도 안 되는 요구를 하고 있다는 표시였다. 그런데 이쪽에서는 손님이 무엇을 요구하고 있는지 알지 못해서 객실 담당은 마음 편할 새가 없었다.

지금 24호실에서는 의사가 그 늙은 얼간이 기샤로바*[28]에게 약을 먹이고 토사제(吐瀉劑)를 주어 위와 장을 세척하고 있었다. 하녀 글라샤는 마룻바닥을 닦고 더러운 것을 치워 내고 물통에 깨끗한 물을 들여오느라고 정신이 없었다. 그러나 오늘의 종업원실의 야단법석은 이 소동이 일어나기 훨씬 전부터 시작되고 있었다. 그때는 아직 아무 일도 없어 의사와 그 불행한 바이올리니스트를 부르러 마차로 테레시카를 보내지 않았고, 코마롭스키도 달려오지 않았다. 그리고 할 일 없는 사람들이 방문 앞을 가로막아 드나드는 걸 방해할 만큼 모여 있지도 않았다.

낮에 누군가가 뷔페 출구의 좁은 통로에서 서투르게 방향을 바꾸다가, 그만

---

*27 터키인 등이 입는, 옷자락이 길고 띠가 달린 농민 외투.

*28 기샤르 부인을 러시아식으로 부른 것.

웨이터 스이소이와 부딪친 것에서 일이 비롯되었다. 그때 스이소이는 높이 쳐든 오른손에 음식이 가득 든 쟁반을 받쳐 들고 있었다. 스이소이는 쟁반을 떨어뜨렸고, 수프가 엎질러지고 큰 접시 세 장과 작은 접시 한 장이 깨지고 말았다.

스이소이는 부딪힌 사람이 접시 씻는 여자라는 것을 알고, 그녀의 책임이니 그녀가 변상해야 한다고 주장했다. 이제 밤 열 시가 가까워져 곧 종업원의 절반이 일을 마치고 돌아갈 시간이었지만, 그들은 그때까지 그 일로 입씨름을 계속하고 있었다.

"이 사람은 노상 손발을 떨어요. 밤낮없이 보드카 병이나 여편네처럼 끼고서 코끝까지 취해 있는 주제에, 누가 밀어서 접시를 깨고 수프를 엎질렀다고? 도대체 누가 널 밀었다는 거야. 눈 삐뚤어진 악마, 더러운 요괴 같으니! 밀다니, 누가 밀어. 이 뻔뻔한 녀석아!"

"내가 말조심하라고 했죠, 마트료나 스테파노브나."

"접시를 깨고 소란을 피우고 할 만한 그럴 듯한 일이라도 있으면 좋게. 아, 글쎄 그런 꼴불견이 어딨어? 그 싸구려 갈보 마담 말이야. 그 추잡하고 신경질적인 여편네가 장하게도 비상을 드셨다지 뭐야. 지가 뭐 옛날 신파극 주인공이라도 되는 줄 아나 보지. 이 체르노고리야 호텔에서 지내시자니까 엉덩이 가벼운 여편네나 바람둥이 수캐들을 못 만나신 거겠지."

미샤와 유라는 그 방문 앞의 복도를 왔다 갔다 하고 있었다. 모든 것이 알렉산드르 알렉산드로비치가 상상했던 것과는 딴판이었다. 그가 상상한 것은 첼리스트와 비극, 뭔가 가치 있고 순결한 그 무엇이었다. 그런데 도대체 이게 뭐란 말인가. 추태와 스캔들 같은, 절대로 아이들이 듣게 해서는 안 되는 것이었다.

소년들은 복도에서 발을 구르고 있었다.

"아주머니한테 들어가 보시지요, 도련님들." 소년들에게 다가온 객실 담당 하인이 서두르지 않는 조용한 목소리로 말했다. 두 번째였다. "안에 들어가세요, 걱정 마시고. 아무 일 없을 테니 안심하세요. 이제 다 회복되었으니까요. 그리고 이곳에 서 계시면 안 됩니다. 그렇지 않아도 방금 여기서 사고가 일어나 값비싼 접시를 깼어요. 보세요, 이곳은 음식을 나르며 뛰어다니기에도 좁습니다. 안에 들어가세요."

소년들은 그 말에 따랐다.
불 켜진 석유램프가 식탁에 놓인 기름통에서 떼어져, 누린내가 나는 판자 칸막이로 가려진 방의 다른 쪽으로 옮겨져 있었다.
먼지투성이의 접는 커튼으로 출입구와 사람들의 눈길로부터 가린 구석에 침대가 있었다. 겪고 있는 혼란 속에서 사람들은 커튼 치는 것을 잊고 있었다. 커튼 자락이 칸막이 위에 걸려 뒤로 넘어가 있었다. 한쪽 구석 침대 옆 소파에 놓여 있던 램프는 그곳을 마치 극장 무대의 조명처럼 아래쪽에서 선명하게 비추고 있었다.
접시 닦는 여자가 잘못 알고 비웃었지만, 그 여자는 비소가 아니라 요오드로 자살을 시도한 것이었다. 방 안에서는, 껍질이 아직 부드러워서 만지면 시커메지는 덜 익은 호두의 떫은 냄새가 코를 찌르고 있었다.
칸막이 뒤에서 하녀가 마루를 닦고 있었다. 침대 위에는 반쯤 벌거벗은 여자가 물과 눈물과 땀에 전 채 누워, 끈적끈적 엉겨 붙은 머리를 대야 위에 늘어뜨리고 큰 소리로 울고 있었다. 소년들은 그쪽을 바라보는 것이 몹시 수치스럽고 민망한 듯 이내 눈길을 돌렸다. 그러나 유라는 여자의 몸을 보고 놀랐다. 긴장해서 힘을 준 때문인지, 조각가가 표현하는 여성의 모습이 아니라 짧은 팬츠 차림으로 시합을 하는 울퉁불퉁한 근육질 운동선수의 몸과 비슷했다.
마침내 누가 알아챘는지 칸막이 뒤로 넘어간 커튼이 내려졌다.
"파데이 카지미로비치, 당신 손 어디 있어요? 내 손 좀 잡아 줘요." 눈물과 구역질로 숨을 토하면서 여자가 말했다. "아, 난 너무 무서운 일을 겪었어요! 말도 안 되는 의심을 하고 있었거든요! 파데이 카지미로비치. 하지만 다행히 모든 것이 헛소리, 모두 나의 망상이라는 걸 알게 되었어요. 파데이 카지미로비치, 이해해 주세요. 이젠 정말 안심이에요! 그래서 끝내 난…… 보세요…… 지금 이렇게 살아 있잖아요."
"진정하세요. 아말리야 카를로브나, 제발. 이젠 안심해요. 아무리 그렇다고 어떻게 그런 엉뚱한 짓을 저지른 겁니까, 정말 이건 볼썽사나운 일입니다."
"우린 그만 돌아갈까." 알렉산드르 알렉산드로비치가 아이들을 돌아보며 중얼거렸다.
아이들은 너무나 거북살스러워 어쩔 줄 몰라 하면서, 어두운 현관방의 칸막이가 없는 문턱 옆에 서서, 시선 둘 데가 없어 램프를 떼어 내 간 현관방 안쪽을 바라보고 있었다. 그 벽은 온통 사진으로 덮여 있고, 책꽂이에는 악보가 가득 꽂혀 있었으며, 책상에는 종이와 앨범이 높게 쌓여 있었다. 뜨개질한 테이블보가 덮여 있는 식탁 저편에서 한 소녀가 안락의자에 앉아 등받이를 두 팔로 껴안고 그 위에 뺨을 얹은 채 잠들어 있었다. 주위의 소란과 움직임도 그녀의 잠을 방해하지 못한 것을 보면 아마도 죽을 만큼 피곤했던 모양이다.

그들이 이곳에 온 것은 어리석은 일이었다. 이곳에 더 머무는 것은 예의가 아니었다.

"이제 가자." 알렉산드르 알렉산드로비치가 다시 한 번 말했다. "저기 파데이 카지미로비치가 나오는구나. 작별 인사를 해야겠군."

그러나 칸막이 뒤에서 나온 사람은 파데이 카지미로비치가 아니라 다른 사람이었다. 깨끗이 면도를 한, 건장하고 당당한 체격에 자신감이 넘치는 인물이었다. 그는 기름통에서 떼어 낸 램프를 머리 위로 쳐들고 있었다. 소녀가 잠들어 있는 식탁으로 다가간 그는 기름통에 램프를 걸었다. 불빛이 소녀를 깨운 모양이었다. 소녀는 다가온 사람에게 미소를 지어 보이더니 눈을 가늘게 뜨고 기지개를 켰다.

그 낯선 사람의 모습에 미샤는 온몸을 떨기 시작하더니 뚫어질 듯한 눈길로 바라보았다. 그는 무슨 말을 하려고 유라의 소매를 끌어당겼다.

"모르는 사람 앞에서 귓속말을 하는 건 부끄러운 일 아냐? 사람들이 널 어떻게 생각하겠어?" 유라는 그를 막으며 들으려 하지 않았다.

그때 소녀와 사내 사이에서 무언극이 연출되기 시작했다. 두 사람은 말은 한 마디도 하지 않은 채 눈빛만으로 대화를 하고 있었다. 그러나 그들 사이의 이해는 놀랄 만큼 마법적이어서, 마치 그는 인형극에서 인형을 놀리는 사람이고 그녀는 그의 손놀림에 따라 움직이는 인형 같았다.

그녀는 피곤한 듯 다시 눈을 반쯤 감고 입을 반쯤 벌렸다. 그러나 사내의 빈정거리는 듯한 시선에 그녀는 공범자의 교활한 윙크로 답했다. 모든 일이 잘 해결되어 비밀은 폭로되지 않았고 음독자살이 미수에 그친 것에 두 사람 다 만족하고 있었다.

유라는 두 사람을 뚫어지게 바라보았다. 아무도 자기를 볼 수 없는 어두운 곳에서 그는 램프가 비춰 내는 둥근 원을 눈 한 번 깜박거리지 않고 응시했다. 주인과 노예가 된 소녀 사이에서 벌어지고 있는 그 광경은, 이해할 수 없을 만큼 신비롭고 뻔뻔스러우리만큼 노골적이었다. 모순된 감정이 그의 가슴에 밀려왔다. 유라의 가슴은 여태껏 겪은 적이 없는 힘 앞에 죄어드는 것 같았다.

그 광경은 바로 그가 미샤와 토냐와 더불어 지난 1년 동안 '저속'이라는, 아무런 의미 없는 이름 아래 열렬히 토론했던 것으로, 때로는 안전한 거리를 두고 오직 말로만 참으로 쉽게 처리하고 있었던, 그 무섭고도 매혹적인 그것이었다. 그런데 바로 지금, 철저히 형이하학적이고 불안하고 폭력적이며 파괴적인, 그러면서 간절히 애원하며 도움을 청하는 그 힘이 유라의 눈앞에 드러난 것이다. 그런데 지금 그들의 어린아이 같은 철학은 어디로 가 버린 건가, 지금 유라는 무엇을 해야 하는가?

"그 사람이 누군지 너 아니?" 그들이 거리로 나왔을 때 미샤가 물었다. 유라는 생각에 빠져 있어서 대답할 수가 없었다.

"너희 아버지를 술주정뱅이로 만들어 파멸시킨 바로 그 사람이잖아. 기억하고 있지, 열차에서 있었던 일. 내가 얘기해 줬잖아."

유라는 아버지와 과거에 대해서가 아니라 그 소녀와 미래에 대해 생각하고 있었다. 처음에 그는 미샤가 자기에게 무슨 말을 하고 있는 건지 알아듣지 못하고 있었다. 바깥이 너무 추워서 도저히 말을 주고받을 수가 없었다.

"춥지, 세묜?" 알렉산드르 알렉산드로비치가 마부에게 물었다.

그들은 출발했다.

제3장
스벤티스키 씨네 욜카 축제

1

어느 해 겨울, 알렉산드르 알렉산드로비치는 아내 안나 이바노브나에게 고급 옷장을 하나 선물했다. 그가 그것을 산 것은 순전히 우연이었다. 흑단으로 만든 그 옷장은 어찌나 큰지 그대로는 어떤 문으로도 들어갈 수 없었다. 여러 개로 나누어서 집 안으로 들여 놓았지만 도대체 어디에다 두어야 할지 고민거리였다. 일층 방은 훨씬 넓지만 그곳에서는 쓸모가 없고, 그렇다고 이층에는 좁아서 들어가지가 않았다. 마침내 내외의 침실 입구 옆에 있는 안쪽 계단 위의 층계참을 비우기로 했다.

문지기 마르켈이 옷장을 조립하러 불려 왔다. 그는 여섯 살짜리 딸 마린카를 데리고 왔다. 마린카에게는 엿으로 만든 막대사탕이 주어졌다. 마린카는 코를 훌쩍이며 사탕과 끈적끈적한 손가락을 핥으면서 눈썹을 찡그린 채 아버지가 일하는 모습을 바라보았다.

작업은 한동안 순조롭게 진행되었다. 옷장은 안나 이바노브나의 눈앞에서 서서히 커져 갔다. 드디어 상판만 올려놓으면 완성되는 단계에 이르렀을 때 안나 이바노브나는 갑자기 마르켈을 돕고 싶었다. 옷장의 높은 곳에 올라선 그녀는 몸의 중심을 잃고 휘청거리다 장부만으로 지탱되어 있는 옆판에 부딪치고 말았다. 그 바람에 마르켈이 옆판을 느슨하게 묶어 두었던 끈의 매듭이 풀려 버렸다. 소리를 내며 마루로 떨어지는 널빤지와 함께 안나 이바노브나도 벌렁 뒤로 나자빠져서 심하게 다치고 말았다.

“저런, 마님!” 마르켈이 그녀에게 달려가며 소리쳤다. “어쩌다 그러셨어요, 마님? 뼈는 괜찮습니까? 뼈를 만져 보세요. 중요한 건 뼙니다. 부드러운 살이야 상관없지요. 살은 숙녀의 맵시를 위한 장식물일 뿐이라는 말도 있으니까요. 뭐야, 울지 마, 이 바보 녀석아!” 그는 울고 있는 마린카에게 호통을 쳤다. “콧물이

나 닦고 엄마한테 가. 아휴, 마님께선 글쎄, 제가 마님 없이 저 혼자서는 이런 옷장 하나 제대로 맞추지 못할 줄 아셨습니까? 물론 마님이 보시기에 제가 문지기나 할 놈으로 생각되시겠지만 사실을 말씀드리자면 본디 저는 타고난 목수입니다. 마님은 믿지 않으시겠지만 이런 가구니 옷장이니 하는 것은, 정말이지 칠을 한 것이건 마호가니니 호두나무니 하는 것이건 안 다뤄 본 것이 없을 정돕니다요. 또 이를테면 헤아릴 수 없이 많은 부잣집 아가씨들이, 이렇게 표현하면 뭣하지만 제 눈앞을 지나쳐 가 버렸습죠. 모두가 다 술 때문입니다요. 그 독한 보드카 탓이라는 말씀이죠."

안나 이바노브나는 마르켈의 도움을 받아 그가 끌어다 준 안락의자에 걸터앉아서, 멍든 곳을 문지르며 신음을 내었다. 마르켈은 허물어진 옷장을 다시 짜 맞추었다. 상판을 씌우고 난 뒤 그가 말했다.

"자, 이제 문만 남았습니다. 문만 달면 전람회에 내놔도 손색없을 겁니다."

안나 이바노브나는 그 옷장이 영 마음에 들지 않았다. 모양도 그렇고 크기도 그렇고 영락없이 영구차나 황제의 영묘(靈廟)와 비슷했던 것이다. 그 옷장은 그녀에게 미신적인 공포감을 불러일으켰다. 그녀는 옷장에다 '아스콜리드*1의 무덤'이라는 별명을 붙였다. 그 호칭으로 그녀는 고대 러시아의 영웅 올레그 공의 말, 자기 주인을 죽음으로 몰아넣는 원인이 된 말에 비유한 것이다. 그러나 이것저것 닥치는 대로 읽는 경향이 있는 여자들이 흔히 그러듯이, 안나 이바노브나는 아스콜리드와 올레그를 혼동하고 있었다.

그 일이 있은 뒤 안나 이바노브나는 툭하면 호흡기 질환에 걸리곤 했다.

2

1911년 11월, 꼬박 한 달 내내, 안나 이바노브나는 침대 속에서만 누워 지냈다. 폐렴이었다.

이듬해 봄에 유라와 미샤 고르돈은 대학을, 토냐는 여자고등전문학교*2를 졸업하기로 되어 있었다. 유라는 의학을, 토냐는 법학을, 그리고 미샤는 철학부의 문헌학을 전공했다.

유라의 마음에는 많은 것이 들어와서 서로 뒤엉켜 혼란을 이루고 있었지만,

---

*1 9세기 키예프 대공의 친위대원인 바랴그인.

*2 당시의 여자대학에 해당.

그 모든 것은 매우 독창적이었다. 그의 견해도, 표현 능력도, 소질도. 그는 비길 데 없이 감수성이 풍부하고, 그 참신한 지각은 뭐라 표현할 수 없을 만큼 뛰어났다.

그러나 예술에 대한 갈망이 아무리 크다 해도 그는 전공 분야를 선택하는 데 고심하지 않았다. 타고난 쾌활함이나 우울한 기질이 직업이 될 수 없는 것과 같은 의미에서, 예술을 천직으로 삼을 수는 없다고 그는 여겼다. 그는 물리학과 자연과학에 흥미를 가졌는데, 현실생활에서도 무언가 공익이 되는 일을 해야 한다고 생각했다. 그가 의학을 선택한 것도 그런 이유에서였다.

4년 전, 1학년 때 그는 반 학기를 대학 지하실에서 사체를 해부하며 보냈다. 그는 나선형 계단을 따라 지하실로 내려갔다. 극장형의 해부실 바닥에는 머리가 헝클어진 학생들이 한 사람씩, 또는 몇 사람이 그룹을 지어 모여 있었다. 어떤 학생들은 뼈에 둘러싸인 채 하도 들춰봐서 너덜너덜해진 교과서를 넘겨 가며 열심히 암기하는가 하면, 다른 학생들은 구석에서 묵묵히 해부를 했다. 또 어떤 학생들은 잡담을 하거나 농담을 던지면서, 시체 안치실의 돌바닥을 기어 다니는 수많은 쥐들을 쫓기도 했다. 신원을 알 수 없는 젊은 자살자들과, 아직 썩지 않고 잘 보존되어 있는 여성 익사자들의 알몸이 어두컴컴한 시체 안치실 속에 인광처럼 하얗게 떠올라 있었다. 시체들에 주입된 알루미나염 때문에 그것들은 믿을 수 없을 만큼 통통하게 부풀어 올라 실제보다 젊어 보였다. 시체는 절개되고 각 부분이 해체된 다음 표본으로 만들어졌다. 그 인체의 아름다움은 아무리 작은 부분이라도 충실하게 남아 있어서, 아연으로 도금된 테이블 위에 물의 요정 루살카처럼 송두리째 내던져진 여성의 시체 앞에서 터져 나오는 경탄은, 그녀의 전체에서, 절단된 팔과 잘려 나간 손목으로 옮겨도 사라지는 일이 없었다. 지하실에서는 포르말린과 석탄산의 냄새가 났고, 길게 누워 있는 그 시체들의 알 수 없는 운명에서부터, 마치 자기 집 또는 자신의 본거지인 양 이 지하실에 도사리고 있는 삶과 죽음의 신비 그 자체에 이르기까지, 모든 것에서 이곳에 신비가 존재하고 있음이 느껴졌다.

그 신비의 목소리는 다른 모든 것을 듣지 못하도록 유라를 쫓아다니면서 그의 해부 실험을 가로막았다. 그러나 인생에서도 마찬가지로 많은 것이 그를 괴롭혔다. 그는 그러한 방해에도 익숙해져서, 그의 주의를 흐려 놓는 장애도 더 이상 그를 불안하게 만들지 않았다.

유라는 생각이 깊었고 글도 퍽 잘 썼다. 그는 아직 고전(古典)중학교 학생이었을 때부터 산문소설을 꿈꾸었다. 자신이 보고 듣고 생각한 것 가운데에서 가장 인상적인 것을, 마치 몰래 화약을 장치하듯이 써 넣을 수 있는 일대기 같은 것이었다. 그러나 그러한 책을 쓰기에는 아직 너무 어렸기에 그 대신 그는 시를 쓰기 시작했다. 화가가 가장 위대한 그림을 그리기 위해 일생 동안 습작을 그리는 것처럼.

유라는 그렇게 태어난 자기 시의 미숙함을 시의 에너지와 독창성으로 보완했다. 에너지와 독창성, 그 두 가지야말로 다른 모든 점에서 추상적이고 알맹이가 없는 무용한 예술에 리얼리티를 부여하는 것이라고 유라는 생각했다.

유라는 자신의 성격 형성에 외삼촌이 얼마나 큰 영향을 미쳤는지 잘 알고 있었다.

외삼촌 니콜라이 니콜라예비치는 스위스 로잔에 살고 있었다. 그곳에서 러시아어판과 번역판으로 출판된 자신의 저서를 통해, 그는 시간과 기억의 도움을 받아 인류가 죽음의 현상에 대해 대답하기 위해 구축한 제2의 우주에 대해서와 마찬가지로, 역사에 대한 오랜 사색을 발전시켜갔다. 그러한 저서의 본질은 새로운 관점에서 이해된 그리스도교이고, 예술의 새로운 이념은 그 직접적인 결과라고 할 수 있었다.

그러한 일련의 사상은 유라 이상으로 그의 친구에게 영향을 미쳤다. 그 사상의 영향을 받은 미샤 고르돈은 철학을 전공으로 선택했다. 그는 학부에서 신학 강의를 듣고, 나중에는 신학 대학으로 옮기는 것까지 생각했다.

외삼촌의 영향은 유라를 더욱 앞으로 나아가게 하고 자유로워지게 했지만, 미샤의 경우에는 오히려 구속이 되었다. 미샤의 극단적인 열정에는 그의 출신이 어떤 역할을 하고 있는지 유라는 알고 있었다. 하지만 분별력과 절도가 있는 그는, 미샤에게 그의 황당한 계획을 단념하라는 충고는 하지 않았다. 그러나 유라는 미샤가 좀 더 삶에 가까이 다가서는 현실주의자가 되었으면 하고 바랐다.

3

11월 말 어느 날, 유라는 대학에서 늦게 집으로 돌아왔다. 온종일 아무것도 먹지 않아 몹시 지쳐 있었다. 낮에 무서운 소동이 일어난 모양이었다. 안나 이바노브나가 경련을 일으켜 의사들이 여러 명 불려 왔고, 알렉산드르 알렉산드로비치에게는 신부를 데려오라는 충고까지 있었지만, 끝내 한바탕 소동으로 끝났다는 것이다. 이제 그녀는 회복되어 정신을 차렸는데, 유라가 돌아오면 곧바로 자기에게 보내라고 지시했다고 한다.

유라는 분부대로 옷도 갈아입지 못하고 침실로 달려갔다.

방 안에는 그때까지의 소동의 흔적이 고스란히 남아 있었다. 간호사가 소리 없이 움직이며 침대 옆 탁자 위에서 뭔가를 정리하고 있었다. 주위에는 구겨진 냅킨과 닦는 데 썼던 젖은 수건이 어지럽게 널려 있었다. 대야 속의 물은 뱉어 낸 침 속의 피 때문에 연한 분홍색을 띠고 있었다. 실내에는 목을 딴 유리 앰플 몇 개와 물에 젖은 솜 뭉치가 흩어져 있었다.

환자는 땀에 흠뻑 젖은 채 마른 입술을 혀끝으로 핥곤 했다. 그녀의 얼굴은 아침과는 딴판으로 홀쭉하게 여위어 있었다.

'진단이 잘못된 건 아닐까?' 유라는 의아해 했다. '아무리 봐도 크루프성 폐렴 증상인데. 위험해 보여.' 그는 안나 이바노브나에게 인사하고, 그런 경우에 흔히 하는 공허한 격려의 말을 한 뒤 간호사를 방에서 내보냈다. 맥을 짚어 보기 위해 안나 이바노브나의 손목을 잡고 다른 한 손은 청진기를 꺼내려고 재킷의 주머니 속에 집어넣었다. 안나 이바노브나는 고개를 흔들어 그럴 필요 없다고 알렸다. 유라는 그녀에게 뭔가 다른 것이 필요하다는 것을 알아차렸다. 그녀는 온 힘을 짜내어 입을 열었다.

"얘야, 의사들이 마지막 참회를 권유하더구나…… 죽음이 다가오고 있다고…… 어쩌면 1분 뒤가 될지도 모른대……이를 뽑을 땐 무섭고 아프고, 그래서 마음의 준비를 하지……. 그런데 이 경우는 이가 아니라 전부, 그래, 나의 전부, 생명 전부를…… 뽑는 거야. 집게로 뽑아 내던지는 것처럼…… 도대체 이게 뭘까? 아무도 몰라…… 그래서 난 슬프고 무섭단다."

안나 이바노브나는 입을 다물었다. 굵은 눈물이 두 뺨을 타고 주르륵 흘러내렸다. 유라는 아무 말도 할 수 없었다. 잠시 뒤 안나 이바노브나가 다시 말을 이어 나갔다.

"넌 총명하고 재능이 있지…… 아무나 가질 수 있는 그런 것과는 다른 재능 말이야…… 넌 분명히 뭔가 아는 게 있을 거야……. 무슨 말이든 해 다오…… 내 마음이 편안해질 수 있도록."

"하지만 제가 무슨 말씀을 드릴 수 있을까요?" 유라가 말했다. 그는 의자에 안절부절못하고 앉아 있다가 벌떡 일어나 천천히 몇 걸음 걷더니 다시 의자에 앉았다. "무엇보다 내일이면 지금보다 훨씬 좋아질 거예요. 그런 징후가 보여요. 그건 확실해요. 그리고 다음은 죽음, 의식(意識), 부활의 신앙인데…… 과학자로서의 제 의견을 들어 보고 싶으시다고요? 혹시 다음으로 미루면 안 될까요? 안 된다고요? 지금 당장요? 네, 그럼 원하시는 대로 해 보지요. 이건 무척 어려운 일이기는 하지만……."

그는 자신에게서 어떻게 그런 말이 나올 수 있는 건지 스스로도 놀라면서, 그녀 앞에서 즉흥적인 강연을 시작했다.

"먼저 부활에 대해서인데, 가장 약한 자들을 위로하기 위해 설교되는 심원한 형태로서의 부활에는 전 관심이 없습니다. 산 사람이나 죽은 사람에 대한 그리스도의 말씀도 저는 언제나 다른 형태로 해석해 왔지요. 지난 수천 년 동안 죽은 어마어마한 수의 사람들을 어떻게 한 곳에 모을 수가 있겠습니까? 지구는 그럴 만큼 크지 않아서 신과 선(善)과 분별심은 모두 이 세상에서 밀려나고야 말 겁니다. 그런 건 이 탐욕스러운 동물 떼 속에서 납작하게 눌려 터져 버리고 말 거예요.

그러나 끊임없이 같은 하나의 생명이 우주를 채우면서 시시각각 무수한 결합과 변용 속에 새로워지고 있습니다. 안나 아주머니는 자신이 부활할 것인가 하는 문제를 두고 걱정하고 계시지만, 아주머니는 태어난 시점에 이미 부활한 겁니다. 단지 그것을 깨닫지 못하고 있을 뿐이지요.

과연 아주머니는 아픔을 느끼게 될까요. 세포의 조직이 자신의 붕괴를 느끼게 될까요? 바꿔 말하면 아주머니의 의식은 어떻게 될까요? 그런데 그 의식이란 무엇일까요? 생각해 봅시다. 우리가 의식적으로 잠을 자려고 애쓴다면 진짜 불면증에 걸립니다. 또 의식적으로 자신의 소화기능에 걱정을 한다면 진짜 위장병에 걸리지요. 의식은 독입니다. 자기 자신에게 지나치게 의식적이면 자가중독의 원인이 됩니다. 의식은—밖을 향해 달려가는 빛입니다. 의식은 돌부리에 채이지 않도록 우리의 앞길을 밝혀 주는 것입니다. 의식이란 달리는 차 앞에 있는 전조등 같은 것입니다. 그 빛을 안으로 향하게 하면 큰 재앙이 일어나게 되지요.

그렇다면 아주머니의 의식은 어떻게 될까요? 아주머니의 것입니다. 다른 사람이 아닌 아주머니의 의식. 그렇다면 아주머니는 도대체 무엇일까요? 여기에 문제의 핵심이 있어요. 깊이 생각해 보세요. 아주머니는 무엇으로 아주머니 자신을 기억하고 계실까요? 신체의 어떤 부분을 의식하실까요? 신장입니까, 간입니까, 아니면 혈관입니까? 아니, 아주머니가 아무리 생각해 내려고 해도 아주머니의 존재는 언제나 외부의 활동적인 현상 속에서, 즉 아주머니가 하는 일 속에서, 가족 속에서, 그리고 다른 사람들 속에서 발견해 낼 수 있습니다. 이제 좀 더 세심하게 살펴봅시다. 사람은 다른 사람들 속에 있습니다. 그리고 거기에 인간의 영혼이 있습니다. 바로 그것이 아주머니이고, 바로 그것이 아주머니의 의식이 호흡하고 영양을 공급받아 듬뿍 마셔 온 것입니다. 다른 사람들 속에서 아주머니의 영혼이, 아주머니의 영원불멸이, 아주머니의 생명이 자라난 것입니다. 그래서 도대체 어떻게 되냐고요? 아주머니는 다른 사람들 속에 있었고, 다른 사람들 속에 남아 있게 되는 겁니다. 나중에 그것이 기억이라고 불린다 해도 아주머니와는 아무 상관없는 일입니다. 그것이 바로 미래의 구성원 속에 들어간 아주머니가 되는 겁니다.

이제 마지막 문제가 남았군요. 아무 걱정도 하지 마세요. 죽음이란 없습니다. 죽음은 우리가 상관할 바가 아니지요. 그리고 아주머니는 재능에 대해 말씀하셨는데, 그건 다른 문제입니다. 그건 우리의 소관이며 우리를 향해 열려 있습니다. 그리고 그 재능이란 가장 높고 넓은 의미에서 인생의 선물이지요.

죽음은 없다고 〈요한 계시록〉에서 사도 요한도 말하지 않았습니까? 아주머니라면 그의 솔직한 논거에 귀를 기울일 수 있을 겁니다. 죽음은 없습니다. 왜냐하면 과거에 있었던 낡은 것은 지나가 버렸기 때문이지요. 그것은 거의 이렇게도 말할 수 있습니다. 죽음은 없는 것입니다. 왜냐하면 이미 보아 왔고 낡아서 이제 싫증이 났으며, 지금 필요한 것은 새로운 것이고 그 새로운 것이야말로 영원한 생명이기 때문입니다."

그는 이렇게 말하면서 방 안을 왔다 갔다 했다. 그는 침대에 다가가 안나 이바노브나의 머리에 손을 얹고 말했다. "주무십시오." 몇 분이 흘렀다. 안나 이바노브나는 잠에 빠져들었다.

유라는 조용히 방을 나와 예고로브나에게 간호사를 침실에 들여보내라고 일렀다. '맙소사!' 그는 생각했다. '내가 돌팔이 사기꾼이나 된 것처럼 주문을 외고 이마에 손을 얹어 치료하게 되다니.'

이튿날 안나 이바노브나의 병세는 호전을 보이기 시작했다.

4

안나 이바노브나는 차츰 회복되어 가고 있었다. 12월 중순 무렵에 그녀는 자리에서 털고 일어나려 했지만 아직은 몹시 쇠약해진 상태였다. 의사는 그녀에게 좀 더 쉬어야 한다고 말했다.

그녀는 유라와 토냐를 자주 불러 우랄의 르인바 강가에 있는 할아버지의 영지 바르이키노에서 보냈던 어린 시절에 대해 몇 시간씩 이야기를 들려주곤 했다. 유라와 토냐는 그곳에 한 번도 가 본 적이 없었지만, 유라는 안나 이바노브나의 말을 듣고 5천 데샤치나*[3]나 되는, 오랫동안 아무도 들어간 적이 없는 밤처럼 깜깜한 숲을 쉽게 상상할 수 있었다. 물살이 센 개울물과, 그 속에 마치 끝이 휘어진 칼로 찍은 것처럼 두세 군데 골이 진 돌바닥, 그리고 크류게르 강변의 높은 낭떠러지를 떠올릴 수 있었다.

그 무렵 유라와 토냐는 난생 처음 외출용 정장—유라는 검은 프록코트, 토냐는 목이 살짝 드러나는 밝은 색 새틴 드레스를 맞췄다. 두 사람은 27일에 스벤티스키 씨네 집에서 1년에 한 번씩 열리는 욜카 축제 때 그 새 옷을 입고 갈 예정이었다.

어느 날, 주문한 옷이 양복점과 양장점에서 같은 날 배달되었다. 유라와 토냐가 옷을 입어 보고 무척 기뻐하고 있을 때였다. 예고로브나가 와서 안나 이바노브나가 부른다고 말해 그들은 미처 새 옷을 벗을 새도 없이 입은 채로 안나 이바노브나의 방으로 달려갔다.

유라와 토냐가 방으로 들어서자 안나 이바노브나가 팔꿈치를 짚고 일어나 두 사람을 옆으로 바라보더니 뒤로 돌아서 보라고 한 다음 말했다.

"참 보기 좋구나. 정말 멋지다. 벌써 이렇게 다 되었을 줄이야. 어디, 토냐, 다시 한 번 보자꾸나. 아니야, 아무것도 아니다. 목덜미가 좀 구겨진 것 같아서. 내가 너희를 왜 불렀는지 아니? 그 전에, 너에게 몇 마디 하고 싶은 말이 있다. 유라야."

"알고 있어요, 안나 아주머니. 저 자신이 아주머니께 그 편지를 보여 드리라

---

*3 데샤치나는 1.09헥타르.

고 했으니까요. 아주머니도 니콜라이 삼촌처럼 제가 포기해서는 안 된다고 생각하시겠지요. 잠깐만요. 오래 말씀하시면 몸에 해로워요. 이제 모든 걸 설명해 드리지요. 뭐 이건 아주머니도 잘 알고 계시겠지만요.

첫째로, 지바고 집안의 유산 문제는 변호사들을 부양하고 재판 비용을 지불하기 위한 것입니다. 그런데 사실상 유산은 아무것도 없고 단지 빚과 혼란, 그리고 이럴 때 고개를 쳐드는 추악함만이 있을 뿐입니다. 설령 뭔가를 돈으로 바꿀 수 있다 해도 그건 재판소로 가게 될 뿐 저는 써 보지도 못할 게 아닙니까? 그래서 소송이 잘못된 거라는 겁니다. 그러한 모든 걸 파헤치느니, 있지도 않은 재산에 대한 권리를 포기하고 몇몇 명의상의 경쟁자와 욕심 많은 자칭 상속인들에게 권리를 양도하는 것이 현명할 것 같습니다. 지바고라는 성(姓)으로 아이들과 함께 파리에서 살고 있는 알리스 부인이라는 여성의 유산 청구에 대해서도 이미 오래전에 들었습니다. 아주머니나 제가 모르는 새로운 유산 청구자들이 여기저기서 날로 늘어나 제 앞에 모든 사실이 드러난 것은 바로 최근의 일입니다.

사실 어머니가 아직 살아 계셨을 때, 아버지는 스톨부노바 엔리츠이라는 괴팍하고 무모한 공작부인에게 푹 빠져 있었습니다. 그 부인과의 사이에 태어난 아들이 있는데 지금 열 살이고 이름은 예브그라프라고 합니다.

이 공작부인은 세상을 등지고 살고 있다는군요. 그녀는 옴스크 교외에 있는 집에서 아들과 함께 은둔 생활을 하고 있습니다. 생활비는 어디서 나오는지 모릅니다. 그 집의 사진을 보았어요. 크고 아름다운 창문이 다섯 개 있는 집이더군요. 처마에는 커다란 메달이 새겨져 있었습니다. 아주 최근에 저는 그 집이 다섯 개의 창문을 통해, 모스크바에서 수천 베르스타나 떨어진 시베리아에서 곱지 않은 시선으로 나를 노려보고 있는 듯한 느낌을 받았어요. 조만간에 그 눈으로 나에게 저주를 걸 것만 같아요. 그렇지만 날조된 재산, 얼토당토않게 창작된 경쟁자, 그들의 악의와 질투 등, 그 모든 것이 저에게 무슨 소용이 있겠습니까. 그리고 변호사들도요."

"그래도 넌 포기해서는 안 돼." 안나 이바노브나가 반박했다. "그런데 내가 왜 너희를 불렀는가 하면" 그녀는 다시 되풀이하고는 이야기를 이어갔다. "그 사람 이름이 생각났지 뭐냐. 어제 산지기에 대해 내가 얘기한 것 기억하지? 그 이름이 바크흐*4였어. 굉장하지 않니? 구레나룻이 눈썹까지 시커멓게 난 숲 속의 괴물, 그 이름이 바크흐라니! 그 사람 얼굴이 망가져 있었는데, 곰의 습격을 받아 잡아먹힐 뻔했다는구나. 그런데 그는 격투 끝에 곰을 쫓아 버렸대. 그래, 거기는 모두 그런 사람들이야. 이름도 그렇고. 모음이 하나인 단음절의 이름. 듣기에 좋고 또렷하게 울리도록 말이야. 바크흐 또는 루프, 그리고 파브스트도 있었지, 아마. 더 들어 보렴. 그런 이름의 사람들이 무슨 일인가 보고하러 오곤 했었지. 마치 할아버지 사냥총의 쌍총신으로 일제사격을 퍼붓는 것처럼 울리는 아브크트니 프롤 뭐라느니 하는 이름의 사람들이 오면 우리는 한 덩어리가 되어 아이 방에서 부엌으로 냉큼 달아나곤 했어. 상상해 보렴, 그곳에 숯 굽는 사람이 살아 있는 새끼 곰을 데려오거나, 먼 삼림감시소에서 온 감시인이 광물 표본을 가져오곤 했어. 그러면 할아버지는 쪽지를 들여다보면서 사무실로 갔지. 누구에게는 돈을, 누구에게는 거칠게 찧은 곡식을, 또 누구에게는 사냥총의 총알을 나눠 주었단다. 창문 앞은 바로 숲이었지. 그리고 그 눈, 아! 눈이 오면 지붕보다 높이 쌓였어!" 안나 이바노브나가 기침을 하기 시작했다.

"그만하세요, 엄마. 그러시면 해로워요." 토냐가 어머니를 말렸고 유라도 동조했다.

"괜찮다. 별일 아니야. 그런데 말이다. 예고로브나 말로는, 너희가 모레 욜카 축제에 갈까 어쩔까 망설이고 있다고 하더구나. 그런 바보 같은 소리가 어디 있어? 그러고도 너희 정말 부끄럽지도 않니? 그리고 유라, 넌 그러고서도 무슨 의사니? 자, 이제 결정됐어. 아무 소리 말고 가는 거야. 그러면 다시 바크흐 얘기로 돌아가자. 그 바크흐는 젊었을 때 대장장이였는데 싸움을 하다 맞아서 창자를 다쳤대. 그래서 스스로 다른 창자를, 그것도 쇠붙이로 만들었다지 뭐니. 유라야, 넌 정말 이상한 아이로구나. 설마 내가 그걸 믿겠니? 그런 말들을 그대로 다 믿지는 않아. 그런데 사람들은 모두 그렇게 말했거든."

안나 이바노브나는 다시 기침을 해 댔고 이번에는 꽤 오래 갔다. 그 발작은 좀처럼 멎지 않았다. 그녀는 거의 숨도 못 쉴 지경이었다.

유라와 토냐가 그녀에게 다가갔다. 그들은 침대 옆에 어깨를 나란히 하고 서 있었다. 안나 이바노브나는 기침을 계속하면서도 그들의 손을 두 손으로 포개

---

*4 주신 바쿠스를 말함.

어 잡았다. 그리고 목소리와 호흡을 가다듬고 말했다.

"내가 죽더라도 서로 헤어지지 마라. 너희는 서로를 위해 태어난 거야. 꼭 결혼해야 한다. 자, 내가 너희 둘의 결혼을 승낙하마." 그녀는 그렇게 덧붙이며 울음을 터뜨렸다.

5

라라가 아직 고전중학교 마지막 학년에 올라가기 전이었던 1906년 봄, 여섯 달 동안 이어진 코마롭스키와의 관계는 이제 그녀의 인내심의 한계를 넘어서고 있었다. 코마롭스키는 억압 상태에 있는 그녀의 암울한 기분을 참으로 교묘하게 이용, 필요할 때마다 드러내지 않고 그녀에게 은근하고 교묘하게 그 수치스러운 생활에 대해 상기시켰다. 그러한 암시는 라라를 호색가가 여자에게서 찾는 흥분 상태로 몰아넣었다. 그 흥분은 라라를 더욱더 관능적인 악몽의 포로로 만들었고, 그 악몽에서 깨어날 때마다 그녀는 머리카락이 곤두서는 느낌이었다.

밤의 광기가 일으키는 이러한 모순은 마법처럼 설명이 되지 않는 것이었다. 그때는 모든 것이 도착(倒錯)되어, 날카로운 아픔은 은방울을 굴리는 듯한 웃음소리로 바뀌고, 저항과 거절은 같은 뜻이었으며, 학대자의 손은 감사의 키스로 뒤덮였다.

이 관계가 영원히 끝나지 않을 것 같았던 어느 봄날, 학기말의 마지막 수업을 받다가 라라는 생각에 잠겼다. 학교 수업은 코마롭스키와의 잦은 만남을 거절할 수 있는 마지막 피란처였다. 그런데 곧 여름방학이 되면 얼마나 더 시달리게 될까 생각하던 라라는, 그 뒤 오랫동안 자신의 삶을 바꾸어 놓게 되는 갑작스러운 결심을 하기에 이르렀다.

무더운 아침, 천둥비가 몰려오고 있었다. 교실에서는 창문을 열어 놓고 공부하고 있었다. 멀리서 시가지가 마치 양봉장의 꿀벌처럼 끊임없이 똑같은 톤으로 둔하게 신음하고 있었다. 교정에서 소리치며 놀고 있는 아이들의 목소리가 들려왔다. 풀이 무성한 대지와 어린 초목의 냄새가 축제 때 맡게 되는 보드카나 음식을 만들 때 쓰는 석탄가스 냄새처럼 머리를 어지럽혔다.

역사 선생님이 나폴레옹의 이집트 원정에 대해 설명하고 있을 때였다. 그의 이야기가 프레쥐스 상륙에 이르렀을 때, 갑자기 하늘이 어두워지더니 폭풍우가 몰아치면서 번개와 천둥이 치기 시작했다. 교실 창문 너머로 신선한 냄새와 함께 모래와 먼지를 품은 회오리바람이 밀려들어 왔다. 아침꾼 두 학생이 관리인에게 창문을 닫으라고 알려 주기 위해 복도로 달려 나갔다. 그들이 문을 연 순간, 한바탕 바람이 몰아쳐 책상 위의 노트를 덮고 있던 모든 압지를 온 교실로 날려 버렸다.

창문이 닫혔다. 모래먼지가 뒤섞인 도시에 우중충한 소나기가 쏟아지기 시작했다. 라라는 메모장을 찢어서 옆 자리의 나디아 콜로그리보프에게 쪽지를 적어 보냈다.

'나디아, 난 어머니와 따로 떨어져 살아야 해. 수입이 좋은 가정교사 자리 어디 없을까. 너희 집은 부자들을 많이 알고 있잖아?'

나디아도 똑같은 방법으로 답장을 보냈다.

'마침 우리 집에서 리파를 가르칠 가정교사를 구하려던 참이었어. 우리 집에 와. 정말 잘됐다! 아빠와 엄마가 널 얼마나 좋아하시는지 너도 잘 알잖아.'

6

라라는 약 3년 동안, 마치 돌벽에 갇혀 있기라도 한 것처럼 콜로그리보프씨네 집에서 지냈다. 아무도 그녀를 다시 데려가려 하지 않았고, 어머니와 남동생과도 사이가 매우 서먹해져 있었기에 생각도 나지 않았다.

라브렌티 미하일로비치 콜로그리보프는 누구보다 새로운 사고를 지닌 실천적인 사업가로, 재능이 많고 현명한 인물이었다. 그는 시대에 뒤떨어진 사회체제를 남보다 몇 배로 증오했다. 이를테면 국유재산도 매점할 만한 위력을 지닌 어마어마한 부호나, 평민 출신으로 믿을 수 없을 만큼 성공한 사람에 대한 증오였다. 그는 자기 집에 비합법 활동가들을 숨겨 주는가 하면 정치재판의 피고들에게는 변호사를 대 주고, 모든 사람이 농담으로 생각했지만, 혁명에 자금을 대 주어 자본가로서의 자기 자신을 스스로 타도하며 자기가 소유한 공장에서 파업을 일으켰다. 그는 사격의 명수인 데다 정열적인 사냥꾼으로, 1905년 겨울에는 일요일마다 세레브랴니 숲과 로시느이 섬에 가서 민병에게 사격을 가르쳤다.

그는 비범한 사람이었다. 그의 아내인 세라피마 필리포브나도 그런 남편에게 어울리는 반려자였다. 라라는 두 사람에게 깊은 존경심을 품고 있었다. 그 집에서는 모두 그녀를 가족처럼 사랑해 주었다.

라라의 즐거운 생활이 4년째 되던 해에 동생 로디아가 그녀를 찾아왔다. 그는 멋을 부리며 긴 두 다리 위의 윗몸을 조금 흔들면서, 일부러 거들먹거리는 듯한 콧소리를 부자연스럽게 길게 늘이며 이야기했다. 실은 졸업을 앞둔 사관학교 동기생들이 졸업 때 교장선생님에게 감사의 선물을 하기 위해 돈을 모았는데, 그것을 로디아에게 주면서 선물 구입을 모두 맡겼다. 그런데 그 돈을 사흘 만에 도박으로 몽땅 날리고 말았다. 이렇게 말하고 나서 로디아는 호리호리한 몸을 안락의자에 털썩 던지며 울기 시작했다.

라라는 그 말을 듣고 온몸에 소름이 끼치는 것을 느꼈다. 로디아는 훌쩍이면서 말을 이었다.

"어제 빅토르 이폴리토비치 씨에게 갔었어. 그 사람은 나와 이 문제에 대해 얘기하는 걸 거절했어. 그러나 혹시 라라가 원한다면……이라고 말했지……. 비록 누나가 지금은 우리 모두에게 정나미가 떨어졌지만, 자신에게 아직도 누나는 엄청난 힘을 갖고 있다고 그는 말했어.……라로치카……. 누나의 한 마디면 충분해……. 이게 얼마나 큰 수치이고, 사관학교 생도의 제복에 대한 명예에 어떤 영향을 미칠지 잘 알잖아……. 그 사람한테 좀 가 줘. 가서 아무리 힘들더라도 부탁 좀 해 봐. 내가 피로써 그 대가를 치르도록 내버려 두진 않겠지, 응, 누나?"

"피로써 대가를 치른다고…… 사관학교 생도의 제복에 대한 명예?" 흥분한 라라는 되풀이해 소리치며 방 안을 왔다 갔다 했다. "그럼 난 생도가 아니니까 더럽힐 군복도 없고 명예도 없다, 그러니까 아무렇게나 행동해도 괜찮다, 그 말이니? 네가 지금 무슨 부탁을 하고 있는지 알기나 해? 그 사람이 너에게 제안한 것을 깊이 생각해 보기는 했어? 1년, 또 1년, 시시포스처럼 고생하면서 밤잠도 제대로 자지 못하고 쌓아 올린 것을, 너는 이렇게 불쑥 나타나서 그까짓 것 어떻게 되어도 상관없지 않느냐는 식이구나. 너 같은 자식은 악마에게나 가 버려. 그래, 권총으로 자살해 버리는 게 어때? 내가 알 게 뭐야? 그래, 그 돈이 대관절 얼만데?"

"690루블에서 조금 더. 그러니까 700루블이면 충분하다고 할 수 있지." 로디아는 조금 얼버무리면서 말했다.

"로디아! 너 정말 정신 나갔니! 네가 지금 무슨 소릴 하고 있는 건지 알아?

700루블을 날렸다고? 로디아! 로디아! 나 같은 보통 사람이 정당한 노동으로 그만한 돈을 모으려면 몇 년이 걸려야 하는지 알기나 해?"

잠시 사이를 둔 뒤, 그녀는 낯선 사람처럼 냉정하게 덧붙였다. "좋아. 해 보지. 내일 와 봐. 네가 자살하려던 권총도 가져오고. 그걸 나에게 맡겨. 총알도 많이 갖고 오는 것 잊지 마."

그녀는 콜로그리보프 씨한테서 그 거금을 구했다.

7

콜로그리보프 씨 집에서의 일은, 라라에게 김나지움을 졸업하고 대학에 진학해 좋은 성적으로 이듬해인 1912년에 예정되어 있는 졸업을 앞두기까지 아무런 걸림돌이 되지 않았다.

1911년 봄 그녀가 가르치던 리포치카는 김나지움을 졸업했다. 그녀에게는 이미 약혼자가 있었다. 부유한 가정 출신인 프리젠단크라는 젊은 기사(技師)였다. 리포치카의 부모는 그녀의 선택에 동의했지만 그처럼 서둘러 결혼하려는 데는 반대하며, 좀 더 기다리라고 그녀에게 충고했다. 그 때문에 큰 소동이 벌어졌다. 온 가족의 사랑 속에 귀염둥이로 자라 응석이 심하고 고집이 센 리포치카는 어머니와 아버지 앞에서 발을 동동 구르고 소리를 지르면서 울어 댔다.

라라를 가족이나 마찬가지로 생각하는 이 부유한 집에서는 그녀가 로디아 때문에 얻었던 빚에 대해서는 씻은 듯이 잊어버리고, 거기에 대해 아무도 생각하려 들지 않았다.

남 모르게 고정적으로 나가는 지출만 없다면, 라라는 그 빚을 이미 오래전에 갚았을 것이다.

그녀는 파샤에게는 알리지 않은 채 유형수(流刑囚)인 그의 아버지 안티포프에게 돈을 부쳐 주고, 병약하고 투정이 심한 그의 어머니도 가끔 도와주고 있었다. 그뿐만이 아니라, 그녀는 더욱 비밀리에 파샤의 식대와 방세를 집주인에게 지불해 그 자신도 모르게 그의 지출을 줄여 주고 있었다.

파샤는 라라가 직접 세를 얻어 준 방에서 살고 있었다. 예술극장과 가까운 카메르게르스키 거리에 있는 조용한 새 집이었다.

라라보다 나이가 조금 아래인 파샤는, 그녀를 열렬히 사랑해 그녀의 말이라면 무엇이든 다 들어 주었다. 그는 이과인 실업학교를 마친 뒤, 라라가 원하는 대로 문과대학에 들어가기 위해 라틴어와 그리스어 공부에 전념했다.

라라는 1년 뒤 두 사람이 무사히 국가고시에 합격하면 파샤와 결혼해서 우랄의 어느 지방도시에 있는 여학교와 남학교에 각자 교사로 부임해 가는 것을 꿈꾸고 있었다.

1911년 여름, 라라는 콜로그리보프 씨네 가족과 함께 마지막으로 두플랸카에 갔다. 그녀는 그곳을 주인들보다 더욱 열렬히 사랑했다. 모두가 그것을 잘 알고 있었기에 라라에게 이 여름 여행은 어떤 불문율 같은 것이 되어 있었다. 그들을 태우고 온 무덥고 검댕투성이인 기차가 멀리 사라져 가면, 붉은 루바시카 위에 소매 없는 마부용 윗옷을 입은 두플랸카의 마부가 역에서 운반된 짐을 사륜포장마차에 실으며, 반쯤 지붕이 덮인 마차에 타고 있는 손님들에게 그동안의 그곳 소식을 전해 주었다. 눈앞에 끝없이 펼쳐져 있는 향기롭고 조용한 대기 속에서 흥분한 라라는 말을 잃고, 그들과 떨어져 혼자 걸어서 영지로 갔다.

라라는 성지순례자와 방랑자들이 밟아 다져 놓은 선로 옆 길을 따라 걸어가서 숲으로 통하는 좁은 길을 돌아들었다. 그곳에서 걸음을 멈춘 그녀는 눈을 가늘게 뜨고, 넓디넓은 주위에 가득한 대기에서 풍겨 오는 알 수 없는 향기를 깊이 들이마셨다. 그 공기는 아버지나 어머니보다 더 그립고 연인보다 멋지고 책보다 지혜로웠다. 한순간, 라라는 존재의 의미를 다시 깨달았다. 내가 여기에 있는 것은 이 대지의 분방한 매력을 탐구하고 모든 것에 이름을 붙여 부르기 위한 것이며, 만일 그것이 내 힘에 버거울 때는 생명에 대한 사랑으로 뒤를 이을 후계자를 낳자, 그러면 그들이 나를 대신해 탐구를 완성해 줄 거라고 그녀는 깨달았다.

그해 여름, 라라가 두플랸카에 도착했을 때는 스스로에게 버거운 과도한 일에 몹시 지친 상태였다. 그녀는 조그만 일에도 쉽게 마음이 상했다. 그녀의 내부에서는 전에는 없었던 의심이 강하게 나타나고 있었다. 그 의심은 언제나 마음이 넓고 하찮은 일에 얽매이지 않던 라라의 타고난 성격을 위축시키고 있었다.

콜로그리보프 집안에서는 그녀를 해고하지 않았다. 그녀는 전과 다름없이 여전히 사랑받고 있었다. 그러나 리파가 독립한 뒤, 라라는 이제 그 집에 자기가 있을 필요가 없다는 생각이 들었다. 그녀는 봉급을 거절했다. 그래도 그들은 막무가내로 그녀에게 봉급을 주었다. 돈이 필요하기는 했지만 신세를 지고 있으면서 다른 데서 일하는 것도 난처한 일이고, 실제로 일자리도 없었다.

라라는 자신의 그러한 입장을 기만적이고 견디기 힘든 것이라고 생각했다. 모두가 그녀를 부담스러워하면서 내색을 하지 않을 뿐이라는 생각이 들었다. 그녀 자신에게도 자신이 어찌 할 수 없는 짐이었다. 그녀는 자기 자신과 콜로그리보프 씨네 사람들로부터 자유롭게 달아나 버리고 싶었지만, 그러자면 먼저 콜로그리보프 씨에게 빌린 돈을 갚아야 한다고 생각했다. 그러나 지금 시점에서는 어디에서도 그 돈을 빌릴 만한 데가 없었다. 그녀는 어리석은 로디아의 낭비 때문에 자신이 볼모가 되었다는 걸 느끼고, 헤어날 수 없는 무력감에 대한 분노로 어쩔 줄 몰라 하고 있었다.

그녀는 모든 것에서 자신이 무시당하고 있다고 느꼈다. 콜로그리보프 씨네 집에 모여드는 지인들이 그녀에게 깊은 관심을 표시하면, 그것은 곧 그녀를 고분고분한 '보육교사'나 손쉬운 먹잇감으로 다루고 있다는 걸로 받아들였다. 반면에 그녀를 못 본 척 홀로 내버려 두면 자기를 하찮은 인간으로 여기고 상대해 주지 않는 증거라고 생각했다.

이러한 마음의 증세는 라라가 두플랸카에 오는 수많은 손님과 함께 오락을 즐기는 것을 가로막지는 않았다. 그녀는 수영을 하고 보트도 타고, 강 건너로 밤 소풍도 가고, 모두와 함께 불꽃을 쏘아 올리며 춤도 추었다. 그녀는 아마추어 연극 무대에도 서고, 총신이 짧은 모제르총으로 목표물을 쏘는 사격 경기에도 열광적으로 참가했다. 그러나 그녀는 모제르총보다 로디아의 가벼운 권총이 더 낫다고 생각했다. 뛰어난 솜씨로 정확하게 시험 사격을 하고, 자기는 여자라서 결투를 즐길 길이 막혀 있다고 농담 삼아 이야기했다. 그러나 명랑해지려고 하면 할수록 그녀는 더욱 우울감에 빠져들었다. 그녀는 자신이 무엇을 원하고 있는 건지 스스로도 알 수 없었다.

그 상태는 모스크바로 돌아오자 더욱 심해졌다. 게다가 파샤와 가벼운 다툼을 하는 바람에 불쾌함은 더해졌다(라라는 그와 다투지 않으려고 피하고 있었는데, 그것은 그를 마지막 남은 자기 편이라고 생각했기 때문이다). 파샤는 최근 들어 어떤 자신감을 보이고 있었다. 그의 말 속에 담긴 가르치려는 듯한 말투가 라라에게 우습게 여겨지기도 하고 슬프게도 느껴졌다.

파샤, 리파, 콜로그리보프 씨네 가족, 돈 그 모든 것이 그녀의 머릿속에서 빙글빙글 맴돌았다. 라라는 살아 있다는 것이 지겨웠다. 그녀는 이성(理性)을 잃기 시작했다. 그녀가 여태까지 알고 있었던 것, 겪은 것을 죄다 내던지고 뭔가 새로운 것을 시작해 보고 싶은 충동을 참을 수가 없었다. 그러한 심적 상태에서 그녀는 1911년 크리스마스 때 운명을 가르는 결심을 하기에 이르렀다. 그녀는 곧바로 콜로그리보프 씨 가족들과 헤어져 어떻게든 혼자 힘으로 자신의 생계를 세우되, 거기에 필요한 돈을 코마롭스키에게 부탁하기로 했다. 두 사람 사이에 있었던 관계도 끝나고 그 뒤로 이미 여러 해가 지난 뒤이므로, 그가 이것저것 꼬치꼬치 캐묻거나 계산적으로 따지지 않고, 어떠한 모욕도 없이 기사(騎士)처럼 자기를 도와줘야 한다고 그녀는 생각한 것이다.

그런 목적으로 그녀는 12월 27일 저녁, 페트로프스키 거리로 향했다. 그때 집을 나서면서, 장탄하고 안전장치를 푼 로디아의 권총을 토시 속에 집어넣었다. 만약 그녀를 거절하거나 잘못 이해하고, 아니면 모욕을 주려고 한다면 빅토르 이폴리토비치를 쏘아 죽일 작정이었다.

그녀는 무서운 흥분에 휩싸여 축제 분위기에 들뜬 거리를 지나가면서도, 주위의 아무것도 의식하지 못했다. 계획된 총탄 소리가 그녀의 영혼 속에서, 그것이 누구를 향한 것인지는 전혀 아랑곳하지 않고 이미 울려 퍼지고 있었다. 그 총소리가 그녀가 의식한 유일한 것이었다. 길을 가는 내내 그 총소리가 그녀의 귀에 들려왔다. 그것은 코마롭스키를 쏘는 총소리였고, 그녀 자신을, 그녀 자신의 운명을, 그리고 두플랸카의 초지에 서 있는, 줄기에 사격 표적이 새겨진 떡갈나무를 향한 것이었다.

8

"토시는 만지지 말아요." 라라가 옷 벗는 것을 도와주려고 손을 뻗는 엠마 에르네스토브나에게 이렇게 말하자, 엠마 에르네스토브나는 깜짝 놀라 소리를 질렀다.

코마롭스키는 집에 없었다. 엠마 에르네스토브나는 라라에게 들어와 외투를 벗으라고 거듭 권했다.

"안 돼요. 시간이 없어요. 그는 어디 있어요?"

엠마 에르네스토브나는 그가 욜카 파티에 초대되어 갔다고 말했다. 주소가 적힌 쪽지를 토시 속의 손에 쥔 라라는 그 모든 것을 생생하게 회상시켜 주는,

창문에 빛깔이 있는 문장이 그려진 어두운 층계를 달려 내려가, 방앗간 거리 무치노이 고로도크에 있는 스벤티스키 씨의 집으로 향했다.

다시 거리로 나와서야 라라는 새삼스럽게 주위를 둘러보았다. 겨울이었다. 도시였다. 저녁이었다.

얼어붙는 듯이 추운 날씨였다. 깨진 맥주병 밑바닥같이 두꺼운 얼음이 거리를 시커멓게 뒤덮고 있었다. 숨 쉬는 것조차 고통스러울 지경이었다. 공기는 잿빛 서리로 빈틈없이 채워져 있고, 그것은 마치 얼어붙은 목도리의 억센 잿빛 털이 그녀의 입을 성가시게 하는 것처럼, 그 수많은 억센 털끝으로 간질이며 따끔따끔 찌르는 것 같았다. 라라는 심장이 두근거리는 소리를 들으면서 텅 빈 거리를 걸어갔다. 길가의 찻집과 싸구려 술집 문에서 김이 새어 나오고 있었다. 안개 속에서 소시지처럼 빨갛게 언 행인들의 얼굴과 말들, 털이 차가운 고드름으로 뒤덮인 개의 얼굴이 불쑥불쑥 나타나곤 했다. 두꺼운 얼음과 눈으로 덮인 집집의 창문은 마치 새하얀 분필로 칠한 것 같았다. 그 불투명한 표면에는 전나무에 불을 밝힌 크리스마스트리와, 그 속에서 즐기고 있는 사람들의 그림자가 어른거렸다. 그것은 마치 지나가는 사람들에게, 집 안에서 환등기 앞에 설치한 하얀 스크린 위로 어렴풋한 그림을 보여 주고 있는 것 같았다.

카메르게르스키 거리에서 라라는 걸음을 멈췄다. '이제 더는 못 견디겠어. 더 이상 버틸 수가 없어.' 이런 말이 그녀의 입에서 거의 터져 나올 뻔했다. '잠깐 들러 그에게 모든 걸 얘기해야겠다.' 그녀는 냉정하게 정신을 가다듬고 생각했다. 그리고 당당하게 버티고 선 현관의 육중한 문을 밀었다.

9

혀로 뺨을 부풀리면서 잔뜩 긴장해 얼굴이 붉어진 파샤는 거울 앞에서 칼라를 달고, 셔츠 앞가슴의 빳빳하게 풀을 먹인 장식깃 단춧구멍에 구부러진 단추를 채우려고 애를 쓰고 있었다. 파티에 나가려던 참이었던 그는 아직 몹시 순진하고 경험이 없었기에, 노크도 없이 벌컥 들어온 라라에게 제대로 차려입지 못한 모습을 보이게 되자 당황하고 말았다. 그러나 그는 곧 그녀가 흥분하고 있음을 눈치챘다. 그녀는 마치 여울을 건너는 것처럼 치맛자락을 옆으로 싸안으면서 들어왔다.

"왜 그래? 무슨 일이 생겼어?" 그는 그녀에게 다가서면서 불안한 듯이 물었다.

"내 옆에 앉아. 그대로도 괜찮으니 그냥 앉아. 옷은 나중에 입고. 난 서둘러야 해. 바로 나가야 하거든. 토시는 만지지 마. 그리고 잠깐 저쪽을 보고 있어."

그는 그녀가 시키는 대로 했다. 라라는 영국식 옷을 입었다. 그녀는 재킷을 벗어 못에 걸고, 토시에서 로디아의 권총을 꺼내 재킷 주머니에 넣었다. 그러고 나서 소파로 돌아와 말했다. "이제 봐도 돼. 촛불을 켜고 전등은 꺼."

라라는 촛불이 타고 있는 희미한 어둠 속에서 얘기하는 것을 좋아했다. 파샤는 언제나 그녀를 위해 새 양초를 몇 자루씩 준비해 두고 있었다. 그는 촛대에서 타고 남은 양초를 새것으로 갈고 창문턱에 놓고 불을 켰다. 불꽃은 스테아린 납 때문에 목이 메는 것처럼 사방으로 파지직거리는 작은 별을 흩뿌리다가 이윽고 화살촉 모양으로 날카로워졌다. 방 안은 부드러운 빛으로 가득 찼다. 촛불과 같은 높이에 있는 유리창의 서리가 거무스름한 동그라미를 그리며 녹기 시작했다.

"내 얘길 들어 봐요, 파툴리야." 라라가 말했다. "난 곤경에 빠졌어. 내가 헤어날 수 있도록 도와줘요. 놀라지 말고 아무것도 묻지도 말고. 그런데 우리가 다른 사람들과 같다는 생각은 버려야 해. 가볍게 생각해서도 안 돼. 난 언제나 위험 속에 있어. 당신이 날 사랑하고 있고 날 파멸에서 구해 주고 싶다면, 미루지 말고 가능한 한 빨리 결혼해요."

"그거야말로 내가 늘 바라던 거잖소." 그가 그녀의 말을 가로챘다. "되도록 빨리 날을 정하도록 합시다. 난 당신이 원하는 날이면 언제라도 좋소. 그렇지만 도대체 무슨 일이 있었는지 짧고 분명하게 말해 봐요. 수수께끼 같은 말로 날 괴롭히지 말고."

그러나 라라는 눈치채지 못하도록 솔직한 대답을 피하며 그의 주의를 다른 쪽으로 돌렸다. 그들은 라라의 슬픔과는 아무런 관계도 없는 이야기를 오랫동안 주고받았다.

10

이번 겨울, 유라는 대학의 금메달 획득 경쟁시험을 위해 망막(網膜)의 신경 요소에 대한 학술논문을 쓰고 있었다. 유라는 일반 내과학을 수료했으나 앞으로 안과 의사가 되려고 눈에 대해 철저히 공부하고 있었다.

시각의 생리학에 대한 그의 관심에는 유라의 소질의 다른 측면—즉 그의 창조적 재능과 예술적 형상이나 논리적 사고의 본질에 대한 사색이 반영되어 있었다.

토냐와 유라는 삯마차 썰매를 타고 스벤티스키 씨네 욜카 파티에 가는 길이었다. 두 사람은 6년이라는 세월 동안 사춘기의 처음과 유년 시절의 끝을 한집에서 같이 생활하며 보냈다. 두 사람은 서로를 속속들이 잘 알고 있었다. 그들은 짤막한 재담을 주고받으며, 그 대답에 대해 때때로 짧게 소리내어 웃는 공통된 습관이 있었다. 지금도 그들은 추위 속에서 입술을 꼭 다물고 말없이 걷다가 이따금 짤막한 말을 주고받곤 했다. 그리고 저마다 자신의 생각에 빠져 있었다.

유라는 논문 콩쿠르의 마감이 가까워져 논문 집필을 서둘러야겠다는 생각을 하다가, 거리에서 느껴지는 연말의 소란스러운 축제 분위기 속에서 다른 생각으로 옮겨갔다.

고르돈이 있는 학부에서는 등사판으로 민 학생 잡지를 펴내고 있었는데, 고르돈이 그 편집자였다. 유라는 오래전에 그들에게 블로크*[5]에 대한 논문을 써 주겠다고 약속하고 있었다. 그때 모스크바와 페테르부르크의 젊은이들은 모두 블로크의 시에 열중해 있었는데, 유라와 미샤도 누구 못지않게 깊이 빠져 있었다.

그러나 그러한 생각들도 유라의 마음속에 오래 머물러 있지는 못했다. 그들은 턱을 깃 속에 집어넣고 추위에 언 귀를 문지르면서 여러 가지 상념에 사로잡혀 있었다. 그러나 그들의 생각은 한 군데로 모아졌다.

얼마 전 안나 이바노브나의 병상에서 있었던 장면은 마치 두 사람을 다시 태어나게 한 것 같았다. 그들은 갑자기 눈을 뜨기라도 한 것처럼 서로를 새로운 눈으로 바라보았다.

토냐, 이 오랜 동지, 이심전심으로 마음이 통하는 이 명백한 존재인 그녀는, 유라가 상상할 수 있는 모든 것 가운데 가장 가까이 가기 어렵고 복잡한 존재이며 여성이라는 것을 깨닫게 된 것이다.

유라는 상상력을 조금만 발휘하면 아라라트 산에 올라간 영웅이나 예언자,

---

*5 1880~1921년. 러시아 최대의 상징주의 시인.

승리자, 그 밖에 누구든지 좋아하는 인물을 그려 낼 수 있었으나 여성만은 그렇지가 않았다.

그런데 토냐는 가장 어렵고 그 무엇에도 비할 수 없는 여성이라는 과제를 그 가날프고 허약한 어깨에 짊어지고 있었던 것이다(이때부터 그녀는 갑자기 유라에게 가날프고 허약해 보이기 시작했지만, 실제로는 아주 건강한 처녀였다). 그는 그녀를 향한 정열의 불씨가 될 뜨거운 공감으로 가득 차 있었다.

토냐 쪽에서도 유라에 대한 생각에 똑같은 변화가 일어났다.

유라는 자신들이 괜히 집을 나선 것이 아닌가 하는 생각이 들었다. 자신들이 없는 동안 무슨 일이 일어나면 어떡하나 걱정이 되었다. 안나 이바노브나의 병세가 더욱 나빠진 것을 알고, 이미 외출할 채비를 한 그들은 그녀의 방으로 가 집에 남아 있겠다고 말했다. 그녀는 지난번처럼 엄격하게 반대하며 욜카 파티에 가라고 종용했다. 유라와 토냐는 날씨가 어떤지 보기 위해, 커튼 뒤의 창문이 나 있는 깊숙한 벽감으로 들어갔다. 그들이 벽감에서 나왔을 때 레이스 커튼 두 장이 그들의 새로 맞춘 새 옷감에 걸렸다. 새 옷에 걸린 가벼운 레이스가 토냐의 몇 걸음 뒤에서 웨딩드레스의 긴 베일처럼 따라갔다. 침실에 있던 사람들이 모두 큰 웃음을 터뜨렸다. 그들은 입 밖에 내어 말하지는 않았지만 두 사람이 쌍둥이처럼 닮았다고 생각했다.

유라는 거리 양쪽을 바라보다가 조금 전에 라라의 눈에 비쳤던 것과 똑같은 광경을 보았다. 그들의 마차썰매는 유난히 큰 소음을 내고 있었는데, 그것이 공원과 산책로의 얼어붙은 나무 밑에서 부자연스러울 만큼 긴 반향을 불러일으켰다. 성에로 뒤덮인 집집의 창문은 안에 불이 켜져 있어 어렴풋한 층을 이룬 토파즈로 만든 값비싼 보석 상자처럼 보였다. 그 창문 안에서 모스크바의 크리스마스 시즌의 생활이 희미하게 타오르고, 전나무 트리가 타오르고, 우스꽝스럽게 가장한 손님들이 숨바꼭질과 반지 찾기 놀이를 하고 있었다.

갑자기 유라는 생각했다. 알렉산드르 블로크—그는 러시아 생활의 모든 영역에, 북방 도시의 생활양식과 최신 문학 속의 크리스마스, 별이 빛나는 하늘 아래의 현대적인 거리, 20세기의 객실에서 불타오르는 전나무를 둘러싼 크리스마스를 반영한 것이 아닐까 하고. 블로크에 대해서는 어떠한 논문도 쓸 필요가 없다. 오직 써야 할 것은 네덜란드의 화가들처럼 혹한과 늑대와 어두운 전나무 숲과 함께 동방박사 세 사람에 대한 러시아적인 경배이다.

두 사람은 카메르게르스키 거리를 지나가고 있었다. 유라는 그곳의 어느 한 창문을 덮은 얼음에 거무스름하게 녹은 검은 구멍이 나 있는 것에 눈길을 던졌다. 그 구멍에 촛불 한 자루가 비쳐 보였다. 마치 누군가를 기다리는 것처럼 거의 의식적인 눈길로 거리를 비추며, 지나가는 사람들을 내다보고 있었다.

'탁자 위에서 촛불이 타오르고 있었다, 촛불이 타오르고 있었다……'—유라는 어슴푸레한, 뭔가 아직 형태를 갖추지 않은 시의 서두를 읊어 보았다. 그 다음은 힘들이지 않아도 슬그머니 떠오를 거라고 자신에게 속삭였다. 그러나 끝내 아무것도 떠오르지 않았다.

11

스벤티스키 씨네의 욜카 파티는 오래전부터 똑같은 순서로 진행되고 있었다. 밤 10시에 아이들이 돌아간 뒤, 젊은이와 어른들을 위해 두 번째로 전나무 트리에 촛불이 켜지면 아침까지 파티가 이어졌다. 나이가 지긋한 사람들은 커다란 청동 고리에 걸린 무겁고 두터운 커튼으로 가려져 있는, 폼페이풍 거실로 불리는 방에서 밤새도록 트럼프 놀이를 했다. 그리고 새벽이 되면 다 함께 밤참을 먹었다.

"왜 이렇게 늦었니?" 스벤티스키 씨 집안의 조카인 조르지가 숙부와 숙모의 방으로 가느라고 현관방을 후다닥 지나가다가 물었다. 유라와 토냐도 주인 내외에게 인사하려고 코트를 벗고 지나가다가 홀 안을 들여다보았다.

여러 줄로 흐르듯이 반짝이는 불빛의 띠에 둘러싸여 뜨거운 열기를 내뿜고 있는 전나무 옆을, 춤은 추지 않고 옷자락을 사각거리며 서로의 발이라도 밟을 것처럼 돌아다니면서 얘기를 나누는 사람들이 마치 검은 벽처럼 움직이고 있었다.

그들의 둥근 원 안에서는 춤추는 사람들이 미친 듯이 돌아가고 있었다. 검사보의 아들인 귀족학교 학생 코카 코르나코프가 그들을 빙글빙글 돌아가게 하거나 짝을 맞춰 주기도 하고, 한 줄로 나란히 손을 잡도록 이끌기도 했다. 그가 춤을 지휘하며 홀 끝에서 끝까지 들리도록 "그랑 롱! 셰느 쉬누아즈(Grand rond! Chaine chinoise! 커다란 원을 그리고! 다 같이 손을 잡고!)" 하고 크게 외치면 모두 그의 말에 따랐다. 이윽고 고용된 피아니스트에게 "윈 발스 실 부 플래(Une valse, s'il vous plait! 왈츠 한 곡 부탁해요)." 하고 외친 그는, 첫 번째 원의 선두에 서서 자기 파트너를 세 박자, 두 박자로 리드하며 차츰 속도를 줄여서, 한 자리에서 겨우 눈에 띌 만큼 제자리걸음을 했다. 왈츠가 끝나고 그 메아리도 사라져 갔다. 모두 박수를 쳤다. 이야기를 나누면서 돌아다니거나 다리를 끌고 있는 사람들 사이로 아이스크림과 시원한 음료가 나왔다. 잔뜩 들뜬 젊은이와 처녀들은 떠들어대며 웃는 것을 잠시 멈추고, 서둘러 차가운 과일주스와 레모네이드를 탐욕스럽게 들이켜고는, 잔을 쟁반에 내려놓자마자 즐거운 상대를 붙잡았다는 듯이 더욱 크게 외치며 웃음소리를 내곤 했다.

토냐와 유라는 홀에 들르지 않고 주인 내외가 있는 안채로 곧장 갔다.

12

스벤티스키 씨네 안채에는 객실과 홀을 조금이라도 넓게 쓰려고 옮겨 온 가구들이 산더미처럼 쌓여 있었다. 그곳은 주인 부부의 마법이 펼쳐지는 곳으로, 크리스마스를 앞두고 갖은 일을 하는 곳이었다. 물감과 풀 냄새가 풍기는 그곳에는 감아 놓은 색종이 꾸러미가 여러 개 있고, 코티용 댄스[*6]에 쓸 별과 여분의 크리스마스용 양초가 든 상자가 높이 쌓여 있었다.

스벤티스키 집안의 노부부는 선물 상자의 번호와 만찬 좌석을 지정하는 카드, 예정되어 있는 제비뽑기에 쓸 표에 번호를 써넣고 있었다. 조르지가 그들을 도와주고 있었는데, 툭하면 번호를 잘못 써서 노부부의 역정을 사곤 했다. 스벤티스키 내외는 유라와 토냐를 반갑게 맞이해 주었다. 유라와 토냐를 어릴 때부터 알고 지냈으므로 여러 말 하지 않고 허물없이 그 일을 돕도록 자리에 앉혔다.

"펠리차타 세묘노브나는 이해하지 못하지만, 이런 일은 손님들이 한창 몰려들기 전에 일찌감치 생각해 둬야 한단다. 아니, 너는 또다시 번호를 엉망으로 해 놓았구나, 왜 그러니, 조르지! 봉봉과자 상자는 테이블 위, 빈 상자는 소파 위로 정하지 않았니! 그런데 또 모두 엉망으로 해 놓았잖니."

"아네트[*7]가 좀 좋아졌다니 정말 다행이구나. 피에르[*8]와 내가 얼마나 걱정했는지 몰라."

---

*6 두 사람, 네 사람, 또는 여섯 사람이 그룹을 이루어 추는 역동적인 프랑스춤.
*7 안나의 프랑스식 애칭.
*8 표트르의 프랑스식 발음.

"걱정했지. 그렇지만 그녀는 좋아진 게 아니라 더 나빠졌다는데. 알겠소? 당신은 항상 뭐든지 드방—데리에르*[9]란 말이야."

유라와 토냐는 욜카 파티의 무대 뒤에서 조르지와 노부부와 함께 그날 저녁의 반을 보냈다.

13

유라와 토냐가 스벤티스키 내외와 함께 앉아 있는 동안 라라는 홀에 있었다. 라라는 무도복을 입지도 않았고 아는 사람 하나 없었지만, 어느 때는 꿈이라도 꾸는 것처럼 코카 코르나코프가 청하는 대로 왈츠를 추는가 하면, 때로는 풀 죽은 모습으로 하는 일 없이 홀 주위를 서성였다.

라라는 벌써 두어 번이나 결심이 서지 않는 듯이 객실 입구에서 안으로 들어가는 것을 망설였다. 혹시 홀 쪽으로 앉아 있던 코마롭스키가 자기를 알아보지나 않을까 하고 기대하면서. 그러나 그는 왼손에 작은 방패처럼 쥔 카드만 들여다보고 있었다. 어쩌면 정말로 그녀를 보지 못했거나 아니면 보고도 못 본 척하는 것이리라. 라라는 굴욕감으로 숨이 막힐 것만 같았다. 그때 라라가 알지 못하는 한 처녀가 홀에서 객실로 들어왔다. 코마롭스키는 라라가 너무나도 잘 알고 있는 바로 그 눈빛으로 그 처녀를 바라보았다. 우쭐해진 처녀는 코마롭스키에게 기쁨으로 반짝반짝 빛나는 미소를 지어 보이며 얼굴을 붉혔다. 그것을 본 라라는 하마터면 소리를 지를 뻔했다. 수치심으로 얼굴이 달아올라 이마와 목까지 빨갛게 물들였다. '새로운 희생물이로군.'—라라는 생각했다. 라라는 거울에 비추어 보듯이 자신과 자신의 모든 과거를 돌이켜 보았다. 그러나 그녀는 코마롭스키와 이야기해야겠다는 생각을 포기하지는 않았다. 좀 더 좋은 기회가 올 때까지 기다리기로 하고, 마음을 가라앉히면서 홀로 돌아왔다.

그 테이블에서 노름을 하고 있는 사람은 코마롭스키 외에 세 사람이 있었다. 그의 옆에 앉아 있는 사람은 라라에게 왈츠를 신청했던 귀족학교 학생인 멋쟁이 청년의 아버지였다. 그 학생과 왈츠를 췄을 때 나눈 몇 마디 대화에서 라라가 알아낸 사실이었다. 그런데 미친 듯이 불타는 눈에 검은 머리 검은 옷의 키 큰 여자는 목을 뱀처럼 불쾌하게 이리저리 움직이면서, 아들이 활약하

---

*9 '뒤바꾼다'는 뜻의 프랑스어.

는 홀과 남편이 카드놀이를 하고 있는 객실 사이를 쉴 새 없이 들락거리고 있었다. 그녀는 바로 코카 코르나코프의 어머니였다. 결국 우연히 알게 되었지만, 라라에게 미묘한 감정을 불러일으킨 젊은 처녀는 코카의 여동생이었고, 라라가 조금 전에 한 생각은 터무니없는 것이었다.

"코르나코프라고 합니다." 처음에 코카가 라라에게 자신을 소개했을 때 라라는 알아듣지 못했다. 마지막에 경쾌한 원을 그린 뒤, 라라를 안락의자에 데려다 주며 그는 다시 한 번 "코르나코프라고 합니다." 하면서 고개를 숙였다.

이때는 라라도 확실하게 알아들었다. '코르나코프, 코르나코프.'—그녀는 생각했다. '뭔가 불쾌한 기억이 있는 이름이야, 뭔가 불쾌한 이름'. 이윽고 라라는 기억해 냈다. 코르나코프는—모스크바 법원의 검사보였다. 그는 철도원들을 기소했다. 그래서 그들과 함께 티베르진이 재판에 넘겨졌던 것이다. 라라의 부탁으로 라브렌티 미하일로비치가, 이 재판에서 너무 가혹하게 다루지 말아 달라며 코르나코프를 회유하러 갔지만 설득하지 못했다. '그래, 바로 그 일이었어! 바로 그거야. 재미있게 됐군. 코르나코프, 코르나코프.'

14

밤 12시인가 새벽 1시쯤 됐을 무렵이었다. 유라는 귀가 먹먹했다. 휴식 시간이 되어 식당에서 작은 케이크를 곁들인 차를 마신 뒤 다시 춤이 시작되었다. 크리스마스트리 위의 양초는 다 타 버렸지만 이제는 아무도 갈아 끼우려 하지 않았다.

유라는 홀 한가운데에 방심한 채 서서, 모르는 사람과 춤을 추고 있는 토냐를 바라보고 있었다. 토냐는 유라 옆을 미끄러지듯 지나가면서, 지나치게 긴 새틴 드레스 자락을 물고기가 꼬리지느러미를 차듯 한쪽 발로 재빨리 차 내며 춤추는 사람들 속으로 사라져 갔다.

토냐는 몹시 들떠 있었다. 그들이 식당에 앉아 쉬는 시간에도 그녀는 홍차에는 손도 대지 않고, 밀감만 먹으며 갈증을 달랬다. 토냐는 쉽게 까지는 향기로운 밀감 껍질을 끝없이 벗겼다. 그리고 허리띠와 소매 끝동에서 과일나무의 꽃 같은 조그마한 손수건을 꺼내, 입가와 끈적거리는 손가락 사이의 땀을 쉴 새 없이 닦아냈다. 끊임없이 웃고 얘기하면서, 토냐는 기계적으로 그 손수건을 벨트와 팔소매 속에 집어넣었다.

토냐는 지금 낯선 상대와 춤추고 돌면서, 한옆에 비켜서서 미간을 찌푸리고 있는 유라와 스칠 때마다 장난스럽게 유라의 손을 잡으며 의미심장하게 미소 지었다. 그렇게 몇 번 손을 잡았을 때 토냐가 한쪽 손에 쥐고 있던 손수건이 유라의 손 안에 남겨졌다. 유라는 그것을 입술에 갖다 대고 눈을 감았다. 손수건에서는 밀감 껍질과 흥분한 토냐의 손바닥 냄새가 뒤섞여 매혹적인 향기가 풍겼다. 그것은 유라의 인생에서 그때까지 한 번도 겪은 적이 없는, 머리끝부터 발끝까지 날카롭게 관통하는 새로운 감각이었다. 어린애처럼 순진무구한 향기는 어둠 속에서 뭔가 속삭이는 말처럼 진심이 어린 사려 깊은 것이었다. 유라는 손수건을 얹은 손바닥에 눈과 입술을 묻고 숨을 들이마시면서 서 있었다. 그때 갑자기 집 안에서 총성이 울려 퍼졌다.

모두 홀과 객실 사이에 드리운 커튼 쪽으로 고개를 돌렸다. 한순간 침묵이 흘렀다. 그다음 대소동이 벌어졌다. 모든 사람이 비명을 지르며 허둥지둥 움직이기 시작했다. 몇 사람이 코카 코르나코프를 뒤따라 총성이 울린 장소로 달려갔다. 사람들이 홀을 뛰어나오며 주먹을 휘두르기도 하고, 울부짖고, 말다툼을 하면서 서로의 말을 가로막았다.

"그 여자가 무슨 짓을 저지른 거지, 도대체 무슨 짓을 한 거야!" 코마롭스키가 절규했다.

"보랴, 당신 무사해요? 보랴, 살아 있는 거죠?" 코르나코바 부인이 히스테리컬하게 소리를 질러댔다. "여기 드로코프 박사가 손님으로 와 계신다고 하던데, 대체 그분은 어디 계세요, 어디? 아니, 가만히 계세요! 당신은 찰과상이라지만 나에게는 나의 소중한 사람이 옳았다는 것의 증명이에요. 오오, 나의 가엾은 순교자, 그 범죄자들을 모조리 적발했기 때문이에요! 저기, 저 여자예요, 저 쓰레기 같은 계집애! 네 눈을 할퀴어 주겠어, 요 못된 것아! 저 계집애가 달아나지 못하게 해요! 무슨 말씀이에요, 코마롭스키 씨? 당신을요? 저 계집애가 당신을 겨눈 거라고요? 아니에요, 믿을 수 없어요. 난 지금 큰 불행에 빠져 있어요, 코마롭스키 씨, 정신 차리세요. 난 지금 농담할 새가 없다고요. 코카, 코코치카, 네 생각은 어때? 네 아버지에게…… 그래……, 하느님 맙소사…… 코카! 코카!"

사람들이 거실에서 홀로 뛰어들었다. 그 한복판에서 큰 소리로 농담을 하면서, 자신은 무사하다고 모두에게 말하며 피가 흐르는 왼손의 상처를 깨끗한 냅킨으로 누르고 있는 코르나코프가 걸어왔다. 몇 걸음 떨어진 곳에 있는 다른 한 무리의 사람들 뒤에 팔이 붙잡힌 라라가 있었다.

유라는 그녀를 보고 망연자실했다. 바로 그 여자였다! 또다시 특별한 상황에서 만나다니! 게다가 그 반백의 사내도 함께! 유라는 그를 알고 있다. 아버지의 유산상속과 관계가 있는 유명한 변호사 코마롭스키이다. 인사를 할 필요는 없었다. 유라는 그를 모르는 척했다. 그런데 그녀는…… 정말로 그녀가 총을 쏘았단 말인가? 검사를? 아마 정치적인 이유에서이리라. 가엾은 처녀다. 이제 그녀는 무사히 넘어가지 못할 것이다. 얼마나 오만하고 아름다운 여자인가! 그런데 저 사람들은! 마치 도둑이라도 체포한 것처럼 여자의 팔을 비틀고 그녀를 앞세우고 있군. 악마 같은 사람들.

그러나 이내 자기가 잘못 보았다는 것을 깨달았다. 라라는 다리가 휘청거리고 있었다. 사람들이 그녀가 쓰러지지 않도록 양쪽에서 팔을 붙잡아 가장 가까이 있는 의자로 가까스로 데려가자, 그녀는 쓰러지듯 털썩 주저앉았다.

유라는 그녀가 정신을 차리게 하려고 옆으로 달려갔으나, 그 전에 이 암살 피해자부터 보살펴야 한다고 생각했다. 그는 코르나코프에게 다가가 말했다.

"의사의 도움이 필요하시다고요. 제가 도와 드릴 수 있습니다. 손을 보여 주십시오…… 아, 정말 행운이군요. 아주 가벼운 상처라서 붕대를 감을 필요도 없겠습니다. 그렇지만 요오드팅크가 있다면 조금 발라 두십시오. 저기 펠리차타 세묘노브나가 오시니 그녀에게 부탁해 보기로 하지요."

스벤티스카야 부인과 토냐가 하얗게 질린 얼굴로 다급하게 유라에게 다가왔다. 두 사람은 유라에게 모든 걸 내버려 두고 당장 코트를 입으라고 말했다. 집에 뭔가 위급한 일이 있어 그들을 부르러 왔다는 것이다. 깜짝 놀란 유라는 최악의 사태를 짐작하며 모든 것을 잊고 코트를 입으러 달려 나갔다.

15

그들이 현관에 이르러 허둥지둥 집 안으로 달려들어 갔을 때, 안나 이바노브나는 이미 이 세상 사람이 아니었다. 그들이 도착하기 10분 전에 숨을 거두었다. 사인은 제때에 발견하지 못한 급성 폐수종에서 온 긴 호흡곤란의 발작이었다.

처음 얼마 동안 토냐는 목 놓아 울부짖고 경련을 일으키며 몸부림치다가 아무도 알아보지 못하는 지경에 이르렀다. 다음 날, 토냐는 겨우 마음을 가라앉히고 아버지와 유라가 하는 말을 참을성 있게 끝까지 듣고는 있었지만, 그저 고개만 끄덕이며 응할 뿐 아무 대답도 하지 못했다. 슬픔이 이전과 똑같은 힘으로 그녀를 지배하고 있었기에, 억지로 참고 있는 외침 소리가 그녀 안에서 마치 발광한 사람처럼 저절로 터져 나올 것만 같았다.

토냐는 오랫동안 추모기도가 진행되는 내내 고인 옆에 무릎을 꿇고 엎드려, 크고 아름다운 두 손으로 화환에 뒤덮인 관을 받치고 있는 관대(棺臺) 모서리와 관 귀퉁이를 붙잡고 있었다. 그녀는 주위에 있는 아무도 의식하지 못했다. 그러나 가까운 이들과 눈길을 마주치면, 그녀는 황급히 자리에서 일어나 흐느끼면서 재빨리 홀을 빠져나가 계단을 뛰어 올라갔다. 침대에 몸을 던진 그녀는 가슴속에서 소용돌이치고 있는 절망의 폭발을 베개에 묻는 것이었다.

오래 서 있었던 데다 슬픔과 수면 부족, 낮고 굵은 목소리의 노래와 밤낮 없이 타오르는 촛불, 그리고 며칠 전에 걸린 감기 때문에 유라의 마음에는 감미로운 혼란이 일어났다. 그것은 환각 속의 행복, 비탄으로 가득한 환희가 뒤섞인 대혼돈이었다.

10년 전, 어머니의 장례식 때 유라는 아직 어린아이였다. 얼마나 슬피 울었고 얼마나 공포에 사로잡혔는지 그는 지금도 기억하고 있었다. 그때 중요한 것은 그의 내부에 있는 것이 아니었다. 그때 독립적인 개인으로서 관심과 가치를 인식할 수 있는 유라는 과연 어떤 존재인지 상상조차 할 수 없었다. 그때 중요한 것은 주위의 외부 세계 속에 있었다. 그 외부 세계는 숲처럼 그를 사방에서 에워싸고 있었다. 그것은 눈에 보이되 통행이 불가능한, 의심할 여지없이 명백한 세계였다. 그래서 유라는 어머니의 죽음에 충격을 받고, 그 충격 때문에 어머니와 함께 그 숲에서 길을 잃고, 갑자기 그 숲 속에 어머니 없이 혼자 남겨졌다. 그 숲을 이루고 있었던 것은 이 세상의 모든 사물이었다—하늘의 구름과 거리의 간판, 소방서 망루에 떠 있는 화재를 알리는 검은 공, 그리고 성모의 성상화(聖像畫)를 실은 마차 앞을 말을 타고 질주하는, 성물이 있는 곳에서는 모자를 쓰지 않고 그 대신 귀마개를 한 수도원의 하인들. 그 숲을 구성하고 있었던 것은 아케이드 거리의 진열장과 별, 성자들이 있는, 손이 닿지 않는 높은 밤하늘이었다.

유모가 성스러운 이야기를 들려줄 때면 그 까마득히 높은 하늘은 자꾸만 낮아져서 유모의 무릎과 유라의 머리까지 아주 가까이 내려오기도 했는데, 그럴 때면 하늘은, 골짜기에 가지가 늘어져 열매를 딸 수 있는 높은 개암나무처럼 손에 잡힐 듯 가볍게 와 닿았다. 하늘은 아이 방의 금빛 대야에서 불과 황금으로 목욕을 하고, 유모가 데리고 가곤 하던 골목길의 조그만 교회에서 새벽 기도와 미사로 바뀌기도 했다. 그곳에서는 하늘의 별은 작은 등불이 되고 하느님은 아버지가 되어, 모든 것이 많든 적든 능력에 따라 자리에 놓였다. 그러나 가장 중요한 것은 어른들의 현실적인 세계, 숲과 마찬가지로 주위가 거무스름하게 보이는 도시였다. 그 무렵 유라는 반쯤 맹목적인 믿음으로 산지기를 믿듯이 그 숲의 신을 믿었다.

그러나 지금은 상황이 전혀 달랐다. 중학교와 대학 과정의 12년 동안, 유라는 고대 그리스 로마 문화와 기독교 신학, 구비문학과 시인들, 과거와 자연에 대한 학문을 마치 자기 집안의 가족사나 자신의 족보처럼 공부했다. 이제 그는 삶도 죽음도, 이 세상의 그 어느 것도 두려워하지 않았다. 이 세상의 모든 것, 모든 사물은 그의 사전에 있는 말이었다. 그는 천지우주와 대등하게 서 있는 자신을 느끼며, 어머니가 죽었을 때와는 완전히 다른 자세로 안나 이바노브나의 장례미사에 임했다. 어머니의 장례 때는 마음의 고통으로 자신을 잃어버리고 겁에 질려 기도했었다. 그러나 지금의 그는 자기에게 직접 향해지고 자기와 직접 관련된 정보로서 추모 기도의 말을 귀 기울여 듣고 있었다. 유라는 그 말을 귀담아 들으면서 모든 일에서 그렇듯이 알기 쉽게 표현된 의미를 추구했다. 그러나 거기에는, 그가 자신의 위대한 선구자들을 숭배하듯이 숭배하는 하늘과 땅의 지고한 힘에 대해, 그 계승자가 되고자 하는 그의 감정 속에는 종교적인 신앙심과 공통되는 것이 아무것도 없었다.

16

"성스러운 신이여, 성스러운 힘을 지닌 분, 성스러운 불멸이여, 자비를 베푸소서." 이건 무슨 일인가? 그가 어디에 있다고? 발인 시간이다. 발인이 시작되었다. 일어나야만 한다. 그는 새벽 5시에 옷을 입은 채 소파에 쓰러져 잤다. 열이 있는 것 같다. 지금 온 집 안에서 그를 찾고 있지만, 그가 서재 안의 천장까지 닿는 높다란 책장 뒤의 한구석에서 잠이 들어 일어나지 못하고 있을 줄은 아무도 모를 것이다.

"유라, 유라 도련님!" 어디선가 문지기 마르켈이 그를 부른다. 발인이 시작되어 2층에서 화환을 밖으로 끌어내야 하는데 마르켈은 유라를 찾을 수가 없었다. 게다가 화환이 산더미처럼 쌓인 침실에서 지체하고 말았다. 침실 문이 층계참의 열려 있는 옷장 문에 가로막혀 마르켈이 나갈 수 없었다.

"마르켈! 마르켈! 유라!" 아래층에서 부르는 소리가 들려왔다. 마르켈은 한 번에 그 장애물을 헤치고 나가 화환 몇 개를 안고 계단을 뛰어 내려갔다.

"성스러운 신이여, 성스러운 힘을 지닌 분, 성스러운 불멸이여." 성가는 조용한 바람결에 실려 골목 안에 퍼졌다. 부드러운 타조 깃털로 공기를 쓸 듯이, 모든 것이 흔들리고 있었다. 화환과 지나가는 사람들, 깃털 장식을 매단 말 머리, 사제의 손에서 쇠사슬에 매달려 흔들리는 향로, 발밑의 하얀 땅.

"유라! 여기 있었니? 어서 눈을 떠, 어서." 그를 찾아낸 슈라 실레진게르가 그의 어깨를 흔들었다. "어떻게 된 거야? 발인을 하는데 너도 함께 갈 거니?"

"네, 물론이죠."

17

장례식이 끝났다. 추위에 발을 동동거리던 거지들이 두 줄로 나란히 모여들었다. 영구마차, 화환을 실은 이륜마차, 크류게르 집안의 마차가 한 번 흔들리더니 천천히 움직였다. 교회 바로 앞까지 마차들이 모여들었다. 슈라 실레진게르가 얼룩진 얼굴로 교회에서 나와 눈물에 젖은 베일을 걷어 올리고 무언가 찾는 눈길로 마차 행렬을 훑었다. 그 행렬 속에서 장의사의 운반인들을 찾아낸 그녀는 고갯짓으로 그들을 옆에 불러 함께 교회 안으로 사라졌다. 교회에서는 더욱 많은 사람이 쏟아져 나왔다.

"드디어 안나 이바노브나의 차례로구먼. 작별인사를 하고 먼 나그넷길을 나선 거야. 가엾은 사람."

"그래, 춤이 끝나 저세상으로 쉬러 떠난 거야."

"마차를 부르시겠습니까, 아니면 11번을 타고*[10] 가시겠습니까?"

"오래 서 있었지요. 우린 잠시 걷다가 타고 가겠습니다."

"푸프코프가 얼마나 비탄에 잠겼는지 보셨지요? 죽은 이를 보고 눈물을 뚝

---

*10 두 발로 걸어간다는 뜻.

뚝 흘리고 코를 풀어 가면서 마치 삼킬 듯이 바라보았지요. 옆에 죽은 이의 남편이 있는데도 말이에요."

"그 사람은 한평생 그녀에게 마음을 두고 있었죠."

그들은 도시 반대쪽 끝에 있는 묘지를 향해 느릿느릿 나아갔다. 매서운 추위가 휘몰아친 뒤 한풀 꺾여 있었다. 공기가 잔뜩 가라앉아 있었다. 한 생명이 사라져 간 이 날은 추위가 물러나 마치 장례를 위해 자연이 마련해 준 날 같았다. 더러워진 눈은 아무렇게나 걸친 검은 크레이프 천을 통해 보는 것 같고, 담장 너머로는 쇠를 상감한 은그릇처럼 어둡게 젖은 전나무들이 이쪽을 바라보고 있었다. 전나무들이 마치 상복을 입고 있는 것 같았다.

그것은 마리야 니콜라예브나가 영면했을 때의 바로 그 잊지 못할 장소였다. 유라는 지난 몇 년 동안 어머니의 무덤을 찾은 적이 한 번도 없었다. "어머니." 그는 멀리 그쪽을 바라보면서 그 시절의 느낌으로 중얼거렸다.

말끔하게 눈을 치운 오솔길을 따라 사람들은 엄숙하고 아름답게 그림처럼 흩어져 걸었다. 알렉산드르 알렉산드로비치는 토냐를 부축하고 있었다. 그들 뒤에 크류게르 집안사람들이 따랐다. 토냐는 상복이 잘 어울렸다.

십자가가 달린 둥근 지붕과 장밋빛 수도원 벽은 곰팡이 같은 서리로 들쑥날쑥 뒤덮여 있었다. 수도원 마당의 저쪽에는 벽에서 벽으로 빨랫줄이 여러 줄 매어져 있고, 빨래가 끝난, 물에 젖어 무겁게 소매가 부푼 셔츠와 분홍빛 식탁보, 덜 짜서 뒤틀어진 시트가 걸려 있었다. 유라는 그쪽을 바라보다가, 새로 들어선 건물 때문에 모습이 변하기는 했어도, 이곳이 그때 눈보라가 휘몰아치던 수도원의 그 장소라는 것을 깨달았다.

유라는 빠른 걸음으로 다른 사람들을 지나쳤다가 이따금 멈춰 서서 그들을 기다리며 혼자 걸어갔다. 뒤에서 천천히 걸어오는 사람들의, 죽음이 가져다 준 허탈에 저항해 그는 격렬하게 소용돌이치면서 심연 속으로 빨려 들어가는 물처럼 억제할 수 없는 힘으로, 꿈을 꾸고, 생각하고, 형식에 부심하며, 미를 창조하고 싶은 욕구를 느꼈다. 그는 지금, 예술이란 끊임없이 두 가지와 씨름해 왔다는 것을 어느 때보다도 명백하게 깨달았다. 예술은 두려움 없이 죽음에 대해 사색하고, 그로 인해 두려움 없이 삶을 창조해 왔다. 위대하고 참된 예술, 요한계시록에 의해 명명된 예술, 그리고 계시록을 보태 쓰는 예술이다.

유라는 오래전부터 기다려 왔던 것처럼 마음속에 그리고 있었다. 하루 이틀쯤 가족과 대학에서 벗어나, 안나 이바노브나를 그리는 추도시 속에, 지금 이 순간 자신에게 떠오른 모든 것을, 인생이 자신에게 남몰래 안겨 주는 뜻하지 않은 모든 우연한 생각을 새겨 넣는 것이다. 이를테면 고인의 가장 훌륭했던 몇 가지 특징, 상복을 입은 토냐의 모습을. 그리고 묘지에서 돌아오는 길에 눈여겨보았던 몇몇 풍경들, 오래전 어느 날 밤 눈보라가 신음하고 어린 자신이 울고 있었던 그 장소에 널려 있던 빨래를.

제4장
다가오는 운명

1

라라는 반쯤 혼수상태에서 펠리차타 세묘노브나의 방 침대에 누워 헛소리를 하고 있었다. 스벤티스키 씨네 가족과 의사 드로코프, 그리고 하인들이 그녀 곁에서 소곤거리고 있었다.

손님들이 모두 돌아간 스벤티스키 씨 집은 어둠 속에 잠겨, 길게 늘어선 방들의 한가운데 있는 객실 벽의 램프만이, 일렬로 늘어선 방을 따라 앞뒤로 희미한 빛을 던지고 있었다.

그 통로를 따라, 빅토르 이폴리토비치가 손님이 아니라 마치 제 집인 양 거칠고 단호한 걸음걸이로 잔뜩 성이 난 채 왔다 갔다 하고 있었다. 그는 침실에서 무슨 일이 어떻게 돌아가는지 알아보러 가기도 하고, 저택의 반대쪽 끝으로 가서 은구슬로 꾸며진 크리스마스트리 옆을 지나 식당까지 가기도 했다. 식당 테이블에는 손도 대지 않은 요리들이 넘칠 듯이 차려져 있고, 창밖의 거리를 마차가 지나가거나 식탁 위 접시 사이로 쥐새끼가 한 마리 달아나면서 초록색 포도주 잔을 흔들며 쨍그랑 소리를 냈다.

코마롭스키는 격분해 있었다. 그의 가슴속에는 엇갈린 감정이 혼란스럽게 오갔다. 이 무슨 스캔들이고 이 무슨 추태란 말인가! 그의 가슴은 분노로 끓어올랐다. 그의 지위가 위험에 처해 있다. 이 사건이 그의 명성에 먹칠을 할 것이다. 어떠한 대가를 치르더라도 더 늦기 전에 서둘러 소문의 싹을 도려내야 하고, 만약 벌써 소문이 퍼졌다면 더 커지기 전에 그것을 잘라내야 한다. 한편으로 그는 이 무모하고 정신 나간 처녀가 얼마나 영혼을 빼앗을 만큼 매력적인가를 다시금 실감했다. 그녀가 보통 여자와는 전혀 다르다는 것은 명백한 사실이었다. 그녀에게는 언제나 특별한 것이 있었다. 자신은 그런 그녀의 인생에 돌이킬 수 없는 치명적인 타격을 가하고 말았다! 그녀가 얼마나 몸부림치고 괴로

위했을 것인가. 그녀가 얼마나 끊임없이 항의하며, 자신의 운명을 바꾸어 새롭게 태어나고 싶었을까.

모든 점에서 보아 그녀를 도와주어야만 한다. 그녀에게 방을 얻어 주되 무슨 일이 있어도 그녀를 건드리지 말고, 반대로 깨끗하게 물러나 상처를 주지 않도록 멀찌감치 있어야만 한다. 그러지 않으면 그녀가 또 무슨 일을 저지를지 모르지 않는가!

그리고 앞으로 또 얼마나 성가신 일이 있을 것인가! 이 사건을 어느 누가 좋게 받아 줄 것인가. 법률이 잠자코 있을 리가 없다. 아직 밤인 데다 그 사건이 일어난 지 채 두 시간도 지나지 않았는데 벌써 경찰이 두 번이나 찾아왔다. 코마롭스키는 경찰관을 데리고 조리장까지 가서 애써 일어난 일을 설명하고 덮어 둔 상태였다.

그러나 시간이 지날수록 모든 일은 잔뜩 꼬일 것이 분명하다. 라라가 노린 것은 코르나코프가 아닌 자신이었다는 증거도 요구되리라. 문제는 그뿐만이 아니다. 라라가 책임의 일부를 면할 수 있다 해도 역시 남은 부분에서 재판을 받게 될 것이다.

물론 그는 온 힘을 기울여 그것을 막을 것이고, 설령 사건이 확대되어 고발되어도 저격 당시에 라라가 책임질 수 없는 상태에 있었다는 것에 대해 정신감정이라는 결론을 이끌어 내어 기소를 중지시킬 수 있을 것이다.

그런 생각을 하는 동안 코마롭스키는 차츰 마음이 안정되어 갔다. 날이 밝았다. 방마다 빛줄기가 스며들어 마치 도둑이나 전당포의 감정인처럼 테이블과 소파 밑까지 들여다보았다.

침실에 잠시 들러 라라가 아직 회복되지 않은 것을 확인한 코마롭스키는 스벤티스키 씨네 집을 나와, 가까이 알고 지내는 여류변호사로 정치 망명자의 아내인 루피나 오니시모브나 보이트—보이트코프스카야를 찾아갔다. 그녀의 집은 방이 여덟 개나 되는데 너무 넓어서 지금은 다 쓰고 있지 않고, 방 두 개를 세주고 있었다. 그 가운데 최근에 비어 있던 방을 라라를 위해 빌렸다. 몇 시간 뒤, 라라는 고열과 반 실신상태에서 그곳으로 옮겨졌다. 그녀는 신경성 열병을 앓고 있었다.

2

루피나 오니시모브나는 진보적인 여성으로 온갖 편견을 싫어하고, 자신이 '적극적이고 생명력이 있다'고 생각하고 표현하는 모든 것을 사랑했다.

그녀의 장식장 위에는 편자의 서명이 든 《에르푸르트 강령》*1이 한 부 놓여 있었다. 벽에 걸려 있는 사진 가운데 하나는 그녀의 남편인 '나의 멋진 보이트'가 스위스의 한 공원에서 플레하노프*2와 함께 찍은 사진이었다. 두 사람 모두 번쩍이는 러스트린 실크 양복에 파나마모자를 쓰고 있었다.

루피나 오니시모브나는 라라를 처음 본 순간부터 그 병든 하숙생이 마음에 들지 않았다. 그녀는 라라를 질이 좋지 않은 꾀병 환자라고 생각했다. 라라가 헛소리를 하는 것도 온통 꾸며 낸 행위로 보였다. 그녀는 라라가 감옥에 갇힌 마르가레테*3를 흉내 내고 있는 거라고 거침없이 단정했다.

루피나 오니시모브나는 라라에 대한 경멸을 유난히 노골적으로 표현했다. 그녀는 방문을 쾅 소리가 나도록 닫는가 하면, 온 집 안을 질풍처럼 휩쓸고 다니며 큰 소리로 노래를 부르고, 며칠씩 온종일 자신의 방들을 환기하기도 했다.

그녀의 집은 아르바트 거리에 있는 커다란 건물 2층이었다. 그 층의 창문은 동지가 지나면, 봄철 해빙기에 흘러넘치는 강처럼 밝고 광대한 하늘로 넘칠 듯 채워졌다. 반쯤 남은 나머지 겨울이 지나는 동안, 그 집은 이윽고 다가올 봄의 신호와 징후로 가득 찼다.

남쪽에서 불어오는 훈풍이 환기창으로 들어오고 가까운 역에서 증기기관차가 철갑상어처럼 으르렁거리면, 라라는 침대에 누워 하릴없이 먼 추억에 젖곤 했다.

벌써 7, 8년 전 잊을 수 없는 어린 시절에, 자신들이 우랄에서 모스크바에 닿은 첫날 저녁의 일이 특히 자주 떠올랐다.

그들은 역에서 포장도 없는 사륜마차를 타고 모스크바 시내의 어두컴컴한 골목길을 수없이 지나 호텔에 다다랐다. 가까워졌다가 멀어져 가는 가로등이 웅크리고 있는 마부의 그림자를 건물 벽에 비쳐 냈다. 그 그림자는 자꾸자꾸

*1 1891년, 독일 에르푸르트의 독일 사회민주당 대회에서 채택.
*2 1856~1918년, 러시아 나로드니키 출신, 러시아 마르크스주의의 아버지.
*3 괴테의 《파우스트》에 나오는 여자 주인공.

커져서 어색할 만큼의 크기가 되어 거리와 지붕을 덮고는 이윽고 느닷없이 사라졌다. 그리고 처음부터 다시 시작되었다.

머리 위의 어둠 속에서, 그 옛날에는 1600개나 있었다고 하는 모스크바의 수많은 종들이 울리고, 땅 위에서는 철도마차가 소음을 내며 오갔다. 현란한 진열장과 조명, 모두, 마치 종이나 바퀴처럼 뭔가 자신만의 소리를 내는 것 같아서 라라는 귀가 먹먹해짐을 느꼈다.

호텔 방 테이블에는 코마롭스키가 이사를 환영하는 뜻으로 마련한 수박이 놓여 있었다. 믿을 수 없는 크기에 그녀는 감탄했다. 라라는 그 수박을 코마롭스키의 권력과 부의 상징으로 여겼다. 빅토르 이폴리토비치가 그 차갑고 다디단 과육을 지닌 짙푸른 색의 경이로운 구체를 칼로 소리를 내며 두 쪽으로 갈랐을 때, 라라는 놀라서 거의 숨이 막힐 지경이었지만 싫다고 말할 수는 없었다. 그녀는 억지로 그 향기로운 장밋빛 수박 조각을 삼켰으나, 흥분한 탓에 목이 막히고 말았다.

실은 값진 음식과 밤의 수도 앞에서 느낀 그 두려움이, 그 뒤 코마롭스키 앞에서의 두려움이 되어 되풀이되었고—그것이 그 뒤에 일어난 모든 사건의 수수께끼를 푸는 열쇠였다. 그러나 이제 그는 예전의 그가 아니었다. 아무것도 요구하지 않고, 자기 자신에 대해 생각나지 않도록 얼굴을 내비치지도 않았다. 늘 거리를 두고 더할 수 없이 고결한 방법으로 도움을 제안해 왔다.

콜로그리보프의 방문은 그것과는 아예 달랐다. 라라는 라브렌티 미하일로비치가 찾아와 준 것이 무척 기뻤다. 그것은 그가 키가 아주 크고 늘씬해서가 아니라, 그 활달함과 넘치는 재능으로 인해 그의 빛나는 눈빛과 총명한 미소가 방 안을 거의 점령하다시피 했기 때문이다. 방 안이 한결 좁아 보였다.

그는 기쁜 듯이 두 손을 맞잡고 비비며 라라의 침대 앞에 앉아 있었다. 페테르부르크의 국무회의에 불려 가면 그는 지체 높은 고위층 인사들과, 마치 예과 학생들을 대하듯 이야기를 나누는 사람이었다. 그러나 지금 그 앞에는, 최근까지 가족의 한 사람이었던 친딸 같은 존재가 누워 있었다. 그는 모든 가족을 대하는 것과 마찬가지로, 걸으면서 슬쩍 눈길을 주거나 몇 마디 말을 주고받곤 했다(그것이 두 사람 사이의 간결하고 의미심장한 유대감에서 오는 뛰어난 매력이었고, 두 사람 다 그것을 잘 알고 있었다). 그는 라라를 어른을 대하듯 엄격하고 냉담하게 대할 수가 없었다. 그녀에게 상처를 주지 않도록 얘기하려면 어떻게 해야 할지 몰라서, 그는 어린아이에게 말을 걸듯이 웃으면서 이렇게 말했다.

"이 아가씨가 도대체 무슨 짓을 저지른 거지? 이런 멜로드라마가 대체 누구에게 필요하지?"—그는 입을 다물고 습기 때문에 생긴 천장과 벽지의 얼룩으로 눈을 돌렸다. 그러고 나서 나무라듯이 고개를 저으면서 말을 이었다. "뒤셀도르프에서 그림과 조각, 원예의 국제 전시회가 열리는데 거기에 가 볼 생각이다. 이곳은 습기가 많구나. 그런데 넌 하늘과 땅 사이에서 내내 떠돌아다닐 생각이냐? 이곳은 정말이지 여유로운 자유가 없어. 우리끼리 얘기지만 이곳의 보이트라는 여자는 아주 쓰레기 같은 사람이라는 소문이란다. 난 그녀를 알아. 옮기도록 해라. 그렇게 언제까지나 누워만 있을 것 없어. 병을 앓기는 했지만 이제 충분해. 이제 그만 일어나는 게 어떨까? 방을 바꾸고 공부를 계속해서 학교를 졸업하도록 해. 아는 화가가 한 사람 있는데 2년 동안 투르키스탄으로 갈 예정이라는 구나. 그의 아틀리에는 칸막이벽으로 나뉘어 있어서 말하자면 작은 아파트라고 할 수 있지. 그는 가구까지 함께 마땅한 사람에게 빌려 줄 생각인 모양이야. 내가 주선해 줄 테니 그리로 가겠니? 그리고 또 한 가지, 이건 오래전부터 하고 싶었던 건데, 나의 신성한 의무로서 말이다…… 리파가 졸업했을 때부터…… 이거 많지 않은 액수지만 그 애의 졸업에 대한 보답이니…… 아니, 부탁이다. 제발…… 그러니 고집 부리지 말고…… 아니다. 고맙다는 뜻이니까 넣어 둬라. 제발."

그녀의 반대와 눈물, 심지어 싸움 비슷한 저항에도 불구하고 그는 나가면서 그녀에게 억지로 1만 루블짜리 수표를 쥐여 주었다.

병에서 회복된 라라는 콜로그리보프 씨가 귀띔해 준 새로운 거처로 옮겼다. 스몰렌스키 시장과 아주 가까운 곳이었다. 방은 지은 지 오래된 석조 건물 2층에 있었다. 1층은 상업용 창고였다. 안마당은 자갈로 포장되어 있고, 늘 흩어져 있는 귀리와 흘린 건초로 뒤덮여 있었다. 마당 주위에는 비둘기들이 구구 구구 소리 내며 돌아다녔다. 이따금 쥐들이 무리를 지어 마당의 석조 홈통 위로 지나가면 비둘기들이 시끄럽게 울면서 땅에서 날아올랐는데, 그래도 라라의 창문까지 올라오진 않았다.

3

파샤는 극심한 고통을 겪고 있었다. 라라가 심하게 앓고 있는 동안 그가 그녀의 방을 찾아가는 것은 금지되었다. 그는 어떤 기분을 느꼈을까? 파샤의 생각에는, 라라는 자신과 그다지 상관도 없는 사람을 죽이려 했고, 그 뒤 정신이 들었을 때는 자기가 죽이는 데 실패한 바로 그 사내의 보호를 받고 있었다. 게다가 그 모든 사건은 크리스마스 날 밤, 타오르는 촛불 앞에서 그들이 나눈 그 잊지 못할 대화 직후에 일어났다! 만일 그 사내가 아니었으면 라라는 체포되어 재판을 받았을 것이다. 그녀에게 닥친 징벌을 그가 미리 막아 준 셈이다. 그 사람 덕분에 그녀는 학교에서 제적당하지 않고 무사히 학업을 마칠 수 있게 되었다. 파샤는 심장이 찢어지는 것처럼 괴로워 어찌할 바를 몰랐다. 그녀는 몸이 좀 나아지자 파샤를 자기 방으로 불렀다. 그녀는 이렇게 말했다.

"난 나쁜 여자예요. 당신은 나에 대해 잘 몰라요. 언젠가 당신한테 얘기하겠어요. 당신도 보다시피 난 눈물 때문에 목이 메어 말하기도 힘들어요. 이젠 날 단념하고 잊어 줘요. 난 당신을 만날 자격이 없어요."

더욱더 견디기 힘든, 영혼이 찢겨 나가는 듯한 고통스러운 일도 있었다. 이건 라라가 아직 아르바트 거리에 머물고 있을 때의 일이었다. 보이트코프스카야는 울어서 눈이 빨개진 파샤를 보더니, 복도에서 자기 방으로 뛰어들어 소파에 쓰러져서는 배를 움켜잡고 웃어대며 지껄였다. "아, 더는 못 참겠다! 도저히 못 참겠어! 정말 이런 얘기가 가능하다니…… 하하하! 영웅서사시의 용사! 아하하! 이건 예루슬란 라자레비치*4야!"

라라는 그 더럽혀진 집념에서 파샤를 구하기 위해, 그 집념을 뿌리째 뽑아 버리고 고통을 끝내기 위해 그와 단호하게 관계를 끊겠으며, 그건 그를 사랑하지 않기 때문이라고 선언했다. 그렇지만 단념하겠다고 말하면서도 심하게 흐느껴 울었기에 파샤는 그녀의 말을 믿지 않았다. 파샤는 그녀가 죽을 만큼 죄를 지었을 리가 없다고 의심하면서 그녀가 무슨 말을 해도 믿지 않았고, 그녀를 저주하고 미워할 마음의 준비가 되어 있었으면서도 그녀를 열렬히 사랑하고 있어서, 그녀가 생각하는 것, 그녀가 입술을 댄 컵, 그리고 그녀가 기대고 있던 쿠션에까지 질투를 느꼈다. 미치지 않기 위해서는 단호하고 신속하게 행동할 필요가 있었다. 그들은 졸업 시험까지 미루지 않고 결혼하기로 결정했다. 결혼식은 봄을 맞이하는 크라스나야 고르카 축일에 교회에서 올리기로 예정되었

---

*4 젊고 잘생긴 용사로, 온갖 모험 끝에 아름다운 공주와 결혼한다는 러시아 옛이야기의 주인공.

다. 이 결혼은 라라의 부탁으로 다시 늦춰졌다.

그들의 졸업시험 합격이 확실해졌을 때, 성령강림절의 두 번째 날에 교회에서 결혼식이 거행되었다. 라라의 동급생으로 그녀와 함께 졸업한 투샤 체푸르코의 어머니, 류드밀라 카피토노브나가 모든 것을 주관해 주었다. 그녀는 높은 가슴과 낮은 목소리를 지닌 아름다운 여성으로, 노래도 잘 부르고 창의적으로 이야기도 잘 지어내는 사람이었다. 그녀는 자기가 잘 알고 있는 평범한 조짐이나 미신에 대해, 즉흥적으로 간단하게 자작 이야기를 덧붙이곤 했다.

라라가 '황금관을 받아 쓰러 갔던' 날, 류드밀라 카피토노브나가, 출발하기 전인 라라에게 옷을 입혀 주면서 유명한 가수 파니나처럼 낮은 목소리로 집시의 노래를 흥얼거릴 때, 도시는 무서울 만큼 더웠다. 교회의 황금빛 둥근 지붕과 산책로의 새 모래가 노란색으로 눈부시게 빛나고 있었다. 성령강림절 전날 밤 벌채된 자작나무의 먼지투성이 어린 잎*5이 햇빛에 그을린 듯이 도르르 말려, 교회 담장을 따라 축 처진 채 걸려 있었다. 숨 쉬기도 힘들고 내리쬐는 햇살에 눈이 따끔따끔 아팠다. 처녀들은 모두 머리를 구불구불 말고 신부처럼 새하얀 옷을 입고, 젊은 남자들은 모두가 명절처럼 머리에 포마드를 바르고 꼭 맞는 아래위 검은색 양복을 입고 있어서 마치 수천 쌍의 결혼식이 거행되는 것 같았다. 모두가 흥분하고 모두가 더위에 허덕였다.

라라의 또 한 친구의 어머니인 라고디나는 라라가 제단의 카펫 위를 나아갈 때 그 발밑에 은화 한 움큼을 던졌고, 류드밀라 카피토노브나는 같은 목적으로 라라에게, 혼례의 관을 받아 쓸 때*6 맨손이 아니라 베일이나 레이스 자락으로 반쯤 감싼 손으로 성호를 그으라고 조언했다. 그러고 나서 라라에게, 촛불을 높이 쳐들면 가정에서 주도권을 쥘 수 있다고 말했다.

그러나 라라는 파샤를 위해 자신의 미래를 희생할 생각이었으므로 촛불을 최대한 낮게 내렸다. 그런데 그녀가 아무리 애써도 그녀의 촛불이 파샤의 것보다 높았으므로 그것도 허사가 되고 말았다.

사람들은 교회에서 곧장, 그 무렵 자신들의 손으로 복구한 화가의 아틀리에에서 피로연을 하러 돌아갔다. 손님들이 소리 높여 "써서 못 마시겠구먼." 하

*5 러시아에서는 성령강림절 때 주로 자작나무 가지, 그 밖의 풀과 꽃으로 교회와 신자의 집을 꾸미는 풍습이 있었다.

*6 반지를 교환한 뒤 사제가 신랑 신부에게 차례로 관을 씌워 주는 풍습이 있다.

고 외치자 다른 쪽에서 "그래, 더 달달해야겠어." 하는 동조의 함성이 일어났고, 젊은 두 사람은 부끄러워하며 미소를 지은 뒤 키스를 나눴다.*7 류드밀라 카피토노브나는 두 사람을 위해 '하느님께서 너희에게 사랑과 조언을 주시리'라는 똑같은 후렴이 붙은 〈포도나무〉와 〈편발이여 풀려라, 금발이여 풀려라〉*8라는 노래를 불렀다.

손님들이 모두 돌아가고 두 사람만 남았을 때, 파샤는 갑자기 찾아온 정적이 거북하게 느껴졌다. 라라의 방 창문 밖에는 외등이 켜져 있었는데, 라라가 커튼으로 아무리 가려도 톱으로 켠 널빤지 틈새로 스며들었는지 가느다란 빛줄기가 커튼 틈새로 새어들었다. 그 빛줄기는 파샤에게 누군가가 자신들을 엿보고 있는 것 같은 불안감을 안겨 주었다. 파샤는 자기 자신보다도, 라라보다도, 또 그녀에 대한 자신의 사랑보다도 그 외등이 자신의 마음을 점령하고 있는 것을 깨닫고 소스라치게 놀랐다.

영원처럼 길게 이어진 그날 밤 내내, 얼마 전까지 친구들이 '스테파니다'*9니 '어여쁜 처녀'니 하고 불렀던 대학생 안티포프는, 행복의 절정과 절망의 심연을 함께 경험하고 있었다. 그의 의심스러운 억측은 라라의 고백과 교차되었다. 그가 묻고 라라가 대답할 때마다, 그는 나락에 떨어지는 듯한 심장의 고통을 느꼈다. 그의 상처 입은 상상력은 새로운 발견을 쫓아갈 수가 없었다.

그들은 날이 샐 때까지 대화를 나눴다. 안티포프의 인생에서 그날 밤만큼 충격적이고 갑작스러운 변화를 겪은 적은 없었다. 아침이 되어 그는, 그때까지 자신이 어떤 이름으로 불리고 있었는지에 대해 거의 놀라움을 느낄 만큼 다른 사람이 되어 일어났다.

4

열흘 뒤 바로 그 방에서 친구들은 두 사람을 위한 송별회를 열어 주었다. 파샤와 라라 둘 다 좋은 성적으로 졸업 시험에 합격하고 함께 우랄의 한 도시에 있는 학교에 추천을 받아 다음 날 아침이면 그곳으로 떠날 예정이었다.

또다시 술을 마시고 노래를 부르며 놀았는데 이번에는 나이든 사람은 없고

---

*7 러시아의 결혼식 관습. 오늘날에도 남아 있다.

*8 러시아에서 편발은 '처녀의 상징'으로 결혼 축가에는 자주 이 모티프가 나타난다.

*9 러시아의 서민적인 여성에게 많은 이름.

모두 젊은 사람들뿐이었다.

넓은 아틀리에와 손님들이 모여 있는 거처를 구분하는 칸막이 뒤에는 라라의 커다란 여행용 바구니와 중간 크기의 바구니 하나, 트렁크와 그릇을 담은 나무상자가 하나 놓여 있었다. 구석에는 자루가 몇 개 있었다. 짐이 많았다. 그 가운데의 일부는 이튿날 아침 열차 수하물로 부칠 것이었다. 짐은 거의 꾸려졌지만 아직 다 끝난 것은 아니었다. 상자와 바구니에는 아직 여유가 있어서 뚜껑이 열린 채로 있었다. 라라는 이따금 무엇인가 생각해 내고는, 잊고 있던 물건을 칸막이 뒤로 가져가 바구니에 담고 균형을 맞추곤 했다.

라라는 대학 사무처에 출생증명서와 신분증 서류를 받으러 간 뒤, 이튿날 이삿짐을 묶는 데 쓸 굵고 튼튼한 밧줄 다발을 든 문지기와 함께 돌아왔다. 파샤는 이미 손님들과 함께 집에 있었다. 라라는 문지기를 보낸 뒤 손님들 옆을 지나가면서 몇 사람과는 악수를 나누고 다른 사람들과는 키스를 했다. 그런 다음 옷을 갈아입으러 칸막이 뒤로 들어갔다. 그녀가 옷을 갈아입고 나오자, 모두 자리에 앉아 일제히 보드카를 마시고 왁자하게 떠들면서, 며칠 전 결혼식 때처럼 흥겨운 파티가 시작되었다. 세심한 사람들은 옆 사람에게 보드카를 따라 주고, 많은 손들이 포크로 무장해 식탁 한가운데의 흑빵과 요리, 전채가 담긴 접시를 공격했다. 연설을 하거나 목을 축이고는 오리 소리를 흉내 내고, 서로 경쟁하듯이 재담을 주고받았다. 몇 사람은 이내 취하기 시작했다.

"나, 죽을 만큼 피곤해요." 라라가 남편 옆에 앉아서 말했다. "당신은 할 일을 다 한 거죠?"

"그럼."

"그래도 기분은 아주 좋아요. 난 행복한데 당신은?"

"나도 그래. 기분 좋아. 그렇지만 아직 여러 가지 이야기할 것이 있어."

이 젊은 친구들의 송별회에 코마롭스키가 예외적으로 끼어들게 되었다. 송별회가 끝날 무렵 그는, 젊은 친구들이 떠나가고 나면 자기는 의지할 데 없는 고아가 되어 버리고, 모스크바는 자기에게 황폐한 사하라 사막이 될 거라고 말하다가 감정에 북받쳐 흐느껴 울었고, 그 바람에 그는 끊어진 말을 다시 한 번 되풀이해야 했다. 그는 자신이 이 이별을 견딜 수 없게 되면 서로 편지를 주고받고 두 사람의 새로운 거주지인 유리아틴을 방문하게 해 달라고 안티포프 내외에게 간청했다.

"그럴 필요 없어요." 라라는 큰 소리로 차갑게 대답했다. "편지를 주고받는다느니 사하라 사막이니 하는 따위는 전혀 무의미한 말이에요. 우리가 없어도 당신은 아무렇지도 않을 거예요. 우리는 그렇게 귀한 존재가 아니니까요. 그렇지 않아요, 파샤? 아마도 당신은 우리 대신 다른 젊은 친구들을 찾게 되실 거예요."

그러다가 라라는 자신이 누구하고 무슨 얘기를 하고 있었는지 까맣게 잊어버리고, 뭔가 생각나서 급히 자리에서 일어나 칸막이 뒤의 부엌으로 갔다. 거기서 그녀는 고기 써는 기계를 분해한 뒤, 그릇을 넣은 나무상자 네 구석에 마른 풀 다발을 채워 넣고 분해한 기계를 밀어 넣기 시작했다. 그때 그녀는 나무에서 일어난 날카로운 가시에 하마터면 손이 찔릴 뻔했다.

그 일에 열중해 있는 동안 라라는 손님에 대해서는 잊어버렸고, 그들의 목소리도 귀에 들리지 않았다. 바로 그때 갑자기 칸막이 너머에서 크게 떠들썩한 소리가 들려와 라라는 번쩍 정신이 돌아왔다. 그녀는 술에 취한 사람들은 언제나 일부러 술 취한 척하고, 게다가 술에 취한 것 이상으로 멍청하고 서툰 사람처럼 연기한다고 생각했다.

하지만 또다시 열린 창문을 통해 마당에서 들려오는 낯선 소리가 라라의 주의를 끌었다. 라라는 커튼을 열고 밖으로 고개를 내밀었다.

마당에는 다리가 묶인 말이 절뚝거리면서 뛰고 있었다. 누구의 말인지 알 수 없었는데 아마 길을 잘못 든 것 같았다. 날은 벌써 샜지만 해가 뜨려면 아직 멀었다. 마치 죽어가고 있는 것처럼 잠들어 있는 도시는, 이른 새벽의 잿빛을 띤 보라색 냉기 속에 가라앉아 있었다. 라라는 눈을 감았다. 무엇과도 견줄 수 없는 이 절묘한 말발굽 소리가 그녀의 생각을 어떤 아름다운 벽촌으로 데려갔다.

계단에서 초인종 소리가 들려왔다. 라라는 귀를 쫑긋 세웠다. 식탁에 있던 사람들이 문을 열려고 나갔다. 나디아였다! 라라는 안으로 들어서는 그녀를 향해 온몸을 던졌다. 그녀는 기차에서 내려 곧장 이리로 온 것이었다. 생기가 넘치고 매력적이며 온몸이 마치 두플랸카 골짜기의 은방울꽃 향기를 내뿜고 있는 것 같았다. 두 친구는 말은 한 마디도 하지 않고 그저 큰 소리로 울면서 서로를 질식시킬 것처럼 껴안았다.

나디아는 온 가족이 보낸 축하와 축복의 말과 함께 부모로부터의 선물인 보석을 가져왔다. 그녀는 여행 가방에서 종이에 싼 케이스를 꺼내 포장을 푼 뒤 뚜껑을 활짝 열어 아름다운 목걸이를 라라에게 건넸다.

여기저기서 오오, 아아, 하는 감탄사가 쏟아졌다. 마침 술이 깬 누군가가 외쳤다.

"장밋빛 지르콘이야. 틀림없어. 장밋빛, 모두 못 믿겠어? 이건 다이아몬드 못지않은 보석이라고."

그러나 나디아는 노란색 사파이어라고 말했다.

라라는 나디아를 자기 옆에 앉히고 음식을 대접하면서 목걸이를 자신의 접시 옆에 놓고 눈을 떼지 않고 바라보았다. 보석 상자의 보랏빛 쿠션 위에 조그맣게 한데 뭉쳐진 목걸이는 반짝반짝 광채를 띠며, 이슬이 한 방울씩 합쳐진 것처럼 보이기도 하고 때로는 조그마한 포도송이처럼 보이기도 했다.

그러는 동안 식탁 앞에 앉아 있던 몇 사람도 정신을 차렸다. 술이 깬 몇몇 사람이 다시 나디아를 환영하는 뜻으로 보드카 잔을 돌렸다. 나디아도 이내 취하고 말았다.

이윽고 온 집 안은 잠의 왕국이 되었다. 대부분은 내일 역에서 친구를 전송하기 위해 아예 묵기로 하고 남았다. 그 반은 벌써 구석마다 자리를 차지하고 코를 골고 있었다. 라라는 아까부터 소파에서 자고 있던 이라 라고디나 옆에 자기가 언제 옷을 입은 채로 누웠는지 기억이 없었다.

라라는 바로 귓전에서 들리는 커다란 얘기 소리에 잠이 깼다. 그것은 사라진 말을 찾으러 마당으로 들어온 낯선 사람들의 목소리였다. 눈을 뜬 라라는 깜짝 놀랐다. '어째서 파샤가 저렇게도 초조하게 방 한가운데 이정표처럼 서서 계속 뭔가를 찾고 있는 걸까?' 바로 그때 파샤라고 생각했던 사람이 그녀 쪽으로 얼굴을 돌렸다. 그 사람은 파샤가 아니라, 관자놀이에서 턱까지 칼에 베인 흉터가 있고 얼굴이 추악하게 얽힌 괴한이었다. 그제야 도둑이나 강도가 들어온 것을 안 그녀는, 소리를 지르려고 했지만 아무리 악을 써도 목소리가 나오지 않았다. 문득 목걸이가 생각나 살그머니 팔꿈치를 짚고 일어나서 곁눈으로 식탁 위를 보았다.

목걸이는 흑빵 조각과 먹다 만 캐러멜 사이에 그대로 놓여 있었다. 식탁에 너무 많은 것이 어질러져 있어서 목걸이를 보지 못한 우둔한 도둑은, 속옷류만 헤치면서 라라가 꾸려 놓은 짐을 엉망으로 만들고 있었다. 술에 취해 잠이 덜 깬 라라는 상황을 완전히 파악하지는 못했지만, 자기가 애써 해 놓은 일이 엉망이 된 것이 화가 나서 견딜 수가 없었다. 그녀는 다시 소리를 지르려고 했지만, 여전히 입을 열어 혀를 움직일 수가 없었다. 그러다가 그녀는 옆에서 자고 있는 이라 라고디나의 가슴을 무릎으로 세게 때렸다. 그녀가 아파서 큰 소리로 비명을 지르자 라라도 그녀와 함께 소리를 질렀다. 도둑은 훔친 물건이 든 보따리를 내던지고 혼비백산해 방에서 뛰쳐나갔다. 벌떡 일어난 남자들 몇몇이 무슨 일인지 겨우 알아차리고 도둑을 쫓아 뛰어나갔지만 도둑은 이미 사라진 뒤였다.

이 소동과 함께 시작된 말소리가 모두를 일어나게 하는 신호가 되었다. 라라는 손으로 한번 쓱 털어 내듯 남은 취기를 털어 냈다. 라라는 좀 더 자게 해 달라고 간청하는 사람들을 매몰차게 깨워 서둘러 커피를 마시게 한 뒤, 열차 시간에 맞춰 다시 역에서 만나기로 하고 모두 돌려보냈다.

다들 돌아가자 다시 작업이 시작되었다. 라라는 특유의 빠른 손놀림으로 침구와 침구 사이로 재빨리 옮겨 다니면서 베개를 집어넣고 끈으로 묶으면서, 차라리 방해가 되니 돕지 말라고 파샤와 문지기 아내에게 부탁했다.

모든 것이 제 시간에 잘 마무리되어 안티포프 내외는 늦지 않게 도착할 수 있었다. 기차는 친구들이 작별 인사로 흔드는 모자의 움직임을 흉내 내는 듯이 천천히 미끄러졌다. 모자의 움직임이 멎고 멀리서 함성(틀림없이 '우라!'였으리라)이 세 번 되풀이되었을 때, 기차는 더욱 속도를 높여 달리기 시작했다.

5

궂은 날씨가 사흘째 이어졌다. 전쟁*10이 일어나고 두 번째 가을이었다. 첫해의 승전 이후 전세가 좀처럼 신통치 않더니 패전으로 기울어 갔다. 카르파티아 산맥에 집결한 브루실로프*11의 제8군은 고개를 내려가 헝가리를 침공할 예정이었으나, 전군이 후퇴함에 따라 후방으로 밀려 어쩔 수 없이 물러날 수밖에 없었다. 아군은 군사행동의 처음 몇 개월 동안 점령한 갈리치아*12마저 넘겨주게 되었다.

---

*10 제1차 세계대전, 1914년 7월.

*11 러시아의 장군으로 1차 대전 중 갈리치아를 침공했다.

*12 현재의 우크라이나 남서부와 폴란드 최남부 지방, 러시아군은 전사자 백만에 이르렀다.

닥터 지바고—전에는 유라라고 불렸지만 이제는 거의 모든 사람이 유리 안드레예비치라고 불렀다—는 부속산부인과 병원 산과병동 복도의, 방금 데리고 온 아내 안토니나 알렉산드로브나가 입원한 병실 문 앞에 서 있었다. 그는 토냐를 안심시킨 뒤, 필요한 것이 있을 때 그에게 어떻게 연락할 것이며 또 토냐의 건강상태가 궁금하면 어떻게 해야 하는지 물어보기 위해 산파를 기다리고 있었다.

그는 시간이 없었다. 자기가 일하는 병원으로 서둘러 가야 하고, 그 전에 두 군데의 환자에게 왕진을 가야 했다. 그러나 지금 그는 귀중한 시간을 허비하면서 창밖에 비스듬하게 내리고 있는 가느다란 빗줄기를 응시하고 있었다. 폭풍이 보리 이삭을 눕히고 헝클어 놓듯이, 드센 가을바람이 빗줄기를 베어낼 듯이 한쪽으로 쓰러뜨렸다.

아직 그다지 어둡지는 않았다. 유리 안드레예비치의 눈앞에는 병원 뒷마당, 데비치에 폴리에에 있는 사택의 유리로 된 테라스, 그리고 병동 건물 가운데 한 건물의 뒷문으로 이어지는 시내 전차의 지선이 한 폭의 그림처럼 펼쳐져 있었다.

비는 꾸준히 땅에 떨어지는 물 때문에 예민해진 것처럼, 미친 듯한 바람에도 더 거세어지거나 약해지지 않고 그저 음울하게 내렸다. 돌풍이 테라스를 감고 있는 한 그루 야생 포도나무의 어린 가지를 못살게 굴었다. 바람은 마치 이 가지를 뿌리째 뽑아 공중에 들어 올리려는 것처럼 허공에서 세게 흔들고는 마치 구멍 난 옷을 던져 버리듯 사정없이 바닥에 내동댕이쳤다.

트레일러 두 대를 붙인 트럭이 테라스를 지나 병원 쪽으로 다가왔다. 트레일러에서 부상병들이 내려졌다.

모스크바의 군병원은 루스카야 작전*[13] 뒤 벌써 수용이 불가능할 만큼 꽉 차 있어서, 부상병들은 층계참과 복도에까지 넘쳐나기 시작했다. 시내 병원은 어디나 다 만원으로 부인과 병동에도 영향이 미치기 시작했다.

유리 안드레예비치는 창 쪽으로 등을 돌리고 피곤한 듯 하품을 했다. 그는 아무것도 생각하지 않았다. 그러다가 문득 생각났다. 그가 근무하고 있는 성십자가 병원 외과 병동에서 며칠 전 어떤 여성 환자가 죽었다. 유리 안드레예비

*13 1916년의 남서전선에서 가장 성공한 작전, 제8군이 루스크 점령.

치는 그 환자가 죽은 건 간의 에키노코쿠스 때문이라고 확신했다. 다른 사람들은 모두 그의 의견에 반대했다. 오늘 그 환자를 해부했을 것이다. 해부로 진실이 드러날 것이다. 그러나 병원의 병리해부의는 알코올 중독이다. 그가 이 해부를 제대로 해냈는지는 신만이 아는 일이다.

급속히 어두워졌다. 창문 밖도 분간할 수가 없었다. 마치 마법의 지팡이를 흔든 것처럼 모든 창문에 일제히 전등이 켜졌다.

토냐의 병실과 복도를 구분하는 좁은 로비에서 몸집이 큰 산부인과 의사가 나왔다. 병동의 주치의로, 모든 질문에 대해 천장을 향해 어깨를 으쓱하는 것으로 대답하곤 했다. 그의 제스처 언어인 이 몸짓은 아무리 학문의 성공이 위대하다 해도, '나의 친구 호레이쇼, 세상에는 과학이 두 손 드는 수수께끼가 아직도 많다네'*[14]라는 의미였다.

그는 유리 안드레예비치에게 미소로 인사하며 지나가면서 두텁고 투실투실한 두 손으로 헤엄치는 듯한 동작을 했는데, 그것은 겸허하게 기다리는 수밖에 없다는 뜻 같았다. 그는 담배를 피우기 위해 휴게실 쪽으로 복도를 따라 걸어갔다.

그때 유리 안드레예비치 쪽으로, 말없는 산부인과 의사와는 반대로 수다스러운 여자 조수가 나와 거침없이 떠들어 댔다.

"제가 선생님 입장이라면 집으로 돌아가겠어요. 내일 선생님이 계시는 성십자협회로 전화 드리죠. 그 전에 시작되진 않을 거예요. 인공적인 처치를 하지 않아도 자연분만할 거라고 저는 확신해요. 그렇지만 어찌 보면 골반이 좀 좁고 태아의 위치가 제2 후두부인 데다, 산모가 진통이 없고 수축이 미미한 점을 고려하면 약간의 위험은 있을 수 있어요. 그래도 아직 예상하기는 일러요. 모든 건 분만이 시작되었을 때 산모가 격심한 진통을 얼마나 잘 견디고 버틸 수 있는가에 달려 있어요. 그건 나중에 알게 되겠지만요."

이튿날 그가 전화를 걸자 전화를 받은 수위는 수화기를 내려놓지 말고 기다리라고 하더니, 한 10분쯤 기다리게 하고서야 거칠고 앞뒤도 맞지 않는 말을 했다. "부인을 너무 일찍 데려온 것 같다고, 그렇게 전하라는군요." 몹시 화가 난 유리 안드레예비치는 좀 더 이야기가 될 만한 사람을 아무나 대 달라고 요

---

*14 셰익스피어의 《햄릿》에 나오는 대사.

구했다. "징후가 믿을 만하지 않아요." 간호사가 그에게 말했다. "선생님, 걱정하지 마시고 하루 이틀 기다려 보세요."

사흘째 되는 날 밤에야 그는, 진통이 시작되어 새벽에 양수가 터졌으며, 그날 아침부터는 진통이 심해지고 있다는 얘기를 들었다.

그가 병원으로 달려가 정신없이 복도를 걸어가고 있을 때였다. 반쯤 열린 문을 통해, 열차에 치여 팔다리가 잘린 사람이 소리치는 듯한 토냐의 끊어지는 비명이 들려왔다.

하지만 그가 아내 곁으로 가는 것은 허락되지 않았다. 그는 손가락 관절을 피가 날 정도로 깨물며 창가로 다가갔다. 창밖에서는 어제나 그제처럼 변함없이 빗줄기가 비스듬하게 때리듯이 쏟아지고 있었다.

병실에서 병원 소속 간병인이 나왔다. 그곳에서 갓난아이의 울음소리가 들려왔다.

"무사하구나, 무사해." 유리 안드레예비치는 기뻐서 되풀이해 말했다.

"아들이에요, 사내아이요. 순산하셨어요." 간병인이 노래하듯이 말했다. "지금은 안 돼요. 때가 되면 보여드리겠어요. 그때는 산모에게 커다란 선물을 하셔야 할 거예요. 무척 고생했으니까요. 초산은 누구나 고통이 심하답니다."

"무사하구나, 무사하구나." 유리 안드레예비치는 간병인이 한 말, 또 그녀가 그런 말로 자기를 이 출산의 당사자로 취급하는 것을 이해할 수가 없었다. 내가 이 출산을 위해 무엇을 어떻게 했다는 말인가? 아버지, 아들—그는 아무 수고도 하지 않고 얻은 아버지라는 호칭을 자랑할 수가 없었고, 하늘에서 떨어진 듯한 이 아들에게 어떠한 감격도 느낄 수가 없었다. 그것은 모두 그의 의식 밖에 있었다. 중요한 것은 토냐이다. 죽음의 위험을 만나 다행히 그 고비를 넘긴 토냐가 아닌가.

병원에서 멀지 않은 곳에 그의 왕진 환자가 있었다. 그는 그 환자에게 갔다가 30분 뒤에 병원으로 다시 왔다. 복도에서 로비로, 그리고 로비에서 병실로 들어가는 두 개의 문이 조금 열려 있었다. 자기가 무엇을 하는지 의식하지 못한 채 유리 안드레예비치는 로비 안으로 살그머니 들어갔다.

하얀 가운을 입은 덩치 큰 산부인과 의사가 마치 땅속에서 솟아난 듯 두 팔을 벌린 채 그의 앞을 가로막았다.

"어딜 가려는 거요?" 그는 산모가 듣지 못하도록 숨죽여 속삭이며 유리를 막고 섰다. "당신 정신 나갔소? 상처와 출혈, 패혈증이오. 게다가 심리적 충격까지 입은 상태란 말이오, 어이없는 양반이군! 당신도 의사이니 알 것 아니오?"

"아니, 나는 다만……. 그저 한번 보기만 하려고 그러오. 여기서 말이오. 틈새로 보지요."

"아, 그렇다면 모르지만. 좋소. 그렇지만 멋대로 하게 내버려 두진 않겠어요!……조심하시오! 만일 산모가 눈치채게 한다면 가만 두지 않을 테니!"

병실 안에는 흰옷을 입은 산파와 병원 보모가 등을 돌리고 서 있었다. 보모의 한 손에서 빽빽 울어대는 연약하고 부드러운 인간의 파생물이 검붉은 고무 덩이처럼 오그렸다 폈다 하면서 꼼지락거렸다. 산파는 아기를 태반에서 떼어 놓으려고 탯줄을 묶고 있었다. 토냐는 병실 한가운데에 있는, 올렸다 내렸다 할 수 있는 수술용 침대에 누워 있었다. 그녀는 무척 높은 곳에 누워 있었다. 흥분 때문에 모든 것을 과장해서 보고 있는 유리 안드레예비치의 눈에는, 그녀가 서서 글을 쓰는 높은 책상과 거의 같은 높이에 누워 있는 것처럼 보였다.

보통 사람들이 누워 있는 침대보다 훨씬 높이 천장에 가깝도록 눕혀진 토냐는 극도의 고통을 겪고 지친 모습으로 자신이 흘린 땀의 증기 속에 잠겨 있었다. 그녀는 병실 한가운데에 우뚝 떠올라, 마치 미지의 세계에서 생명들을 싣고 죽음의 바다를 건너 생명의 대륙으로 무사히 항해를 마친 뒤, 이제 막 항만에 정박해 짐을 부린 화물선처럼 보였다. 그녀는 그 가운데 한 생명을 방금 상륙시키고 나서, 이제 닻을 내리고 가벼워진 빈 선창의 허탈감에 한숨 돌리며 누워 있었다. 그녀와 함께 선구도 뱃전도 휴식을 취했다. 또한 그녀의 망각, 조금 전까지 자기가 어디에 있었는지, 어디를 건너왔는지, 어떻게 정박했는지에 대해 그녀의 잃어버린 기억까지도. 그녀가 어느 나라 깃발 아래 정박하고 있는지 몰랐기 때문에, 어떤 말로 그녀에게 말을 걸어야 할지 아무도 몰랐다.

직장에서는 모두 앞다투어 그에게 축하 인사를 건넸다. '어떻게 그처럼 빨리 알았을까!' 유리 안드레예비치는 놀랐다.

그는 의사 대기실로 갔다. 그곳은 선술집 또는 쓰레기통이라고 불리는 곳이었다. 병원이 좁아서 지금은 밖에서 덧신을 신은 채 들어와 외투를 벗어 두는 뭇사람도 있고, 다른 방에서 갖다 둔 쓸데없는 물건들로 차기도 하고, 담배꽁초와 서류가 아무렇게나 널려 있어서 붙여진 이름이었다.

그 의사 대기실 창가에 뒤룩뒤룩 살찐 병리해부의가 서서, 두 손을 들고 안경 너머로 유리병 속의 흐린 액체를 빛에 비춰 보고 있었다.

"축하합니다." 그는 같은 쪽을 계속 바라볼 뿐 유리 안드레예비치는 쳐다보지도 않고 말했다.

"고맙습니다. 내가 방해를 했군요."

"고마워할 것까지는 없소. 난 이곳에서 아무 역할도 하지 않았어요. 해부를 한 건 피추시킨이었으니까. 그렇지만 모두 놀라고 있어요. 에키노코쿠스가 맞았소. 진정 진단의 명의라고 모두 말하고 있다오! 온통 그 얘기뿐이오."

그때 병원장이 방에 들어왔다. 그는 두 사람에게 인사한 뒤 말했다.

"허, 참! 이건 의사 대기실이 아니라 완전히 길바닥이로군. 이렇게 무질서할 수가 있나! 아 참, 지바고, 대단하더군! 그게 에키노코쿠스일 줄이야! 우리가 틀렸네. 축하하네. 그리고…… 이건 좋지 않은 소식인데, 자네의 병역면제 자격의 재심이 있을 거야. 이번엔 자네를 보호하기 힘들겠어. 군의가 절대적으로 모자라서 말이야. 자넨 아무래도 화약 냄새를 맡게 될 것 같아."

6

안티포프 내외는 유리아틴에서 기대 이상으로 기반을 잘 잡았다. 기샤르라는 이름은 좋은 추억으로 기억되고 있었다. 그것이 라라에게 새로운 고장에 사는 데 따르는 어려움을 덜어 주었다.

라라는 온몸으로 일과 집안일에 몰두했다. 그녀의 어깨에 가정과 세 살 난 딸 카테니카가 있었다. 안티포프의 집에서 일하는 붉은 머리의 마르푸트카가 아무리 열심히 애써 주어도 그 도움만으로는 충분하지 않았다. 라리사 표도로브나는 파벨 파블로비치의 모든 일에 관여했다. 그녀 자신은 여자중학교에서 아이들을 가르쳤다. 그녀는 잠시도 쉬지 않고 일했고 행복했다. 이것이 바로 그녀가 꿈꾸었던 삶이었다.

그녀는 유리아틴을 좋아했다. 그곳은 그녀의 고향이었다.

이 도시는 중류와 하류로 배가 오갈 수 있는 커다란 르인바 강변에 있는 우랄 철도의 한 지선에 위치해 있었다.

유리아틴에 겨울이 다가오면, 보트의 주인들이 강에서 보트를 끌어내어 달구지에 싣고 도시로 나르는데, 그 풍경으로 계절이 바뀌는 걸 느끼곤 한다. 보트는 저마다 자기 집 마당에 운반되어, 그곳에서 봄이 올 때까지 겨울을 났다.

유리아틴에서는 마당 안쪽에 뒤집혀 놓여 있는, 바닥이 하얀 보트가 다른 지방의 철새의 이동이나 첫눈과 똑같은 의미를 가지고 있었다.

안티포프 내외가 세 들어 사는 집 마당에도 바닥에 하얀 페인트가 칠해진 보트가 뒤집힌 채 놓여 있었다. 카테니카는 공원 정자의 불룩하게 솟은 지붕 밑에서처럼 그 속에 들어가 놀았다.

라리사 표도로브나에게는 한적한 벽지의 풍습과, 펠트 장화에 잿빛 플란넬로 지은 따뜻한 짧은 윗옷을 입고 북부 지방의 사투리로 '아'를 '오'라고 발음하는 현지 지식인들의 소박한 성실함이 마음에 들었다. 라라는 대지와 소박한 사람들에게 마음이 끌렸다.

그 대신 기묘하게도 바로 모스크바 철도원의 아들인 파벨 파블로비치는 오히려 어찌할 수 없는 도시 사람이었다. 그는 유리아틴 사람들을 아내보다 훨씬 더 엄격한 눈으로 보고 있었다. 그들의 거칠고 무지한 면이 그의 신경에 거슬렸다.

지금은 밝혀진 일이지만, 그에게는 속독을 통해 얻은 지식을 내 것으로 만들어 축적하는 뛰어난 능력이 있었다. 그는 오래전부터, 일부는 라라의 도움을 얻어 참으로 많은 책을 읽었다. 이 벽지에 묻혀 사는 동안 그는 해마다 지식을 쌓아 올려, 이제 그는 라라마저 지식이 얕은 여성으로 볼 정도였다. 그는 동료 교사들보다 훨씬 높은 교육 수준에 다다라 있어서, 그들 속에 있으면 숨이 막힌다고 불평했다. 이 전시(戰時)에 유행한, 그들의 싸구려 관제(官製) 패트리오티즘(애국심)은 안티포프가 품고 있었던 훨씬 복잡한 감정 표현 형식과는 맞지 않았다.

고전 중학교를 졸업한 파벨 파블로비치는 학교에서 라틴어와 고대사(古代史)를 가르쳤다. 그러나 전에 실업학교 학생이었을 때부터 잠재해 있던 수학과 물리학, 정밀과학에 대한 사라져 버린 정열이 갑자기 눈을 뜨기 시작했다. 그는 그 대학 수준의 과목들을 독학으로 공부했다. 첫 번째 목표로서 그는 이 과목의 지방 시험에 합격한 뒤 수학 교사가 되어, 가족과 함께 페테르부르크로 나가려는 꿈을 가지고 있었다. 무리한 밤 공부가 파벨 파블로비치의 건강을 해쳤다. 그는 불면증에 걸렸다.

그는 아내와 사이가 좋았으나 그리 단순하지만은 않은 관계였다. 그녀는 그를 자신의 친절과 보살핌으로 지배했지만, 그는 그녀를 비평하는 것을 스스로에게 허락하지 않았다. 그는 마치 자신의 하찮은 지적이라도, 그것이 그녀에게 뭔가 고의로 숨긴, 이를테면 그녀는 귀족 출신이고 자신은 평민 출신이며, 그녀가 자기 앞에 다른 남자의 것이었다는 것에 대한 비난으로 들릴까 봐 조심하고 있었다. 그녀가 그에 대해 뭔가 불쾌하고 쓸데없는 일로 의심하는 것은 아닐까 하는 공포가 두 사람의 생활에 부자연스러움을 초래했다. 그들은 서로에 대해 지나치게 점잖게 대하려고만 들었고 그것이 모든 것을 복잡하게 만들었다.

안티포프 내외에게 손님이 찾아왔다. 몇몇 교사들—파벨 파블로비치의 동료와 교장 라리나, 그리고 파벨 파블로비치가 한때 조정위원으로 일한 적이 있는 중재재판소 판사 한 사람이었다. 파벨 파블로비치의 관점에서 말한다면 그들은 하나같이 구제할 수 없는 바보들이었다. 그는 라라가 그들 모두를 친절하게 대하는 데 놀랐지만, 속으로는 그녀가 이 가운데 아무도 좋아하지 않을 거라고 생각했다.

손님들이 돌아가자 라라는 오랫동안 방을 환기한 뒤 청소를 하고, 마르푸트카와 함께 부엌에서 설거지를 했다. 그러고 나서 카테니카가 담요를 잘 덮고 있는지 살피고 파벨이 잠든 것을 확인하고는, 재빨리 옷을 벗고 불을 끄고서, 어머니 옆에 자러 들어가는 어린아이처럼 자연스럽게 남편 옆에 누웠다.

그러나 안티포프는 잠든 척하고 있었을 뿐 자지 않고 있었다. 그는 최근에 불면증에 시달리고 있었다. 이대로 서너 시간은 잠을 자지 못하리라는 것을 그는 알고 있었다. 그는 잠이 오도록 산책을 하기 위해, 또 손님들이 남기고 간 담배 연기를 피해 보려고, 슬그머니 일어나 모자를 쓰고 잠옷 위에 외투를 걸쳐 입은 뒤 거리로 나섰다.

춥고 맑은 가을밤이었다. 안티포프의 발밑에서 얇은 살얼음이 소리를 내며 바스러졌다. 잔뜩 별을 안은 하늘이 알코올램프의 불꽃처럼 얼어붙은 진흙땅을 파르스름하게 비추고 있었다.

안티포프 가족은 시내의 선창 반대쪽에 살고 있었다. 집은 거리 맨 끝에 있었다. 집 앞에는 벌판이 펼쳐져 있고 철도가 그 벌판을 가로질렀다. 선로 옆에는 경비초소가 한 채 서 있고, 철로 옆에 건널목이 있다.

안티포프는 엎어 놓은 보트에 앉아 밤하늘을 올려다보았다. 지난 몇 년 동안 익숙해져 있던 상념이 불안한 힘으로 그를 사로잡았다.

그 상념은 어느 때건 끝장을 보아야 할 것이었고, 오늘이 그것을 하기에 가장 좋은 날이라고 그는 생각했다.

더 이상 끌고 나갈 수는 없어. 그는 생각했다. 그렇지만 이 모든 것은 오래전에 예측할 수 있었던 것이 아닌가. 그는 너무 늦게 깨달은 것이다. 어째서 그녀는 아직 어린애였던 그를 온통 사로잡아 버린 것일까. 어째서 그녀는 자기가 원하는 것을 그를 통해 이루려 한 것일까? 어째서 결혼하기 전해 겨울에 그녀 자신이 그 문제에 대해 고집을 부렸을 때, 그녀를 깨끗이 포기할 만한 지혜가 자신에게 없었던 것일까? 정말 그는 그녀가 사랑한 것은 그가 아니라 그에 대한 그녀의 고귀한 임무이고, 그녀가 헌신할 수 있는 대상이었다는 걸 몰랐던 것일까? 그러한 감동적이고 찬양할 만한 사명과 실제 가정생활 사이에 어떤 공통성이 있단 말인가? 가장 나쁜 것은, 그가 지금도 그녀를 이전과 마찬가지로 열렬하게 사랑하고 있다는 사실이었다. 그녀는 너무나 아름다웠다. 어쩌면 그는 그녀를 사랑하는 것이 아니라 그녀의 아름다움과 너그러움 앞에 감사하는 마음으로 정신을 잃고 있는 건 아닐까? 아, 모르겠다. 도대체 누가 알랴! 악마도 발을 동동 구를 혼란이다.

그렇다면 이런 때 어떻게 해야 할까? 라라와 카테니카를 이러한 위선적인 생활에서 자유롭게 해 주는 것? 그것은 자기 자신이 자유로워지는 것보다 더 중요한 일이다. 그렇다면 어떤 방법으로? 이혼을 한다? 투신을 한다? 미쳤군, 그런 혐오스러운 일에 그는 화가 났다. 아무리 그래도 어떻게 그런 생각을 한단 말인가. 비록 생각만이라고 하지만 그처럼 비열한 일을 떠올리다니!

그는 별에게 묻듯이 하늘을 올려다보았다. 빽빽하게 모여 있거나 뿔뿔이 흩어져 있는 별들이 크고 작게, 파랗게 또는 무지갯빛으로 반짝이고 있었다. 갑자기 별빛이 사라지고, 집과 보트와 그 위에 앉은 안티포프가 있는 마당이 질주하는 섬광으로 마치 누군가가 타오르는 횃불을 격렬하게 흔들면서 들판에서 문을 향해 달려오는 것 같았다. 군용 열차가 불꽃이 섞인 노란 연기를 하늘을 향해 뭉게뭉게 뿜어내면서 서쪽을 향해 건널목 옆을 지나갔다. 지난해부터 이곳을 밤이고 낮이고 수없이 지나갔던 것처럼.

파벨 파블로비치는 미소를 지으면서 보트에서 일어나 잠을 자러 집을 향해 걷기 시작했다. 그는 희망을 보았다.

7

파샤의 결심을 듣고 라리사 표도로브나는 멍한 표정으로 그를 바라보았다. 처음에는 자신의 귀를 의심했다. '무슨 헛소리야, 또 발작이 일어난 게지.' 그녀는 생각했다. '신경 쓸 것 없어, 그러다가 곧 잊어버릴 테니까.'

그러나 남편의 이 준비는 벌써 두 주일 전에 시작되어, 서류를 징병사무소에 제출하고, 학교에서도 후임 교사가 결정된 뒤였다. 이윽고 옴스크의 육군사관학교에서 입학을 허가하는 통지서가 도착했다. 떠날 날짜가 다가오고 있었다.

라라는 농촌 아낙네처럼 울부짖으며 안티포프의 손을 잡고 그의 발밑에서 몸부림쳤다.

"파샤, 파셰니카." 그녀는 소리쳤다. "나와 카테니카를 도대체 누구에게 맡기고 가려는 거예요? 말도 안 돼, 가지 마요! 아직도 늦지 않았어. 내가 모든 일을 바로잡아 놓을게. 당신은 제대로 의사에게 가지도 않았잖아요. 당신은 그저 마음이 불편한 거야. 마음이 떳떳치 않다고 생각하는 거라고. 자기 가족을 미친 짓거리의 희생물로 내던지다니, 부끄럽지도 않아? 지원병? 늘 로디아를 저급한 인간이라고 비웃어 놓고 이제 와서 그게 부러워졌단 말인가요! 이번에는 자신이 칼을 철컥거리는 장교 나부랭이가 되고 싶어졌군요. 파샤, 당신, 도대체 어떻게 된 거야, 난 당신이란 사람을 이해할 수가 없어! 당신은 사람이 변해 버렸어. 아니면 독버섯을 먹고 미쳐 버렸거나. 제발 솔직하게 말 좀 해 봐요, 뻔한 소리는 그만두고 진지하게 말 좀 해 보라고요. 이게 러시아가 원하는 일이에요?"

문득 그녀는 문제의 핵심은 거기에 있지 않다는 것을 깨달았다. 섬세하게 살피는 것이 서툰 그녀는 중요한 핵심을 포착했다. 파트리샤가 자기 두 사람의 관계에 대해 방황하고 있다는 걸 깨달은 것이다. 그는 그녀가 자신의 일생을 그에 대한 사랑에 쏟아 넣는 모성애를 평가하지 않고, 그런 사랑이 보통 여자의 사랑보다 더 훌륭하다고 생각하지 않는 것이다.

라라는 입술을 깨물고 매 맞은 여자처럼 온몸을 안으로 움츠리며 눈물을 삼켰다. 그리고 남편을 보낼 준비를 시작했다.

파샤가 떠나 버리자 도시 전체가 죽은 것처럼 적막해지고 하늘을 나는 까마귀의 수조차 줄어든 것 같았다. "마님, 마님." 마르푸트카가 여러 번 불러도 라라는 대답이 없었다. "엄마, 엄마." 카테니카는 어머니의 소맷자락을 잡아당기면서 줄곧 옹알거렸다. 그것은 그녀의 삶에서 가장 쓰라린 패배였다. 훌륭하고 가장 빛나던 그녀의 희망은 와르르 무너지고 말았다.

시베리아에서 오는 편지를 통해 라라는 남편에 대한 모든 것을 알았다. 이윽고 그는 제정신이 돌아왔다. 그는 아내와 딸을 미치도록 그리워하고 있었다. 몇 달 뒤, 파벨 파블로비치는 예정보다 빨리 소위보로 졸업하게 되어, 마찬가지로 갑작스럽게 임무가 주어진 작전부대에 배치되었다. 그는 긴급 특급열차로 유리아틴을 멀리 돌아 지나갔고, 모스크바에서는 누구도 만날 시간이 없었다.

전선에서 편지가 오기 시작했는데, 옴스크의 사관학교에서 오던 편지처럼 슬픈 내용은 아니었으며 활기에 차 있었다. 안티포프는 포상으로서, 아니면 가벼운 부상을 입어 가족을 만날 수 있는 휴가를 얻기 위해 전투에서 공을 세우고 싶어 했다. 두각을 드러낼 기회가 왔다. 뒷날 브루실로프 돌파 작전*[15]이라는 이름으로 유명해지는 전선 돌파에 이어 군은 공격으로 돌아섰다. 안티포프의 편지가 끊겼다. 처음에 라라는 그리 걱정하지 않았다. 파샤의 편지가 오지 않는 것은, 군사행동의 전개로 행군 중이라 편지를 쓸 수 없기 때문이라고 생각했다.

가을에 군 이동이 중단되었다. 군대는 참호에 숨어들었다. 그러나 안티포프에게서는 여전히 아무런 소식도 없었다. 불안해지기 시작한 라리사 표도로브나는 처음에는 유리아틴에서, 다음에는 우편으로 모스크바와 이전의 파샤네 부대가 있었던 야전부대 전선 주소로 수소문했다. 그러나 어디서도 아무것도 알아낼 수 없었고, 답장이 오는 곳도 없었다.

군내에서 근로 봉사하는 수많은 여자들처럼, 라리사 표도로브나도 전쟁이 시작된 뒤 유리아틴 지방병원에 임시로 개설된 육군병원에서 힘닿는 데까지 봉사 활동을 하고 있었다.

라리사 표도로브나는 진지하게 의학의 기초를 공부해 병원의 간호사 자격시험에 합격했다. 그 자격을 얻자 그녀는 학교에 반 년 동안 휴가를 얻어, 유리아틴의 집은 마르푸트카에게 맡기고 카테니카를 안고 모스크바로 갔다. 거기서 그녀는 딸을 리포치카에게 맡겼다. 리포치카의 남편 프리젠단크는 독일 시민으로, 다른 민간인 포로와 함께 우파의 수용소에 있었다.

멀리 떨어져 있어서 수소문해도 효과가 없다고 확신한 라리사 표도로브나

---

*15 1916년 5~6월 러시아군의 명장 브루실로프 휘하의 기병 군단이 서남부 전선에서 독일, 오스트리아군을 돌파한 유명한 전투.

는 최근에 전투가 있었던 지역으로 옮기기로 결심했다. 그러한 목적으로 그녀는 리스키 시(市)를 거쳐 헝가리 국경의 메조 라보르치 지방으로 가는 병원열차에 간호사로 들어갔다. 파샤가 그녀에게 보낸 마지막 편지의 장소가 그곳이었다.

8

전선 사령부에 황녀 타티야나의 부상병 구호위원회*[16]가 자선가들의 자금으로 욕실 설비를 갖춘 열차가 도착했다. 키가 낮고 지저분한 난방 화차로 이어진 기다란 열차 한 칸에는 모스크바의 사회 활동가들이 병사와 장교들에게 줄 선물을 가지고 타고 있었다. 그 속에 미샤 고르돈도 있었다. 그는 자신의 조사를 통해, 소년 시절의 친구인 지바고가 근무하고 있는 사단 야전병원이 가까운 마을에 있다는 사실을 알아냈다.

고르돈은 전선 지역을 여행하는 데 없어서는 안 되는 통행허가증을 받아 그 지역으로 가는 작은 짐마차를 타고 친구를 만나러 떠났다.

마부는 백러시아인 아니면 리투아니아인으로, 러시아어가 서툴렀다. 스파이로 의심받지 않을까 하는 공포 때문에 무슨 말을 해도 이미 다 알고 있는 틀에 박힌 말밖에 되지 않았다. 겉치레에 지나지 않는 온건함으로는 대화가 되지 않았다. 그와 마부는 가는 길 내내 말이 없었다.

전 부대가 이동하는 데 익숙해져 있어 이동 거리를 100베르스타 단위로 계획하고 있던 사령부에서는, 목표로 하는 마을은 20이나 25베르스타쯤 되는 바로 가까이 있는 곳이라고 장담했다. 그러나 실제로는 그 마을까지 80베르스타가 넘었다.

두 사람이 나아가는 방향의 왼쪽에서 다가온 지평선의 일부에서, 가는 길 내내 적의를 품은 듯한 신음이 으르렁거리며 이따금 굉음을 질러 댔다. 고르돈은 지금까지 한 번도 지진을 겪은 적이 없었다. 그러나 그는 저 멀리 떨어진 곳에서 들려오는, 가까스로 식별할 수 있는 적 포병대의 음산한 소리가 땅속의 진동과 화산활동의 땅울림과 비슷하다고 생각했다. 날이 저물자 그 방향의 하늘 아래 장밋빛 불꽃이 타오르기 시작하더니 이튿날 날이 샐 때까지 사라지지

*16 니콜라이 2세의 여동생인 타티야나 대공비를 회장으로 한 위원회.

않았다.

마부는 고르돈을 태우고 파괴된 마을 옆을 지나갔다. 마을 일부는 주민들로부터 버림받은 것 같았다. 다른 마을에서는—사람들은 지하 깊숙한 곳의 땅굴에 숨어 살았다. 그런 마을들은 온통 쓰레기와 자갈 더미로 변해, 전에 집이 있었던 흔적을 남기려는 듯 똑같이 한 방향으로 늘어서 있었다. 그 불타 버린 마을은 풀 한 포기 없는 황무지처럼 끝에서 끝까지 한눈에 다 들어왔다. 모든 것이 사라진 텅 빈 공간에서 화재를 당한 노파들이 저마다 자기 집의 잿더미 속을 파헤쳐 무언가를 찾아내어 끊임없이 어디엔가 감추곤 했다. 그들은 마치 자기 주위에 예전처럼 그대로 벽이 있어서 다른 사람의 눈에는 보이지 않을 거라고 믿는 것 같았다. 노파들은, 이제 곧 평화와 질서가 회복되어 세상이 온전한 정신으로 돌아올 것인지 어떤지 묻는 듯한 눈길로 두 사람을 맞이하고 전송했다.

밤이 되자 말을 탄 척후병을 만났다. 그들은 비포장 도로에서 발길을 돌려 길을 돌아서 그 지역을 지나가라고 명령했다. 마부는 다른 길을 알지 못했다. 이 여행객과 마부는 두 시간쯤 길을 잃고 헤매다가 동트기 전에야 찾고 있던 마을에 닿았다. 그 마을에서는 진료소에 대해 아무것도 알아낼 수 없었다. 나중에 알았지만 그 부근에는 이름이 같은 마을이 두 곳 있었다. 그리하여 그들은 아침에야 겨우 목적지에 다다를 수 있었다. 약국의 카밀러*17와 요오드포름 냄새가 풍기는 마을 입구를 지나가면서, 고르돈 자신은 지바고의 숙소에서 하룻밤 머물지 않고 그와 한나절만 보내고 저녁에는 다시 자신의 동료들이 남아 있는 철도역으로 돌아가게 될 거라고 예상했다. 그러나 여러 가지 사정으로 그는 그곳에 일주일 넘게 머물게 되었다.

9

그 무렵 전선이 조금씩 움직이기 시작했다. 전선에서 예기치 않은 변화가 일어나고 있었다. 고르돈이 찾아간 장소에서 남쪽으로, 아군의 한 군단이 휘하 부대의 성공적인 공격으로, 강화된 적의 방어선을 돌파했다. 돌격을 전개하면서 차츰 깊숙이 침입한 선두 부대가 적의 진지에 돌입하자 여러 지원 부대가

*17 발한제, 진통제로 쓰이는 약초.

그 뒤를 따라 돌파구를 넓혔다. 이 지원 부대들은 그 뒤 서서히 뒤처져서 선두 부대와 떨어지고 말았다. 그것이 선두 부대가 포로가 되는 결과를 초래했다. 그런 상황 속에서 안티포프 소위보는 포로가 되었고 그의 대원 절반도 붙잡히고 말았다. 그는 포탄이 작렬한 구덩이 속에 날아가서 흙에 파묻혀 죽었다는 소문이 퍼졌다.

그것은 그의 지인이자, 그와 같은 부대의 소위인 갈리울린이 한 말에서 나온 것이었다. 안티포프가 병사들을 거느리고 진격할 때, 갈리울린이 감시 초소에서 쌍안경으로 그의 죽음을 목격했다는 얘기였다.

갈리울린의 눈앞에는 일반적인 공격 부대의 광경이 펼쳐지고 있었다. 양군 사이에는 말라 버린 채 바람에 흔들리고 있는 쑥과, 불쑥 솟아나 움직이지 않는 가시투성이 엉겅퀴가 무성한 가을 들판이 펼쳐져 있었다. 아군 부대는 그 들판을 거의 달리듯이 서둘러 건너가야 했다.

돌격대는 용맹과감하게 총검으로 무장해 적을 유인하거나, 수류탄을 던져 반대쪽 참호에 숨어 있는 오스트리아군을 섬멸하는 임무를 띠고 있었다. 들판은 달리고 있는 사람에게는 끝이 없는 것처럼 보였다. 대지는 그들의 발밑에서 꿀렁거리는 수렁의 흙처럼 흔들렸다. 그들의 안티포프는 처음에는 맨 앞에 서서, 나중에는 병사들과 함께 머리 위로 연발권총을 휘두르며 귀까지 찢어지도록 입을 벌리고 '우라!'를 외치면서 달려갔는데, 그 외침은 갈리울린에게도, 나란히 달리고 있는 다른 병사들에게도 들리지 않았다. 정확한 간격을 두고 달리던 병사들은 지면에 엎드렸다가 다시 일제히 일어나, 함성을 새롭게 지르며 앞으로 돌진했다. 그렇게 매번 함성을 지르다가, 총탄에 맞은 병사들이 한 사람 한 사람 함성과는 다른 비명을 지르면서, 마치 숲을 벌채할 때 베여 넘어지는 통나무처럼 쓰러지고는 두 번 다시 일어나지 않았다.

"착탄거리가 너무 멀어. 포병 중대에 전화를 걸게." 당황한 갈리울린이 옆에 서 있는 포병 장교에게 말했다. "아니야. 됐네. 착탄을 멀리 옮긴 건 제대로 한 거야."

이때 공격 부대는 적과 만나는 지점까지 이르러 있었다. 포격이 멈추었다. 적막이 찾아들자 감시 초소에 서 있던 두 사람의 심장은 마치 자신들이 안티포프라도 된 것처럼, 병사들을 오스트리아군의 방탄 참호 끝까지 이끌고 가는 기지와 배짱을 보여 주려는 듯 격렬하게 뛰기 시작했다. 그 순간 앞쪽에서 독일의 16인치 대포가 두 발 연거푸 작렬했다. 흙과 연기의 검은 기둥이 그 다음 상황을 가려 버렸다. "알라시여!*[18] 이제 끝이야! 끝장났다고!" 소위보와 병사들이 모두 죽었다고 생각한 갈리울린이 하얗게 질린 입술로 중얼거렸다.

세 번째 포탄이 감시 초소 바로 가까이로 날아왔다. 모두 재빨리 땅에 납작 몸을 낮추고 포탄에서 조금이라도 먼 곳으로 달아났다.

갈리울린은 안티포프와 함께 같은 엄폐호에서 지내고 있었다. 연대에서는 그가 전사해 다시는 돌아오지 않을 거라는 생각을 굳히고, 안티포프와 잘 알고 지내던 갈리울린이 그의 유품을 맡아 앞으로 그의 아내에게 전해 주기로 했다. 안티포프의 유품 속에서는 작은 사진들이 많이 눈에 띄었다.

특별지원병에서 최근 소위보가 된 갈리울린은 티베르진이 사는 집의 문지기였던 기마제트진의 아들로, 지난날 기계수리공 우두머리 후돌레예프에게 툭하면 학대를 당했던 바로 그 수습공이었다. 그가 승진할 수 있었던 것은 과거의 그 학대자 덕분이었다.

소위보가 된 갈리울린은, 어찌 된 일인지 자신의 의사와 상관없이 한적한 후방수비대의 하나인 따뜻하고 한가로운 지역에 배치되었다. 그곳에서 그는 반은 노병들인 부대의 지휘를 맡았는데, 그 병사들과 함께 역시 늙어빠진 전문기술교관들이 아침마다 오래전에 잊어버린 대열조직법을 훈련하고 있었다. 그 밖에도 갈리울린은 병사들이 경리부 창고의 보초를 제대로 서고 있는지 점검했다. 그 이상 더 하는 일 없이, 무사태평한 나날을 보냈다. 거기에 갑자기 예비역들로 구성된 보충병이 모스크바에서 그의 부대에 배치되어 왔는데, 그 속에 그가 너무나도 잘 알고 있는 표트르 후돌레예프가 있었다.

"기이한 인연이군, 이런 곳에서 만나다니!" 갈리울린이 음울하게 웃으면서 말했다.

"네, 그렇습니다. 대장님." 후돌레예프는 부동자세로 거수경례를 하면서 대답했다.

그러나 그들의 만남이 이처럼 싱겁게 끝날 리가 없었다. 이 하급병사 후돌레예프가 첫 번째 교련에서 실수하는 것을 보자마자 호통을 친 소위보는, 그가 자기를 똑바로 보지 않고 애매하게 옆쪽을 보는 것 같아서 그의 따귀를 철썩 때리고는 꼬박 이틀 동안 흑빵과 물만 주는 영창에 집어넣고 말았다.

---

*18 갈리울린의 가계는 타타르계로서 이슬람교도로 설정되어 있다.

갈리울린의 행동 하나하나는 지난날에 대한 앙갚음이 깃들어 있었다. 그러나 절대복종이라는 조건 속에서 이와 같은 방법으로 원한을 푸는 것은 너무나 속 좁고 비열한 일이었다. 어떻게 해야 할까? 이 두 사람이 한 장소에 있는 것은 더 이상 불가능했다. 그러나 그를 징계회부에 넘기는 것 말고, 장교가 자기 부대에 배치된 병사를 무슨 구실로, 어디로 전출시킬 수 있단 말인가? 한편 자신의 전출을 요청한다 해도 도대체 무슨 이유를 댈 것인가? 마침내 갈리울린은 수비대 근무의 지루함과 무익함을 이유로 전선 배치를 요청했다. 그것이 상부에 좋게 보여 그는 좋은 평판을 얻은 데다, 뒤이은 전투에서 또다시 점수를 얻은 덕분에 훌륭한 장교로 인정받아, 그는 단기간에 소위보에서 소위로 진급했다.

갈리울린은 안티포프를 티베르진의 아파트에 있었던 시절부터 알고 있었다. 1905년, 파샤 안티포프가 반 년 동안 티베르진의 집에서 지냈을 때, 유수프카는 휴일마다 그에게 가서 함께 놀곤 했다. 그때 그는 티베르진의 집에서 한두 번 라라를 본 적이 있었다. 그 뒤로 그는 두 사람의 소식을 듣지 못했다. 그들의 부대에 유리아틴에서 온 파벨 파블로비치가 나타났을 때, 갈리울린은 그 옛 친구의 변한 모습에 깜짝 놀랐다. 소녀처럼 수줍어하며 잘 웃고 결벽증이 있던 장난꾸러기에서 신경질적이고 비관적인 우울증 환자가 되어 있었다. 그는 총명하고 매우 용감하며 과묵하고 조소적이었다. 가끔씩 그를 보면서 갈리울린은 거의 확신을 가지고 생각했는데, 안티포프의 암울한 눈 속에서는 마치 창문 안쪽처럼 누군가 다른 사람이, 그 속에 깊이 뿌리내린 사념이나 또는 딸을 그리워하는 마음과 그의 아내의 얼굴 같은 것이 보이는 것 같았다. 안티포프는 동화 속의 마법에 걸린 사람처럼 보였다. 이제 그는 없고, 갈리울린의 손에는 안티포프의 서류와 사진, 그리고 그의 변모의 비밀만이 남아 있었다.

언젠가는 라라가 갈리울린에게 안티포프의 안부를 물어 올 것이다. 갈리울린은 라라에게 답장을 쓸 생각이었다. 그러나 너무 바빠서 실제로 답장을 쓰는 것은 그로서는 어려운 일이었다. 그는 라라가 받을 충격을 조금이라도 줄여 주고 싶었다. 그래서 그녀에게 자세하게 편지를 쓰는 것을 계속 미루고만 있었다. 그런데 그녀가 전선 어딘가에서 간호사로 일하고 있다는 이야기를 들었다. 그는 그녀에게 보내는 편지를 어디로 부쳐야 할지 알 수 없었다.

10

"어때, 오늘은 말이 올까?" 고르돈은 닥터 지바고가 해가 저물기 전에 그들이 머물고 있는 갈리치아의 농가로 식사를 하러 돌아왔을 때 그렇게 물었다.

"그쪽에 무슨 말이 있다는 건가? 앞뒤가 다 막혔는데 자넨 어디로 가겠다는 거지? 사방이 온통 무서운 혼란뿐이야. 누구도 무엇 하나 앞날을 내다볼 수가 없어. 남쪽에서는 아군이 적의 배후로 돌아가서 몇몇 지점에서는 독일군을 돌파했지만, 우리 쪽 몇몇 전투 부대는 지금 뿔뿔이 흩어져 독 안에 든 쥐 꼴이 된 모양이야. 그런가 하면 북쪽에서는 독일군이 절대로 건널 수 없을 것으로 믿었던 스벤타 강을 건넜다더군. 그들은 한 개 군단 규모의 병력을 갖춘 기병대라네. 적군은 철도를 폭파하고 창고를 파괴하고 있어. 내 생각엔 우린 포위된 거야. 전황이 어떤지는 보면 알 수 있잖아. 그런데 자네는 말 타령이나 하고 있으니. 자, 얼른 해. 카르펜코, 어서 음식이나 가져 오라고, 빨리 부탁해. 오늘은 뭐지? 오, 송아지 다리? 좋지!"

야전병원과 모든 분과를 갖춘 위생 부대는 기적적으로 포격을 피한 마을 곳곳에 흩어져 있었다. 집집마다 벽 전체에서 마지막까지 온전하게 남아 있는, 서구풍으로 양쪽으로 여는 좁고 긴 창문이 저물어 가는 햇빛을 받으며 희미하게 반짝이고 있었다.

늦더위가 반짝 찾아오는 시기여서 황금 가을의 무덥고 맑은 날씨였다. 낮이면 군의관과 장교들은 창문을 열어 놓고, 창턱과 낮은 천장에 친 하얀 천 위로 새까맣게 기어 다니는 파리를 잡았다. 그리고 플랫칼라와 목을 여민 군복의 단추를 풀고 혀가 델 만큼 뜨거운 스튜와 차를 마시며 땀을 흘렸다. 밤에는 페치카 아궁이를 열고 그 앞에 앉아 카드놀이를 하면서, 젖어서 잘 타지 않는 장작 밑에서 금방이라도 꺼질 것처럼 가물거리고 있는 숯불을 입으로 불어 대다가 연기 때문에 눈물을 흘리고는, 불을 제대로 피우지 못했다고 애꿎은 졸병들에게 고함을 지르곤 했다.

고요한 밤이었다. 고르돈과 지바고는 벽 양쪽에 놓여 있는 의자 겸 침대에 마주 보고 누워 있었다. 그들 사이에는 식탁과, 한쪽 벽 끝에서 끝까지 이어진 길고 낮은 창문이 있었다. 담배 연기가 가득한 방 안은 무더울 만큼 따뜻했다. 그들은 창을 열어 가을의 신선한 밤공기를 들이마셨다.

요즈음 밤낮으로 늘 그랬듯이 그들은 이야기를 나누고 있었다. 언제나 그렇듯 전선 쪽 지평선에서 장밋빛 불꽃이 피어났다. 잠시도 멎지 않는 균일한 포격 소리 속에 더욱 낮고 또렷하게 식별할 수 있는, 마치 땅을 조금 흔들어 댄 것 같은 묵직한 울림이 전해졌다. 그럴 때마다 지바고는 그 소리에 경의를 나타내기 위해 대화를 멈추고, 잠시 사이를 두었다가 다시 말을 잇곤 했다.

"저게 베르타포(砲)야. 독일의 16인치 대포인데 무게가 60푸드*[19]나 나가는 물건이지." 그러고 나서 그는 얘기를 계속하려다가 무슨 이야기를 했었는지 잊어버리고 말았다.

"마을에서 늘 뭔가 역겨운 냄새가 나던데, 그게 뭔가?" 고르돈이 물었다. "첫날부터 나더군, 무척 달짝지근한 것이 비위에 맞지 않는 냄새야. 쥐가 썩는 냄새 같은."

"아, 뭘 얘기하는 건지 알겠어. 그건 대마(大麻)라네. 여기는 대마밭이 많아. 대마 자체가 시체에서 나는 것 같은 그 성가시고 끔찍한 냄새를 풍기지. 전쟁에서 죽은 자들이 대마밭에 쓰러지면 발견되지 못한 채 썩어 버리지. 이곳에서는 송장 썩는 냄새가 꽤 많이 나는데, 그런 게 당연한 거야. 또 대포 소리로군. 들리지?"

지난 며칠 동안 그들은 모든 것에 대해 이야기를 나눴다. 고르돈은 전쟁과 시대정신에 대한 친구의 생각을 알고 있었다. 유리 안드레예비치는 이렇듯 서로 죽고 죽이는 피비린내 가득한 논리와 부상병들의 모습, 특히 예전에는 볼 수 없었던 몇몇 끔찍한 부상과, 현대 전쟁기술에 의해 살점을 가려 낼 수도 없을 만큼 불구가 되어 살아남은 생존자들에게 익숙해지는 데 자신이 얼마나 고생해 왔는지를 고르돈에게 들려 주었다.

고르돈은 지바고와 함께 여기저기 돌아다녔고 그 덕분에 날마다 무언가를 볼 수 있었다. 말할 것도 없는 일이지만, 그는 다른 사람의 용기를 그저 관찰하기만 하는 것이 얼마나 부도덕한지, 또 그들이 얼마나 초인적인 의지력으로 공포를 이겨내고 있는지, 그때 무엇을 희생하고 어떻게 위험을 무릅쓰고 있는지 의식하고 있었다. 그러나 그것에 대해 그는 어떠한 결론도 내리지 않았고, 그저 나태하게 한숨을 쉬는 것이 훨씬 더 도덕적이라고 여기지도 않았다. 그는 인생이 사람을 내동댕이치는 상황에 따라 성실하게 처신하는 것이 필요하다고 생

---

*19 러시아의 무게 단위. 1푸드는 16.38kg.

각했다.

적십자의 유격 부대를 만났을 때, 그는 부상자의 모습을 보고 기절할 수도 있다는 것을 몸소 실감했다. 적십자는 그들로부터 서쪽 방향, 거의 전투지역이나 다름없는 곳에 있는 야전병원에서 활동하고 있었다.

두 사람은 포화로 인해 반쯤 불타 없어진 커다란 숲에 닿았다. 꺾이고 짓밟힌 관목 수풀 속에는 무참하게 파괴된 대포의 앞차가 몇 대 뒤집혀서 나뒹굴고 있고, 나무에 말 한 필이 매어져 있었다. 숲 속에 보이는 영림서(營林署)의 목조건물은 지붕이 반쯤 날아가고 없었다. 야전병원은 이 영림서 사무소와 두 개의 커다란 잿빛 건물 속에 있었는데, 그 건물은 숲 한복판에 있는 영림서에서 길을 사이에 두고 파괴되어 있었다.

"자네를 괜히 이곳에 데리고 왔어." 지바고가 말했다. "참호는 아주 가까워. 1.5베르스타나 2베르스타쯤 되는 곳에 있으니까. 아군의 포병 중대는 바로 저기 숲 너머에 있고. 무슨 일이 일어나고 있는지 들리나? 제발 영웅 흉내는 내지 말게나, 난 믿지 않아. 지금 자네는 얼른 달아나고 싶겠지? 그게 당연한 거야. 상황은 시시각각 바뀌고 있어. 이곳에도 곧 포탄이 날아올 거야."

숲길 바닥에는 먼지를 뒤집어쓴 채 피곤에 전 어린 병사들이, 무거운 장화를 신은 다리를 쭉 뻗고 엎드리거나 똑바로 누워 있었다. 목까지 여민 군복의 가슴과 어깨뼈 언저리가 땀에 흠뻑 젖어 있었다. 그들은 대원 수가 크게 줄어든 한 부대의 생존자들이었다. 그들은 나흘 밤낮 이어진 전투에서 퇴각한 뒤 짧은 휴식을 위해 후송된 자들이었다. 병사들은 돌덩이처럼 누워 웃을 힘도 악을 쓸 기력도 없이, 숲 속의 도로에서 이륜마차 몇 대가 속도를 높여 덜컹거리며 다가오는 소리가 들려도 누구 한 사람 고개를 돌려 보지 않았다. 그것은 스프링 없는 타찬카*[20]로, 뼈가 부서질 것처럼 튀어오르고 내장이 뒤집힐 만큼 흔들리면서 부상병들을 야전병원으로 이송하고 있었다. 그곳에서 부상병들은 응급처치를 받고 재빨리 붕대를 감는데, 매우 위급한 때에는 그 자리에서 수술을 받기도 했다. 그들은 모두 포격이 잠시 멈추었던 30분 전에 참호 앞 들판에서 실려 온 수많은 부상병이었다. 그 가운데 반 이상은 의식이 없었다.

부상병들이 사무소 현관까지 실려 오자, 그곳에서 들것을 든 위생병들이 내

---

*20 붉은 군대 초기의 무장 마차.

려와 타찬카에서 부상병들을 내리기 시작했다. 천막 안에서 천막 아랫자락을 들치고 한 간호사가 고개를 내밀었다. 당번 간호사가 아니었다. 그녀는 비번이었다. 숲의 천막 뒤에서 두 사람이 큰 소리로 싸우고 있었다. 높고 맑은 숲은 그들이 싸우는 목소리를 크게 되풀이했지만 무슨 말인지 알아들을 수는 없었다. 부상병들이 실려 왔을 때, 싸우던 자들이 사무소 쪽을 향해 도로로 나왔다. 흥분한 장교가 적십자 유격대 의사에게 빽빽거리면서, 전에 이 숲에 있었던 포병대가 어디로 갔는지 물었다. 의사는 아무것도 몰랐고, 그가 알 필요도 없었다. 그는 장교에게 부상병이 실려 와서 바쁘니 소리를 지르지 말라고 부탁했지만, 장교는 진정하기는커녕 적십자와 포병대, 그 밖의 모든 것에 욕설을 퍼부었다. 지바고가 그 의사에게 다가갔다. 그들은 인사를 나눈 뒤 영림서 사무소로 올라갔다. 장교는 타타르인의 악센트가 조금 섞인 커다란 목소리로 온갖 욕을 해 대면서, 나무에 매어 둔 말을 풀어 올라타고는 길 건너 숲 속으로 달려갔다. 간호사는 그 일을 처음부터 끝까지 지켜보았다.

그런데 갑자기 그 간호사의 얼굴이 공포로 일그러졌다.

"뭐하는 거예요? 당신들, 미쳤어요?" 간호사는 야전병원으로 향하는 경상자 둘에게 소리를 지르면서 텐트에서 달려나갔다.

들것으로 운반되어 온 자는 얼굴에 심한 손상을 입고 무서운 괴물이 되어버린 부상병이었다. 그의 얼굴에는 포탄 파편 조각이 박혀 있고 혀와 이가 피범벅이 되어 있었다. 그 부상병은 끊어질 듯 가느다란 목소리로 더듬더듬 짧은 신음을 냈다. 어서 빨리 자신을 죽여 주어 이 지옥 같은 고통에서 벗어나게 해 달라는 뜻임을 느낌으로 알 수 있었다.

간호사는, 얼굴에 파편 조각이 박힌 그 부상자의 옆을 지나치던 경상자들이 그 신음을 듣고 맨손으로 그의 뺨에서 파편 조각을 빼내려던 거라고 생각했다.

"당신들이 그 일을 할 수 있을 거라고 생각해요? 이건 외과의사가 특수한 기구를 가지고 해야 하는 거예요. 그때까지 살아 있다면요." (오, 하느님. 부디 저 사람을 구해 주소서. 그리하여 저로 하여금 당신의 존재를 의심하지 않게 하소서!)

그러나 그 부상병은 병원 현관 계단 위로 들려 옮겨진 뒤 온몸을 떨다가 끝내 숨을 거두었다.

죽은 부상병은 예비역 병사 기마제트진이었다. 그리고 숲에서 소리치던 장교는 그의 아들 갈리울린 소위였고, 간호사는 라라였다. 고르돈과 지바고는 그 목격자였고, 그들은 모두 바로 옆에 있으면서도, 누구는 서로를 알아보지 못하고, 또 누구는 지금까지 한 번도 만나 볼 기회를 갖지 못했다. 그렇게 어떤 운명은 영원히 숨겨진 채로 끝나고, 또 어떤 운명은 다시 새롭게 만날 그 어느 날을 기다리기 시작했다.

11

그 지방의 여러 마을은 기적적으로 그대로 남아 있었다. 마치 파괴의 바다에 불가해하게 고스란히 남은 작은 섬 같았다. 고르돈과 지바고는 저녁이 되자 숙소로 돌아갔다. 해가 저물고 있었다. 그들이 지나가던 어느 마을에서, 젊은 카자크 병사가 둘러싼 사람들의 웃음소리에 우쭐해져서, 5코페이카짜리 동전을 위로 던져 그것을 기다란 프록코트를 입고 하얀 턱수염을 기른 유대인 노인에게 받도록 시키고 있었다. 노인은 번번이 동전을 놓쳤다. 동전은 딱하게도 그가 뻗은 두 손 옆으로 날아가 진흙탕에 떨어지곤 했다. 노인이 동전을 주우려고 허리를 굽히면, 그때마다 카자크 병사가 노인의 엉덩이를 채찍으로 때렸고, 주위의 구경꾼들은 옆구리를 잡고 웃느라 신음까지 냈다. 말하자면 그것은 오락인 셈이었다. 아직까지는 특별한 악의가 없는 장난이지만, 그러다가 더욱 심각한 사태로 발전하지 않는다고는 누구도 큰소리 칠 수 없었다. 길 건너 농가에서 노인의 늙은 아내가 도로로 달려 나와 소리를 지르며 노인에게 손을 내밀다가, 그때마다 겁을 먹고 다시 숨어 버렸다. 농가의 창문에서는 두 계집아이가 할아버지를 보며 울고 있었다.

군용마차 마부에게도 그 모습이 꽤나 재미있었는지, 그는 나리들을 즐겁게 해 드릴 양으로 말을 천천히 몰았다. 그러자 지바고가 카자크 병사를 불러 꾸짖으며 조롱을 멈추라고 명령했다. "알겠습니다, 장교님." 카자크 병사는 두말 않고 대답했다. "저희는 별 생각 없이 그저 장난을 친 것뿐입니다."

남은 길 내내 고르돈과 지바고는 아무 말이 없었다.

"무서운 일이야." 유리 안드레예비치가 자신들이 있는 마을을 생각하면서 입을 열었다. "자네는 상상도 못하겠지만, 불행한 유대인들이 이번 전쟁에서 얼마나 많은 수난을 겪고 있는지 모른다네. 그것이 바로 유대인 강제 거주지에서 벌어지고 있어. 그리고 그 견딜 수 없는 고난과 고통, 금품의 징수, 빈곤으로도 모자라, 유대인들은 거듭되는 학살과 잔학한 행위를 당하면서 애국심이 부족하다는 비난까지 듣고 있는 실정이야. 적군 밑에서는 모든 권리를 누렸는데 아군 밑에서는 박해를 받고 있으니, 도대체 어디서 애국심이 생겨날 수 있겠나? 그들에 대한 증오 자체, 그 증오의 근본이 모순인 거지. 감동과 호감을 품어야 마땅할 텐데 오히려 안절부절못하며 쩔쩔매고 있단 말이야. 그들의 빈곤과 인구과잉, 타격을 물리칠 수 없는 나약함과 무력함, 거기엔 뭔가 숙명적인 것이 있어."

고르돈은 아무 대꾸도 하지 않았다.

12

밤에 그들은 다시 길고 낮은 창문 양쪽에 누워 얘기를 주고받았다.

지바고는 고르돈에게 전선에서 황제*21를 보았던 이야기를 해 주었다. 그는 말을 잘했다.

그것은 그가 전선에서 맞는 첫 번째 봄의 일이었다. 그가 파견된 부대의 사령본부는 카르파티아 산맥이 있는 분지에 있었는데, 그곳 입구는 이 전투부대에 의해 헝가리 쪽에서 봉쇄되어 있었다.

분지 바닥에는 철도역이 있었다. 지바고는 고르돈에게 그곳의 외관을 묘사해 들려주었다. 거대한 전나무와 소나무로 뒤덮인 산들, 그 산들 뒤에 하얀 구름이 한데 모여 있고, 잿빛 결정편암과 흑연의 깎아지른 암벽이 있었다. 그리고 그 암벽은 마치 오래 입어서 닳아빠진 모피를 두른 것처럼 거칠고 흉하게 드러나 있었다. 그날은 이 결정편암처럼 축축하고 어두컴컴한 잿빛 4월의 아침이었다. 사방이 높은 봉우리들로 막혀 있어 바람 한 점 불지 않는 숨 막히는 날씨였다. 후덥지근했다. 분지 위 상공에는 아련하게 김이 피어오르고, 역에 있는 증기기관차의 연기도, 목초지의 잿빛 수증기도, 잿빛 산들도, 어두운 숲도, 어두운 구름도, 모든 것이 아지랑이처럼 희뿌옇게 위쪽으로 뻗어가고 있었다.

그 무렵 황제가 갈리치아 지방을 순방하고 있었다. 갑자기, 황제 자신이 명예 총사령관으로서, 이곳에 배치된 부대를 방문할 것이라는 소식이 전해졌다.

황제는 이제 곧 도착할 예정이었다. 플랫폼에는 황제를 영접하기 위해 의장

---

*21 니콜라이 2세. 1894~1917년 재위.

대가 배치되었다. 힘겨운 기다림 속에 한두 시간이 흘러갔다. 이윽고 수행원들이 타고 있는 열차 두 량이 차례차례 빠르게 통과한 뒤 황제가 탄 열차가 다가왔다.

황제는 니콜라이 니콜라예비치 대공*[22]과 함께 정렬한 척탄병을 열병했다. 황제의 조용한 인사말은 한 음절 한 음절 마치 물통 속에서 춤추는 물처럼, 천둥같이 터져 나오는 만세(우라)의 폭발과 흥분을 불러일으켰다.

당혹스러운 듯이 미소 짓고 있는 황제는 루블 지폐나 메달에 그려진 것보다 훨씬 늙고 쇠약해 보였으며 기운 없는 인상을 주었다. 황제의 얼굴은 생기가 없이 조금 부어 있었다. 황제는 이러한 상황에서 자신에게 요구되는 것이 무엇인지 몰라, 자못 미안한 듯이 니콜라이 니콜라예비치를 곁눈질했다. 그러면 니콜라이 니콜라예비치는 황제의 귀를 향해 공손히 고개를 숙이고, 말이 아니라 눈썹과 어깨의 움직임으로 황제를 당혹감에서 구해 주곤 했다.

이 잿빛의 따뜻한 산악지대의 아침, 황제는 딱하게 보였다. 그러나 그러한 조심스러운 자제심과 내성적인 기질이, 그 나약함으로써 처형하고 용서하고 구속하고 판결하는 압제자의 본질일지도 모른다고 생각하니 등골이 오싹했다.

"그는 이를테면 이런 식으로 한마디 연설을 해야 했어. 나의 칼, 나의 나로드(민중)여. 짐은 빌헬름처럼 어쩌고 하는 뭔가 기백 있는 말을 말이야. 그렇지만 자네도 알겠지만 그는 러시아적으로 아주 자연스러웠어. 그런 극장풍의 판에 박힌 연극보다 훨씬 비극적이었지. 왜냐하면 그게 바로 판에 박힌 연극 그 자체니까 말이야. 그렇지 않아? 게다가 나의 해석으로는, 카이사르 시대에도 나로드는 있었어. 거기에는 갈리아인 또는 이베리아 반도의 스베바인, 또는 발칸 반도의 일리리아인이 있기는 했지. 그러나 그 나로드는 그때 이후 하나의 허구에 지나지 않았어. 황제들이나 정치 활동가들도, 왕들도, 나로드여, 나의 나로드여, 하며 그 허구에 대해 연설하기 위해 존재하는 허구였단 말이네."

"지금 전선은 특파원과 저널리스트로 넘쳐나고 있어. 그들은 '관찰'과 나로드의 지혜로운 격언을 기록하고, 부상병들을 시찰하고, 나로드의 영혼에 대한 새로운 이론을 만들고 있어. 그건 하나의 새로운, 러시아어 사전의 달리*[23]라네. 마찬가지로 허구이고, 언어의 실금(失禁)이며, 언어적 필기광(筆記狂)이야. 이것

*22 니콜라이 1세의 손자로, 제1차 세계대전 때 총사령관을 지냈다.

*23 러시아의 민속학자이자 언어학자. 《러시아대사전》, 《러시아 속담집》 등을 편찬했다.

이 하나의 유형이지. 그렇지만 또 다른 유형이 있어. 띄엄띄엄 끊어지는 말, '스케치와 소품', 회의주의, 인간 혐오론이 그것이야. 이를테면 그 하나(이건 나 자신이 읽었지만)에 이런 문장이 있었어. '어제처럼 온통 잿빛이다. 아침부터 비, 진흙탕. 창밖으로 길을 내다본다. 길에는 포로의 행렬이 끝없이 뻗어 있다. 부상병들이 실려 간다. 대포가 발사된다. 또 발사된다. 어제와 똑같은 오늘. 오늘과 똑같은 내일. 이렇게 날마다, 매시간……'. 생각해 보게, 얼마나 감동적이고 재치가 가득한가! 하지만 그는 왜 대포에 화를 내고 있는 걸까? 대포에 변화를 바라다니 얼마나 이상한 요구인가! 어째서 그는 대포가 아니라 자기 자신에게 더 놀라지 않는 것일까. 날이면 날마다 똑같은 열거와 똑같은 구두점과 똑같은 문구의 대포를 쏘아 대고 있는 자기 자신에게 말이야. 어째서 그는 벼룩이 뛰어오르듯 성급한 저널리스트적인 인간애로 사격하는 것을 멈추지 않는 것일까? 어째서 그는 모르는 걸까, 그에게 있어서 새로워져야 하고 되풀이되어선 안 되는 건 대포가 아니라는 것을. 무의미한 것을 메모지철에 방대하게 쌓아 올려 봤자 아무런 의미도 얻을 수 없어. 사실은, 인간이 그 속에 뭔가 자신의 것을, 어떤 동화 같은, 자유분방한 인간 천재의 어떤 부분을 보태지 않는 한, 사실은 존재하지 않는 건데 말이야."

"정말 동감이야." 고르돈이 그의 말을 가로챘다. "이젠 내가 자네에게 오늘 우리가 보았던 광경에 대해 대답하지. 가엾은 유대인 노인을 비웃은 그 카자크 병사는 수없이 많은 예와 마찬가지로, 물론 가장 단순한 비열함의 예일 뿐, 그것에 대해서는 철학 같은 건 상관없이 그저 따귀나 후려갈기면 될 일이야. 그런데 철학은 총체적인 유대인 문제에 적용되지. 그래서 그때 철학은 뜻하지 않은 측면을 보여 준다네. 지금 여기서 난 자네에게 새로운 건 아무것도 말해 줄 수가 없어. 나의 이러한 생각은 자네와 마찬가지로 자네 외삼촌한테서 온 것이니까.

나로드란 무엇인가? 자네는 그렇게 물었네. 나로드를 돌봐 줄 필요가 있을까? 나로드에 대해선 생각하지 않고 그저 자기 작품의 아름다움 자체와 승리를 통해 나로드를 공개적으로 치켜세우고 칭송하면서 불후의 것으로 만드는 자가, 나로드를 위해 그 이상의 어떤 일을 한다고 할 수 있을까? 그래, 물론 아니지. 실제로 그리스도교 시대가 시작된 뒤부터는 나로드에 대해 어떠한 언설이 있을 수 있을까? 그건 바로 단순한 나로드가 아니라 변화되고 변용된 나로드이고, 문제의 핵심은 모두 이 변용에 있지, 낡은 근본에 대한 충성에 있는 것이 아니야. 복음서를 생각해 보게. 이 문제에 대해 그것은 뭐라고 말하고 있지? 첫째로 복음서는 이건 이렇고 저건 저렇다고 단언하지는 않아. 그건 소박하고 용기 없는 자들에 대한 제언일 따름이야. 복음서가 제안한 건 그대들은 여태까지 없었던 새로운 삶을 바라는가, 영혼의 행복을 원하는가, 하는 것이었지. 그리고 모든 사람이 그 제안을 받아들였어. 수천 년 동안 억압 속에 있었던 그들이.

복음서는 오로지 신의 나라에는 그리스인도 유대인도 없다, 신 앞에서는 모두가 평등하다, 이 말만 하고 싶었던 것이 아닐까? 아니, 그것을 위해서라면 복음서까지 필요하진 않았어. 그건 그 이전의 그리스 철학자들, 로마의 도덕주의자들, 구약성서의 예언자들도 다 알고 있었으니까. 그러나 복음서는 이렇게 말하고 있어. 신의 나라라 불리는, 영혼으로 생각해 낸 새로운 존재 양식과 새로운 사회 형태에서는, 나로드는 존재하지 않고 그저 개인이 있을 뿐이라는 거지.

자네도 방금 말했지만, 만약 사실 속에 의미를 가져올 수 없다면 사실은 공허하고 무의미한 것이 되지. 인간이 의미를 획득하기 위해서는 사실에 의미를 부여해야 하는데, 바로 그것이 다름 아닌 그리스도교와 개인의 신비라네.

우리는 삶이나 총체로서의 세계에 대해 할 이야기가 아무것도 없는 평범한 정치 활동가들에 대해 얘기했어. 그리고 이류의 세력에 대해서도. 그들이 관심을 가진 건 언제나 어김없이 소수의 나로드에 대해 얘기하는 것, 또 그 나로드가 고난에 허덕이고 있으면 이러니저러니 단정하고는 값싼 동정심에 호소해서 한몫 챙기는 것이지. 이러한 사회계층의 절대적인 희생자의 완벽한 예가 바로 유대 민족이야. 민족주의적 관념에 의해 이 민족은 나로드이고, 계속 나로드여야 하며, 그것도 몇 세기에 걸쳐 나로드로 남아 있어야 하는 가혹하고 불가피한 운명이 지워진 거야. 그 몇 세기 동안, 일찍이 그 무리에서 나온 한 세력에 의해 전 세계는 그 굴욕적인 과제에서 벗어났어. 얼마나 놀라운 일인가! 어떻게 그런 일이 일어날 수 있었을까? 축제와도 같은 이 기쁨, 어리석은 범용함에서의 이 해방, 일상의 무지로부터의 도약, 그 모든 것은 그들의 대지에서 태어난 거고, 그들의 언어로 얘기된 것이며, 또 그들의 종족에 속하는 것이야. 어째서 그들은 그것을 보고 듣고, 그리고 그것을 놓쳐 버린 것일까? 어떻게 해서 그들은 그토록 마음을 사로잡는 아름다움과 힘을 자신의 영혼에서 몰아낼 수 있었을까? 어떻게 해서 그들은 그러한 승리와 지배가 바로 가까이 있는데도, 어느 때 자신들에게 내팽개쳐졌던 이 기적의 공허한 껍데기가 되어 남을 생각할 수 있었을까? 이 자발적인 수난은 누구에게 이익이 될 것인가. 도대체 누구에게 필요한 것일까. 몇 세기에 걸쳐 비웃음거리가 되면서 무엇에도 아무런 죄가 없는 노인들, 여성들, 어린이들, 선과 진심을 서로 나눌 줄 아는 그 섬세한 자들이 피를 흘려야 했던 것은 도대체 무엇 때문인가! 모든 민족에 대해 끼적이는 것을 좋아하는 문인들은 왜 이토록 게으르고 무능할까? 어째서 이 나로드의 유력한 사상가들은 세계의 깊은 슬픔과 아이러니한 지혜의 너무나 가볍고 이해하기 쉬운 형식에서 더 이상 나아가지 못한 것일까? 벗어날 수 없는 자신의 의무에서, 마치 증기보일러가 압력을 이기지 못해 터지듯이 폭발할 위험을 무릅쓰면서도, 그들은 어째서 무엇을 위해 싸우고 무엇을 위해 죽임을 당하는 건지 알 수 없는 그 나로드를 해산하지 않았을까? 왜 그들은 이렇게 말하지 않았을까? '눈을 떠라. 이제 충분하다. 더 이상 필요치 않다. 옛날처럼 자신의 이름을 대지 마라. 집단으로 뭉치지 말고 흩어져라. 모든 사람과 함께 있어라. 그대들은 세계 최초이자 최고의 그리스도교도들이다. 그대들 가운데 가장 열등하고 가장 악한 자들이 지금의 그대들이다.' 하고."

13

이튿날 식사를 하러 온 지바고가 말했다.

"자네, 떠나고 싶어 몸이 근질근질했지. 드디어 그 소원이 이루어졌어. 그런데 난 '자네는 행운아'라고 말할 수가 없군. 아군이 또다시 밀리고 있거든. 동쪽으로 가는 길은 열려 있지만, 서쪽에서는 우리가 밀리고 있어. 모든 위생 부대는 이동하라는 명령이야. 그래서 내일이나 모레면 이곳을 떠나게 될 거야. 어디로 갈지는 모르겠어. 그런데 카르펜코, 미하일 그리고리예비치의 속옷은 물론 세탁이 되어 있지 않겠지. 여전히 여자가, 여자가 하고 여자에게 미루는 건 좋지만, 그게 어떤 여자인지 그에게 캐물어도 자신도 모른단 말이야, 얼뜨기처럼."

지바고는 위생병이 변명으로 주워섬기는 말은 듣지 않고, 또 지바고의 속옷과 셔츠를 입고 떠나는 것에 미안해 하는 고르돈에게도 마음을 쓰지 않았다. 지바고가 말을 이었다.

"우리의 행군 생활은 집시의 방랑 생활과 같아. 이곳에 도착했을 때는 모든 것이 마음에 들지 않았어. 페치카도 없고 천장은 낮고, 불결하고 무더웠지. 그래서 지금은 우리가 여태까지 어떤 곳에서 지냈는지 끝내 생각해 내지 못하겠어. 이제 페치카 위에 햇살이 반짝거리고 페치카 한 모퉁이에 가로수 그림자가 어른거리는 것을 바라보면, 여기서 백 년이라도 살 것 같아."

그들은 천천히 짐을 꾸리기 시작했다.

그들은 밤중에 소음과 비명, 총성과 법석대는 소리에 잠이 깼다. 마을에는 불길하게 불이 켜져 있었다. 창가에 사람 그림자가 어른거렸다. 벽 뒤에서 주인 내외가 일어나 움직이고 있었다.

"무슨 일로 이 소란인지 밖에 나가 알아보고 와 줘, 카르펜코." 유리 안드레예비치가 말했다.

곧 모든 것이 밝혀졌다. 지바고가 서둘러 옷을 입고 직접 소문을 확인하러 야전병원에 갔다 왔는데, 소문은 사실이었다. 독일군이 이 지역에서의 저항을 돌파한 것이다. 방어선은 더욱 후퇴해 마을과 더 가까워져 있었다. 마을이 포격을 받고 있었다. 야전병원과 부대시설은 철수 명령을 기다리지 않고 서둘러 이동하기 시작했다. 모든 것이 새벽까지 완료될 예정이었다.

지바고가 고르돈에게 말했다.

"자네는 제1진의 수송대와 함께 떠나게. 대형 수송마차가 곧 떠날 건데 자네를 기다려 달라고 말해 놓았어. 그럼 잘 가게. 자네를 데려다 주고 떠나는 걸 보겠네."

그들은 부대가 떠날 준비를 하고 있는 마을의 다른 쪽 끝으로 뛰어갔다. 집들을 지나가면서, 그들은 허리를 굽혀 벽에 몸을 숨겼다. 거리에서는 총탄이 바람 소리를 내며 핑핑 날아갔다. 길이 마주치고 있는 벌판의 십자로에서, 벌판 상공에 유산탄(榴散彈)이 활짝 편 우산처럼 폭발하는 모습이 보였다.

"자네는 어떻게 할 건가?" 고르돈이 뛰어가면서 물었다.

"난 나중에 가겠네. 짐을 가지러 돌아가야 해. 제2진과 같이 가겠어."

그들은 마을 입구에서 헤어졌다. 짐마차 몇 대와 대형 마차 한 대로 구성된 치중대가 움직이기 시작하더니, 서로 부딪쳐 가면서 이윽고 한 줄로 정렬했다. 유리 안드레예비치는 떠나는 친구를 향해 손을 흔들었다. 타오르는 헛간의 불길이 그들의 모습을 비추었다.

유리 안드레예비치는 다시 집들을 따라 그 모퉁이에 몸을 숨기면서 길을 재촉했다. 그때 그의 숙소 현관까지 건물 두 채가 남은 장소에서 폭풍(爆風)이 일어나 그를 쓰러뜨렸고 그는 유산탄의 파편에 부상을 입었다. 유리 안드레예비치는 피범벅이 된 채 길 한복판에 쓰러져 의식을 잃었다.

14

소개(疏開)한 야전병원은 서부 지방 한 도시의 철도 옆, 총사령부 가까이에 조용히 설치되었다. 2월 말의 포근한 날씨가 이어지고 있었다. 회복기에 있는 부상병을 위한 장교 병실에서는, 이곳에 입원해 치료 중인 유리 안드레예비치의 부탁으로 그의 침대 가까이 있는 창문이 열려 있었다.

점심시간이 가까워지고 있었다. 환자들은 점심시간까지 저마다 뭔가를 하면서 시간을 보냈다. 야전병원에 새 간호사가 한 명 들어왔는데, 오늘 처음으로 병실을 돌 거라는 이야기가 환자들 사이에 전해졌다. 유리 안드레예비치 맞은쪽에 누워 있던 갈리울린은 이제 막 받아 든 〈레치〉와 〈루스코예 슬로보〉지를 훑어보다가, 검열에 걸려 하얗게 삭제된 공백을 보고 분통을 터뜨렸다. 유리 안드레예비치는 토냐한테서 온 편지를 읽고 있었는데, 야전우체국에 모였다가 한꺼번에 배달된 것이었다. 편지와 신문이 바람에 희미하게 흔들렸다. 가벼운 발소리가 들려왔다. 유리 안드레예비치는 편지에서 시선을 들었다. 라라가 병실로 들어서고 있었다.

유리 안드레예비치와 소위는 각자 따로따로 그녀를 알고 있었지만, 서로는 그 사실을 알지 못했다. 그녀는 두 사람 가운데 아무도 알아보지 못했다. 그녀가 말했다.

"안녕하세요? 왜 창문을 열어 놓으셨어요? 춥지 않으세요?" 그녀는 갈리울린에게 다가갔다. "어디가 아프신가요?" 그녀가 물으면서 맥을 짚으려고 그의 손목을 잡았다. 하지만 그녀는 깜짝 놀라 당황하면서 손을 놓더니 그의 침대 옆 의자에 앉았다.

"참 기이한 인연이군요, 라리사 표도로브나." 갈리울린이 말했다. "저는 당신 남편과 같은 부대에 있었습니다. 파벨 파블로비치를 알고 있어요. 당신께 드릴 그의 물건들을 제가 맡아 가지고 있습니다."

"못 믿겠어요, 정말 못 믿겠어요." 그녀가 되풀이했다. "정말 놀라운 우연이군요. 당신이 그이를 아신다고요? 빨리 말씀해 주세요. 모든 걸 알고 있다는 건가요? 그이가 죽었다는 게 사실인가요? 포탄으로 뒤덮인 땅에 묻혔다는 거예요? 아무것도 숨기지 말고 있는 그대로 얘기해 주세요, 걱정 마시고요. 전 모든 걸 다 알고 있으니까요."

갈리울린은 그녀가 소문으로 들은 정보를 확인해 줄 용기가 없었다. 그는 그녀를 안심시키기 위해 거짓말을 하기로 결심했다.

"안티포프는 포로가 되었습니다. 공격 때 그는 자기 부대를 이끌고 너무 멀리 앞서가다가 끝내 적군에게 붙잡히고 말았어요. 그는 포위됐고 어쩔 수 없이 투항했습니다."

그러나 라라는 갈리울린의 말을 믿을 수가 없었다. 충격적인 이야기에 그녀는 흥분했다. 끓어오르는 눈물을 참을 수가 없었지만 사람들 앞에서는 울고 싶지 않았다. 그녀는 복도에서 마음을 가다듬으려고 황망하게 일어나 병실을 나왔다.

잠시 뒤 라라는 가라앉은 모습으로 병실로 돌아왔다. 또다시 울음을 터뜨리지 않으려고 갈리울린이 있는 쪽은 일부러 바라보지 않았다. 그녀는 유리 안드레예비치의 침대로 곧바로 다가가서 아무렇지도 않은 표정으로 물었다.

"안녕하세요? 어디가 편찮으시죠?"

라라의 흥분과 눈물을 본 유리 안드레예비치는 무슨 일이냐고 그녀에게 묻고 싶었고, 또 자신이 지금까지 두 번, 중학교 때와 대학교 때 그녀를 본 적이 있다고 말하고 싶었다. 그러나 그러면 너무 허물없이 구는 것으로 보여 그녀가 오해할 것 같았다. 게다가 문득 관 속에 들어 있던 죽은 안나 이바노브나와 그때 시프세프에서 울부짖던 토냐의 모습이 떠올라서 감정을 억누르며 대답했다.

"고맙소. 난 의사라서 내 힘으로 치료하고 있소. 난 아무데도 아프지 않아요."

'이 사람은 무엇 때문에 나에게 화를 내는 걸까?' 라라는 특별히 눈에 띄는 점이 없는 그 사자코의 낯선 사람을 놀란 눈빛으로 바라보았다.

며칠 동안 변덕스럽고 불안정한 날씨가 이어졌다. 밤마다 따뜻한 바람이 재잘거리듯 소리를 내면서 축축한 흙냄새를 실어 왔다.

그 무렵 총사령부에서 이상한 정보가 들어오고, 국내 집에서는 가족으로부터 불안한 소문이 도착하곤 했다. 페테르부르크와의 전화는 불통이었다. 곳곳에서 정치 이야기가 들려오기 시작했다.

당직일에 안티포바는 아침과 저녁 두 차례 병실을 돌았고, 다른 병실의 환자들과 갈리울린, 그리고 유리 안드레예비치와도 별 의미 없는 대화를 주고받았다. '호기심을 끄는 이상한 사람이군.' 라라는 생각했다. '젊지만 무뚝뚝한 사람이야. 사자코에 빈말로라도 잘생겼다고는 할 수 없어. 하지만 아주 좋은 의미에서 총명하고 생기 있고 마음을 끄는 지성을 가진 사람인 것 같아. 그런데 그런 게 나하고 무슨 상관이람. 중요한 건 이곳에서의 내 임무를 하루 빨리 마치고 카테니카가 있는 모스크바로 돌아가야 한다는 거야. 모스크바에 가서는 간호사를 퇴직하고 유리아틴으로 돌아가 학교에 복귀해야 해. 가엾은 파샤에 대해서는 모든 것이 확인되었고, 이제 아무런 희망도 없어. 그러니 전선의 여주인공으로 남아 있어 봤자 아무 의미도 없지. 지금까지 그를 찾아다닌 결과가 겨우 이런 식으로 보답받게 될 줄이야.'

카테니카는 어떻게 지내고 있을까? 고아가 된 가엾은 아이를 생각하면 그녀는 자꾸만 눈물이 났다. 최근 들어 급격한 변화가 나타나기 시작했다. 얼마 전까지는 조국에 대한 의무와 용감한 군인 정신, 높은 사회적 책임감은 신성한 것이었다. 그러나 전쟁에 지자 그것은 중대한 재난으로서, 거기서 남은 것은 모두 위광을 잃고 무엇 하나 신성하지 않게 되었다.

갑자기 모든 것이, 상황과 분위기가 뒤바뀌어 어떻게 생각하고 누구의 말을 믿어야 할지 모르게 되었다. 마치 지금까지 줄곧 누군가의 손을 잡고 다니던 어린아이에게 혼자 걷는 걸 배우라고 갑자기 손을 놓아 버린 것과 같았다. 주위에는 가까운 사람도 없고 올려다볼 만한 권위도 없었다. 그럴 때 사람들은 생명의 힘, 아름다움과 진실을 신뢰하고 싶어지는 법이다. 뒤집혀 버린 인위적인 제도가 아니라 생명의 힘, 아름다움과 진실이, 이미 지나가 버린 평화 때의 익숙한 생활에서 그러했던 것보다도 더욱 완전하고 더욱 충실하게 뉘우침 없이 자신을 다스리게 되는 것이다. 그러나 그녀의 처지에서는, 카테니카가 그러한 목적에 맞는 절대적인 대상이라고 생각했다. 지금 파툴레치카는 없고, 라라는 그저 엄마로서 가엾은 고아 카테니카에게 온 힘을 기울일 것이다.

유리 안드레예비치에게 편지가 왔는데, 고르돈과 두도로프가 유리 안드레예비치의 허락 없이 그의 시집을 출판했는데 호평을 받고 있으며, 그에게 유망한 문학적 미래가 예고되고 있다, 그리고 지금 모스크바는 매우 흥미롭고 불온하며, 대중의 막연한 분노가 팽배해 가고 있어 뭔가 중대한 사건의 전야 같다, 심각한 정변이 다가오고 있다고 씌어 있었다.

늦은 밤이었다. 유리 안드레예비치는 무섭게 쏟아지는 잠에 시달리고 있었다. 그는 간간이 졸면서, 낮에 너무 흥분했기 때문에 잠들지 못하는 거라고 생각했다. 창문 밖에서는 졸린 듯한 바람이 졸린 듯이 호흡하면서 하품을 하고 몸을 뒤척였다. 바람은 울부짖으면서 중얼거렸다. "토냐, 슈로치카,*24 두 사람이 얼마나 그립고, 얼마나 집도, 직장도 그리운지 모르오!" 바람의 중얼거림을 들으면서 유리 안드레예비치는 잠들었고, 변덕스러운 날씨 같은, 불안정한 밤 같은, 어지럽고 불안한 행복감과 고통이 이어지는 뒤바뀜 속에서 눈을 떴다가 다시 잠들곤 했다.

라라는 생각했다. '그 사람은 그 추억을, 가엾은 파툴레치카의 소지품을 보관해 주고 그렇게 배려해 주었는데, 난 고마움도 모르고 그가 누구이고 어디서 왔는지조차 물어보지 않았어.'

이튿날 아침 순회 때, 그녀는 자신의 잘못을 사과하고 바로잡기 위해, 갈리울린의 모든 것에 대해 자세히 물어보고는 탄성을 지르기 시작했다.

"하느님, 당신의 거룩한 뜻이여! 브레스트 거리 28번지, 티베르진 집안사람들, 1905년 혁명이 일어났던 해 겨울이라고요! 유수프카? 아니에요, 유수프카라는 이름은 몰라요. 기억나지 않아요. 미안하군요. 그런데 그 해, 그 한 해, 그리고 그 집! 그건 정말로 있었던 일, 정말로 그 집, 그 한 해는 실제로 있었던 거죠?" 오, 그녀는 얼마나 생생하게 그 모든 것을 다시금 느꼈던가! "그리고 그때의 총격, 그리고, 그러니까 그게 뭐였더라, 그래, '그리스도의 의견'! 오, 사람은 어린 시절의 추억을 얼마나 강하고 얼마나 예민하게 느끼는 것일까요! 용서하세요. 미안합니다. 소위님, 이름이 뭔가요? 아, 맞아요, 이미 나에게 말했지요. 고마워요. 오, 당신에게 뭐라고 감사드려야 할지. 오시프 기마제트진, 당신은 저에게 그 추억, 그때를 일깨워 주셨어요!"

그녀는 온종일 마음속에 '그 집'과 함께 다니면서 끊임없이 감탄했고 거의 소리내어 중얼거리면서 생각에 잠겼다.

아, 어쩜 이런 일이! 그 브레스트 거리 28번지! 그리고 지금은 저렇게 또다시 총격, 그런데 몇 배나 무섭다! 이건 '어린 소년들이 쏘고 있는' 것이 아니야. 그 소년들은 어른이 되어, 그리고 모든 것이 여기에, 저 집들에서, 똑같은 마을들

---

*24 지바고의 아들 알렉산드르의 애칭. 사샤, 사셰니카라는 애칭도 있음.

에서, 모든 보통 민중이 병사가 되어, 이곳에 있는 거야. 놀라운 일이다! 놀라운 일이다!

부상 당한 군인과, 걸을 수 있는 환자들이 지팡이와 목발을 짚고 건물로 비틀거리며 달려 들어와, 앞다투어 소리쳤다.

"비상사태다. 페테르부르크에서 거리에 데모가 일어났다. 페테르부르크 수비대가 폭동군으로 돌아섰다. 혁명이다!"

제5장
지난날이여 안녕

1

멜류제예보라는 그 작은 도시는 흑토지대(黑土地帶)에 있었다. 그곳을 지나가는 군대와 치중대가 일으키는 검은 먼지가 집집마다 지붕 위에 메뚜기 떼처럼 새카맣게 앉아 있었다. 이 군대와 차량들은 아침부터 저녁까지, 한 패는 전쟁터에서 돌아오고 또 한 패는 전쟁터로 향하고 있었기 때문에, 전쟁이 계속되고 있는 건지 아니면 이미 끝난 건지 확실하게 판단할 수가 없었다.

날마다 새로운 일거리가 비 온 뒤의 버섯처럼 끝없이 늘어만 갔다. 그 모든 일을 지바고와 갈리울린 중위, 간호사 안티포바, 그리고 그들의 동료 몇 사람, 큰 도시에서 온 몇몇 주민과 그곳 사정을 잘 알고 있는 경험 많은 사람들이 도맡아 하고 있었다.

그들은 자치체의 빈자리를 메우고 군대와 위생 부대의 말단위원 노릇도 하면서, 이 직무 교대를 마치 야외에서의 오락이나 술래잡기 놀이처럼 여기고 있었다. 그러나 그들의 마음속에는 이제 그런 놀이는 그만두고 집으로, 본디의 직업으로 돌아가고 싶다는 생각이 싹트고 있었다.

안티포바와 지바고는 일 때문에 자주 만나게 되었고 함께 지내는 날이 가끔 있었다.

2

비가 내리자 검은 먼지는 커피처럼 진한 갈색 진창으로 바뀌어 비포장도로를 뒤덮었다.

그곳은 아주 작은 도시였다. 어디서든 모퉁이만 돌면 금세 음울한 초원과 컴컴한 하늘, 그리고 전쟁과 혁명의 광막한 공간이 펼쳐져 있었다.

유리 안드레예비치는 아내에게 편지를 썼다.

'군대의 붕괴와 무질서가 이어져 규율을 강화하고 사기를 높이는 시책이 착수되었소. 나는 근처에 주둔하고 있는 군부대를 몇 군데 가 보았다오.

마지막으로, 당신에게 진작 얘기했어야 하는데, 나는 이곳에서 모스크바에서 온 우랄 출신의 간호사 안티포바라는 여성과 함께 일하고 있소. 당신 어머니가 돌아가신 그 무서웠던 욜카 파티 때 변호사에게 총질을 했던 소녀 생각나오? 그때는 여대생이었는데 아마 그 뒤에 재판에 회부되었을 거요.

그때 내가 당신에게 얘기한 기억이 있소. 그녀가 여중생이었을 때 나와 미샤가 어느 누추한 호텔에서 그녀를 본 적이 있었소. 당신 아버지와 함께 그곳에 갔으나 무슨 일로 갔는지는 기억나지 않는구려. 얼어붙을 만큼 추운 밤이었지. 지금 생각하니 아마 프레스냐 지구의 무장봉기 때였던 것 같소. 그 사람이 바로 안티포바였소.

난 집으로 돌아가 필사적으로 노력하고 있소. 그러나 그건 그렇게 간단한 일이 아니오. 가장 큰 걸림돌은 일이 아니라오. 일이라면 지장 없이 다른 사람에게 맡길 수 있을 거요. 문제는 탈것에 있어요. 열차는 때로는 전혀 지나가지 않거나 지나가더라도 도저히 탈 자리가 없소.

그렇다 해도 언제까지나 여기 이렇게 있을 수는 없는 노릇이어서, 부상이 다 나은 사람이나 제대자, 동원해제가 된 사람들 몇몇, 물론 그 속에 나와 갈리울린, 안티포바도 들어가지만 어떻게든 다음 주에는 떠나기로 결정했소. 그래서 교통편이 닿는 대로 저마다 다른 날짜에 한 사람씩 떠나기로 했소.

난 어느 날 머리 위에 내리는 눈처럼 불쑥 나타나게 될 거요. 그렇지만 되도록 전보는 칠 생각이오.'

유리 안드레예비치는 떠나기도 전에 안토니나 알렉산드로브나의 답장을 받았다.

심한 통곡 때문에 문맥도 엉망이고, 눈물 콧물 자국이 구두점처럼 찍힌 그 편지에서, 안토니나 알렉산드로브나는 남편에게 모스크바로 돌아오지 말고 그 멋진 간호사와 함께 곧장 우랄로 가라고 설득하고 있었다. 그 간호사는 운명과 우연의 인생을 살아가고 있어, 토냐의 소박한 인생과는 도저히 비교가 되지 않는다고 했다.

'사셰니카와 이 아이의 앞날에 대해선 걱정하지 마세요. 당신은 아들 때문에 망설일 필요가 없어요. 저는 이 아이를 당신이 어린 시절에 우리 집에서 본 것과 똑같은 방식으로 키울 것을 약속해요.' 그녀는 그렇게 편지를 썼다.

유리 안드레예비치는 서둘러 답장을 썼다. '당신 정신 나갔소, 토냐? 무슨 말도 안 되는 억측을! 도대체 당신은 모르고 있는 거요, 아니면 이해가 안 되는 것이오? 당신이, 당신에 대한 생각이, 그리고 당신과 집에 대한 신뢰가, 지난 2년에 걸친 전쟁 동안 죽음과 온갖 종류의 무섭고 가혹한 파멸로부터 나를 보호해 주었다는 것을 모른단 말이오? 그런데 백 마디의 말이 무슨 소용이겠소. 우리는 금방 만나게 될 거요. 그리고 예전과 같은 생활이 시작될 거요. 그때는 모든 것이 밝혀지겠지.

그렇지만 당신이 나에게 보낸 답장은, 나를 완전히 다른 의미에서 놀라게 했소. 만약 내가 당신으로 하여금 그런 답장을 쓰게 했다면, 아마 나는 실제로 애매한 행동을 하고 있는 건지도 모르고, 그렇다면 오해를 사게 한 그 여성에게도 미안한 일이 되는 것이니, 나는 그녀에게 사과를 해야만 할 거요. 나는 그녀가 가까운 곳의 마을들을 돌아보고 오는 대로 그렇게 할 생각이오. 이전에는 주나 군에만 있었던 젬스토보(지방자치회)가 지금은 더욱 작은 단위인 마을에까지 도입되었다오. 안티포바는 새롭게 입법화된 그 기관의 지도원으로 일하고 있는 친구를 도우러 파견 나가 있소.

사실 나는 안티포바와 같은 건물에서 살지만, 지금도 그녀의 방이 어디 있는지 모르고 있고, 그 사실에 관심조차 없어요.'

3

멜류제예보에서 동쪽과 서쪽 두 갈래로 큰 도로가 나 있었다. 하나는 숲을 지나는 비포장길로 곡물을 거래하는 즈이부시노로 통한다. 이 작은 도시는 행정적으로는 멜류제예보 관할이지만 모든 점에서 훨씬 더 풍요로웠다. 또 하나는 자갈이 깔린 길인데, 여름에 바짝 마른 소택지의 목초지를 지나는 그 길은 멜류제예보 근처에서 교차하는 두 개의 분기역인 비류치를 향하고 있었다.

6월에 이 즈이부시노에서 두 주에 걸쳐 이곳 제분공(製粉工) 블라제이코가 선언한 즈이부시노 독립공화국이 존속했다.

이 공화국은 제212 보병 연대의 탈주병들, 2월 혁명*[1] 때 무기를 들고 진지

---

*1 1917년 2월, 페트로그라드의 노동자와 수비대 병사들의 봉기. 제정정부 붕괴.

를 이탈, 비류치를 지나 즈이부시노에 찾아온 병사들에 의해 유지되고 있었다.

공화국은 2월 혁명의 임시정부를 인정하지 않고 러시아의 다른 지역과 분리되었다. 젊은 시절에 톨스토이와 편지 왕래를 했던 이 분리파의 일원 블라제이코는 새로운 즈이부시노 천년왕국을 선포하고 노동과 재산의 공유를 선언했으며, 지방자치를 교황청으로 이름을 고쳤다.

즈이부시노는 늘 전설과 과장된 이야기의 출처였다. 울창한 숲 속에 있는 이 작은 도시는 러시아 동란 시대의 여러 기록 속에 언급되어 있으며, 이 일대에는 뒷날까지 도둑들이 우글거렸다. 이 즈이부시노는 상인들의 번영과 비옥한 토지로 유명해졌다. 어떤 종류의 미신과 습관, 사투리의 특징은 이쪽 서부의 전선 지대와 달라서 바로 이 즈이부시노에서 나온 것이다.

지금 그러한 온갖 지어낸 이야기는 블라제이코의 부관에 대한 것이었다. 사람들이 단언하는 이야기에 의하면, 그는 나면서부터 귀머거리에 벙어리이지만 영감이 번뜩일 때 말을 하는 능력을 받았으며, 그 영감의 섬광이 사라지면 말을 할 수 없게 된다고 했다.

7월에 즈이부시노 공화국은 붕괴했다. 그곳에 임시정부에 충성을 맹세한 군대가 들어왔다. 탈주병들은 즈이부시노에서 쫓겨나 비류치로 물러갔다.

그곳은 도로 반대쪽에 몇 베르스타에 걸쳐 숲이 벌채되어 있었다. 잘린 나무 그루터기를 무성하게 자란 산딸기가 덮고 있고, 반은 도둑맞은 장작더미가 오랫동안 운반되지 않은 채 방치되어 있었다. 전에 계절 따라 벌채를 하고 다니던 노동자들이 살았던 진흙 오두막이 다 쓰러져 가고 있었다. 탈주병들은 곧 그곳에 들어가 살기 시작했다.

4

유리가 입원해 치료 받고, 한동안 근무하다가 이제 떠나려는 야전병원은, 자브린스카야 백작 부인의 집 안에 있었다. 그 집은 전쟁이 시작되자 소유자인 백작 부인이 부상병을 위해 제공한 것이었다.

2층 건물인 그 집은 멜류제예보에서 가장 좋은 땅의 한 곳을 차지하고 있었다. 그곳은 전에 연병장이라 불리며 병사들의 교련에 쓰였지만 지금은 저녁마다 집회가 열리는 중앙 광장의 번화한 네거리에 서 있었다.

네거리를 바라보는 이 집에서는 사방으로 전망이 탁 트여 있었다. 번화가와 중앙 광장 말고도, 그 집과 가까이 있는 옆집의 터가 보였는데, 그것은 농촌의 그것과 다를 것이 없는 가난한 시골집과 대지였다. 마찬가지로 그 집에서는 백작 부인의 오래된 정원이 건물 뒷담까지 이어져 있었다.

그 집은 자브린스카야에게는 그 자체로서 가치가 전혀 없었다. 백작 부인은 그 지방에 '라즈돌리노예'라는 광대한 영지를 갖고 있었는데, 이 멜류제예보의 집은 이 마을에 볼일이 있을 때 잠시 묵었다 가는 곳에 지나지 않았고, 여름에는 영지로 피서하러 오는 손님들의 숙소로 쓰이고 있을 뿐이었다.

지금 그 집에 야전병원이 설치되어 있다. 소유자인 그녀는 자신의 거주지인 페테르부르크에서 체포되었다.

하인 가운데 매우 흥미로운 두 여성이 그 집에 남아 있었다. 한 사람은 지금은 결혼한 백작 부인 딸의 가정교사였던 늙은 마드무아젤 플레리, 또 한 사람은 백작 부인 전용의 수석 요리사였던 우스티냐였다.

마드무아젤 플레리는 머리가 하얗고 낯빛은 혈색이 돌아 불그레했다. 그녀는 남의 시선은 아랑곳하지 않고, 닳아빠진 헐렁한 원피스의 단정치 못한 차림으로 단화 뒷굽을 소리내어 끌면서, 전에 자브린스키 가족과 함께 살았을 때처럼 익숙한 집 안의 야전병원을 돌아다녔다. 몸짓 손짓을 하면서, 단어의 어미를 프랑스어식으로 삼켜 버리는 엉터리 러시아어로 쓸데없는 잡담을 지껄인 뒤에는 반드시 쉰 목소리로 크게 웃다가 오래도록 기침을 해 댔다.

마드무아젤 플레리는 간호사 안티포바를 속속들이 알고 있었다. 그녀는 의사와 간호사가 서로 좋아하고 있는 게 틀림없다고 믿었다. 라틴계의 기질에 깊이 뿌리박혀 있는 사랑의 중매자의 정열에 사로잡혀, 마드무아젤은 두 사람이 함께 있는 것을 보면 아주 기뻐하면서, 의미심장하게 손가락을 세워 두 사람을 위협하고는 장난스럽게 윙크했다. 그러면 안티포바는 당혹스러워하고 의사는 화를 냈지만, 마드무아젤은 그런 괴팍한 인물들이 다 그렇듯이, 자신의 오해를 무엇보다 자랑스럽게 여기며 절대로 그 생각을 바꾸려고 하지 않았다.

그런 그녀보다 더욱 흥미로운 사람은 우스티냐였다. 그녀는 몸이 위로 갈수록 볼품없이 좁아져서 꼭 둥지 속의 암탉 같았다. 우스티냐는 무뚝뚝하고 말도 못하게 고지식했지만, 그녀의 분별력은 미신의 영역에서 억제할 수 없는 망상으로 이어져 있었다.

미신적인 주문을 수없이 알고 있는 우스티냐는 아궁이불 앞에서 중얼중얼

주문을 걸지 않고는 한 걸음도 발을 떼지 않았고, 열쇠 구멍에 대고 악마를 물리치는 주문을 외지 않고는 결코 외출하지 않았다. 즈이부시노 출신인 마을 마법사의 딸이라는 소문이 있었다.

우스티냐는 몇 년이고 가만히 침묵하고 있을 수 있었지만, 한번 격정적인 발작이 일어나면 아무도 그녀를 말릴 수가 없었다. 그녀는 진실을 수호하기 위해 나서는 데 온 정열을 쏟았다.

즈이부시노 공화국이 무너진 뒤 멜류제예보의 집행위원회는, 이 도시에서 일어난 무정부주의적 풍조와 투쟁하는 캠페인을 벌였다. 밤마다 연병장에서는, 예전 같으면 여름에 소방서 앞 광장에서 열리는 젊은이들의 집회처럼 한가롭고 온건한 집회가 열렸고, 할 일 없는 멜류제예보 주민들이 그곳에 모여들었다. 멜류제예보의 문화계몽부가 이러한 집회를 후원하며, 자신의 직원과 외부 활동가로 하여금 토론을 이끌게 했다. 그들은 즈이부시노의 말을 할 줄 아는 농아인에 대한 소문을 당찮은 말로 여기고, 특별히 그 농아인들을 자주 공격해 그들을 화나게 했다. 그러나 멜류제예보의 초라한 수공업자들과 복무 중인 병사의 아내, 이전 지주의 하인들은 다른 의견을 가지고 있었다. 그들은 말을 할 줄 아는 농아인 이야기가 영 엉터리라고는 생각하지 않았다. 사람들은 그 농아인 편을 들고 나섰다.

그를 옹호하는 사람들이 외치는 이런저런 고함 속에서 가끔 우스티냐의 목소리도 들려왔다. 처음에 그녀는 여자다운 수줍음에 갇혀 겉으로 나서는 것을 망설였다. 그러나 그녀는 차츰 용기를 얻어, 멜류제예보에 바람직하지 않은 의견을 말하는 연설자들을 용감하게 반박하기 시작했다. 그리하여 그녀는 어느새 단상에서 진짜 웅변가가 되어 있었다.

집집의 창문에서는, 광장의 집회에 하나로 어우러진 둔중한 소음, 특히 조용한 밤에는 사람들의 연설 내용까지 들려왔다. 종종 우스티냐가 얘기하고 있을 때는, 마드무아젤이 방에 뛰어들어 그 자리에 있는 사람들에게 귀를 기울이라고 권하고는, 또렷하지 않은 발음으로 신이 나서 흉내를 냈다.

"해방이다! 해방! 빛나는 왕국이여! 즈이부시노여! 귀먹은 벙어리! 반역자! 반역자!"

마드무아젤은 남몰래 이 과격하고 날카로운 혀를 가진 우스티냐를 자랑스럽게 여기고 있었다. 그 두 사람은 서로를 좋아하면서도 끊임없이 싸워 댔다.

5

유리 안드레예비치는 천천히 떠날 준비를 했다. 그는 사람들에게 작별인사를 하며 집과 관청을 돌면서 필요한 서류를 챙겼다.

그때 이 전선지구의 새로운 군사 인민위원이 군대로 가는 길에 멜류제예보에 들렀다. 소문으로는 그는 아직 순진한 풋내기라고 했다.

새로운 대공세가 준비되고 있었다. 병사들의 느슨해진 마음을 다잡기 위해 군의 기강이 강화되었다. 군사혁명 재판소가 생기고 최근에 폐지된 사형이 부활되었다. 출발 전에 의사는 전출을 위해 야전사령부의 명부에서 이름을 삭제해야 했다. 멜류제예보에서는 짧게 줄여서 지방관이라 불리고 있는 군(郡) 사령관이 그 임무를 맡고 있었다.

그의 곁에는 몰려드는 사람들로 언제나 북새통이었다. 사람들은 현관 대기실과 안마당에 다 들어가지 못하고 창문 앞 거리까지 넘쳐났다. 그래서 책상 앞까지 다가가는 것은 쉬운 일이 아니었다. 엄청난 사람들의 목소리가 와글거리고 있어서 아무것도 알아들을 수가 없었다.

그날은 접수일이 아니었다. 조용한 사무실에서는 차츰 복잡해지는 문서 처리에 넌더리가 난 서기들이 잔뜩 불만스러운 듯이 서류를 다시 조사하면서 묵묵히 뭔가 쓰고 있었다. 사령관실 안에서는 마치 군복 단추를 풀고 뭔가 차가운 음료수라도 마시고 기분전환을 한 것처럼 유쾌한 목소리가 울려 퍼졌다.

거기서 갈리울린이 나오다가 지바고를 발견하고는, 마치 도움닫기라도 하는 것 같은 몸짓을 하면서, 실내에 가득한 활기를 의사에게 나눠 주려는 듯이 눈짓을 했다.

의사는 아무튼 사령관실에서 서명을 받아야 했다. 안에 들어가자 그곳은 모든 것이 예술적인 무질서로 가득했다.

그 도시에서 한창 소문이 자자한 이날의 주인공인 신임 인민위원이, 자신의 임무를 수행하기 전에 이곳 참모본부의 중대한 부문이나 작전 문제와는 아무 관계도 없는 이 집무실에 나타나, 군사 문서 왕국의 관리자들 앞에서 열변을 토하고 있었다.

"그런데, 여기 또 한 사람 우리의 스타가 오셨군요."

지방관이 유리를 소개했지만 인민위원은 자신의 열변에만 열중해 있어 유리는 바라보지도 않았다. 지방관도 유리가 내민 서류에 서명하려고 잠깐 자세를 바꿔 서류를 받고는, 정중한 손짓으로 지바고에게 방 한가운데 있는 낮고 푹신한 의자를 가리켰다.

그 자리에서 인간적인 모습으로 앉아 있는 사람은 유리뿐이었다. 나머지 사람들은 서로 경쟁이나 하듯이 기묘하고 난잡한 자세로 앉아 있었다. 지방관은 손으로 얼굴을 받치고 페초린*[2]처럼 책상 옆에 반쯤 드러누워 있고, 그의 부관은 마치 여자용 말안장에 앉듯이 소파 팔걸이에 올라앉아 발을 뒤로 빼고 있었다. 갈리울린은 의자에 거꾸로 앉아 의자 등을 안고 그 위에 머리를 얹었다. 젊은 인민위원은 창틀을 짚고 몸을 들어올리고 있다가 어느새 거기서 뛰어내리곤 하면서, 팽이처럼 잠시도 가만 있지 않고 쉴 새 없이 몸을 움직이며 실내를 종종걸음으로 바쁘게 왔다 갔다 했다. 그는 쉬지 않고 입을 놀렸다. 얘기는 비류치의 탈주병들에 대한 것이었다.

이 인민위원에 대한 소문은 사실이었다. 그는 균형 잡힌 몸집에 호리호리한, 앳된 햇병아리 청년이었는데 최고의 이상이 촛불처럼 불타고 있었다. 소문에 의하면 그는 좋은 집안 출신으로 원로원 의원의 아들이라는 말도 있고, 2월 혁명 때는 자신의 중대를 제국 러시아 국회에 넣은 최초의 한 사람이라고도 했다. 그의 성은 긴체 아니면 긴츠로, 두 사람이 소개되었을 때 의사의 귀에 확실하게 들리지 않았다. 인민위원은 페테르부르크식으로 정확하게 발음했는데, 지나치게 또렷해서 발트해 연안의 독일인 같은 발음이었다.

그는 몸에 꼭 끼는 프랑스 군복을 입고 있었다. 자기가 아직 어린 것이 거북했던지, 나이가 더 들어 보이도록 뭔가 마뜩찮은 것처럼 얼굴을 찌푸린 채 일부러 어깨에 힘을 잔뜩 주었다. 그렇게 하기 위해 승마바지 주머니에 두 손을 깊이 찔러 넣고, 늘어지지 않은 새 견장이 달린 어깨를 각지게 추켜올렸는데, 그 때문에 그의 모습은 실제로 기병처럼 단정해져서 어깨에서 발까지 아래를 향해 교차하는 두 개의 선으로 그릴 수 있을 정도였다.

"여기서 철도의 몇 구간에 카자크 중대가 있는데, 붉은 군대입니다. 전향한 자들이지요. 그들은 소환되고 반란자들은 포위될 겁니다. 그러면 문제는 해결돼요."

"카자크병? 무슨 소리, 절대로 그렇게 안 될 거요!" 인민위원이 격분해 소리

---

*2 러시아의 시인이자 소설가인 레르몬토프의 소설 《현대의 영웅》에서 잉여인간으로 그려진 주인공.

쳤다. "1905년을 기억하시오. 혁명 전의 일을 떠올려서는 안 됩니다. 그 점에서 나는 당신들과 의견이 달라요. 당신들의 장군들은 얕은 수를 썼지만 오히려 실패했소."

"우린 아직 아무것도 하지 않았소. 모두 계획만 하고 있을 뿐입니다. 아직 제안 중이란 말이오."

"작전 명령에는 개입하지 않는다는 군사령부와의 합의가 있었어요. 난 카자크병을 폐지하지 않겠소. 용인합시다. 그렇지만 난 신중한 행동을 취할 겁니다. 그들은 그곳에서 노영하고 있습니까?"

"그런 셈이죠. 어쨌든 노영하면서 방어진지를 굳히고 있어요."

"좋아요. 내가 그들에게 가지요. 그 폭도들, 숲 속의 악당들을 직접 만나겠습니다. 아무리 반란자이고 탈주병이라 해도, 여러분, 그들은 나로드입니다. 여러분은 그 사실을 잊고 있어요. 그리고 나로드는 어린아이들과 같습니다. 그들을 알아야 합니다. 그들의 심리를 알아야 합니다. 그러려면 특수한 접근이 요구됩니다. 그들의 예민한 심금을 감동적으로 울릴 수 있는 능력이 필요합니다. 내가 벌채지의 그들에게 가서 속을 터놓고 설득해 보겠습니다. 그들이 얼마나 질서 있게 자신들의 부서로 돌아올지, 여러분도 아실 겁니다. 내기라도 할까요? 내 말을 못 믿겠습니까?"

"글쎄요. 어쨌든 신의 가호가 있기를!"

"나는 그들에게 이렇게 말할 겁니다. '형제들이여, 나를 보라. 외아들로서 온 가족의 희망이었던 나는 모든 것을 아낌없이 버렸다. 이름도, 지위도, 부모의 사랑도 희생했다. 그런데 그것은 여러분을 위해, 이 세계에서 아직 어떤 민족도 누리지 못하고 있는 자유를 쟁취하기 위해서였다. 이것을 이룩한 것은 나와, 나와 같은 수많은 젊은이들이었다. 물론 명예로운 선인들, 굳건한 신념을 지닌 투사들, 강제노동에 끌려간 나로드니키와 실리셀부르크 요새에 갇힌 인민의지당 당원들에 대해선 새삼 말할 것도 없다. 우리가 노력한 것은 다만 자유를 위해서였을까? 그것이 필요했던 것은 다만 우리뿐이었을까? 여러분은 이미 예전 같은 일개 병졸이 아니라 세계 최초의 혁명군 전사이다. 진지하게 자신에게 물어보라, 여러분이 이 숭고한 칭호에 부응했는지. 조국이 피 흘리면서 마지막 힘을 짜내어, 히드라처럼 조국을 휘감고 있는 적들을 물리치기 위해 노력할 때, 여러분은 정체불명의 사기꾼 강도들에게 정신이 팔려, 무의식적인 폭도, 자유를 무전취식하는 쓸모없는 떼강도로 변하고 말았다. 뿐만 아니라 그러한 무리는 아무리 줘도 모자라, 그야말로 돼지를 식탁 밑에 두면 곧 발도 올려놓는다는 말처럼 되고 말 것이다' 아, 나는 이렇게 그들의 마음을 울릴 것입니다. 그들이 부끄러움을 느끼도록!"

"아니, 그건 위험이 너무 커요." 지방관이 부관에게 남몰래 의미심장한 눈짓을 하면서 반론을 시도했다.

갈리울린은 인민위원의 무분별한 계획을 막으려고 했다. 그는 그 연대가 속해 있고 이전에 그 자신이 근무했던 사단 212보병연대의 앞뒤 가리지 않는 무모한 자들에 대해 알고 있었다. 그러나 인민위원은 들은 척도 하지 않았다.

그러는 동안 유리 안드레예비치는 내내 자리에서 일어나 나갈 기회만 엿보고 있었다. 인민위원의 순진함이 그를 곤욕스럽게 했다. 그러나 지방관과 부관, 은근히 조소적이고 노회한 이 두 사람의 풍부한 경험에서 나오는 교활함도 그다지 나을 것이 없었다. 그 어리석음과 교활함은 서로 호각을 이루고 있었다. 홍수 같은 말로 분출된 그것은 무의미하고 비본질적이며 광채가 없는, 그런 것이 없어도 진정한 삶을 사는 데 전혀 지장이 없는 것이었다.

오, 이 어리석고 암담한 인간의 웅변보다는 이따금 자연의 침묵 속으로, 끝없이 길고 고된 노동 정적 속으로, 깊은 잠과 진정한 음악, 충실한 영혼으로 마음이 통하는 무언 속으로 들어갈 수만 있다면 얼마나 좋을까!

의사는, 그리 유쾌한 일은 아니지만 안티포바와의 대화가 기다리고 있는 것을 떠올렸다. 그는 아무리 비싼 대가를 치르더라도 그녀를 만나야 할 일이 있는 것이 기뻤다. 그런데 그녀는 아직 돌아와 있지 않을 것이다. 의사는 마침내 기회가 오자 때를 놓칠세라 얼른 일어나서 가만히 방을 빠져나왔다.

6

그녀는 벌써 집에 돌아와 있었다. 마드무아젤은 의사에게 그녀가 돌아왔음을 알리고, 라리사 표도로브나가 잔뜩 지쳐서 돌아와 서둘러 식사를 하고는, 깨우지 말라고 부탁한 뒤 자기 방으로 가 버렸다고 덧붙였다.

"그래도 방문을 노크해 보세요." 마드무아젤이 일러 주었다. "아직 잠들지 않았을 거예요."

"그녀의 방이 어디죠?" 의사의 이 질문은 마드무아젤을 뭐라 형용할 수 없을 만큼 놀라게 했다.

그녀는 안티포바의 방은 2층 복도 끝에 있다고 설명했다. 그곳에는 자브린스카야 집안의 전 재산을 넣고 자물쇠를 채운 방들이 늘어서 있었는데, 의사는 한 번도 그곳을 들여다본 적이 없었다.

그 사이에 날은 금방 어두워졌다. 거리는 더욱 좁아졌다. 집과 담장이 저녁 땅거미 속에 한 덩어리로 뭉쳐 있었다. 나무들이 안마당에서 창문에 매달려 타오르고 있는 등불 아래로 다가갈 듯이 늘어서 있었다. 숨 막히도록 무더운 밤이었다. 한 번 움직일 때마다 땀이 뚝뚝 떨어졌다. 안마당에 떨어진 석유 등불의 빛줄기도 나무줄기를 타고 더러운 땀처럼 흘러내렸다.

계단 맨 위에서 의사는 걸음을 멈췄다. 그는 먼 여행에서 지쳐 돌아온 사람에게는 방문을 두드리는 것조차 무례하고 난폭한 일이라고 생각했다. 얘기는 다음 날로 미루는 것이 나을 것 같았다. 좀처럼 결심이 서지 않을 때 언제나 뒤따르는 허전한 마음으로, 그는 복도를 따라 반대쪽 끝으로 걸어갔다. 거기에는 이웃집 마당 쪽으로 창문이 나 있었다. 의사는 그 창문에서 몸을 내밀었다.

밤은 조용하고 신비한 소리로 가득 차 있었다. 복도 한쪽에 있는 세면기에서 물방울이 천천히 떨어지고 있었다. 창밖 어딘가에서 누가 소곤거리는 소리가 들려왔다. 남새밭이 시작되는 어디쯤에서는 누가 두레박에서 양동이로 물을 옮긴 뒤 오이 덩굴에 물을 주고, 다시 두레박으로 우물물을 긷는 쇠사슬 소리가 들렸다.

이 세상의 모든 꽃이 향기를 뿜어내고 있었다. 마치 낮 동안 내내 아무 의식도 없이 누워 있던 땅이 이제야 그 향기로 의식이 돌아온 것 같았다. 쓰러진 나무의 커다란 가지들이 사람이 지나다닐 수도 없을 만큼 쌓여 있는 백작 부인의 오래된 정원에서는, 꽃을 피우는 늙은 보리수에서 피어오른 너저분한 먼지 냄새가 섞인 방향이, 커다란 건물의 벽처럼 어마어마하게 자란 나무들의 우듬지 위를 헤엄쳐 건너고 있었다.

오른쪽 담장 너머 거리에서 고함이 들려왔다. 그곳에서 휴가병이 행패를 부리는지 문을 쾅쾅 두드리고, 누군가가 부르는 노랫소리가 토막토막 들려왔다.

백작 부인 정원의 까마귀 둥지 너머로 어마어마한 크기의 검붉은 달이 모습을 드러냈다. 처음에는 즈이부시노의 증기로 움직이는 벽돌색 제분소를 닮았더니, 이윽고 비류치 철도의 급수탑처럼 노란색이 되었다.

안마당의 창문 밑에서는 꽃차처럼 그윽하고 신선한 건초 냄새가 분꽃에 섞여 풍겨 왔다. 얼마 전 이곳에 먼 마을에서 사들인 암소가 끌려왔다. 진종일 끌려오느라 지친 이 소는 떠나온 무리를 그리워하며, 아직 낯선 새 안주인이 주는 여물을 먹으려 하지 않았다.

"자, 자, 말을 안 들으면 못써. 요 귀여운 녀석. 그러지 말라니까. 뿔로 받으면 안 돼!" 안주인은 속삭이는 목소리로 소를 달랬지만, 소는 화를 내며 머리를 옆으로 내두르거나 목을 쑥 빼고 신경질적으로 청승맞게 음매음매 울어 댈 뿐이었다. 멜류제예보의 거무스름한 헛간 뒤에서 별들이 반짝이고, 그 별들로부터 소 쪽으로 보이지 않는 공감의 띠가 드리워져 있었다. 그것은 마치 소에게 연민을 보내고 있는 별세계의 외양간 같았다.

주위의 모든 것이 움직이기 시작해 성장하고, 존재의 마법 같은 누룩에 의해 발효되고 있었다. 생명의 환희가 조용한 바람처럼, 넓은 물결을 일으키며 대지와 도시를 정처 없이 지나 벽과 담장을 통과하고 나무줄기와 사람 몸을 빠져나가, 가는 길에 있는 모든 것을 전율시키며 나아갔다. 그 흐름을 방해하고 싶어서 의사는 집회의 연설을 들으려고 연병장 터로 나갔다.

7

달이 벌써 하늘 높이 걸려 있었다. 모든 것이 흰색 물감을 뿌린 것 같은 선명한 달빛으로 뒤덮여 있었다.

높은 원기둥의 석조건물들이 광장을 에워싸고 늘어서서, 넓은 그림자를 청사 입구 부근의 지면에 검은 융단처럼 떨어뜨리고 있었다.

집회는 광장 반대쪽에서 열리고 있었다. 귀를 기울이면 연병장 터를 가로질러 거기서 들려오는 이야기를 전부 알아들을 수 있었다. 그러나 의사는 그 장엄한 광경에 눈길을 빼앗겼다. 그는 소방서 문 옆에 있는 벤치에 앉아, 길을 건너 들려오는 목소리에는 주의를 기울이지 않고 양쪽으로 눈길을 돌렸다.

광장 옆에서 인적이 없는 좁은 거리 두 개가 광장을 향해 뻗어 있었다. 그 두 길을 따라 낡아서 다 쓰러져 가는 작은 집들이 보였다. 거리는 시골길처럼 푹푹 빠지는 진창으로 뒤덮여 있었다. 그 진창에 서 있는 버들가지로 엮은 울타리는, 마치 연못에 던져 넣어 가라앉힌 버들가지 통발이나 가재 잡는 바구니처럼 보였다.

그 집들의 열어 놓은 창문 유리가 희미하게 반짝거렸다. 집 앞의 울타리에서 방 속으로, 원뿔꽃차례와 손목을 가진 옥수숫대가 기름을 바른 듯 반짝거리며 금빛 머리에 땀을 흘리면서 뻗어 있었다. 축 늘어진 버들가지 울타리 밑에서 파리하게 여윈 당아욱꽃이 군데군데 먼 곳을 보고 있는 모습이, 마치 더위에 쫓겨 신선한 공기를 마시기 위해 숨 막히는 집에서 나온 속옷 차림의 농부들 같았다.

달빛이 교교한 밤은 자비심이나 투시력의 재능처럼 감탄을 자아냈다. 그때 문득 이 밝게 빛나는 동화 같은 조용함 속에 누군가 아는 이의, 지금 막 귓가에 닿은 듯한 목소리가 율동적으로 들려오기 시작했다. 그 목소리는 아름답고 힘차고 확신에 차 있었다. 귀를 기울이던 의사는 그게 누구의 목소리인지 알아냈다. 인민위원 긴츠였다. 그가 광장에서 연설하고 있었다.

당국은 아마도 그를 이용해 자신들의 권위를 옹호한 것이리라. 그는 힘찬 투로 멜류제예보 사람들의 탈조직화를 비난하고, 그의 확신에 따르면 그들이 즈이부시노 사건의 진정한 장본인인 볼셰비키의 부패한 영향에 너무나 쉽게 굴복한 것을 비난했다. 그는 경비사령관 사무실에서 얘기했을 때와 똑같은 기세로, 잔인하고 강력한 적과, 조국이 큰 타격을 입었던 시련에 대해 상기시켰다. 그의 연설에 훼방꾼이 끼어들기 시작했다.

연설자의 이야기를 조용히 듣자고 하는 요청은 반대하는 외침에 묻히고 말았다. 항의 발언은 더욱 잦아지고 더욱 시끄러워졌다. 긴츠에게 동행해 의장역을 맡은 누군가가, 청중석에서의 발언은 허용되지 않는다고 소리치면서 질서를 호소했다. 어떤 자들이 청중 가운데 한 여성에게 발언권을 줄 것을 제안하자, 다른 패들은 반대하며 이야기를 가로막지 말라고 요구했다.

한 여성이 청중을 헤치고, 연단을 대신해 엎어놓은 상자 쪽으로 걸어 나왔다. 그녀는 굳이 상자 위에 오르고 싶지는 않은지 상자 옆에 가서 섰다. 군중은 그 여성에 대해 잘 알고 있었다. 주위가 조용해졌다. 청중의 주목을 한 몸에 받고 있는 그녀는 바로 우스티냐였다.

"인민위원 동지, 방금 당신은 즈이부시노에 대해 얘기하고, 그 다음 눈에 대해 얘기했지요. 눈을 가져야 한다, 속임수에 넘어가서는 안 된다고요? 그런데 당신 이야기를 들으니, 당신이 알고 있는 건 오직 한 가지, 볼셰비키와 멘셰비키에 대해 설교를 늘어놓는 것뿐이더군요. 볼셰비키, 멘셰비키, 그것 말고는 당신 이야기에는 아무것도 없어요. 당신은 더 이상 싸우지 않고 모두 형제처럼 지내는 것, 그것이 신의 뜻이라고 했지만, 그건 멘셰비키가 할 수 있는 일이 아니에요. 그리고 제작소와 공장을 빈곤에 빠뜨리는 것, 그것 또한 볼셰비키가 아니라 인간의 연민이 하는 일이에요. 또 농아인에 대해서는 당신이 말하지 않아도 우리는 신물이 날 만큼 비난을 받았으니, 더는 듣고 싶지 않아요. 그는 당신에게 항복했어요. 아닌가요? 그런데도 그의 무엇이 당신 마음에 들지 않는 거죠? 오랫동안 말을 못하던 사람이 어느 날 갑자기 허락도 없이 말문이 터졌기 때문인가요? 말도 안 돼요. 그건 드물지 않은 일이에요. 그 사람 말고도 얼마든지 있으니까요! 예를 들면, 성서에 나오는 유명한 나귀 얘기가 있죠. '발람,*3 발람, 제발 부탁이니 그쪽으로 가지 마세요. 후회하게 되리다.' 누구나 아는 것처럼 발람은 나귀의 말을 듣지 않고 걷기 시작했어요. 당신이 말하는 '농아인'과 비슷하죠. 발람은 왜 짐승인 나귀의 말에 귀를 기울일 필요가 있느냐고 생각했죠. 가축을 무척 싫어했으니까요. 그래서 그 뒤 얼마나 후회했던가요. 어떻게 끝났는지 당신도 알고 있을 거예요."

"어떻게 끝났는데?" 청중 속에서 호기심어린 질문이 쏟아졌다.

"그만합시다." 우스티냐가 퉁명스럽게 대답했다. "너무 알아도 좋을 거 없어요."

"아니지. 어떻게 됐는지 얘기해 보구려." 같은 목소리는 물러나지 않았다.

"어떻게 되긴 어떻게 돼요? 퍽도 끈질긴 양반이네! 소금기둥이 되어 버렸잖아요."

"이보시오, 대체 무슨 소릴 하는 거요! 그건 롯의 아내 이야기잖소." 사람들이 외치는 소리가 울려퍼졌다.

모두 웃음을 터뜨렸다. 의장이 질서를 호소했다. 의사는 잠을 자러 돌아갔다.

8

이튿날 저녁, 그는 안티포바를 만났다. 그는 식기실에서 그녀를 발견했다. 라리사 표도로브나 앞에는 롤러로 짠 세탁물이 높이 쌓여 있었다. 그녀는 다림

---

*3 헤브루의 예언자. 〈민수기〉 22장 23절 참조.

질을 하고 있었다.

이 식기실은 2층 안쪽에 있는 방의 하나로 정원 쪽으로 나 있었다. 여기서는 사모바르로 물을 끓이고, 부엌에서 수동식 승강기로 올라온 요리를 접시에 담거나 사용한 식기를 개수대로 내려보내고 있었다. 이 식기실에는 야전병원의 물자보고서를 보관하고 있었다. 여기서 식기와 속옷류를 장부와 대조하거나, 한가한 때는 휴식을 취하고 또 서로 만날 때의 장소로도 이용되었다.

창문이 정원을 향해 열려 있었다. 식기실에서는 오래된 공원처럼 보리수 꽃향기, 마른 캐러웨이처럼 톡 쏘는 냄새, 그리고 두 개의 숯불 다리미에서 나오는 일산화탄소 냄새가 풍기고 있었는데, 라리사 표도로브나는 두 다리미를 뜨겁게 데우기 위해 하나씩 번갈아 환기 파이프 속에 넣어 두고 다림질을 하고 있었다.

"당신은 어제 왜 노크하지 않으셨어요? 마드무아젤이 얘기하더군요. 그런데 노크하지 않길 잘하셨어요. 전 이미 침대에 들어간 뒤여서 당신을 방에 들일 수 없었으니까요. 그건 그렇고, 잘 계셨죠? 옷에 묻지 않게 조심하세요. 숯을 흘려 버렸거든요."

"병원의 모든 속옷을 다림질하나 보군요?"

"아니에요. 대부분 제 것이에요. 제가 여기서 탈출하지 않는다고 늘 놀리셨죠. 그렇지만 이번엔 정말 떠날 거예요. 보시다시피 떠날 준비를 하고 있잖아요. 준비만 되면—떠나는 거죠. 전 우랄로, 당신은 모스크바로. 언젠가 누가 당신에게 이런 질문을 할지 모르죠. '멜류제예보라는 작은 마을에 대해 들은 적이 있나요?'—'글쎄요, 생각이 잘 나지 않는데요.'—'그럼 안티포바라는 사람은 아십니까?'—'전혀 기억나지 않소만.'"

"글쎄, 그렇다고 해둡시다. 여기저기 마을들을 돌아다녀 보니 어떻던가요? 마을은 멋졌나요?"

"한마디로는 도저히 말할 수 없어요. 다리미가 금방 식어 버렸네요! 새 것 좀 갖다 주시겠어요? 됐어요. 고마워요. 마을이야 가지각색이죠. 주민들이 다 다르니까요. 어떤 마을은 부지런하고 근면해요. 그렇지만 그곳에는 아무것도 없어요. 또 다른 마을에는 주정뱅이들뿐이죠. 그곳은 황폐하기 짝이 없어요. 보기에도 처참할 정도로요."

"말도 안 돼요. 어떤 주정뱅이? 당신도 잘 알고 있을 거요. 요컨대 그곳엔 아무도 없어요. 남자들을 모두 군대에 빼앗겼기 때문이오. 그건 그렇고, 새로운 혁명적인 지방자치회는 어땠소?"

"주정뱅이에 대해선 당신이 잘못 아신 거예요. 나는 당신과 생각이 달라요. 지방자치회요? 그건 앞으로 오랫동안 골칫거리가 될 거예요. 지령이 시행되지 않고, 마을에는 일할 사람이 아무도 없어요. 지금 농민의 관심은 오로지 토지 문제뿐이에요. 라즈돌리노예에도 잠시 들렀는데 정말 아름다운 곳이더군요! 당신도 한번 가 보세요. 지난봄에 불태워지고 약탈을 당했죠. 헛간이 불타 무너지고, 과수원도 불타고, 건물 현관 일부가 연기에 그을렸더군요. 즈이부시노엔 들어가지 못했어요. 그런데 어딜 가든 모두 농아인 얘기는 거짓이 아니라고 말하더군요. 그 사람의 인상도 상세하게 묘사하고 있었어요. 젊고 교양 있는 인물이라는 소문이에요."

"어제 우스티냐가 연병장 터에서 그를 옹호하는 연설을 하더군요."

"돌아오니 또다시 온통 라즈돌리노예에 대한 얘기뿐이던데요. 제발 손대지 말고 그대로 두라고 몇 번이나 부탁했는데도. 우리 물건은 거의 없으니까요! 그런데 오늘 아침에 경비사령부에서 경비병이 사령관의 쪽지를 가지고 왔더군요. 백작 부인의 은 찻잔과 크리스털 포도주잔이 꼭 필요하다면서 하룻밤 파티가 끝나면 돌려주겠다고요. 우리는 그 돌려준다는 말의 의미를 잘 알고 있어요. 아마 반도 돌아오지 않을걸요. 밤에 파티를 연다나 봐요."

"아, 짐작이 가는군. 전선의 새 인민위원이 도착했소. 우연히 그를 만났소. 탈주병들에 대해 마땅한 조치를 취하고, 포위해 무장해제하려고 모두 생각하고 있던 참이었소. 그 인민위원은 아직 새파란 애송이라 일이 서툴러요. 이쪽에선 골치 아프니까 카자크들을 쫓아내려고 하는데, 그는 항복시킬 생각을 하고 있소. 그는 나로드가 어린아이와 같다고 하면서, 어린아이의 장난 정도로밖에 생각하지 않고 있소. 갈리울린은 잠자고 있는 야수를 깨우지 말아야 한다면서 우리에게 맡겨 달라고 설득했지만, 그의 고집을 꺾는 건 무리일 것 같소. 잠시 다리미를 내려놓고 내 얘길 들어보겠소? 이제 곧 이곳에서 엄청난 대난투가 벌어질 거요. 우리의 힘으로는 막을 도리가 없어요. 이 골치 아픈 혼란이 시작되기 전에 제발 당신은 이곳에서 떠났으면 좋겠소."

"아무 일도 일어나지 않을 거예요. 당신은 과장되게 생각하고 있어요. 물론 전 떠나요. 하지만 갑자기 문을 쾅 닫고 손을 흔들 수는 없잖아요. 재산목록을 인계해야 해요. 그러지 않으면 제가 뭘 훔쳤다는 소릴 들을지도 모르니까요. 그런데 그걸 누구에게 인계해야 할지 그게 문제랍니다. 제가 이곳의 자산 때문에 아무리 골치를 앓고 있어도 그 대가는 오직 비난뿐이에요. 전 병원이 사용한 자브린스카야의 재산을 기록했어요. 그것이 법령의 뜻이니까요. 그런데 지금은, 이런 식으로 소유자의 재산을 보호하기 위해 제가 고의로 그랬다는 거예요. 어쩌면 이렇게도 혐오스러울 수가 있을까요!"

"아, 그런 카페트니 도자기니 하는 물건들은 잊어버려요, 없어지는 건 없어지는 대로 내버려 두고. 뭐 하러 그렇게 신경을 쓰는 거요! 아, 어제 당신을 만나지 못한 것이 못내 유감이군요. 난 온통 계시로 가득 차 있었소! 당신에게 천상의 모든 체제를 설명하고, 모든 혐오스러운 문제에 대답할 수 있었는데! 아니, 농담이 아니라 난 모든 걸 털어놓고 싶어서 참을 수가 없었소. 내 아내에 대해, 아들에 대해, 내 인생에 대해 얘기하고 싶었단 말이오. 제기랄, 성숙한 남자가 성숙한 여자에게 어쩌다가 긴 이야기도 할 수 없다니, 당장 뭔가 '속셈'이 있는 걸로 의심받으니 원! 이런 속셈이니 뭐니 하는 건 악마에게나 줘 버리라지!

아, 계속하시오, 당신은 다림질을 계속해요. 다시 속옷을 다리란 말이오, 그리고 나에게는 신경 쓰지 마시오. 내가 얘기하리다. 나는 할 얘기가 많으니까.

생각해 봐요, 지금이 어떤 시대인지! 그리고 나와 당신은 이런 시대에 살고 있소! 영원처럼 긴 세월 속에 한 번 있을까 말까 한 가공할 일이 일어나고 있는 거요. 생각해 보시오, 온 러시아에서 지붕이 날아가고 정신을 차리고 보니 우리는 모든 나로드와 함께 길바닥에 있었소. 그리고 우리를 감시하는 자는 아무도 없소. 자유! 진정한 자유! 그것도 말이나 요구뿐인 자유가 아니라, 기대를 넘어서서 하늘에서 뚝 떨어진 자유, 오해로 인한, 생각지도 못한 자유 말이오.

그리고 모든 것이 어쩌면 이토록 정신이 아득해질 만큼 거대한지! 당신도 느끼고 있소? 한 사람 한 사람이 자기 자신에 의해, 자신이 발견한 영웅적인 힘에 의해, 스스로 압도되고 있어요.

그래요, 당신은 다림질을 계속하시오. 얘기는 내가 할 테니 당신은 아무 말도 하지 마시오. 지루하지 않소? 내가 다리미를 바꿔 주리다.

간밤에 나는 광장에서 열리는 집회를 관찰했소. 놀라운 광경이었소. 어머니인 루시(러시아)가 움직이기 시작했소, 그 자리에 가만히 있을 수가 없었던 거지요. 아무리 걸어도 부족하고 아무리 얘기해도 다 들려줄 수가 없소. 게다가 얘기하고 싶어 하는 건 인간뿐만이 아니라오. 별과 나무들이 모여 앞다투어 얘기하고, 밤에 피는 꽃들이 철학을 얘기하고, 그리고 석조건물들이 집회를 열고 있소. 뭔가 성서에 나오는 이야기처럼. 그렇지 않소? 사도들의 시대 같아요. 바울이 이렇게 말한 것을 기억하고 있소? '혀로 말하고 예언하라. 해석하는 재능을 주십사 기도하라'고."

"집회를 여는 나무와 별, 저도 알아요. 당신이 무슨 말을 하고 싶어 하는 건지 알고 있어요. 저 자신도 그런 일이 자주 있었거든요."

"그 반은 전쟁이 하고, 나머지 반은 혁명이 이룩했소. 전쟁은 삶의 인공적인 중단이었지. 마치 잠시 수명을 늘릴 수 있다는 듯이(완전히 어리석은 일이지!). 혁명은 너무 오랫동안 참고 있었던 한숨처럼 의지와 상관없이 저절로 터져 나온 거요. 한 사람 한 사람이 되살아나고, 새로 태어나고, 모두가 변화해 변혁을 일으켰소. 이렇게도 말할 수 있을 거요. 한 사람 한 사람이 두 개의 혁명을 겪었소. 하나는 자신의 개인적인 혁명, 또 하나는 우리 모두의 혁명. 내 생각에 사회주의—그것은 이러한 우리 개개의 혁명이 작은 강물이 되어 흘러갈 바다, 삶의 바다, 자립의 바다요. 삶의 바다라고 말했는데, 그렇소. 그 삶이란 천재적인 삶의 광경에서 볼 수 있는 삶, 창조적이고 풍부한 삶이오. 그러나 지금 사람들은 그것을 책이 아니라 자신의 몸으로, 추상적이 아니라 실제 겪어 보기로 결심한 거라오."

의사의 목소리가 떨리고 있어 그가 흥분했음을 짐작케 했다. 라리사 표도로브나는 한순간 다림질하던 손을 내려놓고 놀란 눈으로 그를 빤히 응시했다. 그는 혼란에 빠져 무슨 이야기를 하고 있었는지 잊어버리고 있었다. 잠깐 사이를 둔 뒤, 그는 다시 입을 열었다. 무모하게도 아무 얘기나 되는 대로 지껄이기 시작한 것이다.

"이럴 때일수록 성실하게 생산적으로 살고 싶은 마음이 간절하다오. 생기 있는 모든 것 가운데 하나이기를 내가 얼마나 원하는지! 그리하여 이 모든 것을 사로잡고 있는 기쁨의 절정에서, 나는 당신의, 어딘지 알 수 없는 먼 나라, 아득히 먼 미지의 나라를 떠돌고 있는 당신의 수수께끼 같은 눈길을 만나는 거요. 당신의 그 슬픈 눈빛이 사라지도록, 또 당신이 운명에 만족하고 있고 누구의 도움도 필요하지 않다는 것이 그 얼굴에 나타나도록 하기 위해, 내가 무엇을 할 수 있을까요? 누군가 당신과 가까운 사람이, 당신 친구가, 또는 당신 남편(만약 군인이라면 정말 좋겠지만)이 내 팔을 붙잡고 당신의 운명에 대해선 걱정할 필요가 없다, 신경 쓰지 않아도 된다고 말한다면, 그러면 나는 팔을 뿌리치고 손을 내저을 것이오. 그리고…… 아, 내가 제정신이 아니군! 부디 용서해 주시오."

그 목소리는 또다시 유리를 배신했다. 그는 한 손을 내저으며 돌이킬 수 없는 어색한 감정을 품은 채 일어나서 창가로 갔다. 방을 등지고 창턱에 팔꿈치를 짚고 턱을 괸 그는, 정신을 차리려고 애쓰면서 공허한 눈길로 어둠에 싸인 정원을 바라보았다.

라리사 표도로브나는 테이블과 그녀 옆 창턱 사이에 걸쳐진 다리미판을 돌아 의사 뒤로 몇 걸음 떨어진 방 한가운데에 멈춰 섰다.

"아, 이렇게 될까 봐 내가 얼마나 두려워했는데!" 그녀는 혼잣말을 하듯 조용히 말했다. "이 무슨 오해람! 유리 안드레예비치, 더 이상 아무 말 마세요. 말하면 안 돼요. 어떡해요, 당신 때문에 내가 무슨 짓을 저질렀는지 좀 보세요!" 그녀는 큰 소리로 외치면서 다리미판으로 뛰어갔다. 다리미 밑에서 눌어붙은 블라우스에서 단내가 나며 가느다란 연기가 피어오르고 있었다. "유리 안드레예비치." 그녀는 다리미를 받침접시에 화가 난 듯 소리가 나도록 내려놓고는 다시 말을 이었다. "유리 안드레예비치, 좀 더 현명해지시는 게 어때요, 잠시 마드무아젤에게 가서 물이라도 달래서 마시고 냉정을 되찾은 뒤에, 내가 평소에 알고 있고 앞으로도 보고 싶은 당신의 모습으로 이곳에 돌아오세요. 듣고 있어요, 유리 안드레예비치? 당신은 그럴 수 있다는 걸 난 알고 있어요. 그렇게 하세요, 제발."

두 사람 사이에 더 이상의 고백은 되풀이되지 않았다. 일주일 뒤 라리사 표도로브나는 떠났다.

9

얼마 뒤 지바고도 떠날 준비를 시작했다. 그가 마을을 떠나기 전날 밤 멜류제예보는 무시무시한 폭풍에 휩싸였다.

폭풍의 굉음이 폭우 소리와 한데 어우러져 때로는 수직으로 지붕을 때리고, 때로는 방향을 바꾼 바람의 맹공격을 견디지 못하고 거리를 따라 움직이면서,

미친 듯이 내리퍼붓는 성난 물결로 한 걸음 한 걸음 진지를 정복하고 있는 것 같았다.

천둥은 쉴 새 없이 으르렁거리면서 똑같이 고르게 굉음을 되풀이했다. 잠시도 쉬지 않고 번쩍이는 번개의 섬광 속에, 안쪽으로 달아나는 거리가, 같은 쪽으로 휘어져 달리는 나무들과 함께 눈에 들어왔다.

깊은 밤, 마드무아젤 플레리는 집 현관을 두드리는 요란한 소리에 잠이 깼다. 그녀는 깜짝 놀라 일어나 침대에 무릎을 모으고 앉아 귀를 기울였다. 현관을 두드리는 소리는 계속되었다.

병원에는 현관문을 열어 줄 사람이 하나도 없단 말인가, 그녀는 생각했다. 남의 뒤치다꺼리나 하는 건 나 한 사람, 이 불행한 늙은이뿐이지. 왜냐하면 난 천성이 정직하고 의무감이 강하니까.

그래, 좋아. 자브린스키 집안은 부자이고, 귀족이니 그럴 수 있다. 하지만 병원은, 집은 그들의 것이지만 병원은 국민의 것인데, 그걸 도대체 어떤 놈들에게 맡겨 버린 건가! 그 간호병들은 다 어디로 사라져 버린 건지 알고 싶군. 죄다 달아나 버렸어, 지휘관도 간호사도 의사들도 하나도 없이. 그렇지만 아직 이 건물에는 부상병들이 있고, 이전에 객실이었던 2층의 외과에는 다리가 없는 부상병이 둘이나 있어. 1층 세탁실 옆의 저장실은 이질 환자로 만원이야. 게다가 마녀 우스티냐라는 여자는 어딘가에 초대를 받고 가 버렸고. 그 바보 같은 여자, 천둥비가 내릴 것을 알고 있었던 거야. 아니, 악마가 부추긴 거겠지. 지금쯤 다른 데서 머물 더없이 알맞은 핑계가 생겼다고 좋아하고 있을걸.

아, 다행히 소리가 멎고 조용해졌군. 그래 봤자 문은 열리지 않는다는 걸 알고 포기하고 가 버린 모양이야. 그래, 이런 날씨에 악마가 아니고서야 돌아다니는 사람이 있을까. 아니, 혹시 우스티냐가 아닐까? 아니야, 그 여자는 열쇠를 가지고 있어. 어이구, 무서워라. 또 두드리고 있어.

아무래도 기분 나빠! 그런데 다들 뭐하는 거야! 지바고 선생에게 부탁할 순 없고. 그분은 내일 떠나니까, 마음은 벌써 모스크바에 날아가 있거나 아니면 여행 생각으로 꽉 차 있을 거야. 그런데 갈리울린은 뭐하는 사람이야! 이 소리를 듣고도 어떻게 잠을 잘 수가 있어? 아니면 이 힘없고 외로운 늙은이가 일어나서, 이 무서운 나라의 이 무서운 밤에 누군지도 모르는 자에게 문을 열어 주러 나가겠지 하면서 편히 누워 있는 게지.

"갈리울린!" 갑자기 그녀는 퍼뜩 깨달았다. "갈리울린이라니?" 아니, 이런 바보 같은 생각을 하다니, 내가 잠이 덜 깬 건가! 그는 지금쯤 아주 멀리 가 있을 텐데. 역에서 그 무서운 싸움이 일어나 인민위원 긴츠가 살해되었을 때, 지바고 선생과 함께 갈리울린을 숨겨 주고 평복으로 갈아입혀서 어디로 달아나면 되는지 그 길과 부근의 마을까지 알려 준 것도 바로 나였잖아! 그들은 갈리울린을 비류치에서 멜류제예보까지 쫓아와서, 총을 쏘아 대며 시내를 이 잡듯이 뒤지고 다녔지. 그런데 갈리울린이라니!

만약 그때, 장갑부대가 오지 않았더라면 마을에는 돌멩이 하나 남지 않았을 걸. 다행히도 마침 그때 장갑부대가 마을을 지나갔고, 그 바람에 주민들은 구제되고 악당들은 제압당했지.

천둥비는 서서히 잦아들더니 완전히 물러갔다. 천둥소리도 이따금 멀리서 희미하게 들리다가 사라졌다. 빗물이 조용한 소리를 내면서 나뭇잎과 홈통을 타고 흘러 떨어졌다. 번개의 섬광이 소리도 없이 마드무아젤의 방에 꽂혀 실내를 비추며 뭔가 찾고 있는 것처럼 잠깐 머물렀다.

한동안 잠잠하더니 갑자기 다시 문 두드리는 소리가 들려왔다. 누군가가 도움이 필요해 절망적으로 다급하게 두드리는 소리 같았다. 빗줄기도 다시 거세졌다.

"나가요!" 마드무아젤은 누구에게랄 것도 없이 소리를 질러 놓고는 제 목소리에 스스로 놀랐다.

뜻하지 않은 예감이 머리를 스쳤다. 그녀는 침대에서 발을 내려 슬리퍼를 신고 서둘러 가운을 입은 뒤, 지바고를 깨우러 달려갔다. 혼자서는 너무 무서웠기 때문이다. 지바고도 문 두드리는 소리를 듣고 촛불을 들고 마주 내려오는 참이었다.

"선생님, 지바고 선생님! 누가 바깥문을 두드리는데 혼자서는 무서워서 열지 못하겠어요." 그녀는 프랑스어로 소리치고 다시 러시아어로 덧붙였다. "라라 아니면 갈리울린 중위일 거예요."

유리 안드레예비치도 문 두드리는 소리 때문에 잠이 깼는데, 틀림없이 자기가 아는 사람, 어쩌면 무슨 장애가 생겨서 숨을 곳을 찾아 돌아온 갈리울린이 아니면, 무슨 어려움이 있어 여행에서 돌아온 간호사 안티포바일 거라고 생각했다.

현관에 이르자 유리는 마드무아젤더러 촛불을 들고 있으라 하고는 열쇠를 돌려 문을 열었다. 휙 돌풍이 불어와 그는 문고리를 놓치고 말았다. 그러자 촛불이 꺼지고 거리에서 차가운 빗줄기가 달려들었다.

"거기 누구요? 거기 누구 있어요? 지금 거기 누구 있어요?" 마드무아젤과 의사가 다투어 어둠을 향해 소리 질렀으나 아무 대답도 없었다.

갑자기 아까 들었던 소리가 다른 곳에서, 뒷문 쪽에서 들려왔는데, 어쩌면 그것은 정원을 향한 창문 쪽인 것 같기도 했다.

"아무래도 바람 소리였던 것 같군." 유리가 말했다. "그래도 꺼림칙하니 뒷문 쪽으로 가서 확인해 보세요. 난 여기서 기다릴 테니. 무슨 다른 원인이 아니라 정말로 누가 왔을지도 모르니까요."

마드무아젤이 집 안으로 사라지자 의사는 현관 밖의 추녀 밑으로 나갔다. 어둠에 익숙해진 그의 두 눈이 먼동이 터 오고 있는 기색을 알아차렸다.

도시 상공에서는 비구름이 마치 추격에서 필사적으로 달아나려는 것처럼 미친 듯이 달리고 있었다. 조각난 구름이 너무 낮게 날아가고 있어서, 같은 쪽으로 기울어져 있는 나무에 거의 스칠 듯이 닿았다. 그래서 휘어진 빗자루 같은 구름이 하늘을 쓸고 있는 것처럼 보였다. 빗줄기가 건물의 나무벽을 때려 잿빛이 검은색으로 변해 있었다.

"어때요?" 유리가 돌아온 마드무아젤에게 물었다.

"선생님 말씀이 맞았어요. 아무도 없어요." 그녀는 온 집 안을 둘러보았다고 말했다. 보리수나무 가지 하나가 식기실 유리창을 때려 창문이 깨지는 바람에 마룻바닥에 여기저기 커다란 웅덩이가 생겼고, 라라가 지내던 방도 바다, 진짜 바다, 완전히 대양이 되어 있다고 말했다.

"여기 덧문이 빠져서 창문을 장식하는 문틀을 때리고 있었던 거예요. 보이죠? 이게 모든 걸 설명해 주네요."

그들은 조금 더 말을 주고받다가 문을 잠그고 각자 잠을 자러 갔다. 이때 두 사람은 불안이 기우였음을 알고 다소 실망했다.

그들이 확신하고 있었던 것은, 현관문이 열리면 자신들이 아주 잘 알고 있는 여성이 뼛속까지 젖어 떨면서 집 안으로 들어서리라는 것이었다. 그러면 그녀가 물기를 닦는 동안 질문을 퍼부을 것이다. 이윽고 그녀는 옷을 갈아입고, 어제의 온기가 아직 남아 있는 부엌 난로에서 머리를 말릴 것이다. 그리고 머리를 다시 매만지고 소리내어 웃으면서 여행 도중에 겪은 수많은 고난에 대해 들려 줄 것이다.

그들은 그것을 확신한 나머지, 문에 자물쇠를 채우고 잠자리에 들었을 때까지도 그 확신의 여운이 그대로 남아, 거리 모퉁이에 서 있는 그녀의 이미지가 언제까지나 어른거리는 것이었다.

10

역에서 일어났던 군대의 소요에 대해, 그 간접적 원인이 비류치의 전신기사 콜랴 프롤렌코에게 있다는 소문이 나돌았다.

콜랴는 멜류제예보의 유명한 시계 수리공의 아들이었다. 멜류제예보 사람들은 그에 대해 어린 시절부터 잘 알고 있었다. 소년 시절의 그는 라즈돌리노예의 하인들 가운데 누군가의 집에 머물면서, 마드무아젤의 감시 아래 그녀의 제자인 백작 부인의 두 딸과 함께 놀곤 했다. 마드무아젤은 콜랴를 잘 알고 있었다. 그때 그는 프랑스어를 조금 할 줄 알게 되었다.

멜류제예보 사람들에게, 그가 날씨에 상관없이 언제나 맨몸으로 모자도 쓰지 않은 채 여름 운동화를 신고 자전거를 타고 다니는 모습은 늘 익숙한 광경이었다. 핸들을 잡지 않고 팔짱을 낀 채 신작로를 따라 질주하는 동안, 전신주와 전선을 바라보면서 전선망을 점검했다.

시내의 몇몇 집들은 철도 전화의 지선과 이어져 있었다. 그 지선의 관리는 역사(驛舍) 안 제어실에 있는 콜랴의 손 안에 있었다.

그곳에서 그는 눈코 뜰 새 없이 바쁘게 보내야 했다. 철도전보, 전화, 그리고 이따금 역장인 포바리힌이 잠시 자리를 비울 때 신호를 하거나 폐쇄신호를 보내는데, 그 장치 또한 역의 제어실에 있었다.

한 번에 여러 개의 기계를 조작할 필요성에서 콜랴는 특별히 고안된 말투를 썼다. 그 결과는 애매하고 단편적이며 수수께끼 같아서, 누군가에게 대답하고 싶지 않거나 얘기하고 싶지 않을 때 콜랴는 그 말투를 썼다. 그 혼란이 일어났던 날에도 그가 바로 이 말투를 지나치게 썼다는 얘기였다.

그의 고의적인 침묵 때문에, 시내에서 전화를 걸어 온 갈리울린의 선한 의도는 모두 허사가 되었고, 그 결과 본의 아니게 그 뒤 사건이 돌이킬 수 없는 쪽으로 전개되었다고 할 수 있다.

갈리울린은 전화를 걸어, 역사 안이나 근처 어딘가에 있을 인민위원을 관리실에 호출해 달라고 부탁했다. 자신이 벌채지에 갈 테니, 그때까지 아무 행동도 하지 말고 기다려 달라는 것이었다. 그런데 콜랴는 지금 비류치로 가고 있는 열차에 보내는 신호 연락 때문에 전화 회선이 꽉 찼다는 구실로 갈리울린의 요청을 거절했다. 게다가 출동 요청을 받은 카자크 기병들을 태우고 비류치로 가는 이 열차를 거짓말을 둘러대며 가까운 대피선에 묶어 두고 있었다.

그래도 이 수송열차가 선로에 들어오자, 콜랴는 불만을 감출 수가 없었다.

증기기관차가 서서히 플랫폼의 어두운 지붕 밑으로 들어와서, 관리실의 커다란 유리창 바로 맞은편에 멈춰 섰다. 콜랴는 좌우 가장자리에 철도국의 머리글자를 새겨 넣은 묵직한 감색 커튼을 활짝 열어젖혔다. 돌로 만든 창턱에는 커다란 물병과 아무렇게나 깎은 두꺼운 유리컵이 커다란 쟁반에 놓여 있었다. 콜랴는 컵에 물을 따라 몇 모금 마시고는 창문 밖을 내다봤다.

기관사가 콜랴를 알아보고 운전대에서 그에게 친근하게 인사를 보냈다. '윽, 쓰레기 같은 녀석, 저 노린재 같은 놈이!' 콜랴는 증오심과 함께 그렇게 생각하면서 기관사에게 혀를 쑥 내밀고는 주먹으로 위협하는 시늉을 했다. 기관사는 콜랴의 몸짓을 알아챘을 뿐만 아니라, '그럼 어쩌란 말이야? 당신이 해 봐. 당신 맘대로!' 하고 대답하듯 어깨를 으쓱하고는 열차 뒤로 고개를 돌렸다. '멋대로 해라, 이 더러운 악당놈아!' 콜랴가 표정으로 대꾸했다.

차량에서 말들이 끌려나왔다. 말은 다리를 뻗대며 움직이려고 하지 않았다. 차량 출구의 널빤지 계단을 지나갈 때의 둔중한 말발굽 소리가 플랫폼의 돌을 디딜 때 편자에서 나는 쇳소리로 바뀌었다. 뒷발로 일어선 말들이 여러 개의 레일을 가로질러 끌려갔다.

두 줄로 늘어선 폐차량이 잡초가 무성한 두 줄의 녹슨 철로를 가로막고 있었다. 망가진 가축 운반 차량은 빗물에 페인트가 벗겨지고, 부서진 나무들이 구더기와 습기 때문에 썩어서, 본디 그것이 있었던 축축한 숲의 상태로 돌아가 있었다. 차량 맞은편에서 시작되는 숲에서는 자작나무를 좀먹는 말굽버섯이 자라고 있고, 숲 위에는 구름 떼가 뒤덮여 있었다.

숲 가장자리에서 카자크 기병들이 명령 한마디에 말에 올라타더니 벌채지를 향해 내달렸다.

212연대 출신의 폭도들은 포위되었다. 기병은 숲 속에서는 벌판에서와 달리,

언제나 키가 훨씬 더 크고 위압적으로 보이게 마련이다. 폭도들도 오두막에 라이플총을 가지고 있었지만 카자크 기병에게 제압되고 말았다. 카자크 기병이 칼을 빼들었다.

기병들이 둘러싼 가운데 긴츠는 무너지지 않도록 가지런히 쌓아 올린 장작더미 위로 뛰어오르더니, 포위된 병사들을 향해 연설을 시작했다.

그는 다시금 전사의 의무와 조국의 의미, 그 밖의 온갖 고상한 문제들에 대해 얘기했다. 그러나 여기서는 그런 개념은 공감을 얻을 수 없었다. 이 군중은 수가 너무 많았다. 사람들은 전쟁에서 온갖 고통을 겪어 난폭해지고 지쳐 있었다. 긴츠가 하는 연설은 오래전부터 귀에 못이 박이도록 들어 온 말이었다. 넉 달이나 이어진 우익과 좌익의 감언이설에 사람들은 지쳐 있었다. 이 군중의 대부분을 차지하는 평민에게는, 긴츠라는 비러시아적인 성(姓)과 그의 페테르부르크식 발음은 아니꼽게 들렸다.

긴츠는 자기가 너무 장황하게 얘기하고 있다는 걸 느끼고 자신에게 화가 났지만, 청중이 잘 알아듣게 하기 위해서는 어쩔 수 없다고 생각했다. 그러나 청중은 감사 대신 무관심과 적대적인 지루한 표정으로 응답했다. 차츰 울화가 치민 그는 이 대중에게 더욱 단호하게 얘기하기로 결심하고, 지금까지 자제하고 있었던 협박을 꺼내 들었다. 군중 속에서 일어나는 술렁거림을 듣지 못한 그는 끓어오르는 불만의 목소리에 귀를 기울이지 않고, 군사혁명재판소가 제정되어 기능하고 있음을 병사들에게 상기시키고 사형으로 위협하면서 무장해제와 주모자의 인도를 요구했다. 만일 그에 따르지 않으면, 그들은 비열한 배신자이고 무지한 불량배, 주제넘은 상놈이라고 말했다. 그들은 이러한 협박에는 이미 익숙해져 있었다.

수백 명의 목소리가 신음처럼 일어났다. "잘도 지껄이는구먼. 멋대로 해 보라지. 얼마든지." 어떤 자들이 낮은 목소리로 악의 없이 소리쳤다. 그러나 곧 증오로 사나워진 고함이 높고 날카롭게 울려 퍼졌다. 그 목소리에 모두 귀를 기울였다. 그들은 이렇게 외치고 있었다.

"여러분, 놈이 욕질하는 소리 들었소? 눈곱만큼도 변하지 않았어! 장교놈들의 수법은 언제나 똑같아! 우리가 반역자라고? 그렇다면 나리님, 당신은 도대체 뭐요? 당신하고는 상대하고 싶지 않아. 모르겠어? 당신은 독일 사람, 몰래 숨어들어온 스파이 아니오? 이보시오, 고귀하신 양반. 신분증 좀 보여 주시오!

그런데 당신들은 왜 그렇게 입만 쩍 벌리고 있는 거지? 진압하러 온 것 아닌가? 어서 하지 않고 뭐하시나? 구속해, 우리를 잡아 잡수라고!"

긴츠의 연설은 카자크 기병들에게도 갈수록 반감만 사고 있었다. "우리 모두가 상놈이고 돼지란 말이야? 제 놈은 도대체 무슨 양반님이기에!" 그들은 작은 목소리로 속삭여 댔다. 처음에는 한 사람씩이었지만 이윽고 너나없이 칼을 칼집에 집어넣기 시작했다. 그리고 차례차례 말에서 내렸다. 말에서 내린 수가 충분해졌을 때, 그들은 저마다 212연대를 향해 숲 속의 넓은 장소로 이동했다. 모두가 뒤섞였다. 적병과의 연대가 시작되었다.

"어떻게든 눈에 띄지 않게 사라져야 합니다." 불안해진 카자크 장교들이 긴츠에게 말했다. "건널목 근처에 당신 차가 있소. 그 차를 가까이 가져오도록 사람을 보내겠소. 빨리 떠나시오."

긴츠는 그렇게 하기로 했으나 몰래 달아나는 것이 도무지 내키지 않아서, 그는 조심스럽게 행동하지 않고 거의 당당하게 역 쪽으로 걸어갔다. 그는 무척 흥분한 상태였으나 자존심 때문에 일부러 서두르지 않고 태연하게 나아갔다.

역에 거의 다 왔을 때였다. 숲이 역에 맞닿아 있고 이미 선로가 보이는 곳에서 그는 처음으로 뒤를 돌아다보았다. 라이플총을 든 병사들이 그의 뒤를 따라와 있었다. '어쩌려는 거지?' 긴츠는 걸음을 재촉했다.

뒤를 쫓아오는 자들도 똑같이 걸음이 빨라졌다. 그와 뒤쫓는 자들 사이의 간격은 똑같이 유지되었다. 앞쪽에 망가진 폐차량으로 이루어진 두 줄의 벽이 나타났다. 그 차량들 뒤로 돌아간 긴츠는 냅다 달리기 시작했다. 카자크 기병을 싣고 온 기차가 조차장(操車場)에 들어가 있었다. 선로는 텅 비어 있었다. 긴츠는 선로를 가로질러 달렸다.

그가 껑충 뛰어 플랫폼에 올라선 바로 그때, 망가진 폐차량 뒤에서 그를 쫓아온 병사들이 달려 나왔다. 포바리힌과 콜랴가 긴츠에게 뭐라고 외치면서, 안에서는 구해 줄 수 있으니 역사 안으로 들어오라고 손짓했다.

그러나 또다시 몇 세대에 걸쳐 배양된, 도시적이고 자기희생적이지만 여기서는 아무 짝에도 쓸모없는 명예심이, 살아남을 수 있는 길을 막아 버렸다. 그는 초인적인 의지력으로 마구 방망이질하는 가슴의 동요를 가라앉히려고 애썼다. '형제들, 미망에서 깨어나시오, 내가 어째서 스파이란 말이오?' 그들에게 그렇게 소리쳐야 한다고 생각했다. '그들을 진정시키고 깨어나게 할 수 있는 감동적

인 말이 있을 텐데.'

그는, 지난 몇 달 동안의 영웅적인 행위와 영혼의 외침의 감각이 무의식적으로 널빤지 위나 연단, 의자 위와 결부되어 있었기에, 그런 것에 올라가기만 하면 군중을 향해 호소력을 발휘, 효과적인 연설을 할 수 있었다.

역사 옆에 매달려 있는 종 밑에 높은 소화용 물통이 있었다. 그것은 뚜껑이 꼭 닫혀 있었다. 긴츠는 그 위에 뛰어올라, 다가오는 자들을 향해 마음을 사로잡는 초인적이고 지리멸렬한 대사를 늘어놓았다. 열려 있는 역사 문까지 겨우 몇 걸음밖에 남지 않아서 쉽사리 그곳으로 달아날 수 있는데도 너무나 대담하게 나오는 그의 행동에, 병사들은 아연실색해 그 자리에 못 박힌 듯 섰다.

그러나 긴츠는 통 위 뚜껑의 가장자리에 서 있었다. 그의 무게로 한쪽 발이 물속에 빠지고 다른 한쪽은 통 테두리에 걸렸다. 그는 물통 가장자리에 사타구니가 걸쳐진 모습이었다.

병사들은 그 망측한 꼴에 웃음을 터뜨렸다. 맨 앞에 있던 누군가가 이 불운한 긴츠의 목에 총을 한 방 쏘아 즉사시켰고, 다른 자들이 달려들어 죽은 그를 총검으로 마구 찔러 댔다.

11

마드무아젤은 콜랴에게 전화를 걸어 의사가 열차에 쾌적하게 탈 수 있도록 선처해 달라고 말하면서, 만약 그렇게 하지 않을 때는 콜랴에게 불리한 사실을 폭로하겠다고 으름장을 놓았다.

마드무아젤의 전화를 받았을 때 콜랴는 늘 그렇듯이 다른 전화를 받고 있었는데, 그는 무슨 암호문을 전보로 전하고 있는 것 같았다.

"프스코프, 북부위원회 코모세프입니다. 내 말 들려요? 무슨 반란자요? 어느 쪽이오? 마드무아젤, 당신은 무슨 일이오? 이 거짓말쟁이 손금쟁이야. 제발 수화기 좀 내려놔요. 일 방해하지 말고. 프스코프, 코모세프, 프스코프입니다. 36.015. 아휴, 개나 물어 가라지. 리본을 찢어 버렸다. 아, 아? 안 들려요. 또 당신이오, 마드무아젤? 내 당신에게 러시아어로 얘기했죠. 안 돼요, 안 돼. 포바리힌에게 부탁해 보시오. 이 거짓말쟁이, 손금쟁이야. 35······ 젠장, 마드무아젤, 제발 방해하지 말아요."

그러나 마드무아젤은 아랑곳 않고 이렇게 말했다.

"이쪽은 손금쟁이, 프스코프, 프스코프. 당신, 날 속이려 들면 안 돼. 난 깨끗한 물속을 보듯 당신 마음을 꿰뚫어 본다고. 내일은 틀림없이 의사를 열차에 태워 줘야 해. 그렇게만 해 준다면 더 이상 사람을 죽인 가리옷의 유다처럼 굴지 않을게. 이 꼬마 유대인 반역자."

12

유리 안드레예비치가 떠나던 날은 몹시 무더웠다. 그저께처럼 다시 천둥비가 몰려올 것 같았다.

진흙으로 지은 오두막과 해바라기 씨앗이 흩어져 있는 역 주변 마을의 거위들이, 천둥 치는 시커먼 하늘에 하얗게 질려 있는 것처럼 보였다.

역 건물과 인접해 있는 넓은 들판이 양쪽으로 멀리 뻗어 있었다. 들판의 풀은 저마다 다양한 방향으로 가는 열차를 몇 주일씩 기다리고 있는 엄청난 수의 사람들로 뒤덮여 마구 짓밟혀 있었다.

그 사람들 사이를 잿빛 모직 외투를 입은 노인들이 소문이나 정보를 얻어듣기 위해, 따가운 햇살은 아랑곳하지 않고 돌아다녔다. 열네 살쯤 된 미성년자들은 가축을 지킬 때처럼 잎을 훑어낸 가느다란 나뭇가지를 한 손에 들고 한쪽 팔꿈치를 짚은 채 아무 말 없이 옆으로 누워 있었다. 그 발밑에서는 속옷만 입은 그들의 동생들이 장밋빛 등을 드러내고 놀고 있었다. 그들의 어머니들은 아무렇게나 입은 모직코트 속에 초췌한 젖먹이를 안고 다리를 쭉 뻗어 땅바닥에 퍼질러 앉아 있었다.

"사격이 시작되자 사람들이 양 떼처럼 사방으로 흩어졌지요. 기분이 정말 더럽더군요!" 포바리힌 역장이 반감을 담아 말한 뒤, 역사 문 앞과 대합실 바닥에서 혼숙하고 있는 사람들 사이를 지그재그로 헤치면서 의사를 안내했다.

"갑자기 잔디밭이 텅 비었죠! 흙의 감촉을 다시금 느끼게 되었어요. 기뻤습니다! 넉 달 동안이나 이런 난민들 때문에 흙 구경을 못해 잊고 있었거든요. 보세요, 여기서 그가 쓰러졌습니다. 놀라운 사건이었어요. 저는 이 전쟁 동안 온갖 무서운 일들을 겪었지만, 그래도 익숙해지지가 않는군요. 커다란 슬픔이 이곳을 덮쳤어요! 도대체 무엇 때문에? 그 사람이 그들에게 무슨 잘못을 했다고 그러는지, 참 그건 사람이 할 짓이 아닙니다요! 듣기로는, 그 사람은 집안의 자랑이었다고 하더군요. 예, 이번에는 오른쪽으로. 예, 맞아요, 이쪽으로. 내 사무실로 갑시다. 이번 열차는 타실 생각 마십시오, 죽을 만큼 복잡하니까요. 선생님을 위해 다른 근거리 열차를 마련하겠습니다. 우리가 직접 편성하는데 곧 시작할 겁니다. 다만 올라타기 전까지는 절대로 누구에게도 말해서는 안 됩니다! 사람들 귀에 들어가면 차량을 연결하기도 전에 그들이 벌 떼처럼 몰려올 겁니다. 오늘 밤에 수히니치에서 열차를 갈아타십시오."

13

비밀리에 편성된 열차가 차고 뒤쪽에서 역 쪽으로 후진해 오기 시작하자, 들판에 있던 사람들이 곧장, 천천히 뒤로 선로에 들어서는 열차를 향해 세차게 달려들었다. 사람들은 곳곳의 언덕에서 완두콩처럼 구르다시피 내려와서 길의 흙무덤으로 뛰어 올라갔다. 서로 밀치락달치락하면서, 어떤 자들은 차량 사이의 완충기와 발판에 뛰어오르는가 하면, 또 어떤 자들은 차량의 창문과 지붕 위로 기어올랐다. 서기도 전인 눈 깜짝할 사이에 통조림처럼 꽉 찬 열차가 플랫폼에 들어섰을 때는, 꼭대기에서 맨 아래까지 승객들이 빈틈없이 매달려 있었다.

의사는 거의 기적적으로 승강구에 올라선 뒤, 뭐라 설명할 수 없는 방법으로 어쨌든 차량의 통로까지 들어갈 수 있었다.

그는 여행하는 동안 내내 그 통로 바닥에 내려놓은 자신의 짐짝 위에 걸터앉아 수히니치까지 갔다.

시커먼 구름도 벌써 흩어지고 없었다. 따가운 햇살에 덴 들판 끝에서 끝까지 그칠 새 없이 울어 대는 귀뚜라미 소리가 열차 소리마저 뒤덮어 버렸다.

창가에 서 있던 승객들이 다른 사람들에게 가는 빛을 가리고 있었다. 그 때문에 바닥과 벤치와 칸막이 위로 두세 배나 되는 기다란 그림자가 떨어져 있었다. 찻간 속의 그 그림자는 내내 줄어들지 않고 반대쪽 창문으로 쫓겨나가, 질주하고 있는 열차 전체의 그림자가 합쳐져서 노반의 비탈면 위를 함께 달려갔다.

주위에 있는 사람들은 시끄럽게 떠들거나 큰 소리로 노래를 부르고, 서로 욕지거리를 퍼부으면서 카드놀이를 하고 있었다. 역에 닿을 때마다 열차 밖에서 나는 함성과 안에서 떠드는 목소리가 한데 뒤섞였다. 사람들이 와글거리는 소리가 귀청을 찢는 해명(海鳴)처럼 울려 퍼졌다. 그리고 바다에서와 마찬가지로, 열차가 서 있는 동안 갑자기 형언할 수 없는 적막이 찾아왔다. 열차 전체를 따라가는 빠른 발걸음, 화물차량 옆의 분주한 움직임과 옥신각신, 멀리서 전송하는 사람들이 저마다 던지는 말소리, 암탉이 조용히 꼬꼬댁거리는 소리, 역사 마당의 나무들이 술렁거리는 소리 등이 들려왔다.

그런 가운데, 마치 여행길에 타전된 전보나 멜류제예보에서 보내는 인사처럼, 유리 안드레예비치에게 보내온 듯한 친숙함의 그득한 향기가 차창 밖에서 흘러들어 왔다. 그것은 어딘가 옆쪽에서 자랑스럽게 자신을 과시하면서 들꽃이나 화단의 꽃보다 높은 곳에서 풍겨 왔다.

의사는 사람들 때문에 창가에 다가갈 수가 없었다. 그러나 그는 보지 않고도 그 나무들을 상상 속에 보고 있었다. 그것은 틀림없이 바로 가까이에 서서, 그 커다란 가지를 펼쳐 차량 지붕으로 뻗고 있으리라. 철도의 혼잡 때문에 먼지를 잔뜩 뒤집어쓴, 밤처럼 어둡고 무성한 잎사귀에는 납빛의 작은 별처럼 반짝거리는 꽃들이 자잘하게 흩뿌려져 있었다.

그것은 기차를 타고 가는 동안 내내 되풀이되었다. 어디에나 군중의 소음이 들려오고, 어디에나 보리수나무가 꽃을 피우고 있었다.

마치 북쪽을 향해 달리는 열차를 따라가고 있는 것처럼 가는 곳마다 감돌고 있는 그 향기는, 모든 대피선과 초소, 간이역을 넘어서 난무하는 소문 같았고, 승객들은 그 소문을 가는 곳마다 퍼뜨리며 확신시키고 있었다.

14

밤에 수히니치에 도착하자, 옛날 사람처럼 친절한 짐꾼이 의사를 안내했다. 짐꾼은 함께 불빛이 없는 노선을 따라 걸어간 뒤 이제 막 들어온, 열차시각표에도 나와 있지 않은 임시열차 이등칸 뒤쪽에 그를 태워 주었다.

짐꾼이 곁쇠로 뒷문을 열고 승강구에 의사의 짐을 올리자, 곧바로 두 사람을 하차시키려 하는 차장과 짧은 실랑이가 벌어졌다. 그러나 유리 안드레예비치가 사정하자 난처해 하던 차장은 결국 어딘가로 사라지고 말았다.

이 비밀열차는 특별 임무를 띠고 있어서, 빠른 속도로 달리다가 잠깐씩 멈추며 군인들이 경비를 서고 있었다. 객실은 텅 비어 있었다.

지바고가 들어간 객실에는 작은 탁자 위에서 촛농을 떨어뜨리며 촛불이 밝게 타오르고 있었다. 그 불꽃이 열어 둔 창문에서 들어오는 바람 때문에 일렁거렸다.

촛불은 이 객실의 단 한 사람뿐인 승객의 것이었다. 그는 금발의 젊은이로, 그 긴 팔다리로 보아 키가 무척 큰 사람임이 틀림없었다. 그의 팔다리는 마치 잘못 붙어 있기라도 한 것처럼 꼬여 있었다. 소파 창가에 편안하게 몸을 뻗고 앉아 있던 그는 지바고가 들어오자 점잖게 반쯤 누워 있던 몸을 일으켜 바로 앉았다.

그가 앉아 있는 소파 밑에 청소용 넝마 조각 같은 것이 떨어져 있었다. 갑자기 그 넝마 조각 끄트머리가 움직이더니, 소파 밑에서 귀가 축 늘어진 포인터 한 마리가 기어 나왔다. 개는 킁킁거리면서 유리 안드레예비치를 쳐다본 다음, 키다리 주인의 꼬인 다리만큼이나 가는 다리를 부드럽게 뻗으면서 객실 이 구석 저 구석을 뛰어다녔다. 그러나 주인의 명령 한마디에 바로 소파 밑으로 기어 들어간 개는 다시 처음처럼 뭉쳐 놓은 청소용 넝마 조각 상태로 돌아갔다.

그제야 유리 안드레예비치는 총신이 두 개인 사냥총과 가죽 탄띠, 그리고 객실 고리에 매달려 있는, 새 사냥용 총알이 가득 들어 있는 가방을 알아보았다.

그 젊은이는 사냥꾼이었던 것이다.

그는 얘기하는 것을 무척 좋아해, 인상 좋은 미소를 지으면서 서둘러 의사와 얘기를 나누기 시작했다. 그는 말을 할 때마다 끊임없이 의사의 입매를 쳐다보았다.

그 젊은 사내는 목소리가 높아지면 쇳소리의 가성이 되는, 불쾌하게 날카로운 목소리를 갖고 있었다. 또 기묘한 특징이 하나 더 있었는데, 어디를 뜯어봐도 러시아인인 그가, 모음 하나를 정말 이상하기 짝이 없는 방법으로 발음하고 있는 것이었다. 그것은 바로 '우(y)'라는 모음을, 그는 프랑스어의 '위(u)' 또는 독일어의 '위(ü)'처럼 굴려서 부드럽고 길게 발음하고 있었다. 게다가 이 러시아어 모음 '우(y)'를 올바르게 발음하는 것이 그에게는 몹시 고역이었기에, 아마도 긴장하는 바람에 조금 새된 목소리가 나와서 그 모음을 다른 모든 모음보다 큰 소리로 말하는 것 같았다. 처음에는 다음과 같은 말을 듣고 유리 안드레예비치는 무슨 소린지 알아들을 수가 없었다.

"저는 어제 유우뜨라(아침)까지 유우또나(오리)를 사냥하고 있었습니다."

이따금 자신의 발음에 특별히 주의를 기울였을 때는 그도 이 실수를 극복했지만, 깜박 잊어버리고 등한시하면 이내 실수가 되풀이되었다.
'도대체 왜 그럴까?' 지바고는 생각했다. '어느 책에서 읽은 기억이 있어, 본 적이 있다고. 의사로서 알아 두어야 했는데 까맣게 잊어버리고 있었어. 조음 음운장애를 일으키는 다양한 원인이 있었는데.' 그런데 그의 말소리가 너무 우스꽝스러워서 참을 수가 없었다. '도대체 대화가 되지 않아. 차라리 침대로 올라가 자는 게 낫겠다.'

의사는 침대로 올라갔다. 그가 상단 침대에 들어가자 젊은이가, 촛불을 끌까요, 주무시는 데 방해가 되지 않겠습니까? 하고 물었다. 의사는 이 제안을 고맙게 받아들였다. 젊은이는 촛불을 껐다. 어두워졌다.

기차간의 창틀이 반쯤 내려져 있었다.

"창문을 닫는 게 낫지 않을까요?" 유리 안드레예비치가 물었다. "당신은 도둑이 무섭지 않소?"

이웃은 아무 대답이 없었다. 유리 안드레예비치가 다시 한 번 큰 소리로 되풀이했으나, 상대는 여전히 대답하지 않았다.

유리 안드레예비치는 성냥을 켜 보았다. 자기 이웃이 무엇을 하고 있는 건지, 그가 이런 한순간 사이에 객실에서 나간 것은 아닌지, 또 잠든 건 아닌지, 아니면 뭔가 이상한 일이 있는 건 아닌지 확인하기 위해서였다.

그러나 아무 일도 없었고, 그는 눈을 뜨고 자기 자리에 앉은 채 의사를 바라보며 웃었다.

성냥불이 꺼졌다. 유리 안드레예비치는 다시 성냥불을 켜고, 그 불빛 속에서 설명해 달라는 듯이 세 번째로 물었다.

"좋으실 대로 하십시오." 사냥꾼이 금방 대답했다. "저에게는 훔쳐 갈 만한 물건이 없습니다. 하지만 창문은 닫지 않는 것이 좋겠습니다. 더우니까요."

'맙소사!' 지바고는 생각했다. '이상한 친구로군, 아무래도 밝은 데서만 얘기하는 데 익숙한 모양이야. 게다가 방금 그는 얼마나 정확하게 발음하던가. 아까와 같은 실수는 전혀 하지 않잖아! 으음, 도무지 모르겠어.'

15

의사는 자신이 지난 일주일 동안 있었던 일들과 여행 준비, 출발 전의 흥분, 그리고 이른 아침부터 열차에 시달려 녹초가 되도록 지쳐 있음을 느꼈다. 그래서 편안하게 몸을 눕히기만 하면 금세 잠들어 버릴 줄 알았다. 그러나 그렇게 쉽지가 않았다. 극단적인 피로 때문에 오히려 잠이 더 오지 않았다. 그는 새벽이 다 되어서야 가까스로 잠이 들었다.

그의 머릿속에 오랫동안 떠돌던 생각들이 소용돌이치고는 했다. 그것은 두 개의 실타래처럼, 때때로 마구 뒤엉키고는 했다.

그 하나는 토냐와 집, 예전의 소박한 생활에 대한 상념이었다. 그 생활에서는 아무리 하찮은 일이라도 시정(詩情)이 풍부하고 성실하고 맑은 기운으로 가득 차 있었다. 의사는 헤어진 지 벌써 2년이 넘은 지금이지만, 그 생활이 못내 걱정되었다. 그들이 아직도 무사하고 평온하기를 간절히 바라면서, 야간급행열차를 타고 애타게 그리운 마음으로 그 생활을 향해 달려가고 있었다.

혁명에 대한 충성과 환희, 모두 그 삶 속에 들어 있었다. 그것은 중류계급이 받아들인 혁명이고, 시인 블로크를 숭배했던 1905년, 아직 학교에서 공부하던 젊은이들이 혁명에 부여한 의미 안에서의 혁명이었다.

그 익숙하고 친근한 하나에는 새로운 것에 대한 징조가 들어 있었다. 전쟁 전인 1912년과 14년 사이에 러시아의 사상, 러시아의 예술, 러시아의 운명, 러시아 전체의 운명, 그리고 지바고 자신의 운명에 대해, 그 지평선상에 나타났던 미래에 대한 약속과 전조였다.

전쟁이 끝난 뒤에는 그것을 더욱 혁신하고 계속하기 위해, 긴 외출에서 집으로 돌아가듯이 그 조류를 향해 돌아가려 하고 있었다.

또 다른 새로운 것은 사색이었다. 그것은 무척이나 새로운 것이었다! 낡은 것에 의해 준비된 그것은 그에게는 익숙한 것이 아니었다. 현실이 명령한, 의지와 상관없이 절대로 침범할 수 없는 그것은 충격과도 같이 갑작스럽고 새로웠다.

그것은 바로 전쟁이었다. 전쟁의 유혈과 참화, 전쟁의 유민화와 황폐화였다. 그 새로움은 전쟁 속에서 삶의 시련을 겪으며 맛볼 수 있었다. 전쟁이 데려다 준 변방의 땅에서, 전쟁으로 만난 사람들을 통해 얻게 되었다. 혁명 또한 그 새로운 것에 속했다. 그러나 그것은 1905년 전야의 대학풍으로 이상화된 혁명이 아니라, 지금 현재의, 전쟁에서 태어나 피투성이가 된 무엇과도 견줄 수 없는 병사의 혁명이며, 그 불가항력을 너무나 잘 알고 있는 볼셰비키가 조종하는 것이었다.

전쟁에 의해 어딘지도 모르는 곳으로 내던져진 간호사 안티포바도 그 새로운 것에 속했다. 유리에게 그녀의 인생은 완전히 베일에 가려 있었다. 그녀는 무슨 일에서든 누구를 비난하거나 신세를 한탄하지도 않으며, 신비스러울 만큼 말수가 적고 게다가 그 침묵에 의해 무척 강해지는 사람이었다. 그는 온 힘을 다해 그녀를 사랑하지 않겠다고 노력했는데, 그것은 바로 그가 평생토록 가족과 이웃에 대해서는 말할 것도 없고 모든 사람을 사랑으로 대하려고 한 것과 같은 노력이었다.

열차는 전속력으로 달려갔다. 열린 창문을 통해 바람이 들어와, 유리 안드레예비치의 머리를 헝클어 놓고 먼지투성이로 만들었다. 밤의 정거장에서는 낮과 똑같은 일이 일어나, 군중은 날뛰고 유자나무는 쏴아 소리를 내며 이파리를 흔들었다.

이따금 밤의 깊은 어둠 속에서 마차들이 역을 향해 덜커덕거리며 달려갔다. 사람의 목소리와 바퀴의 굉음이 수풀의 술렁거림과 한데 뒤엉켰다.

그런 순간이면 무엇이 수풀을 술렁거리게 하고, 무엇이 그러한 밤의 그림자들을 서로 가까이 다가가게 했는지, 졸고 있는 듯한 우거진 나뭇잎들이 알아들을 수 없는 말로 무엇을 속삭이는지 이해할 수 있을 것 같았다. 유리 안드레예비치는 2층 간이침대에서 몸을 뒤척이며 생각했다. 갈수록 흥분되어 가는 러시아에 대한 소식, 혁명에 대한 소식, 혁명이 맞서고 있는 운명이라는 과제에 대한 소식, 혁명의 궁극적이고 최종적인 거대함에 대한 소식이었다.

16

이튿날 유리는 느지막하게 일어났다. 열한 시가 넘어 있었다. "마르키스(공작), 마르키스!" 옆자리 승객은 말을 듣지 않는 애견을 작은 소리로 달랬다. 유리 안드레예비치는 객차 안에는 여전히 이 사냥꾼과 단둘뿐이고, 기차에는 더 이상 아무도 태우지 않았다는 사실에 새삼 놀라움을 느꼈다. 역을 지나칠 때마다 눈에 들어온 역명은 어린 시절부터 알고 있는 이름들이었다. 열차는 칼루가 주를 지나 모스크바 주 깊숙이 들어가고 있었다.

의사가 전쟁 전에 설비된 열차 화장실에 가서 볼일을 본 뒤 객실로 돌아가자, 그의 흥미로운 동승객이 아침 식사를 준비해 주었다. 이제 유리 안드레예비치는 느긋하게 그를 관찰할 수 있었다.

매우 말이 많은 것과 몸을 자주 움직이는 것이 그 인물의 두드러진 특징이었다. 아무튼 얘기하는 것을 좋아하는 이 정체불명의 인물에게 중요한 것은 대화가 아니라, 소리내어 말하는 것, 즉 목소리를 내는 거였다. 이야기를 하면서 그는 스프링이 튀어오르듯이 소파에서 뛰어오르고, 까닭도 없이 큰 소리로 웃고, 스스로 만족하면서 재빨리 손을 비비곤 했는데, 그래도 아직 자신의 기쁨을 다 표현하지 못했다고 느끼면 눈물이 날 만큼 웃으면서 두 손으로 무릎을 때렸다.

또다시 간밤에 했던 것과 똑같은 기묘한 대화가 되풀이되었다. 이 낯선 인물은 놀랄 만큼 일관성이 없었다. 그는 때로는 묻지도 않았는데 자신에 대해 진지하게 고백하는가 하면, 때로는 아무런 반응도 없이 하찮은 질문에는 대답도 하지 않았다.

그는 자신에 대한 환상적이고 모순된 정보를 어수선하게 마구 쏟아놓았는데, 아마도 실제 이상으로 과장하고 있는 것처럼 보였다. 명백하게 자신의 과격한 견해로 보편적으로 인정되는 모든 생각을 부정함으로써 효과를 얻으려는 것 같았다.

그것은 그가 알고 있는 무언가를 생각나게 했다. 과거의 허무주의자들이 그러한 급진주의 정신을 얘기했고, 그 뒤에는 도스토옙스키의 몇몇 주인공들이 그랬다. 그리고 바로 최근의 일이지만 그들의 직계들이 그것을 물려받았다. 즉 교양 있는 러시아 시골 계급이 하나같이 그랬던 것이다. 왜냐하면 두 수도에서 더 이상 인기를 얻지 못하고 사장된 사상이 변방에서 계속 보존되고 있었기에 수도를 앞서가는 현상이었다.

이 젊은 사내의 얘기에 의하면 그는 어느 유명한 혁명가의 조카이며, 부모는 그 반대로, 그의 표현에 의하면 골수까지 보수 반동가인 우매한 들소 같다고 했다. 그들은 전선에서 가까운 어느 지방에 상당한 영지를 가지고 있었다. 이 젊은이는 그곳에서 자랐다. 그의 부모는 그의 숙부와 평생 적이었지만, 숙부는 원한이 깊은 사람이 아니어서 지금은 숙부의 영향력으로 부모가 많은 곤경에서 헤어날 수 있었다고 했다. 인생, 정치, 예술의 모든 문제에 있어서 과격한 볼셰비키인 이 수다쟁이 녀석은 자신도 숙부의 사상을 신봉하고 있다고 말했다. 사이비 좌익이라는 의미가 아니라, 피폐하고 공허한 미사여구라는 의미에서 또다시 《악령》의 페체니카 베르호벤스키를 연상시켰다. '다음에는 자기를 미래

파라고 소개하겠지.' 유리 안드레예비치가 그렇게 생각하고 있는데 아니나 다를까, 화제 또한 미래파로 옮겨 갔다. '다음에는 스포츠 이야기를 시작할 거고.' 의사는 잇따라 앞질러 생각했다. '경마 아니면 스케이트 링크, 또는 프랑스 격투기.' 그러자 정말 사냥 이야기를 꺼내는 것이었다.

그는 고향에서 사냥을 했었다고 말하고 자신은 뛰어난 사격수이며, 만약 병사가 되는 데 결격사유가 된 신체적 결함만 없었더라면 전쟁터에서 명저격수로서 빼어난 활약을 했을 거라고 자랑했다.

지바고의 묻는 듯한 시선을 보고 그는 흥분해 소리쳤다.

"설마요? 정말 전혀 눈치채지 못하셨습니까? 제 결함을 이미 알아차렸을 줄 알았는데요."

그는 주머니에서 카드를 두 장 꺼내 유리 안드레예비치에게 내밀었다. 한 장은 명함이었다. 그에게는 두 개의 성이 있었다. 그의 이름은 막심 아리스타르호비치 클린초프 포고렙시흐라는 것이었다. 그는 자신의 대부인 숙부에게 경의를 표해 그냥 포고렙시흐라 불러 주기를 원했다.

또 한 장은 네모칸 안에 다양한 손가락의 조합이 그려져 있는 표였다. 그것은 농아인의 수화 알파벳이었다. 한순간에 모든 것이 설명되었다.

포고렙시흐는 하르트만 또는 오스트로그라도프 학교에서도 보기 드물게 비범한 재능을 지닌 학생이었다. 즉 청각이 아니라 선생의 입모양을 눈으로 보고 말을 배워 믿을 수 없을 만큼 완벽하게 말하고, 상대가 하는 말도 그렇게 이해할 수 있었던 것이다.

유리는 문득 궁금해서 그에게 어디서 왔는지, 어느 지방에서 사냥을 했는지 물었다.

"무례를 용서하시오. 하지만 굳이 대답하지 않아도 돼요. 당신, 즈이부시노 공화국 창설과 무슨 관계가 있지 않았소?"

"아니, 어떻게 아셨죠? 그럼, 블라제이코를 아십니까? 네, 관계가 있습니다. 있고말고요! 물론 관계하고 있었습니다." 포고렙시흐는 빠르게 말하고는 기쁜 듯이 소리내어 웃으면서 지나치게 온몸을 좌우로 흔들고 자신의 두 무릎을 때렸다. 그리고 다시 이야기가 쏟아져 나왔다.

자신에게 블라제이코는 구실에 지나지 않고, 즈이부시노가 자기의 이상 실현의 기반이라고 그는 말했다. 유리 안드레예비치는 그의 생각을 따라가기가 어려웠다. 포고렙시흐의 철학은 반은 무정부주의 입장에서, 나머지 반은 순전히 사냥꾼의 허황된 이야기로 성립되어 있었다.

포고렙시흐는 예언자처럼 침착한 목소리로 곧 파멸적인 붕괴가 찾아올 거라고 예언했다. 유리 안드레예비치는 어쩌면 그것도 피할 수 없을지 모른다고 마음속으로는 생각했지만, 이 불쾌한 풋내기가 사람을 내려다보는 듯이 예언하는 권위적인 태도에 기분이 언짢았다.

"잠깐, 잠깐만." 유리가 서둘러 말했다. "분명히 그렇게 될지도 모르오. 하지만 내 생각에는 몰려오는 적의 코앞에서, 우리의 혼돈과 붕괴 속에 그렇게 위험한 실험을 해야 할 때는 아닌 것 같소. 나라를 바로잡고 또 하나의 대격변을 향해 돌진하기 전에 지금의 대격변에서 나라를 진정시켜야 합니다. 아무리 보잘것없어도 무언가 평화와 질서를 기다려야 해요."

"참 순진하시군요." 포고렙시흐가 말했다. "선생이 붕괴라고 부른 것은, 선생이 그토록 찬양하고 편애하시는 질서 같은 일반적인 현상에 지나지 않습니다. 이 붕괴는 더욱 광대하고 창조적인 계획의 합법적이고 예비적인 일부입니다. 지금의 사회 붕괴로는 아직 충분하지 않습니다. 철저하게 파괴해야 해요. 그래야만 진정한 혁명 권력이 완전히 다른 기반 위에서 사회를 조금씩 구축해 나갈 것입니다."

기분이 거북해진 유리 안드레예비치는 통로로 나갔다.

열차는 속도를 올려 모스크바 교외를 질주했다. 한순간마다 교외 별장이 밀집해 있는 자작나무 숲이 차창으로 달려왔다가 스치듯 지나갔다. 별장 사람들이 서 있는, 작은 지붕이 덮인 좁은 플랫폼이 나타났다가, 열차가 뿜어내는 자욱한 먼지구름에 싸여 달아나면서 회전목마처럼 빙글빙글 돌았다. 열차는 쉴 새 없이 기적을 울리며 달렸는데, 그 소리가 숲을 가득 채웠다가 길고 공허한 메아리가 되어 돌아왔다.

문득 지난 며칠 사이 처음으로 유리 안드레예비치는 지금 자신이 어디에 있는 건지, 자신에게 무슨 일이 일어난 건지, 한두 시간 뒤에는 무엇이 자신을 맞을 것인지 명확하게 이해했다.

3년 동안의 변화, 미지의 경험, 이동, 전쟁터에서의 죽음의 광경, 전쟁, 혁명, 대변동, 무너진 다리, 파괴의 흔적, 화재—이 모든 것이 갑자기 알맹이를 잃어버린 거대하고 공허한 장소로 변했다. 아직 이 세상에 무사히 살아남아서 돌멩이 하나까지 그리운 집을 향해, 열차를 타고 현기증이 나는 느낌으로 달려가고 있는 것이야말로, 기나긴 중단 뒤에 일어난 최초의 진정한 사건이었다. 그것이 바로 인생이고, 그것이 바로 살아남아 돌아온 경험이었다. 그것이 바로 탐험자가 쫓고 있었던 것이요, 그것이 바로 예술이 추구하는 것이었다—사랑하는 사람들 곁으로 돌아가는 것, 자기 자신에의 회귀, 삶의 회복이었다.

자작나무 숲이 끝났다. 열차는 좁은 나무 그늘에서 널찍한 공간으로 빠져나갔다. 완만한 벌판은 골짜기를 올라가면서 넓은 언덕이 되어 먼 곳으로 사라졌다. 땅 전체는 세로줄의 짙푸른 감자 이랑으로 뒤덮여 있었다. 그 언덕 꼭대기, 감자밭이 끝나는 곳에 온실에서 빠져나온 유리창이 땅에 떨어져 있었다. 언덕 맞은편, 질주하는 열차 꼬리 뒤로는 어두운 라일락빛의 거대한 비구름이 하늘에 온통 드리워져 있었다. 그 비구름 속에서 새어 나온 햇살이 사방에 빛의 바퀴를 굴리다가 온실 유리창에 닿아 눈부시게 빛났다.

갑자기 그 비구름을 뚫고 햇빛에 반짝이는 굵은 여우비가 비스듬하게 내리치기 시작했다. 빗방울은 바퀴를 덜컹거리며 전속력으로 달리는 열차에 뒤처지기라도 할까 두려운 듯 성급하게 쏟아졌다.

산 중턱에 있는 구세주 그리스도 사원이 어느 틈엔가 나타났다가 사라지고, 바로 뒤따라 교회의 둥근 지붕과 지붕, 또 굴뚝들이 보였다.

"모스크바예요." 객실로 들어선 의사가 말했다. "내릴 준비를 해야겠어요."

포고렙시흐가 벌떡 일어나더니 사냥 자루를 뒤져 가장 큰 오리를 한 마리 꺼냈다.

"받으십시오." 그가 말했다. "기념입니다. 당신과 함께 한 하루 동안 무척 유쾌한 시간을 보냈습니다."

의사가 아무리 사양해도 소용없었다.

"그럼, 받겠소." 그는 더 이상 거절할 수가 없었다. "당신이 내 아내에게 주는 선물로 치지요."

"아내! 아내! 아내에게 주는 선물." 포고렙시흐가 마치 그 단어를 처음 들은 것처럼 기쁜 듯이 되풀이하면서 온몸을 흔들며 큰 소리로 웃어젖히자, 마르키스까지 뛰어나와 그의 기쁨에 합세했다. 열차는 플랫폼에 들어섰다. 열차 안이 밤처럼 깜깜해졌다. 포고렙시흐는 무언가 인쇄된 종이에 들오리를 싸서 의사에게 건넸다.

제6장
모스크바의 야영

1

여행을 하는 동안에는 좁은 객실에서 움직이지 않고 내내 앉아 있었기 때문에, 열차와 함께 시간도 가고 있다고 느껴지지 않아 아직 한낮이겠거니 생각되었다.

그러나 유리와 짐을 실은 마차가 스몰렌스키 골목길에 웅성웅성 모여 있는 수많은 사람 사이를 가까스로 빠져나왔을 때는 이미 어두워져 가고 있었다.

어쩌면 그것은 의사가 그때 받은 인상이 그 뒤 해마다 겪은 것들과 겹쳐져서, 그 뒤의 추억 속에서 그때도 시장에 사람들이 가득 모여 있었던 것처럼 생각되었던 건지도 모른다. 텅 빈 상점에는 셔터가 내려져 있는데다 자물쇠도 채워져 있지 않았고, 쓰레기와 잡동사니들을 치우지도 않은 지저분한 광장에는 도무지 사고 팔 만한 물건이 없었으므로, 그들이 시장에 모일 만한 특별한 이유가 없었던 것이다.

그리고 이미 그때도 몸이 마르고 점잖은 할머니와 할아버지들이 길에 모여 서서 말없이 지나가는 사람들을 비난의 눈길로 쳐다보면서, 누구에게도 필요하지 않고 아무도 살 것 같지 않은 물건을 내밀고 있는 것을 본 것처럼 그에게는 생각되었다. 그 물건이란, 조화나 유리뚜껑과 주둥이가 있는 커피포트, 검은색의 얇은 비단으로 만든 이브닝드레스, 폐지된 관청의 제복 따위였다.

일반인들은 더욱 쓸모없는 것, 즉 딱딱해서 먹을 수도 없는 배급받은 흑빵 껍질과 눅눅하고 더러운 고형설탕 부스러기, 싸구려 담배를 두 봉투로 나누어 팔고 있었다.

시장 전체에는 정체를 알 수 없는 이상한 잡동사니가 나돌고 있었는데, 그것들은 사람 손을 거칠 때마다 값이 차츰 올라갔다.

마부는 광장에서 뻗어나가는 골목 가운데 하나로 들어갔다. 등 뒤에서 석양이 두 사람의 등에 마지막 햇살을 쏘고 있었다. 그들 앞에서 짐마차꾼이 덜컹거리는 빈 짐마차를 몰고 갔다. 마차가 일으킨 흙먼지가 지는 햇살을 받아 구릿빛으로 반짝였다.

마침내 길을 가로막고 있던 짐마차를 지나칠 수 있었다. 그들은 속도를 올려 달리기 시작했다. 의사는 포장도로와 길 곳곳에 헌 신문지와, 건물과 담장에서 벗겨진 포스터가 뒹굴고 있는 것을 보고 깜짝 놀랐다. 그것은 바람 때문에 한쪽으로 몰려갔다가 말발굽과 바퀴, 오가는 사람들의 발길에 채여 다시 다른 쪽으로 밀려가곤 했다.

이윽고 엇갈리는 길을 몇 개 지나간 뒤, 두 갈래의 길모퉁이에 그의 집이 보였다. 마부는 마차를 세웠다.

유리 안드레예비치는 숨을 한 번 크게 쉬고 마차에서 내려 현관으로 다가가 초인종을 눌렀다. 아무 대답이 없었다. 다시 한 번 눌렀다. 이번에도 아무런 반응이 없어서 갑자기 불안해진 그는, 다시 짧게 두세 번 잇따라 초인종을 눌렀다. 그제야 겨우 안에서 빗장이 벗겨지는 소리가 났다. 문이 열리고 그는 손으로 문을 잡고 있는 안토니나 알렉산드로브나를 보았다. 너무나 뜻밖의 해후여서 두 사람 다 깜짝 놀란 모습으로 선 채, 서로 무슨 말을 했는지 귀에 들어오지 않았다. 그러나 안토니나 알렉산드로브나가 손으로 잡고 있던 문을 활짝 연 것은 그를 환영한다는 의미였으므로, 두 사람은 정신이 드는 순간 서로에게 미친 듯 달려들었다. 잠시 뒤 그들은 누가 먼저랄 것도 없이 숨 가쁘게 서로 묻고 대답했다.

"우선, 모두 잘 있지?"

"네, 그럼요. 안심하세요. 모두 다 잘 있어요. 당신에게 그만 바보 같은 편지를 써 보내고 말았군요. 미안해요. 하지만 그건 나중에 다시 얘기하기로 하고, 왜 전보를 치지 않았어요? 곧 마르켈이 당신 짐을 옮기러 올 거예요. 아까 예고로브나가 문을 열지 않아 놀라셨죠? 예고로브나는 지금 시골에 가 있어요."

"당신은 몸이 여위었군. 그래도 정말 젊고 늘씬하구려! 마부를 금방 돌려보내리다."

"예고로브나는 밀가루를 사러 갔어요. 다른 사람들은 내보냈고요. 지금 새 가정부가 한 사람 왔는데 당신은 모를 거예요. 뉴샤라고 하는 아이예요, 사샤를 돌봐 주고 있어요. 그 밖에는 아무도 없어요. 당신이 돌아올 거라고 말해 두었기 때문에 모두 애타게 기다리고 있었어요. 고르돈, 두도로프, 모두 말이에요."

"사세니카는 어디 있소?"

"덕분에 아무 일 없어요. 지금 막 잠들었어요. 당신이 여행으로 피곤하지만 않다면 당장 그 애한테 갈 수 있을 텐데."

"아버진 집에 계시오?"

"편지 못 받으셨어요? 아침부터 저녁 늦게까지 지방의회에 나가 계세요. 의장이시랍니다. 아 참, 마부에게 돈 지불해 줬어요? 마르켈! 마르켈!"

두 사람이 여행 바구니와 가방과 함께 길을 가로막고 서 있었기 때문에, 길을 지나가던 사람들은 그들을 피해 돌아가면서 두 사람을 머리끝부터 발끝까지 훑어보았다. 떠나가는 마차와 활짝 열려 있는 현관을 호기심어린 시선으로 흘끗거리면서 그 다음에 어떤 일이 펼쳐질지 기대하고 있었다.

그러는 동안 벌써 마르켈은 문에서 젊은 주인 내외를 향해 뛰어왔다. 그는 사라사 셔츠 위에 조끼를 입고 한 손에는 경비원 모자를 들고 뛰어오면서 소리쳤다.

"하늘이 도우셨군요. 정녕 유로치카 서방님이시죠? 아, 물어볼 것도 없어! 틀림없는 그분이시군요! 혹시나 했는데, 유리 안드레예비치 서방님! 우리의 빛이신 서방님이 우리의 기도를 잊지 않고 돌아오셨군요! 고향 집에 돌아오셨어요! 아니, 당신들은 뭘 그리 보는 거요? 뭐가 그렇게 궁금하다고." 그는 호기심 많은 구경꾼들을 윽박질렀다. "모두 가던 길이나 가시오. 다람쥐처럼 눈을 두리번거리지 말고!"

"잘 있었나, 마르켈? 어디 한번 안아 보세. 모자를 쓰게나. 뭐 새로운 좋은 소식 없나? 자네 안사람하고 딸들도 잘 있고?"

"그것들한테 무슨 일이 있겠어요. 잘들 자라고 있습지요. 다행한 일이에요. 새 일이라면 서방님이 거기서 좋은 일 하시는 동안, 저희도 가만히 있지는 않았습죠. 얼마나 뒤죽박죽 난장판이었는지, 예, 악마들도 아마 두 손 들었을 겁니다요! 거리는 청소를 하지 않아 더럽기 짝이 없고 지붕은 수리하지도 않고, 배 속은 단식 기간처럼 깨끗하게 비었고, 영토 병합도 없고, 배상금도 없었으니까요."

"여보, 당신에게 마르켈 흉 좀 봐야겠어요. 저 사람은 늘 저런답니다, 유로치

카. 저 사람의 바보 같은 소리는 더 이상 들어 줄 수가 없어요. 아마도 당신이 좋아하는 줄 알고 당신을 위해 저러는 걸 거예요. 그만해요, 이제 그만. 마르켈, 그런 소린 그만할 때도 됐잖아, 마르켈. 그건 칭찬 받을 만한 인격이 아니에요, 좀 더 현명해지는 게 어때요? 내 일러두겠는데 당신은 밀가루 파는 가게에서 일하고 있는 게 아니라고요."

마르켈은 짐을 현관 안에 내려놓고 문을 쾅 닫더니 조용한 목소리로 속을 털어놓는 것처럼 이야기를 계속했다.

"안토니나 알렉산드로브나 마님은 화가 났답니다. 들어서 아시겠지만요. 늘 저러십니다요. '마르켈, 당신은 속이 시커매, 굴뚝 검댕처럼.' 이러시는 겁니다. 다음에는 또 '꼭 어린애 같다니까.' 그 다음에는 '방 안에서 키우는 삽살개도 말을 알아듣는데 말이야.' 하십니다. 네, 물론 그렇긴 하지만 유로치카 서방님이 믿으시든 믿지 않으시든, 요컨대 책을 알고 있는 사람들만이 경험했지요, 미래의 프리메이슨, 140년이나 돌 밑에 깔려 있었던 책입지요. 그래서 지금 제 생각은 이렇습니다요, 유로치카 서방님. 우리는 팔려 넘어가고 말았어요. 아시겠어요, 무슨 말인지? 서방님, 헐값, 아니 공짜나 다름없이, 담배 한 모금 태우는 데도 모자라는 똥값에 팔아 넘겨졌단 말씀이에요. 저기 좀 보세요. 안토니나 알렉산드로브나 마님은 저에게 그런 말을 못하게 합니다. 보세요, 또 그만하라고 손을 내젓고 있잖아요."

"어떻게 안 그럴 수 있겠어. 자, 이젠 됐으니 짐을 마루에 내려놓고 가 봐요. 고마워요, 마르켈. 필요하면 서방님이 다시 부르실 테니까."

2

"드디어 물러갔군요. 이제야 그에게서 벗어났어요. 당신은 그의 말을 믿겠죠. 하지만 순전히 거짓이에요. 사람들 앞에서는 늘 익살만 떨지만, 만일을 위해 몰래 칼을 갈고 있답니다. 다만 아직 누구를 찌를지 결정 못하고 있을 뿐이에요."

"그건 당신의 지나친 생각이야! 내가 보기에는 그 사람이 술이 좀 취해서 그러는 것 같은데? 취해서 주사를 부리는 것뿐이라고."

"그럼 당신 언제 그가 맨정신으로 있는 것 본 적 있어요? 그래요, 그 사람 악마가 물어가 버렸으면 좋겠어요. 그런데 걱정이에요. 또 사셰니카가 잠버릇이 나빠져서요. 어쨌거나 당신이 기차간에서 티푸스를 옮아오지 않았으면 좋겠는데…… 당신, 이는 없어요?”

“없는 것 같아. 전쟁 전처럼 설비가 쾌적한 열차를 타고 왔거든. 물론 일단 손은 좀 씻어야겠지? 나중에 잘 씻도록 하고. 그런데 당신 어디로 가는 거요? 왜 응접실을 거쳐서 가지 않는 거지? 지금 다른 계단을 올라가고 있는 것 같은데?”

“아, 그렇죠! 당신은 아무것도 모르죠. 아버지하고 내가 생각하고 또 생각한 끝에 1층은 농업대학에 내주기로 했어요. 그렇게 하지 않으면 우리 힘으로는 겨울에 난방을 할 수가 없거든요. 2층만 해도 너무 넓을 지경인걸요. 그래서 그들에게 제공했는데, 아직 입주는 하지 않은 상태예요. 이곳에는 그들의 연구실이 있고 식물채집 표본과 수집한 종자들이 있어요. 쥐들이 설치지는 않겠죠? 그런데 아무래도 곡식이 문제예요. 그래도 당분간은 괜찮을 거예요. 방을 깨끗하게 해 뒀거든요. 이젠 이곳을 거주면적이라고 부르고 있어요. 이쪽이에요, 이쪽. 저런 바보같이! 뒷계단으로 돌아가요. 아셨죠? 내 뒤를 따라오세요, 가르쳐 드릴 테니.”

“방을 내주기로 한 건 아주 잘했소. 내가 있던 야전병원도 시골 귀족의 별장이었다오. 차례차례 문을 열면 방들이 한 줄로 쭉 늘어서 있고 곳곳에 살롱이 그대로 남아 있었지. 밤이 되면 나무통에 심은 종려나무 가지가 해먹 위까지 마치 유령처럼 손을 펼친다오. 전선에서 부상당한 자들은 산전수전 다 겪은 사람들이지만, 무서운 꿈에 시달리며 소리를 지르곤 했지. 물론 폭풍(爆風)으로 타박상을 입고 완전히 정상이 아니었지만 견뎌 내야 했소. 내가 말하고 싶은 건, 부유한 생활에는 사실 어딘지 모르게 불건전한 것이 있다는 것이오. 쓸데없는 것들 투성이지. 온 집 안에 거추장스런 가구와 필요도 없이 많은 방, 쓸데없이 섬세한 감정, 또 쓸데없는 표현. 살림 공간을 줄인 건 아주 잘한 일이야. 그렇지만 아직도 충분하지 않아. 더 줄이도록 해요.”

“저 짐짝에서 삐져나온 저건 뭐예요? 새 주둥이 같은데. 아, 오리 머리네. 아유, 예뻐라! 들오리군요! 어디서 났어요? 보고도 믿을 수가 없군요! 요즘엔 아주 큰 재산이라고요!”

“열차 속에서 선물받은 거요. 얘기가 기니 나중에 말하리다. 어떻게 할까, 부엌에 갖다 둬야겠지?”

“그럼요. 당장 뉴샤를 불러 털을 뽑고 내장을 빼내라고 해야겠어요. 이번 겨울엔 굶주림과 추위 같은 온갖 무서운 일들이 일어날 거래요."
"그래, 여기저기서 온통 그런 소문들이 떠돌더군. 조금 전에도 기차 창밖을 내다보면서 생각했다오. 가정과 일에서 평화보다 더 소중한 것이 있을까 하고 말이오. 그 나머지는 우리의 능력 밖이지. 정말이지 불행이 많은 사람들 코앞에 닥친 건 사실이야. 어떤 사람들은 남부로, 캅카스로 달아나려고들 하지. 어딘가 조금이라도 더 먼 데로 몰래 탈출하려고 해. 그렇지만 내 생각은 그렇지 않아. 성인 남자들이 이를 악물고 고향의 운명을 나눠 짊어져야 해. 나는 꼭 그래야만 한다고 생각해. 그러나 당신은 달라. 난 우리 가족을 재난으로부터 구출해서 좀 더 안전하고 희망 있는 곳으로 보내고 싶은 마음이 간절하다오. 이를테면 핀란드 같은 곳. 그런데 층계마다 우리가 이렇게 길게 이야기를 하고 서 있으면 2층에는 언제 올라가지?"
"잠깐만요. 맞아요, 뉴스가 있어요. 내 정신 좀 봐! 까맣게 잊고 있었네. 니콜라이 니콜라예비치가 오셨어요."
"어느 니콜라이 니콜라예비치 말이오?"
"콜랴 아저씨 말이에요."
"토냐, 정말이오? 믿기지가 않아!"
"네, 그럼요. 스위스에서 오셨대요. 런던을 여행하고 핀란드를 거쳐서요."
"토냐! 날 놀리는 건 아니겠지? 아저씨를 뵈었소? 어디 계시는데? 지금 당장 가서 만나야겠소."
"아유, 그렇게 서두르지 마세요. 지금은 교외 어느 별장에 계세요. 모레 돌아오겠다고 약속하셨어요. 너무 변하셔서 당신 실망하실걸요. 입국할 때 페테르부르크에 오래 계시다가 볼셰비키에 가담하셨나봐요. 아버지하고 목이 쉴 만큼 언쟁을 벌였죠. 그런데 정말 우리는 왜 한 걸음마다 멈춰서는 거죠? 어서 가요. 글쎄, 당신도 들었겠지만 앞으로는 좋은 일이라고는 하나도 없을 거예요. 고난과 위험, 낯선 일들 말고는."
"나도 그렇게 생각해요. 뭐 하는 수 없는 일이지. 잘 헤쳐 나가면 돼. 그렇다고 모든 게 끝나는 건 아니니까. 다른 사람들처럼 잘 생각해 봅시다."
"소문에는 장작도 없이 지내야 할 거래요, 물도 전기도 끊기고. 돈은 휴지조각이 된대요. 물차도 끊기고요. 어머, 우리 또 서 있네요. 어서 갑시다. 그런데 말이죠. 아르바트 거리에 있는 수리점의 납작한 쇠스토브가 쓸 만하다는 소문이에요. 신문지를 불살라 밥을 할 수 있다는 거예요. 내가 주소도 알아뒀어요. 다 팔리기 전에 사야겠어요."

"좋아요, 삽시다. 토냐, 당신은 현명한 여자야! 그런데 콜랴 아저씨, 콜랴 아저씨라니! 당신도 생각 좀 해 봐! 내가 어떻게 흥분을 안 할 수 있겠나!"

"나에게 좋은 계획이 있어요. 2층 어딘가 한쪽을 치워서, 우리하고 아버지, 사샤, 그리고 뉴샤가 함께 사는 거예요. 말하자면 두세 개의 방을 서로 이어서 함께 지내는 거죠. 그리고 나머지 부분은 완전히 내주는 거예요. 거리에 담을 둘러 막는 것과 같은 거죠. 아까 말한 쇠스토브를 가운데 방에 놓고 통풍구로 굴뚝을 내어 빨래, 요리, 식사, 손님 접대를 모두 거기서 하는 거예요. 그러면 난방비도 절약되고, 또 혹시 알아요, 하느님이 무사히 겨울을 나게 해 주실지?"

"혹시라니? 물론 우린 겨울을 무사히 날 수 있고말고. 한 치의 의심도 없는 일이오. 당신 정말 좋은 생각을 했구려. 대단해. 어떻게 그런 걸 다 알고 있지? 당신의 생각을 축하하기로 합시다. 그 오리를 구워서 새살림을 시작하는 파티에 콜랴 아저씨를 초대합시다."

"멋진 생각이에요. 고르돈에게 보드카를 좀 가져오라고 부탁해 볼게요. 그는 실험실 같은 데서 얻을 수 있거든요. 자, 보세요. 내가 얘기한 방이 바로 이 방이에요. 내가 골랐어요. 찬성하는 거죠? 트렁크는 바닥에 내려놓고 바구니는 나중에 가지러 가요. 아저씨와 고르돈 말고도 이노켄티 씨와 실레진게르 씨도 불러요. 반대하지 않죠? 우리 집 목욕탕이 어디 있는지 당신 아직 잊어버리지 않았겠죠? 거기 가서 아무거나 소독약 좀 뿌리세요. 난 사셰니카 방에 가서 뉴샤를 아래층으로 내려보낼 게요. 당신은 준비가 다 되면 부를게요."

3

모스크바로 돌아온 그에게 가장 새로운 것은 어린 아들이었다. 유리 안드레예비치는 사셰니카가 태어나자마자 소집되었다. 그는 아들에 대해 무엇을 알고 있을까?

이미 소집 명령을 받고 출발하기 직전이었던 어느 날, 유리 안드레예비치는 토냐를 찾아 병원에 갔다. 마침 갓난아기들에게 젖을 먹이는 시간이어서 그는 토냐의 방에 들어갈 수가 없었다.

그는 대기실에 앉아 수유가 끝나기를 기다렸다. 그때 먼 소아과 복도에서 열

또는 열댓 명쯤 되는 갓난아기들의 울음소리가 합창처럼 울려 퍼졌다. 복도는 팔꿈치처럼 구부러져서 산모들이 누워 있는 산부인과 복도로 이어져 있었다. 보모들이 기저귀를 찬 아기들이 감기에 걸리지 않도록 종종걸음을 치면서, 마치 대단한 물건이라도 나르는 것처럼 양팔에 하나씩 안고서 산모들에게 데려다 주었다.

"응애, 응애." 아기들은 그것이 자신들의 의무이기라도 한 듯이 아무런 감정도 없이 똑같은 소리로 울어 댔는데, 그 가운데 유독 한 아기의 소리만이 그 화음 속에서 두드러지게 들렸다. 그 아기 또한 아무런 고통의 기색도 없이 "응애, 응애" 하고 울었으나, 그것은 의무적이 아니라 뭔가 불쾌한 적의가 깔려 있는 것처럼 낮게 깐 목소리였다.

유리 안드레예비치는 그때 이미 아들의 이름을, 장인을 기리기 위해 알렉산드르라고 짓기로 마음먹고 있었다. 왜 그런지는 알 수 없었지만, 그 유별난 소리로 울고 있는 아기가 자기 아들일 거라는 생각이 들었다. 왜냐하면 그것이 이미 미래의 성격과 인간의 운명을 지닌 특징 있는 울음소리였고, 유리 안드레예비치가 상상하기에 알렉산드르라는 아이의 이름처럼 울림이 좋은 느낌을 지니고 있었기 때문이다.

유리 안드레예비치의 생각은 틀리지 않았다. 나중에 알았지만 그 소리는 정말 사셰니카의 울음소리였다. 그가 아들을 의식한 것은 그것이 최초였다.

다음에 그가 아들을 의식한 것은, 전선에 있는 그에게 온 편지 속에 동봉된 사진에서였다. 그 사진에는 큼직한 머리에 입을 작게 오므린 쾌활하고 귀엽고 포동포동한 아이가 펼쳐진 담요 위에서 두 손을 위로 쳐들고 안짱다리로 서 있었는데, 마치 덩실덩실 춤을 추고 있는 것 같았다. 그때 아이의 나이는 한 살이어서 막 걸음마를 배웠고, 지금은 만 두 살이 되어 말을 배우기 시작했다고 한다.

유리 안드레예비치는 마룻바닥에서 트렁크를 들어올려 창가에 있는 트럼프 테이블 위에 놓고 끈을 풀었다. 전에는 이 방이 무슨 방으로 쓰였더라? 의사는 생각이 나지 않았다. 토냐가 이 방에서 가구를 꺼내 옮겼거나 벽지를 새로 바꾼 것 같았다.

의사는 트렁크를 열어 면도 도구를 꺼냈다. 바로 창문 맞은편 우뚝 솟아 있는 교회 종루의 기둥 사이에 보름달이 환하게 떠 있었다. 그 달빛이 트렁크 안에 차곡차곡 넣어 둔 옷가지와 책, 그리고 세면도구 위에 떨어져 방 안이 밝아지자, 의사도 그 방이 무슨 방이었는지 생각해 냈다.

그것은 고인이 된 안나 이바노브나가 광으로 쓰던 방이었다. 예전에 그녀는 이 방에 부서진 책상과 의자, 필요 없게 된 헌 문방구를 넣어 두고 있었다. 그녀의 가족 기록도 보관되어 있고, 여름 동안 넣어 두는 겨울옷 트렁크도 있었다. 그녀의 생전에는 이 방의 네 구석에 천장까지 물건들이 꽉 차 있어서 평소에는 안에 들어가는 것이 금지되었다. 그러나 큰 명절에는 잔뜩 몰려온 아이들이 2층에서 마음껏 떠들며 뛰어 놀 수 있었고, 이 방도 열렸다. 아이들은 그 안에서 술래잡기놀이를 하며 책상 밑에 숨거나, 태운 코르크로 얼굴을 칠하고 가면무도회 놀이도 했다.

유리는 그 모든 일을 회상하면서 잠시 서 있다가 아래층에 두고 온 여행 바구니를 가지러 내려갔다.

아래층 부엌에서는 몹시 수줍음을 타는 뉴샤가 풍로 앞에 쪼그리고 앉아 신문지를 펼쳐 놓고 오리털을 뜯고 있었다. 양손에 무거운 짐을 들고 있는 유리를 보자 그녀는 양귀비처럼 얼굴을 붉히며 나긋나긋한 동작으로 몸을 일으키더니, 앞치마에 붙은 털을 털고 나서 유리에게 인사를 하고 자기가 돕겠다고 나섰다. 그러나 의사는 고맙지만 혼자서도 할 수 있다고 말했다.

그가 안나 이바노브나의 옛 광에 들어서자마자, 두 번째인가 세 번째 방에서 아내가 그를 불렀다.

"이제 들어와도 돼요, 여보!"

그는 사셰니카가 있는 곳으로 갔다.

지금 아이 방은 예전에 자신과 토냐가 공부방으로 쓰던 곳이었다. 침대에 있는 아이는 사진으로 상상했던 것만큼 예쁘지는 않았지만, 그 대신 유리 안드레예비치의 어머니인 마리야 니콜라예브나 지바고와 놀라울 만큼 똑같이 생겨서, 그녀가 죽은 뒤 유리가 보존하고 있는 그 어떤 초상화보다도 닮아 있었다.

"아빠야, 네 아빠. 아빠께 손을 내밀어 드리렴." 안토니나 알렉산드로브나는 아버지가 아들을 쉽게 안거나 손을 잡을 수 있도록 침대의 네트를 내리면서 말했다.

사셰니카는 이 낯선 털보 남자가 옆에 다가가자 아마도 수염이 덥수룩한 얼굴이 그를 놀라게 했는지, 아버지가 몸을 굽히자마자 느닷없이 밀어 대고 일어나서 어머니 옷에 얼굴을 묻고 달랠 길 없이 서럽게 울어댔다.

"오, 오." 안토니나 알렉산드로브나가 아이를 꾸짖었다. "그럼 못써, 사세니카. 그러면 아빠가 사세니카를 나쁜 아이, 심술꾸러기라고 생각해요. 네가 뽀뽀하는 걸 보여 드리렴, 자, 아빠께 뽀뽀해. 울지 말고, 울면 안 돼. 무엇 때문에 우는 거니?"

"그냥 둬요, 토냐." 의사가 말했다. "그 애를 괴롭히지 말고 그냥 내버려 둬요. 당신이 당황하면 안 돼. 지금 당신이 무슨 어리석은 생각을 하고 있는지 알아. 무슨 나쁜 징조라고 그러는 거. 하지만 아무 일도 아니오. 이건 지극히 자연스러운 일이지. 이 아이는 여태 날 한 번도 본 적이 없잖소. 내일이면 괜찮아질 거요."

그렇게 말했지만 사실 그는 풀이 죽어서, 좋지 않은 전조가 아닐까 하는 불길한 예감으로 방을 나섰다.

4

그 뒤 며칠 지내는 동안 유리는 자신이 얼마나 고독한지를 확실히 깨달았다. 그러나 그는 그것을 어느 누구의 탓으로도 생각하지 않았다. 아무래도 그건 그 자신이 원해서 얻은 것이니까.

이상하게도 친구들은 매력을 잃고 생기를 잃어 갔다. 어느 누구에게서도 자신만의 세계, 자신만의 견해를 느낄 수가 없었다. 그들은 추억 속에서 훨씬 빛나고 있었다. 아마도 그가 예전에 그들을 과대평가한 건지도 모른다.

아직 질서가 남아 있어서 가난한 사람들의 희생 위에 부유한 사람들이 마음대로 활개 치도록 허용되는 동안은, 대다수가 참고 견디는 것을 소수만이 누리는 이러한 횡포와 무위도식에 대한 권리가 얼마나 쉽게 진정한 개성과 독자성으로 받아들여졌던가!

그러나 한번 대중이 일어나 상류의 특권이 폐지되자마자, 그들은 눈 깜짝할 사이에 빛을 잃어, 아마도 애당초 누구에게도 없었던 독자적인 생각을 얼마나 쉽게 포기해 버리던가!

이제 유리 안드레예비치가 가까이 지낼 수 있는 것은 미사여구나 가식적인 감격과는 거리가 먼 사람들, 아내, 장인, 그리고 동료 의사 두셋, 소박한 노동자, 아주 평범한 몇몇 근로자들뿐이었다.

유리가 도착한 지 이삼 일 뒤 예정대로 오리와 보드카 파티가 열렸는데, 그때까지 그는 이미 초대한 사람들을 모두 미리 만나 볼 여유가 있었다.

배고픈 시절이라 기름진 오리는 꿈도 꾸지 못할 사치였지만, 애석하게도 흑빵이 모자라서 호화로운 전채도 무의미하다 못해 화가 날 정도였다.

고르돈이 코르크 마개를 단단히 막은 유리 약병에 들어 있는 보드카를 가져왔다. 보드카는 암거래상이 가장 좋아하는 교환 수단이었다. 안토니나 알렉산드로브나는 병을 손에서 놓지 않고 필요에 따라 물을 조금 타서 희석했는데, 그게 손님의 기호에 따라 어느 때는 너무 독하고 또 어떤 때는 너무 약했다. 그 보드카의 일정하지 않은 도수 때문에 취기도 고르지 않았다. 손님들에게 그것은 오히려 일정한 도수의 보드카보다 훨씬 더 독한 것 같았고, 그것 또한 화가 났다.

무엇보다 마음이 무거웠던 것은 그들의 저녁 파티가 현실적인 상황에서 벗어났다는 점이었다. 그 시간에 길 건너 다른 집들에서도 그들과 똑같이 먹고 마시고 있다고는 생각할 수 없는 일이었다. 창밖에는 어두운 모스크바가 벙어리처럼 묵묵히 가로누워 있었다. 상점들은 텅텅 비어 있고 들오리나 보드카 같은 것에 대해서는 깨끗하게 잊어버린 것처럼 보였다.

주위 사람들의 생활과 비슷비슷해서 그 속에 흔적도 없이 스며드는 것만이 진정한 생활이고, 또 혼자 동떨어진 행복은 행복이 아니며, 그래서 그 도시에서 오직 이곳에만 있는 것으로 여겨지는 오리와 보드카는 진정한 보드카와 오리가 아니라는 것이었다.

손님들 또한 마음 놓고 유쾌하게 즐길 수 있는 기분은 아니었다. 고르돈은 심각하게 생각하고 우울한 기분으로 모순에 대해 얘기하던 시절에는 멋진 친구였다. 그는 유리 안드레예비치의 가장 좋은 친구였다. 학교에서도 다들 그를 좋아했었다.

그러나 지금 그는 그런 자신에게 스스로 염증을 느끼고 자신의 성격을 고치려고 애쓰고 있었다. 그는 유쾌하게 행동하고, 익살을 부리거나 끊임없이 재치 있는 농담을 짐짓 해 대면서 자꾸만 '재미있군', '웃기지 않아?' 하는 말을 연발했는데, 그것은 그의 사전에는 결코 없던 말이었다. 고르돈은 지금까지 인생을 오락으로 생각한 적이 한 번도 없었다.

두도로프가 도착하기 전까지, 그는 친구들 사이에서 떠도는 두도로프의 결혼에 대한 이야기를 했는데, 아마 스스로 재미있는 얘기라고 생각했던 것이리라. 유리는 처음 듣는 얘기였다.

두도로프는 결혼한 지 약 1년 만에 아내와 이혼했다는 것이다. 그 사건의 요점은 의심스럽지만 다음과 같은 것이었다.

두도로프는 누군가의 실수로 군대에 징집되었다. 복무하면서 그 실수가 밝혀질 때까지, 그는 누구보다 방심 상태에 빠져 있다가 경례를 하지 않았다는 이유로 징벌을 받기도 했다. 그래서 제대한 뒤에도 그는 오랫동안, 장교만 보면 저절로 손이 올라갔고 어디를 가나 장교의 배지가 눈앞에 어른거렸다.

그 시기에 그는 엉뚱한 짓만 하고 온갖 실수를 거듭 저질렀는데, 바로 그때 볼가 강에 있는 선착장에서 같은 기선을 기다리던 두 자매를 알게 되었던 모양이다.

주위에 수많은 군인이 있었고, 자신이 군인이었을 때의 경례로 인한 후유증이 남아 있어서 방심했기 때문인지, 자세히 보지도 않고 반해 버리고는 서둘러 동생 쪽에게 청혼을 했다. "재미있지, 안 그래?" 고르돈이 물었다. 그러나 그는 이 이야기를 멈춰야만 했다. 문 밖에서 이야기 주인공의 목소리가 들려온 것이다. 두도로프가 방 안에 들어왔다.

두도로프는 완전히 반대의 변화가 일어나 있었다. 예전의 변덕스럽고 가볍고 유별나던 사람이 내성적인 학자로 변모해 있었다.

그는 젊은 시절에 정치적 망명 준비에 가담했다는 이유로 김나지움에서 퇴학당한 뒤 얼마 동안 여기저기 미술학교를 떠돌다가 최종적으로 고전문학에 닻을 내렸다. 두도로프는 친구들과는 반대로 전쟁 중에 뒤늦게 대학을 졸업한 뒤, 러시아 역사와 세계사, 두 강좌를 강의하게 되었다. 러시아 역사에서 그는 이반 대제*[1]의 토지정책에 대한 논문을 쓰고 생쥐스트*[2]에 대해 연구했다.

그는 이제 꿈속처럼 한곳을 응시하면서 강의를 하듯이 눈을 내리뜬 채, 마치 감기에 걸린 듯한 작고 낮은 목소리로 모든 것에 대해 간절히 의견을 말하고 있었다.

파티가 끝나 갈 무렵 슈라 실레진게르가 뛰어들어 와서 비난의 말을 퍼붓고, 그렇지 않아도 모두 술에 취해 서로 지지 않으려고 소리치고 있을 때, 유리 안

---

*1 이반4세. 1530~84년. 모스크바. 러시아 최초의 차르.

*2 1767~94년. 프랑스 혁명 정치가. 로베스피에르의 오른팔로 불렸다.

드레예비치와는 어렸을 때부터 친구이지만 '당신'이라고 불러 왔던 이노켄티가 여러 번 이렇게 물었다.

"당신은《전쟁과 평화》와《척추의 플루트》를 읽어 봤소?"

유리 안드레예비치는 자신이 그것에 대해 어떻게 생각하는지 그에게 얘기했지만, 두도로프는 모두 시끄럽게 언쟁을 벌이는 통에 듣지 못하고 말았다. 그래서 잠시 뒤에 다시 한 번 물었다.

"《척추의 플루트》와《인간》*3을 읽었소?"

"아까 대답했는데, 이노켄티. 자네가 듣지 못한 거지. 좋아, 다시 말하지. 난 언제나 마야콥스키를 좋아했네. 그는 어떤 점에서는 도스토옙스키의 계승자라고 할 수 있지. 또 더 정확하게 말한다면 도스토옙스키의 이폴리트, 라스콜리니코프*4 또는《미성년》의 주인공 같은, 어리고 반항적인 인물들 가운데 누군가가 쓴 서정시라고나 할까. 모든 것을 불태워 버리는 듯한 그 놀라운 재주! 얼마나 단호하고 흔들림 없고 직선적이던가! 그보다 더 중요한 건 대담한 기세로 사회를 정면으로 한 방 먹이고, 더 나아가서는 우주 공간을 향하고 있다는 점이네!"

그러나 이날 저녁의 주인공은 말할 것도 없이 외삼촌이었다. 안토니나 알렉산드로브나가 니콜라이 니콜라예비치가 별장에 갔다고 말한 것은 잘못 안 것이었다. 그는 조카가 도착한 날 돌아와 시내에 있었다. 유리 안드레예비치는 그를 벌써 두세 번이나 만나 마음껏 웃고 떠들고 놀라고 감탄했다.

그들이 처음 만난 것은 잿빛으로 가라앉은 흐린 저녁이었다. 가랑비가 미세한 먼지처럼 촉촉하게 내리고 있었다. 유리 안드레예비치는 니콜라이 니콜라예비치가 묵고 있는 호텔로 갔다. 그때는 시 당국의 강력한 요청이 있을 때만 호텔에 머물 수 있었다. 그러나 니콜라이 니콜라예비치는 어디에나 잘 알려진 인물인데다 옛 친구들이 곳곳에 남아 있었다.

그 호텔은 직원들이 달아나 버린 정신병동 건물 같은 인상을 주었다. 텅 비어 있고 무질서해서, 계단과 복도에서는 어떤 불의의 사태가 일어날지 알 수 없는 상태였다.

어질러진 방의 커다란 창문 밖에서는 그 광기어린 시절의, 텅 빈 황량한 광

---

*3 둘 다 러시아의 시인이자 작가인 마야콥스키의 장시.

*4 도스토옙스키의 작품《죄와 벌》의 주인공.

장이 보였는데 그것은 호텔 창문 밑에 실제로 있었던 것이 아니라, 마치 꿈속에서 보고 있는 것처럼 뭔가 섬뜩한 느낌이었다.

그것은 잊을 수 없을 만큼 놀랍고 매우 뜻깊은 재회였다! 외삼촌은 그의 어린 시절의 우상이자, 그의 청춘의 내면을 온통 지배하던 살아 있는 화신이었다.

니콜라이 니콜라예비치는 백발이 무척 잘 어울렸다. 헐렁한 외국 옷차림도 잘 어울려서 나이에 비해 매우 젊은 미남으로 보였다.

물론 그는 엄청난 사건들을 바로 옆에서 겪음으로써 눈에 띄게 빛을 잃어갔다. 혁명의 사건이 그를 덮고 가렸다. 그러나 유리 안드레예비치는 그를 그런 기준으로 보고자 하는 건 생각도 하지 않았다.

유리는 니콜라이 니콜라예비치가 정치 문제를 얘기할 때 보여 준 차분하고 냉철하며 조소하는 듯한 말투에 놀랐다. 그의 처신과 적응 능력은 현재의 러시아 사람들의 능력보다 훨씬 뛰어났다. 그런 점이 그가 외국에서 이제 막 도착했음을 말하고 있었다. 그 특징이 두드러져 시대에 뒤떨어진 것으로 여겨지는 듯한 거북한 느낌마저 자아냈다.

아, 그러나 그들의 첫 만남은 이런 것들로 채워지지 않았고, 서로의 목을 껴안고 눈물을 흘리며 감격한 나머지 정신없이 빠르게 말을 주고받다가 가쁜 숨을 몰아쉬면서 채워졌다.

혈연으로 맺어진 두 사람의 창조적인 성격이 만나 비록 지나간 일들을 되살리며 제2의 삶을 시작했다고는 하나, 수많은 추억이 밀물처럼 밀려와 헤어져 있던 동안 있었던 일들을 얘기하다가도, 화제가 창조적인 기질의 사람들이 관심을 가질 만한 중요한 문제에 다다를 때는 오직 하나의 관계 말고는 모든 것이 사라지는 것이었다. 외삼촌이니 조카니 하는 관계도, 나이 차이도 사라지고, 오직 내면의 자연력과 자연력, 활력과 활력, 원리와 원리만이 남았다.

니콜라이 니콜라예비치는 지난 10년 동안 창작의 매력과 창조에 대한 사명의 본질에 대해 지금처럼 자신의 생각에 충실하게, 또 지금처럼 시의적절하게 얘기할 기회를 가진 적이 없었다. 한편, 유리 안드레예비치도 이번 대화처럼 통찰력이 있고 적확하며, 이토록 고무하는 매력적인 의견을 들을 기회를 가진 적이 없었다.

두 사람은 한순간마다 탄성을 지르며 서로의 관찰력을 놓치지 않으려고 머리를 감싸 안고 방 안을 쉴 새 없이 돌아다니거나, 창가에 다가가서 서로를 이해하는 것에 감탄하며 말없이 유리창을 손가락으로 퉁기기도 했다.

그 첫 만남 뒤 의사는 니콜라이 니콜라예비치를 사교계에서 몇 번 만났다. 사람들 속에 있을 때의 그는 믿을 수 없을 만큼 딴 사람이 되었다.

그는 자신을 모스크바에 온 손님으로 의식했고 그 의식을 버리려 하지 않았다. 이때 그는 자신이 고향으로 생각하는 곳이 페테르부르크인지 아니면 어떤 다른 곳인지 뚜렷하지 않았다. 정치적 웅변가와 사교계의 매력적인 인물로서의 역할이 그의 마음을 우쭐하게 했다. 어쩌면 그는 모스크바에도 파리협정 전의 롤랑 부인*[5]의 집에서처럼 정치 살롱이 생기기를 꿈꾸고 있었을지도 모른다.

그는 가까운 여자 친구들이나, 조용한 모스크바 뒷골목에 살면서 손님이 오는 것을 좋아하는 부인들의 집에 자주 드나들었다. 그러면서 그녀들과 그 남편들을 결단성이 없고 시대에 뒤떨어지고 모든 것을 우물 안 개구리처럼 판단하는 습관이 있다며 우스꽝스럽게 야유했다. 그리고 이제는 신문에 대한 해박한 지식을 자랑으로 여겼다. 그것은 마치 지난날 성서의 외전이나 오르페우스교*[6]의 텍스트를 많이 읽은 걸 자랑하고 다니던 것과 똑같았다.

소문에 따르면 그는 스위스에 젊은 새 애인을 두고 왔고, 마무리 짓지 못한 일과 쓰다 만 책도 있었다. 그로서는 조국의 폭풍 같은 소용돌이 밑에 잠깐 잠겨 있다가 요행히 아무 일 없이 떠오르게 된다면, 그저 자신의 조국의 격변을 목격만 하고 다시 자신의 알프스로 날아갈 거라는 얘기였다.

그는 볼셰비키 편에 서서 가끔 자기와 생각이 같다면서 좌익 사회주의 혁명가 두 사람의 이름을 들먹였다. 그 한 사람은 미로시카 포모르라는 필명으로 글을 쓰는 저널리스트, 또 한 사람은 사회평론가인 실비야 코테리였다.

알렉산드르 알렉산드로비치는 그에게 불평을 터뜨리며 비난했다.

"난 자네가 미로시카 양반들을 어떻게 버리고 떠나왔는지 그저 놀라울 뿐이야, 니콜라이 니콜라예비치! 그런 시궁창 같은 곳을! 그리고 리디아 포코리는 또 어떡하고."

"코테리입니다." 니콜라이 니콜라예비치가 수정해 주었다. "그리고 실비야이

---

*5 1734~93년. 프랑스 대혁명기 때 지롱드당 정권의 내무장관이었던 롤랑의 부인. 자코뱅당 정권에 의해 처형됨.

*6 고대 그리스의 오르페우스를 개조로 하여 디오니소스를 숭배하는 밀교.

고요."

"그게 그거지 뭐, 포코리든 포푸리든 그깟 이름 가지고 어떻게 되는 건 아니야."

"하지만 그래도 코테리는 코테리이니까요." 니콜라이 니콜라예비치도 물러서지 않고 주장했다. 그들은 이런 얘기를 나누었다.

"우리는 대체 무엇에 대해 논쟁하고 있는 겁니까? 이런 진리를 따지고 드는 건 창피한 일입니다. 이건 기본적인 거예요. 몇 세기 동안 민중 대부분은 상상도 할 수 없을 만큼 힘겹게 생존해 왔어요. 아무 역사책이나 한번 들춰 보세요. 봉건제, 농노제 또는 자본주의, 공장산업, 그것이 뭐라고 불리든, 이 모든 것은 그 부자연스럽고 부적절한 질서가 이전부터 지적되어 왔고, 훨씬 오래전부터 그 변혁이 준비되고 있었습니다. 이것이 민중에게 빛을 던져 주고 모든 것을 제자리로 돌려놓을 겁니다.

당신도 아시다시피 이 낡은 체제를 부분적으로 손질하는 건 그리 도움이 되지 않고, 그 밑바닥부터 깨뜨려야 할 필요가 있습니다. 어쩌면 그건 동시에 건물의 붕괴를 따르게 할지도 모릅니다. 하지만 그게 무슨 상관이겠습니까? 그건 무서운 일이니 그런 일이 일어나지 않도록 해야 할까요? 이건 시간 문제입니다. 그러니 어떻게 논쟁할 수 있겠어요?"

"어허, 논점은 그게 아니지. 내 얘기는 그런 게 아니었다고. 도대체 내가 뭐라고 말하길 바라는 거지?" 알렉산드르 알렉산드로비치가 화를 내자 토론은 더욱 뜨겁게 타올랐다.

"자네의 포푸리와 미로시카는 양심이 없는 자들이야. 말과 행동이 다르다고. 그리고 대체 무슨 그런 논리가 다 있나? 합당한 데가 하나도 없어. 아, 그렇지, 잠깐만 기다리게. 내 자네에게 당장 보여 줄 것이 있어."

그는 반대 의견이 실린 무슨 잡지를 찾느라고 책상 서랍을 온통 열었다 닫았다 하면서 시끄럽게 수선을 피웠고, 그 시끄러운 소란을 틈타 그의 멋진 웅변이 되살아나기 시작했다.

알렉산드르 알렉산드로비치는 자신이 이야기할 때 누가 가로막는 것을 좋아했는데, 그 이유는 그 방해물들이 그가 말을 우물거리거나 '으음', '어어' 하며 말이 끊어지는 것을 정당화해 주기 때문이었다. 잃어버린 물건을 찾을 때면 특히 말이 많아지는데, 이를테면 어두컴컴한 현관방에서 덧신 한 짝을 찾을 때라든가 어깨에 수건을 걸치고 욕실 문지방에 서 있을 때, 또는 식탁에서 무거운 접시를 건넬 때라든가 손님의 유리잔에 포도주를 따라 줄 때도 그랬다.

유리 안드레예비치는 장인이 하는 얘기를 듣는 걸 좋아했다. 귀에 익은 노래하는 듯한 그 낡은 모스크바의 발음이 정말 마음에 들었다. 그것은 고양이가 목을 그르렁거리는 소리를 닮은, 그로메코 집안의 목젖 울리는 듯한 소리를 내는 귀에 익은 노래 같은 발음이었다.

콧수염을 짧게 자른 알렉산드르 알렉산드로비치의 윗입술은 아랫입술 위에 아주 조금 겹쳐져 불쑥 나와 있었다. 그것과 똑같이 그의 가슴에는 나비넥타이가 튀어나와 있었다. 그 입술과 넥타이 사이에 어떤 공통점이 있어서, 그것이 알렉산드르 알렉산드로비치에게 뭔가 마음에 스며드는 듯한 어린아이처럼 솔직한 인상을 가져다 주었다.

슈라 실레진게르는 저녁 늦게, 손님들이 거의 돌아갈 때쯤 되어 나타났다. 무슨 모임에서 곧장 오는 길이었다. 재킷을 입고 노동자 모자를 쓰고 의연한 걸음으로 방에 들어온 그녀는, 모든 이와 차례로 악수를 하면서 한바탕 비난과 규탄의 말을 쏟아놓았다.

"잘 있었어, 토냐. 안녕하세요, 세네치카? 하지만 잘못하신 건 인정하셔야 해요. 유리가 귀국했다는 소문으로 온 모스크바가 떠들썩한데 나는 마지막에야 알았으니. 너무하신 것 아니에요? 하긴 나도 잘한 것만은 아니지만. 오랫동안 기다리던 양반은 어디 있어요? 내가 가 봐야지. 사람들이 벽처럼 둘러싸고 있군요. 그래, 잘 다녀왔어요? 멋져요, 정말 멋져. 난 당신 책을 읽었어요. 도통 이해할 순 없지만 천재적이라는 건 금방 알겠더군요. 안녕하세요, 니콜라이 니콜라예비치 씨? 유로치카, 금방 당신에게 돌아가겠어요. 당신에게는 특별히 중요한 얘기가 있으니까. 안녕들 하세요, 젊은 양반들. 아, 고고치카, 너도 여기 있었니? 얼간이 거위들, 꽥, 꽥, 꽥, 먹고 싶니, 꽥, 꽥, 꽥?"

이 마지막 소리는 그로메코 집안과 먼 친척인 고고치카에게 한 말이었다. 그는 뭐든지 새로운 세력에 대한 열렬한 숭배자로, 그 어리석음과 우스꽝스러움 때문에 시골 아낙네 아크리카라 불리고, 또 큰 키에 비쩍 말라서 촌충이라고도 불렸다.

"당신들 여기서 먹고 마시고들 있군요? 내 곧 쫓아갈 거예요. 아, 여러분, 여러분. 당신들은 아무것도 모르고 있어요. 아무것도 느끼지 못하고 있어! 세상이 어떻게 돌아가고 있는지! 무슨 일들이 꾸며지고 있는지! 책에서 나온 것이 아닌 진짜 노동자, 진짜 군인들이 있는 진짜 하층민의 집회에 가 봐요. 거기서 승리의 날까지 열심히 싸우라고 격려라도 시도해 주지 그래요. 그들이 당신들에게 승리를 가져다 줄 테니! 어떤 수병이 하는 얘기를 들었는데 유로치카, 당신이라면 정신이 나가 버릴걸요! 그 뜨거운 정열! 그 놀라운 일관성!"

사람들이 슈라 실레진게르의 말을 가로막았다. 모두 저마다 큰 소리를 질러댔다. 그녀는 유리 안드레예비치 옆에 앉아 그의 손을 잡고 다른 목소리를 이기기 위해 얼굴을 바싹 대고서는, 마이크에 대고 말하듯이 큰 소리로 외쳤다.

"어떻게든 나랑 좀 같이 가요, 유로치카. 당신에게 보여 줄 사람들이 있어요. 당신은 반드시 안타이오스*7처럼 대지에 발을 딛고 있어야 해요. 왜 그리 눈을 휘둥그레 뜨는 거죠? 내가 당신을 놀라게 했나요? 설마 내가 늙은 군마이고, 늙은 베스투제프카*8라는 걸 모르는 건 아닐 테고, 유로치카. 난 미결감에도 갔다 오고 바리케이드를 치고 싸우기도 했죠. 물론이에요! 당신은 어떻게 생각하고 있었어요? 오, 우리는 민중을 몰라! 난 지금 거기서, 민중의 한복판에서 온 참이에요. 난 그들에게 도서관을 만들어 줄 거예요."

그녀는 이미 술을 마시고 취한 것이 분명했다. 유리 안드레예비치의 머릿속도 들끓고 있었다. 정신을 차리고 보니, 슈라 실레진게르는 방 한쪽 구석에, 그는 반대쪽 구석의 테이블 끝에 있었다. 그는 자신도 모르는 사이에 사람들 앞에 서서 자신의 의도와는 반대로 얘기하고 있었다. 청중이 마침내 조용해졌다.

"여러분…… 저는 얘기하고 싶습니다…… 미샤! 고고치카! 아, 뭐하고 있는 거지, 토냐? 그들은 내 얘기를 들으려 하지 않는군. 여러분, 제 얘기를 잠깐 들어보십시오. 전대미문의, 미증유의 불행한 일들이 닥쳐오고 있습니다. 그것이 우리를 덮치기 전에 여러분에게 부탁하고 싶은 것이 있습니다. 그런 불행이 덮쳐와도 우리는 서로를 잊지 말아야 합니다. 영혼을 잃어버리지 않아야 합니다. 고고치카, 만세는 나중에 외치도록 해. 내 얘기는 아직 끝나지 않았어. 구석에서들 얘기하는 건 그만두고 제 얘기를 잘 들어 주십시오.

전쟁이 3년째 접어든 지금, 민중은 조만간 전선과 후방의 경계가 사라지고,

---

*7 그리스 신화에서 바다의 신 포세이돈과 대지의 여신 가이아 사이에서 태어난 거인. 발이 땅에 닿아 있는 동안은 당할 자가 없다.

*8 1878년 베스투제프 류민이 창설한 페테르부르크의 여자대학, 그곳의 졸업생.

피의 바다가 한 사람 한 사람에게 다가와 피란자도, 참호 속에 있는 사람들도 삼켜 버릴 거라고 믿고 있습니다. 혁명이 바로 그 홍수입니다.

이 혁명의 물결 속에서 우리가 전쟁 속의 삶은 끝난 거라고 생각했듯이, 여러분도 모든 개인적인 생활은 끝나고 이 세상에는 오직 죽고 죽이는 일 말고는 아무것도 없을 거라고 생각하겠지요. 하지만 만약 우리가 이 시대에 대한 기록이나 회고록을 읽을 수 있을 때까지 살아남을 수 있다면, 그리하여 그 추억을 읽게 된다면, 우리가 지난 5년 또는 10년 동안 살아온 것은 다른 사람들이 백 년 넘게 산 것에 해당한다는 걸 확신하게 될 것입니다.

민중이 힘을 모아 하나가 되어 나아가고 모든 것이 민중의 이름으로 이루어지리라는 것을 저는 알고 있습니다. 이 같은 거대한 사건에는 극적인 증명 같은 건 필요하지 않습니다. 저는 그런 것이 없이도 확신할 수 있으니까요. 거대한 사건의 원인을 파헤치는 건 무의미한 일입니다. 그런 것은 처음부터 없습니다. 그것은 가정에서의 부부싸움과 같다고 할 수 있습니다. 서로 머리끄덩이를 잡고 접시를 깨뜨려 놓고도 누가 먼저 시작했는지 모르는 거지요. 진짜 위대한 일은 모두 우주처럼 시작도 끝도 없이 영원합니다. 그것은 마치 늘 있었던 것처럼, 아니면 하늘에서 툭 떨어진 것처럼 느닷없이 우리 눈앞에 나타납니다.

저는 또 이렇게도 생각합니다. 러시아는 세상이 생긴 이후 최초의 사회주의 국가가 될 운명을 타고났다고 말입니다. 이 나라가 일어나면, 그것은 오랫동안 우리의 얼을 빼앗아, 다시 정신이 돌아온다 해도 우리는 이미 잃어버린 기억을 되찾을 수 없게 될 것입니다. 우리는 지난 모든 일을 잊고, 이 전대미문의 세계에 대해 설명을 구하지도 않게 될 겁니다. 우리에게 찾아온 질서는 지평선 위의 숲이나 머리 위의 구름처럼 습관이 되어 우리를 에워쌀 것입니다. 모든 곳에서 그것은 우리를 에워싸게 되고 다른 것은 아무것도 남지 않게 됩니다."

그 밖에도 그는 몇 마디 더 했지만 그때는 이미 술에서 깬 뒤였다. 그러나 아까와 마찬가지로 그는 주위에서 얘기하는 것이 잘 들리지 않아서 엉뚱한 대답을 하곤 했다. 그는 손님들이 자기에게 애정을 보여 주고 있음이 눈에 보였지만 비통한 마음을 떨쳐 버릴 수가 없었다. 그 슬픔 때문에 그는 거의 제정신이 아니었다. 그는 다시 입을 열었다.

"감사합니다. 감사합니다. 전 여러분의 마음을 압니다. 그 마음이 저에게는 분에 넘친다는 것도 알고 있습니다. 하지만 뒷일이 걱정되고 불안해서 미리 걱정하고 성급하게 사랑을 쏟을 필요는 없겠지요."

모두 그의 말을 의도적인 재담으로 여기고 웃음을 터뜨리며 손뼉을 쳤지만, 그는 닥쳐온 불행을 예감하며 선과 행복에 대한 능력을 갈망하면서도 미래의 자신이 무력할 거라는 생각 때문에 어찌할 바를 몰랐다.

손님들이 돌아갈 채비를 시작했다. 모두 피곤해서 얼굴이 초췌했다. 하품이 그들의 턱을 계속 벌렸다 닫았다 했는데 그 모습이 마치 말의 턱을 떠오르게 했다.

그들은 작별 인사를 나눈 뒤 커튼을 젖히고 창문을 열었다. 여명이 노랗게 타오르고 있고, 물기를 머금은 하늘이 지저분한 흙빛이 감도는 탁한 황갈색 비구름으로 덮여 있었다.

"우리가 잡담을 나누는 동안 천둥이 친 것이 분명해." 누군가가 말했다.

"난 여기 오는 도중에 비를 만나 정신없이 뛰어왔어." 슈라 실레진게르가 확인해 주었다.

아직 어둑어둑한 텅 빈 골목에서 나뭇잎에서 떨어지는 빗방울 소리와 비에 흠뻑 젖은 참새들이 짹짹거리는 소리가 함께 들려오고 있었다.

천둥이 하늘을 온통 가로지르며 쟁기로 이랑을 가르듯이 요란하게 질주하더니 곧 잠잠해졌다. 그리고 뒤늦게 네 차례, 마치 가을에 보드라운 땅에서 큼직한 감자를 삽으로 파 던지는 소리처럼, 천둥 소리가 높이 울려 퍼졌다.

천둥이 방 안에 가득 차 있던 담배 연기와 먼지를 깨끗이 몰아냈다. 갑자기 전깃불을 켠 듯 생명체의 구성 요소인 물과 공기, 기쁨의 추구, 대지와 하늘이 환하게 눈에 들어왔다.

골목 안은 돌아가는 손님들의 목소리로 북적거렸다. 그들은 집 안에서 논쟁하던 것을 길거리에서도 계속하는 것처럼 뭔가 큰 소리로 떠들어 대고 있었다. 그 목소리가 멀어지면서 차츰 조용해지더니 완전히 사라졌다.

"꽤 늦었군." 유리 안드레예비치가 말했다. "그만 자러 갑시다. 내가 세상에서 가장 좋아하는 사람은 당신과 아버님뿐이야."

5

8월이 지나가고 9월도 끝나가고 있었다. 피할 수 없는 순간이 다가왔다. 겨울이 오고 있었고, 인간 세계에서도 겨울의 추위를 닮은, 어떻게 할 도리가 없는 매서운 무언가가 대기 속에 감돌고 있음이 느껴졌다. 누구나 그 이야기뿐이었다.

추위에 대비해 식량과 땔감을 준비해야 했다. 유물론이 득세하던 때였지만 정작 물질은 관념으로 바뀌고, 먹을 것과 땔감이 식량 문제와 연료 문제를 대신했다.

도시 사람들은 다가오는 낯선 것 앞에서 어린아이처럼 속수무책이었는데, 그 낯선 것은 지금까지의 모든 관습을 도중에 뒤엎어 버리고 그 자리에 황폐만을 남겼다. 하기는 그 낯선 것 자체가 도시에서 태어났고 도시 사람들이 만들어 낸 것이었다.

곳곳에서 사람들은 환멸 속에서 시끄럽게 논쟁만 벌이고 있었다. 일상생활은 아직도 다리를 절면서 허우적거리고, 낡은 습관에 따라 어디론가 한쪽 발을 끌면서 가고 있었다. 그러나 의사는 현실을 가리지 않고 똑바로 바라보았다. 그 삶에 대한 선고는 그의 눈길을 피해 갈 수가 없었다. 그는 자기 자신과 주위의 생활환경이 파괴될 운명에 있음을 생각했다. 앞날에는 온갖 시련이, 어쩌면 멸망마저 가로막고 서 있는지도 몰랐다. 그에게 남겨진 얼마 안 되는 날들은 눈에 보일 만큼 빨리 녹아서 사라져 갔다.

만약 잡다한 일상사와 구체적인 일거리 그리고 여러 가지 걱정들이 없었다면, 그는 아마 이성을 잃어버렸을지도 모른다. 아내와 어린 자식, 돈을 벌어야 할 필요성이 그를 구원한 셈이다—당장 있어야 하는 것, 하찮은 나날의 습관, 의무, 병자의 왕진.

그는 자신이 미래의 괴물인 기계 앞에 선 피그미에 지나지 않다는 것을 이해하고 있었고, 미래에 두려움을 느끼거나 그 미래를 사랑하면서 그것을 은근히 자랑스럽게도 여겼다. 또 영결을 고할 때처럼 이것이 마지막이라며, 영감으로 가득한 탐욕스러운 눈으로 흘러가는 구름과 나무들을, 거리를 지나가는 사람들을, 불행 속에서 잘 견디고 있는 러시아의 대도시를 바라보고, 더욱 잘되기 위해서라면 자신을 희생할 각오도 되어 있었다.

그는 옛 객차 조차장 골목의 모퉁이에 자리잡고 있는 러시아 의사협회 옆에서 아르바트 거리를 건널 때면, 그 한가운데 서서 하늘과 지나가는 사람들을 가끔 쳐다보곤 했다.

유리는 전에 다녔던 병원에서 다시 일하게 되었다. 그것은 여전히 성십자병원으로 불리고 있었는데, 그 이름의 단체는 이미 해체되었지만 적당한 다른 이름을 찾지 못했기 때문이다.

병원에서는 벌써 계층 분화가 시작되고 있었다. 유리는 그 우둔함으로 자신을 분노케 한 온건한 사람들에게는 위험인물로 여겨졌고, 또 정치적으로 앞서가는 자들에게는 아직 적화가 덜 된 사람으로 생각되었다. 그래서 어쩌다 보니 그는 이쪽도 저쪽도 아닌, 한쪽에서는 버림받고 다른 한쪽에는 아직 다다르지 않은 상태였다.

병원장은 그에게 직접적인 업무와는 별도로 일반통계백서를 작성하는 일도 맡겼다. 그런 설문, 설문지와 공란을 그는 본 적이 없었고, 그렇게 요구 사항이 많은 일람표는 한 번도 작성해 본 적이 없었다! 사망률, 질병률의 상승, 근무자의 재산 상태, 그들의 시민의식 수준, 선거참가율, 연료와 식량, 의약품의 결핍, 중앙통계국이 관심을 가지고 있는 이러한 모든 것에 대해 회신을 보내야 했다.

의사는 외과 병동 창가에 있는 옛날의 자기 책상에서 업무를 보았다. 다양한 형식과 크기의 괘선용지가 그 앞에 차곡차곡 쌓여 있었다. 자신의 의료노동에 필요한 정기적인 메모 외에도 이따금 틈날 때마다 자신의 《인간 유희》라는 음울한 일기를 쓰고 있었다. 그것은 산문과 시, 온갖 종류의 것들로 이루어진 그때의 일지라고 할 수 있는데, 절반에 가까운 사람들이 자신을 망각한 채 뭔가 알 수 없는 역할을 하고 있다는 의식에서 발상된 것이었다.

양지바른 데다 벽에 하얀 칠을 해서 더욱 밝은 의국실은 황금빛 가을 햇살을 받아 크림빛으로 빛나고 있었다. 아침마다 서리가 내리고, 박새와 까치가 엉성해진 숲의 밝게 어른거리는 빛 속으로 날아들기 시작하는 성모승천 대축일*[9]이 지난 뒤와는 확실하게 다른 햇살이었다. 그즈음의 하늘은 한없이 드높아, 하늘과 땅 사이의 투명한 대기의 기둥을 통해 북쪽에서 차갑고 푸른 광선이 내려오고 있었다. 세상 만물이 어느 때보다도 가까워 보이고 또 가깝게 들렸다. 먼 곳에서 울리는 소리도 분명하고 뚜렷하게 전해졌다. 그 아득한 경치는 마치 인생의 몇 년 뒤의 광경을 미리 보여 주는 것처럼 깨끗했다. 만일 가을해가 넘어가는 마지막 땅거미 직전의 짧은 순간이 아니었으면 도저히 견디지 못했을 것이다.

---

*9 성모 마리아가 승천한 날을 기념하는 축제. 구력 8월 15일, 신력 28일에 해당한다.

그런 빛이 의국실을 비추고 있었다. 해가 일찍 지는 가을 햇살은, 유리알 같이 반짝이고 잘 익은 사과처럼 매끈하고 물이 흐르는 듯 차분한 모습이었다.

의사는 책상 앞에 앉아 펜 끝에 잉크를 적셔 가면서 잠깐씩 생각에 잠겼다가 글을 쓰곤 했는데, 무엇인지 모를 조용한 새들이 의국실의 커다란 창문 곁을 스쳐 날아가면서 실내에 소리 없는 그림자를 던졌다. 그 그림자는 의사가 움직이는 손과 설문지가 있는 책상, 마룻바닥과 실내의 벽을 뒤덮었다가는 소리도 없이 다시 사라졌다.

"단풍이 졌군." 병리해부의가 들어오면서 말했다. 한때 그는 뚱뚱했는데 지금은 말라서 얼굴 살갗이 자루처럼 늘어져 있었다. "비가 퍼붓고 바람이 몰아쳐도 끄떡없더니 원, 하루아침 서리에 저렇게 되다니!"

의사가 고개를 들었다. 사실 창문 곁을 어른거리던 이상한 새들은 알고 보니 붉은 포도주색으로 활활 타오르는 단풍나무 잎사귀들이었다. 그 새들은 가지를 떠나 날아올라 공중을 이리저리 떠다니다, 병원 잔디밭의 나무 옆에 뒤로 젖힌 오렌지색 별이 되어 떨어지고 있었다.

"창문 틈은 보셨나요?" 해부의가 물었다.

"아니오." 유리 안드레예비치는 펜을 멈추지 않고 대답했다.

"왜요? 할 때가 됐는데."

쓰는 일에 열중한 유리 안드레예비치는 아무 대꾸도 하지 않았다.

"아아, 타라슈크가 없으니." 해부의가 말을 이었다. "보물 같은 존재였는데. 장화도 고치고 시계도 고치고 뭐든지 다 했지요. 못하는 게 없는 재주꾼이었어요. 할 때가 됐으니 우리가 합시다."

"접합제가 없소."

"만들면 되죠. 만드는 방법을 가르쳐 드리지요." 해부의는 보일유와 백토로 접합제 만드는 방법을 설명했다. "그럼 당신에게 방해가 될 테니 난 곧 가리다."

그러고는 다른 쪽 창문께로 다가가서 자기 유리병과 표본들을 살펴보았다. 어두워지기 시작했다. 1분도 지나지 않아 그가 말했다.

"어두워서 눈 버리겠어요. 불이 안 들어오는군요. 그만 돌아갑시다."

"아직 일이 좀 남았소. 한 20분 더 걸리겠는데."

"그 사람의 아내가 이곳에서 보모로 일하고 있지요."

"누구의 아내 말이오?"

"타라슈크의 아내요."
"알고 있소."
"그런데 그가 어디 있는지는 아무도 몰라요. 전국 방방곡곡을 돌아다니고 있을 겁니다. 여름에 두 번쯤 병원에 들렀었지요. 지금은 시골 어딘가 있을 거예요. 새로운 생활을 시작하려나 봅디다. 당신이 산책길이나 기차에서 본 그 볼셰비키 출신이죠. 그들이 왜 그러는지 아십니까? 이를테면 타라슈크 말입니다. 들어 보세요. 그는 뭐든지 척척 해내는 기술자예요. 못 만드는 게 없어요. 무슨 일을 해도 척척. 그건 전쟁에서도 똑같았죠. 그는 일을 하듯이 전쟁을 연구했어요. 훌륭한 저격병이 되었지요. 참호에서도 척후에서도. 눈도 손도 일품이었죠! 그가 탄 훈장은 모두 그가 용감해서가 아니라 전투에서 백발백중으로 잘 맞혔기 때문이죠. 그래요. 그에게는 모든 것이 정열의 대상이었어요. 그는 군무도 좋아하게 되었죠. 무기는 힘이라고 생각했고, 그것이 그를 앞으로 나아가게 했어요. 스스로 그 힘이 되고자 했지요. 무장한 사람은 이미 단순한 인간이 아닙니다. 옛날에는 그런 자들은 군인에서 강도로 변했지요. 그런데 이번엔 그에게서 총을 빼앗으라는 겁니다(지금 그에게서 총을 빼앗을 수 있으면 해 보시오). 그리고 갑자기 '총부리를 지배계급에게 돌려라.' 하는 구호가 들려왔고, 그도 총부리를 돌렸지요. 그게 전붑니다. 그것이 그의 마르크스주의의 모든 것이죠."
"게다가 삶 자체에서 나오는 진정한 마르크스주의지요. 당신은 어떻게 생각하시오?"
해부의는 자기 쪽 창틀로 다가가 시험관을 잠시 살펴본 다음 물었다.
"그런데 난로 기술자는 어땠습니까?"
"보내 줘서 고마웠소. 아주 재미있는 사람이더군요. 한 시간쯤 헤겔과 베네데토 크로체*10에 대해 토론을 했소."
"그랬을 겁니다! 하이델베르크 대학에서 박사 학위를 딴 사람이니까. 그런데 난로는 어때요?"
"말할 것도 없지만."
"잘 타요?"
"다만 연기가 문제더군요."

---

*10 1866~1952년, 이탈리아의 철학자.

“연통을 잘못 뺀 모양이군요. 접합제를 발라 난로에 꼭 끼워야 하는데, 아마도 통풍구로 연기를 뽑았나 보군요.”

“네덜란드식 난로에 연결했는데도 연기가 나던데요.”

“그렇다면 그가 굴뚝을 찾지 못해 환기관으로 한 것 같군요. 그게 아니면 배기구이거나. 어휴, 타라슈크가 없으니! 그냥 견디는 수밖에요. 모스크바도 하루아침에 만들어진 게 아니니까요. 난로를 때는 건 피아노를 치는 것과는 한참 다르지요. 학습이 필요합니다. 땔감은 구했나요?”

“어디서 땔감을 구합니까?”

“내가 예배당 문지기를 보내 드리죠. 땔감을 곧잘 훔쳐 와요. 담장을 뜯어다가 연료로 쓰죠. 그런데 하나 일러두겠는데, 흥정을 잘해야 해요. 바가지를 씌울 수도 있으니까. 아니면 벌레 잡는 여자가 나을지도 모르겠군요.”

그들은 문지기 방으로 내려가 코트를 입고 거리로 나왔다.

“벌레 잡는 여자는 왜요?” 의사가 물었다. “우리 집엔 빈대가 없는데.”

“무슨 빈대요? 빈대 얘기가 아니라 땔감 얘기를 하는 거예요. 그 여자는 뭐든지 거래를 하고 있죠. 집과 통나무 골조를 연료로 사들였으니까요. 허투루 볼 수 없는 공급자예요. 발을 헛디디지 않게 조심하세요. 이렇게 어두워서야 원. 전에는 눈을 감고도 이 근처는 지나갈 수 있었는데. 돌멩이 하나하나까지 다 아는 이곳 토박이니까요. 담장들을 허물어뜨려 놔서 이젠 눈을 뜨고도 낯선 곳에 있는 것처럼 하나도 모르겠다니까요. 그 대신 몇몇 길모퉁이는 또 얼마나 훤해졌는지! 관목 속에 앙피르 양식도 울고 갈 집과 정원용 둥근 탁자, 썩어 가는 벤치. 지난 며칠 그런 공터 옆을 지나갔는데, 골목이 세 갈래로 갈라지는 길에서 백 살쯤 먹은 노파가 지팡이로 땅을 파헤치고 있더군요. ‘할머니, 뭘 헤집고 계세요? 낚싯밥으로 쓸 지렁이라도 찾고 계시나요?’ 하고 물어봤죠. 물론 농담이었어요. 그런데 할머니는 정색을 하고는 ‘그게 아니라 젊은이, 버섯이야.’ 이러는 겁니다. 사실 도시는 숲이 되고 말았어요. 어디서나 썩은 나뭇잎과 버섯 냄새가 풍겨 오죠.”

“거기가 어딘지 나도 알아요. 세레브랴니와 몰차노프카 사이에 있는 곳 아니오? 거기를 지나갈 때마다 뜻하지 않은 일이 일어나곤 한다오. 20년 동안이나 못 보던 사람을 만난다든가 무엇을 찾는다든가 말이오. 거기에는 강도가 나온다는 소문이던데, 뭐 놀라운 일도 아니지. 사방이 뚫려 있고 스몰렌스키 산책로에서, 아직 살아남아 있는 도둑 소굴로 가는 통로에는 온통 철조망이 쳐져 있으니까요. 붙잡혀서 몽땅 털려도 눈 깜짝할 사이에 달아나니, 들판에서 바람을 찾는 것과 같다더군요."

"가스등 불빛도 얼마나 약한지 보세요. 얻어맞아 멍든 가로등이라 부르는 것도 무리가 아니죠. 넘어지지 않게 조심하세요."

6

아닌 게 아니라 그 장소에서 의사는 이런 저런 일들을 당했다. 10월 전투가 시작되기 얼마 전 춥고 어두운 늦가을 저녁이었는데, 그는 그 거리에서 정신을 잃고 길에 쓰러져 있는 사람을 보았다. 그 사람은 두 팔을 벌리고 머리는 길가 갓돌에 얹고, 두 다리는 도로에 걸친 채 쓰러져 있었다. 이따금 희미하게 신음하고 있었다. 정신 차리라고 의사가 큰 소리로 묻자, 사내는 뭔가 알 수 없는 말을 중얼거리더니 다시 한동안 정신을 잃었다. 머리가 깨져 피가 흘렀는데 대충 진찰해 보니 머리뼈는 괜찮았다. 물어볼 것도 없이 무장 강도에게 당한 사람이었다. "서류가방, 서류가방." 사내는 그렇게 몇 번 중얼거렸다.

의사는 가장 가까운 아르바트 거리에 있는 약국에서 전화로 응급환자용 마차의 늙은 마부를 불러 성십자 병원 응급실로 옮겼다.

피해자는 유명한 정치 활동가로 밝혀졌다. 의사는 그가 회복될 때까지 치료해 주었다. 덕분에 그 인물은 그 뒤 오랫동안 의사의 후원자가 되어, 의심과 불신이 가득한 그 시대에 수많은 분쟁에서 의사를 구해 주었다.

7

일요일이었다. 의사는 비번이어서 근무하러 갈 필요가 없었다. 시프세프 골목*[11]의 집은 이미 안토니나 알렉산드로브나가 계획한 대로 방 세 개에서 겨울을 날 준비가 되어 있었다.

눈구름이 낮게 떠 있고 바람이 부는 몹시 음침한 날이었다.

아침부터 난로를 피웠지만 계속 연기만 나고 있었다. 난로를 때는 방법을 전혀 모르는 안토니나 알렉산드로브나는, 불이 붙지 않는 축축한 장작을 가지고

*11 도심부의 아르바트와 하모브니키 구에 걸친 시프세프 브라제크.

씨름하고 있는 뉴샤에게 어리석은 잔소리를 해 댔지만 오히려 역효과만 났다. 그것을 보고 방법을 아는 의사가 끼어들려고 했지만, 아내는 살며시 그의 어깨를 잡고 방에서 내몰면서 말했다.

"당신 방으로 가 계세요. 당신은 안 그래도 머리가 혼란스러운데 꼭 끼어들어서 방해하는 버릇이 있어요. 당신의 참견은 불에 기름을 붓는 것과 같다는 걸 왜 모르세요."

"오, 기름이라고, 토네치카, 그것 아주 멋진데! 그게 있으면 페치카가 금방 불이 붙을 텐데 말이야. 나를 기름도 불도 모른다고 하다니, 안타깝군."

"농담할 때가 아니에요. 그런 소리 할 때는 따로 있다는 걸 잘 아시면서 그래요."

불이 피워지지 않아 일요일의 계획이 모두 물거품이 되고 말았다. 모두 어두워지기 전에 할 일들을 마치고 저녁에는 쉬려고 했는데 지금은 이것도 저것도 다 틀리고 말았다. 점심이 늦어졌고, 뜨거운 물로 머리를 감으려던 누군가의 희망과 그 밖의 이런저런 계획들도 다 틀어져 버렸다.

연기가 금세 가득 차서 도저히 숨을 쉴 수 없을 지경이었다. 세찬 바람이 방 안으로 연기를 되밀어 버린 것이다. 실내에는 검은 그을음이, 밀림 속에 나타나는 동화 속의 도깨비처럼 서 있었다.

유리 안드레예비치는 모두를 옆방으로 피신시킨 뒤 창문을 열어젖혔다. 그는 난로 속의 장작을 반쯤 꺼내고, 나머지 장작 사이에 조그만 나무토막과 자작나무 껍질을 놓아 좁은 통로를 만들었다.

통풍구에 신선한 공기가 흘러들었다. 창문 커튼이 흔들리면서 춤을 추었다. 책상에서 종이 몇 장이 흩날렸다. 바람이 어딘가의 문을 쾅 때렸고, 방 안을 돌면서 쥐를 쫓는 고양이처럼 남아 있는 연기를 쫓아다녔다.

불붙은 장작들이 벌겋게 타오르면서 탁탁 소리를 내기 시작했다. 난로가 불꽃을 널름거리며 달아올랐다. 쇠난로의 몸체 안에서 시뻘건 원 여러 개가 결핵 환자 얼굴의 붉은 반점처럼 보였다. 방 안에 있던 연기가 엷어지더니 이윽고 말끔히 사라졌다.

방 안이 밝아졌다. 해부의가 가르쳐 준 대로 유리 안드레예비치가 때운 유리창이 울기 시작했다. 창틀을 메운 접합제의 따뜻한 기름내가 파도처럼 밀려왔다. 난로 옆에서 말리고 있는 작게 쪼갠 장작에서 냄새가 났다. 독한 전나무 냄새와, 갓 베어 내어 화장수처럼 향긋하고 신선한 사시나무 냄새였다.

그때 통풍구에 들어오는 공기와 똑같은 기세로 니콜라이 니콜라예비치가 뉴스를 가지고 방 안으로 뛰어들었다.

"시가전이다. 임시 정부를 지지하는 사관학교 생도와 볼셰비키 편인 도시 수비대 병사들 사이에서 전투가 벌어졌어. 가는 곳마다 벌써 충돌이 일어나고 있는데 봉기의 발생지를 일일이 헤아릴 수 없을 정도야. 여기 오다가 드미트로프카에서 한 번 또 니키츠키 문 옆에서 한 번, 두세 번 혼쭐이 날 뻔했어. 이젠 바로 올 수 있는 길은 없고 돌아서 오는 수밖에 없어. 유라, 빨리 가자! 얼른 옷 입고 나가자고! 이건 꼭 봐 둬야 해. 이건 역사야. 일생에 한 번밖에 없는 일이라고."

그러나 그 자신도 두 시간쯤 떠들어대다가 식사를 했다. 이윽고 그가 돌아갈 차비를 하고 유리와 함께 나서려고 하는데 그때 마침 고르돈이 찾아왔다. 고르돈도 니콜라이 니콜라예비치처럼 똑같은 뉴스를 가지고 뛰어들어 온 것이다.

그러는 사이에 사태는 더욱 진전되어 있었다. 새로운 뉴스가 들어왔다. 고르돈은 총격이 차츰 격렬해지고 있으며 빗나간 총알에 맞아 죽은 행인 이야기를 했다. 그의 말에 의하면 시내에서는 모든 움직임이 멈추었다고 한다. 그는 기적적으로 이곳의 골목길로 해서 들어왔지만 돌아갈 길은 이미 막혀 있었다.

니콜라이 니콜라예비치는 고르돈의 말을 듣지 않고 거리로 나갔다가 금방 다시 돌아왔다. 골목길도 출구가 막혔고, 총알이 거리에서 벽돌과 회반죽 덩어리를 깨뜨리면서 신음하고 있다고 말했다. 거리에는 사람 그림자 하나 볼 수 없고 통행은 모두 끊어져 있었다.

지난 며칠 동안 사셰니카는 감기에 걸려 있었다.

"어린애를 뜨거운 난롯가로 데려가선 안 된다고 몇 번이나 말했소." 유리 안드레예비치가 화를 냈다. "더운 것이 추운 것보다 마흔 배는 나빠요."

사셰니카는 목이 아프고 열이 높았다. 그는 구역질과 토사에 대해 이상할 만큼 공포를 품고 있어서, 그것이 시시각각 다가오고 있음을 느끼고 있었다.

사샤는 목구멍을 들여다보려고 후두경을 든 유리 안드레예비치의 손을 밀어내며, 입을 꼭 다물고는 소리쳐 울기 시작했다. 아무리 달래고 얼러도 소용이 없었다. 갑자기 사셰니카가 자기도 모르게 커다랗게 하품을 했다. 의사는 그 기회를 놓치지 않고 재빨리 차숟가락을 아들의 입 속에 넣어 혀를 누르고 사세니카의 새빨간 목구멍과 박막으로 뒤덮여 부어오른 편도선을 볼 수 있었다. 편도선의 모양이 유리 안드레예비치를 불안하게 했다.

잠시 뒤 유리는 같은 방법으로 사세니카의 병원체를 채취할 수 있었다. 알렉산드르 알렉산드로비치에게는 현미경이 있었다. 유리 안드레예비치는 그것을 빌려 그런대로 검사를 마칠 수 있었다. 다행히 디프테리아는 아니었다.

사흘째 되던 날 밤, 사세니카는 가성 후두염 발작을 일으켰다. 고열이 나고 숨 쉬는 것조차 힘들어 했다. 그 고통으로부터 구해 낼 힘이 없는 유리 안드레예비치는 불쌍해서 아이를 쳐다볼 수가 없었다. 안토니나 알렉산드로브나는 아이가 죽을 것만 같았다. 아이를 품에 안고 방 안을 왔다 갔다 하는 동안 발작도 서서히 가벼워지고 있었다.

아이를 회복시키기 위해서는 우유와 광천수, 아니면 소다수라도 구해야만 했다. 하지만 지금은 시가전이 한창이어서 일제사격과 포격이 끊이지 않고 있었다. 설령 유리 안드레예비치가 생명의 위험을 무릅쓰고 전투 지역 밖으로 나간다 하더라도, 총화가 없는 한적한 교외의 평온한 일상생활은 만나지 못했으리라. 왜냐하면 승패가 최종적으로 결정될 때까지는 모스크바 시가지는 죽은 것이나 다름없었기 때문이다.

그러나 승패는 이미 확실해졌다. 어디에서나 노동자들이 우세하다는 소문이 들려왔다. 사관학교 생도들은 몇몇 집단을 이루어 아직 싸우고 있었지만 모두 흩어져 있었고 게다가 사령부와의 연락도 끊어져 있었다.

독일군과 싸웠던 병사들이 두로고미로프에서 시프세프 도심으로 몰려들었다. 병사들과 미성년 노동자들은 골목에 참호를 파고 농성에 들어갔다. 그들은 이미 부근의 주민들과 가까워져서, 집 문에서 얼굴을 내밀고 내다보거나 거리에 나오는 사람들과 사이좋게 이야기와 농담을 주고받았다. 부분적이기는 하지만 움직임이 다시 살아나고 있었다.

이때 지바고의 집에서 사흘 동안 머물렀던 고르돈과 니콜라이 니콜라예비치도 감금 상태에서 풀려나 집으로 돌아갔다. 유리 안드레예비치는 사세니카가 병을 앓던 힘든 시기에 그들이 함께 있어 준 것이 고마웠다. 안토니나 알렉산드로브나는 가뜩이나 혼란에 빠져 있는데 그들까지 번거로움을 보태 준 것을 너그럽게 봐주기로 했다. 그러나 그 두 사람은 환대에 감사해 끊임없이 수

다를 떨면서 보답하는 것을 의무로 여겼고, 유리 안드레예비치도 사흘 동안의 쓸데없는 대화에 지쳐서 그들과 헤어지는 것이 기쁠 정도였다.

8

두 사람이 무사히 집에 닿았다는 연락은 있었지만, 그것으로 전투가 완전히 진정되었다고 할 수는 없었다. 여러 장소에서 작전 행동이 이어지고 있었고 몇몇 지구는 아직 봉쇄되어 있어서 의사는 여전히 병원에 가지 못하고 있었다. 병원에 가지 않으면 무료한 데다, 의국의 책상 서랍 속에는 그의 원고 '유희'와 연구 수첩이 들어 있었다.

사람들은 저마다의 지역 안에서 아침마다 빵을 구하러 집 근처에 나와, 우유병을 들고 가는 사람을 보면 불러 세운 채 빙 둘러서서 어디서 우유를 구했느냐고 묻곤 했다.

이따금 온 시내에 총격이 벌어지면 사람들은 다시금 뿔뿔이 흩어졌다. 양 진영에서 모종의 협상이 이루어지고 있는데, 그 협상이 성공인지 실패인지는 총소리의 강약에 나타날 거라고 모두 생각했다.

구력*[12] 10월 말, 어느 날 저녁 10시쯤, 의사는 가까운 곳에 사는 한 동료의 집 쪽으로 서둘러 길을 걷고 있었다. 특별히 볼일이 있는 것은 아니었다. 보통 때는 붐비는 곳이었지만 오가는 사람이 거의 없이 한적했다.

유리 안드레예비치는 걸음을 빨리했다. 첫 싸락눈이 강한 바람과 함께 내리고 있었는데, 바람이 불수록 눈발이 갈수록 거세지더니 유리의 눈앞에서 폭설로 바뀌었다.

한 골목에서 다른 골목으로 구부러진 유리 안드레예비치는, 갑자기 눈이 펑펑 쏟아지면서 눈보라로 바뀌자 그것을 피하려고 골목을 몇 개 도는 사이에 방향감각을 잃어버리고 말았다. 탁 트인 벌판에서 휭휭 소리를 내며 땅에 흩날리던 눈보라도 시가지에서 좁은 골목길로 들어와 길을 잃어버린 것처럼 갈팡질팡 헤매고 있었다.

그와 똑같은 현상이 사람의 마음과 육체에, 그리고 지상과 대기 속에도 생겨나고 있었다. 어디선가 작은 섬처럼 고립된 채 무너져 버린 저항자들의 마지

*12 율리우스력, 러시아에서는 1918년 말까지 사용, 신력보다 13일 늦다.

막 일제사격이 땅을 흔들듯이 울려 퍼졌다. 어딘가 지평선상에서는 꺼진 불길의 희미한 반사가 거품처럼 터지며 작렬했다. 유리 안드레예비치의 발밑 축축한 길 위에서 눈보라가 춤을 추었다.

어느 네거리에 접어들었을 때, 신문팔이 소년이 옆구리에 방금 찍어 낸 신문 다발을 잔뜩 끼고 "호외요!" 하고 외치면서 유리 곁을 지나갔다.

"거스름돈은 필요 없어." 의사가 말했다. 소년은 젖어서 달라붙은 다발에서 가까스로 한 부를 떼어 내어 의사의 손에 찔러 넣고는, 눈보라 속에서 갑자기 나타난 것과 똑같이 다시 눈보라 속으로 사라졌다.

의사는 가까운 곳에 있는 가로등으로 다가가 그 자리에 서서 곧바로 중요한 골자만 훑어보았다.

한쪽 면만 인쇄된 호외판에는 인민위원 소비에트*[13]가 생기고, 러시아에 소비에트 정부가 수립되며, 러시아에서 프롤레타리아 독재가 도입되었다는 페테르부르크의 정부 보도가 실려 있었다. 그리고 신정권의 첫 번째 정령(政令)이 게재되고, 전보와 전화로 전달된 뉴스도 함께 실려 있었다.

눈보라가 유리의 눈을 때리고, 소리 내며 떨어지는 잿빛 눈싸라기가 신문의 글자를 덮어 버렸다. 그러나 신문을 읽는 것을 방해한 것은 그것이 아니었다. 그 순간의 위대함과 영원성이 그를 전율케 해서 도저히 글자가 눈에 들어오지 않았다.

그래도 끝까지 읽어 보려고 그는 눈발을 피할 수 있는 밝은 장소를 찾아 주위를 둘러보았다. 그러다가 그는 또다시 세레브랴니와 몰차노프카가 만나는, 그 마법에 걸린 네거리에 서 있는 자신을 발견했다. 유리문과 전등이 밝게 켜진 넓은 현관이 있는 5층 건물 입구 옆이었다.

의사는 건물 안으로 들어가 현관 안의 전등불 밑에서 전보 뉴스를 뚫어질 듯이 읽었다.

그의 머리 위에서 발소리가 들려왔다. 누군가가 마치 뭔가 결심이 서지 않는 것처럼 이따금 멈춰 서곤 하면서 계단을 내려오고 있었다. 정말로, 계단을 내려온 사람은 갑자기 마음을 고쳐먹고 뒤돌아서 위로 달려 올라갔다. 어딘가에서 문이 열리고 두 사람의 목소리가 파도처럼 퍼졌는데, 남자인지 여자인지도

---

* 13 1917~47년까지 현재의 장관에 해당하는 위원.

알 수 없을 만큼 큰 목소리였다. 조금 있다가 문이 쾅 닫히더니 조금 전에 내려온 사람이 단단히 각오한 듯이 아래로 달려 내려오기 시작했다.

기사를 읽는 데 열중해 두 눈이 머리와 함께 신문에 푹 빠져 있었던 유리 안드레예비치는 눈을 들어 낯선 사람을 바라볼 생각도 하지 않았다. 그러나 그 사람이 맨 아래로 달려 내려와서는 멈춰 서자, 그는 고개를 들어 바라보았다.

그 앞에 서 있는 사람은 열여덟 살쯤 된 미성년자였다. 시베리아에서 입는 것처럼 안에 사슴가죽을 댄 뻣뻣한 모피코트에, 마찬가지로 모피 모자를 쓰고 있었다. 소년은 키르기스인처럼 가느다란 눈에 얼굴은 가무잡잡했다. 어딘지 귀티가 나는 얼굴에는 어느 먼 외국에서 온 듯한, 복잡하게 피가 섞인 혼혈인들에게서 이따금 볼 수 있는 한순간의 번뜩임과 자신의 감정을 숨기는 섬세함이 있었다.

소년은 유리 안드레예비치를 다른 사람으로 착각한 모양이었다. 그는 의사가 누구인지 알고 있지만 단지 말을 걸 결심이 서지 않을 뿐인 것처럼, 수줍은 듯 방심한 모습으로 바라보았다. 유리 안드레예비치는 그 착각을 깨우쳐 주기 위해, 다가오려고 하는 마음을 떨쳐 버리는 듯이 차가운 시선으로 상대를 빤히 훑어보았다.

소년은 당황해서 한 마디도 하지 못한 채 문쪽으로 갔다. 거기서 다시 한 번 돌아본 뒤 건들거리는 육중한 문을 열더니 쾅 소리 나게 닫고는 한길로 나갔다.

10분쯤 있다가 유리 안드레예비치도 거리로 나갔다. 그는 소년에 대해서도, 찾아가려던 동료에 대해서도 까맣게 잊어버렸다. 그는 금방 읽은 정보로 머리가 가득 차서 집으로 향했다. 그 길에 다른 일이 그의 관심을 끌었는데, 그것은 그때 매우 중요한 의미를 가지고 있던 하찮은 일상생활의 문제였다.

집으로 가는 길에, 그는 어둠 속에 판자와 통나무가 산더미처럼 쌓여 있는 장소에 이르렀다. 그것은 길을 가로질러 쌓여 있었다. 그곳 골목에는 무슨 공공기관이 있었는데, 변두리에서 통나무집을 해체해 관비로 지급하는 연료인 것 같았다. 그것은 마당 안에 다 운반되지 못하고 남은 것을 그냥 한길에 쌓아 둔 것이었다. 총을 든 보초가 그 더미를 지키느라 마당을 왔다 갔다 하다가 이따금 골목으로 나가 볼 뿐이었다.

보초가 마당 쪽으로 돌아선 순간, 때마침 눈보라가 대기 속에 눈가루를 뿌옇게 흩날리기 시작했다. 유리 안드레예비치는 미처 깊게 생각해 보지도 못하고, 가로등 불빛이 닿지 않아 그림자가 진 쪽에서 통나무 더미에 다가갔다. 맨 밑에서 무거운 것을 하나 천천히 흔들어 가면서 빼냈다. 더미에서 어렵사리 끄집어내어 어깨에 메고 나자, 더 이상 무게가 느껴지지 않았다(자기 것이 되면 무겁지 않은 법이다). 그는 그림자가 진 벽을 따라 시프세프에 있는 집까지 몰래 그것을 가져갔다.

역시 집에는 장작이 떨어져 있었다.

통나무를 잘라 땔감으로 쌓아 놓은 뒤 유리 안드레예비치는 난로를 피우려고 쭈그리고 앉았다. 그는 덜컹거리는 문 앞에 말없이 앉았다. 알렉산드르 알렉산드로비치가 몸을 녹이기 위해 난롯가로 안락의자를 끌고 와 앉았다. 유리 안드레예비치는 양복 옆 주머니에서 신문을 꺼내 장인에게 내밀었다.

"놀라운 소식이에요. 여기 있는 그대롭니다. 읽어 보세요."

유리 안드레예비치는 일어서지 않고 쪼그리고 앉은 채, 작은 부지깽이로 난로 속 장작을 뒤적거리면서 큰 소리로 혼잣말을 했다.

"얼마나 멋진 수술인가! 고약한 악취를 풍기는 해묵은 종기를 기술적으로 단번에 도려내다니! 사람들이 그 앞에서 무릎을 꿇고 절을 하며 비굴하게 길들여졌던 몇 세기 동안의 불공평을 군말 못 하게 싹 해결하는 선고로군요.

두려워하지 않고 이렇게 끝까지 이룩한 점에, 우리 러시아 민족의 진면목을 볼 수 있단 말이야. 푸시킨의 무조건적인 솔직함과 톨스토이의 사실에 대한 흔들림 없는 신념에서 내려오는 무언가가 있어."

"자네 푸시킨이라고 말했나? 무슨 소리야? 잠깐만 기다리게. 곧 다 읽을 테니. 읽으면서 듣는 것까지야 할 수 없으니까." 장인인 알렉산드르 알렉산드로비치가 말했다. 유리 안드레예비치가 혼자 내뱉은 독백을 자기에게 한 얘기로 착각한 것이다.

"요점은, 천재란 무엇일까요? 만일 누군가에게 새로운 세계를 창조하고 새로운 기원을 시작하라는 과제를 준다면, 그는 반드시 맨 먼저 그에 합당한 자리를 깨끗이 해야 할 겁니다. 그는 새로운 세기를 다시 시작하기 전에 먼저 낡은 세기가 끝나기를 기다릴 겁니다. 그에게 필요한 것은 사사오입된 수입니다. 단락의 첫 번째 줄바꿈입니다. 완전히 새로운 한 페이지입니다.

그런데 보십시오. 이건 전대미문의 사건입니다. 이건 역사의 기적입니다. 이 계시는 계속되어 온 진부한 일상성 자체에 대한 놀라운 일별입니다. 일상생활의 앞날 따위는 안중에 없어요. 이건 처음부터 시작된 것이 아니라, 갑자기 한복판에서, 미리 정확하게 정해진 기한 같은 것도 없이 시작된 것입니다. 우연히 맞닥뜨린 최초의 평범한 날에 전차가 시내를 달려가는, 한창 붐비는 시간에. 이것이 무엇보다 천재적인 점이 아니고 무엇이겠습니까? 가장 위대한 일은 이렇게 엉뚱하고 때에 맞지 않게 이루어지는 겁니다."

9

예측했던 대로 혹독한 겨울이 찾아왔다. 그 겨울은 그 뒤에 이어진 두 번의 겨울만큼 공포를 안겨 주지는 않았으나, 어차피 암담하고 배고프고 추운 겨울인 건 마찬가지였다. 지금까지의 생활습관이 무너지고 모든 생활의 토대를 다시 쌓아야만 하는 겨울, 사라져 버린 생활에 초인적인 노력으로 매달려 있어야 하는 겨울이었다.

그처럼 끔찍한 겨울이 3년이나 잇따라 찾아왔지만 1917년부터 1918년에 걸쳐 일어난 모든 일은, 지금 생각하면 반드시 그때 실제로 일어났던 것이 아니라 어쩌면 나중에 일어난 건지도 모른다. 잇따라 닥쳐 온 겨울은 모두 하나가 되어 각각을 따로 구별하는 것은 어려운 일이다.

낡은 생활과 새로운 질서는 아직 맞물리지 않고 있었다. 그 둘 사이에 1년 뒤의 내전 시기에 있었던 반목은 없었으나 서로 연관을 맺지는 못했다. 그것은 낡고 새로운 하나하나의 별개의 것으로서 대치한 채 서로 조화를 이룰 수 없는 성질의 것이었다.

소유 가옥, 관청, 일터, 공공복지기관 등 도처에서 간부가 새로 개편되고 직원이 바뀌었다. 모든 기관에 무제한의 권한을 지닌 코미사르(인민위원)가 임명되기 시작했다. 그들은 검은 가죽 코트 차림에 온갖 위협 수단과 연발 권총으로 무장하고, 좀처럼 수염을 깎을 새도 없이 잠을 자지도 쉬지도 않는 강철 같은 의지를 가진 자들이었다.

그들은 소시민과 고만고만한 소액국채 소유자, 권력에 아부하는 하층민의 속성을 잘 알고 있어서 몰인정하게 메피스토펠레스의 조소를 담아 마치 좀도둑을 대하듯이 주민을 대했다.

그들은 강령이 명령하는 대로 모든 것을 손에 넣고 기업도 단체도 잇따라 볼셰비키화해 갔다.

성십자 병원은 이제 제2개혁 병원이라는 이름으로 바뀌었다. 병원에는 변화가 일어났다. 직원의 일부가 해고되고, 많은 이가 근무해도 불리하다는 걸 알고 스스로 사직했다. 그들은 유행을 좇는 환자가 있는 수입 좋은 교수들로 세상의 총아, 말만 듣기 좋게 늘어놓는 가살꾼들이었다. 이해관계 때문에 떠나는 그들은 마치 시민의식의 발로인 것처럼 뻔뻔하게 주장하면서, 남아 있는 사람들을 거의 배척이나 다름없는 모멸적인 태도로 대하기 시작했다. 그 모멸당하는 자들 속에 지바고도 끼여 있었다.

밤이 되면 남편과 아내 사이에 이런 대화가 오갔다.

"잊지 말고 수요일에 의사협회 지하실로 언 감자를 가지러 가요. 거기서 두 자루를 줄 거요. 몇 시면 내가 시간이 나서 도와줄 수 있는지 정확하게 설명할 테니까. 둘이서 손썰매로 나르면 될 거요."

"알았어요. 걱정 말고 어서 주무세요, 유로치카. 늦었어요. 어쨌든 당신이 모든 일을 다 하는 건 무리예요. 당신은 좀 쉬어야 해요."

"전염병이 돌고 있어. 전체적인 영양실조가 면역력을 약화하고 있는 거야. 당신이나 아버님을 보면 무서울 지경이야. 뭔가 대책을 세워야 해. 무슨 수가 없을까? 우린 우리 자신을 너무 돌보지 않고 있어. 좀 더 신경을 써야 하는데. 듣고 있소? 당신 자는 거 아냐?"

"아니에요."

"난 당신이 걱정이오. 난 튼튼하니까 괜찮지만, 만에 하나라도 내가 쓰러지면 어리석게 집에 놔두지 말고 당장 병원으로 옮겨요."

"유로치카, 무슨 말을 하는 거예요! 아무 일도 없어요. 왜 그런 불길한 소리를 해요?"

"기억해 두구려. 이젠 정직한 사람도, 친구도 없다는 걸. 하물며 아는 사람도 없고. 만약 무슨 일이 생기면 부탁할 사람은 피추시킨 씨밖에 없소. 물론 그가 무사하다면 말이지만. 당신 잠들었소?"

"아뇨."

"비열한 자들이오. 그들은 가장 좋은 배급식량을 타기 위해 나가 놓고, 이제 와서 마치 시민의식이나 정의 때문에 나간 것처럼 굴고 있어. 길에서 만나면 손을 내밀고 '당신은 그자들을 위해서 일해 주고 있소?' 하면서 눈썹을 한 번 찌푸리는 거야. 난 이렇게 말해 준다오. '그렇군요. 쓸데없는 참견을 하고 말았어요. 난 우리가 곤궁한 걸 자랑스럽게 여기고 있고, 우리에게 이런 곤궁을 안겨 주면서도, 우리에게 자긍심을 지니게 해 준 그들을 존경하고 있으니까.' "

10

오랫동안 잡곡으로 쑨 죽과 청어 대가리를 넣어 끓인 생선수프가 대다수 사람들의 주식이었다. 청어 몸통은 프라이팬에 구워서 반찬으로 먹었다. 주로 겉겨를 벗기지 않은 호밀과 밀을 끓여서 죽을 쑤었다.

안면이 있는 교수 부인이 안토니나 알렉산드로브나에게 타일을 붙인 네덜란드식 난로 바닥을 이용해 빵 굽는 방법을 가르쳐 주었다. 그 일부를 내다 팔 수 있다는 것이었다. 옛날처럼 타일을 붙인 난로를 이용하면 빵을 많이 구울 수 있어서 그만큼 이익이 난다. 그러면 연기만 나고 잘 덥혀지지 않아서 도무지 난방이 되지 않는 끔찍한 쇠난로의 고통에서 벗어날 수 있다.

안토니나 알렉산드로브나는 흑빵을 굽는 데는 성공했으나 장사는 되지 않았다. 그 실현 불가능한 계획은 포기하고 치워 두었던 쇠난로를 다시 쓰는 수밖에 없었다. 지바고 가족은 극심한 궁핍에 시달리고 있었다.

어느 날 아침, 유리 안드레예비치는 평소처럼 일하러 나갔고 집 안에 장작이라고는 두 쪽밖에 남아 있지 않았다. 안토니나 알렉산드로브나는 몸이 약해져서 그런지 따뜻한 날씨에 털외투를 입고서도 한기를 느끼며 땔감을 구하러 나갔다.

그녀는 가장 가까운 골목길을 반 시간쯤 서성거렸다. 그 골목에는 교외의 마을에서 농부들이 이따금 채소와 감자를 가지고 들르곤 했다. 그들을 붙잡아야만 했다. 사람들이 짐을 가진 농부들을 불러 세웠다.

그녀는 곧 찾고 있는 목표물에 달려들었다. 긴 외투를 입은 건장한 젊은이가 안토니나 알렉산드로브나를 따라 장난감 같은 가벼운 썰매를 조심스럽게 끌면서 길모퉁이 건너편에 있는 그로메코네 집까지 걸어갔다.

줄을 덮은 썰매 속의 나무껍질로 엮은 바구니에는 자작나무 장작 뭉치가 담겨 있었는데, 19세기의 사진에 나오는 지주 저택의 고풍스러운 계단 난간보다도 가늘었다. 이것저것 가릴 처지가 아니어서 흥정은 꿈도 꿀 수 없었다.

젊은 농부는 그 꼬챙이 같은 장작을 그녀의 2층 방으로 대여섯 번 나른 뒤, 장작 값으로 안토니나 알렉산드로브나의 거울 달린 작은 찬장을 지고 아래층으로 내려가 현관 입구에 내려놓았다. 아마 자기 아내에게 선물할 것이다. 다음에는 감자를 가져오겠다고 약속하고는 지나가는 문 옆에 있는 피아노 값을 물었다.

집에 돌아온 유리 안드레예비치는 아내가 구입한 물건에 대해서는 아무 말도 하지 않았다. 차라리 찬장을 쪼개 쓰는 편이 나았을 테지만 그들로서는 그렇게까지 할 수가 없었다.

"당신, 책상 위에 있는 쪽지 보셨어요?" 아내가 물었다.

"병원장한테서 온 것 말이오? 그들이 내게 말해 줘서 알고 있어. 왕진을 가 달라는 거야. 암, 가야지. 잠깐만 쉬었다 가겠소. 꽤 멀거든. 개선문 근처 어디라던데, 주소는 내게 있어."

"그들이 제시한 이상한 왕진료 보셨어요? 좀 읽어 봐요. 독일산 코냑 한 병이나 숙녀용 양말 한 켤레를 주겠대요. 그런 것으로 흥정을 하다니, 어떤 사람일까요? 요즈음 우리네 살림 형편을 통 모르는 바보 같은 사람인가 봐요. 아마 벼락부자 부류일 거예요."

"흠, 배급업자인가 보지."

이권기업이나 중개인과 함께 소규모 개인업자들이 그런 이름으로 불리고 있었다. 국가권력은 개인 상업을 폐지한 뒤, 경제가 악화되었을 때 그들에게 특권을 주고 그들과 여러 가지 물자 조달에 대해 계약을 맺고 거래했다.

몰락한 구체제의 기업가나 대기업 소유자는 그 속에 들어 있지 않았다. 그들은 아직 자신들이 받은 타격에서 헤어나지 못하고 있었다. 전쟁과 혁명 덕에 밑바닥에서부터 일어난 일시적인 사업가, 즉 뿌리 없이 새로 등장한 외지인들이 그 범주에 속했다.

유리는 끓인 물에 우유와 설탕을 섞어 마신 뒤 환자를 보러 떠났다.

보도와 포장도로에는 눈이 깊이 쌓여, 건물이 늘어선 거리와 거리 사이를 온통 뒤덮고 있었다. 어떤 곳에서는 건물 1층의 창문까지 눈이 차올라 있었다. 그 넓은 공간을 반쯤 죽은 듯한 그림자들이 아주 적은 양의 식량을 손에 들거나 썰매에 실어 끌면서 묵묵히 움직이고 있었다. 썰매를 타고 가는 사람은 거의 볼 수 없었다.

건물에는 곳곳에 아직 예전 간판이 남아 있었다. 그 내용과 상관없이 그곳에 자리잡은 소비자조합 매점과 협동조합 매점은 창살문까지 닫힌 채 자물쇠가 채워져 있거나 못질이 되어 있고 안은 비어 있었다.

물건이 없어서 자물쇠가 채워진 채 텅 비어 있는 것만은 아니었다. 그것은 상업까지 포함해 생활 전반에 걸쳐 재건이 이루어지고는 있지만, 그런 자물쇠가 채워진 가게는 대수롭지 않은 문제라는 듯이 아직 손길이 미치지 않고 있기 때문이기도 했다.

11

유리가 왕진을 간 집은 브레스트 거리의 끄트머리, 트베르스카야 관문 가까이에 있었다.

병영(兵營)을 연상시키는 구식 벽돌건물로, 안에는 안마당이 있고, 문을 들어서면 안쪽의 벽을 따라 3층을 이룬 나무 회랑이 받치고 있었다.

그곳 주민들은 지역위원회 여성의장의 사회로 전부터 예정되어 있었던 전체 집회를 열고 있었는데, 그때 느닷없이 무기소지 허가를 체크하며 금지물을 몰수하고 있던 군사위원회가 들이닥쳤다. 그 순회를 지휘하는 대장은, 수색에는 그리 시간이 걸리지 않는 데다 조사가 끝난 주민들은 차례대로 모여들 것이니 중단된 집회를 곧 재개할 수 있을 거라고 장담하면서 대의원 의장에게 남아 있어 줄 것을 부탁했다.

유리는 마침, 순회가 거의 끝나가고 있어 유리를 기다리고 있는 사람의 차례가 되었을 때 그 집 문 앞에 도착했다. 로프에 건 라이플총을 든 한 병사가 나무회랑으로 이어지는 계단에서 보초를 서고 있다가 유리 안드레예비치가 지나가는 것을 무조건 가로막았다. 그러자 대장이 이 옥신각신에 끼어들어 안에 들여보내 주었다. 그는 의사를 방해하지 말라고 지시하고 환자를 진찰하는 동안 수색을 잠시 미루기로 했다.

유리를 맞이한 그 방 주인은, 윤기 없는 가무잡잡한 얼굴에 어둡고 침울한 눈빛의 예의바른 젊은 남자였다. 그는 여러 가지 상황에 흥분해 있었다. 아내의 병, 들이닥친 수색, 그리고 의학과 그 대표자들에게 품고 있는 한없는 존경심.

유리의 수고와 시간을 아낄 수 있도록, 그는 가능한 한 간결하게 얘기하려고 노력했으나, 조급한 마음 때문에 그의 말은 오히려 더 장황하고 지리멸렬해지고 말았다.

실내는 값비싼 것과 싸구려가 뒤죽박죽으로 넘쳐나고 있었는데, 그것은 뭐든 안정된 물건에 투자할 목적으로 급히 사들인 것들이었다. 무질서하게 사 모은 가구에, 짝이 맞지 않는, 똑같은 외짝들을 잔뜩 모아 두고 있었다.

그 방 주인은, 자신의 아내가 심한 충격에서 오는 어떤 신경병에 걸린 것으로 생각하고 있었다. 그가 이것저것 한꺼번에 두서없이 늘어놓은 말에 따르면, 그들은 고장 난 지 한참 된, 음악이 나오는 낡은 자명종 시계를 거저나 다름없는 값에 사들였다. 그들은 그것을, 오직 주목할 만한 가치가 있는 귀한 시계 장인의 명작으로서 산 것이었다(환자의 남편은 그 시계를 보여 주려고 유리를 옆방으로 데려갔다). 그것은 수리를 할 수 있을지조차 의심스러워 보였다. 그런데 몇 년이나 태엽을 감은 적이 없었던 그 자명종 시계가 갑자기 움직이기 시작하더니, 종을 치고 복잡한 미뉴에트를 연주하고 나서 뚝 멈춰 버린 것이다. 젊은 남자의 말로는, 그때 경악해버린 아내는 그것을 자신의 마지막을 알리는 징조로 단정하고 공포에 사로잡히고 말았다. 그 결과 지금 이렇게 자리에 누워 헛소리를 하면서, 먹지도 마시지도 않고 남편 얼굴도 몰라본다는 것이었다.

"당신은 그래서 신경적 쇼크라는 겁니까?" 유리 안드레예비치가 의심스럽다는 듯한 목소리로 물었다. "환자를 좀 봅시다."

두 사람은 옆방에 들어갔다. 도자기 샹들리에가 있고, 넓은 더블침대 양옆에는 작은 마호가니 탁자가 두 개 놓여 있었다. 침대 구석에 크고 검은 눈의 자그마한 여성이 이불을 턱까지 끌어올리고 누워 있었다. 들어오는 두 사람을 보더니, 그녀는 이불 속에서 나와 있던 한쪽 손을 쳐들어 두 사람을 쫓아내려는 듯이 흔들었다. 그 손에서 넓은 실내복 소맷자락이 겨드랑이로 흘러내렸다. 그녀는 남편도 알아보지 못하고, 마치 방 안에 아무도 없는 것처럼 어떤 슬픈 노래의 첫 소절을 부르기 시작했다. 그 노래가 그녀를 매우 슬프게 했는지, 그녀는 하염없이 눈물을 흘리며 어린아이처럼 흐느끼면서 집으로 돌아가고 싶다고 떼를 썼다. 유리가 그녀에게 다가가려고 했지만, 그때마다 그녀는 진찰을 거부하면서 그로부터 등을 돌렸다.

"부인을 진찰해 봐야 알겠지만" 유리 안드레예비치가 말했다. "뭐, 해 보나 마납니다. 내 눈에는 명백하니까요. 이건 발진티푸스입니다, 그것도 꽤 중증이죠.

부인은 아마도 아주 고통스러울 겁니다. 아무래도 입원하는 게 좋을 것 같군요. 중요한 건 당신이 부인에게 주고 있는 물질적 기쁨이 아니라, 발병한 첫 주에는 반드시 의사가 꾸준히 관찰해야 한다는 것입니다. 어쨌든 이동 수단을, 마차나 안 되면 썰매라도 괜찮으니 구할 수 없겠어요? 물론 미리 환자를 단단히 감싸고 운반해야 할 겁니다. 허가서를 써 드리죠."

"할 수 있습니다, 해 보겠어요. 하지만 잠깐만요, 정말 티푸스가 맞습니까? 그 끔찍한!"

"나도 유감이오."

"아내를 보내면 아내를 잃게 될까 봐 걱정됩니다. 선생님이 되도록 자주 왕진 오셔서 여기서 아내를 치료해 주실 수는 없을까요? 보수는 얼마든지 드리겠습니다."

"설명하지 않았소? 그녀를 꾸준히 관찰하는 것이 중요하다고. 내가 하라는 대로 하세요. 당신에게 좋은 충고를 해 드리죠. 무슨 수를 써서든 마차를 잡아 오기만 하면 됩니다. 나는 부인에게 필요한 것을 메모해 두고 가겠어요. 이건 당신들의 주택위원회에서 만드는 것이 더 낫겠군요. 허가서에는 이 가옥의 사인과 그 밖에 소정의 절차가 필요하니까요."

12

심문과 수색을 무난하게 마친 주민들이 따뜻한 숄과 털코트를 걸치고, 전에는 계란창고로 쓰다가 지금은 주택위원회가 쓰고 있는 불기 하나 없는 방으로 돌아왔다.

방 한구석에 사무용 책상과 등받이가 없는 의자 몇 개가 있으나 많은 사람이 앉기에는 모자랐다. 그래서 그 주위에 빈 계란상자를 뒤집어서 긴 벤치처럼 늘어놓아 채웠다. 그런 빈 상자들이 방 안쪽에 천장까지 쌓여 있었다. 그 한쪽 구석에는 깨진 계란에서 흘러나온 노른자가 굳어서 얼어붙은 충전용 대팻밥이 벽 가에 산더미처럼 쌓여 있었다. 시끄럽게 떠드는 사람들 사이로 쥐들이 돌아다니면서, 때로는 돌바닥의 빈 곳으로 달려 나왔다가 다시 대팻밥 속에 숨어들었다.

그때마다 한 뚱뚱한 여자가 날카로운 비명을 지르며 상자 하나에 뛰어올랐다. 그녀는 손가락으로 치맛자락을 요염하게 걷어 올린 뒤 요즘 유행하는 긴 부츠를 신은 발을 동동 구르며, 여기 좀 보라는 듯이 갈라진 목소리로 소리를 질렀다.

"울리카, 울리카, 이 방은 온통 쥐투성이야. 우, 저리 가, 흉측한 놈들 같으니! 아니, 내 말을 알아들었나 봐, 요놈들이! 몰래 들어와서는. 저런! 상자 위로 느긋하게 기어가고 있네! 치마 속에 들어오면 어쩌지? 아, 무서워라, 무서워! 여기 좀 봐요, 신사 양반들. 아참, 깜박했네, 이젠 신사가 아니라 시민 동지지."

그 여자는 아스트라칸 모피로 만든 헐렁한 옷을 입고 앞가슴을 열고 있었다. 그 속에서 그녀의 이중턱과 풍만한 가슴, 그리고 비단 셔츠 속의 복부가 3층을 이루어 젤리처럼 출렁거렸다. 전에 그녀는 3류 상인과 그 점원들 사이에 여왕으로 인기가 높았던 모양이었다. 그녀의 돼지처럼 찢어진 작은 눈이 부석부석한 눈두덩 사이로 내다보고 있었다. 아주 옛날에 어느 연적이 그녀에게 황산이 든 작은 병을 치켜들고 으르다가 그만 실수로 두세 방울이 튀는 바람에 왼쪽 뺨과 왼쪽 입술가에 가벼운 상처를 입었는데, 지금은 흔적이 거의 남아 있지 않을 뿐만 아니라 오히려 그게 더 매력적으로 보였다.

"떠들지 말아요, 호라푸기나. 도무지 회의를 진행할 수가 없잖아요." 책상에 앉아 있던 지역위원회 의장이 말했다. 이 의장은 집회에서 뽑은 여성의장이었다.

옛날부터 이 집에 오래 산 주민들은 그녀를 알고 있었고, 그녀 자신도 주민들을 훤히 알고 있었다. 파티마는 집회를 시작하기 전에 파티마 아주머니와 소곤거리며 얘기를 나누고 있었다. 그녀는 이 집에서 오랫동안 문지기로 있으며, 전에는 남편과 자식들과 함께 불결한 지하실에서 살았지만, 지금은 딸과 둘이서 2층의 밝은 방 두 개에 옮겨 살고 있었다.

"그럼 말해 봐요, 파티마." 의장이 말했다.

파티마는 자기 혼자서 이렇게 많은 사람이 사는 집을 감당할 수가 없고, 아무도 도와주지 않는다고 불평을 늘어놓았다. 각자에게 할당된 집과 거리를 청소하는 의무를 지키지 않는다는 것이었다.

"걱정하지 말아요, 파티마, 우리가 그 사람들에게 본때를 보여 줄 테니까, 안심해요. 위원회는 대체 뭘 하고 있는 거야? 이게 말이나 돼? 범죄 분자가 숨어 있고 수상한 사람들이 거주증명서도 없이 살고 있는데. 그들을 몰아내고 다른 방법을 찾아야 해요. 당신을 이곳 관리인으로 만들어 주겠어요."

문지기 아주머니는 제발 그런 제안은 하지 말아달라고 부탁했으나 의장은 들은 척도 하지 않았다. 그녀는 실내를 한번 둘러보고 참석자가 충분히 모인 것을 알자, 정숙을 요구하고 짧은 인사말로 집회를 시작했다. 그녀는 전 주택위원회의 태만을 비판하고, 새로운 개선을 위한 후보자를 추천할 것을 제안한 뒤 다른 문제로 넘어갔다.

"동지 여러분, 말하자면 이런 얘기예요. 솔직하게 말하면, 당신들이 사는 이 건물은 수용력이 커서 기숙사로도 쓸 수 있어요. 대의원들이 회의하러 가끔 모여드는데, 그들을 수용할 만한 장소가 아무 데도 없어요. 모스크바에 오는 대의원들을 위해 이 건물을 지역위원회 관할에 두고, 유형 가기 전에 이 집에서 살았던 티베르진 동지 아시죠? 이 집에 그 이름을 붙일 것을 제안합니다. 반대하지 않겠지요? 다음은 집을 비울 순서를 정할 차례예요. 그건 지금 당장 하는 조치가 아니라 당신들에게 1년의 유예기간을 줄 거예요. 노동자 주민은 거주면적의 권리를 얻어 옮길 수 있지만, 비노동자 주민은, 미리 말해 두지만 스스로 살 집을 찾아야 할 거예요. 기한은 12개월이에요."

"우리 가운데 누가 비노동자라는 거요? 우리 집에는 비노동자 같은 건 없어요! 모두 노동자 주민이란 말이오." 주위에서 모두 소리를 지르기 시작하자 한 사람이 절규하듯이 말했다. "이건 국가적인 배타주의요! 이제 모든 민족은 평등하단 말이오. 당신의 말이 무얼 의미하는지 다 알고 있소!"

"모두 한꺼번에 발언하면 어떡해요! 누구에게 대답해야 할지 알 수가 없잖아요? 민족이라는 것이 뭔가요? 발드이르킨 동무, 더구나 여기서 민족이 왜 나와요? 예를 들어, 호라푸기나는 민족 문제가 전혀 없지만, 역시 쫓아낼 거예요."

"쫓아내기만 해 봐! 당신이 날 어떻게 쫓아낼 수 있는지, 어디 두고 볼 거야. 찌그러진 소파 같은 년! 구겨진 이불보 같은 년!" 호라푸기나가 흥분해서 대의원 의장에게 입에서 나오는 대로 욕설을 퍼부어 댔다.

"저 뱀 같은 년이! 빌어먹을 년이! 넌 수치심도 없어?" 문지기 여자가 분통을 터뜨렸다.

"상관하지 말아요, 파티마. 내 일은 내가 알아서 할 테니까. 호라푸기나, 그만해. 지금은 그냥 넘어가지만, 부모 덕에 사는 주제에! 입 다물어, 알겠어? 안 그러면 즉각 기관(KGB를 가리킴)에 넘기겠어. 네가 밀주를 빚고 수상한 자들을 숨겨 준 죄로 체포되기 전에."

소란이 극에 이르렀다. 아무도 발언이 허락되지 않았다. 바로 그때 유리가 이 창고방에 들어섰다. 그는 문 앞에서 맨 처음 만난 사내에게 주택위원회의 누군가를 찾아 달라고 부탁했다. 사내는 입을 오므리고 손으로 나팔을 만들어, 소란스러운 난장판을 압도하는 목소리로 한 음절씩 외쳤다.

"갈, 리, 울리, 나! 이리로 와요. 누가 찾아왔어!"

유리는 자신의 귀를 의심했다. 여위고 등이 조금 굽은 문지기 여자가 다가왔다. 유리는 어머니와 아들이 닮은 것에 놀랐다. 하지만 그는 아직 자신이 누군지 밝히지 않았다. 그가 말했다.

"이 집 주민 한 사람이 티푸스에 걸렸습니다(그는 그 이름을 말했다). 모두에게 전염되지 않도록 예방해야 합니다. 그리고 환자를 병원에 이송해야 합니다. 그녀의 서류를 작성해야 하는데 주택위원회 사인이 필요합니다. 어디서 어떻게 해야 하나요?"

문지기 여자는 용건은 환자 수송에 대한 것이지 청부 서류의 사인은 아니라고 이해했다.

"지역위원회 동지 데미나에게 부탁하면 마차를 양보해 줄 거예요." 갈리울리나가 말했다. "데미나 동지는 좋은 사람이에요. 내가 말해 주지요, 그녀가 마차를 내줄 거예요. 의사 동지, 걱정 마세요, 당신의 환자는 우리가 옮길 테니까."

"오, 내 말은 그게 아닙니다. 나는 어디서 증명서 사인을 받을 수 있는지 묻고 있는 겁니다. 하지만 만약 마차가 온다면……. 그런데 실례지만, 당신은 갈리울린 중위, 오시프 기마제트진의 어머니가 아니십니까? 나는 그와 함께 전선에서 근무했습니다."

문지기 여자는 얼굴이 창백해지더니 몸을 덜덜 떨었다. 그녀는 유리의 팔을 붙잡고 말했다.

"밖으로 나갑시다. 안마당에서 얘기해요."

문지방을 넘자마자 그녀가 조급하게 말했다.

"제발 목소리를 낮춰요, 누가 들으면 큰일이에요. 난 신세를 망친다고요. 유수프카는 잘못된 길을 걸어갔어요. 생각해 보세요, 대체 유수프카 걔가 어떤 사람이었는지? 걘 하잘것없는 노동자, 수습생일 뿐이에요. 유수프카는 이제 평범한 민중은 훨씬 잘살게 되었다는 사실을 알아야 해요. 그게 무슨 뜻인지 장님도 다 아는 얘기 아니에요? 당신이 어떻게 생각하고 있는지는 모르지만, 아마 당신도 알고 있을 거예요. 그런데 유수프카는 잘못되었어요, 하느님이 용서하지 않을 거예요. 유수프카의 아버지는 군인에게 잡혀 죽었어요, 살해당한 거죠, 암요. 얼굴도 그렇고, 팔다리도 남아 있지 않았어요."

그녀는 더 이상 말을 잇지 못한 채 한 손을 내젓는 시늉을 하면서 흥분이 가라앉기를 기다렸다. 그리고 다시 계속했다.

"갑시다. 내가 곧 마차를 얻어 주겠어요. 당신이 누군지 난 알고 있다오. 유수프카가 이곳에 이틀 동안 있으면서 얘기해 줬거든. 당신은 라라 기샤르를 알고 있다고 그 아이가 말하더군요. 상냥한 아가씨였죠. 이 집, 우리 집에 자주 놀러 오곤 했던 게 기억나요. 하지만 앞으로 그녀가 어떻게 될지는 아무도 몰라요. 귀족이 귀족을 거역하기 시작하다니, 말이나 돼요? 유수프카는 잘못되었어요. 자, 갑시다. 마차를 부탁하러 가자고요. 데미나 동지가 내 줄 거니까. 데미나 동지가 누군지는 알고 있죠? 올랴 데미나 말이에요. 라라 기샤로바의 어머니 집에서 일했던 바로 그 사람인데, 그렇게 됐죠. 여기서도 갈 수 있어요. 바로 이 뜰에서 말이오. 자, 갑시다."

13

주위는 완전히 어두워져 있었다. 데미나의 회중전등에서 나오는 하얀 불빛의 원만이 두 사람의 댓 발자국 앞 눈 더미에서 눈 더미로 오르내리며, 두 사람이 가는 길을 비춰 준다기보다 오히려 혼란에 빠뜨리고 있었다. 어두운 밤이었다. 그리고 건물은 뒤로 차츰 멀어져 갔다. 그 집에서는 많은 사람이 라라를 알고 있었다. 그녀가 소녀 시절에 가끔 찾아왔고 그녀의 남편이 된 안티포프가 소년 시절을 보낸 집이다.

데미나는 보호자처럼 농담을 하며 그에게 물었다.

"회중전등 없이도 갈 수 있겠어요? 어때요, 필요하다면 드릴까요, 의사 동무? 그래요, 그 옛날 난 정말 농담이 아니라 그녀에게 홀딱 반해서 열렬히 사랑했어요, 우리가 아직 소녀였을 때 말이에요. 그녀의 집에는 봉제공방, 아틀리에가 있었죠. 난 그곳에서 수습 재봉사로서 일했어요. 올해 그녀를 만났지요. 그런데 가 버렸어요. 모스크바에 가는 길에 들렀다더군요. 난 그녀에게, 이 바보야, 도대체 어디로 간다는 거야, 하고 물었죠. 여기 있으면 좋을 텐데, 일은 얼마든지 찾을 수 있을 테니까 함께 살자고. 그런데 아무 소용없었어요! 그럴 마음이 없었죠. 하기야 그건 그녀의 문제니까요. 그녀는 마음이 아니라 머리로 파스카와 결혼했어요, 그때부터 머리가 돌아 버린 거예요. 그리고 떠나 버렸죠."

"그녀를 어떻게 생각하십니까?"

"조심하세요, 여긴 미끄러우니까. 문 앞에 구정물을 쏟아 버리지 말라고 그렇게 말했는데도—차라리 벽에다 대고 얘기하는 게 낫지. 그녀를 어떻게 생각하느냐고요? 어떤 식으로 생각하다니요? 생각하고 말고 할 게 있나요. 그럴 시간도 없어요. 난 이곳에서 살고 있어요. 그녀에게는 말하지 않았지만, 그녀의 군인 동생은 총살당한 모양이에요. 그녀 어머니, 나의 예전 주인은, 반드시 궁지에서 구해 내어 보살펴 줄 생각이에요. 그럼 여기서 이만, 잘 가요."

그들은 헤어졌다. 데미나의 회중전등 불빛이 좁은 돌계단을 뚫고 진흙투성이인 계단 벽을 비추면서 앞으로 달려가 버리자 어둠이 유리를 에워쌌다. 오른쪽에 사드바야 개선문 거리가 있고 왼쪽은 사드바야 마부 거리였다. 어둠 속 저 멀리 검은 눈 위에 나 있는 것은, 이미 일반적인 의미의 거리가 아니라 우랄이나 시베리아의 울창한 밀림 같은, 석조 건축물이 끝없이 늘어선 깊은 침엽수림 속에 난 두 개의 벌채선(伐採線)처럼 보였다.

집에서는 불빛과 온기가 기다리고 있었다.

"왜 이렇게 늦었어요?" 안토니나 알렉산드로브나가 그렇게 묻고는 대답할 사이도 주지 않고 말을 이었다. "당신이 없는 동안 이상한 일이 일어났어요. 설명할 수 없는 신기한 일. 당신에게 얘기하는 걸 깜박 잊었는데, 어제 아버지가 괘종시계를 망가뜨리고는 낙심하고 계셨거든요. 집에 하나 남은 시계를요. 아버지가 수리한다고 만지작거리셨지만 아무 소용없었어요. 길모퉁이에 있는 시계방에서는 흑빵 3파운드를 주면 고쳐 주겠다지 뭐예요. 말도 안 되는 값이죠. 그러니 어떡해요, 아버지는 완전히 낙담하시고 말았죠. 그랬는데 어이없게도 한 시간 전에, 귀를 찢는 듯한 소리를 내며 울리기 시작한 거예요. 괘종시계가 말이에요! 시계가 다시 가기 시작했다고요!"

"나를 위해 티푸스의 시간을 울린 거군그래." 유리 안드레예비치는 농담을 한 뒤, 아내에게 자명종 시계를 가진 환자에 대해 들려주었다.

14

그러나 그가 티푸스에 걸린 것은 훨씬 뒤의 일이었다. 그동안 지바고 가족의 곤궁한 생활은 한계에 이르러 있었다. 그들은 생활고에 지쳐 파멸하기 직전이었다. 유리 안드레예비치는 전에 강도에게 희생이 될 뻔한 것을 구해 준 적이 있는 당원을 찾아갔다. 그는 유리를 위해 최선을 다해 주었으나 이번에는 내전이 시작되었다. 그의 후원자는 끊임없이 각지를 뛰어다녔다. 그뿐 아니라, 그 인물은 그때의 곤란한 생활을 자신의 신념에 비추어 자연스러운 일로 여기며, 자신도 굶주리고 있는 사실을 숨기고 있었다.

유리 안드레예비치는 혹시나 해서 트베르스카야 관문 근처에 사는 그 배급업자를 찾아갔다. 그러나 지난 몇 달 사이에 그는 흔적도 없이 자취를 감췄고, 그의 아내에 대해서도 아무런 소식을 들을 수 없었다. 그 집의 주민들도 완전히 바뀌어 있었다. 데미나는 전선에 가고 없었고, 유리 안드레예비치는 관리인 갈리울리나도 만날 수 없었다.

어느 날 그는 배당 명령서에 의해 관비 가격으로 장작을 샀는데, 그것을 빈다프스키 역*[14]에서 직접 운반해 와야 했다. 끝없이 이어진 메시찬스카야 거리를 따라, 그는 이 생각지도 않았던 재물을 끄는 여윈 말과 짐마차의 마부를 호송하고 있었다. 갑자기 그는, 그 거리가 평소의 그 거리 같지가 않고, 다리가 휘청거려 몸을 가눌 수가 없었다. 각오는 하고 있었지만, 난처하게도 티푸스에 걸렸다는 걸 깨달았다. 마부가 쓰러진 그를 일으켜 위로 올렸다. 겨우 장작 위에 실려 온 유리는 자기가 어떻게 집까지 왔는지도 기억하지 못했다.

15

그는 2주 동안 자주 열에 들떠 있었다. 환상 속에서 토냐가 그의 책상 위에 길 두 개를 만들어 놓았다. 왼쪽은 마부 거리인 사드바야 카레트나야, 오른쪽은 개선문 거리인 사드바야 트리움팔리나야였다. 그러고는 그에게 뜨겁고 깊이 비추는 오렌지빛 탁상램프를 가져다주었다. 사드바야 거리가 밝아졌다. 일을 해야만 한다. 그는 글을 쓰고 있었다.

그는 정열을 기울여 언제나 쓰고 싶어 했고 오래전에 써야 했지만 한 번도 쓰지 못한 것을 이제야 쓸 수 있었다. 그리고 지금은 글이 잘 나갔다. 다만 이따금 찢어진 키르기스인의 눈을 하고, 시베리아나 우랄에서 입는 듯한 안팎이

*14 현재의 리가 역. 1930년까지 이 이름으로 불렸다.

사슴가죽으로 된 코트를 입은 한 소년이 그가 글 쓰는 것을 방해했다.

그 소년이 그의 죽음의 영혼, 다시 말해 죽음인 것은 너무나도 분명했다. 그러나 소년이 장편서사시 집필을 도와주는 데도, 어떻게 그의 죽음일 수 있을까, 과연 죽음이 유용할 수 있을까. 아니면 죽음이 사람을 도울 수 있다는 것인가?

그가 쓰고 있는 장편서사시는 부활이나 납관에 대해서가 아니라, 이러구러 하는 동안 흘러가 버린 날들에 대해서였다. 그는 〈대혼란〉이라는 장편서사시를 쓰고 있었다.

그가 늘 쓰고 싶어 한 것은, 그 사흘 동안 벌레 먹어 시커먼 대지의 폭풍이, 마치 바다에서 파도가 한꺼번에 달려와서 해변을 삼키는 것처럼, 사랑의 불멸의 화신에게 대지의 커다란 덩어리와 흙더미를 내동댕이치면서 포위하고 습격하는 광경이었다. 대지의 폭풍은 사흘 동안 미친 듯이 날뛰며 침공하고는 물러갔다.

그리고 운이 맞는 시구 두 개가 떠올랐다.

라두이 카스누차(기꺼이 맞이하노라)

나다 프라스누차(깨어나야만 하리)

라두이 카스누차, 그리고 지옥(아트), 붕괴(라스파트), 분해, 죽음, 그러나 그것들과 기꺼이 함께하는 것. 그리고 봄도, 막달라 마리아도, 생명도. 그리하여—함께해야만 한다. 깨어나서 일어나야 한다. 부활해야만 한다.

16

그는 회복해 갔다. 처음에는 백치처럼 사물의 관계가 어떻게 되어 있는지 알려고도 하지 않고 모든 것을 받아들였다. 아무것도 이해하지 못하고, 어떤 것에도 놀라지 않았다. 아내는 그에게 버터 바른 흰 빵을 먹이고, 설탕을 넣은 홍차를 마시게 하고, 커피도 주었다. 그는 지금 세상에도 그런 것이 있다는 사실을 잊어버리고, 회복기에는 어김없이 나오는, 시나 동화 같은 데서나 나올 법한 맛있는 음식을 기쁘게 받아먹었다. 그러다가 판단력이 되살아나자마자 처음으로 아내에게 물었다.

"이런 것들을 어디서 구했소?"

"네, 당신의 그라냐가 갖다 주었어요."

"그라냐가 누구지?"
"그라냐 지바고 말이에요."
"그라냐 지바고?"
"그래요, 옴스크에 있는 당신 동생 예브그라프요. 당신의 배다른 동생. 당신이 의식 없이 누워 있는 동안 그가 자주 문병 와 주었어요."
"사슴가죽으로 지은 양면코트를 입은?"
"맞아요. 당신, 내내 의식이 없었는데 어떻게 알았어요? 당신과 어느 건물 계단에서 마주쳤다더군요, 그가 얘기해 줬어요. 그때 그는 당신이 누군지 알고 인사를 하고 싶었지만, 당신이 어찌나 무섭던지 말을 걸지 못했대요! 그는 당신을 숭배하면서 당신 글을 열심히 읽고 있어요. 게다가 땅속에서 솟아난 것처럼 이런 것들도 손에 넣을 수 있어요! 쌀, 건포도, 설탕! 그는 다시 떠났어요. 그리고 우리를 초대하겠대요. 정말 이상하고 수수께끼 같은 인물이에요. 내 생각에 그는 정부당국과 무슨 관계가 있는 것 같아요. 그의 말로는 한 1, 2년 대도시를 떠나 시골에서 '흙을 일구며 살아야 한다'는 거예요. 난 크류게르 집안의 마을에 대해 그와 얘기해 봤어요. 그는 무척 좋은 생각이라더군요. 채소를 심어 먹을 수 있고, 바로 가까이에 숲이 있다고요. 이렇게 아무것도 하지 않고 순한 양처럼 죽어 버릴 순 없잖아요."
그해 4월, 지바고는 가족 모두를 데리고 먼 우랄의 유리아틴 시와 가까운 옛날 영지 바르이키노를 향해 떠났다.

제7장
여로

1

1년 가운데 처음으로 따뜻한 며칠, 해마다 그 뒤에 찾아올 꽃샘추위를 숨긴 채 봄의 거짓 전조를 알리는 3월 말이었다.

그로메코 씨 집에서는 부산하게 여행 준비를 하고 있었다. 이제 거리의 참새보다 수가 불어난 이 집의 많은 주민들에게는, 이 부산함을 부활절 전의 대청소라고 얘기해 놓고 있었다.

유리 안드레예비치는 여행에 반대했다. 그는 이 계획이 실현되지 않을 것이며 마지막 순간에 포기하기를 기대했으므로, 굳이 여행 준비를 방해하지는 않았다. 그러나 상황은 갈수록 진전되어 준비가 거의 끝나가고 있었다. 진지하게 얘기를 나눠야 할 때가 왔다.

그는 그 때문에 열린 가족회의에서 아내와 장인에게 다시 한 번 자신의 의구심을 얘기했다.

"그럼 내가 잘못 생각하고 있다고 여기는 거군요? 그렇다면 떠납시다." 그는 자신의 반대의견을 그렇게 끝맺었다. 아내가 말을 이었다.

"당신은 어떻게든 1년만 더 버티자, 그동안 새로운 토지제도가 정비되어 모스크바 근교에 토지를 청원해서 채소밭을 일굴 수 있다고 하지만, 그때까지 어떻게 버틸지 당신에게도 묘안이 없잖아요. 물론 그게 가장 바람직하고, 가능한 일이라면 그야말로 귀가 솔깃한 이야기지만요."

"정말 꿈같은 계획이지." 알렉산드르 알렉산드로비치가 말을 거들었다.

"좋아요, 내가 졌소." 유리 안드레예비치가 동의했다. "난 다만 정보가 전혀 없어서 망설인 것뿐이오. 우리는 장님이나 마찬가지로 그곳에 대해 조금도 알지 못한 채 어딘지도 모르는 곳으로 떠나는 거요. 바르이키노에 산 적이 있는 세 사람 가운데 어머니와 할머니는 이미 돌아가셨고, 나머지 한 사람은 크류게르 할아버지요. 만약 그가 포로가 되어 감옥에서 살아 있다면 말이지만.

전쟁 마지막 해에 그는 삼림과 공장에 대해 뭔가 공작을 꾸며, 어느 가공의 인물인지 은행인지에 판 것처럼 한 모양인데, 우리가 그 거래에 대해 알고 있는 게 뭐요? 그런데 지금, 재산이라는 의미에서가 아니라 누구의 토지이고, 또 누가 그 토지에 책임을 가지고 있소? 그 토지는 어느 관청에서 관할하게 될까? 숲이 벌채되어 있는지, 공장은 조업하고 있는지, 게다가 저쪽에는 어떤 정권이 들어서 있고, 우리가 저쪽에 도착하는 사이에 또 어떤 변화가 있을까?

당신과 장인어른은 자신들이 아주 좋아하고 자주 그 이름을 들먹이는 미쿨리친만 의지하고 가려는 거요. 하지만 그 노(老)관리인이 아직도 살아 있고 예전처럼 바르이키노에 있을 거라고 누가 그래? 게다가 우리가 그에 대해 실제로 알고 있는 게 무엇일까? 할아버지가 그의 성을 발음할 때 애를 먹었다는 것 정도일 뿐이지. 하기야 그래서 우리가 그의 성을 기억하고 있는 거지만.

하지만 더 이상 논쟁할 필요는 없소. 두 사람은 결정했고 나는 찬성했으니까. 지금은 사람들이 어떻게 여행을 하고 있는지 구체적으로 알아야 해. 꾸물거릴 때가 아니오."

2

그것을 알아보러 유리 안드레예비치는 야로슬라블리 역*1으로 갔다.

대합실로 뻗어 있는 난간 달린 통로를 여행객들의 물결이 가로막고 있고, 대합실 돌바닥 위에서는 잿빛 외투를 입은 사람들이 누워 몸을 뒤척이면서 기침을 하거나 침을 뱉고 있었다. 그들이 서로 말을 주고받을 때마다 그 소리가 엄청나게 크게 울렸다. 소리가 잘 울리는 둥근 천장 밑에서 목소리가 반향하는 정도를 고려하지 않은 탓이었다.

그들은 대부분 발진티푸스에 걸렸던 환자들이었다. 병원이 다 수용할 수 없어서 고비를 넘기기만 하면 그 이튿날 바로 퇴원시켰다. 의사인 유리 지바고 자신도 그런 어쩔 수 없는 조치를 당했지만, 그런 불행한 사람들이 이토록 많은 데다 역사가 그들의 피란처가 되고 있을 줄은 몰랐다.

---

*1 모스크바의 9개 역 가운데 하나. 1862년 트로이츠키 역으로 건설되어 70년에 야로슬라블리 역으로 개칭. 야로슬라블리를 거쳐 우랄, 시베리아, 극동 블라디보스토크까지. 1920~50년대에는 북역으로 불렸다.

"여행증명서를 얻어야 해요." 하얀 앞치마를 두른 짐꾼이 그에게 말했다. "날마다 나와서 상황을 살펴야 합니다. 지금은 열차 운행이 거의 없고, 운에 맡겨야 해요. 그래서 말할 것도 없이 이겁니다……(짐꾼은 엄지손가락을 새끼손가락과 약손가락에 대고 비볐다) ……저쪽에 가면 밀가루든 뭐든 있을 겁니다. 뇌물이 있으면 일이 쉬워지지요. 그러려면 뭐니뭐니해도 이게 최고…… (그는 손가락으로 목을 톡 튀겼다) ……더 이상 없지요."

3

그 무렵 알렉산드르 알렉산드로비치는 인민경제 최고회의 임시심의회에 여러 번 초빙되었고, 유리 안드레예비치는 중병에 걸린 정부요인을 치료하게 되었다. 두 사람은 그 시절로서는 가장 좋은 형태로, 즉 그 무렵 최초로 설립된 정부고관을 위한 비밀배급소의 배급표를 보수로 받았다.

그것은 시몬 수도원 옆에 있는 시(市) 수비대 창고에 있었다. 유리는 장인과 함께 교회와 병영 사이를 빠져나가는 마당을 가로질러, 지면에서 곧바로 입구도 없는 돌 아치 아래로 들어갔다. 서서히 낮아지는 지하실이었다. 그 넓은 끝자락에 옆으로 긴 카운터가 가로놓여 있고, 그 옆에서 창고지기가 서두르는 기색 없이 이따금 창고 안에 물품을 가지러 갔다. 그러고는 식량의 무게를 달아 건넨 뒤, 내준 순서대로 목록에서 연필로 그어 물품을 말소하고 있었다.

배급을 받으러 온 사람은 많지 않았다.

"담아갈 부대를." 창고지기가 배급표를 힐끔 보면서 교수와 의사에게 말했다. 두 사람이 아래로 벌어진 이른바 작은 베개라 불리는 부인용 베개커버와 커다란 쿠션커버를 내밀자 그 속에 밀가루, 곡물, 마카로니, 설탕을 담고 라드, 비누, 성냥을 밀어 넣은 뒤 그 위에 뭔가 종이로 싼 것을 두 개 얹어서 내줬다. 나중에 집에 돌아가서야 그것이 카프카즈의 치즈라는 걸 알았을 때, 두 사람은 눈이 튀어나올 정도로 놀랐다.

장인과 사위 두 사람은 서둘러 그것을 몇 개의 작은 꾸러미로 만들어, 최대한 빨리 커다란 배낭 두 개에 쑤셔 넣었다. 자신들이 서투르게 수선을 피워, 이렇게 너그럽게 베푸는 창고지기의 눈에 거슬리지 않기 위해서였다.

그들은 지하실에서 취한 듯한 기분으로 지상으로 나왔다. 그것은 동물적인 기쁨 때문에 취한 것이 아니었다. 자신들이 헛되이 이 세상에 살고 있는 것이 아니고 그저 하늘을 검댕으로 더럽히고만 있는 것이 아니며, 집에 돌아가서 젊은 주부 토냐로부터 칭찬을 듣고 인정받을 수 있다는 생각 때문이었다.

4

남자들이 출장증명서와 남기고 가는 방의 권리확보 증명서를 손에 넣으려고 관청에 간 사이, 안토니나 알렉산드로브나는 가지고 갈 짐을 고르고 있었다.

그녀는 현재 그로메코 씨 가족에게 할당되어 있는 방 세 개를 불안한 마음으로 돌아다니면서, 아무리 작은 물건도 한 손에 하나하나 무게를 재며, 소형 고리짝에 집어넣을지 말지 생각하고 있었다.

신변물품은 극히 일부만 여행 수하물로 하고, 나머지는 가는 도중이나 그곳에 도착한 뒤 필요한 물건과 교환할 수 있는 것들로 챙겨 두었다.

열려 있는 통풍구에서 봄바람이 들어와 베어 먹고 남은 신선한 프랑스빵 냄새를 일깨웠다. 마당에서는 닭이 울고, 놀고 있는 아이들의 목소리가 들려왔다. 통풍구에서 들어온 공기로 실내가 환기될수록 나프탈렌 냄새가 더욱 코를 찔렀다. 옷상자에서 꺼낸 겨울옷에서 나는 냄새였다.

무엇을 가져가고 무엇을 남겨 두어야 할 것인지에 대해서는 이미 분명히 결론이 난 이론이 있었다. 그것은 일찌감치 탈출한 사람들의 경험에서 나온 것으로, 그 기록이 뒤에 남은 지인들 사이에 널리 퍼져 있었다.

그 조언은 간결하고 의심할 여지없는 지침으로서 안토니나 알렉산드로브나의 머릿속에 더할 나위 없이 뚜렷하게 들어 있었기에, 그녀는 그 지침이 마당에서 짹짹거리는 참새 울음소리와 뛰노는 아이들의 소란스러움과 함께 마당에서 들려오는 것 같았다. 마치 한길에서 누군가의 은밀한 목소리가 그녀에게 고스란히 가르쳐 주고 있는 것처럼 여겨졌다.

'직물은, 직물은'—하고 그 목소리가 말했다. '가장 좋은 건 한 벌 분량의 옷감 그대로, 그러나 여행 도중에 검사가 있을 테니까, 그것도 위험하다. 더욱 현명한 것은 가봉할 상태의 옷처럼 꾸미는 것. 어쨌든 옷감, 직물, 옷도 괜찮고, 가능하다면 오래 입지 않은 겉옷이 좋다. 하찮은 잡동사니는 되도록 적게, 무엇이든 무거운 것은 안 된다. 자주 쓰는 것은 몸에 지니고, 여행 바구니나 트렁크는 생각하지 말 것. 많지 않은 짐도 백 번이라도 검토하여 아녀자도 가지고 갈 수 있는 보따리로 만들 것. 만약 꽤 큰 위험을 만났을 때는 경험상 소금과 담배가 적절하다. 돈은 케렌스키 지폐.*2 가장 어려운 것은—신분증명서 같은 서류'. 기타 등등.

5

출발 전날 밤부터 눈보라가 몰아쳤다. 바람은 원을 그리며 춤추는 눈송이의 잿빛 구름을 하늘로 거세게 불어 올렸고, 그 눈구름은 새하얀 회오리바람이 되어 지상으로 돌아와 어두운 거리 안으로 사라지면서 거리를 온통 하얀 수의로 뒤덮었다.

집에서는 짐 꾸리기가 모두 끝나 있었다. 방과 그 안에 남기고 가는 가재도구의 관리는 하녀였던 예고로브나의 모스크바 친척 부부에게 맡겼다. 안토니나 알렉산드로브나는 그 부부를 지난겨울에 처음 알았다. 그때 그녀는 헌 옷가지와 천 나부랭이, 필요 없는 가구를 장작이나 감자와 바꾸기 위해 그들을 통해 내다 팔았다.

마르켈은 믿을 수 없었다. 그는 자신의 정치적인 클럽으로 민경(民警)*3을 선택했다. 그곳에서 그는 전 집주인인 그로메코 씨네가 자신의 피를 착취했다고 불평하지는 않았지만, 뒤에서는 지금껏 기나긴 세월 동안 자신을 무지의 어둠 속에 방치했으며 원숭이에서 세계가 시작되었다는 지식을 고의로 숨겨 왔다고 그들을 비난했다.

안토니나 알렉산드로브나는, 예고로브나의 친척이며 예전에 상점에서 근무했던 이 부부를 마지막 날에 불러 방을 안내하고 다녔다. 어느 열쇠가 어디 것인지, 무엇이 어디에 들어 있는지, 함께 찬장문을 열었다가 닫고 서랍을 뺐다 닫았다 하면서 모든 것을 가르쳐 주고 모든 것을 설명했다.

실내의 탁자와 의자는 벽 가에 밀어붙여 두고, 여행 보따리는 한쪽 옆으로 옮겼으며, 창문에서 커튼을 모두 떼어 냈다. 눈보라는 겨울철 커튼의 포근한 가장자리 장식이 없어져서, 아무런 방해도 받지 않고 벌거벗은 창문으로 텅 빈 실내를 들여다보고 있었다. 그 눈보라는 각자에게 뭔가를 생각나게 했다. 유

---

*2 1917년에 케렌스키 임시정부가 발행해 20년까지 통용된 액면가 20루블과 40루블짜리 지폐, 케렌카.

*3 밀리차. 10월 러시아 혁명에 의해 제정기의 헌병대를 대신했다.

리 안드레예비치에게는—어린 시절과 어머니의 죽음을, 안토니나 알렉산드로브나와 알렉산드르 알렉산드로비치에게는—안나 이바노브나의 임종과 장례식을. 그것이 이 집에서의 마지막 밤이며 두 번 다시 보지 못하게 될 거라고 그들은 생각했다. 그 점에 있어서는 그들은 잘못 생각하고 있었다. 그러나 그 잘못된 생각에 사로잡힌 그들은 서로에게 슬픔을 주지 않기 위해 그것을 입 밖에 내지는 않고, 저마다 이 지붕 밑에서 보낸 인생을 남몰래 뒤돌아보면서 두 눈에 넘쳐나는 눈물과 싸우고 있었다.

그럼에도 안토니나 알렉산드로브나는 타인 앞에서 지켜야 하는 상류사회의 고상한 예의를 결코 잊지 않았다. 그녀는 모든 관리를 맡아 준 여성과 대화가 끊어지지 않도록 애쓰고 있었다. 안토니나 알렉산드로브나는 그녀의 도움에 대한 의미를 부풀려 말했다. 은혜를 모르는 사람처럼 보이지 않으려고 1분마다 거듭 미안하다면서 옆방에 들어가서는 그 여자에게 줄 선물을 꺼내 왔다. 그것은 무슨 숄이나 블라우스일 때도 있고, 사라사 한 필이나 얇은 비단 반 필이기도 했다. 그 천은 모두, 이 작별의 밤에 커튼이 없이 벌거벗은 창문들을 들여다보던 어두운 눈의 거리가 하얀 반점무늬였던 것처럼, 하얀 체크무늬나 검은 물방울무늬를 하고 있었다.

5

새벽 일찍 역으로 나섰다. 그 시간에 집 주민들은 아직 아무도 일어나지 않고 있었다. 친목을 도모하는 일이라면 으레 앞장서서 나서기 좋아하는 세입자 제보로트키나가 자고 있는 사람들을 한 집 한 집 문을 두드려 깨우면서 소리쳤다.

"일어나요, 동지 여러분! 작별 인사예요! 좀 더 명랑하게, 명랑하게 인사합시다! 집주인 그로메코 씨네가 떠나요."

세입자들이 그들을 전송하기 위해 현관과, 뒤곁의 계단(정면현관은 못질한 채로 1년 내내 폐쇄되어 있었다)에 모여, 마치 단체사진이라도 찍는 것처럼 현관 계단을 반원형으로 빙 에워쌌다.

주민들은 하품을 하고 추위에 떨면서 어깨에 걸친 얇은 코트가 흘러내리지 않도록 몸을 오그리고, 급하게 헐렁한 펠트 장화에 꿴 맨발을 추운 듯이 구르고 있었다.

마르켈은 알코올을 구경할 수 없는 이때 어디서 구했는지 살인적으로 독한 것을 잔뜩 마시고 취해, 칼이라도 맞은 것처럼 난간에 몸을 꺾고는 난간을 부숴 버리겠다고 소리치고 있었다. 그는 역까지 짐을 날라 주겠다고 자청했다가 거절당해 화가 나 있었는데, 이것으로 가까스로 그에게서 벗어날 수 있었다.

마당은 아직 어두웠다. 눈이 바람이 불지 않는 대기 속에서 전날 밤보다 많이 내리고 있었다. 깃털 같은 커다란 눈송이가 게으르게 내려와서는 지면 바로 위에서, 지면에 떨어져야 할지 말아야 할지 망설이면서 좀 더 공중에 머물러 있고 싶어 하는 것처럼 보였다.

골목을 나가 아르바트를 향하자 주위가 조금씩 밝아지기 시작했다. 눈발이 거리에 하얀 장막을 쳤다. 그 장막의 술처럼 늘어뜨린 아랫자락이 춤을 추면서, 걸어가는 사람들의 발에 휘감겼다. 그러면 그들은 앞으로 나아가고 있다는 감각을 잃고 같은 장소에서 제자리걸음을 하고 있는 것 같은 착각에 빠졌다.

거리에는 인적이 없었다. 시프세프에서 나온 이 나그네들과 마주친 사람은 아무도 없었다. 이윽고 마치 죽 속에 빠진 것처럼 온통 눈을 뒤집어쓴 빈 마차가 눈으로 새하얘진 여윈 말에 끌려 그들 옆을 지나갔는데, 그것이 그때로서는 믿을 수 없을 만큼 싼 값에 모두를 짐과 함께 포장이 없는 사륜마차에 태워 주었다. 유리 안드레예비치만은 따로, 자청해 짐만 싣고 걸어서 역으로 향했다.

7

발착역에서 안토니나 알렉산드로브나는 아버지와 함께, 끝없이 늘어선 수많은 사람의 행렬에 끼어들어 벌써 자리를 잡고 있었다. 행렬에는 나무 난간이 둘러쳐져 있었다. 지금은 승차도 플랫폼이 아니라 플랫폼의 선로 앞, 거기서 반 베르스타나 떨어진 출구신호기 옆에서 하고 있었다. 플랫폼에 접근하는 선로의 눈을 치우는 데 일손이 모자라, 역 부지의 반이 얼음과 쓰레기로 뒤덮여 있어, 증기기관차가 거기까지 들어올 수 없었기 때문이다.

보모인 뉴샤와 슈로치카는 어머니며 할아버지와 함께 행렬 속에 있지 않았다. 두 사람은 바깥 입구의 거대한 유리 지붕 밑에서 마음대로 왔다 갔다 하면서, 이따금 언제 어른들과 합류하면 되는지 현관 홀에서 물으러 올 뿐이었다. 두 사람에게서는 코를 찌르는 등유 냄새가 났는데, 이와 티푸스를 예방하기 위해 복사뼈와 손목, 목덜미에 등유를 듬뿍 발랐기 때문이다.

남편이 오는 것을 멀리서 발견한 안토니나 알렉산드로브나가 그를 손짓해 불렀다. 그러나 곁에 오게 하지는 않고, 멀리서 그에게 어느 창구에서 출장 증명서에 스탬프를 받으면 되는지 소리쳤다. 그는 그 창구로 갔다.

"어디 봐요, 무슨 스탬프를 찍어 주었는지." 그가 돌아오자 그녀가 물었다. 유리는 난간 너머로 접혀 있는 서류 한 뭉치를 내밀었다.

"이건 출장 무료 승차증인데." 안토니나 알렉산드로브나 뒤에 서 있던 사람이 그녀의 어깨너머로 증명서에 찍힌 스탬프의 글씨를 읽고 말했다. 그녀 앞에 서 있던 사람이 다시 상세하게 설명해 주었다. 그는 전문가는 아니지만 법률에 대해 잘 알고 있었고, 모든 경우에 필요한 이 세상의 모든 법률을 죄다 알고 있었다.

"이 스탬프가 있으면 등급차, 즉 좌석을 요구할 수 있는 권리가 있어요, 다시 말해 여객차량 말인데, 단 그런 차량이 열차에 편성되어 있다면 말이지만."

줄 선 사람들이 시끄럽게 왈가왈부 참견해 댔다.

"앞으로 가서 그 등급차를 찾으면 돼요. 대우가 너무 좋은걸. 지금은 화물차량의 완충기에 올라앉을 수 있기만 해도 행운인데."

"이 사람 말은 들을 것 없어요, 출장원 양반. 이제부터 내가 설명하는 것을 잘 들어요. 현재 전용열차는 폐지되었고 혼성열차뿐이오. 그건 뭐, 군용차량도 있고, 죄수차량이나 가축차량, 때로는 사람을 태울 수 있는 차량도 있어요. 뭐든지 되는 대로 지껄이면 되나, 혀는 잘 미끄러지는 놈이라 오히려 사람을 혼란에 빠뜨린다니까. 알아듣도록 설명을 해야 할 것 아니오."

"설명한 건 당신이잖소. 여기 영리한 사람 나셨군. 이 사람들이 파견자용 무료 승차증을 가지고 있다고 해서 다 되는 줄 아슈? 당신, 앞에 가서 잘 좀 보시오, 설명은 그 다음에 하시고. 이런 임시 출장원이 파견자 차량을 어떻게 타? 그건 볼셰비키 형제들로 만원이라고. 선원들은 눈이 날카로울 뿐만 아니라 나강(Nagant)식 연발권총을 지니고 있어. 유산계급인 데다 의사인 것 같은데, 옛날로 치면 나리 출신인 건 금방 알 수 있다고. 수병이 나강으로 한발 탕 쏘면 파리처럼 쓰러지는 거지."

만약 그때 새로운 사태가 일어나지 않았더라면, 유리와 그 가족에 대한 동정이 어떻게 되었을지 모르는 일이었다.

아까부터 행렬 속의 군중은, 넓은 역사의 두꺼운 유리를 끼운 큼직한 창문 밖의 먼 곳을 바라보고 있었다. 끝없이 뻗어 있는 플랫폼의 지붕 아래 철로 위로 눈이 내리고 있는 광경이 멀리 이어지고 있었다. 그 먼 거리 때문에 눈송이는 거의 움직이지 않고 공중에 머무르면서 천천히 가라앉고 있었는데, 마치 물고기 먹이로 주는 물에 불린 흑빵 조각이 물에 가라앉고 있는 것 같았다.

아까부터 어떤 사람들이 여럿이 뭉쳐서, 또는 한 사람씩 그 깊은 바닥을 향해 나아가고 있었다. 그들이 몇 사람씩 지나가는 동안, 떨고 있는 눈의 그물 저편에서 희미하게 보이는 그림자들은 작업하느라 침목 위를 천천히 오가고 있는 철도원으로 보였다. 그러나 그들이 갑자기 무리를 지어 한꺼번에 몰려가기 시작했다. 그들이 향하고 있던 깊은 바닥에서 증기기관차가 연기를 내뿜기 시작했다.

"문을 열어 줘, 빌어먹을 놈들아!" 행렬 속에서 고함이 터져 나왔다. 동요한 군중이 문을 향해 움직이기 시작했다. 뒷줄에 있던 사람들이 앞줄로 몰려왔다.

"저들을 봐! 이곳은 목책 때문에 나갈 수 없지만, 저기서는 줄이고 뭐고 없이 빙 돌아서 가고 있잖아! 기차는 지붕까지 꽉 찼는데 우리는 여기서 순한 양처럼 서 있어! 열어라, 악마들아, 부숴 버릴 테다! 에잇, 모두 밀어붙여요, 나가자고!"

"어리석은 사람들이군, 부러워할 것 없소." 모르는 게 없는 법률가가 말했다. '저건 페테르부르크에서 강제노동으로 동원된 사람들이오. 그들은 북쪽의 볼로그라드로 갈 작정이었는데 지금은 동부전선으로 이송되는 중이오. 자기가 가고 싶어 가는 것이 아니란 말이오. 호송병에게 감시당하고 있어요. 참호를 파러 가는 거요."

8

열차를 탄 지 벌써 사흘째였지만, 아직 모스크바에서 그다지 멀리 가지 못했다. 차창 밖 풍경은 겨울이었다. 선로의 레일, 들판, 숲, 마을들의 지붕이 온통 눈으로 뒤덮여 있었다.

지바고의 가족은 다행히 앞쪽 상단의 침상 왼쪽 구석에 자리잡을 수 있었다. 그들이 흩어지지 않고 함께 자리를 잡을 수 있었던 찻간의 천장 바로 밑에 길쭉하고 지저분한 창문이 있었다.

안토니나 알렉산드로브나는 화물열차로 여행하는 것은 처음이었다. 모스크바에서 열차를 탈 때는 유리 안드레예비치가 두 손으로 여자들을 가장자리에 무거운 미닫이가 있는 차량 바닥까지 들어올려 태워야 했으나, 이제는 그녀들도 익숙해져서 그 난방화차에 혼자서 올라탈 수 있었다.

처음 얼마 동안 안토니나 알렉산드로브나에게는 이 차량이 바퀴 위에 얹은 가축우리처럼 보였다. 그녀의 생각으로는, 이 헛간 같은 것은 작은 진동이나 충격에도 부서져 버릴 것만 같았다. 열차는 그들을 앞뒤로 뒤흔들면서 속도가 바뀌거나 커브를 돌 때마다 옆으로 내동댕이쳤고, 사흘째 되는 날에는 찻간 바닥에서 마치 태엽이 장치된 장난감 북의 채처럼 자꾸만 연속음이 났다. 그래도 기차는 무사히 나아가 안토니나 알렉산드로브나의 걱정은 기우로 끝났다.

플랫폼이 짧은 중간역에서는, 스물세 량으로 편성된 수송열차는(지바고 가족은 열네 번째 차량에 타고 있었다) 머리나 꼬리, 또는 한가운데의 일부 차량만이 플랫폼에 걸쳐질 뿐이었다.

앞쪽의 차량은 군용차량이고 중간 차량에는 자유로운 일반인이 탔으며, 뒤쪽 차량에는 강제노동에 동원된 소집병들이 타고 있었다.

이 중간 차량에 타고 있던 승객은 5백여 명으로, 나이도 제각각이고 사회적 신분과 직업도 아주 다양했다.

이 일반인을 태운 여덟 차량은 갖가지 광경을 연출하고 있었다. 옷차림이 훌륭한 부자와 페테르부르크의 주식중개인, 변호사들이 있고 그들 옆에는 착취계급으로 분류된 폭력마부와 마루 닦는 청소부, 목욕탕 때밀이, 타타르인 고물상, 폐쇄된 정신병원에서 탈출한 환자, 장사치, 그리고 수도사들이 있었다.

전자는 모두 새빨갛게 탄 작은 난로 여러 개를 에워싸고, 양복을 벗고 짤막하게 잘라 세워 둔 장작 토막 위에 걸터앉아, 서로 앞다투어 뭔가 얘기하면서 큰 소리로 껄껄거리며 웃었다. 사회적 연줄이 있는 그들은 기운이 넘쳐났다. 고향에서 영향력 있는 친척들의 보살핌 속에서 지냈기 때문이다. 앞으로 최악의 일이 일어나도 돈으로 자유를 살 수 있다.

후자는 장화를 신고 거친 베옷 위에 앞을 풀어헤친 긴 카프탄이나 옷자락이 긴 루바시카를 걸친 사람들이었다. 몇몇은 맨발이었고, 턱수염을 기른 사람도 있고 깎은 사람도 있었다. 그들은 숨 쉬기가 괴로운 난방차의 열려 있는 문가에서 문설주와 그 위를 지르는 횡목을 붙잡고 서서, 철로 근처의 마을과 주민들을 음울하게 바라보면서 누구하고도 얘기하려 하지 않았다. 그들에게는 교제 따위가 필요하지 않았다. 아무것도 기대하는 것이 없었다.

그들 모두가 자신에게 할당된 차량에 들어가 있는 것은 아니었다. 일부는 자유로운 일반인과 한데 뒤섞여 중간 차량에 타고 있었다. 14호 차량에도 그런 사람들이 있었다.

9

열차가 정거장에 닿을 때마다, 상단의 나무침상에서 자고 있던 안토니나 알렉산드로브나는 천장이 낮아서 몸을 마음대로 뻗을 수 없는 옹색한 자세 그대로 몸을 조금 일으켰다. 머리를 숙이고 빠끔히 열려 있는 문틈으로 내다보면서, 물물교환을 할 만한 장소인지, 그리고 침상에서 내려가 밖에 나갈 만한 가치가 있는지를 판단했다.

지금도 그랬다. 열차가 속도를 줄이기 시작하자, 그녀는 설핏 든 잠에서 깨어났다. 많은 전철기(轉轍機)를 잇따라 지나가고 있고 그때마다 난방화차가 소리를 지르며 심하게 흔들리는 것으로 보아, 역이 무척 크고 정거 시간도 길 것으로 짐작되었다.

몸을 앞으로 구부리고 앉아 눈을 비비고 머리를 매만진 안토니나 알렉산드로브나는 짐보따리에 손을 넣어 바닥까지 조사한 뒤, 닭과 젊은이, 말 멍에와 수레바퀴를 수놓은 목욕타월을 한 장 끄집어냈다.

그때 유리도 잠에서 깨어나, 자기가 먼저 침상에서 내려간 다음 아내가 바닥에 내려서는 것을 도와주었다.

그러는 사이, 활짝 열린 차량 문 한쪽으로, 건널목 간수의 오두막 여러 개와 가로등에 이어 눈이 층층이 쌓인 나무들이 나는 듯이 지나갔다. 역의 나무들은 환영한다는 듯이 그 눈을 곧은 가지 끝에 얹은 빵과 소금처럼 열차를 향해 내밀었다. 열차가 아직 꽤 빠른 속도로 달리고 있는데도, 수병들이 맨 먼저 플랫폼의 새로 쌓인 눈 위로 뛰어내려 다른 누구보다 먼저 역 건물 모퉁이 뒤쪽으로 달려갔다. 그곳은 대부분 건물 측벽에 가로막혀 있는데, 금지물품을 파는 여자들이 거기에 숨어 있었다.

수병들의 검은 제복과 바람에 펄럭이는 장식끈, 그리고 가랑이가 나팔처럼 퍼진 바지 때문에 그들의 발걸음은 덮치는 듯이 빠르게 보여, 사람들은 미끄러져 내려오는 스키 선수나 전력 질주하는 스피드스케이트 선수를 피하듯이 길을 열어 주지 않을 수 없었다.

정거장 한 모퉁이 뒤에서는, 가까이 있는 마을에서 물건을 가지고 나온 시골 아낙네들이 서로의 뒤에 몸을 숨기고, 마치 점을 치러 줄을 선 것처럼 흥분해서 거위 같이 줄지어 있었다. 오이, 치즈, 삶은 소고기, 그리고 호밀케이크를 향기와 온기를 유지하기 위해 솜을 두어 누빈 싸개에 싸 가지고 와 있었다. 모피 반코트를 입고 그 안에 끝자락을 집어넣은 플라토크를 쓴 시골 아낙네와 젊은 처녀들은, 익숙하지 않은 수병들의 외설스러운 농담에 양귀비처럼 새빨개졌지만, 속으로는 수병들의 발포를 두려워하고 있었다. 암거래와 금지된 물품의 매매를 단속하는 모든 종류의 적발대는 죄다 이 수병들로 구성되어 있었기 때문이다.

아낙네들의 망설임은 오래 이어지지 않았다. 열차가 서자 다른 승객들도 찾아왔다. 승객들은 한데 뒤섞였고 장사가 활기를 띠기 시작했다.

안토니나 알렉산드로브나는 역의 인적이 드문 장소로 눈으로 얼굴을 씻으러 오기라도 한 것처럼 수를 놓은 목욕타월을 어깨에 걸치고 장사치 여자들을 한 바퀴 둘러보았다. 벌써 사람들이 그녀를 몇 번이나 불러 세웠다.

"여보세요, 도시에서 온 아주머니, 자수 타월 대신 뭘 원하시나요?"

그러나 안토니나 알렉산드로브나는 걸음을 멈추지 않고 남편과 함께 앞으로 나아갔다.

행렬 끝에 진홍색 꽃무늬 플라토크를 쓴 여자가 서 있었다. 그녀는 수놓인 타월에 눈독을 들였다. 그녀의 대담한 눈길이 반짝거리며 타올랐다. 그녀는 주위를 둘러보고 어디에도 위험이 없는 것을 확인하자 안토니나 알렉산드로브나 옆에 재빨리 달라붙어, 자신의 상품에서 모피 커버를 벗기고 흥분한 빠른 목소리로 말했다.

"이건 어때요? 아마 이런 건 본 적 없을 걸요. 갖고 싶지 않아요? 오래 생각할 시간이 없어요, 어서 가져가세요. 폴로토크와 목욕타월을 맞바꿉시다."

안토니나 알렉산드로브나는 마지막 단어를 알아들을 수가 없었다. 그녀는 무슨 플라토크에 대한 말이겠거니 하고 아낙네에게 되물었다.

"아주머니, 뭐라고 하셨어요?"

그 아낙네가 말한 폴로토크란 토끼 반 마리를 가리키는 것이었다. 머리에서

꼬리까지 통째로 구워서 세로로 반 가른 토끼고기로, 여자는 그것을 양 손에 들고 있었다.

"이 폴로토크와 타월을 맞바꾸자고요. 뭘 그렇게 쳐다보세요? 이건 개고기가 아니라 토끼예요, 토끼."

교환은 성립되었다. 저마다 자신이 크게 이익을 보고 상대는 큰 손해를 봤다고 생각했다. 안토니나 알렉산드로브나는 가난한 시골 아낙네를 비열하게 속인 것 같아 부끄러웠다. 상대는 거래에 만족한 듯 얼른 죄의식에서 벗어나려고, 물건을 다 팔아치운 다른 여자에게 서둘러 말을 걸었다. 그러고는 눈 위로 멀리 뻗어 있는, 사람들의 발길에 다져진 좁은 길로 집을 향해 함께 걸어갔다.

그때 군중 속에서 소동이 일어났다. 어디선가 노파가 소리를 지르고 있었다.

"젊은이, 이게 뭐야? 돈은? 이 양심도 없는 놈들, 언제 줬다고 그래? 이 썩어빠진 놈들, 사람이 부르는 데도 뒤도 돌아보지 않고 가 버리네. 거기 서, 서라잖아, 서! 동무들! 도와줘요! 강도야! 도둑이야! 저놈이야, 저기 저놈 잡아라!"

"어느 놈?"

"저기 저놈, 수염 깎은 놈이야, 웃으면서 가고 있어."

"팔꿈치에 구멍이 난 놈?"

"그래, 맞아요. 저놈을 좀 붙잡아 주시우, 저 악당 놈을!"

"소매에 바대를 댄 놈 말인가?"

"바로 그놈이야 그놈. 아이구, 그놈이 강탈해 갔어!"

"여기서 무슨 일이 있었어요?"

"피로그(만두)와 우유를 파는 할머니에게 흥정을 하는 척하면서 배때기를 채우고는 그대로 달아나 버렸대요. 그래서 저렇게 엉엉 울고 있는 거요, 얼마나 분할까."

"그런 놈은 그냥 둬선 안 돼. 붙잡아야 해."

"어디 한번 붙잡아 보시지. 온몸을 탄띠로 둘둘 감고 있잖아. 오히려 이쪽이 된통 당하겠는걸."

10

열네 번째 차량인 난방화차에는 강제노동에 징용된 자들이 몇 명 타고 있었다. 호송병 보로뉴크가 그들을 감시하고 있었다. 다양한 이유에서 이곳에 세 명이 격리되어 있었다. 한 사람은 페트로그라드[*4]의 국영주점 회계담당이었던 프로호르 하리토노비치 프리툴리예프였다. 그는 난방화차 안에서, 카사[*5]에서 따온 카스텔이라는 이름으로 불리고 있었다. 그리고 열일곱 살인 바샤 브르이킨이라는 철물점 소년과 백발의 협동조합 혁명가인 코스토예드 아무르스키였다. 그는 제정시대의 모든 도형지에서 징역 노동을 경험하고, 새로운 시대가 되자 다시 새로운 일련의 도형노동을 시작한 인물이었다.

이러한 징용자들은 여기저기서 모인 서로 모르는 사람들이었으나 이 여행에서 차츰 안면을 익히게 된 사이였다. 열차 안에서 나눈 대화를 통해 알게 되었는데, 회계담당 프리툴리예프와 상점 수습생이었던 바샤 브르이킨은 같은 뱟카 지방 태생으로, 열차가 곧 그 지방을 통과할 예정이었다.

말므이자 시의 소시민 프리툴리예프는 땅딸막한 몸집에 머리를 짧게 쳤으며, 얼굴이 얽은 추남이었다. 겨드랑이가 땀에 절어 새까매진 잿빛 스탠드칼라 제복은, 여자의 풍만한 가슴을 조이는 사라판[*6]처럼 몸에 꼭 맞았다. 목석처럼 과묵한 그는 때때로 뭔가 생각에 잠겨 주근깨투성이인 양손의 사마귀를 피가 나도록 후벼서 손이 곪기 시작하고 있었다.

1년 전 가을 어느 날, 그는 네프스키 거리를 걷다가 리테이느이 산책로 모퉁이에서 가두 검문에 걸렸다. 신분증명서를 요구받은 그는 제4종 식량배급카드 소지자인 것이 드러났다. 제4종은 비노동자를 위해 발급되는 것으로, 실제로는 아무런 배급도 받을 수 없는 것이었다. 그는 그 이유로, 그와 똑같은 이유에서 길거리에서 구속된 많은 사람들과 함께 병영으로 호송되었다. 그런 방법으로 조달된 부대는, 그 이전에 편성되어 아르한겔리스크 전선에서 참호를 팠던 부대처럼 처음에는 볼로그다[*7]에 보낼 예정이었지만, 도중에 행선지가 바뀌어 마침내 모스크바를 경유, 동부전선으로 가게 되었다.

프리툴리예프의 아내는 그가 전쟁 전 페테르부르크에서 취직하기 전에 일했던 루가[*8]에 있었다. 그녀는 인편으로 남편의 재난을 전해 듣고, 노동부대에서

---

*4 상트페테르부르크, 1914년 개명.

*5 Kácca : 회계, 계산대, 현금출납부 등을 뜻하는 러시아어.

*6 러시아 농촌 여성들이 입는 점퍼스커트형 옷.

*7 러시아 북부와 서부를 잇는 요충지, 주도(州都), 제6적군(赤軍)이 거기서 백위군(白衛軍)과 싸운다.

*8 페테르부르크에서 남쪽으로 136km.

그를 탈출시키려고 찾아 볼로그다로 달려갔다. 그러나 부대의 이동경로와 그녀의 수소문은 엇갈렸다. 그녀는 헛수고만 한 채 모든 것이 흐지부지되고 말았다.

프리툴리예프는 페테르부르크에서 펠라게야 니콜라예브나 차구노바라는 여성과 동거하고 있었다. 그가 네프스키 네거리에서 붙잡힌 것은, 볼일을 보러 반대쪽으로 가려고 그 길모퉁이에서 동거녀와 헤어진 바로 뒤였다. 그는 리테이느이 산책로를 오가는 사람들 속에서 멀리 그녀의 등을 보았지만 곧 사라져 버렸다.

차구노바는 뚱뚱하고 당당한 체격의 서민으로 팔이 아름답고 머리를 탐스럽게 땋은 여자였다. 그 땋은 머리채를 한숨과 함께 때로는 오른쪽, 때로는 왼쪽 어깨에서 앞가슴으로 늘어뜨렸는데, 그녀는 자진해서 수송열차의 프리툴리예프를 따라와 있었다.

프리툴리예프 같은 목석에게 무슨 매력이 있어서 여자들이 그를 따라다니는지 이해할 수 없는 일이었다. 차구노바 외에 또 한 사람, 증기기관차에 가까운 다른 난방화차에 프리툴리예프의 지인 한 사람이 타고 있었다. 머리가 하얗고 깡마른 오그르이즈코바라는 처녀로서, 어떻게 이 열차에 탈 수 있었는지는 알 수 없었다. 차구노바는 그녀를 콧구멍이니 관장(浣腸)이니 하면서 온갖 모욕적인 별명으로 부르고 있었다.

두 여자는 견원지간으로, 서로 얼굴이 마주치지 않도록 조심하고 있었다. 오그르이즈코바는 이쪽의 난방화차에는 절대로 나타나지 않았다. 그녀가 자신이 숭배하는 대상과 어디서 만나고 있는지는 수수께끼였다. 아마 그녀는 승객들이 모두 달려들어 장작이나 석탄을 실을 때, 그저 먼발치에서 그의 모습을 바라보는 것만으로 만족하고 있었을 것이다.

11

바샤가 붙잡혀 오게 된 경위는 또 달랐다. 그의 아버지는 전쟁에서 죽었다. 어머니는 바샤를 피테르*9에 있는 숙부의 집에 보내 일을 배우게 했다.

아프락신 드보르*10에서 철물점을 하고 있던 숙부는 무슨 일을 해명하기 위해 소비에트에 소환되었다. 그는 문을 잘못 알고, 통지받은 방이 아니라 다른

*9 상트페테르부르크의 속칭.

*10 상트페테르부르크 최대의 상점가.

방에 들어가고 말았다. 하필 그 방은 노무위원회의 대기실이었다. 그곳은 사람들로 가득 차 있었다. 그 방에 소환되어 출두한 사람들이 충분한 수에 이르자, 적군 병사들이 와서 모여 있는 사람들을 포위하더니 세묘노프 병영으로 연행해 하룻밤 재운 뒤, 이튿날 아침 볼로그다행 열차에 태우기 위해 역으로 이송했다.

그렇게 많은 주민이 구속되었다는 뉴스가 시중에 쫙 퍼졌다. 이튿날 수많은 사람이 친척에게 작별인사를 하기 위해 역으로 몰려왔다. 그 속에 바샤도 섞여 숙모와 함께 전송하러 와 있었다.

숙부는 역에서 감시하는 초병에게 아내를 만나고 싶으니 잠시만 목책 밖으로 내보내 달라고 부탁했다. 그 초병이 지금 14호차에서 세 명의 그룹을 호송하고 있는 보로뉴크였다. 숙부가 틀림없이 돌아온다는 보장이 없다면서 보로뉴크는 그를 밖에 내보내 주지 않았다. 숙부와 숙모는 그 보장으로 조카를 호송대에 대신 두고 가겠다고 제안했다. 보로뉴크도 그것에 동의했다. 바샤는 목책 안에 들어가고 숙부는 밖으로 나왔다. 숙부와 숙모는 그 길로 돌아오지 않았다.

이 속임수가 드러났을 때, 속을 거라고는 생각지도 않았던 바샤는 울음을 터뜨렸다. 그는 보로뉴크의 발아래 몸을 던지고 풀어달라고 애원하면서 그의 두 손에 입을 맞췄으나 헛일이었다. 이 호송병이 끄떡도 하지 않은 것은 사람이 냉혹해서가 아니었다. 위험한 시절인 데다 질서는 엄격했다. 호송병은 목숨 걸고 점호로 확인하면서, 호송대에서 자기가 맡은 인원수에 대해 책임을 져야 했다. 바샤는 그렇게 하여 노동군대에 들어가게 되었다.

협동조합 혁명가인 코스토예드 아무르스키는 제정시대와 현 정부의 간수들 모두에게 존경받고 있었고, 그들과 늘 가까이 교제하고 있었기에, 그는 호송대장에게 그냥 두고 볼 수 없는 바샤의 딱한 처지를 여러 번 호소했다. 그것은 실제로 있어서는 안 될 부조리라는 것은 저쪽도 인정했지만, 호송 중에는 절차와 다른 어려움이 있어서 지금은 어쩔 수 없으니, 현지에 도착하는 대로 문제를 해결해 주겠다고 대답했다.

바샤는 그림 속에 있는 황제친위병이나 천사처럼 이목구비가 단정하고 아름다운 소년이었다. 그는 드물게 순진하고 마음이 깨끗했다. 그에게는 어른들 옆에서 바닥에 앉아 무릎을 끌어안고 고개를 숙인 채, 어른들이 잡담하고 담론

하는 것에 귀를 기울이는 것이 큰 즐거움이었다. 그때 그의 얼굴근육이 움직이는 것을 보면 눈물을 참고 있는지 아니면 웃음을 깨물고 있는지 알 수 있었고, 어떤 이야기인지 내용도 짐작할 수 있었다. 섬세한 감수성을 지닌 소년의 얼굴에 이야기 내용이 거울처럼 비치는 것이었다.

12

협동조합 혁명가인 코스토예드는 상단에 있는 지바고네의 손님이 되어, 토끼 어깨뼈를 소리 내며 뜯고 있었다. 그는 문틈으로 새어 들어오는 바람과 추위를 두려워했다. '바람이 들어오는군요! 도대체 어디서 들어올까요?' 그렇게 말하면서 바람이 닿지 않는 곳을 찾아 계속 자리를 옮겼다. 마침내 그는 바람을 맞지 않는 곳에 앉으면서 말했다. '이제 됐어요.' 그리고 어깨뼈에 붙은 고기를 다 뜯어먹고 손가락을 핥은 뒤, 손수건에 손을 닦으면서 지바고에게 감사의 말을 하고는 이렇게 지적했다.

"바람은 창문으로 들어옵니다. 반드시 막아야 해요. 그건 그렇고 아까 하던 토론으로 돌아가서, 의사 선생, 당신은 틀렸어요. 구운 토끼는—분명히 훌륭한 음식이지요. 하지만 그렇다고 거기서 시골이 행복하다는 결론을 이끌어내는 것은, 죄송하지만 아무리 좋게 생각해도 대담한 결론이고, 매우 위험한 비약입니다."

"아, 잠깐만." 유리 안드레예비치가 반박했다. "이 역을 좀 보십시오. 나무들은 벌채되지 않았고 목책도 멀쩡하게 남아 있어요. 그리고 그 노천시장! 그 아낙네들을 떠올려 보십시오, 얼마나 만족스러운 모습이던가요! 어딘가에 확실한 생활이 있습니다. 누군가는 즐기고 있습니다. 반드시 모든 사람이 고통에 신음하고 있는 것은 아닙니다. 이것으로 모든 것이 설명됩니다."

"그래요, 그렇다면 얼마나 좋겠습니까만, 사실은 그렇지 않습니다. 당신은 어디서 그런 정보를 얻었습니까? 철로에서 100베르스타쯤 떨어진 곳으로 가 보세요. 곳곳에서 농민봉기가 끊임없이 일어나고 있습니다. 누구에 대해서냐고 당신은 묻고 싶으실 테지요? 어느 정권이 이길지 눈치를 보면서, 백군에도 적군에도 맞서고 있어요. 당신이라면, 뭐 이렇게 말씀하시겠지요. 농민은 모든 질서의 적이고, 그들 자신은 스스로 무엇을 원하고 있는지 모르고 있다고. 실례지만, 기뻐하기엔 일러요. 그들은 그것을 당신보다 더 잘 알고 있습니다. 하지만 그들이 원하는 건 나나 당신이 원하는 것과는 완전히 다릅니다.
혁명이 그들을 눈뜨게 했을 때 그들은 생각했습니다. 독립적인 생활, 자기 손으로 노동을 하면서 누구에게도 기대지 않고, 또 어떤 정권에도 의무를 지지 않는 무정부적인, 그리고 농촌공동체에서 이탈한 독립 농가의 삶, 그 백년의 꿈이 실현될 거라고 생각했습니다. 그런데 웬걸, 그들은 무너져 버린 낡은 국가의 압박에서, 다시 새로운 혁명적 초국가의 훨씬 더 가혹한 중압감에 짓눌리고 있습니다. 농촌은 지금 고통에 허덕이면서 어디서도 평안을 찾지 못하고 있습니다. 그런데 당신은 농민은 편히 살고 있다고 말하고 있습니다. 글쎄요, 당신은 아무것도 모르고 있어요. 내가 보는 한, 당신은 알고 싶어 하지 않는 것 같군요."
"그건 사실입니다. 나는 알고 싶지 않아요. 정말 그렇습니다. 아, 도대체 내가 무엇 때문에 모든 것을 알고 모든 것을 변호해야 합니까? 시대는 나를 존중하지 않고, 오히려 그쪽에서 원하는 것을 나에게 강요합니다. 제발 내가 사실 따위 무시하든 말든 내버려 두십시오. 당신은 내 말이 현실에 부합되지 않는다고 말합니다. 하지만 지금 러시아에 현실 따위가 존재할까요? 내 생각에는, 현실은 너무나 놀라서 몸을 숨기고 있습니다. 만약 내가 하는 말이 틀렸다면, 그때 나는 어떻게 해야 할까요? 나는 무엇으로 살고, 누가 하는 말을 들어야 하는 겁니까? 나는 살아야만 해요, 나는 가족이 있는 사람입니다."
유리 안드레예비치는 한 손을 내저으며 토론의 결론을 알렉산드르 알렉산드로비치에게 맡기고, 침상 끝으로 가서 머리를 숙여 아랫단을 내려다보았다.
밑에서는 프리툴리예프, 보로뉴크, 차구노바와 바샤가 이야기를 나누고 있었다. 고향 마을이 가까워지자 프리툴리예프가 그곳까지 가는 교통수단을, 어느 역까지 타고 가며 어디서 하차하고 그 뒤에 어떻게, 걸어선지 아니면 말을 타고선지를 생각하는 동안, 바샤는 자기가 알고 있는 큰 마을과 부락 이름이 나오자 눈을 반짝이며 벌떡 일어나더니 흥분한 목소리로 그 이름을 되풀이했다. 그 이름을 입에 올리면 그 소리가 그의 귀에 마법의 동화처럼 울리는 모양이었다.
"수호이브로드(말라붙은 얕은 여울)에서 내립니까?" 그가 거의 목이 멘 소리로 물었다. "그래요, 물론! 우리 정거장! 우리 역! 거기서 틀림없이 부이스코예로 가는 거겠죠?"

“거기서는—부이스코예의 시골길로 가지.”

“나도 그걸 말한 겁니다—부이스코예의 시골길을 간다고. 부이스코예 마을! 알고말고요! 우리 집 가는 길에 있어요. 거기서 우리 마을로는 오른쪽으로, 오른쪽으로 가요. 베레텐니키 쪽으로. 그리고 아저씨네 마을은 틀림없이 강에서 왼쪽이죠? 펠가 강이라고 들어 보셨어요? 맞아요, 물론이에요! 우리 강이죠. 그리고 우리 쪽 강가, 강가예요. 그리고 그 강에, 그 펠가 강의 높은 언덕 위에 베레텐니키 마을, 우리 마을이 있어요. 바로 낭떠러지 위에요. 기슭은 엄청 험해요! 우리는 그곳을—자라보크, 긴 대지라고 불러요. 그 위에 서면 아래를 내려다보는 것이 무서울 만큼 아찔한 낭떠러지죠. 꼭 떨어져 버릴 것만 같아요. 정말이에요. 거기서 돌을 잘라내고 있어요. 제르노보라고 하죠. 그리고 그 베레텐니키에 우리 엄마가 살고 있어요. 누이동생도 둘 있어요, 알룐카와 아리시카. 우리 엄마와 파라샤 숙모님이. 펠라게야 닐로브나 씨, 이렇게 말해도 괜찮다면, 아주머니처럼 젊고 살갖이 희답니다. 보로뉴크 아저씨! 보로뉴크 아저씨! 제발 부탁이에요…… 보로뉴크 아저씨!”

“뭐라고? 너, 왜 그렇게 끈질기게 ‘보로뉴크 아저씨, 보로뉴크 아저씨’하고 자꾸 부르는 거냐? 난 네 아저씨도 아주머니도 아니잖아? 넌 무엇을 원하는데? 어떻게 해 달라고? 널 달아나게 해 달라는 거냐? 뭘 어쩌자는 거지? 말해 봐, 널 풀어 달라고? 그랬다간 내가 벽에 세워져서 아멘! 하게 될 텐데?”

펠라게야 차구노바는 방심한 듯이 멀리 옆쪽을 바라본 채 잠자코 있었다. 그녀는 바샤의 머리를 쓰다듬으며 뭔가 생각하면서 그의 아마빛 머리를 만지작거렸다. 그녀는 이따금 고개를 기울이고 눈빛과 미소로 소년에게 눈짓을 보냈는데, 그것은 어리석은 짓 하지 말라고, 모든 사람이 듣는 데서 보로뉴크에게 그런 말 하지 말라는 뜻이었다. 그리고 때가 되면 모든 것이 제자리로 돌아갈 테니 걱정하지 말라는 뜻이었다.

13

중부 러시아 지대에서 동쪽으로 나아가면서 예기치 않은 일들이 일어났다. 무장한 비적들이 출몰하는 위험한 지역과 최근에 폭동이 진압된 지방을 가로질러 가던 중이었다.

광야 한복판에서 열차가 서는 일이 잦아지고, 공안부대가 차량을 순찰하면서 짐을 검사하고 신분증을 확인했다.

어느 날은 열차가 한밤중에 어디선가 오랫동안 선 적이 있었다. 객실 안을 들여다보는 자는 아무도 없었고 자는 사람을 깨우는 일도 없었다. 무슨 사고가 일어난 것이 아닌가 하고 호기심을 느낀 유리 안드레예비치는 난방화차에서 뛰어내렸다.

어두운 밤이었다. 열차는 뚜렷한 이유도 없이 이정표 옆에서 멈춰 섰다. 들판의 역 구간에서 흔히 볼 수 있는 전나무로 에워싸인 곳이었다. 유리 안드레예비치보다 먼저 뛰어나와 차량 앞에서 발을 구르고 있던 사람들이 설명해 주었다. 그 정보에 의하면, 무슨 일이 일어난 것은 아니고 아마도 기관사가 멋대로 열차를 멈춘 것 같았다. 이유는, 이 지역은 위험해서 광차(鑛車)로 역 구간을 점검하지 않으면 열차를 운행할 수 없다는 것이었다. 승객 대표들이 그를 설득하러 갔다. 도저히 안 될 때는 돈을 쥐여 주자는 얘기였다. 들리는 말로는 거기에 수병들이 끼어들었다고 한다. 그들이 기관사를 설득하겠다고 나섰다.

유리 안드레예비치가 그 설명을 듣는 동안, 증기기관차 옆 선로 앞쪽에 펼쳐진 넓은 눈밭을, 마치 모닥불이 숨을 토해 내듯이 피워 내는 불꽃처럼, 기차 화통과 아궁이 재받이의 불꽃이 환하게 비춰 주고 있었다. 갑자기 그 불꽃 가운데 하나가 눈밭과 증기기관차, 기관차 프레임의 가장자리를 달려가는 몇 사람의 그림자를 선명하게 비춰 주었다.

선두는 아무래도 기관사인 것 같았다. 기관차 프레임의 디딤판까지 달려간 그는, 위로 약간 뛰어올라 기관차의 완충 범퍼판을 뛰어넘어 모습을 감추고 말았다. 그를 쫓아간 수병들도 똑같이 움직였다. 그들도 기관차 프레임 끝까지 달려가, 훌쩍 공중으로 뛰어 땅속으로 숨어들듯이 사라져 버렸다.

그 광경에 호기심이 끌린 유리 안드레예비치는 다른 구경꾼들과 함께 증기기관차 쪽으로 나아갔다.

열차 앞에 거침없이 뻗은 노선의 널찍한 장소에서 일어난 것은 다음과 같은 광경이었다. 노반 옆에 쌓인 눈 속에 몸이 반이나 묻혀 서 있는 기관사의 모습이 보였다. 몰이꾼들이 사냥감을 몰듯이, 똑같이 허리까지 눈에 빠진 수병들이 기관사를 빙 에워쌌다.

기관사가 소리쳤다.

"고맙네, 혁명을 부르는 슴새들이여! 별놈의 세상 같으니! 당신들의 형제인 노동자에게 나강 총을 겨눠? 그건 열차는 앞으로 더 못 나간다고 내가 말했기 때문이지. 승객 동지 여러분, 여기가 어떤 곳인지 증인이 되어 주시오. 나더러 어쩌라고! 이 망할 놈의 새끼들아. 남에게 해를 끼치는 건지도 모르지만 증기 기관차의 흡기관이 문제야. 난 어떻게 되어도 상관없지만, 당신네들, 여러분이 걱정된다 이 말이지. 그게 감독책임자로서 내가 할 일이라고. 자, 맘대로 해 봐, 나를 쏘려면 어디 쏴 보라고, 수뢰정 대장! 승객 동무들, 증인이 되어 주시오. 똑똑히 봐, 난 숨지도 달아나지도 않을 거니까."

철도의 둑 위에 모인 군중 속에서 여러 목소리가 들려왔다. 모두가 어안이 벙벙해서 소리치고 있었다.

"어이, 도대체 무슨 일이오?……정신 차려!……아무 문제없어…… 누가 그런 짓을 하게 둘까 봐? 이건 즉, 위협일 뿐이라고……."

맨 먼저 눈 속에서 빠져나온 수병은 머리가 몹시 큰 붉은 머리의 거인이었는데, 머리가 너무 커서 얼굴이 납작하게 보였다. 그런 그가 온화하게 승객들을 둘러보면서 보로뉴크와 마찬가지로 우크라이나 사투리를 쓰는 낮고 굵은 목소리로, 이 한밤중의 심상치 않은 상황에서는 너무나 온화해 오히려 우스꽝스럽게 들리는 말을 했다.

"미안합니다만, 왜들 이렇게 모여 난리십니까? 시민 여러분, 찬바람에 감기 걸리지 않도록 조심하십시오. 추우니까 어서 차 속으로 돌아가십시오!"

사방으로 흩어지기 시작한 군중이 하나 둘 난방화차로 돌아가자, 붉은 머리 수병이 아직 정신이 완전히 돌아오지 않은 기관사 옆에 가서 말했다.

"기관사 동무, 히스테리는 이제 그만 하면 됐어. 구멍에서 기어 나와. 그만 돌아가자고."

14

이튿날, 열차는 눈보라로 눈이 살짝 쌓인 채 아직 치워지지 않은 철로에서 탈선할까 봐 자주 감속하며 천천히 달리다가, 인적이 전혀 없는 황무지에서 멈춰 섰다. 이윽고 불타서 파괴된 역의 잔해가 보였다. 새까맣게 그을린 역 정면에 '니지니 켈리메스'라는 역 이름이 새겨져 있었다.

화재의 흔적이 남아 있는 것은 역 건물뿐만이 아니었다. 역 뒤쪽에 황폐해진 채 눈에 파묻혀 있는 마을이 보였는데, 명백하게 역과 같은 비참한 운명을 당한 것 같았다.

마을 끝의 한 집은 숯덩이가 되었고, 옆집에서는 통나무 몇 개가 모서리에서 빠져나와, 모든 것이 뒤죽박죽이 된 속에 처박혀 있었다. 거리에는 곳곳마다 썰매와 쓰러진 담장, 찢어진 생철판, 부서진 살림살이의 잔해가 널려 있었다. 타다 남은 것과 그을음으로 더러워진 눈은, 완전히 불타 버린 들판처럼 새까맣게 얼어붙은 찌꺼기와, 불이 꺼진 흔적이 있는 얼어붙은 구정물로 뒤덮여 있었다.

마을과 역에 사람이 전혀 없는 것은 아니었다. 곳곳에 드문드문 사람 모습이 보였다.

"마을이 통째로 타 버린 겁니까?" 역장이 폐허 뒤에서 나타났을 때, 플랫폼에 뛰어내린 차장이 관심 있게 물었다.

"어서 오시오. 무사히 도착해서 다행입니다. 불에 타고 뭐고, 상황은 화재보다 더 나빠요."

"어쨌기에?"

"모르는 게 약이오."

"설마 스트렐리니코프는 아니겠지요?"

"바로 그 사람입니다."

"당신들이 무슨 잘못을 해서?"

"우리가 아닙니다. 철도와는 관계가 없어요. 이웃마을 사람들 때문이지요. 우리까지 덤터기를 쓴 겁니다. 보십시오, 안에 마을이 있지 않소? 저곳 때문이오. 우스치 넴다 면의 니지니 켈리메스 마을*11 모두 그들 탓이에요."

"근데 그게 왜?"

"어휴, 적어도 전부 일곱 가지 대죄라는 겁니다. 마을에서 빈농 위원회를 쫓아낸 것, 그것이 첫째고, 적군에게 말을 공급하라는 포고에 저항한 것, 그런데 아시겠습니까, 타타르인 머릿수만큼—말을 내라는 겁니다. 그것이 둘째. 그리고 동원령에 따르지 않은 것, 그게 세 번째죠."

"아, 그런 거였습니까? 이제 알겠어요. 그 보복으로 포격을 한 거군요?"

"그렇습니다."

"장갑열차로?"

---

*11 현재의 키로프주(州), 작은 마을 우스치 넴다는 뱟카 강 왼쪽 기슭 가까이 있다.

"물론입니다."

"정말 안됐군요. 위로의 말씀을 드립니다. 하지만 그건 우리가 이러쿵저러쿵 할 일이 아닙니다."

"게다가 지나가 버린 일이니까요. 당신이 반가워할 만한 새로운 소식은 아무것도 없습니다. 하루나 이틀 밤낮, 여기서 정차해 줘야겠습니다."

"농담 마십시오. 내가 책임을 맡은 건—그런 한가한 일이 아닙니다. 전선으로 가는 보충부대를 실어 가고 있어요. 난 도중에 숙박하지 않고 가는 데는 익숙해져 있으니까요."

"그렇군, 농담할 때가 아니군요. 쌓여 있는 눈더미를 보세요. 일주일이나 모든 역 구간에서 눈보라가 미친 듯이 몰아쳤지요. 모든 것이 파묻히고 말았어요. 도대체 눈 치울 사람이 없어요. 마을의 반은 달아나 버렸고, 나머지를 어떻게 모은다 해도 도무지 다 해낼 수가 없어요."

"아, 제기랄! 야단났군, 야단났어! 그럼 이제 어떻게 한다?"

"어떻게든 눈을 치운 뒤 떠나야지요."

"눈이 아주 깊습니까?"

"그 정도는 아닙니다. 띠 모양으로 쌓여 있어요. 눈보라가 노반 쪽으로 비스듬히 휘몰아쳤거든요. 가장 어려운 장소는 중간 지점입니다. 3킬로미터쯤 움푹 들어간 지형입니다. 그곳이 실제로 어려운 곳이지요. 그곳은 기본적으로 완전히 묻혀 있어요. 그러나 그 앞은 그리 대단치는 않아요. 밀림 지대라서 숲이 보호해 주고 있지요. 움푹 꺼진 곳도 마찬가지예요. 탁 트인 지대라서 무섭지는 않아요. 바람 때문에 눈이 날리고 만 거죠."

"아, 야단났네. 정말 이상한 일도 다 있군! 누가 도와주기만 하면 난 열차를 발로 일으켜 세우겠소."

"나도 그렇게 생각하고 있었어요."

"다만 수병과 적위병은 손대지 말아 주시오. 노동부대의 열차만으로. 일반승객과 합치면 700명쯤 됩니다."

"충분하고도 남아요. 삽만 가져오면 되는데, 그건 우리가 조달하지요. 삽이 모자라서 이웃 마을에 사람을 보냈으니까요. 어떻게든 찾아서 구하겠어요."

"큰일 났군, 그게 문제군요! 할 수 있겠어요?"

"물론이죠. 군사가 많으면 성도 빼앗을 수 있다고 하지 않습니까? 철돕니다.

동맥입니다. 어떻게든 해야죠."

15

선로의 눈을 치우는 데 꼬박 사흘 밤낮이 걸렸다. 지바고 가족은 뉴샤까지 포함해 모두가 작업에 참가했다. 그것은 그들에게 이번 여행에서 가장 좋은 시간이었다.

그 고장에는 뭔가 폐쇄적이고 비밀스러운 것이 고여 있는 것 같았다. 그곳에서는 푸시킨이 해석한 푸가초프의 반란*12이나, 악사코프*13가 그린 아시아적인 후진성이 느껴졌다.

이 벽지의 비밀스러움을 더욱 뚜렷이 보여 준 것은, 그곳에 남아 있던 많지 않은 주민들의 황폐성과 비밀주의였다. 그들은 두려움에 떨면서 열차 승객을 멀리하고 밀고할까 봐 서로 경계하고 있었다.

제설작업에는 모든 승객이 동시에 참가한 것은 아니고 부류별로 동원되었다. 작업구역에는 경비병이 배치되어 감시했다.

선로의 눈은 여러 장소에 배치된 그룹에 의해 한꺼번에 모든 방향에서 치워졌다. 제설된 각 구간 사이에는 마지막까지 눈을 그대로 남겨 두어 그것을 다른 그룹과의 경계로 삼았다. 그 설산은 치워야 할 구역을 모두 치운 뒤 마지막에 제거되었다.

맑고 혹독하게 추운 날들이었다. 그들은 온종일 밖에 있다가 잠잘 때만 차량으로 돌아왔다. 짧은 시간 교대로 일했으므로 피로감이 없었다. 일손은 아주 많은데 삽이 모자라기 때문이었다. 피로가 없는 노동은 어떤 만족감을 가져다주었다.

지바고 가족이 작업하러 나간 장소는 시야가 확 트인 그림처럼 아름다운 곳이었다. 그 지점의 지형은 처음에는 노반이 동쪽으로 내려가다가 다시 지평선까지 물결처럼 기복을 이루며 올라가고 있었다.

그 산 위에 어디서나 보이는 집 한 채가 외로이 서 있었다. 아마도 여름에는 나무가 무성한 뜰이 에워싸고 있었던 것 같았다. 그러나 지금 건물을 가려 주고 있는 것은 서리 맞아서 시들고 앙상해진 나뭇가지뿐이었다.

---

*12 푸시킨의 《대위의 딸》 제6장이 〈푸가초프 반란〉, 1773~75년의 반란.

*13 세르게이 악사코프(1791~1859)가 바시키르 초원 생활을 그린 《가족 연대기》.

눈 이불은 모든 것을 똑같이 판판하고 둥그스름하게 만들었다. 그러나 울퉁불퉁한 비탈면을 보면, 눈은 그 고르지 않은 표면을 자신의 파도로 다 덮을 여력은 없었던 모양이다. 그곳은 지금은 마치 솜털 담요로 머리까지 폭 감싼 젖먹이처럼 깊은 눈에 묻혀 있지만, 틀림없이 봄에는 골짜기를 구불거리며 내려간 개울이 철둑 아래 육교의 수관(水管) 속으로 흘러내렸으리라.

저 집에 지금 사람이 살고 있을까, 아니면 빈집이 되어 파괴된 채 면이나 군에서 접수했을까? 집주인은 어디로 가고 어떻게 되었을까? 그들은 외국으로 몸을 숨겼을까? 농민의 손에 걸려 살해되었을까? 아니면, 과거에 베푼 선행 덕분에 군내에서 교양 있는 전문가로 일자리를 얻은 것일까? 만약 그들이 최근까지 이곳에 남아 있었다면, 스트렐리니코프가 그들을 용서했을까, 아니면 부농들과 함께 그들도 스트렐리니코프의 제재를 받았을까?

산 위의 그 집은 호기심을 불러일으켰지만, 슬픈 듯이 아무 대답이 없었다. 그러나 그때는 아무도 질문하지 않았고, 또 그것은 누구도 대답할 수 없는 질문이었다. 태양빛이 눈 표면에 번쩍번쩍 반사되어 새하얀 눈에 눈이 멀 지경이었다. 삽은 얼마나 정확하게 눈 덩어리를 잘라냈는지! 그 눈은 잘린 단면에 또 얼마나 반짝이는 다이아몬드의 섬광을 뿌려 놓았는지! 그게 아득한 어린 시절을 얼마나 떠올리게 했는지! 그 무렵 어린 유라는 몰로 가장자리를 꾸민 밝은 색 방한 두건을 쓰고, 조그마한 공처럼 곱실거리는 양가죽에 호크를 단단히 달고 양털로 안쪽을 받친 코트를 입고, 밖에서 지금과 똑같이 눈이 부시도록 반짝이는 눈으로 피라미드와 입방체, 크림케이크, 요새와 지하 도시를 만들었다! 아, 그 시절, 이 세상에서 살아가는 것은 얼마나 즐겁고, 주위의 모든 것은 아무리 봐도 싫증나지 않으며, 음식은 또 얼마나 풍부하고 맛있었던가!

그러나 지난 사흘 동안 밖에서 보낸 생활 또한 포만감을 느끼게 해 주었다. 거기에는 이유가 없지도 않았다. 저녁이 되면, 눈을 치우며 일한 사람들에게 체에 친 밀가루로 방금 구워 신선하고 뜨거운 흑빵이 지급되었던 것이다. 도대체 그것을 어디서 어떤 명목으로 가져오는지는 알 수 없었다. 그 흑빵은 기름을 발라 반질반질 윤기가 나고 껍질이 터져 있을 뿐 아니라, 먹음직스럽게 잘 구운 바닥의 껍질에는 빵 반죽에 묻어서 같이 구워진 조그마한 숯이 박혀 있었다.

16

그들은 역의 폐허를 좋아하게 되었는데, 그것은 눈을 치우러 나갈 때 짧은 시간이지만 그곳에 피란처로서의 애착이 생겼기 때문이었다. 역의 배치와 건물의 외관, 몇 군데 파괴된 곳의 특징이 마음에 남았다.

해가 저물어 가는 저녁때 역으로 돌아왔다. 해는 마치 과거에 충실하다는 듯이, 어김없이 본디의 같은 장소, 즉 전신기사의 당직실 앞 창가에서 자라고 있는 늙은 자작나무 뒤로 넘어갔다.

그곳의 외벽은 내부로 무너져 방을 가득 메우고 있었다. 그러나 방 뒤쪽의, 창문을 마주 보는 한구석은 무너지지 않은 채 그대로였다.

그곳에는 모든 것이 그대로 보존되어 있었다. 커피색 벽지, 타일을 붙인 난로. 그 둥근 배기구에는 구리 뚜껑이 씌워져 있고 가느다란 쇠사슬이 달려 있었다. 벽에는 검은 테를 두른 철도설비품 목록이 걸려 있었다.

태양은 마치 이 참화 위에도 조금도 다름없이 가라앉는다는 듯이 지평선 너머로 사라졌다. 일몰의 햇살은 난로의 타일로 뻗어 와서 커피색 벽지에 갈색 불을 피우고, 자작나무 가지의 그림자를 벽 위에 여성 숄처럼 걸쳤다.

건물의 다른 부분에 있는 진료실은 문에 못을 박아 폐쇄되어 있었다. 거기에는 다음과 같은 알림글이 붙어 있었는데, 아마도 그것은 2월 혁명 초기가 아니면 그 직전에 붙인 것이리라.

'의약품 및 붕대 재료에 대해 환자 여러분은 잠시나마 불안을 느끼지 않기를 바람. 그 뚜렷한 이유로 이 문은 폐쇄됨을 공표하는 바임. 우스치 넴다의 지구 주임 군의(軍醫) 아무개.'

제설작업이 끝났다. 말끔해진 각 구간의 경계에 남아 있던 마지막 눈까지 치우자 선로가 훤히 내다보이고, 쏜살처럼 저 먼 곳을 향해 똑바로 달려가는 레일도 보였다. 선로 양쪽에는 버려진 눈이 하얀 산을 이루었고, 그 눈산은 끝없이 이어진 검은 침엽수가 만든 두 개의 벽으로 테두리가 둘러쳐져 있었다.

시야 가득, 선로 위의 곳곳에 삽을 든 사람들이 무리 지어 서 있었다. 그들은 이제야 비로소 전원이 모인 가운데 서로의 모습을 보고 그 수가 많은 것에 놀랐다.

17

몇 시간 뒤, 시간이 이미 늦어서 한밤중이 가까워져도 열차는 떠난다고 했다. 열차가 떠나기 전에, 유리 안드레예비치와 안토니나 알렉산드로브나는 눈을 치운 선로의 아름다운 모습을 마지막으로 봐 두려고 밖으로 나갔다. 노반에는 이미 아무도 없었다. 유리와 아내는 한동안 서서 먼 곳을 바라보며, 몇 마디 얘기를 나눈 뒤 자신들의 난방화차로 돌아갔다.

돌아가는 길에, 그들은 두 여자가 큰 소리로 욕지거리를 퍼붓고 있는 것을 들었다. 그게 오그르이즈코바와 차구노바의 목소리임은 이내 알 수 있었다. 두 여자는 열차 앞쪽에서 뒤쪽으로 걷고 있던 유리 부부와 방향은 같지만 역 쪽을 나아가고 있었고, 유리 안드레예비치와 안토니나 알렉산드로브나는 뒤편에 숲이 있는 쪽을 걷고 있었다. 그 두 쌍 사이에는, 서로를 가로막고 있는 끝없이 이어진 긴 차량의 벽이 뻗어 있었다. 여자들은 유리 부부와 거의 마주칠 만큼 가까웠으나, 그들보다 조금 앞서 걷거나 아니면 상당히 뒤에 걷고 있었다.

여자들은 극도로 흥분해 있었다. 한순간마다 그녀들 목소리의 기세가 변했다. 아마 그녀들은 걸으면서 눈에 자빠지거나 다리가 휘청거리는 것 같았다. 그 목소리에서 판단하건대, 일정하지 않은 발걸음 때문에 목소리가 때로는 고함이 되어 갑자기 높아지기도 하고, 또 때로는 속삭이는 것처럼 작아지기도 했다. 차구노바가 오그르이즈코바를 쫓아가면서 붙들어 주먹을 휘두르고 있는 것이 틀림없었다. 그녀는 이 라이벌에게 입에 담지 못할 온갖 욕설과 악담을 퍼붓고 있었는데, 그것이 그런 잘난 척하는 도시 소시민 여성의 선율적인 목소리에 실리면, 사내들의 음악과 거리가 먼 거친 욕지거리보다 백배나 더 더럽게 들렸다.

"뭐라고, 이 매춘부, 이 갈보야." 차구노바가 소리쳤다. "여긴 너 같은 년이 다닐 수 있는 데가 아니야. 어딜 갑자기 튀어나와 치맛자락을 길게 끌면서 먼지를 일으키고, 눈깔을 두리번거리고 있는 거야! 암캐 같은 네년은, 내 서방으로도 성이 안 차 귀여운 아이한테 홀딱 반해 가지고 꼬리를 치면서 어린애를 타락시키고 있어."

"그러고 보니, 아마 바센카(바샤의 애칭)도 네 서방인 모양이지?"

"그래, 서방인지 아닌지 그 증거를 보여 주마. 역병 같은 요 잡년아! 너, 살아서는 나한테서 달아나지 못할걸, 네가 죄를 저지르게 놔둘 줄 알고!"

"그만해, 그만하란 말이야, 이 손 놓지 못해! 이 미친년이! 나한테서 뭘 원하는 거야?"

"네년이 뒈지는 거다, 이 서캐가 되다 만 년아, 암내 나는 고양이 같은 년, 요 뻔뻔스러운 년!"

"그래, 맞는 말이야. 물론 난 암캐고, 암고양이지. 아마 모르는 사람이 없을걸. 그러는 넌 정말 이렇게 훌륭한 신분이라는 걸 아시려나? 시궁창에서 태어나, 하수구 널빤지 틈새에서 결혼식을 올리고, 쥐새끼를 배어서, 고슴도치를 낳은 년이니까…… 아이구, 사람 살려! 사람 살려! 악, 열병에 걸린 악마 같은 년이 사람 죽이네, 악! 누가 젊은 색시 좀 살려 줘요, 이 고아를 좀 도와줘요……."

"어서 갑시다. 더는 못 듣겠어요, 구역질 나요." 안토니나 알렉산드로브나가 남편을 재촉했다. "곱게 끝나지는 않겠군요."

18

지형과 날씨가 갑자기 딴판으로 변했다. 평원이 끝나고, 철도는 산악지대—높고 낮은 산지 사이를 나아가기 시작했다. 최근에 계속 불어치던 북풍이 멎었다. 남쪽에서 난로의 온기처럼 따뜻한 바람이 불어오기 시작했다.

그곳에는 숲이 산비탈에 계단을 이루며 자라고 있었다. 철도의 노반이 이 삼림을 가로지를 때, 열차는 처음에는 급경사를 올라가야 했지만 중간쯤부터는 완만한 내리막으로 바뀌었다. 열차는 헐떡이듯이 신음하며 밀림 속으로 느릿느릿 기어올라가 겨우 느릿느릿 밀림을 빠져나갔다. 그것은 마치 양옆을 바라보면서 끊임없이 감상을 얘기하는 승객들을, 앞장서서 도보로 안내하는 늙은 산지기 같았다.

그러나 아직 볼만한 것은 아무것도 없었다. 숲 속에는 겨울처럼 잠과 평온이 있을 뿐이었다. 다만 어쩌다가 일부 관목과 수풀에서 부스럭거리는 소리와 함께, 목걸이가 풀리거나 옷깃의 단추가 벗겨지듯이 아래쪽의 큰 가지가 차츰 미끄러져 내려온 적설에서 벗어나곤 했다.

유리 안드레예비치는 졸음을 이기지 못하고 있었다. 지난 며칠 동안, 그는 상단 침상에 내내 누워 잠에 빠졌다가 깨어나서는 이런저런 생각을 하면서 귀를 기울이곤 했다. 그러나 아직은 들을 만한 소리는 아무것도 없었다.

19

유리 안드레예비치가 실컷 자는 동안, 봄은 모스크바를 떠나는 날부터 이 여행 기간 내내 내렸던 엄청난 눈을 모두 한꺼번에 녹이기 시작했다. 그들이 우스치 넴다에서 사흘 밤낮 삽질을 해서 치운 모든 눈, 그리고 1000베르스타에 이르는 공간에 여러 층으로 끝없이 깔린 두터운 눈을 모조리 녹여 갔다.

처음에 눈은 내부의 밑에서 작은 소리를 내며 남몰래 녹아내렸다. 이 영웅적인 일이 반쯤 진행되자, 그 비밀은 더 이상 오래 유지될 수가 없었다. 기적은 표면으로 드러났다. 기적이 진행된 눈의 이불 밑에서 물이 흘러나와 소리를 지르기 시작했다. 통행할 수 없었던 숲의 곳곳에서 갑자기 활기가 느껴졌다. 숲 전체가 겨울잠에서 깨어났다. 눈석임물은 어디서나 자유롭게 소란을 피우며 돌아다닐 수 있었다. 그것은 깎아지른 절벽에서 아래로 뛰어내렸고, 흐름을 막아 못을 만든 뒤 사방으로 넘쳐흘렀다. 이윽고 숲은 그 소리와 물보라와 자욱한 수증기로 가득 찼다. 수많은 물줄기가 뱀처럼 기어가서, 물길을 가로막는 눈을 파고 들어가 흡수된 뒤, 평탄한 장소를 골라 주위를 파헤치고 소리 지르며 흘러가서는 물보라를 피우면서 흩어졌다. 대지가 더 이상 수분을 받아들이지 않자, 늙은 전나무들이 뿌리로부터 아득한 높이, 거의 구름 높이까지 그 수분을 빨아올렸고, 밑동 주위는 마치 맥주를 마신 사람의 입가에 묻은 거품처럼, 뽀얀 갈색 거품이 둘러쳐져 있었다.

봄에 취한 하늘은 열기 때문에 현기증이 나서 구름을 덮고 있었다. 숲의 상공에서 담요 같은 비구름이 자락을 낮게 늘어뜨리면서 흘러가자, 이윽고 그 비구름을 뚫고 흙냄새를 물씬 풍기는 따뜻한 소나기가 세차게 내려, 검은 얼음 갑옷으로 무장한 마지막 눈덩이를 대지에서 씻어 내렸다.

잠에서 깨어난 유리 안드레예비치는 창틀이 없는 네모난 해치창으로 기어가서, 팔꿈치를 괴고 귀를 기울였다.

20

고르노자보츠크*[14]에 다가갈수록 주민이 많아지고, 역과 역 사이는 짧아져 자주 섰다. 승객은 가끔 교체되었다. 대부분의 사람은 열차에 올라탄 뒤 작은

*14 페름에서 북동쪽으로 125km, 중부 우랄산맥 기슭에 있다.

중간 정거장에서 내렸다. 더욱 짧은 거리를 가는 사람들은 오랫동안 앉거나 누워 있지 않고 밤중에 난방화차 한가운데 문 옆에 진을 치고는, 그들만 아는 그 지방 이야기를 소곤거리다가 다음의 대피역이나 간이역에서 내렸다.

그 사흘 동안 난방화차에 올라탄 현지 사람들에게서 들은 얘기를 통해, 유리 안드레예비치는 북쪽에서는 백군이 우세해 유리아틴을 점령했거나 점령하기 직전이라는 결론을 얻었다. 그뿐 아니라 만약 그 소문이 사실이고 또한 동명이인이 아니라면, 그 방면의 백군을 지휘하고 있는 사람은 멜류제예보의 야전병원에서 함께 일했던 인물로, 유리 안드레예비치가 잘 알고 있는 갈리울린이었다.

유리 안드레예비치는 그 사실을 가족 누구에게도 말하지 않았다. 소문이 사실로 확인되기 전부터 쓸데없이 그들을 걱정시키고 싶지 않아서였다.

21

밤이 깊어갈 무렵, 유리 안드레예비치는 어렴풋이 그의 감각을 채우는 행복한 기분을 느끼며 잠에서 깨어났다. 그것은 잠이 깰 만큼 강한 느낌이었다. 열차는 어느 날 밤 정거장에 서 있었다. 백야의 박명이 역을 감싸고 있었다.

뭔가 섬세하고 강력한 것이 그 밝은 어둠을 채우고 있었다. 그것은 이곳이 광활하게 탁 트여 있다는 증거였다. 또한 그것은 이 대피역이 멀리 내다볼 수 있는 드넓은 고지에 자리잡고 있음을 암시하고 있었다.

플랫폼에서는 난방화차 옆을 작은 소리로 얘기하면서 그림자처럼 발소리를 죽여 가며 걸어가는 사람들이 있었다. 이것 또한 유리 안드레예비치의 마음에 부드러운 감동을 주었다. 그는 그 걸음걸이와 조심스러운 목소리에서, 전쟁 전의 오랜 옛날에 그랬던 것처럼, 밤이라는 시간과 열차에서 잠을 자고 있는 사람들에 대한 배려를 느꼈다.

그런데 유리는 착각하고 있었다. 플랫폼은 어디나 그렇듯이 시끌벅적하고 소란스럽고, 장화 소리는 소리 높이 울리고 있었다. 그러나 가까운 곳에 폭포가 있었다. 그 폭포에서 뿜어져 나온 신선하고 자유로운 숨결이 백야의 경계를 넓히고 있었다. 그것이 유리로 하여금 꿈속에서 행복감을 느끼게 한 것이다. 잠시도 끊이지 않고 떨어지는 폭포 소리가 대피역의 모든 소리를 삼켜 버려, 전체가 정적에 휩싸인 듯한 착각을 불러일으켰다.

폭포가 있다는 것은 모르고, 이곳의 공기가 품고 있는 까닭 모를 탄성이 졸음을 불러와, 유리는 다시 깊은 잠에 빠져들었다.

난방화차 안 아래 칸에서는 두 사람이 얘기에 열중해 있었다. 한 사람이 상대에게 물었다.

"어때, 그 녀석들은 잠잠해졌나? 꼬리를 내렸어?"

"소매상인들 얘긴가?"

"그래, 곡물장수들 말이야."

"잠잠해졌지. 비단결처럼 얌전해졌어. 본보기로 몇 놈이 살해되자 나머지는 완전히 조용해졌어. 그들은 현물로 군세(軍稅)를 걷어 갔어."

"거기는 수확이 많은가?"

"400이야."

"거짓말!"

"내가 뭐하러 거짓말을 해?"

"400이면 새 발의 피잖아!"

"400푸드*[15]야."

"오, 그래? 그렇다면 대단한데, 잘했어, 잘했어!"

"곱게 빻은 밀가루로 400이야."

"하긴 놀랄 것도 없지. 이 고장에서 나는 건 1등급이야. 곡물시장의 중심지지. 여기서 르인바 강을 따라 유리아틴까지 거슬러 올라가면, 마을 또 마을, 나루터, 곡물창고가 모여 있어. 셰르스트비트 형제, 페레크라트치크 부자, 모두 최고의 어용상인들이야!"

"목소리가 커. 모두 깨겠어."

"그렇군."

얘기하던 사람이 하품을 했다. 상대가 제안했다.

"잠시 누워서 눈 좀 붙일까? 슬슬 떠나려는 것 같은데."

그때 뒤쪽에서 귀를 찢는 듯한 소음이 일어나 눈 깜짝할 사이에 커지면서 폭포의 굉음을 뒤덮자, 대피선 제2선로를 전속력으로 달려 나간 구식 급행열차가 정차 중인 수송열차 옆을 추월하면서 마지막으로 미등(尾燈)을 깜박거리더

---

*15 러시아에서 쓰는 무게 단위. 1푸드는 16.38kg.

니 굉음이 멎고 앞쪽으로 흔적도 없이 멀어져 갔다.
밑에서 다시 대화가 이어졌다.
"또 휴식이군. 한동안 기다려야 할 거야."
"금방은 안 되겠지?"
"그건 스트렐리니코프가 틀림없어."
"특별임무를 띤 장갑열차."
"틀림없이 그자야."
"반(反)혁명에 대해서 그는 마치 잔인한 짐승 같아."
"갈레예프를 쫓고 있는 거야."
"그게 누군데?"
"코사크 대장 갈레예프. 들리는 소문으로는, 그는 유리아틴을 체코군*16과 함께 봉쇄하고 있어. 매운 순무가 이 나루터를 점령하고 장악했어. 못 당해, 두목 갈레예프란 말이야."
"혹시 그 사람, 갈릴레예프 공작인가? 잊어버렸어."
"그런 공작은 있지도 않아. 알리 쿠르반 말인가? 뒤죽박죽이군."
"쿠르반일지도 모르지."
"그렇다면 얘기는 달라지지."

22

아침이 가까워졌을 때 유리 안드레예비치는 다시 한 번 눈을 떴다. 그는 또 뭔가 기분 좋은 꿈을 꾸고 있었다. 그를 가득 채운 행복과 해방감의 여운이 아직도 남아 있었다. 열차는 또 서 있었다. 어쩌면 새로운 역일까, 아니면 아까 그 역일까. 또다시 폭포가 소리 내고 있었는데, 십중팔구 아까 그 폭포이겠지만, 다른 폭포일지도 모른다.
유리 안드레예비치는 이내 다시 잠들었고, 그 잠 속에서 그는 복잡하게 뒤엉킨 소동을 어렴풋이 보았다. 코스토예드가 호송대장과 싸움이 붙어 서로 고함을 지르며 욕설을 퍼붓고 있었다. 밖은 전보다 훨씬 상황이 좋아져 있었다. 그때까지는 없었던 어떤 새로운 기운이 감돌고 있었다. 그것은 뭔가 마법 같기

---

*16 체코슬로바키아 군단. 1916년에 오스트리아군에서 투항한 장병 약 4만 5천명.

도 하고, 봄 같기도 한 흑백의 모노그램, 성기고 희박하며, 마치 촉촉하게 녹은 눈송이가 대지에 떨어진 뒤, 대지를 하얗게 물들이는 게 아니라 더욱 검어 보이게 만드는 5월에 내리는 눈보라의 희미한 막 같은 기운이었다. 흑백의 모노그램 같은, 뭔가 좋은 냄새가 투명하고도 강하게 나는 기운이었다. '귀룽나무*[17] 다!'—유리 안드레예비치는 잠결 속에 그렇게 짐작했다.

23

아침이 되자 안토니나 알렉산드로브나가 말했다.

"정말 당신은 놀라운 사람이에요, 유라. 마치 온몸이 모순 덩어리 같아요. 파리 한 마리가 날아다녀도 잠이 깨는 사람이 어쩜 그렇게 깊이 잠들어 아침까지 깨지 않더군요. 그동안 무슨 소동이 일어났는지 알아요? 아무리 깨워도 당신은 일어나지 않더군요. 밤에 회계원인 프리툴리예프와 바샤 브르이킨이 달아났어요. 정말 놀랍지 않아요? 차구노바와 오그르이즈코바도. 아니, 그게 다가 아니에요. 보로뉴크까지. 맞아요, 그가 달아났어요, 달아났다고요. 어때요, 놀랐죠? 글쎄, 들어 보세요. 그들이 어떻게 해서 달아났는지, 함께, 아니면 따로따로, 어떤 방법이었는지, 그건 절대적인 수수께끼예요. 글쎄요, 보로뉴크, 그는 당연히 다른 사람들의 탈주가 드러나면 책임을 피할 수 없으니까 달아난 걸 거예요. 하지만 다른 사람들은? 모두 자신의 의지로 사라졌는지, 아니면 누군가에게 억지로 당한 건지? 이를테면 여자들이 수상해요. 그렇지만 누가 누구를 죽였는지, 차구노바가 오그르이즈코바를 죽인 건지, 아니면 오그르이즈코바가 차구노바를 해치웠는지는 아무도 알 수 없죠. 호송대장은 열차 이쪽 끝에서 저쪽 끝으로 달려가면서 이렇게 소리쳤어요. '절대로 기차를 출발시켜선 안 돼! 도망자들을 체포할 때까지 법의 이름으로 호송열차의 정차를 요구하겠어.' 그러자 차장도 지지 않고 말하더군요. '미쳤어? 난 전선에 보충부대를 호송할 임무를 띠고 있어, 반드시 제 날짜에 맞춰야 한다고. 당신의 그 형편없는 명령 따위 마냥 따를 수 없단 말이야! 말이 되는 소릴 해야지!' 그리고 두 사람은, 아시죠? 코스토예드를 비난했어요. 그 협동조합 혁명가인 그가, 분별이 있는 인물이, 바로 옆에 있었으면서도, 무지하고 책임감도 없는 호송병이 파멸의 걸음을

*17 4월~6월에 꽃이 피며 특이한 방향을 풍긴다. 열매는 검다.

내딛는 걸 막지 못했다고요. '당신은 아직 나로드니키(인민민주주의자)잖아.' 그들은 말했어요. 맞아요, 물론 코스토예드에게는 그런 의무 같은 건 없죠. 그래서 그가 말했어요. '재미있군! 그럼 당신은 죄수인 내가 호송병을 감시해야 한다는 건가? 그런 경우가 어딨어. 암탉더러 수탉처럼 울라는 얘기잖아?' 난 당신을 흔들어 깨우면서 소리쳤어요. '유라, 좀 일어나 봐요, 탈주했어요!' 그런데 얼마나 태평한 사람인지! 대포가 떨어져도 꿈쩍도 하지 않을 것 같지 뭐예요…… 어머, 잠깐만요, 나중에 다시 얘기할게요. 지금은…… 아, 참을 수가 없어요!……아버지, 유라, 저기 좀 보세요, 정말 아름답지 않아요?"

그들이 누운 채 고개를 들어 내다보고 있던 창밖에는, 봄의 눈석임물로 넘쳐 난 땅이 사방으로 끝없이 펼쳐져 있었다. 어디선가 강물이 넘쳐 한쪽 지류의 물이 철둑 근처까지 다가와 있었다. 상단의 침상에서는 시야가 좁아서, 천천히 달리고 있는 열차는 마치 물 위를 미끄러져 가고 있는 것처럼 보였다.

그 수면의 일부분에는 철분이 들어 있는 푸른 막이 엷게 덮여 있었다. 나머지 표면에는 뜨거운 아침 햇살이 거울처럼 반들반들한 얼룩들을 곳곳에 만들어 내고 있었다. 그것은 마치 요리사가 기름에 적신 깃털로 뜨거운 피로그 껍질에 기름을 칠하고 있는 것 같았다.

눈석임물이 넘쳐 난 그 광활한 웅덩이 속에, 풀밭과 구덩이와 관목 수풀과 함께, 기둥 모양의 흰 구름이 살짝 데워져서 물 밑에 말뚝처럼 잠겨 있었다.

그 웅덩이 어딘가에서, 하늘과 대지 사이에 아래위로 한 쌍의 나무들이 뻗어 있는 좁은 띠 모양의 땅이 보였다.

"오리다! 새끼오리들이야!" 그쪽을 바라보던 알렉산드르 알렉산드로비치가 탄성을 질렀다.

"어디요?"

"섬 옆이야. 그쪽에선 안 보여. 좀 더 오른쪽, 오른쪽, 앗, 저런! 날아갔어, 놀란 모양이야."

"아, 보여요, 알렉산드르 알렉산드로비치. 장인어른께 할 얘기가 좀 있는데, 그건 나중에 하도록 하지요. 어쨌든 노동부대의 그들과 여자들이 교묘하게 달아나다니, 대단하군요. 게다가 저는—그들이 누구에게도 피해를 주지 않고 평화적으로, 물 흐르듯이, 자연스럽게 달아났다고 생각합니다."

24

북국의 백야는 끝나가고 있었다. 모든 것이 보였다. 그러나 그 산들과 활엽수의 숲, 낭떠러지가 어떻게 생겨났는지 도저히 믿을 수 없을 만큼 이상하게 보였다.

활엽수의 작은 숲은 이제 겨우 초록색을 띠기 시작했다. 그 속에 귀룽나무 몇 그루가 꽃을 피우고 있었다. 숲은 산의 깎아지른 절벽 아래, 그다지 넓지 않은 곳에 있었다. 그곳은 조금 떨어진 곳에 낭떠러지가 있는 빈터였다.

폭포가 가까이 있었다. 그 폭포는 아무데서나 보이는 것은 아니고, 다만 숲 쪽의 낭떠러지 끝에서 보였다. 바샤는 공포와 황홀감을 맛보고 싶어 그 폭포를 보러 갔다 오느라 피곤했다.

그 주변에 폭포와 견줄 만한 것은 아무것도 없었다. 그 폭포가 무서운 것은 그것이 오직 유일한 존재라는 점 때문이었다. 게다가 그 공포는 폭포를 일변해, 생명과 의식을 부여받은 어떤 존재, 이 고장에서 공물을 거두고 일대를 황폐하게 만들었던 옛날이야기 속의 용이나 이무기로 바꿔 놓았다.

용은 절반쯤 낙하한 높이에서 튀어나온 바위의 이빨에 부딪쳐 둘로 갈라져 있었다. 위쪽의 물기둥은 거의 움직이지 않았지만, 아래쪽의 두 갈래 물줄기는 한쪽에서 한쪽으로 겨우 보이는 움직임이 한순간도 멈추지 않고 있었다. 마치 폭포가 끊임없이 미끄러져서 비틀거리다가 똑바로 서고, 또 미끄러져 비틀거리다가 똑바로 서면서, 아무리 흔들려도 줄곧 버티고 서 있는 것 같았다.

바샤는 숲의 풀밭에 양피 코트를 깔고 누워 있었다. 새벽이 더욱 뚜렷해졌을 때, 날개가 커다란 새 한 마리가 산 위에서 아래를 향해 천천히 원을 그리면서 내려와 숲 주위를 날더니, 바샤가 누워 있는 곳 옆에 있는 전나무 꼭대기에 앉았다. 그는 고개를 들어 그 갈가마귀의 푸른 목과 잿빛이 감도는 하늘색 가슴을 보고 매료되어, 자기도 모르게 소리내어 중얼거렸다. '로젠카'다. 우랄에서 부르는 그 새의 이름이었다. 이윽고 그는 일어나 땅바닥에서 양피 코트를 집어 들어 걸친 뒤, 풀밭을 가로질러 동행에게 다가갔다. 그가 말했다.

"가요, 아주머니. 추워서 이가 덜덜 떨려요. 뭘 그렇게 보고 있어요, 겁먹은 거예요? 인간의 언어로, 가야 한다고 말하고 있잖아요. 안전한 곳으로 가야 해요, 마을로 가야 한다고요. 마을에서는 똑같은 사람끼리 모욕 주지 않고 숨겨 줄 거예요. 이러고 있으면, 우린 이틀이나 먹지 못한 채 굶어 죽어요. 보로뉴크 아저씨가 이런 소동을 일으켰으니 틀림없이 추격대가 올 거예요. 파라샤 아주머니, 어서 떠나야 해요, 달아나야 한다고요. 아주머니가 꼬박 이틀이나 한 마디도 말하지 않는 건 나와 아주머니에게 불행한 일이에요. 아, 아주머닌 슬퍼서 말을 하지 않으시는 거겠죠. 대체 뭐가 그렇게 슬픈 거예요? 아주머닌 고의로 카차 아주머니, 카차 오그르이즈코바를 기차에서 밀어 버린 게 아니에요, 그냥 옆구리를 한 번 가볍게 찔렀을 뿐이죠. 내가 다 봤어요. 그녀는 이내 풀 속에서 멀쩡하게 일어나서 달아났다고요. 그리고 프로호르 아저씨, 프로호르 하리토노비치 씨도 마찬가지예요. 그들이 우리를 따라붙어서 다시 만날 수 있을 거예요. 뭘 그렇게 생각하고 있어요? 중요한 건 걱정하지 않으면 아주머니의 혀도 다시 움직일 거라는 사실이에요."

차구노바는 땅바닥에서 몸을 일으키면서 바샤에게 손을 내밀고 작은 소리로 말했다.

"그래, 가자꾸나, 바샤."

25

열차는 차체를 삐걱거리면서 높은 둑을 따라 산속으로 들어갔다. 둑 아래쪽에는 어린 잡목들이 자라고 있었는데, 키가 둔덕 높이에도 미치지 않았다. 아래쪽에는 목초지가 있고 최근에 물이 빠진 상태였다. 흙모래가 섞인 풀밭은 이쪽 저쪽으로 무질서하게 뒹굴고 있는 침목용 통나무로 뒤덮여 있었다. 아마 그 통나무는 어딘가 가까운 벌채지에서 물에 떠내려 보낼 예정이었는데, 얼음이 녹은 뒤 기슭에서 범람한 물에 휩쓸려 여기까지 떠내려 온 듯했다.

둑 아래의 어린 나무숲은 겨울처럼 아직 거의 벌거숭이였다. 그래도 싹눈은 나와서, 그것이 마치 촛농처럼 숲에 가득 뿌려져 있었다. 싹눈은 속에 오물이나 부스럼 비슷한, 뭔가 무질서하고 쓸데없는 것을 만들어 내어 품고 있었는데, 그 쓸데없고 무질서한 것이야말로 새로운 생명이었다. 그 생명이 숲 속에서 맨 처음 잎을 내민 나무들을 그 푸른 불꽃으로 감싸고 있었던 것이다.

곳곳에 자작나무가 순교자처럼 꼿꼿하게 서 있었다. 자작나무에는 쌍떡잎의 새싹들이 가시나 화살처럼 꽂혀 있었다. 그것들이 어떤 냄새를 풍기고 있는지는 눈으로도 알 수 있었다. 그것은 스스로 빛나고 있었던 그 광택의 향기를 풍기고 있었다. 목정*[18] 냄새를 풍기는 그것으로 왁스를 만드는 것이다.

이윽고 선로는 통나무가 떠내려온 곳으로 보이는 장소와 같은 높이가 되었다. 숲의 굽이를 돌자 나무를 베어 낸 빈터가 나타났다. 장작 부스러기와 나무 토막이 흩어져 있고, 한복판에 삼각형으로 쌓은 통나무 더미가 있었다. 이 벌채지 옆에서 기관사는 제동기를 걸어 열차를 세웠다. 열차는 몸을 부르르 떨며, 커다란 활을 그리면서 살짝 몸을 기울여 적당한 곳에서 멈췄다.

증기기관차에서 짧게 짖는 것처럼 기적이 몇 번 울리더니, 뭔가 외치는 소리가 들려왔다. 승객들은 그 신호를 듣지 않아도, 기관사가 열차를 멈춘 것은 연료인 장작을 싣기 위한 것임을 알고 있었다.

난방화차의 문이 열렸다. 작은 마을의 인구는 됨직한 수의 승객들이 열차에서 뛰어내렸다. 물론 앞쪽 차량에 타고 있는 동원병들은 제외되었다. 긴급작업이 늘 면제되는 그들은 지금의 노동에도 참여하지 않았다.

이곳의 빈터에 있는 짧게 자른 장작으로는 탄수차(炭水車)를 가득 채우는데 부족했다. 삼각형으로 쌓은 긴 통나무에서 추가분을 톱으로 켜기로 했다.

승무반의 비품 가운데 톱이 있었다. 2인 1조가 되어 희망자에게 톱이 배급되었다. 교수와 사위도 톱을 받았다.

군인들이 탄 난방화차의 열린 문에서 명랑한 얼굴들이 고개를 내밀었다. 전쟁터를 경험한 적이 없는 미성년자와 항해 학교 상급반 학생들은, 아마도 무슨 착오로 엄격한 기혼 노동자의 차량에 탄 것 같았다. 그 노동자들 또한 화약 냄새도 맡은 적이 없고 겨우 군사훈련만 받고 동원된 자들이었다. 그들은 일부러 떠들면서 훨씬 나이 많은 수병들과 어울려 장난을 치고 있었는데, 그것은 생각을 하지 않기 위해서 그러는 것이었다. 그들은 모두 시련의 시간이 가까워진 것을 느끼고 있었다.

익살꾼들은 톱을 든 남녀를 따라가면서 깔깔거리며 농담을 걸었다.

—어이, 영감! 난 아직 젖먹이야. 아직 젖을 떼지 않았다고. 그래서 힘든 일은 못해.

—어허, 마브라! 조심해, 톱으로 치맛자락을 켜면 안 되지. 감기 걸려.

—이봐, 젊은 색시! 숲에 가지 말고 차라리 나한테 시집이나 오지 그래!

---

*18 木精. 목재에서 얻는 메틸알코올.

26

숲 속에 말뚝을 십자형으로 묶어 그 끝을 땅속에 박아 넣은 버팀나무가 몇 개 있었는데, 그 가운데 하나가 비어 있었다. 유리 안드레예비치와 알렉산드르 알렉산드로비치는 그것에 통나무를 얹어 톱질을 하기로 했다.

계절은 1년 전 지면이 눈 속에 묻혀 버렸을 때의 상태 그대로 드러나는 봄철이었다. 습기로 자욱한 숲은 온통 작년의 낙엽으로 뒤덮여 있어, 마치 오래된 영수증이나 편지, 통지서 같은 것이 잘게 찢긴 채 청소하지 못해 잔뜩 어질러져 있는 방 같았다.

"그렇게 급하게 켜면 지치십니다." 유리는 알렉산드르 알렉산드로비치에게 톱을 좀 더 천천히 켜도록 조언하고는 잠시 쉬자고 했다.

앞뒤로 켜는 박자가 잘 맞기도 하고 어긋나기도 하는 다른 톱의 갈라진 소리가 숲 전체에 메아리쳤다. 어딘가 먼 곳에서 최초의 꾀꼬리 한 마리가 목청을 가다듬고 있었다. 그보다 더 긴 사이를 두고, 검은 개똥지빠귀가 마치 먼지 낀 플루트를 부는 듯한 소리로 지저귀고 있었다. 증기기관차의 배기 밸브에서 새어 나오는 증기마저, 아이 방의 알코올램프 위에서 끓고 있는 우유처럼 뽀글뽀글 노래하는 듯한 소리를 내며 하늘로 올라갔다.

"자네, 뭔가 얘기할 것이 있다고 하지 않았나?" 알렉산드르 알렉산드로비치가 일깨웠다. "잊었나? 아까 우리가 봄철에 물이 넘쳐 난 곳을 지나갔을 때 오리들이 날아갔지. 자네는 생각에 잠겨 이렇게 말했어. '장인어른께 할 얘기가 있습니다' 하고 말이야."

"아, 그랬지요. 그것을 어떻게 간단히 말해야 할지 모르겠군요. 아시겠지만 우리는 더욱더 우랄 속 깊이 들어가고 있습니다…… 이 지방은 어디나 동요하고 있습니다. 우리는 곧 도착하게 될 텐데, 목적지에 닿았을 때 과연 우리가 무엇을 발견하게 될지 확실한 것이 없습니다. 어쨌든 미리 의논해 두어야 할 것 같아요. 제가 말하는 건 다양한 견해에 대한 것이 아닙니다. 이 봄의 숲 속에서 5분쯤 나눈 대화로 그것을 밝히고 결정하는 것은 어리석은 일이라고 봅니다. 우리는 서로에 대해 잘 알고 있습니다. 우리 세 사람, 즉 장인어른과 저와 토냐인데, 이 시대를 좇아 많은 사람과 함께 하나의 세계를 만들고 있습니다. 물론 서로 그 세계에 대한 이해의 정도에는 차이가 있기는 하지요. 제가 얘기하고 싶은 건 그게 아니라 다른 문제입니다. 물론 그건 뻔한 거지요. 어떤 상황에서 우리가 어떻게 행동해야 하는지 미리 의논해 두어야 한다는 겁니다. 그것은 서로가 부끄러워서 얼굴을 붉히지 않기 위해서이고, 또 서로에게 미안한 생각을 하지 않기 위해서입니다."

"알았네, 알았어. 난 자네의 문제 제기가 마음에 들어. 자넨 정말 필요한 말을 찾아냈군. 그럼 이번에는 내가 자네에게 말하겠네. 한겨울의 눈보라가 치던 날, 자네가 최초의 포고가 실린 호외를 가져온 것을 기억하고 있겠지. 그 포고는 정말 듣도 보도 못한 강경한 것이었어. 그 직선적인 점에 굴복하고 말았지. 그러나 그런 것이, 만들어 낸 자들의 머릿속에 최초의 순수함 그대로 살아 있는 건 다만 포고한 첫날뿐이야. 이튿날에는 정치의 노회함이 그것을 간단하게 뒤집어엎어 버리지. 자네에게 어떻게 말하면 좋을까? 그런 철학은 나와는 거리가 멀어. 이 정권은 우리를 적대하고 있어. 그 파괴에 대해 그들은 나에게 동의를 구하지 않았어. 하지만 그들은 나를 믿었고, 나의 행동은, 내가 강요를 당해 억지로 한 것이라고 해도 나를 구속하네.

토냐는 우리가 밭을 일굴 시기에 늦지 않을까, 씨 뿌리는 시기를 놓치는 것이 아닐까 하고 묻고 있네. 그 아이에게 뭐라고 대답하면 좋겠나? 난 이곳의 토양을 모르네. 기후적 조건은 어떨까? 여름이 너무 짧아. 도대체 이곳에서 무엇을 수확할 수 있을까?

그런데 우리는 과연 밭을 일구기 위해 일부러 이렇게 먼 곳까지 찾아온 것일까? '키셀*[19]을 먹으러 7베르스타 가는 것도 마다하지 않는다'는 건, 시시한 말장난도 못 되는 헛수고일 뿐이야. 왜냐하면, 유감이지만 이곳까지는 7베르스타가 아니라 3천, 4천 베르스타나 되니까 말일세. 아니 솔직히 말해서, 우리가 이만큼 멀리 여행을 한 것에는 다른 목적이 있었기 때문이네. 우리는 이 현대에 아무것도 하지 않고 무위도식할 생각이었던 거지. 그리고 어떻게 해서든 지난날 조상들의 숲과 공장의 기계, 재산을 탕진하는 데 가담하려는 걸세. 조상의 자산을 회복하기 위해서가 아니라, 그 자산을 파괴하기 위해, 공유화라는 탕진을 위해서야. 그리고 우리가 쥐꼬리만 한 돈으로 생계를 유지하고 살아남기 위해서네. 이 현대의 상식을 뛰어넘는 혼돈된 형태 속에서는 모든 것이 반드시 그런 것처럼 말일세. 만약 내가 재산을 갖게 되거나 증여 받는다 해도, 나는

*19 디저트로 먹는 젤리 비슷한 음식.

옛날과 똑같은 형태와 원리대로 공장을 소유할 수는 없어. 그건 바로 알몸으로 뛰어다니거나 알파벳을 잊어버리는 것과 마찬가지로 경솔한 짓이지. 그런 거야. 러시아에서는 이제 사유재산의 역사는 끝났어. 그리고 우리 그로메코 집안은 이미 과거의 선대(先代)에서 축재의 욕망과는 결별했다네."

27

숨 막히는 듯한 더위와 후텁지근하게 고여 있는 공기 탓에 좀처럼 잠을 이룰 수 없었다. 의사의 머리는 땀에 푹 젖은 베개 위에서 이리저리 뒤척이고 있었다.

그는 침상 끝에서 조심스럽게 내려가, 누가 깨지 않도록 가만히 차량 문을 옆으로 조금 열었다.

축축하고 끈적한 공기가 훅 불어왔다. 땅굴 속에서 얼굴이 거미줄에 싸였을 때 같았다. '안개로군.' 그는 생각했다. '안개야. 아마도 무척 더운 하루가 될 거야, 타는 듯한. 그래서 이렇게 숨쉬기가 힘들고 마음이 이토록 짓눌리는 것처럼 무거운 거야.'

의사는 노반에 내려서기 전에 주위의 소리에 귀를 기울이면서 문 앞에 서 있었다.

열차는 분기역쯤 되는 꽤 큰 역에 멈춰 서 있었다. 그곳에는 정적과 안개만이 있을 뿐, 열차 차량은 잊혀 버린 존재처럼 완전한 망각과 방치 상태에 빠져 있었는데—그것은 열차가 역 구내에서 가장 구석에 서 있고, 열차와 먼 역사(驛舍) 사이의 상당한 거리에는 끝없는 선로가 그물처럼 깔려 있었기 때문이었다.

멀리서 두 종류의 소리가 들려왔다.

뒤쪽에서 들려오는 소리는 뭔가를 규칙적으로 탁탁 때리는 듯한 소리였다. 마치 세탁물이 펄럭이거나, 물에 젖은 천이 바람에 나부끼면서 깃대에 부딪쳐 나는 소리 같았다.

앞쪽에서는 요란한 소리가 들려오고 있었는데, 전쟁터 경험이 있는 의사는 몸을 부르르 떨면서 그 소리에 귀를 세웠다.

'장거리포로군.'—그는 낮게 억제된 톤으로 고르고 온화하게 울려 퍼지는 그 둔한 소리에 귀를 기울이면서 그렇게 판단했다.

'그래, 전선에 바짝 다가가 있는 거야.'—의사는 그렇게 생각하고, 고개를 저으며 차량에서 바닥으로 뛰어내렸다.

그는 몇 걸음 앞쪽으로 걸어갔다. 그런데 차량은 두 량 앞에서 끊어져 있었다. 편성열차는 증기기관차도 없이 멈춰 서 있었다. 기관차는 떼어 낸 앞의 차량과 함께 어디론가 사라지고 없었다.

'어쩐지 어제부터 객기를 부리더라니. 끌려가면 그 자리에서 포화 속에 내던져진다는 걸 느끼고 있었던 거야.' 의사는 생각했다.

그가 막 열차 꽁무니를 돌아, 선로를 가로질러 역으로 가는 길을 찾으려 했을 때였다. 차량 뒤에서 총을 든 초병이 땅속에서 쑥 솟아난 것처럼 나타났다. 그는 낮은 목소리로 유리를 가로막았다.

"어디 가? 암호를 대!"

"저건 어느 역이오?"

"어느 역인지 나도 몰라. 넌 뭐 하는 놈이야?"

"난 모스크바에서 온 의사요. 가족과 함께 이 열차를 타고 출장 가는 길이오. 신분증은 여기 있소."

"그따위 신분증, 눈을 속이려는 보리수 껍질 다발일걸. 이 어둠 속에서 글씨를 어떻게 읽어, 눈만 나빠지지. 이렇게 안개가 꼈잖아. 신분증 같은 것 없어도 당신이 의사라는 건 멀리서도 알 수 있어. 120밀리 포가 날아오고 있어. 당신 같은 의사 나부랭이는 얼른 저쪽으로 꺼져. 정말로 당신을 쏘기 전에 썩 꺼지라고. 성할 때 얼른 돌아가란 말이야."

'누군가로 잘못 알고 있구나.' 의사는 생각했다. 이 초병과 입씨름하는 것은 어리석은 일이다. 정말 늦기 전에 이곳에서 떠나는 게 나을 것 같다. 의사는 반대쪽으로 돌아섰다.

포성은 그의 등 뒤에서 잦아들고 있었다. 동쪽이었다. 그곳에서 연무 속에 떠오른 태양이 비누 거품과 김이 자욱하게 서린 목욕탕에서 벌거벗은 사람들이 보이듯이, 토막토막 떠 있는 안개 사이로 어렴풋이 보였다.

의사는 열차 차량을 따라서 걸어갔다. 그리고 열차를 다 지나간 뒤에도 걸음을 멈추지 않았다. 한 걸음 한 걸음 걸을 때마다 발이 부드러운 모래 속에 차츰 깊이 들어갔다.

율동적으로 때리는 소리가 다가왔다. 지형이 완만하게 내려가기 시작했다.

몇 걸음 나아간 뒤, 의사는 어렴풋이 보이는 사물의 윤곽 앞에서 멈춰 섰다. 그 윤곽은 안개 때문에 사실보다 크게 보였다. 다시 한 걸음 더 나아가자, 유리 안드레예비치의 눈앞에, 안개 속에서 물가로 끌어올린 보트의 고물이 쑥 떠올랐다. 그는 광대한 강의 언덕 위에 서 있었다. 게으른 밀물이 느릿느릿 지친 듯이 고깃배의 뱃전과 선창의 널빤지를 철썩철썩 때리고 있었다.

"누가 이곳을 어슬렁거리라고 했나?" 강가에서 떨어진 곳에서 다른 보초가 물었다.

"이건 무슨 강이오?" 의사는 아까의 경험으로 아무것도 묻지 말아야겠다고 생각해 놓고도, 자기도 모르게 또 묻고 말았다.

대답 대신 초병은 호각을 입으로 가져갔는데, 그것을 불 필요도 없었다. 이 초병이 호각으로 부르려 했던 아까 그 초병이, 유리 안드레예비치의 뒤를 몰래 밟고 있었는지 동료에게 먼저 다가온 것이다. 두 사람은 얘기를 나누었다.

"이건 생각하고 말 것도 없어. 새는 나는 모습으로 알 수 있다고 하잖아? '이건 어느 역이냐, 무슨 강이냐?' 하고 지껄였어. 그건 우리의 눈을 속이려는 수작이 틀림없어. 어떡할까, 곧바로 곶으로 데려갈까, 아니면 일단 열차로 데려갈까?"

"열차로 데려가야겠어. 대장의 판단에 맡겨야지. 신분증 이리 내." 두 번째 초병이 소리를 지른 뒤, 의사가 내민 신분증 다발을 잡아챘다.

"이봐, 이자 좀 지키고 있어." 그는 누구에게인지 모르게 그렇게 말하고, 최초의 초병과 함께 선로 안에 있는 역을 향해 걷기 시작했다.

그때 모래 위에 누워 있던 어부인 듯한 사내가 사정을 설명하기 위해 목을 그르렁거리면서 일어났다.

"당신 운이 좋았어, 그들은 당신을 대장한테 데리고 갈 생각이야. 틀림없이 일단은 살아날 거야. 하지만 그들을 비난해선 안 돼. 그게 그들이 하는 일이니까. 지금은 인민의 세상이야. 틀림없이 좋아지겠지. 하지만 지금은 아무 말 하지 않는 게 좋아. 아마도 사람을 잘못 본 모양인데, 그들은 어느 탈주자를 붙잡으려고 혈안이 되어 있어. 당신을 그 사람으로 생각한 거지. 당신을 노동자 권력의 적으로 보고—그래서 붙잡은 거야. 잘못 봤어. 난처한 일이지만, 그자들은 지금 한창 날뛰고 있을 때라 그들이 하라는 대로 하면 안 돼. 당신을 죽여 봤자—그들에게는 한 푼의 이득도 되지 않아. 그들이 가자고 해도 가면 안 돼.

우두머리를 만나게 해달라—, 그렇게 말하라고."

이 어부를 통해 유리 안드레예비치는 자신이 눈앞에 보고 있는 강이—그 유명한, 배가 다닐 수 있는 르인바 강이라는 것을 알았다. 여기서 2,3베르스타 상류에 있는 유리아틴 자체는 끊임없이 뺏고 빼앗기고 있으며, 아마도 지금은 백군한테서 탈환했을 거라는 사실도 알았다. 어부의 얘기에 의하면, 라즈빌리예도 혼란 상태에 빠졌지만 지금은 철저하게 진압되어, 깊은 정적이 그 일대를 지배하고 있다고 한다. 역 인접 지대에서 주민들이 일소되고 초계선이 가장 엄격하게 깔려 있기 때문이다. 그리고 선로에 멈춰 있는 열차에는 군사시설이 설치되어 있으며, 그 속에 지방군사위원인 스트렐리니코프의 특별열차도 있다는 것을 알았다. 그 차량으로 의사의 서류를 가져간 것이다.

한참 뒤 저쪽에서 새로운 초병이 왔다. 앞의 초병과는 달리, 그는 총대를 땅에 질질 끌기도 하고 총을 자기 앞으로 옮겨서 들고 있기도 했다. 그것은 마치 금방이라도 고꾸라질 것처럼 잔뜩 취한 친구의 손을 잡고 끌고 가는 것 같았다. 그는 의사를 열차의 군사위원에게 데려갔다.

28

두 량이 이어져 복도에 가죽이 깔려 있는 특별객차 하나에서, 의사를 데려간 초병이 암호를 대자, 웃음소리와 움직이는 소리가 들려오던 실내가 한 순간 조용해졌다.

초병은 좁은 복도를 따라 의사를 데리고 중앙의 넓은 방으로 갔다. 그곳은 조용하고 질서정연했다. 깨끗하고 쾌적한 방에서는 옷차림이 말쑥하고 훌륭한 사람들이 일을 하고 있었다. 의사는, 단기간에 주(州) 전체의 영광과 공포의 대상이 된 비당원 군사전문가*[20]의 사령부실은 좀 더 다를 것이라고 생각하고 있었다.

그러나 아마 그가 주로 활동하는 곳은 여기가 아니라 어딘가 더 앞쪽, 작전행동 장소와 더 가까운 전선사령부에 있으며, 이곳은 그의 개인적인 장소, 가정 안의 작은 집무실이나 야전용 이동침대 같은 곳인 모양이었다.

그래서 이곳은 느긋하고 조용하며, 근무하고 있는 사람들도 마치 코르크와

---

*20 바엔스페츠. 제정시대의 군인으로, 소비에트군에 근무했다.

카펫이 깔린 여름 해변의 탈의소 같은 복도를 부드러운 실내화를 신고 소리 죽여 걷고 있는 것 같았다.

이 중앙 부분은 전에는 식당차였으나 지금은 카펫을 깔아 놓고 사무실로 쓰고 있었다. 거기에는 책상이 몇 개 놓여 있었다.

"어서 가 봐."—입구 근처에 앉아 있던 젊은 군인이 말했다. 그 뒤, 책상에 앉아 있던 모든 사람은 의사에 대해선 잊어버려도 된다는 듯이, 그에게 주의를 기울이는 것을 그만두었다. 그 군인이 마음이 딴 데 가 있는 것처럼 고개를 끄덕여 초병을 통과시키자, 초병은 복도의 금속제 가로대를 총대로 긁어 소리를 내면서 안으로 걸어갔다.

의사는 입구에서 자신의 신분증명 서류를 보았다. 그것은 마지막 책상 끝에 놓여 있었고, 그 앞에는 나이가 좀 많은, 구체제하의 대령을 떠올리게 하는 군인이 앉아 있었다. 그는 군사통계 담당인지, 뭔가 흥얼거리면서 여러 가지 안내서를 들여다보고 군사지도도 살펴보면서, 이것저것 대조하고 비교 검토한 뒤 오려내어 풀로 붙이고 있었다. 그는 실내의 모든 창문을 하나하나 둘러보고, '오늘은 날씨가 덥겠군' 하고 말했다. 마치 그것은 창문을 전부 관찰해 얻은 결론이지 하나의 창문만으로 낸 결론은 아니라는 것처럼.

책상 사이의 바닥에서는 군기수(軍技手)가 드러누워 고장 난 배선을 수리하고 있었다. 그가 젊은 군인의 책상 밑에 오자, 젊은 군인은 방해가 되지 않도록 자리에서 일어났다. 그 옆에서는 카키색 남자 재킷을 입은 타이피스트가 타이프라이터와 씨름하고 있었다. 타이프라이터의 캐리지(종이 이송기구)가 옆으로 너무 많이 가서 틀에 끼어 버린 것이다. 젊은 군인이 그녀의 의자 뒤에 서서 위에서 그녀와 함께 고장 원인을 찾고 있었다. 기수가 타이피스트 쪽으로 기어가, 밑에서 수화기의 레버와 전동장치를 살펴보았다. 대령 같은 대장도 자기 자리에서 일어나 그들 쪽으로 걸어갔다. 모든 사람이 타이프라이터에 매달려 있었다.

그 광경을 보고 있던 의사는 마음이 누그러졌다. 그의 운명에 대해 그 자신보다 더 잘 알고 있는 사람들이, 그런 운명 앞에 놓인 당사자 앞에서 이토록 느긋하게 보잘것없는 일에 몰두할 수 있다고 생각하는 것은 불가능한 일이었다.

'하지만 그들의 속마음을 누가 알랴.'—그는 생각했다. '그들의 이 느긋함은 어디서 오는 것일까? 바로 옆에서 포성이 터지고 사람들이 죽어 나가고 있는데, 그들은 뜨거운 전투가 되겠다는 의미가 아니라 날씨가 덥다는 의미로, 더운 하루를 예상하고 있다. 어쩌면 그들은 너무나 많은 것을 보아 왔기에 그들 속의 모든 감각이 마비되어 버린 것은 아닐까?'

그는 할 일이 아무것도 없어서, 자신이 서 있는 위치에서 맞은편에 있는 창문 밖으로 눈길을 돌렸다.

29

이쪽에서 열차 앞으로 나머지 선로가 뻗어 있고, 라즈빌리예 역이 교외의 언덕에 보였다.

층계참이 세 개 있는, 칠을 하지 않은 나무계단이 노선에서 역 쪽으로 이어져 있었다.

이쪽의 철로는 증기기관차의 거대한 무덤처럼 되어 있었다. 탄수차가 없는 낡은 증기기관차가, 접시나 장화의 몸통처럼 생긴 굴뚝을 서로에게 향한 채 고철더미 속에 빼곡하게 서 있었다.

저지에 있는 증기기관차의 무덤과 변두리의 폐기물처리장, 노선 위의 찌그러진 철판, 녹슨 지붕과 변두리의 간판 종류가 한데 어우러져, 이른 아침의 더위에 덴 하얀 하늘 밑에서 한 폭의 버림받은 황폐한 풍경을 만들어 내고 있었다.

유리 안드레예비치는 잊고 있었지만, 모스크바에 있었을 때는 도시에서 얼마나 많은 간판을 만났고, 그 간판의 대부분이 건물 정면을 얼마나 뒤덮고 있었던가! 이 도시에서 간판을 본 그는 그것을 떠올리지 않을 수 없었다. 간판의 글자가 얼마나 큰지 열차 안에서도 그 반을 읽을 수 있었다. 모두 기울어진 단층 건물의 찌그러진 창문까지 내려와 낮게 걸려 있었기에, 낮고 작은 집들이 그 간판 밑에 숨어 버려 마치 아버지의 농부 모자를 깊숙이 눌러쓴 아이들의 머리 같았다.

그 무렵 안개가 완전히 걷혔다. 멀리 동쪽 하늘 왼쪽에 안개의 흔적이 남아 있을 뿐이었다. 그러나 그 흔적마저 희미하게 움직이고 또 움직여, 극장의 무대 막처럼 조금씩 사라져 갔다.

라즈빌리예에서 3베르스타쯤 떨어진 곳에 있는, 이곳의 교외보다 더 높은 언덕 위에 지구나 현청소재지쯤 되는 큰 도시가 뚜렷하게 떠올랐다. 태양이 도시의 색채에 황색을 띤 색조를 더했고, 거리가 도시의 윤곽을 단순화하고 있었다. 그 도시는 높은 곳에서 여러 층을 이루고 있어, 마치 아토스 산*[21]이나 싸구려 목판화에서 볼 수 있는 은둔자의 암자처럼 집 위에 집, 길 위에 또 길이 이어지며, 언덕 꼭대기 한복판에는 커다란 성당이 있었다.

'유리아틴이다!'—의사는 흥분을 느끼며 그렇게 짐작했다. '고인이 된 안나 이바노브나가 그토록 추억하던 대상, 간호사 안티포바가 자주 얘기했던 대상! 그녀들한테서 이 도시의 이름을 몇 번이나 들었던가! 그 도시를 이제야 이런 상황 속에서 보게 되다니!'

그때 타이프라이터 위에 몸을 구부리고 있던 군인들의 주의가 창밖의 뭔가에 쏠렸다. 그들은 그쪽으로 얼굴을 돌렸다. 의사도 그들의 시선을 따라갔다.

역으로 통하는 계단을 따라, 포로가 되었는지 몇 사람이 연행되어 가는 중이었다. 그 가운데 한 사람은 고전중학교 학생인데 머리를 다친 모양이었다. 그는 이미 어딘가에서 붕대를 감기는 했지만, 붕대 밑에서 피가 흘러나와 그 피를 손으로 닦는 바람에, 햇볕에 그을린 땀투성이 얼굴이 피범벅이 되어 있었다.

적군(赤軍) 병사 두 사람 사이에 끼어 맨 뒤에서 걸어가고 있는 중학생이 사람들의 주의를 끈 것은, 그의 아름다운 얼굴에 차 있는 단호한 태도나 그토록 어린 반란자가 불러일으킨 연민 때문만은 아니었다. 그와 그를 연행해 가는 두 사람은 그 어리석은 행위로 인해 사람들의 주의를 끌고 있었다. 그들은 아무리 해 봤자 소용없는 짓을 되풀이하고 있었던 것이다.

그 중학생의 붕대를 감은 머리에서 차양이 있는 학모가 자꾸만 떨어지고 있었다. 그는 모자를 손에 들지 않고, 붕대를 감은 머리의 상처에 좋지 않을 텐데도 억지로 깊이 눌러쓰려고 했다. 모자가 머리에서 떨어질 때마다 다시 쓰는 것을 동행하는 적군 병사들이 도와주고 있었다.

상식에 어긋나는 그 어리석은 행위에는 뭔가 상징적인 것이 있었다. 의사 또한 그 비상식적인 의미심장함에 이끌려, 계단의 층계참으로 뛰어가서 목구멍까지 올라온 흔해빠진 격언이라도 소리쳐 그들을 불러 세우고 싶었다. 그는 소년에게도, 이 열차 안에 있는 사람들에게도, 구원은 형식을 지키는 것이 아니라 그 형식에서 벗어나는 것에 있다고 소리치고 싶었다.

---

*21 그리스에 있는 정교의 성지.

의사는 시선을 옆으로 돌렸다. 그 방 한가운데 스트렐리니코프가 서 있었다. 방금 빠른 걸음으로 곧장 들어온 참이었다.

의사인 그가, 이렇게 수많은 사람과 우연히 만나는 가운데, 어째서 지금까지 이 인물 같은 뚜렷한 존재를 모르고 있었던 것일까? 어째서 인생은 그 두 사람을 만나게 해 주지 않았던 것일까? 어째서 두 사람의 길은 교차하지 않았던 것일까?

왜 그런지는 확실하지 않았지만, 그 인물이 완성된 의지의 화신인 것은 한눈에 알아볼 수 있었다. 그는 자신이 원하고 있었던, 너무나도 높은 수준까지 오른 존재였기에, 당연히 그의 외면과 내면 모든 것이 모범적으로 보였다. 균형 잡힌 아름다운 머리도, 빠른 걸음걸이도, 어쩌면 진흙이 묻어 있을지 모르는데도 잘 닦은 것처럼 보이는 장화를 신은 긴 다리도, 어쩌면 구겨져 있을지 모르는 데도 다림질이 잘된 평직물의 인상을 주는 잿빛 모직 군복도.

어떤 재능이 그런 효과를 가져다 주고 있었다. 그것은 매우 자연스럽고 어색함을 모르며, 또 지상의 어떤 상황에서도 말안장에 걸터앉아 있는 것처럼 스스로 느끼는 재능이라고 할 수 있었다.

그 인물은 틀림없이 어떤 재능을 가지고 있었는데, 그것은 반드시 특이한 것은 아니었다. 그의 모든 행동에서 드러나는 그 재능은 모방의 재능이라고 해도 좋았다. 그렇다면 모든 것은 누군가에 대한 모방이었다. 역사에 이름을 남긴 영웅들. 전선 또는 도시의 소란 속에 나타나 사람들의 상상력을 자극했던 인물들. 가장 평판이 높은 민중의 권위자들. 출세해 최전열에 나선 동지들. 요컨대 타인에 대한 모방이다.

그는 예의 바르게, 제3자가 있어서 놀라거나 거북한 기분을 전혀 드러내지 않았다. 반대로 그는 모든 사람에 대해, 자신은 의사를 이곳의 일원으로 여기고 있는 것처럼 말했다.

"축하하네. 우리는 그들을 격퇴했어. 이건 전쟁놀이 같은 것이지 대수로운 일은 아니야. 그들은 우리와 같은 러시아인이지만, 다만 그들 자신이 어리석은 생각을 품고 그것을 버리지 못하고 있기 때문이지. 우리는 그것을 힘으로 때려 부숴야 해. 그들을 지휘하고 있는 건 내 친구더군. 그는 나보다 훨씬 더 프롤레타리아트 출신이야. 우리는 같은 집에서 자랐어. 그는 인생에서 나를 위해 아주 많은 일을 해 주었지. 난 그에게 빚진 것이 있어. 난 강 저편으로, 아니 더면 곳일지도 모르지만, 그를 쫓아내어 기쁘다네. 구리야, 전화 수리를 좀 더 서둘러 줄 수 없겠나? 전령과 전보만으로는 유지할 수가 없어. 자네들은 이 더위가 느껴지지 않나? 난 한 시간 반이나 자 버렸어. 아, 그렇지……" ―그는 문득 생각이 난 것처럼 의사를 돌아보았다. 자다가 일어나야 했던 이유가 생각난 것이다. 그를 깨운 것은 얼토당토않은 엉뚱한 일이었다. 지금 여기에 억류되어 있는 자 때문이었다.

'이자가?' ―스트렐리니코프는 의사를 머리끝에서 발끝까지 훑어보며 생각했다. '전혀 닮지 않았잖아. 이런 멍청이들 같으니!' 그는 큰 소리로 웃음을 터뜨리고는 유리 안드레예비치에게 말했다.

"용서하시오, 동무. 사람을 잘못 본 것 같군요. 초병들이 실수를 한 모양입니다. 돌아가셔도 좋습니다. 이 동지의 노동수첩*[22]이 어디 있지? 아, 이게 당신의 신분증이군요. 실례지만, 잠깐만 보겠습니다. 지바고……, 지바고…… 닥터 지바고라…… 어딘지 모스크바적인 데가 있군요…… 그렇지, 아무튼 잠깐 내 방으로 함께 가실까요? 이곳은 사무실이고, 내 방은 바로 옆입니다. 뭐, 오래 붙잡아 두지는 않을 거니까요."

30

그런데 이 인물은 도대체 어떤 사람일까? 아무도 모르는 비당원이었던 그가 이만한 위치에 올라 그 자리를 계속 지키고 있는 것은 놀라운 일이었다. 그는 모스크바 출신이지만 대학을 나온 뒤 교직을 얻어 지방에 내려갔고, 전쟁에서는 오랫동안 포로가 되어 최근까지 러시아에 있지 않아서 전사한 것으로 알려져 있었기 때문이다.

그는 어린 시절, 진보적인 철도원 티베르진의 가정에서 자랐는데, 티베르진이 그를 신임해 그의 신원을 보증해 주었다. 그 시절의 사명을 맡고 있던 사람들은 그를 신뢰했다. 상식의 범위를 벗어난 정열과 극단적으로 과격한 견해가 날뛰던 시절에, 어느 누구 앞에서도 꺾이지 않았던 스트렐리니코프의 혁명성은, 그 진정성과 파나티즘(열광, 광신), 그리고 타인의 목소리를 그대로 따라하는 것도 아니고 우연한 것도 아닌, 그 자신의 삶을 통해 준비되었다는 점에서

---

*22 소련에서 노동자가 소지하는, 직업력 등이 기록된 수첩.

특출한 것이었다.

스트렐리니코프는 자신에 대한 신뢰를 배반하지 않았다.

그의 이력서에는 다음과 같은 것들이 들어 있었다. 우스치 넴다와 니지니 켈리메스 사건, 식량징발부대에 대해 무장 저항한 그바소보 농민사건의 진압, 메드베지 포임 역에서 식량화물열차를 약탈한 제14병사연대의 토벌. 그리고 다음과 같은 것도 들어 있었다. 투르카투이 시에서 봉기해 무기를 손에 넣고 백군 진영으로 넘어갔던 스텐카 라진주의(主義) 병단 토벌. 강나루인 치르킨 우스에서 소비에트 정권 쪽에 붙었던 사령관을 살해하고 무장 반란을 일으킨 군사들의 진압.

그는 그 모든 장소에 번개처럼 나타나 신속하고도 엄격하게, 그리고 태연자약하게 재판에 회부하고, 선고하고, 형을 집행했다.

그는 열차를 타고 주를 돌아다니면서, 전염병처럼 퍼지고 있던 징병기피자들을 체포했다. 신병을 모집하는 조직을 사찰함으로써 모든 것을 바꿔놓았다. 적군(赤軍) 모집은 순조롭게 진척되어 갔고, 모병 위원회는 정신없이 일에 쫓기기 시작했다.

그리고 최근에 북쪽에서 백군이 차츰 좁혀옴으로써 상황이 긴박해지자, 스트렐리니코프에게 새로운 임무가 주어졌다. 직접적이고 전략적인 군사행동이었다. 그의 개입이 당장 성과를 올리기 시작했다*[23]

스트렐리니코프는, 사람들이 자신을 라스스트렐리니코프*[24]라는 별명으로 부르는 것을 알고 있었다. 그는 그것을 대수롭게 여기지 않았고 아무것도 두려워하지 않았다.

모스크바 출신인 그는, 1905년 혁명에 참여함으로써 박해를 받았던 노동자의 아들이었다. 그때는 아직 나이가 어려서 혁명운동에 참여하지는 않았다. 가난한 환경의 젊은이가 대개 대학에 들어가면 대학을 높이 평가하고 부잣집 아들보다 더 열심히 공부하듯이, 그도 그 뒤 대학에서 몇 년 동안 열심히 공부했다. 그는 생활이 안정된 학생들의 동요에는 휩쓸리지 않았다. 그는 폭넓은 지식을 얻고 대학을 졸업했다. 수학을 전공한 그는 독학으로 역사철학의 교양을 획

---

*23 1919년 3월~4월, 코르차크군, 병력 11만 2천, 시베리아의 옴스크에 코르차크 정권 수립, 우랄의 페르미 점령. 4월 하순에 동부전선의 적군이 코르차크군에 대한 반격 개시.

*24 라스스트렐은 총살이라는 뜻, 거기서 총살자라는 의미.

득했다.

법적으로 그는 군대에 들어가지 않아도 되었지만 지원병으로 전쟁에 참여했다. 소위보였을 때 포로가 되었다가, 러시아에서 혁명이 일어난 것을 알고 탈출해 귀국했다.

그가 두각을 드러내고 있었던 것은 두 가지 특징, 두 가지 정열이었다.

그는 뛰어나게 명석하고 원칙적으로 사고했다. 또 그는 좀처럼 볼 수 없는 도덕적인 순수함과 공정함을 갖추고 있었고, 열렬하고 고결한 감수성을 지니고 있었다.

그러나 새로운 길을 개척하는 학자가 되기에는, 그의 지성에는 생각하지 못한 비약의 재능, 다시 말해 뜻밖의 발견을 통해 공허한 추측의 불모성을 극복하는 힘이 결여되어 있었다.

한편 선을 행하는 데는, 그는 너무나 원칙주의였기에, 전체가 아니라 부분적인 특수한 사정이 중요하고 그 작은 것이 위대하다고 보는 너그러운 마음이 부족했다.

스트렐리니코프는 어린 시절부터 가장 고결하고 밝은 것을 지향해 왔다. 그는 인생을 거대한 경기장으로 여기고, 사람들은 거기서 정직하게 규칙을 지키면서 이상의 달성을 다툰다고 생각했다.

그런데 사실은 그렇지 않다는 걸 알았을 때 그는, 사회질서를 단순하게 생각했던 자신이 잘못되었다고 생각했다. 그는 그 굴욕을 내면에 밀어 넣고, 언젠가 인생과 그 위선적인 어두운 원칙 사이의 심판자가 되어, 인생을 옹호하며 그것을 위해 복수하겠다는 생각을 품기 시작했다.

그 환멸이 그를 비정한 사람으로 만들었다. 혁명이 그에게 그 무기를 준 것이다.

31

"지바고, 지바고." 스트렐리니코프는 자기 방으로 건너오고 나서도 되풀이했다. "왠지 상인 냄새가 나. 그렇잖으면 지주귀족이라고 할까. 뭐, 어쨌든 모스크바의 의사라고요? 바르이키노에 가신다? 좀 생뚱맞군요. 모스크바에서 느닷없이 곰이라도 튀어나올 것 같은 시골 구석으로?"

"그게 목적입니다. 조용함을 찾아서 가는 거죠. 인적이 드문 시골 벽지를 찾아가려는 겁니다."

"그래요? 어떤 시정을 느끼신 건가요? 바르이키노라? 나는 그 고장을 잘 알고 있지요. 전에 크류게르 집안의 공장지대였지요. 혹시 그 친척이 아닙니까? 유산상속인 아닌가요?"

"왜 그런 비웃는 듯한 말씀을? 지금 이 상황에서 '유산상속인'이 무슨 관계가 있습니까? 비록 아내가 실제로……."

"아하, 역시 그렇군요. 백군에 대한 향수인가요? 그렇다면 안됐습니다. 한발 늦었어요. 그 일대는 깨끗이 소탕되었으니까요."

"아직도 나를 놀리시는 겁니까?"

"게다가 의사이신데. 군의(軍醫)군요. 그러나 아직은 전시입니다. 이건 완전히 내 관할이고, 당신은 도망병이에요. 녹군(綠軍)*25도 숲 속에 숨어 있죠. 정적을 찾아서. 당신도 그런 겁니까?"

"나는 두 차례 다쳐서 군무 부적격자로 병역면제를 받고 제대했습니다."

"그럼 교육인민위원부나 보건인민위원부의 증명서를 보여주시죠. 거기에는 당신을 '완전히 소비에트적인 인간'이니 '동조자'라고 추천하고 당신의 '충성심'을 보증하고 있을 테니까요. 그런데 지금은, 당신에게 미안하지만 지상의 마지막 심판의 시대여서 말입니다. 이 지상을 배회하고 있는 것도 묵시록의 칼을 든 무리와 날개 있는 맹수입니다. 어중간한 동조자나 어중간한 충성심을 가진 의사 따위가 전혀 아니에요. 하지만 나는 아까 당신에게 돌아가도 좋다고 말했고, 그 말을 번복할 생각은 없소. 그러나 이번뿐입니다. 우리는 언젠가 다시 한 번 만날 것 같은 예감이 드는데, 그때는 이야기가 달라질 겁니다. 조심하십시오."

유리 안드레예비치는 그 위협과 도전에도 당황하지 않았다. 그는 말했다.

"나는 당신이 나를 어떻게 생각하고 있는지 다 알고 있습니다. 당신 쪽에서 보면 당신은 완전히 옳습니다. 그러나 당신이 나를 끌어들이고자 하는 논쟁은 나 자신이 지금까지 살아오는 동안 마음속으로 상상 속의 논적(論敵)과 계속해 왔던 것이고, 이제는 어떤 결론에 이르렀다고 생각하고 있습니다. 그저 몇 마디의 말로는 설명할 수 없을 따름입니다. 내가 정말로 자유로운 몸이라면 아

---

*25 초록색이라는 의미. 이 내전 시기에 백군과도 적군과도 싸운 농민탈주병 주체의 비정규부대로 삼림에 숨어 있었다.

무런 해명 없이 돌아가게 해 주십시오. 만일 그렇게 할 수 없다면 당신 뜻대로 하십시오. 당신 앞에서 변명할 것은 아무것도 없습니다."

그들의 대화는 전화 벨소리 때문에 끊겼다. 전화 회선이 복구된 것이다.

"고맙네, 구리얀." 스트렐리니코프는 수화기를 들고 거기에 몇 차례 숨을 불어넣었다. "이거 봐, 누군가 지바고 동무를 바래다 줄 사람을 보내 주게. 또 무슨 일이 일어나지 않도록 말이야. 그리고 라즈빌리예를 연결해 주게, 라즈빌리예의 수송관리 체카*[26] 말이야."

혼자 남게 되자 스트렐리니코프는 역으로 전화를 걸었다.

"포로 가운데 소년이 있었지, 그 아일 데려와. 줄곧 모자를 귀까지 깊이 눌러쓰고, 머리에 붕대를 감고, 우스꽝스런 꼴을 하고 있던 아이 말이야, 그래, 필요하면 의사에게 손을 보게 하게. 그래, 잘 좀 돌봐 줘, 안 그러면 개인적으로 책임을 물을 테니까. 필요하다면 배급식량도 주고. 그렇지. 그리고 이번에는 용건이야. 통화 중, 끝나지 않았어. 아, 제기랄, 혼선이로군. 구리얀! 구리얀! 에잇, 끊어졌어."

'어쩌면 내 제자일지도 몰라.' 역과의 통화를 잠시 미루고 그는 생각했다. '그 아이들이 자라서 우리에게 맞서 폭동을 일으키고 있다.' 스트렐리니코프는 자기의 교사 시절과 전쟁, 그리고 포로가 된 햇수를 머릿속으로 꼽으면서 소년의 나이와 맞는지 계산해 보았다. 그런 다음 차량의 창문 너머 저 멀리 지평선 위에 보이는 파노라마에서 강을 내려다보는 높은 지대의 거리를 찾기 시작했다. 그 유리아틴의 출구에는 그들이 살았던 집이 있었다. 혹시 아내와 딸이 아직도 그곳에서 살고 있다면? 당장 그들에게 달려가고 싶다! 지금 당장에라도! 그렇다, 하지만 그게 가능한 일일까? 그것은 전혀 다른 이 인생을 버리고 나서야 가능한 일이 아닌가. 그 중단된 인생으로 돌아가기에 앞서 이 새로운 인생을 끝내야 한다. 언젠가는, 그래 언젠가는 그럴 날이 올 것이다, 물론. 하지만 그게 언제, 언제란 말인가?

---

*26 1917~22년, 반혁명태업단속 비상위원회, 나중의 비밀경찰.

제8장
도착

1

지바고네 가족을 이곳까지 싣고 온 기차는 다른 선(線)의 열차에 의해 가려진 채 아직 역 뒤쪽의 대피선에 있었는데, 여행하는 동안 내내 이어져 왔던 모스크바와의 연관도 이날 아침에 툭 끊어져 버린 듯한 느낌이 들었다.

드디어 이곳에서는 다른 영토의 지대가 열린 것이다. 그것은 다른 인력(引力)의 중심으로 끌어당기는 시골의 별세계였다.

이곳 사람들은 도회지 사람들보다도 훨씬 서로를 잘 알고 있었다. 비록 유리아틴—라즈빌리예의 철도 지대는 제3자에 의해 적이 배제되고 적군이 봉쇄하고 있었지만, 교외에서 오는 승객들이, 어떻게 해서 철도에 숨어드는 건지 지금 유행하고 있는 말로 하자면 '침투'해 오고 있었다. 그들은 찻간에 미어터질 만큼 타고 있고 문 앞의 통로에도 가득 들어차 있었으며, 열차를 따라 선로 위를 서성거리거나 자신의 차량 입구 옆 철둑에 서 있기도 했다.

이 사람들은 모두 아는 사이인 듯, 멀리서 얘기를 주고받거나 서로 쫓아가서 인사를 나누기도 했다. 그들은 옷을 입는 것도, 먹는 것도, 습관도, 수도(首都) 사람들과는 조금씩 달랐다.

그들이 무엇으로 살고, 어떤 정신적 물질적 양식을 먹고 살아가고 있는지, 이 어려운 시대를 어떻게 이겨내고 있는지, 어떻게 법망(法網)을 피하고 있는지 아는 것은 흥미로운 일이었다.

그 대답은 이내 지극히 생생한 형태로 나타났다.

2

소총을 지팡이 대신 땅바닥에 질질 끌면서 걷는 초병과 함께 의사는 자기의 열차로 돌아가고 있었다.

찌는 듯이 무더웠다. 작열하는 태양이 레일이건 차량의 지붕이건 모조리 불태우고 있었다. 석유가 스며들어 거무스름한 땅바닥은 마치 금박을 입힌 것처럼 누런색으로 빛나고 있었다.

초병이 소총의 개머리쇠로 모래 위에 자국을 남기면서 먼지를 일으키고 있었다. 소총이 침목에 부딪쳐 달가닥달가닥 소리를 냈다. 초병이 말했다.

"날씨가 진정되었군요. 봄 작물을 파종할 시기예요. 귀리나 마카로니밀, 또는 수수 같은 것. 가장 중요한 시기죠. 메밀은 좀 이르려나. 우리 지방에서는 메밀은 아쿨리나의 날*[1]에 씨를 뿌려요. 우리는 이 고장 사람이 아니고 탐보프 현*[2]의 모르스찬스크 출신이에요. 어쨌든 의사 동무! 지금 이런 빌어먹을 놈의 시민전쟁이니 반혁명의 괴물 따위가 없었다면, 아마 나도 이런 계절에 객지를 어슬렁거리며 돌아다니고 있지는 않았겠지요? 반혁명이 계급투쟁이니 뭐니 하는 검은 고양이처럼 우리 사이를 가로지르고 달아나서*[3] 이 꼴이 된 거라니까요!"

3

"고맙소, 혼자서도 탈 수 있소."—유리 안드레예비치는 도움을 거절했다. 사람들이 그를 도와주려고 난방화차에서 허리를 구부려 그에게 손을 내밀었던 것이다. 그는 기합을 넣으면서 훌쩍 몸을 날려 찻간으로 올라가 두 다리로 서서 아내와 포옹했다.

"마침내 돌아오셨군요. 무사해서 정말 다행이에요." 안토니나 알렉산드로브나가 말했다. "하지만 이 운 좋은 결과는 새로운 뉴스가 아니에요."

"뉴스가 아니라니, 어째서?"

"우린 모두 다 알고 있었거든요."

"어떻게?"

"초병들이 알려 주었어요. 그렇지 않았으면 당신이 어떻게 되었는지도 모르는 채 어떻게 견딜 수 있었겠어요? 아버지와 난 금방이라도 미칠 것만 같았어요. 아버지는 곤히 주무시고 계세요, 깨워도 못 일어나실 거예요. 너무 걱정하

---

*1 성녀 아쿨리나의 날, 구력 6월 13일. 신력으로는 6월 26일.

*2 러시아에서도 손꼽히는 농업지, 1917년 봄에 일찌감치 반지주 농민운동이 일어났다.

*3 검은 고양이가 두 사람 사이를 지나가면 말다툼이 일어난다는 러시아 미신.

신 나머지 지쳐 버리신 거예요, 깨우지 마세요. 새로운 승객들도 몇 분 탔어요. 곧 소개할게요. 그 전에 먼저 주위에서 말씀하고 있는 것을 좀 들어 보세요. 모든 분이 당신이 무사히 풀려난 것을 축하하고 있어요. 아, 바로 저분이에요, 아주 놀라운 분이죠!" 그녀는 갑자기 화제를 바꾸더니 고개를 돌렸다. 그리고 어깨 너머로, 새로 탄 승객 가운데 한 사람에게 남편을 소개했다. 그는 다른 승객들에게 밀려 난방화차의 안쪽에 들어가 있었다.

"삼데뱌토프입니다." 그쪽에서 목소리가 들려온 뒤, 다른 사람들의 머리 위로 중산모가 올라오더니, 이름을 댄 사람이 빼곡하게 들어찬 사람들을 헤치고 의사에게 다가왔다.

'삼데뱌토프?' 그 사이 유리 안드레예비치는 생각했다. '난 또 옛 러시아의 영웅서사시에 나오는 모습을 상상하고 있었지. 구레나룻에 파묻힌 얼굴과 무릎까지 오는 반코트, 장식용 징이 박힌 혁대 따위. 그런데 이건 미술애호가 단체의 회원 같잖아. 백발이 섞인 고수머리, 콧수염, 아랫입술 밑에 작은 염소수염.'

"그래, 어땠습니까, 스트렐리니코프를 만나니까 간담이 서늘해지지 않던가요? 솔직하게 말하세요."

"왜 그래야 하죠? 우리는 진지한 대화를 나눴습니다. 어쨌든 강력하고 뛰어난 인물입니다."

"그야 물론이죠. 나도 그 사람의 인품에 대해 다소 알고 있습니다. 이 고장 사람이 아니고 여러분처럼 모스크바 사람이죠. 이즈음 우리의 신체제(新體制)라는 것도 그렇습죠. 모두가 수도로부터의 수입품이죠. 여러분 같은 새로운 이주자도 마찬가지지만. 우리의 머리로는 생각해 내지도 못할 것들입니다."

"유로치카, 이분은 말이에요, 안핌 예피모비치라는 분인데, 뭐든 모르는 것이 없을 만큼 박식하세요. 당신에 대해서도, 당신 아버님에 대해서도, 우리 할아버지까지 알고 계신다니까요. 정말로 모르는 사람이 없어요. 서로 알고 지내도록 해요."—그런 뒤 안토니나 알렉산드로브나는 지나가는 말처럼 표정을 바꾸지 않고 물었다. "이곳에서 학교선생으로 있었던 안티포바도 틀림없이 알고 계시겠죠?"—그 물음에 삼데뱌토프 또한 표정을 바꾸지 않고 대답했다.

"안티포바와 무슨 일이 있었습니까?"—유리 안드레예비치는 모른 체하고 그것을 듣고 있었다. 안토니나 알렉산드로브나가 말을 이었다.

"안핌 예피모비치 씨는 볼셰비키예요. 조심하세요, 유로치카, 이분 앞에서는 방심하면 안 돼요."

"정말입니까? 전혀 생각지 못했습니다. 그저 뵙기로는 예술가가 아닌가 했는데."

"아버지는 여관을 하셨지요. 트로이카*4 일곱 대로 손님을 날라 드렸습니다. 나는 고등교육을 받았어요. 사실 나는 사회민주당원*5입니다."

"유로치카, 안핌 예피모비치 씨가 하는 말을 잘 들어요. 그건 그렇고, 실례지만 당신의 이름과 성은 정말이지 혀가 잘 돌아가지 않는군요……. 아 참, 유로치카, 내가 하는 말을 잘 들어요. 우리는, 이분 말씀으로는 아주 운이 좋대요. 유리아틴 시에는 기차가 들어갈 수 없대요. 시내에 큰불이 났고 다리도 파괴되어 지나갈 수가 없다나요. 그래서 이 열차도 지선(支線)으로 도시를 돌아서 다른 선으로 가야 하는데, 그 선이 바로 우리의 목적지인 토르파나야 역을 지나는 선이라지 뭐예요. 잘됐죠! 그러니까 여기서 갈아타지 않아도 되고, 짐을 들고 역에서 역으로 끌고 다닐 일도 없어요. 그 대신 정말로 열차가 움직일 때까지는 여기저기 선로를 이동해야 해서 꽤 피곤할 거예요. 오랜 시간을 들여 열차를 교체하는 작업이래요. 안핌 예피모비치 씨가 모두 설명해 주셨어요."

4

안토니나 알렉산드로브나의 예상은 들어맞았다. 열차는 차량을 교체해 새 차량을 이으면서 끝없이 인입선(引入線)을 따라 앞뒤로 이동했다. 그 선로를 따라, 열차가 오랫동안 넓은 장소로 나가는 것을 가로막고 있던 다른 열차가 이동하고 있었기 때문이다.

도시의 반은 경사진 지형에 가려져 시야에서 멀리 사라져 있었다. 도시는 아주 가끔 지평선 위에 건물 지붕이나 공장의 굴뚝 꼭대기, 종루의 십자가 모양을 드러낼 뿐이었다. 변두리의 한 곳이 불타고 있었다. 연기가 바람에 실려 갔다. 그것은 나부끼는 말의 갈기처럼 온 하늘로 천천히 흘러갔다.

의사와 삼데뱌토프는 난방화차의 바닥 끝에 앉아 발을 문 밖으로 늘어뜨리고 있었다. 삼데뱌토프는 먼 데를 손으로 가리키면서 유리 안드레예비치에게

---

*4 말 세 필이 끄는 마차.

*5 러시아 사회민주노동당은 1903년 당대회에서 레닌의 좌파와 마르토프의 우파로, 볼셰비키와 멘셰비키로 갈라졌다가 1917년 8월에 양파 합당했다.

끊임없이 무언가를 설명하고 있었다. 이따금씩 갑자기 쾅쾅 울리는 화차 소리에 그의 말소리가 지워져 아무것도 알아들을 수가 없었다. 그래서 유리 안드레예비치가 다시 물으면, 안핌 예피모비치는 의사에게 얼굴을 가까이 가져가 그의 귀에다 대고 목이 터져라 방금 한 말을 되풀이했다.

"저것은 영화관 '거인'이 불타고 있는 겁니다. 사관학교 생도들이 저기에 잠복해 있었습죠. 그러나 그들은 일찌감치 항복해 버렸어요. 전체적으로 전투는 아직 끝나지 않았어요. 종루 위의 검은 점이 보이죠? 저건 아군입니다. 체코군을 소탕하고 있는 중이지요."

"아무것도 보이지 않는데요. 어떻게 그런 것을 다 분간하시죠?"

"그리고 저건 호흐리키 지구, 수공업 지대가 타고 있는 겁니다. 그 옆이 상점가가 있는 콜로데예프입니다. 왜 내가 그런 것에 관심이 있느냐고요? 우리 여관이 그 상점가에 있기 때문입니다. 큰불은 아니군요. 그렇다면 중심가는 아직 무사할 겁니다."

"뭐라고요? 들리지 않아요."

"중심, 중심가라고요. 성당과 도서관이 있어요. 우리 삼데뱌토프라는 성(姓)은 산 도나토를 러시아식으로 고친 겁니다. 마치 우리가 데미도프 집안*6에서 나오기라도 한 것처럼 말이죠."

"이번에도 아무것도 알아듣지 못했어요."

"삼데뱌토프는 산 도나토를 고친 것이라고 말했어요. 데미도프 산 도나토 공작 집안이지요. 그런데 이곳은 스피리킨 니즈라는 이름으로 불리고 있어요. 별장이 있는 행락지죠. 정말 요상한 이름 아닙니까?"

그들 앞에는 들판이 펼쳐져 있었다. 철도의 지선이 그 들판을 종횡으로 달리고 있었다. 전신주가 7마일이나 되는 큰 걸음으로 지평선 너머로 사라졌다. 널따란 포장도로가 리본처럼 구부러지면서 철도와 아름다움을 다투고 있었다. 도로는 지평선 너머로 숨어 버리는가 하면, 한순간 커브 길에서 커다란 호(弧)를 그리며 다시 시야에 나타나기도 했다.

"유명한 길입니다. 시베리아를 죽 가로지르고 있어요. 죄수들의 노래에도 나오죠. 지금은 빨치산의 거점입니다. 뭐 여기는 대체로 아무것도 없는 곳입니다.

---

*6 표트르 1세 시대에 우랄의 토지를 얻어 철을 생산한 대부호로, 이탈리아 왕가 산 도나토의 가문(家紋)을 사용한다.

살다 보면 정이 들겠지요, 틀림없이. 도시의 진기한 것들도 마음에 들게 될 거고요. 급수장(給水場) 같은 것이 그렇습니다. 네거리마다 있어요. 겨울에는 여자들이 물을 길러 와서 우물가 공론(公論)을 벌이는 곳이기도 합니다.”

“우리는 시내에서 살지 않을 겁니다. 바르이키노에서 살 작정이지요.”

“알고 있습니다. 부인한테서 들었습니다. 그러나저러나 매한가지죠. 어차피 볼일로 시내에 나오시게 될 테니까요. 나는 맨 처음 딱 봤을 때부터 부인이 누구인지 짐작했어요. 눈, 코, 이마, 모두 크류게르 씨를 쏙 빼닮았어요. 영락없는 할아버지 그대로예요. 이곳 사람들은 모두 크류게르 씨를 기억하고 있으니까요.”

들판 끝에 높은 석유 탱크가 빨갛게 줄지어 있었다. 높은 기둥에는 산업광고탑도 보였다. 그 가운데 하나를 의사가 무심코 다시 보니 다음과 같이 씌어 있었다.

‘모로와 베트친킨 회사. 파종기. 탈곡기’

“좋은 회사였죠. 우수한 농기구를 생산했어요.”

“하나도 안 들려요. 뭐라고요?”

“회사 말입니다. 아시겠어요—회사라고요. 농기구를 생산하고 있었어요. 주식회사였죠. 우리 아버지도 주주였어요.”

“여관을 경영했다고 하지 않았소?”

“여관은 여관, 서로 별개지요. 아버지는 바보가 아니었으니까요. 가장 좋은 기업에 투자하셨죠. 영화관 ‘거인’에도 투자하고 있었어요.”

“그것을 자랑스럽게 여기시는 것 같군요.”

“아버님의 능력 말입니까? 그렇고말고요!”

“그러면 당신의 사회민주주의는 어떻게 되는 겁니까?”

“아니, 그게 무슨 관계가 있습니까? 마르크스주의자라고 해서 어리석고 우유부단해야 한다는 법이 어디 있습니까? 마르크스주의는 긍정적인 과학, 현실에 대한 가르침, 역사적 상황의 철학입니다.”

“마르크스주의가 과학이라고요? 처음 만난 사람과 이런 문제에 대해 논쟁하는 건 아무래도 경솔한 짓이지만 기왕 이렇게 되었으니 말하지요. 과학이라는 건 좀 더 균형이 잡혀 있는 학문입니다. 마르크스주의가 객관적이라고요? 나는 마르크스주의만큼 자폐적이고 사실과 거리가 먼 사상은 없다고 생각합니다. 누구나 자신의 경험을 점검하려고 마음을 쓰고 있는데도, 권력의 자리에 있는 사람들은 자신들에게는 오류가 있을 리 없다는 신화를 만들기 위해 온 힘을 기울여 진실에서 눈을 돌리고 있습니다. 정치는 나에게 아무것도 말해 주지 않아요. 나는 진리에 무관심한 사람은 좋아하지 않습니다."

삼데뱌토프는 의사의 말을 기인 독설가의 상식에 반한 언행으로 받아들였다. 그는 조금 웃었을 뿐 반박하지 않았다.

그러는 동안에도 열차는 교체 작업을 하고 있었다. 열차가 신호기 옆에 있는 출구 지점까지 갈 때마다 넓은 허리춤에 우유통을 차고 있는 중년의 여자 전철수가 뜨개질감을 다른 손에 바꿔 들고, 허리를 구부려 전철용 레버를 움직여서 기차를 후진시켰다. 열차가 조금씩 멀어지는 동안 그녀는 열차 뒤에 대고 주먹으로 을러댔다.

삼데뱌토프는 그녀가 자기를 두고 그런 행동을 한 것으로 받아들였다. '저건 누구를 향해 한 행동일까?' 그는 생각했다. '어디선가 본 듯한 얼굴인데. 툰세바인가? 그녀일지도 몰라. 하지만 내가 무슨 짓을 했다는 거지? 그녀는 아닐 거야. 글라슈카치고는 너무 늙었어. 그런데 내가 뭘 어쨌다고? 어머니 러시아가 혁명을 겪고 있고 철도도 혼란에 빠져 있어서, 가엾게도 그녀도 틀림없이 몹시 힘들겠지만, 그렇다고 그게 어디 내 책임인가? 나에게 종주먹을 들이대다니. 냉큼 꺼져 버려, 저런 여자 때문에 골치를 앓을 수야 없지!'

여자 전철수는 마침내 기를 흔들더니, 기관사에게 뭐라고 외치고 나서 열차를 신호기 밖의, 운행할 수 있는 넓은 선로로 빼 주었다. 그리고 난방화차인 14호차가 그녀 옆을 통과했을 때, 차간 바닥에 앉아 이야기를 나누고 있는, 눈에 거슬리는 두 사람에게 혀를 쏙 내밀었다. 삼데뱌토프는 다시 생각에 잠겨 버렸다.

5

도시 근교의 원통형 석유탱크, 전신주, 기업의 광고탑이 뒤로 멀리 사라지고, 어린 나무숲과 야산의 새로운 풍경이 나타났다. 그 사이 사이로 굽이진 길이 자주 나타나자 삼데뱌토프가 말했다.

"이제 그만 일어나서 제자리로 돌아갑시다. 나는 곧 내려야 합니다. 당신네도 다음 역이니 지나쳐 버리지 않도록 조심하십시오."

"이 근처를 잘 아시는 것 같군요."

"손바닥 들여다보듯이 알고 있습니다. 100베르스타 사방은 모르는 곳이 없지요. 나는 변호사입니다. 20년이나 종사해 왔지요. 이 사건 저 사건으로 바삐 날뛰고 있죠."

"지금도요?"

"물론이지요."

"그럼 요즘은 어떤 사건이 있습니까?"

"당신이 듣고 싶어 하는 사건이지요. 법정 다툼 중인 묵은 계약과 상거래업무관계, 채무관계 등등, 몸뚱이가 둘이라도 모자랄 지경입니다."

"아니, 그런 계약 관계는 모두 무효가 된 게 아니란 말입니까?"

"명목상으로는 그렇습니다. 하지만 소송에서는 양립될 수 없는 일이 동시에 요구되고 있지요. 기업의 국영화도, 시(市) 소비에트에 대한 연료제공도, 현(縣) 소비에트에 대한 축력(畜力)제공도. 이론과 실천이 아직은 일치되지 않는 과도기의 특징입니다. 그런 때일수록 판단력이 있고 기민하며 나처럼 군센 사람이 필요한 겁니다. 모르는 것이 약이라는 말은 바로 이런 것을 두고 하는 말이지요. 그런데 내 아버지께서 곧잘 말씀하셨던 것처럼 더러는 따귀를 얻어맞는 것도 나쁘지는 않습니다. 이 군의 절반은 내가 먹여 살리다시피 하고 있습니다. 앞으로 장작을 배급하는 일로 댁에도 들르게 될 겁니다. 물론 말이 다 낫는 대로 그걸 타고요. 마지막 말이 발을 절고 있어서요. 그렇지만 않다면 이 따위 쓰레기 같은 것에 흔들리면서 가겠습니까! 글쎄, 이것 좀 보세요, 엉금엉금 기어가고 있는 것을. 이러고도 기차라고 하니 말입니다. 바르이키노에 도착하시면 제가 도움이 되리라 생각합니다. 당신네 미쿨리친 집안에 대해서는 손바닥 들여다보듯 훤히 알고 있으니까요."

"우리가 찾아온 목적을 알고 계십니까, 우리의 의도를?"

"대강은 짐작하고 있습니다. 알고 있어요. 흙으로 돌아가려는 인간의 영원한 동경이지요. 자신의 노동으로 살아간다고 하는 몽상입니다."

"그런데 어떻습니까? 당신은 찬성하지 않는 것 같군요. 무슨 말을 하고 싶으신 겁니까?"

"소박하고 목가적인 꿈이긴 합니다. 그렇지만 도대체 무엇 때문입니까? 잘해 보십시오. 그러나 나는 믿지 않습니다. 유토피아적인 서툰 짓입니다."

"미쿨리친은 우리를 어떻게 대할까요?"

“문지방을 넘어서기도 전에 빗자루를 치켜들고 내쫓을 겁니다. 당연하지요. 당신들이 아니라도 그의 집은 소동이고 천일야화입니다. 공장은 돌아가지 않지요, 노동자는 달아나 버렸지요, 살아갈 길은 없지요, 먹을 것도 없지요. 그런데 엎친 데 덮친 격으로, 하필이면 또 그처럼 어려운 때에 당신네가 불쑥 찾아드니, 어디 될 법한 얘기입니까. 설사 그 사람이 당신들을 죽인다손 치더라도 나라면 그 사람을 나무라지 못할 겁니다.”

“아니, 어떻게 된 겁니까? 볼셰비키인 당신은 지금의 현실은 생활이 아니라 뭔가 말도 안 되는 환각, 어리석고 비상식적이라는 것을 부정하지 않으시는군요.”

“물론입니다. 그러나 이것은 역사적 필연이니까요. 그러니 어떻게든 그것을 통과해야 하는 겁니다.”

“어째서 필연이죠?”

“아니, 당신은 어린아이입니까, 그렇잖으면 어린아이인 척하는 겁니까? 어디 달나라에서 내려오시기라도 했단 말입니까, 네? 먹보인 기생충들이 굶주린 노동자들의 등에 올라타고 앉아서 죽을 만큼 부려먹어 왔는데도, 그런 짓이 앞으로도 이어져야 한다는 말씀입니까? 그 밖의 인간성 유린이나 학대라든가 하는 것은 어떻고요? 민중의 정당한 분노, 공평하게 살고 싶고 진실을 구하는 욕구가 설마 이해되지 않는다는 겁니까? 아니면 이 근본적인 파괴가 국회나 의회제도를 통해서 달성되었다, 독재 없이 해 나갈 수 있다고 생각하시는 겁니까?”

“여러 가지 논란이 있지만 백 년을 입씨름한다 해도 평행선일 겁니다. 이전의 나는 무척 혁명적인 사고를 가지고 있었지만, 지금은 폭력적인 강요로는 아무것도 얻을 수 없다고 생각하고 있어요. 사람을 선(善)으로 이끌려면 선으로 대해야 합니다. 그러나 그 이야기는 그만두고 미쿨리친 씨 얘기로 돌아갑시다. 만일 우리를 기다리고 있는 상황이 그렇다면 우리가 어떻게 갈 수 있겠습니까? 되돌아가는 수밖에 없지요.”

“무슨 쓸데없는 소리를 하십니까. 첫째로, 넓고 넓은 이 세상 천지에 미쿨리친 씨네밖에 사람이 없는 것은 아니잖습니까? 둘째로, 미쿨리친 씨는 매우 선량한 사람입니다. 그보다 더할 수 없을 만큼 친절한 사람이지요. 조금은 야단치고 불평하고 하겠지만, 끝내 눈물지으며 자기 셔츠까지 벗어 주고 빵 부스러기도 나눠 먹을 사람이거든요."

그리고 삼데뱌토프는 이야기를 시작했다.

6

"미쿨리친 씨는 25년 전 공과대학 학생이었을 때 페테르부르크에서 이리로 왔지요. 그는 모스크바에서 이곳으로 추방되어 경찰의 감시를 받고 있었어요. 여기에 오자 크류게르 집안의 관리인 자리를 얻고 장가를 들었죠. 그때 툰체프 씨네에 네 자매가 있었습니다. 체호프의 연극*7보다 한 사람이 많죠. 유리아틴의 학생들은 모두 이 네 자매의 뒤꽁무니를 졸졸 따라다녔어요. 아그리피나, 예브도키야, 글라피라, 세라피마, 이렇게 네 사람이었습니다. 이 처녀들은 세베리노바라는 부칭(父稱)을 따서 세베랸카(북국(北國)의 아가씨)라고 불리고 있었죠. 미쿨리친은 그 가운데 맨 위의 세베랸카에게 장가를 든 거죠.

이윽고 아들이 태어났죠. 자유사상에 물들어 있었기에 어리석은 아버지는 아들에게 리베리(자유라는 뜻)라는 희한한 이름을 지어 주었어요. 리프카라고 줄여서 불리던 그 리베리는 개구쟁이로 자라면서 다방면에 비범한 재능을 보였어요. 전쟁이 나자 리프카는 출생증명서의 나이를 속이고 열다섯 살 소년 몸으로 지원병으로 출정해 버렸어요. 본디 병으로 쇠약했던 아그리피나는 충격을 이기지 못하고 몸져누워 다시는 일어나지 못한 채, 재작년 겨울, 그러니까 혁명 직전에 죽어 버렸지요.

전쟁이 끝나자 리베리는 돌아왔어요. 어떤 사람이냐고요? 십자훈장을 세 번이나 탄 소위보, 물론 완전히 세뇌당한 볼셰비키 전위(前衛) 대표단의 일원이었습니다. '숲의 형제들'이라는 말을 들으신 적이 있습니까?"

"아니, 없습니다."

"뭐 그렇다면 얘기해도 소용이 없겠군요. 효과가 반감될 테니까요. 그렇다면 차창 밖의 가도를 바라보는 것도 의미가 없죠. 가도의 뚜렷한 특징은 뭘까요? 지금은 빨치산 활동입니다. 빨치산이란 무엇인가? 이것이야말로 시민전쟁의 중추죠. 이 군의 창설에는 두 가지 요소가 있어요. 혁명을 솔선지도한 정치조직과, 패전한 뒤 구정권에 복종하기를 거부했던 하급 병사층입니다. 이 두 힘이

---

*7 〈세 자매〉를 일컬음.

합쳐져서 빨치산 부대가 생긴 겁니다. 그 구성원은 아주 잡다하죠. 기본적으로는 중농층이 주력을 이루고 있습니다. 그러나 그와 함께 그 속에는 온갖 사람들이 있어요. 빈민, 파계승, 부농인 아버지와 싸우고 있는 아들들, 중등학교를 퇴학당하고 나이만 먹은 결혼적령기의 바보들도 있습니다. 또 독일과 오스트리아의 전쟁포로까지, 자유를 주고 조국으로 보내 준다는 약속에 넘어가 가담하고 있죠. 그런데 이 몇천 명이나 되는 인민군 부대의 하나인 '숲의 형제들'을 지휘하고 있는 자가 놀랍게도 바로 이 리프카입니다. 즉 리베리 아베르키예비치죠. 아베르키 스테파노비치 미쿨리친의 아들 말입니다."

"거 정말입니까?"

"정말이지 않고요. 계속 들어 보세요. 부인이 죽은 뒤 아베르키 스테파노비치는 새장가를 들었습니다. 새 마누라인 엘레나 프로클로브나는 여자 김나지움의 학생이었죠. 그러니까 학교 교실에서 결혼식장으로 직행하다시피 한 거죠. 본성은 순박한데도 일부러 순박함을 내세우는가 하면, 안 그래도 젊은데 더 젊어 보이려고 했어요. 그래서 들판의 종달새처럼 노상 재잘거리고 돌아다니며 순진한 처녀 같은 순박함을 흉내 내고 있죠. 당신을 만나기가 무섭게 시험하려 들 겁니다. '수보로프*8는 몇 년에 태어났나요?' 라든가, '삼각형의 면적이 똑같은 것은 어떤 경우인가요?' 하고 말입니다. 그러고는 당신이 막히든가 대답을 잘못하면 환성을 지를 겁니다. 뭐 이제 몇 시간 뒤 당신이 직접 그녀를 만나면 내 이야기가 사실이라는 걸 알게 될 겁니다.

'영감님'에게도 다른 약점이 있어요. 파이프와 신학교의 교회 슬라브어 식 말투가 그겁니다. '추호도 의심할 여지없이 그렇도다.' 라고나 할까요. 그의 활동무대는 바다여야 했습니다. 그는 대학에서 조선학(造船學)을 공부했습니다. 그게 아직 용모나 습관에 남아 있지요. 날마다 수염을 깎고 온종일 파이프를 입에서 떼지 않아요. 파이프를 문 채 신중하게 천천히 말합니다. 애연가들이 흔히 그렇듯이 아래턱이 나와 있고 눈은 차가운 잿빛이죠. 아 참, 하마터면 중요한 것을 잊을 뻔했군요. 그는 에스엘(사회혁명당원)입니다. 헌법제정회의*9 때 지방대의원으로 뽑혔지요."

"그건 중대한 문제이군요. 그러니까 아버지와 아들이 서로 적대하고 있다는

*8 1730~1888, 러시아의 국민적 영웅, 상승(常勝)사령관.

*9 1917년 11월에 선출된 715명 가운데 볼셰비키와 에스엘이 155명.

얘기 아닙니까. 정적(政敵)이란 말이죠?"

"명목상으로는 그렇지요. 하지만 실제로 숲의 부대는 바르이키노와 싸우고 있지 않아요. 그건 그렇고, 이야기를 계속하겠습니다. 툰체프 씨네의 다른 딸들, 즉 아베르키 스테파노비치의 처제들은 지금도 유리아틴에 살고 있지요. 모두 미혼입니다. 시대가 바뀌고 젊은 처녀들도 변해 버리기는 했지만 말입니다.

남은 세 사람 가운데 맨 위의 아브도차 세베리노바는 시(市) 도서관에서 사서(司書) 일을 하고 있죠. 귀엽게 생긴 가무잡잡한 아가씨로 이만저만 수줍어하는 성격이 아닙니다. 조금만 놀림을 당해도 작약꽃처럼 빨개지죠. 도서관이라는 곳은 마치 무덤처럼 조용하고 온종일 긴장해 있는 곳이죠. 그런데 만성비염이 시작되면 잇따라 스무 번씩이나 재채기가 나와 무안해서 쥐구멍에라도 숨고 싶어할 정도였죠. 하지만 어떡하겠습니까? 신경과민이죠.

가운데의 글라피라 세베리노바는 자매들 가운데서도 가장 나아요. 대담한 처녀로 훌륭한 일꾼이지요. 아무리 어려운 일이라도 마다하지 않아요. 숲의 빨치산 대장은 이 이모를 닮았다고 입을 모아 말하고들 있죠. 최근까지 재봉점이나 양말 공장에서 일하고 있는가 하면, 또 어느새 벌써 미용사로 탈바꿈하고 있는 거예요. 유리아틴의 선로에서 우리를 주먹으로 을러대던 여자 전철수를 보셨죠? 난, 이거 봐라, 글라피라가 철도 감시원으로 취직했군, 하고 생각했지요. 하지만 아무래도 그 여자는 아닌 것 같아요. 나이가 너무 들었어요.

그리고 맨 아래가 시무슈카인데 이 여자가 집안의 십자가, 골칫덩이라고나 할까요. 아는 것이 많고 교양 있는 처녀인데 철학을 공부하고 시를 사랑하기도 했습니다. 그런데 혁명이 일어나고 나서 세상의 분위기가 고양되고, 가두시위니 광장에서의 연설회니 하는 것에 영향을 받고 감화되어 머리가 좀 이상해져서는 종교에 미치고 말았어요. 언니들이 문을 잠그고 일하러 나가면 그녀는 창문으로 뛰쳐나가 한길에서 손을 흔들어 사람들을 모아 놓고 그리스도의 재림이니 이 세상의 종말이니 하면서 설교하는 거예요. 아, 이거 내가 너무나 지껄여댔군요. 내릴 역이 가까워지는군요. 당신은 다음 역입니다. 슬슬 준비하시죠."

안핌 예피모비치가 열차에서 내렸을 때 안토니나 알렉산드로브나가 말했다.

"당신은 어떻게 생각할지 모르지만, 나에게는 저 사람이 하늘이 우리에게 보내 주신 사람 같아요. 앞으로 살아가는 데 무엇인가 도움이 되어 줄 것 같은 느낌이에요."

"그렇겠지, 토네치카. 하지만 당신이 할아버지를 닮아서 사람들이 당신을 알아본다는 것, 그리고 이곳 사람들이 할아버지를 잘 기억하고 있다는 것이 조금 걱정되는군. 바로 그 스트렐리니코프도 내가 바르이키노라고 말하자마자 비웃듯이 '바르이키노, 크류게르 씨네 공장 말입니까? 그렇다면 친척 아닙니까? 상속인 아닌가요?' 하고 물었어.

여기서는 우리가 모스크바에서보다도 더욱더 사람들의 눈에 띌까 봐 두려워. 사람들의 눈을 피하려고 모스크바를 도망쳐 나왔는데도 말이야.

물론 지금은 어쩔 수가 없어. 엎질러진 물 쓸어 담기지. 그러나 나서지 말고 숨어 살면서 되도록 겸손하게 행동하는 것이 좋을 것 같아. 난 어쩐지 좋지 않은 예감이 들어요. 그럼 모두를 깨워 짐을 챙기고, 벨트를 단단히 매고 내릴 채비를 합시다."

7

안토니나 알렉산드로브나는 찻간에 잊어버리고 온 것이 없는지 확신이 설 때까지 가족의 수와 짐의 수를 몇 번이고 다시 헤아려 보면서 토르파나야*[10]의 플랫폼에 내려섰다. 그녀는 발밑에 잘 다져진 플랫폼의 모래를 느끼고 있었다. 그런데 바로 눈앞에 열차가 아직 멈추고 있는 것을 두 눈으로 보면서도 아직 하차 역을 지나쳐 버리는 게 아닌가 하는 공포가 머리를 떠나지 않았고, 그녀의 귓속에서는 여전히 달리고 있는 기차의 바퀴 소리가 잇따라 들리고 있었다. 그래서인지 그녀는 뭔가를 보고 듣고 판단할 여유가 없었다.

오랜 여행의 동행자들이 난방화차 안에서 그녀에게 작별 인사를 했다. 그녀는 그마저도 알아채지 못했다. 기차가 떠나 버린 것도 알지 못했고, 기차가 떠난 뒤 텅 빈 선로 너머로 푸른 들과 파란 하늘이 눈앞에 펼쳐진 것에 주의를 향한 뒤에야 비로소 열차가 사라진 것을 깨달았다.

역 건물은 석조였다. 입구의 양쪽에 벤치가 두 개 놓여 있었다. 토르파나야 역에서 내린 것은 시프세프에서 온 모스크바의 여행객뿐이었다. 그들은 짐을 땅바닥에 내려놓고 한쪽 벤치에 앉았다.

인적이 없는 역의 정적과 조촐함이 그들을 놀라게 했다. 노호하는 군중에

---

*10 이탄역(泥炭驛)이라는 뜻.

둘러싸이지 않은 것은 그들에게는 있을 수 없는 일이었다. 이 시골 벽지의 생활은 역사에서 떨어져 뒤처져 있었다. 아직 수도처럼 황폐해져 있지는 않았던 것이다.

역 건물은 자작나무 숲 속에 숨어 있었다. 그래서 기차가 역에 다가갔을 때 차 안이 어두워졌던 것이다. 희미하게 흔들리는 자작나무의 우듬지가 던지고 있는 일렁이는 그림자가 손과 얼굴, 플랫폼의 깨끗하고 축축한 노란 모래와 땅바닥과 지붕 위를 서성거리고 있었다. 수풀 속에서 지저귀고 있는 새소리가 플랫폼의 신선함에 어울렸다. 무지(無知)에 가까울 만큼 무방비하고 순수한 완벽한 음향은 온 숲으로 번져 구석구석까지 배어들었다. 수풀을 뚫고 두 가닥의 길—철길과 시골길이 뻗어 있었는데, 자작나무 숲은 그 양쪽 길에 바닥까지 닿는 널따란 소맷자락처럼 사방으로 뻗어서, 아래로 늘어뜨린 가지로 막처럼 뒤덮고 있었다.

갑자기 안토니나 알렉산드로브나의 눈과 귀가 열렸다. 모든 것이 한꺼번에 그녀의 의식 속에 들어왔다. 낭랑한 새소리도, 인가와 떨어진 깨끗한 숲도, 주위에 스며 있는 차분한 평화도. 그녀의 머릿속에 이런 말이 준비되었다. '우리가 여기까지 무사히 올 수 있었다는 것이 믿어지지가 않아요. 안 그래요? 그 스트렐리니코프인가 하는 사람은 당신이 있는 앞에서는 너그럽게 당신을 풀어주고는, 여기로 철도전화를 한 통 쳐서, 열차에서 내리면 우리를 모두 체포하라고 명령할 수도 있었어요. 이거 보세요, 나는 그들이 고결한 감정을 가지고 있다고는 생각하지 않아요. 모두가 다 겉으로 그런 척해 보이는 것뿐이에요.' 그런데 이처럼 준비된 말 대신 그녀의 입에서는 다른 말이 튀어나왔다.

"너무나 아름다워요!" 주위를 에워싸고 있는 황홀할 만큼 아름다운 풍경을 보자 저절로 감탄이 나온 것이다. 그녀는 더 이상 아무것도 말할 수 없었다. 복받치는 눈물에 목이 메어 큰 소리로 울음을 터뜨렸다.

그녀가 오열하는 소리를 듣고 역사 안에서 늙은 역장이 나왔다. 그는 종종걸음으로 벤치까지 다가오자, 빨간 제모의 차양에 정중히 한 손을 대고 물었다.

"진정제라도 드릴까요? 역의 구급약 상자에 갖춰져 있으니까요."

"아무 일도 아니에요. 고맙습니다. 곧 괜찮아질 거예요."

"여행이 힘들고 불안하셨나 보군요. 흔히 있는 일이지요. 게다가 이 아프리카 같은 더위는 이 지방에서는 좀처럼 없는 일입니다. 설상가상 유리아틴에서는 난리까지 있어 가지고."

"불타고 있는 것을 오는 도중 찻간에서 보았습니다."

"제 짐작이 맞는다면 아마 러시아*[11]에서 오시는 거겠군요."

"베라카멘나야*[12]에서 왔습니다."

"모스크바 분들이시군요? 그러시다면 부인이 신경이 곤두서 있는 것도 무리가 아니지요. 소문을 들으니 돌 하나도 남지 않았다고요?"

"심한 과장이군요. 그러나 온갖 일을 다 당한 것만은 사실입니다. 이쪽은 내 딸이고 이쪽은 사위입니다. 그리고 손자, 이쪽은 우리 집의 젊은 보모입니다."

"잘 오셨습니다. 잘 오셨어요. 만나서 반갑습니다. 실은 어느 정도 알고 있었습니다. 삼데뱌토프 안핌 예피모비치 씨가 사크마 대피역에서 철도 전화를 걸어 주셨습니다. 모스크바에서 닥터 지바고와 그 가족이 오실 테니 최대한 잘 돌봐 드리라고 말입니다. 그러시면 그 의사라는 분이 바로 당신입니까?"

"아닙니다, 닥터 지바고는 바로 이 사람, 내 사위입니다. 나는 분야가 달라요, 농학교수 그로메코입니다."

"실례했습니다, 잘못 알아보았군요. 죄송합니다. 이렇게 만나게 되어 반갑습니다."

"말씀하시는 것을 들으니 삼데뱌토프 씨를 알고 계시는 것 같군요."

"어떻게 그를 모르겠습니까? 마법사인 걸요. 우리의 희망이자 우리를 먹여 살려 주시는 분입니다. 그가 없었으면 우리는 진작 죽어 버렸을 겁니다. 최대한 잘 돌봐 드리라고 하시기에 '알았습니다'하고 대답했죠. 약속했습니다. 그러니까 말이건 무엇이건 필요한 것이 있으시다면 도움이 되어 드리겠습니다. 어디로 가실 작정이신가요?"

"바르이키노로 갈 생각입니다. 여기서 꽤 먼가요?"

"바르이키노라고요? 아, 그러고 보니, 따님이 어디서 많이 본 것 같은 얼굴인데 생각이 나지 않았어요. 그런데 바르이키노로 가신다고요! 이제야 모두 알겠습니다. 저는 이반 에르네스토비치*[13] 씨와 함께 이 길을 닦았지 뭡니까. 곧 여기저기 알아보겠습니다. 출발 준비를 합시다. 사람을 불러 짐마차를 어떻게 구

*11 시베리아와 구별하여 유럽 러시아를 가리킴.

*12 흰 석벽의 도시라는 의미로, 모스크바의 미칭(美稱).

*13 크류게르의 이름과 부칭.

해 보지요. 도나트! 도나트! 준비하는 동안 이 짐을 잠시 대합실에 날라다 놓게. 말은 어떻게 할까요? 아, 이보게, 찻집에 뛰어가서 좀 물어봐 주게. 오늘 아침에 바크흐가 이 근처에서 어슬렁거리고 있었던 것 같은데. 물어봐 줘, 아직도 있는지. 바르이키노까지 손님이 네 분, 짐은 그냥 그런 정도라고 말하게. 방금 도착하셨어. 새로 오신 분들이라고. 서둘러 주게. 그런데 아주머니, 늙은이의 충고로 생각하고 들어 두십시오. 당신이 이반 에르네스토비치와 어떤 관계인지 자세히 묻지는 않겠습니다만, 조금 조심하시는 게 좋을 겁니다. 누구에게 속마음을 털어 놓아서 꼭 좋은 것만은 아니니까요. 시절이 이러니 이해하실 거라고 생각합니다만."

바크흐라는 이름을 듣고 일행은 서로의 얼굴을 쳐다보았다. 그들은 아직도 무쇠로 튼튼한 창자를 만들었다는 전설적인 대장장이와, 그 밖의 이 고장에 전해 내려오는 황당한 이야기를 고인인 안나 이바노브나에게서 들은 것을 기억하고 있었다.

8

귓불이 크고 텁수룩한 머리도 수염도 새하얀 노인이 새끼가 딸린 하얀 암말이 끄는 짐마차로 그들을 태우고 갔다. 노인은 모든 것이 새하얀 색이었는데, 거기에는 갖가지 이유가 있었다. 자작나무 껍질로 삼은 그의 새 신은 미처 더러워질 사이가 없었고 셔츠와 바지는 오래되어서 하얗게 바래 있었다.

흰 어미 말 뒤를 따라 망아지가 아직 뼈가 여물지 않은 가냘픈 다리를 재빨리 걷어차면서 달리고 있었다. 갈기털이 곱실거리고 밤처럼 새까만, 손으로 깎은 목각 인형 같은 망아지였다.

울퉁불퉁한 길에서 튀어오르곤 하는 짐마차 가장자리에 앉은 승객들은 떨어지지 않으려고 가로대를 붙잡고 있었다.

그들은 평화로운 기분에 젖어 있었다. 여행은 마침내 끝에 접어들며 그들의 꿈은 이루어지려 하고 있었다. 놀랄 만큼 밝은 날 저녁 해질녘의 시간이, 끝없는 광대함과 화사함을 보여 주면서 천천히 꼬리를 끌며 흘러가고 있었다.

길은 숲 속을 빠져나가기도 하고 숲의 널따란 빈터를 지나가기도 했다. 숲 속에서 수레바퀴가 쓰러진 나무 등걸에 받혀 흔들릴 때마다 승객들은 한곳으로 쏠리곤 했다. 그들은 등을 구부리고 얼굴을 찡그리며 서로 바짝 붙어앉았다. 트인 장소에 나가면, 그곳은 공간 자체가 기뻐서 모자를 벗기라도 하는 것 같았다. 승객들은 허리를 펴고 편안한 자세로 고쳐 앉으며 고개를 설레설레 저었다.

주위는 온통 산지였다. 하나하나의 산은 언제나 그렇듯이 특유의 겉모습과 표정을 가지고 있었다. 그것들은 멀리서 강하고 오만한 그림자처럼 시커멓게 도사리고 앉아, 달구지에 흔들리며 가는 나그네들을 묵묵히 지켜보았다. 즐거운 듯한 장미색 빛이 들판을 가로지르는 여행객들을 뒤쫓으며 그들을 안심시키고 희망을 주었다.

그들에게는 모든 것이 마음에 들었고, 모든 것이, 특히 조금 기인인 듯한 늙은 마부의 끊이지 않는 잔소리가 그들을 놀라게 했다. 그 말투에는 오래전에 사라져 버린 고대 러시아 표현의 흔적과 타타르 말의 특징, 그리고 그 자신이 발명한 알아듣기 힘든 언어가 한데 뒤섞여 있었다.

망아지가 뒤처지면 어미는 걸음을 멈추고 기다렸다. 그러면 망아지는 파도가 다가오는 듯한 발걸음으로 느긋하게 따라왔다. 망아지는 서로 달라붙을 듯한 긴 다리로 서투르게 걸으면서 옆에서 달구지로 다가가, 끌채를 매단 어미의 긴 목에 조그만 대가리를 들이밀고 젖을 빨았다.

"아무래도 이상해요." 마차가 흔들려 이가 부딪치거나 예상하지 못한 흔들림에 혀끝을 씹지 않도록 조심하면서 안토니나 알렉산드로브나가 남편에게 띄엄띄엄 큰 소리로 말했다. "이 사람이 어머니가 얘기해 준 바로 그 바크흐라니, 어떻게 그럴 수가 있죠? 왜 그 우스꽝스러운 이야기, 다 기억하고 있죠? 싸우다가 창자가 비어져 나온 대장장이가 무쇠로 새 창자를 만들었다는 얘기요. 한마디로 말하면 대장장이 바크흐 제렌즈노에 브류호*[14] 말이에요. 물론 모두 옛날이야기라고는 알고 있지만요. 하지만 그게 과연 이 사람의 이야기일까요? 이 사람이 바로 그 당사자일까요?"

"물론 그렇지야 않겠지. 첫째로 당신 자신이 말한 것처럼 그건 옛날이야기, 민담이야. 그리고 다음으로 어머님 시대의 민담은 백 년이나 전의 것이야. 하지만 어쩌자고 그렇게 큰 소리로 말하는 거지? 영감님이 들으면 기분 나빠하겠어."

---

*14 '무쇠 배'라는 의미.

"아무것도 듣지 못해요……. 귀가 어두워서요. 또 듣는다 해도 모를 거예요. 머리가 좀 둔해서."

"요놈아, 표도르 네페드이치!" 어째서인지 영감은 말이 암말인 것을 손님보다 훨씬 잘 알고 있으면서도 남자 이름으로 불렀다. "도대체 무슨 놈의 날씨가 이렇게 덥담! 이건 마치 페르시아의 아궁이 속에 들어간 아브라함의 후예*[15] 꼴이잖아. 요놈, 요놈, 이 망할 것아! 내 말이 안 들려, 마제파*[16]!"

그는 느닷없이 옛날 이 고을의 공장에서 지내던 시절에 만들어진 차스투쉬카*[17]를 띄엄띄엄 부르기 시작했다.

> 광산의 사무소여, 안녕,
> 광산(鑛山) 감독님이여, 안녕,
> 주인의 빵도 이제 그만,
> 못의 물을 마시는 것도 진력이 났도다.
> 백조가 물갈퀴질을 하면서,
> 강가를 헤엄쳐 가는구나,
> 내가 비트적거리고 있는 건 포도주 때문이 아니라,
> 바냐를 군대에 빼앗겼기 때문이지.
> 하지만 마샤여, 난 실수하지 않아,
> 하지만 마샤여, 난 바보가 아니야.
> 나는 셀랴바 시(市)로 간다네,
> 센테퓨르하 밑에서 일하러.

"에잇, 요놈, 요 하늘 무서운 줄 모르는 것아! 여보시오들, 좀 보시오, 이 게으름뱅이 말을! 채찍을 휘두를라치면 주저앉는단 말입니다. 자, 페자 네페자, 이제 그만 가지 않으려나? 이 숲은 말이다, 타이가*[18]라는 별명이 있을 만큼 가

---

*15 아브라함은 '최초의 족장'으로 일컬어지는 이스라엘 민족의 시조. 그 자손은 가나안 땅에 다다르기 전에 페르시아 일대를 편력했다. 〈신명기〉 제4장 20절에서 이집트가 도가니로 비유되고 있다.

*16 16~17세기의 우크라이나 카자크군의 우두머리.

*17 서정적, 풍자적인 민중가요.

*18 시베리아에 발달한 광대한 침엽수림.

도 가도 끝이 없단다. 이런 숲에는 농민군이 잔뜩 있어, 가자, 가! 이 숲에는 숲의 형제들이 있다니까. 이것 봐, 페자 네페자, 또 서는구나 악마 같은 놈, 요 사기꾼!"

그는 갑자기 뒤를 홱 돌아보더니 안토니나 알렉산드로브나의 얼굴을 뚫어지게 쳐다본 뒤 말했다.

"젊은 분, 당신이 어디서 왔는지 내가 모를 거라고 생각하시오? 그렇다면 당신은 바보요! 만약 내 눈이 잘못 보았다면 쥐구멍에라도 들어가야지. 난 다 알고 있어요, 알고 있다고요! 내 눈깔을 믿을 수 없을 지경이오. 그리고프 님을 쏙 빼닮았어! (영감은 눈을 눈깔이라고, 크류게르를 그리고프라고 말했다) 모르긴 해도 손녀가 아니신지? 그리고프 님에 대해선 내가 모르는 게 없소. 난 한평생을 그리고프 씨네 집에서 일했어요, 그분 댁에서 이가 다 빠지도록 일했다니까요. 온갖 잡일, 무슨 일이건 손대 보지 않은 것이 없을 만큼! 갱목도 박았고, 분쇄기(粉碎機)에서도 일했고 목장에서도 일했어요. 요놈, 요놈, 움직여! 또 서는 거냐, 요 발 병신아! 중국의 천사들 말이 들리지 않는 거냐, 아니면 뭐야?

그런데 당신은 내가 그 대장장이인 바크흐가 아니냐고 물었지요? 그렇다면 당신은 바보요, 그처럼 현명한 아주머니라도 바보요. 당신이 말하는 그 바크흐는 말이오, 별명이 포스타노고프라고 하는데 말이오, 무쇠 배 포스타노고프라는 사람은 벌써 50년 전에 땅속으로, 관 속으로 들어가 버렸다오. 나는 메호노신이라고 해요. 이름은 같은 바크흐지만 성이 달라요. 그 바크흐와는 사람이 다르죠."

영감은 차근차근 자기 나름으로 승객들에게 미쿨리친 씨네 집안에 대해 얘기해 주었는데, 그 대부분은 이미 삼데뱌토프한테서 들었던 그대로였다. 그는 미쿨리친을 미쿨리치라 부르고 부인을 미쿨리치나라고 불렀다. 관리인의 지금 아내는 두 번째 아내라고 불렀지만 '돌아가신 첫 번째 부인'에 대해서는 꿀처럼 달콤한 여성이었다느니, 하얀 천사 케르빔이었다고 말했다. 빨치산 대장 리베리에게로 이야기가 옮겨가, 그 명성이 모스크바까지는 다다르지 않았으며 숲의 형제들 이야기도 모스크바에서는 들은 적도 없다는 것을 알았을 때는 영감은 자기 귀를 의심하는 것 같았다.

"듣지 못했다고요? 숲의 형제들에 대해서 듣지 못했다고요? 저런, 모스크바 사람들은 귀가 없는 것 아니오?"

황혼이 깃들기 시작했다. 승객들 앞에 그들이 드리운 그림자가 차츰 길어지면서 달려가고 있었다. 그들의 길은 인적이 없는 끝없는 광야 속으로 이어졌다. 명아주, 엉겅퀴, 분홍바늘꽃 줄기가 나무처럼 높게 똑바로 서서 끝에 꽃송이를 달고 여기저기 을씨년스럽게 자라고 있었다. 아래의 지면에서 석양의 빛을 받고 있는 그 줄기는 마치 순찰을 위해 들판에 드문드문 배치되어 있는 말 탄 감시병 같은 투명한 모습으로 환영처럼 자라 있었다.

저 멀리 앞쪽 끝에서 들판은 옆으로 연산을 이루어 높이 솟아 있었다. 산맥은 그 밑에 골짜기와 강이 있을 게 분명한 벽이 되어 길을 가로막고 서 있었다. 거기서는 마치 하늘이 성벽으로 둘러쳐져 있고 시골길이 그 성문으로 통해 있을 것 같았다.

절벽 위에 옆으로 길게 뻗은 하얀 단층 건물이 또렷이 보였다.

"언덕 위에 탑이 보입니까?" 바크흐가 물었다. "미쿨리치와 미쿨리치나가 살고 있는 곳입니다요. 그 밑에 푹 꺼진 골짜기, 완만한 골짜기가 있는데 슈티마 골짜기라고 합지요."

그쪽에서 총소리가 두 방 잇따라 울리더니 길게 꼬리를 끌며 맞은편에서 메아리쳤다.

"저건 뭐죠? 설마 빨치산은 아니겠죠, 할아버지? 우리를 노리고 있는 건 아니죠?"

"일 없어요, 빨치산은 무슨. 스테파느이치가 슈티마에서 늑대들을 위협하고 있는 겁니다."

9

주인 내외와의 첫 대면은 관리인 집 마당에서 이루어졌다. 침묵으로 시작되어 이윽고 지리멸렬하고 시끄럽고 혼란스러운 피곤한 장면이 연출되었다.

엘레나 프로클로브나는 숲에서 저녁 산책을 하고 돌아와 막 마당 안으로 들어서는 참이었다. 저녁 햇살이 그녀 뒤로 뻗어 있어, 숲 전체를 가로지르면서 나무 한 그루 한 그루마다 그림자를 던지고 있고, 나무들은 그녀의 황금빛 머리카락과 거의 똑같은 색으로 물들어 있었다. 엘레나 프로클로브나는 가벼운 여름 옷차림이었다. 그녀는 산책으로 빨갛게 상기된 얼굴을 손수건으로 닦았다. 드러난 목에는 고무끈이 감겨 있고, 그 끈에 매달린 밀짚모자가 등 뒤에서 흔들리고 있었다.

골짜기에서 올라온 그녀의 남편이 손에 총을 들고 그녀를 향해 걸어왔다. 발사 때 발견한 총의 고장을 당장 수리할 생각인 듯했다.

바로 그때, 별안간 어디선가 돌이 깔린 입구를 따라 마당 안으로 수레바퀴 소리를 울리면서 선물을 실은 바크흐가 의기양양하게 마차를 몰고 들어왔다.

곧 일행과 함께 마차에서 내려선 알렉산드르 알렉산드로비치가 우물우물 모자를 벗었다 썼다 하면서 설명을 하고 나섰다.

어안이 벙벙해진 주인 내외는 그 자리에 우뚝 섰는데, 겉으로 드러내기 위해서가 아니라, 불행한 방문객들이 창피해서 견딜 수 없을 만큼 진심으로 망연자실한 모습이었다. 이 상황은 당사자들은 물론 바크흐, 뉴샤, 슈로치카까지 설명할 것도 없이 이해되었다. 거북살스러운 공기는 어미 말과 망아지에게도, 황금빛 해거름에도, 엘레나 프로클로브나의 주위를 빙빙 날다 그녀의 얼굴과 목에 앉은 모기에게도 전달되었다.

"이해할 수가 없군요."—마침내 아베르키 스테파노비치가 침묵을 깨고 말했다. "이해할 수가 없어요, 어찌 된 일인지 하나도 모르겠군요, 절대로 이해하지 못할 거요. 이곳에는 따뜻한 토지가 있고, 백군이 있고, 밀을 수확할 수 있는 현이라도 있단 말이오? 어째서 하필이면 우리를 선택했소, 어째서 고르고 골라 여기로 찾아오셨소?"

"재미있군요, 당신은 아베르키 스테파노비치에게 어떤 책임이 있다고 생각하셨는지요?"

"레노치카, 끼어들지 마. 그렇습니다, 바로 그겁니다. 이 사람 말이 맞아요. 이것이 나에게 어떠한 짐이 될지 생각해 보셨습니까?"

"그렇지 않습니다. 그건 오해입니다. 얘기는 아주 간단합니다. 우리가 바라는 것은 아주 보잘것없고 하찮은 것입니다. 이 댁에 해를 끼치거나 이 댁의 평화로운 생활을 어지럽히려는 생각은 추호도 없습니다. 폐허가 되어 비어 있는 집 한쪽 구석이면 됩니다. 그리고 남새를 갈게끔, 누구에게도 필요하지 않은 그저 묵히고 있는 땅 한 뙈기에, 아무도 보지 않게 숲에서 장작을 날라 올 달구지만 있으면 그만입니다. 그게 그렇게 많은 것일까요, 그게 그렇게까지 당신들의 생활을 침해하는 일일까요?"

"그건 그렇지만, 세상은 넓고 넓습니다. 하필이면 왜 여기의 우리여야 합니까? 어째서 다른 누군가가 아닌 바로 우리가 그런 명예를 누려야 하는 겁니까?"

"우리가 당신을 알고 있고, 당신도 우리에 대해 들은 적이 있을 것으로 생각했기 때문입니다. 우리는 당신에게 전혀 남도 아니니, 우리가 가는 곳은 전혀 모르는 타인의 집이 아니라고 기대하고 있었습니다."

"그러니까 문제는 바로 크류게르로군요, 당신이 그분의 친척이라는 말씀이로군요? 아무리 그렇다 해도 어째서 지금 세상에 어떻게 그런 낯 두꺼운 얘기를 할 수가 있는지요?"

아베르키 스테파노비치는 이목구비가 반듯한 사람으로, 머리를 뒤로 빗어 넘기고 큰 걸음으로 성큼성큼 걸으며, 여름에 입는 루바시카*[19]를 술이 달린 장식끈으로 매고 있었다. 옛날 같았으면 우시쿠 이니크스*[20]의 몸차림이었으나, 새로운 시대가 되자 그들은 만년대학생이나 가정교사 노릇을 하는 몽상가들의 전형적인 유형이 되었다.

아베르키 스테파노비치는 해방운동과 혁명에 청춘을 바쳤는데, 그가 걱정한 것은 혁명 때까지 자기가 살지 못하는 것은 아닌가, 설사 혁명이 일어나더라도 그것이 온건한 것이 되어 자신의 과격한 유혈의 갈망을 만족시켜 주지 못하는 것이 아닌가 하는 것뿐이었다. 그런데 정말로 혁명이 찾아왔다. 그것은 그의 가장 대담한 예상을 모조리 뒤엎어 버렸다. 그리하여 본디부터 노동자들을 사랑했고 그 마음은 변함이 없어, '용사 스바토고르' 공장에서 처음으로 위원회를 조직하고 노동자를 관리한 사람이 되었다. 그러나 깨닫고 보니 그는 배신당해, 텅 비어 버린 공장 도시에서 일거리를 얻지 못했고, 노동자들은 달아났는데 그때 그 일부는 멘셰비키 쪽으로 돌아섰다. 그리고 설상가상으로 이 상식을 벗어난 사태, 즉 크류게르 후예의 출현이 그에게는 운명의 조롱, 운명의 의도적인 장난으로만 여겨져 인내의 한계를 넘어서 버린 것이다.

"아니, 이것 참 듣도 보도 못한 얘기를 하시는군요. 이게 말이나 되는 일입니까? 당신들이 나에게 얼마나 위험한 존재인지 알고 있소? 정말이지 넋이 나갈 것 같군요. 모르겠어요, 이해가 안 돼요, 도무지 이해가 안 돼요."

---

*19 품이 큰 헐렁한 러시아식 남자 웃옷.

*20 14세기에 노브고로드를 거점으로 러시아 내륙의 강을 배를 타고 들락거리며 약탈과 교역을 일삼던 고대 노브고로드 사람.

"재미있군요. 당신들이 아니라도 우리는 지금 화산 위에 앉아 있는 것과 같다는 걸 알고 계시는지 궁금하군요."

"기다려요, 레노치카, 아내의 말이 정말 맞아요. 당신들이 아니라도 사는 게 말이 아니오. 이건 흡사 개의 생활, 정신 병원입니다. 양 진영의 총구 사이에 끼어 달아날 구멍도 없어요. 어떤 사람들은 어째서 그런 아들, 새빨간 볼셰비키, 인민파의 총아를 만들었느냐고 비난을 퍼부어 대는가 하면, 또 어떤 사람들은 내가 무엇 때문에 제헌회의에 선출되었느냐고 마뜩해하지 않습니다. 누구에게도 만족을 주지 못하고 있어 이처럼 몸부림치고 있어요. 엎친 데 덮친다고, 당신들까지 이렇게 들이닥쳤소. 당신들 때문에 총살이라도 당하게 되면 아주 좋겠습니다그려."

"무슨 말씀을 그렇게 하십니까! 진정하세요! 그럴 리가 있겠습니까!"

잠시 뒤 미쿨리친도 분노를 가라앉히고 부드럽게 말했다.

"뭐 마당에서 노발대발해 보았자 뾰족한 수가 없으니, 집 안에 들어가서 계속합시다. 물론 좋은 수는 하나도 없겠지만, 그것도 또 모르는 일이고, 그렇다고 또 그것을 어떻게 미리 짐작할 수도 없는 노릇입니다. 그렇지만 우리는 터키 친위병이나 천벌을 받을 이교도도 아니고, 당신들을 숲으로 내몰아 미하일로 포타느이치*[21]의 밥이 되게 할 수는 없는 노릇이지요. 내 생각 같아서는, 레노치카, 서재 옆의 종려나무가 있는 방으로 이분들을 모시는 것이 가장 좋을 성싶은데. 어디에다 자리를 잡게 할 것인지는 차차 의논하기로 하고. 나는 정원 어딘가에서 그들을 살게 하는 게 어떨까 싶소. 자, 들어갑시다. 어서 들어갑시다. 짐을 들여다 놓아주게, 바크흐. 이분들을 좀 거들어 주게."

바크흐는 시키는 대로 일하면서 그저 한숨만 내쉴 뿐이었다.

"이게 뭐람! 순례자들이나 다름없는 짐이잖아. 보따리뿐이군, 트렁크는 하나도 없어!"

10

추운 밤이 찾아왔다. 일행은 세수를 했다. 여자들은 제공받은 방에서 잠자리를 준비했다. 자기의 어린아이 같은 말투에 어른들이 매우 즐거워하자 어느

---

*21 곰을 의인화하여 부르는 이름.

새 버릇이 되어 버린 슈로치카는 지금도 모두의 관심을 끌려고 돌아가지 않는 혀로 열심히 재잘거렸지만 기분이 영 좋지 않았다. 오늘은 그의 수다도 통하지 않았고 아무도 그에게 관심을 보내지 않았다. 아이는 어째서 검은 망아지를 집 안에 들여놓지 않느냐고 불평하다가 조용히 하라는 꾸중만 듣고 끝내 울음을 터뜨리고 말았다. 말을 듣지 않는 나쁜 아이는, 부모의 집에 태어나기 전에 있었던 아기 파는 가게로 되돌려 보내지는 게 아닌가 하고 걱정이 되었기 때문이다. 아이는 자신의 그 진정한 공포를 큰 소리로 주위의 어른들에게 하소연해 보았지만, 아이의 귀엽고 어리석은 짓도 여느 때와 달리 좀처럼 효과를 거두지 못했다. 어른들은 남의 집에 신세를 지는 것에 거북함을 느끼고 평소보다 더 부지런히 움직이면서 저마다 걱정거리 속에 묵묵히 잠겨 있었다. 슈로치카는 화가 나서 보모도 감당할 수 없을 만큼 떼를 썼다. 어른들은 아이에게 밥을 먹이고 가까스로 재울 수 있었다. 아이는 마침내 잠에 빠져들었다. 미쿨리친 집안의 하녀인 우스티냐가 뉴샤를 자기 방으로 데려갔다. 저녁을 먹이고 집안의 비밀을 이야기해 주기 위해서였다. 안토니나 알렉산드로브나와 남자들은 밤의 티타임에 초대를 받았다.

알렉산드르 알렉산드로비치와 유리 안드레예비치는 그 전에 신선한 공기를 좀 쐬어야겠다며 양해를 구하고 현관 계단으로 나갔다.

"별이 가득하군!" 알렉산드르 알렉산드로비치가 말했다.

암흑이었다. 현관 앞에서 두 걸음도 떨어져 있지 않은데도 두 사람은 서로의 모습이 보이지 않았다. 뒤쪽에서는 집 모퉁이 뒤에서 창문으로 램프의 불빛이 골짜기로 떨어지고 있었다. 그 불빛의 기둥 속에 덤불이며 나무, 그 밖에도 무엇인지 또렷하지 않은 것이 차가운 안개 속에서 희미하게 떠올라 있었다. 그러나 그 불빛은 이야기를 나누고 있는 두 사람에게는 닿지 않고, 그들 주위의 어둠을 더욱 짙게 하고 있었다.

"내일은 아침부터 그가 우리에게 추천한 별채를 살펴보러 가야겠어. 만일 살 수 있을 것 같으면 당장 수리를 시작해야지. 집을 여기저기 손질하고 있노라면 흙도 정상으로 돌아오고 땅도 녹겠지. 그렇게 되면 때를 놓치지 말고 밭을 갈아야 해. 내가 듣기로는, 아까 이야기를 주고받는 말 사이에 씨감자를 나눠 주겠노라고 약속했던 것 같은데, 내가 잘못 들었나?"

"예, 약속했습니다, 그리고 다른 씨앗도요. 제 두 귀로 들었습니다. 그런데 우리에게 쓰게 해 주겠다는 별채 말인데요, 아까 정원을 가로질러 올 때 보았던 그곳입니다. 어딘 줄 아세요? 본채 뒤쪽에 엉겅퀴로 뒤덮인 곳입니다. 나무가 자라고 있지만 건물은 석조입니다. 짐마차에서 제가 가르쳐 드렸는데 기억나십니까? 저는 거기를 갈아 밭을 일굴 생각입니다. 제 생각으로는 거긴 꽃밭이 있었던 자리예요. 멀기는 했지만 그렇게 보였어요. 아마 틀림없을 겁니다. 오솔길은 우회하고 그대로 둬야 하겠지만, 묵은 꽃밭의 흙은 거름이 잘되어 있을 거예요. 부식토도 많을 거고요."

"난 못 봤네. 내일 보기로 하지. 틀림없이 잡초가 무성하고 돌처럼 딱딱할 거야. 저택에는 아마도 남새밭이 있었을 텐데. 어쩌면 일부가 남아 있는데 갈아먹지 않고 있는 건지도 몰라. 내일이면 모든 것이 확실해지겠지. 이곳은 아직 아침마다 서리가 내릴 거야. 오늘 밤에도 틀림없이 서리가 내릴걸. 아무튼 우리가 이미 이곳에, 이 장소에 있다는 건 정말 다행한 일이야. 이건 서로 축하할 일이지. 이곳은 좋은 고장이야. 난 마음에 들었어."

"참으로 기분 좋은 사람들이에요. 특히 주인은요. 부인은 조금 거드름을 피우는 것 같지만요. 그녀는 불만스럽고 뭔가 자기 자신이 마음에 들지 않는가 봅니다. 그래서 그처럼 끊임없이 종알거리면서 일부러 쓸데없는 잔소리를 늘어놓는 겁니다. 마치 나쁜 인상을 주기 전에 상대방의 주의를 자신의 외모에서 다른 쪽으로 돌리려고 서두르는 것처럼. 그녀가 모자를 목에 건 채 벗는 것을 잊고 있었던 것도 방심하고 있었기 때문이 아닙니다. 그것은 정말 그녀에게 잘 어울렸어요."

"그건 그렇고, 이제 방으로 돌아갈까. 너무 오래 있었어. 결례가 될 거야."

불빛이 환한 식당에서는, 천장에 매단 램프 밑의 둥근 테이블에 주인 내외와 안토니나 알렉산드로브나가 둘러앉아 사모바르에서 차를 따라 마시고 있었다. 두 사람은 그곳으로 가는 길에 관리인의 어두운 서재를 지나갔다.

방에는 넓은 한 장짜리 유리창이 벽을 가득 채우며 골짜기 위로 솟아 있었다. 아직 밝았을 때 의사가 봐 둔 바로는 창문 밖으로 먼 골짜기 저편과, 바크흐가 자신들을 짐마차에 태우고 왔던 들판의 광경이 펼쳐져 있었다. 창가에는 역시 벽 전면 크기의 널따란 제도용 또는 설계용 책상이 놓여 있었다. 그 위에는 엽총이 길게 놓여 있고, 그것 때문에 좌우로 넓은 가장자리가 남아 있어 그것이 테이블의 크기를 더욱 강조하고 있었다.

지금 서재를 지나가면서 유리 안드레예비치는 새삼스럽게 시야가 넓은 창문과, 테이블의 크기와 위치, 기분 좋게 꾸며진 넓은 방을 부러운 듯이 바라보았다. 알렉산드르 알렉산드로비치와 함께 식당으로 들어가 차 탁자로 다가가자 유리 안드레예비치는 맨 먼저 주인을 향해 감탄하는 투로 말했다.

"이 집은 정말 훌륭한 곳이군요. 그리고 당신의 훌륭한 서재는 일을 하지 않을 수 없게 부추기면서 영감을 불러일으키는 것 같습니다."

"유리컵으로 하시겠습니까, 아니면 찻잔으로 하시겠습니까? 그리고 진한 것과 연한 것, 어느 것을 좋아하시는지?"

"유로치카, 이 망원경 좀 보세요, 아베르키 스테파노비치의 아드님이 어렸을 때 만든 거래요."

"그 아이는 아직도 미숙하고 분별심이 없어요, 비록 소비에트 정권을 위해서 코무치 쪽 지역을 탈환하려고 싸우고는 있지만 말이오."

"뭐라고 말씀하셨습니까?"

"코무치라고 말했소."

"그게 뭔가요?"

"제헌회의파의 부활을 꾀하고 있는 시베리아 정부의 군대*22이지요."

"우리는 온종일, 끊임없이 아드님을 칭찬하는 말을 들어 왔습니다. 자랑을 하시고도 남지요."

"이 우랄의 풍경, 2중의 입체사진 또한 아드님 작품이에요. 직접 손으로 만든 대물렌즈로 찍은 거래요."

"이 쿠키, 사카린을 넣어서 만드신 건가요? 쿠키가 맛있는데요."

"어머, 무슨 말씀이세요! 이런 시골 구석에 사카린 같은 것이 어디 있어요! 순수한 설탕이에요. 금방 차에 설탕을 넣어 드렸잖아요. 모르셨나보군요."

"정말 그렇군요. 사진을 보는 데 열중해 있느라. 그리고 차도 진짜 같은데요?"

"물론이에요. 꽃향기를 넣은 거지요."

"어디서 구하셨지요?"

"마법의 테이블보 같은 분이 있어요. 지인이죠. 현대의 활동가예요. 매우 좌익적인 사상을 지닌 분인데 현(縣) 국민경제회의의 정식 대표예요. 여기서 장작을

---

*22 코무치는 '제헌회의 의원위원회'의 약칭. 최초의 반(反) 볼셰비키 러시아 정부. 이른바 보수파와 제정파가 세운 옴스크 정부로, 1918년 10월에 블라디보스토크에서 와해.

시내로 싣고 가고, 그 대신 우리에게 지인이라는 인연으로 알곡과 버터, 밀가루를 보내 주고 계시지요. 시베르카(그녀는 남편인 아베르키를 그렇게 불렀다), 시베르카, 쿠키 그릇 좀 주세요. 그런데 이번엔 재미있는 문제예요, 대답해 보세요, 그리보예도프*[23]가 몇 년에 죽었는지 아세요?"

"태어난 건 분명히 1795년인 것 같은데, 언제 살해당했는지는 기억이 나지 않습니다."

"한 잔 더 하시죠."

"됐습니다, 고맙습니다."

"그럼 이번에는 이런 문제예요. 님베겐 강화조약*[24]은 어떤 나라들 사이에서 맺어졌을까요?"

"그렇게 손님들을 괴롭히는 게 아니오, 레노치카. 여독이나 푸시게 해요."

"이번에는 무척 재미있는 문제예요. 열거해 보세요, 확대경에는 어떤 종류가 있을까요? 그리고 실상, 도립상(倒立像), 진짜와 가짜 상이 되는 것은 어떤 경우인가요?"

"어디서 그런 물리학 지식을 얻으셨나요?"

"우리 유리아틴에 훌륭한 수학자가 계셨어요. 두 개의 김나지움, 남자 고전중학교와 우리 학교 양쪽에서 가르쳤지요. 설명이 정말 일품이었어요, 아주 기가 막힐 만큼! 흡사 신이었어요! 모든 것을 씹고 또 씹어서 입안에 넣어 주는 것 같았죠. 안티포프라는 분이었는데, 이곳의 여선생님에게 장가를 들었지요. 여성들은 그분에게 열광하고 모두들 홀딱 반했어요. 그런데 지원해서 전선으로 나간 뒤로 다시는 돌아오시지 않았죠. 전사하셨대요. 그 신의 채찍, 복수의 신(神)인 정치위원 스트렐리니코프를 무덤에서 되살아난 안티포프 선생님이라고 말하는 사람들도 있지만 물론 근거 없는 얘기예요. 가당찮은 얘기죠. 아무도 그를 모르는 걸요. 게다가 무슨 일이든 일어날 수 있는 세상이잖아요. 한 잔 더 드시겠어요?"

---

* 23 러시아의 극작가. 《지혜의 슬픔》의 저자.
* 24 1678~79년의 네덜란드 전쟁.

제9장
바르이키노

1

겨울철로 접어들어 시간에 여유가 생기자 유리 안드레예비치는 온갖 것들을 기록해 나갔다. 그는 노트에 다음과 같이 썼다.

〈지난 여름에는 얼마나 자주 추체프*[1]와 함께 이렇게 얘기하고 싶었던가.

멋진 여름, 아름다운 여름이여
그것은 정녕 마법이런가
나는 묻고 싶구나
어찌하여 그토록 뜻하지 않게
우리에게 주어졌는지

해가 뜰 때부터 해질 무렵까지 자신과 가족을 위해 일하면서 로빈슨을 흉내내며 자신의 세계를 창조하는 행위는 얼마나 행복한 일인가, 게다가 우주창조의 조물주를 흉내 내어 어머니가 자식을 낳듯이 자신을 다시, 또 다시 빛의 세계에 태어나게 하는 것이란!

근육을 사용하고 육체를 사용하는 거친 일과 목수 일에 바쁠 때나, 성취를 통해 기쁨과 성공으로 보상받고, 지혜와 육체의 노고로 이룰 수 있는 온갖 목표를 세울 때나, 여섯 시간이 넘도록 도끼로 나무를 베고, 그 행복한 숨결로 불태우는 드넓은 하늘 아래서 땅을 일구고 있을 때면 얼마나 많은 생각이 의식을 스쳐 가며, 또 얼마나 많은 새로운 생각이 떠오르는지. 그리고 이런 생각과 직관, 비유 따위를 글로 쓰지 않고 한순간에 모든 것을 잊어버리는 것은 잃는

---

*1 1803~73, 러시아의 서정시인.

것이 아니라 오히려 얻는 것이다. 위축된 신경과 상상력을 진한 블랙커피나 담배로 자극하는 도시의 은둔자여, 그대는 진정한 곤궁과 강인한 건강 속에 있는 가장 강력한 마취약을 알지 못하는 것이다.

나는 톨스토이적인 간소한 생활과 대지로 돌아가는 것에 대해 더 이상 언급하거나 설교하지 않겠다. 농업 문제에 대해 사회주의에 대한 자신 나름의 수정을 모색하지도 않겠다. 우리의 실례(實例)는 논박할 여지없이 결론을 내리는 데는 적절하지 않다. 우리의 경제는 너무나도 잡다한 요소로 이루어져 있다. 우리가 노동을 해서 얻은 채소와 햇감자의 저장량은 생활에 충당할 수 있는 양의 일부에 지나지 않는다. 그 나머지는 모두 다른 데서 구하고 있다.

우리의 토지 이용은 불법적인 행위다. 정부 당국의 조사가 있을 때 우리는 그런 행위를 숨긴다. 우리가 숲의 나무를 베어 내는 것은 도둑 행위이며, 지난날에는 크류게르 집안의 재산이었지만 현재는 국고에 속한 것을 훔치는 것이므로 변명의 여지가 없다. 우리와 거의 비슷한 방식으로 살고 있는 미쿨리친이 우리를 묵인하고 있고, 우리가 도시에서 멀리 떨어져 있기에 그렇게 할 수 있는 것이다. 다행히 도시에서는 우리의 범죄행위에 대해 아무도 모르고 있다.

나는 의학을 버리고, 내 자유를 제약받고 싶지 않아서 내가 의사라는 것도 밝히지 않았다. 그러나 바르이키노에 의사가 산다는 소문을 듣는 선량한 사람은 세상 어느 구석엔가 반드시 있으며, 그들은 암탉이나 계란, 버터 또는 치즈 따위를 가지고 30베르스타가 넘는 거리를 터벅터벅 걸어서 찾아와 진찰을 원하곤 했다. 대가를 받지 않겠다고 사양해도 소용없다. 무료로 진찰을 받으면 효험이 없다고 생각하기 때문이다. 그래서 의료행위로 약간의 수입을 얻고는 있다. 그러나 우리의 중요한 후원자는 삼데뱌토프이다.

그 사람이 어떠한 모순을 내부에 가지고 있는지는 도저히 이해하기가 어렵다. 진지하게 혁명을 옹호하는 그는 유리아틴 시(市) 소비에트가 완전히 신뢰하고 있는 인물이다. 그는 우리와 미쿨리친에게 아무것도 알리지 않고 자기의 절대적인 권한으로 숲의 목재를 징발해서 수송해 갈 수도 있고, 우리는 그가 그렇게 해도 눈썹 하나 찡그릴 수 없을 것이다. 한편으로 그가 국유재산을 빼돌릴 생각만 있다면 얼마든지 원하는 대로 태연히 자신의 주머니를 가득 채울 수도 있고, 아무도 그것을 비난하지 않을 것이다. 그는 누구를 매수하거나 누구와 나누어 가질 필요가 없었다. 그렇다면 그는 왜 우리를 걱정하며, 예를 들면 토르파나야 역의 역장과 이 지역의 모든 사람을 후원해 주고 미쿨리친 부부를 도와주는 것일까? 그는 늘 돌아다니면서 무언가를 구해 가지고 온다. 그리고 도스토옙스키의 《악령》이나 공산당 선언을 동시에 흥미롭게 비평하고 주석하기도 했는데, 내 생각으로는 그가 그럴 필요가 없는데도 아무 계산도 하지 않고 자신의 인생을 복잡하게 만들어 놓지 않았다면 분명히 그는 권태로워서 죽어 버렸을지도 모른다.〉

2

얼마 뒤, 의사는 다음과 같이 썼다.

〈우리는 지주 저택의 뒤꼍에 거처를 정했다. 목조 별채의 방 두 개로, 안나 이바노브나가 어렸을 때 크류게르가 가려 뽑은 하인과 재봉사, 가정부, 은퇴한 유모를 위해 마련한 별채였다.

그 주거는 황폐해져 있었다. 우리는 서둘러 그것을 수리했다. 기술자들의 도움을 받아서 두 방으로 통하는 난로를 새로 설치하고, 굴뚝을 지금처럼 배치해 난로를 더욱 따뜻하게 유지할 수 있도록 했다.

정원이었던 그 장소는 새 잡초가 자라서 이전의 모습은 사라지고 없었다. 겨울이 된 지금, 주위의 모든 생명이 죽어 버리고, 살아 있는 것이 죽은 것을 덮어 가리지도 않아서, 눈에 묻힌 지난날 정원의 윤곽이 더욱 뚜렷하게 보인다.

우리는 성공한 편이다. 건조하고 따뜻한 날씨가 우리를 도왔다. 그래서 비와 추위가 다가오기 전에 감자를 캘 여유가 있었다. 미쿨리친에게 빌린 씨감자를 갚은 뒤에도 우리의 손에 감자 열두 자루가 남아서, 그것을 모두 지하실의 벽돌 칸막이 안 수확창고에 넣어 건초와 낡은 담요로 덮어 두었다. 그곳에는 토냐가 소금에 절인 오이 두 통과 양배추 절임이 또 두 통 있었다. 싱싱한 양배추를 두 통씩 짝을 지어 기둥에 대롱대롱 매달아 놓고, 건조한 모래 속에는 홍당무를 묻었다. 또한 그곳에 무와 비트, 순무도 상당한 양을 저장했으며, 많은 완두와 콩은 대부분 다락 속에 보관했다. 헛간에는 봄까지 견딜 수 있을 만큼 장작이 쌓여 있었다. 나는 이 지하실로 내려갈 때의 겨울 냄새를 좋아한다. 겨울 새벽이 오기 전 이른 시간에 금방이라도 꺼질 듯이 깜박이는 등불을 손에 들고 지하 움막의 문을 들어 올리는 순간 근채류(根菜類)와 흙과 눈의 냄새가 코를 찌른다.

헛간 밖으로 나오면 벌써 하루가 시작되고 있다. 문을 삐걱거리다가 간혹 재채기를 하거나, 아니면 발밑에서 눈이 뽀드득거리는 소리를 낸다. 눈 밑에서 남은 양배추의 단단한 심지가 고개를 내밀고 있는 먼 채마밭 이랑에서, 놀란 토끼들이 달아나면서 눈 위에 이리저리 발자국을 남긴다. 이윽고 근처에서 개들이 한 마리 또 한 마리 길게 짖어댄다. 마지막으로 수탉들이 아침 일찍 한 차례 홰를 치고는 더 이상 울지 않는다. 그리고 동이 터오는 것이다.

눈 덮인 평원에는 토끼 발자국 외에도 정성스럽게 실에 꿴 구슬처럼 이어지는 스라소니들의 발자국이 가로질러 간다. 스라소니는 고양이처럼 조심스럽게 한 발 한 발 내디디면서 하룻밤 사이에 몇 베르스타나 돌아다닌다.

그놈들을 잡으려고 함정이나 덫을 놓는다. 그러나 가엾게도 덫에는 스라소니 대신 생각지도 않던 토끼가 걸려, 구멍에서 꺼낼 때는 눈에 반쯤 묻혀 꽁꽁 얼어 있다.

처음에, 그러니까 봄과 여름에는 몹시 힘들었다. 우리는 녹초가 될 때까지 일했다. 그러나 이제는 겨울밤의 휴식을 보내고 있다. 우리에게 등유를 보급해 주는 안핌 덕택에 우리는 등잔불 주위에 둘러앉아 단란하게 지낼 수 있다. 여자들은 바느질이나 뜨개질을 하고, 나와 알렉산드르 알렉산드로비치는 큰 소리로 책을 읽어 준다. 난로는 뜨겁게 타오르고, 나는 제때에 화덕을 닫아 열이 달아나지 않도록 하기 위해 경험이 풍부한 난로지기처럼 난로를 지켜본다. 숯이 된 장작 때문에 불이 붙지 않으면 나는 그것을 꺼내 연기가 나는 채로 들고 나가 눈 속에 던져 버린다. 그것은 불똥을 튀기면서 횃불처럼 공중을 날아, 곳곳에 하얀 사각형 잔디밭이 있는, 잠자고 있는 검은 정원 가장자리를 비춰 주고, 눈 더미 속에 떨어져 피시식 소리를 내면서 꺼진다.

우리는 《전쟁과 평화》, 《예브게니오네긴》, 그 밖의 이야기를 몇 번이고 되풀이해 읽고, 스탕달의 《적과 흑》, 디킨스의 《두 도시 이야기》와 클라이스트*[2]의 단편소설을 러시아어 번역으로 읽고 있다.〉

3

봄이 차츰 다가올 무렵, 의사는 이렇게 썼다.

---

*2 1777~1811. 독일의 극작가, 소설가.

〈토냐가 임신한 것 같다. 나는 그것을 그녀에게 이야기했다. 그녀는 나의 추측을 받아들이지 않았지만 나는 확신한다. 더 확실한 증상이 나타날 때까지 기다릴 것도 없이 나는 그것에 선행하는 미미한 징후를 분명히 느낀다.

임신한 여자는 낯빛부터 변한다. 추해진다는 뜻은 아니다. 지금까지 완전히 그녀의 관리 아래에 있었던 얼굴이 통제할 수 없게 된다. 이윽고 그녀 속에서 발생해, 이미 그녀 자신이 아니라 미래가 그녀를 지배한다. 그녀의 감시 속에서 나오는 이 여성의 얼굴은 신체적인 방심 상태를 보이고, 그 방심 상태 속에서 그녀의 얼굴은 생기를 잃고, 피부는 거칠어지며, 그녀가 원하는 대로가 아니라 다른 방식으로 눈이 빛나기 시작한다. 그것은 마치 그녀가 이러한 모든 것을 어떻게도 할 수 없어 방치해 둔 것 같다.

나와 토냐는 한 번도 서로 소원해진 적이 없었다. 그러나 그 힘겨웠던 노동의 한 해가 우리를 더욱 가까이 이어 주었다. 나는 토냐가 얼마나 민첩하고 강하며 끈기가 있는지, 또 온갖 일을 차례차례 해낼 때, 가능한 한 시간을 적게 들여 해결하려고 얼마나 현명하게 대처하는지를 보아 왔다.

모든 잉태는 완전한 잉태이며, 성모에 관계되는 이러한 교리 속에 모성의 공통된 관념이 표현되어 있다고 나는 늘 믿어 왔다.

해산하는 모든 여성에게 이러한 버림받은 것 같은 고독과 소외감과 책임감이 그림자를 드리우고 있다. 이와 같은 가장 본질적인 순간에 남자는 마치 완전히 없는 존재가 되어 모든 것이 하늘에서 떨어진 것처럼 아무것도 할 일이 없는 것이다.

여자들은 홀로 자식을 낳고, 홀로 그 아이와 함께 삶의 배경으로 사라진다. 거기서 그녀는 한결 조용하게, 전혀 두려움을 품지 않고 요람을 둘 수 있다. 그녀는 홀로 과묵한 겸손 속에서 아이를 먹이고 키운다.

그리고 성모에게 기도한다, "그대의 자식과 신께 간절히 기도하라"[*3]고. 그녀의 입에서는 찬송의 말이 흘러나온다. "내 마음이 하느님 내 구주를 기뻐하였음은 그 계집종의 비천함을 돌아보셨음이라, 보라, 이제 후로는 만세에 나를 복이 있다 일컬으리로다."[*4] 그녀는 자기 자식에 대해 그렇게 말하고, 자식은 그녀

*3 러시아정교에서 성모에게 드리는 기도의 말.

*4 누가 복음 제1장 47~48절.

를 찬미할 것이다. "능하신 이가 큰일을 내게 행하셨으니"*[5] 자식은 그녀의 영광이다. 모든 여성들은 그렇게 말할 수 있다. 그녀의 하느님은 어린 자식 속에 있다. 위대한 사람들의 어머니들은 이런 기분을 알고 있을 것이다. 그러나 어머니들—위대한 사람들의 어머니들에게는 모든 것이 뚜렷하다, 그리고 인생이 나중에 그녀들을 배신한다 해도 그것은 그들의 책임이 아니다.〉

4

〈우리는 《예브게니오네긴》과 서사시를 되풀이해서 읽고 있다. 어제 안핌이 선물을 가지고 찾아왔다. 우리는 좋은 음식을 먹고 표정이 밝아진다. 예술에 대한 토론이 끝없이 이어졌다.

예술은 수많은 개념과 파생한 현상을 포괄하는 분야 또는 범주에 대한 명칭이 아니라, 그 반대로 예술작품을 구성하는 한 요소의 명칭이다. 그것은 뭔가 더욱 좁고 집중적인 것이다. 나는 작품 속에 적용된 힘이나 거기서 탐구된 진리의 명칭이라고 오랫동안 생각해 왔다. 그리고 예술이 형식의 대상 또는 그 일면이라고 생각한 적은 한 번도 없다. 오히려 내용이 숨겨진 은밀한 부분이다. 그것은 나에게 햇빛처럼 자명해, 나는 그것을 온몸으로 느끼고 있지만, 그러한 개념을 어떻게 표현하고 정의해야 할까?

작품은 많은 사람에 대해 테마, 상황, 구성, 주인공을 통해 얘기한다. 그러나 무엇보다도 그 속에 담겨 있는 예술성을 강조한다. 《죄와 벌》 속에 담긴 예술성이 라스콜리니코프의 범죄보다 더욱 감동적인 것도 바로 그런 까닭이다.

원시예술, 이집트, 그리스, 그리고 우리의 예술은 수천 년 동안 변하지 않는 같은 하나의 것, 유일무이한 것이다. 그것은 삶과 생명에 대한 어떤 생각, 어떤 주장이다. 모든 것을 포괄하는 그 광활함 때문에 개개의 낱말로 분해해서 얘기할 수 없는 주장이다. 그 낱낱의 요소가 다른 요소와 복잡하게 뒤섞일 때, 예술의 혼합은 다른 모든 것을 능가하며 그 작품의 본질과 정신과 토대가 된다.〉

5

〈감기 기운이 조금 있고, 기침이 난다. 열은 그다지 없는 것 같다. 목구멍이

---

*5 누가 복음 제1장 49절.

부어서 온종일 호흡이 답답하다. 몸이 불편하다. 그것은 심장 때문이다. 심장병으로 평생을 고생하신 가엾은 어머니로부터 물려받은 첫 징후이다. 정말 그럴까? 이렇게 이른 나이에? 그렇다면 밝은 세상에서의 내 생명도 그리 많이 남지 않았는지도 모른다.

방 안에서는 일산화탄소, 다리미질하는 세탁물 냄새가 좀 난다. 불이 잘 타지 않은 난로에서 줄곧 이글거리는 숯을 꺼내 다리미에 넣는다. 그러면 위아래 이빨이 맞물리듯이 다리미 뚜껑이 딱 하고 소리를 낸다. 무언가가 떠오른다. 그게 무엇인지 정확하게 생각나지는 않는다. 몸이 좋지 않아서 기억력이 나빠진 모양이다.

안핌이 응유로 만든 고급 비누를 갖다 주자 너무 기뻐서 모두 달라붙어 밀린 빨래를 해치웠다. 그 때문에 슈로치카는 이틀 동안이나 마음껏 뛰어 다녔다. 내가 글을 쓰고 있으면 슈로치카는 책상 밑으로 기어 들어가 다리 사이의 가로목 위에 올라앉아서, 우리를 찾아올 때마다 썰매에 태워 주는 안핌을 흉내 내면서, 마치 나를 썰매에 태워 주고 있는 것처럼 좋아한다.

몸이 낫는 대로 시내에 가서, 이 지방의 민속과 역사에 대한 책을 읽어야겠다. 몇몇 부자로부터 엄청난 양의 장서를 기증받은 훌륭한 시립 도서관이 있다고 한다. 글을 쓰고 싶다. 서둘러야 한다. 눈 깜짝할 사이에 봄이 오고 말 것이다. 그러면 책을 읽을 수도 없고 글도 쓸 수 없게 된다.

두통이 차츰 심해진다. 잠을 제대로 자지 못했다. 잠에서 깨어나는 순간 모두 잊어버리는 혼란스러운 꿈을 꾸었다. 그 꿈은 머리에서 날아가 버리고, 의식에 남아 있는 것은 다만 잠이 깬 원인뿐이다. 꿈속에서 들리던 여자의 목소리가 나를 깨웠는데, 꿈속의 공기 속에 그 목소리가 울려 퍼지고 있었다. 나는 그 울림을 기억하고 그것을 재현하면서 알고 있는 여자들을 떠올려 보았다. 그녀들 가운데 누가 그 흉성, 무겁고 조용하며 촉촉한 목소리의 주인공인지 더듬어 보았다. 그것은 어느 누구의 것도 아니었다. 나는 토냐에게 너무 익숙해져 있어서 그녀의 목소리에 무디어진 것인지도 모른다고 생각했다. 그래서 그녀가 내 아내라는 사실을 잠시 잊고, 그녀의 이미지를 멀리 떼어 놓아 진실을 밝히는 데 충분한 거리를 두어 보았다. 그러나 그녀의 목소리 또한 아니었다. 그리하여 그것은 밝혀지지 않은 채 남아 있다.

꿈이라는 것에 대해, 사람들은 일반적으로 낮에 깨어 있을 때 강한 인상을 받은 것을 꿈에 보는 것이라고 생각한다. 그러나 나의 관찰에서는 정반대이다.
나는 그것을 여러 번 느꼈다. 낮에 아주 잠깐 눈에 들어온 사물, 뚜렷하지 않은 생각, 무심코 내뱉고는 그대로 잊어버린 말이, 밤에 구체적인 피와 살을 붙이고 돌아와서, 마치 낮 동안에 무시당한 것을 보상이라도 받으려는 듯이 꿈의 테마가 되는 것이다.〉

6

〈청명하고 추운 밤이다. 보기 드물게 밝은 날이어서 사물이 유난히 뚜렷하게 보인다. 대지와 허공, 달과 별들이 모두 혹한의 서리에 의해 한데 묶여 있는 것 같다. 정원에서는 가로수길을 가로질러, 부조처럼 뚜렷하게 보이는 나무 그림자가 드리워져 있다. 마치 무언가 검은 모습들이 여기저기서 끝없이 길을 건너는 것 같다. 커다란 별들이 푸른 운모의 등불처럼 숲 속의 나뭇가지에 걸려 있다. 작은 별들이 여름 들판의 들국화처럼 밤하늘을 수놓는다.
밤이 되면 푸시킨에 대한 이야기가 이어진다. 우리는 제1권에 나오는 리체이[*6] 시절의 시에 대해 토론했다. 얼마나 많은 것이 운율의 시격에 좌우되고 있는지!
행이 긴 시에서는 소년의 야심의 대상은 아르자마스[*7]까지가 한계였다. 선배 시인들에게 뒤지고 싶지 않아서 신화학과 과장된 이야기, 허구의 타락, 쾌락주의, 그럴듯해 보이는 조숙한 분별심으로 어른의 눈을 속이고자 하는 욕구였다.
그러나 젊은 시인은 오시안[*8]과 파르니[*9]의 모방에서, 또는 〈차르스코예의 추억〉[*10]에서 〈소읍(小邑)〉과 〈누이에게 부치는 편지〉, 또는 그 뒤의 키시뇨프 시절에 쓴〈나의 잉크병에〉 같은 짧은 시행을, 또는 〈유진에게 부치는 편지〉의 리듬을 발견하고, 미성년기에 미래의 푸시킨의 전모가 눈을 떴다.
그 시 속에 마치 창문을 통해 방 안으로 들어오듯, 거리에서 빛과 공기, 생활의 소음, 사물, 현상의 본질이 비집고 들어왔다. 외부 세계의 사상(事象)과 명사

＊6 남자 귀족 학교.
＊7 1815~18, 문학협회. 리체이의 학생 때 이미 이곳의 통신교육을 받는다.
＊8 3세기 전설의 켈트 음유시인.
＊9 1753~1814, 젊은 푸시킨이 감화를 받은 프랑스 시인.
＊10 푸시킨이 차르스코에 셀로의 남자귀족학교를 졸업할 때 시인 데르자빈 앞에서 낭독해 절찬을 받았던 시.

(名詞)가 자주 등장하면서 시행을 장악하고, 모호한 표현을 몰아냈다. 사상, 현상, 사건이 압운을 이룬 기둥이 되어 시의 양끝에 정렬했다.

그 뒤로 유명해진 푸시킨의 4운각(四韻脚)은 러시아 생활의 측정단위이자 척도, 그 속도가 되었다. 그것은 마치 장화의 본을 뜨고 손에 딱 맞도록 장갑 크기를 결정하는 것과 마찬가지로, 푸시킨이 전 러시아 생활에서 뽑아낸 기준이었다.

러시아 구어(口語)의 리듬, 러시아의 모든 회화어를 노래하는 듯한 가락이, 네크라소프*[11]의 3보격 운율과, 네크라소프의 강약약격(强弱弱格)의 길이 단위로 표현되는 것은 훨씬 뒤의 일이었다〉

7

〈나는 농사와 의료행위와 함께, 무엇인가 후세에 남길 수 있는 큰일을 구상하고, 무슨 학술적인 저서 또는 예술적인 작품을 쓰고 싶은 마음이 간절하다.

사람은 누구나 한 사람의 파우스트*[12]로 태어나, 모든 것을 깨닫고 모든 것을 겪고 모든 것을 표현하고 싶어 한다. 파우스트가 과학자가 된 것은 선조들과 동시대인들이 저지른 잘못에 대한 염려 때문이었다. 과학의 진보는 반발의 법칙에 따라 지배적인 오류와 잘못된 이론을 논파함으로써 이루어진다.

파우스트가 예술가가 된 것은 스승들의 영감(靈感)을 주는 실례(實例) 덕분이다. 예술의 진보는 인력의 법칙에 따르며, 좋아하는 선구자를 모방하고 계승하고 찬양하는 데서 성립된다.

내가 의무를 이행하고 사람들을 치료하며 글을 쓰는 것을 방해하는 것은 과연 무엇일까? 나는 그것이 가난 또는 방황이나, 불안정 또는 빈번한 변화 때문이 아니라, 이를테면 미래의 새벽이니 새로운 세계의 건설이니 인류의 등불이니 하는 따위의 호들갑스러운 구호가 만연한 우리 시대의 정신이라고 생각한다. 그런 소리를 들으면 처음에 사람들은, 상상력이 정말 분방하고 풍부하구나! 하고 생각한다. 하지만 실제로 그 말은 재능이 부족한 데서 오는 허풍일 뿐이다.

다만 평범한 것이 천재의 손을 스칠 때 기적으로 바뀐다. 그런 점에서 가장

---

*11 러시아의 민중시인.

*12 괴테의 장편희곡《파우스트》.

좋은 실례가 푸시킨이다. 정직한 노동과 의무와 일상생활의 습관에 대해 얼마나 멋진 찬가를 썼는지! 지금의 우리에게는 메샤닌이니 아비바텔*[13]이니 하는 말은 비아냥거리는 어투로 들리고 있다. 이렇게 비난받는 말은 이미 푸시킨의 《족보》에 나오는 시구에 다음과 같이 얘기되어 있다.

나는 메샤닌, 나는 메샤닌.

그리고 《오네긴의 여행》에서 인용하면—

지금 나의 이상은—가정 주부
나의 소망은—조용한 생활
그리고 야챗국 한 그릇, 그것도 어마어마하게 큰 사발로

모든 러시아적인 것 가운데 지금 내가 가장 좋아하는 것은 푸시킨과 체호프의 어린아이 같은 순수함이다. 인류의 궁극적 목표니 자신의 구원이니 하는 따위의 거창한 일에 대한 겸손한 과묵함이다. 그들도 그 모든 것을 잘 이해하고 있었지만, 그들에게 그것은 나설 자리가 아니었다—그것은 분수를 모르는 일이었다! 고골리, 톨스토이, 도스토옙스키는 죽음을 준비하고, 걱정하고, 삶의 의미를 추구하며 결과를 이끌어 내고자 했다. 그리고 끝까지 작가라는 천직을 통해 자신들에게 부여된 독특한 과업에 몰두했고, 그것을 타인들과는 무관한 개인적이고 평범한 것으로 생각하며 눈에 띄지 않게 조용히 살았는데, 그 평범한 것은 우리의 보편적인 관심사라는 것을 알고, 나무에서 딴 잘 익은 사과처럼 차츰 자손의 대에서 익어 그 단맛과 의미가 갈수록 더해 가서 풍부한 과즙으로 가득 차게 된 것이다.〉

8

봄의 첫 번째 징후인 오테펠*[14]이다. 대기에서는 푸딩과 보드카 냄새가 나고

* 13 둘 다 속인, 소시민이라는 뜻.
* 14 일시적인 따뜻한 날씨에 의한 2월 하순의 해빙.

마치 달력 자신이 언어유희를 하고 있는 듯한 마슬렌나야 주간*[15]이 온 것 같다. 태양은 숲에서 졸린 듯이 미끈미끈한 치즈 같은 눈을 가늘게 뜨고, 숲도 졸린 듯이 바늘잎 속눈썹을 겨우 뜨고, 웅덩이는 한낮의 치즈처럼 번들번들 빛난다. 자연은 하품을 하고, 기지개를 켜고, 몸을 뒤척인 다음 다시 잠이 든다.

《예브게니 오네긴》의 제7장에서는 봄에 오네긴이 집을 비운 사이에 휑뎅그렁해진 저택과, 언덕 아래의 개울가에 있는 렌스키의 무덤이 묘사된다.

> 그리고 봄의 연인 꾀꼬리가,
> 밤새도록 지저귀고 있고, 들장미가 피어 있다.

어째서 연인일까? 솔직하게 말해 이 수식어는 자연스럽고 적절하다. 실제로 연인인 것이다. 그러나 소리의 이미지에서는 빌리나*[16]의 〈살라베이=라즈보이니크(꾀꼬리=숲의 악당)〉도 겹쳐져 있었던 것은 아닐까?

이 연인은 빌리나에서는 오지흐만치의 아들, 살로베이=라즈보이니크라는 이름으로 나온다. 그에 대해 얼마나 잘 표현되어 있는지 모른다!

> 그것은 꾀꼬리의 노랫소리 탓인가
> 그것은 짖어대는 들짐승 소리 탓인가
> 그때 풀잎은 모두 엎드리고
> 푸른 꽃들은 모두 떨어진다
> 어두운 숲은 모두 고개 숙이고
> 나그네들 또한 모두 죽어 넘어지는구나

우리가 바르이키노에 닿은 것은 이른 봄이었다. 얼마 안 있어 모든 것이, 특히 미쿨리친 집 아래의, 골짜기라는 의미의 시우티마에서는―벚나무와 오리나무와 개암나무가 차츰 푸른빛을 더해 갔다. 며칠 밤이 지나 꾀꼬리들도 울기 시작했다.

그리고 지금, 마치 처음 듣는 것처럼 나는 놀라고 있다. 다른 새들과 달리 이

---

* 15 치즈의 의미에서, 치즈의 주(週). 사육제에 해당한다. 마슬레니차.
* 16 11~16세기 러시아의 구승 영웅서사시.

선율은 얼마나 장관이란 말인가, 자연은 이 단순에 전조하는 비약을, 이 호루라기 같은 지저귐의 풍요로움과 특이함으로 얼마나 멋지게 성취하고 있는 것일까. 선율의 놀랍도록 다양한 변화, 멀리까지 똑똑히 울려 퍼지는 소리의 놀라운 힘! 투르게네프는 어디에선가 이런 지저귐, 숲 속 요정의 휘파람, 종다리의 단속음을 묘사한 적이 있었다. 그중에서도 다음의 두 구절이 인상적이다. 하나는 탐욕스러울 만큼 되풀이되는 사치스러운 "초흐—초흐초흐", 때로는 3박자, 또 때로는 헤아릴 수 없을 만큼, 그리고 그것에 답하여 온몸이 이슬에 젖은 수풀이 즐거움으로 몸을 떠는 것처럼 먼지를 떨어내고 몸가짐을 바로 한다. 그리고 또 하나는 두 음절로 나뉜 모티프로, 애원하는 듯한 진지한 호소나 경고처럼 들리는 소리다, "오치 니시! 오치 니시! 오치 니시*[17]" 하고.〉

9

〈봄이다. 농사를 시작할 준비를 한다. 일기를 쓸 시간이 없다. 이 노트를 쓰는 일은 즐거웠다. 그러나 겨울까지 멈춰야 한다.

바로 이삼일 전에, 이번에는 진짜 마슬레니차 주간에, 눈이 녹아 엉망이 된 길을 병든 농부가 썰매를 타고 와서 진흙탕과 웅덩이를 지나 마당으로 들어왔다. 물론 나는 진찰을 할 수 없노라고 딱 잘라 말했다. "미안하지만 나는 의사노릇을 그만두었습니다. 나에게는 약도 청진기도 없어요." 그러나 그렇게 말한다고 들어줄 리가 없다. "도와주십시오. 피부가 심상치 않아요. 제발 자비를 베풀어 주십시오. 피부병에 걸렸습니다."

어쩔 수 없지 않은가? 내 심장은 돌로 만들어지진 않았다. 진찰하기로 마음먹었다. "옷을 벗으시오." 나는 진찰한다. "낭창(狼瘡)이군요." 창문 앞에 놓인 석탄산이 든 커다란 병을 곁눈질하면서 환자를 상대한다. (정말이지, 그것이나 다른 필수품들이 어디에서 생겼는지 묻지 말라! 그 모든 것은 삼데뱌토프가 가져다 주니까.) 그러다가 나는 마당으로 또 썰매가 하나 들어오는 것을 보았다. 처음에는 또 다른 환자를 태우고 온 것이라고 생각했다. 그러나 그것은 하늘에서 떨어진 것처럼 갑자기 찾아온 동생 예브그라프였다. 곧 토냐, 슈로치카, 알렉산드르 알렉산드로비치가 그를 열렬하게 환영했다. 나는 잠시 뒤 환자에게서 풀

*17 일어나라는 뜻.

려나 그들과 함께 어울렸다. 우리는 어디서 오는 길이냐, 어떻게 지냈느냐 하는 따위의 질문을 퍼부어 댔다. 그는 여느 때와 다름없이 대답을 피하면서 미소를 짓고, 얘기를 딴 데로 돌리는 등, 온통 수수께끼뿐이었다.

그는 유리아틴에 자주 다니면서 약 두 주쯤 머물더니 갑자기 땅속으로 꺼져 버리기라도 한 것처럼 자취를 감췄다. 그동안 나는 그가 삼데뱌토프보다도 훨씬 더 큰 영향력을 가지고 있으며, 그가 하는 일이나 연줄은 더욱더 불투명하다는 것을 알았다. 그는 어디서 온 것일까? 그의 영향력은 어찌 된 일일까? 그는 무슨 일을 하고 있는 것일까? 종적을 감추기 전에 그는 우리의 살림이 나아지도록, 토냐에게 시간 여유가 생겨 슈라를 돌볼 수 있도록, 그리고 나에게는—의료와 문학에 매진할 수 있도록 해 주겠다고 약속했다. 그가 그것을 위해 무엇을 해 줄 수 있는지 우리는 호기심을 나타냈다. 그는 다시 말없이 미소만 지을 뿐이었다. 그러나 그것은 거짓이 아니었다. 우리의 생활 조건이 변하고 있는 조짐들이 나타나기 시작했다.

이상한 일이 아닐 수 없다! 그는 나의 이복동생이다. 그는 나와 성이 같다. 하지만 솔직히 말해서 나는 그를 잘 알지 못한다.

그는 이미 두 번째로 나의 모든 어려움을 해결해 주는 구원자요 선한 수호신으로서 내 삶 속에 들어왔다. 아마도 모든 사람의 인생에는 어떤 역할을 맡은 인물들 말고도, 또 한 사람, 수수께끼에 찬 초자연적인 힘, 부름을 받지 않고도 도움을 주기 위해 나타나는 거의 상징적인 인물이 틀림없이 존재하는 모양인데, 내 인생에서는 동생 예브그라프가 그런 숨겨진 역할을 하고 있는 것은 아닐까?〉

유리 안드레예비치의 노트는 여기서 끝나 있다. 그는 다시는 일기를 쓰지 않았다.

10

유리 안드레예비치는 유리아틴 시립 도서관의 열람실에서 빌린 책을 훑어보고 있었다. 백 명쯤 들어갈 수 있는, 창문이 많은 열람실은 긴 책상들이 여러 줄 놓여 있는데, 책상은 모두 창 쪽으로 좁게 모여 배치되어 있었다. 저녁에 어두워지면 열람실은 문을 닫는다. 봄철에는 저녁에 시내에 전기가 들어오지 않는다. 유리 안드레예비치는 어둠이 깔릴 때까지 오래 자리를 지키거나, 저녁 식사 시간이 넘도록 시내에 머물러 있는 법이 없었다. 그는 미쿨리친이 빌려준 말을 삼데뱌토프의 여관 마당에 매어 두고, 오전 내내 책을 읽은 다음, 점심때가 지나면 다시 말을 타고 바르이키노의 집으로 돌아갔다.

이렇게 도서관에 다니기 전에는 유리 안드레예비치는 좀처럼 유리아틴에 가는 일이 없었다. 그는 시내에 특별한 볼일이 아무것도 없었다. 그래서 의사는 시내에 대해 잘 알지 못했다. 그는 지금 열람실에 유리아틴 주민들이 차츰 들어차 그에게서 조금 떨어져 앉거나 바로 옆에 앉아 있는 것을 눈앞에서 보고 있었다. 그러자 유리 안드레예비치는 마치 자신이 사람들이 복작거리는 네거리에 서서 시내의 사람들을 잘 알고 있으며, 또 책을 읽고 있는 유리아틴 주민들뿐만 아니라 그들이 살고 있는 집과 거리까지 함께 열람실에 모여 든 듯한 기분을 느꼈다.

그러나 공상 속의 유리아틴이 아닌 실제의 유리아틴이 열람실 창문 밖에 보이고 있었다. 중앙의 가장 큰 창문 옆에는 끓인 물이 담긴 원통 모양의 커다란 탱크가 놓여 있었다. 열람자들은 휴식을 취하려고 계단으로 나가서 담배를 피우거나 탱크를 에워싸고 물을 마시고, 남은 물은 다른 물통에 버린 뒤 창가에 서서 도시의 풍경을 바라보곤 했다.

열람자에는 두 부류가 있었다. 하나는 현지의 인텔리겐치아 출신 노인들이고, 나머지는—이쪽이 대부분이지만 일반 서민들이었다.

첫 번째의 인텔리층은 대부분 여자들이었는데, 그녀들은 초라한 옷차림에 제대로 몸단장도 하지 않고, 얼굴은 건강이 좋지 않은 듯 늘어져 있으며, 굶주림과 황달과 부종 등 다양한 원인으로 병적으로 부어 있었다. 그녀들은 열람실의 단골로 도서관 직원들과도 개인적으로 잘 알고 있으며, 그곳을 자기 집처럼 여겼다.

아름답고 건강한 얼굴에 말끔한 외출복을 차려입은 일반 서민들은 마치 교회에 들어오듯이 머뭇거리면서 조심스럽게 열람실 안으로 들어왔는데, 그들은 규칙을 몰라서가 아니라 조그만 소음도 내지 않으려는 긴장감 때문에 오히려 요란한 발걸음과 목소리를 조절하지 못해 다른 어떤 부류보다도 시끄러웠다.

창문의 반대쪽 벽에는 움푹 들어간 곳이 있었다. 열람실을 분리한 높은 카운터 속에 있는 조금 높은 그곳에서는 열람실 직원인 주임사서와 그의 여자 조수 두 명이 일하고 있었다. 조수 가운데 신경질적으로 생긴 한 여자는 우랄의 플라토크를 두르고, 끊임없이 코안경을 썼다 벗었다 하는데, 아무래도 그것은 잘 보이지 않아서가 아니라 자신의 변덕스러운 기분을 그렇게 해서 달래고 있는 것 같았다. 다른 여자는 검은 비단 블라우스를 입고, 아마도 폐가 나쁜지 입과 코에서 거의 잠시도 손수건을 떼지 않았는데, 그것은 말을 하고 숨을 쉴 때도 마찬가지였다.

이 직원들도 열람자들의 반과 마찬가지로 얼굴이 부석부석하고 어딘지 무기력해 보이며, 울어서 부어오른 듯한 얼굴을 하고 있었다. 또 축 늘어진 피부는 절인 오이나 회색 곰팡이처럼 푸른빛이 나는 흙색이었다. 그들은 모두 서로 교대해 가면서 새로 온 열람자들에게 도서 이용에 대한 규칙을 나지막하게 설명해 주고, 도서 청구카드를 정리하고, 책을 건네주거나 받고, 틈틈이 무슨 연차 보고서를 작성했다.

그리고 기묘하게도 유리 안드레예비치는 창밖에 펼쳐진 진짜 도시와 이 열람실에서 상상하는 도시 사이의 불가해한 중첩과 동시에, 또 마치 모든 사람이 갑상선종(甲狀腺腫)에라도 걸린 듯이 사색이 되어 퉁퉁 부은 얼굴을 하고 있는 것에서 연상되는 어떤 유사성에서, 자신들이 유리아틴에 도착하던 날 아침에 선로에서 만났던 여자 전철수의 심술궂은 얼굴과, 그때 멀리 바라보였던 유리아틴 도시의 원경(遠景), 그리고 찻간 바닥에 나란히 앉아 있었던 삼데뱌토프와 그가 얘기한 정보를 머리에 떠올렸다. 그리고 그때 시내에서 꽤 떨어진 곳에서 들었던 정보를, 그가 지금 가까이에서 바라보고 있는 광경과 연결해 보고자 했다. 그러나 삼데뱌토프가 얘기해 준 정보가 기억나지 않아서 아무런 성과도 없었다.

11

유리 안드레예비치는 열람실의 먼 구석에서 책을 잔뜩 쌓아 놓은 채 앉아 있었다. 그의 앞에는 이 지방자치체의 통계보고서 몇 권과 지방의 민속지(民俗誌)에 대한 책이 몇 권 놓여 있었다. 그는 푸가초프 반란의 역사에 대한 책을 청구하려고 했지만, 비단 블라우스를 입은 사서는 손수건으로 입을 누른 채 작은 목소리로, 한 열람자에게 한 번에 그렇게 많은 책을 빌려줄 수는 없다고 말했다. 관심 있는 연구서들을 대출받으려면 이미 빌린 잡지와 통계보고서 일부를 반납해야 한다는 것이었다.

그래서 유리 안드레예비치는 가장 중요한 책만 골라 놓고, 나머지는 역사에 대한 책과 교환하기 위해 아직 읽지 않은 책을 부지런히 훑어보았다. 그는 주위에 눈길 한 번 돌리지 않고 책장을 재빨리 넘기며 목차를 훑어 나갔다. 열람실이 복작거려도 그를 방해하거나 정신을 흩트리지는 않았다. 그는 옆자리에 앉은 사람들을 눈여겨봐 두었는데, 자기 양쪽의 그들을 마음의 눈으로 보며 책에서는 눈을 떼지 않았다. 그러고는 창문에서 보이는 도시의 건물과 교회의 위치가 움직이지 않는 것과 마찬가지로, 자기가 이곳을 나갈 때까지 열람실 안의 사람들 자리는 변하지 않을 거라고 생각했다.

그런데 태양은 움직이고 있었다. 태양은 끊임없이 이동하면서, 몇 시간 동안 도서관의 동쪽 모퉁이로 돌아가고 있었다. 그리고 이제는 근처에 앉은 사람들이 책을 읽을 수 없도록 창문의 남쪽 벽을 눈부시게 비췄다.

감기에 걸린 도서관 사서는 높이 올라간 칸막이 안에서 내려와 창문을 향해 걸어갔다. 그곳의 창문에는 햇살을 가려 주는 하얀 주름커튼이 달려 있었다. 사서는 창문 하나만 남기고 나머지는 커튼을 모두 내렸다. 구석에 있는 창문은 아직 그늘져 있어서 커튼을 내리지 않았다. 그녀는 그 창문을 열려고 줄을 당기면서 계속 콜록거렸다.

그녀가 열 번인가 열두 번쯤 콜록거렸을 때, 유리 안드레예비치는 그녀가 미쿨리친의 처제이자, 삼데뱌토프가 이야기한 툰체프 씨네 자매들 가운데 하나라는 것을 알았다. 그는 다른 열람자들 뒤에서 고개를 들어 그녀가 있는 쪽을 쳐다보았다.

그제야 그는 열람실에 일어난 변화를 깨달았다. 반대쪽 구석에 새로운 열람자가 자리잡고 있었다. 유리 안드레예비치는 한눈에 그녀가 안티포바라는 것을 알아보았다. 그녀는 앞줄의 책상에 이쪽에 등을 돌리고 앉아 있었다. 그곳은 의사가 앉아 있던 책상과 나란히 놓여 있는 책상 하나 건너였다. 그녀는 감기에 걸린 사서에게 나직하게 얘기하고 있고, 사서는 라리사 표도로브나에게 몸을 기울이고 서서 작은 소리로 속삭이고 있었다. 아마도 그 대화가 사서에게 바람직한 영향을 준 것 같았다. 그녀의 지긋지긋한 코감기 재채기가 멎었을 뿐만 아니라 정신적인 긴장감도 순식간에 사라지고 말았다. 그녀는 안티포바에게 따뜻한 감사의 눈길을 보내면서, 줄곧 입에 대고 있던 손수건을 떼어 주머니에 넣은 다음, 행복한 듯이 자신감 가득하게 웃으면서 칸막이 안의 자기 자리로 돌아갔다.

이 감동적인 사소한 장면은 몇몇 열람자의 눈에도 띄었다. 열람실 사방에서 사람들이 한결같이 공감하는 표정을 지으면서 안티포바에게 웃음을 보냈다. 이 조그만 분위기를 통해 그녀가 이 도시에서 잘 알려져 있고 또 사랑받고 있음을 짐작할 수 있었다.

12

처음에 유리 안드레예비치는 자리에서 일어나 라리사 표도로브나에게 다가가려 했다. 그러나 곧, 그의 성격에는 어울리지 않지만, 그녀에 대해 그의 내부에 자리잡고 있었던 부자연스러움이 이겨, 선뜻 행동으로 옮길 수 없었다. 그는 그녀를 방해하지 않고, 자신의 공부도 멈추지 않기로 마음먹었다. 그는 그녀가 있는 곳을 바라보려는 유혹에서 벗어나려고, 의자를 옆으로 돌려 열람자들에게서 거의 등을 돌리고, 한 손에 잡은 책 한 권과 무릎 위에 펼쳐 놓은 또 한 권의 책에 집중했다.

그러나 그의 생각은 책으로부터 훨씬 먼 곳을 배회하고 있었다. 그런 생각과 아무런 맥락도 없이, 그는 갑자기 언젠가 바르이키노의 겨울밤 꿈속에서 들었던 그 목소리가 바로 안티포바의 목소리였다는 사실을 깨달았다. 생각이 거기에 미치자, 그는 깜짝 놀라 주위 사람들이 이상하게 생각하는 데도, 안티포바를 볼 수 있도록 의자를 본디대로 홱 돌려놓고 그녀를 바라보았다.

그녀의 뒷모습이 거의 바로 뒤에서 반쯤 보였다. 그녀는 밝은색 체크무늬 블라우스를 입고 넓은 허리띠를 두르고 있었다. 마치 어린아이처럼 몰입해, 고개를 오른쪽으로 조금 기울이고 열심히 책을 읽고 있었다. 그녀는 가끔 생각에 잠겨, 시선을 천장으로 향하거나 눈을 가늘게 뜨고 어딘가 앞쪽을 바라보다가, 다시 한 손으로 턱을 괴고 편안하고 재빠른 동작으로 연필을 놀려 책 속의 글귀를 공책에 옮겨 적기도 했다.

유리 안드레예비치는 멜류제예보에서 관찰했던 인상을 되살리고, 그것을 다시 확인했다. '그녀는 다른 사람들의 호감을 사는 일에는 관심이 없는 모양이군.' 그는 생각했다. '아름답고 매력적으로 보이기를 원하지 않는 거야. 그녀는 여성의 그런 본질적인 면을 경멸하면서 이토록 아름다운 자신을 스스로 벌주고 있는 것 같아. 그리고 자기 자신에 대한 그런 도도한 적의가 오히려 그녀의 지울 수 없는 매력을 열 배나 더 돋보이게 하는군.

그녀가 하는 일은 어쩌면 그렇게 모두 멋진 것일까. 그녀는 독서가 인간 최고의 활동이 아니라 동물도 할 수 있는 가장 단순한 일이라는 듯이 책을 읽고 있어. 마치 물을 긷거나 감자를 써는 것처럼.'

그런 생각을 하는 동안 의사의 마음이 가라앉았다. 좀처럼 없는 평온함이 그의 마음에 깃들었다. 그의 생각은 이 문제에서 저 문제로 치닫거나 건너뛰지 않았다. 그는 자신도 모르는 사이에 웃음을 지었다. 안티포바가 있다는 것만으로도 그 신경질적인 사서와 같은 효과가 생긴 것이다.

그는 이제 자신의 의자 위치가 어떻게 되든 신경 쓰지 않고, 또 잡음이나 방심도 두려워하지 않았다. 안티포바가 나타나기 전보다 더욱 집중해 한 시간인가 한 시간 반 동안 공부를 계속했다. 그는 자기 앞에 쌓인 책 더미를 훑어보고 가장 필요한 책들을 골라낸 다음, 내친 김에 그 안에 담긴 중요한 논문 두 편을 읽을 수 있었다. 그 성과에 만족한 그는 반납할 책을 챙겼다. 그에게서 온갖 잡념과 부끄러운 감정이 사라져 버렸다. 그리고 딴 생각이 전혀 없이 순수한 마음으로, 성실하게 공부를 마쳤으니 오랜 옛 친구를 만나 즐거움을 함께할 권리가 마땅히 있다고 생각했다. 그러나 몸을 일으켜 열람실을 둘러보았을 때, 이미 안티포바는 자리에 없었다.

의사가 단행본과 소책자를 가지고 간 카운터 위에 안티포바가 반납한 책들이 아직 정리되지 않은 채 놓여 있었다. 그것은 모두 마르크스주의 참고서였다. 아마도 새롭게 자기 변혁을 꾀하는 전직 교사로서, 집에서 독학으로 자신의 정치적 재교육을 하고 있는 것이 분명했다.

그 책에는 라리사 표도로브나가 청구한 목록이 끼워져 있었는데, 그 카드가 바깥으로 삐져나와 있었다. 거기에 라리사 표도로브나의 주소가 적혀 있었다. 그는 그것을 쉽게 읽을 수 있었다. 유리 안드레예비치는 그 이상한 주소에 놀라면서 그것을 베껴 썼다. '상인 거리, 여인상(女人像)이 있는 집 맞은편'이라는 주소였다.

어떤 사람에게 그곳을 물어 본 유리 안드레예비치는, 이 '여인상이 있는 집'이라는 것은 유리아틴에서는 아주 일반적인 표현으로, 이를테면 모스크바 교구(敎區) 교외의 이름이나 페테르부르크의 '다섯 개의 모퉁이 옆'과 마찬가지로 흔한 것임을 알았다.

그것은 짙은 강철색을 띠고 있는 그 집의 이름이었다. 그 집에는 여신상이 새겨진 기둥과 손에 탬버린과 하프와 가면을 든 고대 뮤즈들의 조각상이 있는데, 전세기(前世紀)에 연극을 애호하던 상인이 사설 극장으로 지은 것이었다. 그 상인의 유족이 이 집을 상업조합에 팔았고, 그 집이 서 있는 길모퉁이의 이름이 거리 이름이 되어 있었다. 이 집에 인접한 장소는, 이 여성상이 있는 집이라는 이름으로 불리고 있었다. 지금 이 여성상이 있는 집에는 당(黨) 시위원회가 들어가 있었다. 비스듬하게 내려가는 언덕길에 있는 이 집 토대의 벽에는, 전에는 연극이나 서커스 포스터가 붙어 있었는데, 지금은 정부의 법령과 결정이 게시되어 있었다.

13

바람이 불고 추운 5월 초순 어느 날이었다. 유리 안드레예비치는 볼일을 보러 간 시내에서 인파를 헤치며 힐끗 도서관을 쳐다본 뒤, 갑자기 모든 계획을 바꿔 안티포바의 집으로 발길을 돌렸다.

바람이 자주 모래와 먼지의 회오리를 일으켜 그의 앞길을 가로막았다. 그는 자주 걸음을 멈추고 몸을 구부리고 눈을 감은 채, 모래먼지가 지나가는 동안 고개를 숙이고 있다가 다시 앞으로 나아갔다.

안티포바는 상인 거리의 쿠페체스카야와 노보스발로치느이 골목 모퉁이에 살고 있었다. 여인상이 있고, 어두컴컴하고 푸른빛이 나는, 의사가 난생 처음 보는 집 맞은편이었다. 여인상이 있는 집은 실제로 그 이름에 걸맞게 기묘하고 불안한 인상을 풍겼다.

위층 전체가, 키가 사람의 반쯤 되는 신화 속의 여인상으로 에워싸여 있었다. 정면 현관을 가린 흙먼지의 돌풍이 둘로 갈라졌을 때, 한순간 의사는 그 속에 여인상들이 일제히 발코니에 나와서 난간에 기대어 그를 바라보고, 아래에 펼쳐진 쿠페체스카야 거리를 바라보고 있는 듯한 인상을 받았다.

안티포바의 집에는 거리로 통하는 정면현관과 골목에서 마당으로 통하는 쪽문이 있었다. 정면현관이 있는 것을 모르고 그는 옆문으로 걸어갔다.

그가 골목에서 문 안으로 돌아갔을 때, 바람이 마당에 쌓인 쓰레기와 흙을 세차게 휘날리면서 그의 시야를 가렸다. 그의 발밑에서 수탉 한 마리에게 쫓기던 암탉들이, 시커먼 장막 저쪽을 향해 꼬꼬댁거리면서 돌진했다.

먼지 회오리가 가라앉았을 때, 의사는 우물가에 서있는 안티포바를 보았다. 회오리바람은 이미 물이 가득 담긴 두 물통의 멜대를 왼쪽 어깨에 걸친 그녀를 덮치고 있었다. 그녀는 머리에 먼지를 뒤집어쓰지 않으려고 이마에 아무렇게나 매었던 네커치프로 머리를 급히 싸매고, 휘날리는 넓은 치맛자락을 바람에 날리지 않도록 두 무릎으로 여몄다. 그녀는 물통을 지고 집으로 가려 했지만, 다시 불어닥친 바람 때문에 걸음을 멈췄다. 바람이 그녀의 머리에서 네커치프를 벗겨 아직도 암탉들이 꼬꼬댁거리고 있는 담장 끝으로 날려 보냈다.

유리 안드레예비치는 얼른 달려가서 네커치프를 주워, 어리둥절한 모습으로 우물가에 서 있는 안티포바에게 내밀었다. 어떠한 경우에도 자연스러운 태도를 무너뜨리지 않는 그녀는 놀라고 당혹해 있던 것치고는 아무 소리도 지르지 않고 그저 이렇게 말했을 뿐이었다.

"지바고!"

"라리사 표도로브나!"

"아니, 도대체 어떻게 된 일이에요?"

"물통을 내려놓으세요. 내가 들어다 드릴 테니."

"아니에요, 전 하던 일을 도중에 그만두거나 미루지 않는 주의인 걸요. 절 만나러 오신 길이라면, 함께 가세요."

"그럼 내가 누굴 만나러 왔겠소?"

"그걸 어떻게 알아요?"

"아무튼 당신이 어깨에 멘 멜대는 내가 대신 메겠소. 당신이 애를 쓰는데 내가 가만히 있을 수는 없잖소."

"애를 쓴다고 할 것까지야 있나요. 그냥 두세요. 당신은 계단에 물만 흘려 놓을 거예요. 그보다도 무슨 바람이 불어서 여길 찾아오셨나요? 이곳에 1년이 넘도록 사시면서도 이제까지 찾아올 시간이 없었는데."

"어떻게 알았소?"

"소문이 좍 깔렸던 걸요. 그리고 난 당신을 도서관에서 보기도 했죠."

"왜 날 부르지 않았소?"

"날 보지 못했다는 말을 나에게 믿으라는 거예요?"

흔들리는 물통 때문에 약간 비틀거리는 라리사 표도로브를 따라 의사는 나지막한 아치문으로 들어갔다. 그곳은 아래층의 뒷문 현관이었다. 거기서 그녀는 재빨리 몸을 웅크려 바닥에 물통을 내려놓고는, 어깨에서 멜대를 벗은 다음 허리를 펴고, 어디서 꺼냈는지 작은 손수건으로 두 손을 닦았다.

"어서 가요, 안쪽 입구에서 정면 현관으로 안내할 테니. 그곳은 환해요. 거기서 잠시 기다려 주세요. 저는 뒷문에서 물통을 옮기고 2층을 잠시 치운 뒤 옷도 갈아입어야 하니까요. 자, 이 멋진 계단을 좀 보세요. 주철제 계단에 무늬가 새겨져 있어요. 위에서는 한눈에 모든 것을 내려다볼 수 있어요. 낡은 건물이죠. 포격이 있던 날에는 조금 흔들렸어요. 물론 대포 포격이었어요. 좀 보세요, 돌에 금이 갔어요. 여기 벽돌 틈에 난 구멍 보이죠? 카차와 난 외출할 때면 이 구멍에 열쇠를 숨겨 놓고 벽돌을 올려둬요. 기억해 두세요. 혹시 언젠가 찾아왔을 때 내가 보이지 않으면, 이 열쇠로 열고 들어오세요, 기다리고 있으면 곧 돌아오니까요. 보세요, 여기에 열쇠가 있잖아요? 하지만 지금은 필요 없어요, 난 뒤에서 들어와 안에서 문을 열 테니까요. 골칫거리라면 쥐가 많다는 거죠. 쥐가 너무 많이 우글거려서 손을 쓸 수가 없어요. 머리 위로 막 돌아다닌다니까요. 오래된 건물이라 벽은 흔들리고, 온통 구멍투성이에요. 최대한 쥐구멍을 막고 그놈들과 싸우고 있지만 신통치 않아요. 언제 한번 찾아와서 도와주시지 않겠어요? 같이 마룻바닥과 벽의 걸레받이에 못을 쳤으면 좋겠는데, 어떠세요? 그럼, 여기 층계참에서 기다리면서 생각해 보세요. 잠시만 기다려 주시면 곧 부르겠어요."

그녀가 부르기를 기다리는 동안 유리 안드레예비치는 회칠이 벗겨진 입구의 벽면과 계단의 주철판을 살펴보았다. 그는 생각했다. '도서관에서 나는 독서에 열중한 그녀의 모습을 이런 육체노동에 쏟는 정열과 비교해 보았지. 지금은 그 반대야. 그녀는 마치 책을 읽듯이 아무런 어려움 없이 물을 긷고 있어. 그녀는 모든 점에서 이렇게 경쾌해. 마치 아주 오래전 어린 시절에 이렇게 인생을 향해 질주하는 것을 터득해, 지금은 모든 것이 그녀에게 단숨에, 저절로, 자연스럽게 나오는 결과인 것처럼 경쾌하게 이루어지고 있군. 그것은 그녀가 허리를 구부릴 때 드러나는 등의 곡선과, 입술이 벌어지고 턱이 원을 그리는 웃음, 그리고 그녀의 말과 생각 속에 나타나 있어.'

"지바고 씨!" 그녀가 2층 층계참에 있는 방문 앞에서 소리쳤다. 의사는 계단을 따라 올라갔다.

14

“손을 잡고 얌전히 저를 따라오세요. 방 둘을 지나가야 하는데, 그곳은 어두울 뿐만 아니라 천장까지 살림살이가 잔뜩 들어차 있거든요. 부딪치면 다쳐요.”

“정말 미로 같군. 나 혼자서는 길을 못 찾겠소. 왜 이 모양이오? 집수리라도 하고 있소?”

“오, 아니에요. 아무 일도 하고 있지 않아요. 남의 건물인데, 주인이 누구인지는 나도 몰라요. 우린 전에는 중학교 건물의 관사(官舍)에서 살았어요. 거기에 유리아틴 소비에트의 주택과가 들어오자, 나하고 딸은 사람들이 살지 않는 이곳의 일부를 할당받은 거죠. 이곳에는 전 주인의 살림이 그대로 남아 있었는데, 난 남의 물건은 필요하지 않아요. 그래서 이 두 방에 몰아넣고 창문에 하얀 페인트를 칠했죠. 내 손을 놓쳤다가는 길을 잃고 말 거예요. 그래요, 오른쪽으로. 이제 미로는 끝났어요. 보세요, 여기가 내 방문이에요. 금방 밝아질 거예요. 문지방을 조심하세요.”

유리 안드레예비치가 안내를 받으며 방으로 들어서니, 방문 반대쪽 벽에 창문이 하나 있는 것이 보였다. 의사는 창밖의 광경을 흘끗 보았다. 집 마당 너머로 이웃집 건물의 뒤편과 강가의 공터가 보였는데, 그곳에서 풀을 뜯는 염소와 양들이 마치 단추를 끄른 모피코트 자락의 긴 털로 흙먼지를 쓸고 있는 것 같았다. 그뿐 아니라 창문을 향해 보이도록, 두 개의 기둥에 의사가 알고 있는 ‘모로와 베트친친. 파종기. 탈곡기’라는 광고판이 불거져 나와 있었다.

간판이 눈에 띄자, 의사가 라리사 표도로브나에게 가장 먼저 꺼낸 것은 우랄 지방에 가족과 함께 도착한 이야기였다. 스트렐리니코프와 그녀의 남편이 같은 사람이라는 소문이 있었던 것을 잊은 그는, 깊이 생각하지 않고 찻간에서 군사위원을 만난 이야기를 했다. 그 이야기가 라리사 표도로브나에게 특별한 인상을 주었다.

“스트렐리니코프를 만나셨다고요?”—그녀는 재빨리 되물었다. “지금은 당신한테 자세한 얘기는 하지 않겠어요. 하지만 얼마나 의미심장한 일인지! 당신이 그 사람을 만난 것은 어떤 운명이라고 할 수 있어요. 언제고 나중에 설명하게 되면 정말 깜짝 놀라실 거예요. 내가 제대로 이해한 거라면, 그는 당신에게 나쁜 인상보다는 호감을 준 것 같군요?”

“물론이오. 그는 나를 배척하는 것이 당연했겠지요. 우리는 그가 본보기로 파괴하고 있던 토지를 지나왔소. 나는 폭력적인 군인이나 혁명의 편집광적인 살육자를 만날 줄 알았는데, 만나보니 그 어느 쪽도 아니더군요. 어떤 사람이 기대했던 인물이 아닐 때나 그가 미리 만들어진 이미지와 다를 때는 기분이 좋아지지요. 하나의 유형에 속한다는 것은 그 사람의 종말, 그 사람에 대한 유죄판결이니까. 만일 그를 어떤 범주 속에 넣을 수 없고, 또 그에게 전형적인 특징 같은 것이 없다면, 그가 하는 일의 반은 이루어진 것과 마찬가지요. 그는 자기 자신에게서 벗어나 불멸의 씨앗을 획득한 것과 마찬가지가 되는 거지요."

"그는 비당원이라고 하던데요."

"그렇소, 아마 그럴 거요. 그는 어떤 방법으로 사람들의 주의를 자기 자신에게 돌리고 있는 것일까요? 그래요, 운명 때문일 겁니다. 나는 그가 불행한 최후를 맞이할 거라고 생각해요. 그는 자신이 저지른 죗값을 치르게 될 거요. 혁명의 무법자들이 무서운 것은 그들이 단순한 악당이어서가 아니라, 통제할 수 없는 메커니즘이기 때문이오. 탈선한 열차처럼 말이오. 스트렐리니코프도 그들과 마찬가지로 미쳤지만, 그는 책자를 통해서가 아니라 경험과 고뇌를 통해서 그렇게 된 거지요. 그의 비밀을 알 수는 없지만, 그에게는 그 비밀이 있다고 확신하고 있소. 그가 볼셰비키와 결탁하게 된 것은 우연한 일이었소. 그가 그들에게 필요한 이상 그를 그냥 내버려 둘 것이고, 또 그들과 같은 길을 가고 있거든요. 하지만 필요가 없어지면, 수많은 군사전문가들*[18]과 마찬가지로 그를 가차 없이 내팽개쳐 버리고 짓밟을 거요."

"그렇게 생각하세요?"

"반드시 그럴 거요."

"하지만 그가 살아날 길은 없을까요. 이를테면 도망을 친다거나?"

"어디로 도망친단 말이오, 라리사 표도로브나? 옛날 같은 제정시대라면 그럴 수도 있겠지요. 지금은 도저히 불가능해요."

"가엾어라. 당신 이야기를 듣고 보니 그에게 동정이 가요. 하지만 당신은 변했군요. 전에는 이렇게 격렬한 투로 혁명을 비판하지는 않았거든요."

"문제는 무슨 일에나 한계가 있다는 거요, 라리사 표도로브나. 이만한 시간이 지났으면 어떤 결론에 이르러야 하지 않겠소? 그런데 명확해진 것은, 혁명

---

*18 제정기의 군인들이 상당수 볼셰비키군에 들어갔다.

을 충동한 사람들에게는 변혁과 격동이야말로 유일하고 진정한 잠재의식이고, 사람들에게는 빵을 줄 것이 아니라 뭔가 세계적인 대규모의 것을 주어라, 하는 것이었소. 세계의 건설과 그 과도기—이것이 그들의 자기목적이오. 그들은 그것밖에 배운 것이 없고, 아무런 능력이 없어요. 알고 있겠지만, 그러한 끝없는 준비가 공연한 소동으로 끝난 이유가 뭐라고 생각하시오? 제대로 준비된 능력이 없고, 재능이 없어서 그렇게 된 것이오. 인간이란 살아가기 위해서 태어나는 것이지, 살아갈 준비를 하기 위해서 태어나는 것이 아니오. 그리고 살아가는 일 자체는, 삶의 현상은, 삶의 재능은, 정말이지 진지한 것 아니겠소! 어째서 삶을 이렇게 미숙한 허구의 어린애 장난 같은 광대놀음으로 바꿔야 하죠? 그야말로 체호프의 중학생*[19]이 미국으로 달아나는 것과 같은 것이지 뭐겠소. 하지만 이제 그만하지요. 이번에는 내가 물어볼 차례군요. 우리는 이 도시에 봉기가 일어났던 날 아침에 도착했어요. 당신도 그때 거기에 있었소?"

"아, 그랬죠! 그럼요. 사방이 온통 불길에 휩싸였어요. 다 태워 버릴 뻔했으니까요. 내가 얘기했듯이 집도 많이 상했죠. 마당에는 터지지 않은 포탄이 아직도 문 옆에 있어요. 약탈, 포탄, 그리고 온갖 추악한 일들. 정권이 바뀔 때면 언제나 마찬가지예요. 하지만 우리는 이미 여러 차례 겪었기 때문에 익숙해져 있었어요. 백군(白軍)이 정권을 장악했을 때는 또 어땠는데요! 개인적인 원한으로 인한 암살, 협박, 미친 듯한 술판이 끊이지 않았어요. 참, 더 중요한 이야기를 잊고 있었어요. 그 갈리울린 말이에요! 그는 이곳에서 체코 군단의 거물이 되어 있더군요. 아마 군사 사령관 비슷한 것 말이에요."

"나도 들어서 알고 있소. 그를 만난 적이 있소?"

"꽤 자주요. 그 사람 덕분에 내가 얼마나 많은 사람을 구해 주고 숨겨 줄 수 있었는지 몰라요! 그 사람에 대해서는 정당하게 평가해야 해요. 그는 나무랄 데 없는 기사처럼 자신을 지배하고 있었어요. 소심한 카자크 대위들이나 경찰관들과는 달랐어요. 하지만 이미 그때 주도권을 잡은 것은 그런 소심한 사람들이었지 착실한 사람들이 아니었어요. 고맙게도 갈리울린은 내게 많은 도움을 주었고, 나는 그에게 감사하고 있어요. 우린 오래된 친구 사이거든요. 소녀 시절에 그가 살던 집을 자주 찾아가곤 했어요. 그 집에는 철도노동자들이 살

---

*19 체호프의 단편 〈소년들〉.

왔기에 나는 어렸을 때부터 가난과 고생을 가까이서 볼 수 있었죠. 그래서 난 혁명에 대한 생각이 당신과는 달라요. 혁명은 나에겐 훨씬 친근하게 여겨져요. 나에게는 혁명 속에 많은 피를 나눴다는 느낌이 있는 거죠. 그리고 갑자기 그가, 그 소년이, 문지기의 아들이 대령이 되었죠. 아니, 백군 장군까지 되었어요. 난 민간인이라서 계급에 대해선 잘 몰라요. 그리고 내 직업도 역사 선생에 지나지 않고요. 그건 그렇고, 지바고 씨, 말하자면 이런 얘기예요. 난 많은 사람들을 도와주었어요. 그 사람한테 자주 찾아갔지요. 우린 당신에 대한 추억을 떠올리기도 했어요. 나에게는 어느 쪽 정부에나 연줄과 후원자가 있었는데, 그들 모두에게서 실망과 비애를 느꼈어요. 사람들이 두 진영으로 갈라져서 서로 접촉하지 않고 살아가는 건 시시콜콜한 책 속에나 나오는 이야기잖아요. 하지만 현실에는 모든 것이 서로 뒤얽혀 있어요! 인생에서 한 가지 역할만 하고, 사회 속에서 한 가지 지위만을 차지하고, 또 언제나 똑같은 의미를 부여하면서 살아가는, 아무런 가망이 없는 보잘것없는 존재가 될 수는 없잖아요!"

"아, 여기서 당신이 그렇기라도 하다는 말이오?"

머리를 두 갈래로 가늘게 땋아 내린 여덟 살쯤 된 계집아이가 들어왔다. 가늘게 뜬 두 눈 사이가 넓어서 장난기가 많고 영악해 보이고, 웃을 때는 눈꼬리가 조금 올라갔다. 아이는 어머니에게 손님이 와 있다는 것을 문 뒤에서 이미 알고 있었지만, 문지방에 닿자 뜻밖이라는 듯이 일부러 놀란 표정을 지어야 한다고 생각하고, 무릎을 구부려 인사를 한 다음 의사를 응시했다. 깜빡이지도 않고 두려움을 모르는 그 눈길은, 일찍부터 사색을 하며 고독하게 자란 아이라는 것을 드러내고 있었다.

"딸아이 카테니카예요. 서로 잘 지냈으면 좋겠어요."

"멜류제예보에서 저 애의 사진을 보여 준 적이 있었지. 몰라보게 자랐군!"

"그럼 너 집에 돌아와 있었니? 난 산책하고 있을 거라고 생각했지. 네가 집에 들어오는 소리를 못 들었지 뭐야."

"구멍에서 열쇠를 꺼내려고 하는데, 그 속에 이만큼 큰 쥐가 들어 있었어요! 난 비명을 지르면서 달아났어요! 무서워서 죽을 뻔했어요."

카테니카는 귀여운 얼굴을 찡그리며 영악해 보이는 눈을 동그랗게 뜨고, 물에서 건져 올린 물고기처럼 입을 동그랗게 내밀며 말했다.

"자, 이제 방으로 가거라. 아저씨께 식사를 함께하자고 부탁하고, 오븐에서 죽을 꺼내면 부를 테니까."

"고맙지만 그때까지 있을 수가 없어요. 내가 시내를 방문하기 시작한 뒤부터, 여섯 시에 저녁 식사를 하기로 정했거든요. 난 늘 그 시간에 늦지 않게 돌아가는데, 집에 가려면 마차를 타고 세 시간이 넘게 걸려요. 네 시간까지는 안 걸리지만. 그래서 이렇게 이른 시간에 찾아온 거요. 미안하지만 이제 일어나야겠소."

"30분만 더 계세요."

"그러죠."

15

"솔직히 얘기해 주셨으니, 이제 나도 솔직히 말씀드리죠. 당신이 얘기한 스트렐리니코프는, 도저히 죽었다고 믿어지지 않아서 내가 전선으로 찾아나섰던 나의 남편 파샤, 파벨 파블로비치 안티포프예요."

"난 놀라지 않고 들을 준비가 되어 있소. 그런 소문을 듣기는 했지만 말도 안 되는 일이라고 생각했지요. 그래서 그런 소문을 어느 정도 무시한 채 부주의하게 생각나는 대로 그 사람에 대한 이야기를 한 거요. 그 소문은 엉터리일 줄 알았어요. 난 그 사람을 만났소. 사람들은 어떻게 당신과 그 사람을 연결할 수가 있죠? 당신들 사이에 무슨 공통점이 있을까요?"

"그렇지만 모두 사실이에요, 유리 안드레예비치. 스트렐리니코프, 그는 내 남편 안티포프예요. 나는 모두가 말하는 의견에 찬성이에요. 카테니카도 그것을 알고 아버지를 자랑스럽게 여기죠. 스트렐리니코프라는 이름은 다른 모든 혁명가와 마찬가지로 그가 쓰는 가명이에요. 그럴 만한 이유가 있어서 가명으로 살아가면서 활동해야 해요.

그가 유리아틴을 점령했을 때, 우리에게 포격을 퍼부었어요. 우리가 이곳에 살고 있다는 것을 알면서도 우리가 무사한지 어떤지 한 번도 알아보지 않고요. 그랬다가는 자신의 비밀이 드러나기 때문이죠. 그것이 그의 의무였으니까요. 만일 그가 어떻게 해야 할지 우리에게 물었다 해도 우리는 그렇게 하라고 격려했을 거예요. 당신이 말했듯이, 내가 무사히 지낼 수 있고 시(市) 소비에트로부터 제공받은 나쁘지 않은 주택 조건과 그 밖의 것은 그가 우리를 몰래 돕고 있다는 간접적인 증거라고 당신도 생각하겠지요! 어쨌든 난 당신의 의견에 동의

할 수 없어요. 그 사람이 이곳에 있었으면서도 우릴 만나려는 유혹을 물리치다니! 그건 내 머리로는 생각할 수 없는 일, 나의 이해를 넘어선 문제예요. 그건 나 같은 사람은 이해할 수 없는 종류의 일이에요. 그것은 삶이 아니라, 로마 시민의 용기, 지금 시대의 난해한 사상의 하나가 되겠죠. 하지만 나는 당신의 영향을 받아서 당신의 목소리를 따라하고 있어요. 가능하면 그러고 싶지 않지만. 난 당신과는 다른 생각을 가진 인간이니까요. 막연하거나 한계가 있는 일은 서로 이해할 수 있어요. 그러나 커다란 문제나 인생철학에서는 서로 다른 견해를 갖는 편이 훨씬 나아요. 그건 그렇고 다시 스트렐리니코프 이야기로 돌아가지요.

그는 지금 시베리아에 있는데, 당신이 옳아요, 나도 그가 비난을 받고 있다는 얘기를 들었어요. 그래서 심장이 얼어붙는 것만 같아요. 지금 그는 시베리아에서, 성공리에 이동한 우리의 어느 전선에서, 자신이 자란 집의 어릴 적 친구, 나중에 전선의 동지였던 가엾은 갈리울린을 격퇴하고 있어요. 그는 갈리울린에게 자기 이름과 우리가 부부라는 사실을 숨기지 않고 있어요. 갈리울린은 스트렐리니코프라는 이름만 들어도 미친 듯이 분통을 터뜨리지만, 워낙 세심한 사람이어서 내게는 그런 감정을 한 번도 나타내지 않았어요. 그래요, 맞아요, 그는 지금 시베리아에 있어요.

하지만 그가 아직 이곳에 있었을 때(그는 이곳에 오랫동안 머무르면서 대부분의 시간을 당신이 만났던 그 기차에서 보냈어요), 나는 늘 어떻게든 우연히 예기치 않게 그와 마주치기를 간절히 바랐죠. 그는 이따금 사령부에 찾아왔어요. 그 건물에는 전에 코무치, 즉 제헌회의군(制憲會議軍)의 군 당국이 들어와 있었어요. 사령부 입구는, 내가 다른 사람들을 돕기 위해 부지런히 갈리울린을 찾아다닐 때 갈리울린이 나를 만나 주었던 그 건물의 별채 쪽에 있었죠. 이를테면 그때 육군견습사관학교의 학생 부대가 세상을 떠들썩하게 한 사건이 일어나, 학생들이 숨어서 마음에 들지 않는 교관들을 볼셰비키즘을 신봉한다는 구실로 사살했어요. 또 그 무렵 유대인 박해와 집단 살육도 시작되었죠. 우리가 만약 시의 주민이고 지적노동자라면, 그 수의 반이 우리의 지인이에요. 그리고 이 공포와 끔찍함이 시작된 대학살 시기에 우리가 느낀 것은, 분노와 치욕과 동정 외에도, 위선적이고 불쾌한 뒷맛이 남는 정신적 공감이라는 무겁고 모순된 감정이었어요.

지난날 우상숭배의 굴레에서 인간을 해방했던 많은 사람과 지금 사회악에서 인간을 해방하기 위해 헌신하는 대다수 사람은, 자기 자신에게서 해방될 능력이 없고, 의미를 잃은 구시대의 낡은 명분에서 자유로워질 수 없으며, 자기 자신을 극복하고 일어서지 못한 채, 흔적도 없이 다른 사람들 속에 녹아들지 못하고 있는 거예요. 실은 다른 사람들의 종교적 기초를 만든 것은 그들 자신이고, 게다가 그들 자신이 다른 사람들을 좀 더 이해했더라면 그 사람들을 훨씬 가깝게 느꼈을 텐데도 말이에요.

물론 여러 가지 박해가 이처럼 무익한 파멸 상태와, 재난밖에 가져오지 않는 이 수치스러운 자기희생의 고립을 강요하고 있지요. 하지만 바로 거기에 내적인 노쇠와 몇 세기에 걸친 역사적 피로가 있는 거죠. 나는 그들의 냉소적인 자기 격려, 궁색하고 단조로운 판단력, 소심한 상상력이 싫어요. 그건 늙은이가 늙었다고 한탄하는 것이나, 병자가 병이 들었다고 탄식하는 것과 같아요. 당신도 동의하시죠?"

"난 그런 생각은 해본 적이 없소. 고르돈이라는 친구가 있는데, 그가 그런 견해를 가지고 있지요."

"참, 그래서 난 파샤를 찾아가서 몰래 지켜보았어요. 그가 들어가거나 나가거나 할 때 만날 생각이었죠. 전에는 그 별채에 사령관실이 있었어요. 지금은 문에 '청원국(請願局)'이라는 팻말이 붙어 있지만요. 혹시 보셨나요? 시내에서 가장 아름다운 곳이죠. 문 앞 광장은 포석으로 포장되어 있고, 광장을 건너면 시립공원이 있는데 그곳에는 불두화와 단풍나무, 산사나무가 자라고 있죠. 보도에도 청원자들이 몇 명씩 서 있었는데, 나도 그곳에서 기다리곤 했어요. 물론 문을 박차고 들어가거나 그의 아내라고 말하지는 않았어요. 우린 성(姓)이 다르거든요. 사실 감정에 호소해도 마찬가지고요. 그들은 완전히 다른 원리에 따라 움직이는 사람들이었으니까요. 예를 들면 그의 친아버지, 전에 정치적으로 추방당한 노동자 출신인 파벨 페라폰토비치 안티포프는 이 큰길에서 가까운 어느 재판소에서 근무하고 있어요. 이곳은 자신이 과거에 추방당했던 곳이죠. 그의 친구인 티베르진도 그곳에 있어요. 그들은 모두 특별군법회의의 위원들이죠. 당신이라면 어떻게 생각할까요? 아들은 아버지에게도 신분을 밝히지 않고 있고, 아버지 쪽에서도 그것을 당연한 일로 여기고 화를 내지 않는 거예요. 아들이 신분을 감추고 있는 이상 그럴 필요가 없다는 거죠. 그들은 단단한 부싯

돌이지 인간이 아니에요. 모든 것이 원칙과 규율뿐이에요.

자, 이제 얘기는 끝나가요. 만약 내가 그의 아내라는 사실을 증명했더라도 결과는 아마 신통치 않았을 거예요! 요즘 같은 때에 그들에게 아내가 무슨 소용 있겠어요? 세계의 프롤레타리아나 세계의 개조, 그 밖의 다른 구호들은 나도 이해해요. 그렇지만 아내라는 두 발 달린 존재는, 거기서는, 그래요, 하찮은 벼룩이나 이보다 나을 게 없어요!

부관이 돌아다니면서 차례대로 질문을 해요. 몇 사람을 안으로 들여보내더군요. 나는 성을 밝히지 않은 채, 용건을 묻는 질문에 개인적인 일이라고만 대답했어요. 미리 행방불명자 문제라고 말할 수 있었지만 거부했어요. 부관은 어깨를 으쓱거리면서 미심쩍은 눈초리로 훑어보더군요. 그렇게 해서 그 사람을 한 번도 만나지 못했어요.

당신은 그 사람이 우리를 사랑하지 않고 우리를 피하며, 우리를 잊어버렸다고 생각하시나요? 오, 그 반대예요! 나는 그 사람을 잘 알아요! 그 사람은 지나칠 만큼 애정이 넘치는 사람이에요. 그 사람은 빈손이 아니라 승리자로서 영광을 안고 돌아와, 우리 발밑에 월계관을 바치려는 거예요! 우리를 불멸케 하고 빛나게 해줄 거라고요! 마치 어린아이처럼!"

카테니카가 다시 방으로 들어왔다. 라리사 표도로브나는 놀란 딸을 두 손으로 번쩍 안아 올려 이리저리 흔들고는, 간지럼도 태우고 키스도 퍼부으며 숨이 막히도록 껴안았다.

16

유리 안드레예비치는 말을 타고 시내에서 바르이키노로 돌아가고 있었다. 그는 이 장소를 수없이 지나다녔다. 이젠 길에 익숙해진 탓에 둔감해져서 주의를 기울이지 않고 있었다.

그는 곧장 가면 바르이키노로 향하고, 옆길로 가면 사므카 강변의 어촌 바실리옙스코예로 향하는 숲 속의 갈림길에 다다랐다. 길이 양쪽으로 갈라지는 지점에 세 번째 농기구 광고판 기둥이 서 있었다. 갈림길 가까이에 도착했을 때는 평소와 다름없이 해가 기울고 있었다. 어느덧 저녁때가 되었던 것이다.

벌써 두 달이 넘게 지난 일이지만, 어느 날 시내에 간 의사는 집으로 돌아가지 않고 라리사 표도로브나의 집에서 하룻밤을 보냈다. 집에 돌아가서는 볼일이 늦어져서 삼데뱌토프의 여관에 묵었다고 둘러댔다. 그는 오래전부터 안티포바에게 말을 놓고 라라라고 불렀으며, 그녀는 그를 지바고라고 불렀다. 유리 안드레예비치는 토냐를 속였고 안티포바에 대한 이야기를 숨겼다. 사태는 갈수록 심각해져서 용납할 수 없는 정도에까지 이르렀다. 그것은 지금까지 한 번도 없었던 일이었다.

그는 토냐를 숭배할 만큼 사랑하고 있었다. 그녀의 안정된 마음과 정신적 평온은 그에게 무엇과도 바꿀 수 없는 소중한 것이었다. 그는 그녀의 아버지나 그녀 자신보다 더 그녀의 명예를 지켜 주기 위해 산처럼 버티고 서 있었다. 만약 그녀의 자존심에 상처 주는 사람이 있으면 누구라도 자기 손으로 갈기갈기 찢어 놓았을 것이다. 그런데 지금 그 자신이 그녀를 모욕하고 있었다.

단란한 가족 속에서 그는 들키지 않은 범죄자가 된 기분이었다. 아무것도 모르는 가족과 그들의 변함없는 애정은 그에게 고통과 절망을 안겨 주었다. 이야기가 한창 무르익을 때면 그는 자신의 죄가 머릿속에 떠올라 온몸이 굳어졌고, 주위에서 이야기하는 소리가 하나도 들리지 않고 이해도 되지 않았다.

식사 중에 그런 일이 일어나면, 그는 음식이 목구멍에 걸려 숟가락을 내려놓고 접시를 밀어냈다. "왜 그래요?" 토냐는 어리둥절해서 묻곤 했다. "시내에서 무슨 좋지 않은 소식이라도 들었어요? 누가 체포되었나요? 아니면 총살형이라도 당했나요? 나에게 말해 봐요. 내가 놀랄지도 모른다는 걱정은 하지 말고요. 말하고 나면 마음이 훨씬 편안해질 거예요."

그는 토냐를 배신한 것일까, 그녀보다 다른 여자를 더 사랑한 것일까? 아니, 그는 그런 선택이나 비교를 한 적이 없다. '자유연애'라는 개념과 '감정의 권리와 욕구'라는 말은 그와는 거리가 먼 것이었다. 그는 그런 말을 입에 담거나 생각하는 것을 저속하게 여겼다. 그는 인생에서 '쾌락의 꽃'을 딴 적도 없고, 자신을 신적인 존재나 초인이라고 생각한 적도 없으며, 자신에 대해 특별한 특전이나 우선권을 구한 적도 없었다. 그는 불순한 양심의 중압감에 시달리고 있었다.

'앞으로 어떻게 될까?'—그는 간혹 그렇게 자문해 보았으나 해답은 나오지 않았다. 그는 실현 불가능한 그 무엇을 기대했고, 상황을 뒤바꿀 수 있는 뭔가 예상 밖의 어떤 개입이 있어 주기를 기대했다.

그러나 지금은 그렇지 않았다. 그는 온 힘을 다해 이 운명의 결절을 잘라내기로 마음먹었다. 그는 결심을 하고 집으로 돌아가고 있었다. 토냐에게 모든 사실을 고백하고, 그녀의 용서를 빌며, 두 번 다시 라라를 만나지 않기로 결심한 것이다.

그런데 사실은 모든 일이 반드시 순조롭지만은 않았다. 그는 지금, 라라와 이제부터 영원히 헤어지는 것이 아직 충분히 명확해지지 않았다고 생각했다. 오늘 아침에 그는 그녀에게, 토냐에게 모든 사실을 고백하고 앞으로 다시는 만나지 않을 생각이라고 선언했지만, 지금의 그에게는 너무 완곡하고, 충분히 단호하게 말하지 않았다는 느낌이 남아 있었다.

라리사 표도로브나는 무거운 탄식과 한탄으로 유리 안드레예비치를 슬프게 하고 싶지 않았다. 말하지 않아도 그가 얼마나 괴로워하고 있는지 그녀는 잘 알고 있었다. 그녀는 될 수 있는 대로 평온한 마음으로 그의 이야기를 들으려고 노력했다. 두 사람은 라리사 표도로브나가 쓰지 않는, 쿠페체스카야 거리로 난 전 주인의 빈 방에서 대화를 나눴다. 라라의 두 뺨에는, 비 오는 날 길 건너편의 여인상이 있는 집에 서 있는 석상(石像)의 얼굴에 빗물이 흘러내리듯이, 자기도 의식하지 못하는 눈물이 흘러내리고 있었다. 그녀는 진심을 담아, 조금도 거짓 없는 너그러운 마음으로 조용히 말했다. "내 걱정은 하지 말고 당신 좋으실 대로 하세요. 난 모든 것을 극복할 수 있으니까요." 그녀는 자신이 울고 있다는 것도 모르고 눈물을 닦으려고도 하지 않았다.

라리사 표도로브나가 자기가 한 말을 오해한 것은 아닐까, 자신이 그녀의 가슴속에 헛된 기대감을 남겨 놓은 것은 아닐까 하는 생각에, 그는 말을 돌려 시내로 되돌아가서 못 다한 이야기를 마저 하고, 영원한 작별 인사에 어울리도록 훨씬 따스하고 다정하게 헤어지고 싶었다. 그러나 그는 겨우 자신을 억누르고 말을 계속 몰았다.

해가 기울어질수록 숲은 추위와 어둠으로 가득 찼다. 그곳에서는 마치 목욕탕 탈의실에 들어갔을 때처럼 비에 촉촉이 젖은 활엽수의 습기가 콧속으로 빨려 들어왔다. 허공에는 물속을 헤엄치는 것처럼 모기 떼가 미동도 하지 않은 채 합창하듯이 윙윙거리면서 떠 있었다. 유리 안드레예비치는 쉴 새 없이 이마와 목에 앉은 모기들을 때려잡았다. 땀에 젖은 살을 손바닥으로 철썩 때리는 소리에 놀랄 만큼 민감하게 다른 소리들이 호응했다. 안장이 삐걱거리는 소리, 맹렬한 기세로 진흙탕 속을 달리는 무거운 말발굽 소리, 말의 내장에서 일제사격하는 것처럼 터져 나오는 건조한 소리. 황혼이 어슴푸레 남아 있는 먼 곳에서 갑자기 꾀꼬리가 울기 시작했다.

'오치니시! 오치니시!(일어나라)' 꾀꼬리가 설득하듯 울어 대는 그 소리는, 부활절 전날 '나의 영혼이여! 나의 영혼이여! 잠든 자여, 깨어나라!' 하고 부르는 소리와 비슷했다.

갑자기 단순한 생각이 유리 안드레예비치를 사로잡았다. 무엇 때문에 이렇게 서두른단 말인가? 그는 자신이 낸 결론에서 달아나지 않을 것이고, 고백은 언제든 할 것이다. 그러나 그게 꼭 오늘 당장이어야 한다고 말할 사람이 누가 있겠는가? 고백하는 것을 다음 기회로 미루어도 늦지 않으리라. 그때는 그가 다시 시내로 올 때가 될 것이다. 라라와의 대화는 온갖 고통을 성의 있고 깊이 있게 털어놓으며 끝을 맺으리라. 아, 정말 훌륭한 생각이다! 정말 멋진 생각이야! 어째서 좀 더 빨리 그 생각을 못했는지 이상할 정도구나!

안티포바를 다시 만날 수 있다고 생각하니 유리 안드레예비치는 기뻐서 미칠 듯한 심정이었다. 심장이 마구 뛰었다. 그는 미리 모든 기쁨을 맛보았다.

가로수가 울창한 교외의 골목길, 널빤지 조각으로 포장된 보도(步道). 그는 그녀를 향하고 있다. 잠시 뒤면 도시의 공터와 널빤지 조각으로 포장된 도로가 끝나고, 노보스발로치느이의 돌로 포장된 도로가 시작될 것이다. 책장을 집게손가락으로 천천히 넘기는 것이 아니라, 책 가장자리를 엄지손가락으로 누르고 한꺼번에 소리내어 넘길 때처럼, 교외의 작은 집들이 섬광처럼 옆을 스쳐 지나갔다. 숨 쉬기가 괴로웠다! 저기 저 집에 그녀가 살고 있다. 저 막다른 구석에. 비 온 뒤 맑게 갠 하늘, 저녁 무렵의 하얀 빛 아래에. 그녀의 집으로 가는 길목에 늘어선 낯익은 작은 집들을 그는 얼마나 사랑했던가! 그는 그 집들을 손에 집어 들고 키스라도 퍼붓고 싶었다! 지붕을 가로지르며 모자를 깊이 눌러 쓰고 있는 외눈박이 간이 2층방들이여! 웅덩이에 비친 촛불과 등불의 딸기들이여! 비구름이 잔뜩 낀 하늘의 하얗게 갈라진 틈 아래에 있는 그녀의 집! 그곳에서 그는 다시 창조주가 하사하시는, 신이 창조한 새하얀 매혹을 선물로 받으리라. 그리고 까만 옷을 입은 사람이 문을 열 것이다. 그러면 마치 북쪽 하늘의 백야처럼 억제되어 차가운 그녀, 이 세상의 무엇에도 어느 누구에도 속하지 않은 그녀와의 친밀한 결속이, 어둠 속에서 바닷가 모래사장을 향해 달려가는 바다의 첫 파도처럼 그를 맞이하러 달려나올 것이다.

유리 안드레예비치는 고삐를 놓고 안장에서 몸을 내밀어 목에 매달리며 갈기 속에 얼굴을 묻었다. 이 애정 표현을 최선을 다해 질주하라는 부탁으로 받아들인 말은 힘껏 달리기 시작했다.

말발굽이 지면에 거의 닿지 않을 만큼 비상하듯이 유연하게 달리고, 지면이 끊임없이 말발굽에 차여 뒤쪽으로 멀어지는 속에서, 유리 안드레예비치는 기쁨으로 고동치는 자신의 심장 소리 이외에 누군가의 고함을 들었다. 그러나 그는 그렇게 들린 것뿐이라고 생각했다.

가까운 곳에서 귀청을 울리는 총소리가 들려왔다. 의사는 고개를 들면서 고삐를 잡아당겼다. 힘껏 달리던 말이 약간 옆걸음질을 치며 다리를 벌리더니, 뒷발로 서려는 듯이 엉덩이를 낮추고 몸을 세웠다.

앞에는 갈림길이 있었다. '모로와 베트친킨. 파종기. 탈곡기'라는 간판이 저녁 햇살을 받아 반짝거렸다. 무장한 세 사람이 말을 타고 길을 가로막고 있었다. 그들은 기관총 탄띠를 십자로 두르고 학생모자에 주름 잡힌 외투를 걸친 실업학교 학생과, 장교외투를 입고 카자크의 쿠반카 모자*[20]를 쓴 기병, 그리고 누빈 바지와 솜을 둔 윗옷을 입고, 챙 넓은 사제의 모자를 깊숙이 눌러쓰고, 가장행렬의 분장처럼 기묘한 차림을 한 뚱뚱한 사내였다.

"움직이지 마시오, 의사 동지." 세 사람 가운데 가장 나이가 들어 보이는, 쿠반카 모자를 쓴 기병이 막힘 없는 목소리로 온화하게 말했다. "순순히 따른다면 당신에게 아무런 위해도 가하지 않을 것을 보장하겠소. 그러지 않을 경우엔 어쩔 수 없이 총을 쏠 거요. 우리 부대의 의사가 죽었소. 그래서 당신을 의료노무자로 강제 징용합니다. 말에서 내리시고 고삐는 젊은 동지에게 넘겨 주시오. 기억해 두시오, 조금이라도 달아날 생각을 할 때는 인정사정 봐 주지 않을 테니까."

"당신은 미쿨리친의 아들 리베리, 레스느이흐 동지인가요?"

"아니, 난 연락장교 우두머리인 카멘노드보르스키요."

---

*20 차양이 없는 납작한 가죽 모자.

제10장
거리에서

1

크레스토보즈드비젠스크 시(市), 카자크 둔전마을인 오멜리치노, 파진스크, 투이샤츠코예, 새 이주민 마을인 야글린스코예, 즈보나르스카야 자유농민마을, 역참마을인 볼리노예, 구르토프시치키, 케지마 간척지 마을, 카자크 둔전마을 카제예보, 쿠테이느이 포사드 자유농민마을, 말르이 예르몰라이 마을 등등 도시와 마을과 역참이 줄지어 서 있었다.

그 한복판을 시베리아에서 가장 오래된, 먼 옛날에 만들어진 우편마차 가도가 달리고 있다. 그것은 큰길이라는 칼로 도시를 마치 흑빵처럼 둘로 나누고, 마을 따위는 거들떠보지도 않은 채, 정렬한 농가를 늘어선 산울타리처럼 멀리 뒤쪽으로 내던지고, 그것을 활처럼 구부리거나 갈고리처럼 홱 휘감으면서 마을을 빠져나갔다.

먼 옛날 철도가 놓이기 전에는, 호다트스코예를 지나는 우편마차 트로이카가 그 가도를 따라 질주했다. 한쪽에는 차와 곡물, 공장의 철제품을 실은 짐마차 행렬이 이어지고, 반대쪽에는 호송 죄수의 대열이 도보로 내몰리고 있었다. 보기에도 공포심을 느끼게 하는 악한, 구원받을 길이 없는 절망적인 인간들, 그들은 일제히 족쇄를 철거덕거리면서 발을 맞춰 행군했다. 길도 나 있지 않은 울창한 숲이 사방에서 술렁거렸다.

이러한 가도는 하나의 가족처럼 살았다. 도시와 도시, 마을과 마을이 서로 교류하며 친하게 지내고 있었다. 호다트스코예에서는 철도와 가도가 만나는 곳에 철도에 부수하는 증기기관차 수리공장과 기계공장이 있고, 공장부속 노동자 숙소에 우글거리는 빈민들이 비참한 생활을 하면서 병에 걸려 차례차례 죽어갔다. 형기를 마친 정치범 유형자들 가운데 기계에 대해 잘 아는 사람은 이곳에서 직공이 되어 근무하다가 그대로 정착했다.

이 선로를 따라 곳곳에 세워졌던 혁명 뒤 최초의 소비에트는 이미 오래전에 철폐되어 있었다. 한동안 시베리아 임시 정부가 권력을 쥐었으나, 지금은 이 지방 전역을 최고사령관 콜차크*[1] 정권이 장악하고 있었다.

2

어느 역 구간에서는 길이 언덕배기 위로 길게 나 있었다. 그래서 저 멀리까지 펼쳐진 전망은 온 세상이 한눈에 들어오는 듯했다. 비탈길과 지평선이 끝이 없을 것처럼 이어져 있었다. 비탈길이 끝난 곳에 오자, 말과 사람들은 모두 지쳐서 잠시 숨을 돌리려고 걸음을 멈췄다. 눈앞에 보이는 다리 밑으로 케지마 강의 빠른 물살이 흘러가고 있었다.

강 건너편의 한층 가파른 언덕 위로 보즈드비젠스크 수도원의 벽돌담이 보였다. 길은 수도원 언덕을 휘감아 교외의 구석진 빈터를 몇 바퀴 돈 뒤 도시 한복판으로 뻗어갔다.

그것은 초록색이 칠해진 수도원 철문을 통해 중앙 광장에 있는 수도원 부지의 귀퉁이를 다시 지나갔다. 입구의 아치문 위에 있는 성상화(聖像畵) 둘레에는 다음과 같은 금박 문자가 새겨져 있었다.

'생명의 십자가를 기뻐하라, 신앙심의 승리는 영원하리.'

겨울이 끝나갈 무렵이었고, 사순절(四旬節)의 마지막 주일인 수난주간(受難週間)이었다. 해빙의 시작을 알리듯이, 길 위에 쌓인 눈은 시커멓게 변색되었지만 지붕 위에 쌓인 눈은 여전히 새하얗게 남아, 올이 촘촘한 높은 털모자를 쓰고 있는 것 같았다.

보즈드비젠스크 종탑 위에 있는 종지기 방에 기어 올라간 소년들에게 눈 아래 보이는 집들은 작은 성냥갑이나 성궤가 한데 모여 있는 것처럼 보였다. 점처럼 작고 까만 사람들이 이 집 저 집으로 향하고 있었다. 종탑 위에서는 그 움직임만으로도 그가 누구인지 몇 사람은 알아맞힐 수 있었다. 행인들은 벽에 덕지덕지 붙어 있는, 세 종류의 징집에 대한 최고통치자*[2]의 포고문을 읽었다.

---

*1 1918년 11월 18일, 해군제독 A.V. 콜차크가 정권 수립, 시베리아, 우랄, 극동을 지배.

*2 시베리아 정권의 콜차크.

3

밤은 예측하기 어려운 여러 가지 일들을 벌여 놓았다. 날씨는 계절에 어울리지 않게 포근했다. 공기처럼 가벼운 보슬비가, 지면에 내려앉지 않고 허공을 흘러 다니는 실안개처럼 촉촉하게 흩뿌렸다. 그러나 그것은 그렇게 보일 뿐이었다. 빗물이 흘러 만들어진 여러 가닥의 따뜻한 흐름은 지면에서 눈을 깨끗이 씻어 내기에 충분했고, 지금 대지는 마치 땀이라도 흘리는 것처럼 검게 변색되어 번들거렸다.

꽃망울이 가득 맺힌 키 작은 사과나무가 정원에서 담장을 넘어 길가로 가지를 예쁘게 뻗고 있었다. 그 가지에서 널빤지 조각을 깐 보도 위로 물방울이 불규칙하게 똑똑 떨어졌다. 그 제멋대로 치는 북소리 같은 불협화음이 온 도시에 울려 퍼졌다.

사진관 앞마당에 매어져 있는 강아지 토미크가 아침이 될 때까지 깽깽거리며 짖어 댔다. 강아지 짖는 소리에 화가 났는지 까마귀가 갈루진 씨네 집 정원에서 온 동네가 떠나갈 듯이 깍깍거렸다.

아랫동네에서는 달구지 세 대가 짐을 잔뜩 싣고 상인 류베즈노프의 집에 들어가고 있었다. 그는 착오가 생긴 것이라면서, 자기는 결코 그런 물건을 주문한 적이 없다고 인수하지 않았다. 젊은 마부들은 시간이 늦었으니 하룻밤만이라도 재워 달라고 애원했다. 상인은 그들에게 썩 치우라고 욕설을 퍼부으면서 문도 열어 주지 않았다. 그 승강이하는 소리도 마찬가지로 온 동네에 다 들렸다.

교회에서 말하는 제7시, 그러니까 보통 시간으로는 새벽 한 시에, 보즈드비젠스크 수도원에서 종이 울렸다. 가장 육중하면서도 은은한 종소리에서, 조용하게 가라앉은 감미롭고 낮은 소리의 물결이 떨어져 나와, 축축한 어둠과 뒤섞여 흘러가기 시작했다. 종에서 분리된 그 물결은, 마치 눈석임물에 씻겨 기슭에서 떨어져 나온 뒤 가라앉고 녹아 가는 강의 흙덩이 같았다.

그날은 성목요일 밤, 복음서의 12사도의 날이었다. 그물 같은 비의 장막 뒤로 겨우 알아볼 수 있는 등불과, 그 불빛에 비친 사람들의 이마, 코, 얼굴들이 움직이며 흘러가기 시작했다. 단식하는 사람들이 새벽 예배를 드리러 가는 길이었다.

15분쯤 지나자, 수도원에서 널빤지가 깔린 보도를 걸어가는 발소리가 들렸다. 가게 안주인인 갈루지나가 이제 막 시작된 새벽 예배에서 빠져나와 집으로 돌아가는 길이었다. 그녀는 머리에 플라토크를 쓰고 털외투는 단추를 끌러 풀어헤친 채, 어지러운 발걸음으로 뛰어가기도 하고 제자리에 멈춰 서기도 했다. 교회 안의 답답한 공기에 속이 좋지 않아 바깥으로 나온 그녀는, 지금은 예배를 마치지 못한 것과 2년 동안 단식을 거른 것이 부끄럽기도 하고 창피하기도 했다. 그러나 그녀가 슬픔에 잠긴 것은 그런 이유 때문만은 아니었다. 낮에 그녀는 곳곳에 나붙어 있는 동원령 벽보를 보고 비탄에 잠겨 있었다. 그녀의 바보나 다름없는 가엾은 아들도 동원령에 해당되었던 것이다. 그녀는 그 불쾌한 일을 머리에서 떨쳐 버리려고 했지만, 어둠 속에서 허옇게 떠오르는 종이쪽지를 볼 때마다 그것이 생각났다.

엎어지면 코가 닿을 만큼 가까운 골목에 그녀의 집이 있었지만, 이대로 바깥에 있는 편이 훨씬 마음이 편했다. 그녀는 숨 막히는 듯한 집 안에 들어가고 싶지 않아서 잠시 바깥에 있기로 했다.

우울한 생각들이 그녀를 괴롭혔다. 만일 그녀가 그것들을 입으로 읊조리며 하나하나 짚어 나간다면, 새벽이 되어도 적절한 어휘와 시간 모두 부족할 것이다. 하지만 이 거리에 서 있으면 근심거리가 한꺼번에 날아가 버리고, 수도원 모퉁이에서 광장 한 구석까지 두세 번 왕복하는 몇 분 동안 그 모든 것을 잊을 수 있었다.

부활절이 코앞으로 다가왔지만, 모두 떠나 버려서 집 안에 남아 있는 건 그녀뿐이었다. 그러나 정말 그녀 혼자뿐일까? 물론 그건 사실이었다. 양녀 크슈샤를 계산에 넣지 않는다면 말이다. 그럼 그녀는 도대체 누구란 말인가? 사람 속은 알 수 없는 것이다. 그녀는 친구일지도 모르지만, 적이나 비밀에 싸인 경쟁자일지도 모른다. 그녀는 남편의 첫 결혼으로 입적된 양녀였다. 아니 어쩌면 양녀가 아니라 숨겨진 딸이라면? 아니 어쩌면 딸이 아니라 전혀 다른 무엇이라면 어쩌나! 사내의 마음속을 들여다볼 수도 없는 일이고, 나는 그녀를 비난할 수 없다. 그녀는 총명하고 아름답고 모범적인 처녀다. 어느 모로 보나 멍청한 아들 테레슈카나 양부(養父)보다 훨씬 똑똑하다.

지금은 저마다 집을 나가 뿔뿔이 흩어졌으므로 그녀는 수난주간을 홀로 보내지 않을 수 없었다.

남편 블라스슈카는 가도(街道)를 따라다니면서, 징집된 신병들에게 전쟁에서 공을 세워야 할 사명이 부여되었다고 충고하고 격려하는 데 열중하고 있었다. 멍청한 사람, 제 자식부터 죽음을 눈앞에 둔 위기에서 구해 줘야 할 것 아닌가!

아들 테레슈카도 더 이상 견디지 못해 부활절을 하루 앞두고 달아나고 말았다. 장소를 옮겨 바람도 쐬고 기분도 전환하려고 쿠테이느이 파사드에 있는 친척집을 찾아간 것이다. 그는 실업중학교에서 퇴학당했다. 성적이 나빠 2년 동안 낙제했는데, 3년째 되던 해에 동정의 여지도 없이 쫓겨나고 말았다.

아, 이렇게 답답할 데가! 오, 하느님! 어쩌자고 이렇게 모든 일이 잘못되어 버린 것일까! 그녀는 일이 손에 잡히지 않았고 더 이상 살고 싶지도 않았다. 어쩌다가 이 모양이 되고 말았나? 이 모든 게 다 혁명 탓일까? 아니야, 그렇지 않아! 이건 다 전쟁 탓이야. 전쟁에서 꽃 같은 사내들은 모두 전사하고, 아무 짝에도 쓸모없는 쓰레기들만 남았잖아.

내 아버지, 청부업자인 아버지의 집에서 이런 일이 있었던가? 아버지는 술이라면 입에 대지도 않았고, 글을 읽고 쓸 줄 알고, 살림살이는 넉넉했다. 숙모가 둘—폴랴와 올랴, 두 자매는 이름도 참으로 잘 어울렸고 둘 다 미인으로 쌍둥이처럼 닮았다.

제법 이름깨나 날리는 키가 후리후리하고 풍채 좋은 대목수(大木手)들도 아버지 집을 열심히 드나들었다. 언젠가 자매들은 필요가 없는데도 한꺼번에 일곱 가지 색깔로 목도리를 짜겠다는 엉뚱한 생각을 했다. 그게 놀랍게도 멋지게 성공하자 그 목도리는 군(郡) 내에서 화젯거리가 되었다. 아무튼 그 무렵에는 모든 것이, 교회에서의 예배도 무도회도 사람들도 예절도 모두 친밀하게 조화를 이루어 언제나 즐거웠다. 가족들은 모두 서민들로, 농민과 노동자 출신의 상인이었지만 말이다. 러시아 또한 처녀 시절을 맞고 있었고, 오늘날의 오합지졸과는 비교할 수도 없는 진실한 숭배자들과 옹호자들을 거느리고 있었다. 그러나 이제 그 빛은 사라지고, 시민변호사나 무력하고 보잘것없는 작자들만이 밤낮을 가리지 않고 혀를 놀리며 지껄여대고 있다. 블라스슈카와 그 친구들은 샴페인과 밝은 희망을 통해 그 옛날의 황금 같은 시절을 돌이킬 수 있다고 생각하고 있다. 정말 그것으로 잃어버린 사랑을 되찾을 수 있을까? 그러기 위해서는 산을 옮기고 땅을 뒤엎을 만한 노력을 해야 할 것이다!

4

갈루지나는 크레스토보즈드비젠스크의 장터, 집하장까지 벌써 여러 차례 왔다 갔다 하고 있었다. 그녀의 집은 그곳에서 왼쪽에 있었다. 그러나 그녀는 거기까지 갔을 때마다 마음을 고쳐먹고, 발길을 되돌려 다시 수도원에 인접한 좁은 길로 정신없이 들어섰다.

집하장의 광장은 커다란 들판처럼 넓었다. 전에는 장날이면 농민들이 저마다 달구지를 끌고 나와 복작거리던 곳이다. 광장 한쪽은 옐레닌스카야 거리로 통하고, 반대쪽은 1,2층짜리 아담한 건물들이 구부러진 활 모양으로 들어서 있었다. 그 건물은 모두 창고나 사무실, 가게, 작업장으로 쓰였다.

평화롭던 시절, 이곳에서는 여성 혐오자인 브류하노프가 안경을 쓰고 긴 프록코트를 입은 불한당 같은 모습으로 가죽, 타르, 마차바퀴, 마구(馬具), 귀리, 건초 따위를 팔면서, 유난히 널찍한 정면 입구에서 걸상에 앉아 활짝 열어젖힌 네 쪽짜리 철문을 등지고 '코페이카 신문'*3을 읽곤 했다.

이곳의 작고 어두운 진열장 안에는 몇 년째 먼지를 뒤집어쓰고 있는 작은 종이상자가 몇 개 놓여 있는데, 거기에는 한 쌍의 장식용 리본과 부케, 혼례용 양초가 담겨 있었다. 밀랍 제품이 둥그렇게 쌓여 있는 것 말고는 가구도 없고 상품도 없는 창문 너머 빈방에서는, 어디에 사는지 알 수 없는 백만장자 양초업자의, 누군지 알 수 없는 대리인이 수지(樹脂), 밀랍, 양초 등을 거래했다.

상점 거리 한복판에는 갈루진의 식민지물산을 취급하는, 창문이 세 개 달린 커다란 잡화상이 있었다. 그곳에서는 칠을 하지 않아 바닥이 갈라져 버린 마루를 하루에 세 번씩, 온종일 점원과 주인이 시도 때도 없이 마시는 홍차 찌꺼기를 이용해 닦고 있었다. 신혼의 주부였을 때 갈루지나는 즐거운 마음으로 가끔 계산대에 앉아 있곤 했다. 그녀가 좋아하는 빛깔은 연한 보라색과 제비꽃 같은 짙은 보라색, 특히 성직자의 제복 빛깔, 꽃피기 전의 라일락 빛깔, 그녀의 멋진 벨벳 드레스의 빛깔, 유리로 만든 포도주병의 빛깔이었다. 행복의 빛깔, 추억의 빛깔, 혁명 이전 러시아 처녀의 색깔 또한 그녀에게는 밝은 라일락 빛깔처럼 생각되었다. 그리고 녹말과 설탕, 유리병에 든 검은 건포도로 만든 연한 라일락색 캔디의 좋은 향기가 나는 가게 안을 비추는 저녁 어스름이 그녀

*3 1908~18, 페테르부르크에서 나왔던 일간통속지.

가 좋아하는 색깔과 비슷하기 때문에, 계산대에 앉아 있기를 좋아했다.

이곳의 목재창고 옆 골목에는 사방에 금이 가고 낡은 잿빛 목조 2층집이 중고(中古) 대형여행마차처럼 서 있었다. 그 건물에는 방이 네 개 있고, 두 개의 입구가 정면 양쪽에 나 있었다. 아래층 왼쪽은 잘킨드의 약국이 들어 있고, 오른쪽은 공증인 사무소였다. 약국 위층에는 많은 식솔을 거느린 부인복 재봉사 시물레비치 노인이 살고 있었다. 재봉사네 주거의 반대쪽, 즉 공증인 사무소 위층에는 많은 세입자들이 살고 있고, 그 직업은 문에 마치 도배라도 하듯이 붙여 놓은 간판과 명함으로 알 수 있었다. 이곳에서는 시계를 수리하고, 구두기술자가 주문을 받기도 했다. 또 주크와 시트로다흐가 사진관을 차려 놓고 공동으로 운영했고, 카민스키의 판화공방도 들어와 있었다.

방들이 비좁게 다닥다닥 붙어 있었으므로 사진실의 젊은 조수, 사진 수정을 맡은 세냐 마기드손과 대학생 블라제인은, 통나무로 지은 안마당의 사무실에 자기들끼리 실험실 비슷한 것을 만들었다. 사무실 창문에서 희미하게 새어 나오는 빨간 램프빛으로 보아 지금도 그곳에서 작업을 하는 모양이었다. 바로 그 창문 밑에서 강아지 토미크가 쇠사슬에 묶여, 엘레닌스카야 거리 전체를 향해 날카로운 목소리로 짖어 대고 있었다.

'복작거리면서 한곳에 모여 있구나.'—갈루지나는 잿빛 건물 앞을 지나가면서 생각했다. '빈곤과 불결의 소굴이야.' 그러나 금방 그녀는, 남편 블라스 파호모비치가 유대인을 증오하는 것은 옳지 않다고 생각했다. 그들은 국가의 운명에 어떤 의미를 지니기에는 수적으로 너무 보잘것없었다. 그런데도 러시아가 이 같은 무질서와 혼란에 빠지게 된 원인이 무엇이냐고 시물레비치 노인에게 물으면, 그는 입술을 일그러뜨리고 얼굴을 찡그리고 이를 드러내면서 이렇게 대답했다. "그건 모두 레이바 놈들 때문이지."*4

아, 하지만 그녀는 대체 무슨 생각을 하고 있는 것인가? 그녀의 머릿속에는 무엇이 가득 들어 있는 것일까? 과연 문제는 그런 것이었던가? 그런 일에 재앙이 있는 것일까? 재앙은 도시에 있다. 러시아는 도시에 의해 지탱되고 있는 것이 아니다. 사람들은 교양에 매혹되고 도시에 끌려 손을 내밀었지만 닿지 않았다. 기슭에서 떠난 건 좋지만 다른 기슭에 닿을 수가 없었다.

---

*4 혁명과 내전 때 뛰어나게 활약한 레프(레이바) 다비도비치 트로츠키를 암시.

하지만 어쩌면 그 반대로 모든 죄악은 무지에 있는지도 모른다. 학자는 지구 전체를 넘어서서 모든 것을 미리 예측한다. 그러나 우리는 목이 잘리고 나서야 모자가 없는 사실을 깨닫는다. 마치 밀림 속에 있는 것과 같다! 그렇다고 지금 세상에서는 교육을 받은 사람들이 편히 살고 있는 것도 아니다. 식량난으로 도시에서 쫓겨나고 있으니 말이다. 그렇다, 이건 알아두어야 한다. 아마 악마라도 뭐가 뭔지 모를 것이다.

그러나 아무래도 문제는 바로 우리네 농촌 친척들이 아닌가? 셀리트빈 씨네, 셀라브린 씨네, 팜필 파르흐 씨네, 네스토르와 판크라트 형제가 그렇지 않은가? 자신들의 손이 주인이고, 자신들의 머리가 임금인 사람들이다. 한길가에 있는 새로운 농장들이 눈길을 끈다. 저마다의 파종 면적은 약 15데샤치나,각 주시작*5 말·양·소·돼지 등의 온갖 가축들이 있고, 3년치 식량이 비축되어 있다. 농기구도 볼 만하다. 탈곡기까지 있다. 콜차크는 아첨을 하며 자기 편을 들게 하려고 애썼고, 군사위원들은 숲의 의용군에 가담하라고 회유했다. 전쟁에서 게오르기 훈장을 받고 귀향했기에 서로 앞다투어 교관으로 채용하고 싶어 했던 것이다. 현역이든 아니든 교육을 받은 사람은 어느 곳에나 필요했기 때문이다. 말하자면 아직은 쓸모가 있는 셈이다.

어느덧 집으로 돌아가야 할 때가 되었다. 여자가 오랜 시간 거리에서 배회하는 것은 보기 좋은 모습이 아니다. 자기 집 정원이라면 아무 문제없지만, 그곳은 진창길이어서 진흙탕에 빠져 버리기 십상이었다. 이제는 마음도 조금 후련해진 것 같았다.

이처럼 이것저것 생각을 굴려 보았지만 그 실마리를 풀지 못한 채, 갈루지나는 집으로 갔다. 그러나 집 앞에서 현관 계단을 밟는 순간, 그녀에게 또다시 많은 생각이 밀려왔다.

그녀는 호다트스코예의 지금의 지도자들을 떠올렸다. 어느 정도 안면이 있는 사람들로, 수도에서 추방된 정치범 티베르진과 안티포프, 무정부주의자인 '검은 깃발' 브도비첸코 초르느이, 이 고을의 판금공인 고르세냐 베센느이였다. 그들은 모두 동지였다. 과거에 세상을 크게 떠들썩하게 했고 지금도 무슨 음모를 꾸미려고 작당하고 있었다. 그들은 그렇게 하지 않고는 살 수 없는 사람들

---

*5 약 15헥타르.

이다. 한평생 기계를 조작하며 살아왔기 때문인지 그들 자신도 기계처럼 냉혹하고 차가웠다. 그들은 조끼 위에 짧은 신사복 윗도리를 입고, 전염병에 걸릴까 봐 골재(骨材) 파이프로 궐련을 피우고 끓인 물을 마셨다. 남편인 블라스슈카에게는 아무것도 기대할 것이 없지만, 이들은 모든 것을 뒤집어엎으면서 제 고집대로 처리하고 만다.

그 다음으로 그녀는 자신에 대해 생각했다. 그녀는 자신이 인상이 좋고 개성적이며, 아직 젊을 뿐만 아니라 현명한 여성이고 매우 훌륭한 인간이라는 것을 알고 있었다. 그러나 뒷골목의 이 구석에서는, 아니 그 어느 곳에서도, 그녀의 그런 자질 가운데 어느 것 하나도 인정받지 못했다. 자우랄리에 지방에서는 바보여자 센테튜리하를 노래한 속요가 널리 불렸는데, 그녀도 그 첫 부분을 흥얼거릴 수 있었다.

> 센테튜리하는 달구지를 팔아
> 발랄라이카*6를 샀다네.

그리고는 온통 외설스러운 말뿐이었는데, 크레스토보즈드비젠스크에서는 자기를 빗대어 그 속요를 부르고 있다고 그녀는 생각했다.

그녀는 괴로운 듯 깊은 한숨을 내쉬며 집으로 들어갔다.

5

그녀는 털외투를 입은 채 응접실을 지나 침실로 들어갔다. 침실 창문은 정원 쪽으로 나 있었다. 어느덧 밤이 되어, 실내와 창문 밖 정원의 그림자가 서로 겹쳐져서 구별이 거의 가지 않았다. 창문 커튼이 축 늘어진 모습은, 희미한 윤곽을 그리며 시커멓고 앙상한 모습으로 정원에 서 있는 나무의 형체와 매우 비슷했다. 호박단(琥珀緞)처럼 정원에 깔린, 끝나가는 겨울의 어둠은, 대지를 뚫고 가까이 다가온 봄의 진보랏빛 열기 속에 따스하게 느껴졌다. 방 안에는 두 개의 비슷한 요소가 거의 똑같이 혼합되어 있고, 잘 털지 않아 먼지가 가득 쌓인 커튼이 조화를 이루고 있었으며, 부활절의 진보랏빛 열기로 온화했다.

---

*6 기타처럼 생긴 삼각형의 러시아 민속 현악기.

성상화에 그려진 성모 마리아는 거무스름하고 가느다란 손바닥을 은의(銀衣) 밖으로 쳐들고 있었다. 성모 마리아는 '성스러운 어머니'라는 뜻의 비잔틴식 호칭 meter teu(메테르 테우)라는 그리스 문자의 처음과 끝 글자를 두 손에 두 개씩 들고 있었다. 황금빛 받침대 위에 놓인 잉크병처럼 짙은 석류빛 유리 덮개가 씌워진 어둠침침한 등불은, 침실 양탄자 위에 별처럼 떨리는 불빛을 흩뿌렸다.

플라토크와 외투를 벗어던지면서 무리하게 몸을 트는 바람에 옆구리가 다시 따끔따끔 아프고 갈비뼈에 찌르는 듯한 통증이 시작되었다. 그녀는 깜짝 놀라 비명을 지르며 이렇게 중얼거렸다. '슬퍼하는 자들의 편에 서신 순결한 성모 마리아시여, 어서 구원의 손길을 뻗어 세상을 보호해 주소서.' 그리고 울음을 터뜨렸다. 이윽고 통증이 가라앉자 그녀는 다시 옷을 벗기 시작했다. 그런데 이번에는 깃과 등 뒤에 있는 고리가 손에서 미끄러져 부드러운 옷감의 주름 사이에 숨어 버렸다. 그녀는 끙끙거리며 고리를 찾았다.

그때 양녀 크슈샤가 그녀가 돌아온 것을 알고 잠에서 깨어나 방으로 들어왔다.

"컴컴한 데서 뭘 하세요, 어머니? 제가 벗겨 드릴까요?"

"괜찮다. 이만하면 잘 보이니까."

"올리가 닐로브나 어머니, 제가 벗겨 드릴게요. 억지로 그러지 마세요."

"울고 싶을 만큼 손가락이 마음대로 움직이지 않는구나. 그 재봉사는 바느질을 제대로 할 줄 몰라. 옷단을 아래까지 몽땅 뜯어서 그놈의 얼굴에 집어 던지고 싶구나."

"성십자가 교회에서는 노래를 아주 잘 부르던데요. 조용한 밤이라서 이곳까지도 들려 왔어요."

"아주 잘들 불렀지. 난, 아, 또 시작이군. 또 여기저기 쑤시기 시작했어. 온몸이 한 군데도 안 아픈 데가 없어. 무슨 죄를 지어 이 모양인지, 도무지 어찌할 바를 모르겠다."

"동종(同種)요법 의사인 스티도프스키가 도와 드렸잖아요."

"언제나 실천할 수 없는 충고만 해 주었지. 그 동종요법 의사는 돌팔이 아니었니? 그는 아무짝에도 쓸모없는 돌팔이야. 또 그렇다 하더라도 이젠 떠나 버리고 없잖아. 가 버렸어, 가 버리고 없어. 아니, 그 사람만이 아니야. 부활절이

되기 전에 모두 도시를 빠져나가 버렸어. 도대체 무슨 지진이라도 일어난다는 거냐?"

"그렇지만 전쟁 포로인 헝가리 의사가 어머니를 치료해 드렸잖아요."

"그것도 소용없어. 너에게 말하지만, 정말이지 아무도 남지 않고 다 떠나 버렸어. 알고 보니 케레니 라이오시는 다른 마자르 사람들과 함께 군사분계선 너머에 있더구나. 우리 귀여운 아들도 평화주의자로 남아 있지 못하도록 적군(赤軍)에 징집되고 말았잖니."

"건강에 지나치게 신경을 쓰셔서 그런 거예요. 신경과민이라고요. 이런 경우에는 최면요법이 효과가 있어요. 병사의 아내인 주술사가 어머니를 주술로 말끔히 치료해 준 것 기억하세요? 통증이 말끔히 사라지고 말았잖아요. 그 여자, 그 병사의 아내 이름이 뭐였더라, 잊어버렸어요. 이름이 생각나지 않아요."

"그만둬라, 넌 정말로 나를 바보천치로 생각하고 있구나. 게다가, 어쩌면, 혹시, 내 등 뒤에서 센테튜리하를 부를지도 모르지."

"어떻게 그런 말씀을! 그건 죄악이에요, 어머니! 그 군인 아내의 이름을 생각해 내 주시는 편이 훨씬 나아요. 혀끝에서 뱅뱅 도는데. 기억해 내기 전에는 계속 마음에 걸릴 것 같아요."

"그 여자는 치마보다도 이름이 더 많은데 네가 어떤 이름을 기억하고 있는지 내가 어떻게 알아? 쿠바리하라고도 하고, 메드베지하라고도 하고, 또 즐루이다리하라고도 하지. 그 밖에도 이름이 열 개쯤 더 있단다. 지금은 이 부근에 있지도 않아. 연극무대가 막을 내려서 들판의 바람처럼 사라져 버렸어. 이 하느님의 종은 케지마 감옥에 수감되었어. 낙태를 시키고 무슨 알약을 만들었다나봐. 하지만 그녀는 감방 생활이 견딜 수 없었던지 탈옥해서는 극동의 어디론가 달아나 버렸대. 정말이지, 모두 뿔뿔이 흩어져 버린 거야. 블라스 파호므이치, 테레샤, 폴랴 아주머니, 마음이 약해서 말이야. 농담이 아니라, 바보 같은 우리 두 사람을 빼놓으면 이 도시에는 제대로 된 여자가 한 사람도 남아 있질 않아. 의사의 도움 따윈 전혀 필요 없어. 행여 무슨 일이 일어나면 그것으로 그만, 아무도 불러선 안 돼. 참, 유리아틴에 모스크바에서 온 유명한 의사가 한 사람 있다던데, 교수고, 자살한 어느 시베리아 상인의 아들이라더라. 내가 그 사람에게 편지를 쓰려고 생각하는 동안, 적군(赤軍)은 스무 군데나 검문소를 설치해서 길에 재채기할 곳도 없다니까. 뭐 이건 다른 얘기지만. 자, 이제 그만 가서 자렴,

나도 좀 누워야겠구나. 블라제인 학생은 너 때문에 제정신이 아닌 모양이던데 왜 거절하는 거냐? 어차피 숨기지도 못할 거면서, 봐라, 얼굴이 게처럼 빨개졌어. 그 가엾은 학생은 내가 맡긴 사진을 현상하려고 성스러운 밤을 꼬박 새워 일하고 있을 거다. 자기들이 잘 수 없으니까 다른 사람도 못 자게 할 거야. 그들이 키우는 토미크란 강아지가 온 동네가 떠나갈 듯이 짖어 대고, 우리 사과나무에서는 까마귀가 저렇게 울어 대니, 오늘도 쉽게 잠자기는 글렀다. 그런데 너 정말로 화가 났구나. 괜히 조금 더 건드렸다간 큰일 나겠는걸. 대학생들이란 처녀 가슴에 애정이나 뿌리고 다니는 존재에 지나지 않아."

6

"개가 왜 저렇게 짖어 댈까? 무슨 일인지 내다봐야겠는데. 쓸데없이 짖어댈 리가 없잖아. 잠깐만, 리도치카, 얌전히 입 다물고 있어요. 주위를 살펴봐야 하니까. 우스틴, 자넨 가지 않아도 돼. 그리고 시보블류이도 그대로 있어. 자네들이 없으면 곤란하니까."

중앙에서 파견된 대표는 잠시 기다려 달라는 부탁을 듣지 못하고, 빠르고 지친 목소리로 연설을 계속했다.

"시베리아에 있는 부르주아 군사정권의 약탈, 금품갈취, 폭력, 총살, 고문의 수법에, 자연히 그릇된 견해를 갖게 된 사람들은 눈을 뜨지 않으면 안 됩니다. 이 정권은 노동자 계급뿐만 아니라, 본질적으로 모든 근로 농민들까지 적대하고 있습니다. 시베리아와 우랄 지방의 노동농민들이 반드시 이해해야 할 것은 도시 프롤레타리아와 병사들, 키르기스와 부랴트 지방 가난한 농민들과의 연대를 통해서만이……"

그는 가까스로 자기 연설을 제지하려는 것을 알고 입을 다물었다. 그리고 손수건으로 땀에 젖은 얼굴을 닦은 다음, 피곤한 듯이 눈두덩이 퉁퉁 부은 눈을 감았다.

그의 주변에 서 있던 사람들이 낮은 목소리로 말했다. "잠시 쉬었다가 계속하시죠. 자, 목이나 축이세요." 불안해하고 있던 빨치산 대장에게는 이렇게 말했다. "불안해하실 것 없습니다. 모두 잘되고 있으니까요. 창문에는 신호등이 있습니다. 보초가 열심히 망을 보면서 손짓으로 신호를 보내고 있는 중입니다. 그러니 보고에 대한 토론을 다시 시작해도 괜찮을 것 같습니다. 자, 말씀하시죠, 리도치카 동지."

문에서 멀리 떨어진, 넓은 헛간 내부의 말끔히 청소된 한쪽 구석에서 비합법 집회가 열리고 있었다. 장작 더미가 천장에 닿을 만큼 쌓여 문 옆에 붙은 사무실과 입구를 가로막고 있었다. 위험이 닥쳤을 때는 지하로 내려갈 수 있고, 지하에서는 수도원 벽 저편에 있는 콘스탄티노프스키 골목의 으슥한 뒤곁으로 나가는 출구가 있었다.

핏기 없는 칙칙한 올리브색 얼굴에 검은 구레나룻을 귀밑까지 기른 보고자는 대머리를 가리려고 검정색 무명 모자를 쓰고는 신경과민으로 땀을 흘리면서 힘들어 했고, 끊임없이 얼굴의 땀을 닦아 내고 있었다. 그는 탁자 위에 놓인 석유램프 위로 흘러나오는 뜨거운 열기에 담배꽁초를 대어 탐욕스럽게 불을 붙이려 하면서, 테이블 위에 흩어진 서류 위로 몸을 구부렸다. 그는 근시가 심한 눈으로 재빨리 신경질적으로 서류를 훑어보면서 음산하고 지친 목소리로 말을 이었다.

"우리는 도시와 농촌에 사는 가난한 사람들의 이 연대를 오직 소비에트를 통해서만 실행할 수 있습니다. 원하든 원하지 않든, 시베리아 농민들은 이미 오래전에 시베리아 노동자들이 투쟁하기 시작했던 목적을 위해 매진하게 될 것입니다. 그들의 공동 목표는 인민에게는 혐오스런 제독과 카자크 수령의 독재정권을 타도하고, 모든 인민의 무장봉기로써 농민들과 병사들의 소비에트 권력을 확립하는 것입니다. 발끝까지 무장한 부르주아의 용병, 카자크 장교들과 맞서 싸우기 위해서는 정당하고 전면적이며 완강하고 꾸준한 투쟁을 수행해야 합니다."

그는 다시 말을 멈추고 땀을 닦은 다음 눈을 지그시 감았다. 누군가가 규칙을 무시한 채 자리에서 일어나 손을 번쩍 쳐들더니 이의를 제기하려고 했다.

빨치산 대장, 정확하게 말하면 자우랄리예*[7] 빨치산 부대 케지마 지구 연합 사령관이 바로 보고자의 코 밑에서 거만한 자세로 앉아 있다가, 상대를 털끝만큼도 존중하지 않는 무례한 태도로 말을 가로막았다. 아직 소년티를 완전히 벗지 못한 젊은 군인이 대부대를 지휘하고 있을 뿐만 아니라, 부하들도 그를 따르고 존경하기까지 한다는 사실은 믿기 힘들 정도였다. 그는 기병대 외투로

*7 우랄에서 동쪽이란 뜻.

손과 발을 감싼 채 앉아 있었는데, 의자에 걸쳐 놓은 외투의 몸통과 두 소매 밑으로 소위보 견장을 떼어 낸 거무스름한 흔적이 있는 군복이 드러났다.

그의 양옆에는 과묵한 두 젊은이가 호위하며 서 있었다. 둘 다 그와 동년배로, 곱슬곱슬한 양털로 가장자리를 두르고 털로 안을 받친 빛바랜 흰 양피 외투를 입고 있었다. 그들의 아름다운 얼굴은 상관에 대한 맹목적인 충성심과, 상관을 위해서라면 무슨 일도 마다하지 않겠다는 각오 외에는 완전히 무표정했다. 그들은 집회에도, 집회에서 다루는 문제나 토론 과정에도 무관심하게 입도 벙긋하지 않고 웃지도 않았다.

그들 외에도 헛간 안에는 열에서 열다섯 명쯤의 사람들이 있었다. 어떤 사람들은 서 있고, 또 어떤 사람들은 다리를 뻗고 앉거나 무릎을 세우고, 벽이나 둥그렇게 튀어나온 장작더미에 기대 앉아 있었다.

비중 있는 몇몇 인물을 위해 걸상이 여러 개 놓여 있었다. 그들은 제1차 혁명에 가담했던 노동자 서너 사람이었다. 그들 가운데에는 얼굴이 음울하게 바뀌어 버린 티베르진과, 그의 말이라면 언제나 동의하는 친구인 안티포프 노인이 있었다. 혁명의 모든 선물과 희생물을 그 발 아래 바쳐 신성한 서열에 들어간 그들은, 준엄한 우상처럼 말없이 앉아 있었다. 그들에게서는 정치적인 오만함 때문에 생생한 인간적인 표정이 완전히 사라져 있었다.

헛간 안에는 또 주목할 만한 인물이 있었다. 러시아 무정부주의의 지주인 '검은 깃발' 브도비코 초르느이는 잠시도 제자리에 가만히 있지 못하고 마루에서 일어났다 앉았다 하면서 서성거리다가 헛간 한복판에 서 있었다. 커다란 머리와 커다란 입, 사자 갈기 같은 머리를 한 거인이었다. 거의 마지막 러시아·터키전쟁*8과, 적어도 러일전쟁 무렵에는 장교였는데, 평생 자신의 환상 속에서 헤어나지 못하고 있는 몽상가였다.

키가 크고 마음이 워낙 선량해서 하찮은 일 따위는 다소 공정하지 않더라도 그냥 넘겨 버리는 그는, 주의 부족으로 진행되는 회의의 내용을 모두 왜곡해서 해석하고, 서로 어긋난 견해를 자기 견해와 같은 것으로 받아들여 그 견해에 동의했다.

그의 옆에는 낯익은 숲의 사냥꾼인 스비리드가 앉아 있었다. 스비리드는 비

---

*8 1877~78년.

록 농사를 짓지는 않았지만, 그가 입고 있는 시커먼 모직 루바시카로 그의 농민적인 흙의 본질을 엿볼 수 있었다. 그는 그 루바시카를 십자가 목걸이와 함께 움켜쥐고 그것으로 몸을 문지르거나 가슴께를 긁고 있었다. 그는 부랴트계(系) 혼혈로, 글은 모르지만 친절한 농민이었다. 숱이 많은 머리를 가늘고 짧게 땋고 있고, 콧수염이 듬성듬성하며 구레나룻은 몇 가닥밖에 없었다. 몽골 분위기가 나는 외모 때문에, 끊임없이 선량한 미소를 지으며 얼굴을 찡그릴 때마다 더욱 늙어 보였다.

중앙위원회의 군사적 임무를 띠고 시베리아를 여기저기 뛰어다니고 있던 보고자는 그가 앞으로 찾아가야 할 광활한 지역에 대해 생각하고 있었다. 그는 회의에 참석하고 있는 대다수 사람에게는 관심이 없었다. 그러나 어렸을 때부터 혁명가이자 인민옹호자였던 그는 맞은편에 앉아 있는 젊은 사령관을 존경이 담긴 눈빛으로 바라보았다. 그는 의연한 혁명정신이 느껴지는 목소리로 노인인 자기에게 자기소개를 한 이 소년의 무례한 언동을 용서했을 뿐만 아니라, 그 거침없는 공격에 대해 감탄하고 있었다. 그것은 마치 남자가 사랑하는 여인의 거만하고 뻔뻔스러운 태도조차 마음에 들어 하는 것과 같았다.

빨치산 대장은 미쿨리친의 아들인 리베리였고, 중앙에서 파견된 보고자는 과거에 사회혁명당원이었고 한때는 토르드비키의 협동조합혁명가*9인 코스토예도프 아무르스키였다. 최근에 그는 정치 견해를 바꾸어 자기 강령의 과오를 인정하고 몇 개의 성명서를 통해 자기비판을 했으나, 공산당에 받아들여졌을 뿐만 아니라 입당한 뒤 이내 현재의 중책까지 맡은 인물이었다.

전혀 군인이 아닌 그에게 그 직책이 맡겨진 것은, 그의 혁명가로서의 경력과, 그가 겪은 복역과 옥중고에 대한 경의의 표시, 또 지난날의 협동조합혁명가로서 농민봉기가 빈발하는 서부 시베리아 농민 대중의 기분을 잘 알고 있을 거라는 기대 때문이었다. 그 임무에는 군사적 지식보다 이러한 농민을 알고 있는 것이 훨씬 중요했다.

정치적 신념의 변화는 코스토예도프를 완전히 다른 사람으로 탈바꿈시켰다. 그것은 그의 용모, 행동, 습관까지도 바꿔 놓았다. 예전에 그가 대머리에 수염을 잔뜩 기르고 있었던 모습은 아무도 떠올리지 못했다. 그러나 어쩌면 그

---

*9 1906~17, 농민, 나로드니키 지식인의 당파. 케렌스키도 여기 출신이다.

런 것은 오히려 불리할 수도 있지 않았을까? 당에서는 그에게 신원이 드러나지 않도록 엄격한 지령을 내려, 지하 활동을 하고 있는 지금의 그는 베렌제이, 또는 리도치카 동지라는 비밀 호칭으로 통하고 있었다.

지시 사항을 낭독하고 있는 도중에 보드비첸코가 느닷없이 찬성 발언한 일로 일어난 소란이 가라앉자, 코스토에드는 계속 말을 이어갔다.

"농민 대중의 증대하고 있는 운동을 최대한 끌어들이려는 목적을 위해서는, 현(縣) 위원회의 지구에 있는 모든 빨치산 부대와의 연합을 빨리 확립할 필요가 있습니다."

그리고 코스토에드는 비밀 아지트, 암호, 숫자암호의 정비에 대해 설명했다. 그런 다음 그는 다시 각각의 세부 사항을 발표했다.

"각 부대에, 어느 지점에 백군 기관과 조직의 무기, 군수품 조달 및 식량 창고가 있는지, 어디에 거액의 돈이 보관되어 있는지는 물론이고, 그 보관 체계까지 알려 줘야만 합니다.

각 부대의 내부체제, 사령관, 병사의 내부규율, 지하활동, 부대와 외부세계의 접촉, 지방 주민들에 대한 태도, 야전군사재판, 적 세력권에서의 폭파 전술에 대한 문제들에 대해, 모든 세부사항에 이르기까지 검토해야 합니다. 이를테면 교량, 철도, 선박, 화물선, 역사(驛舍), 기계설비가 있는 수리공장, 전신, 광산, 식량에 대해서입니다."

리베리는 참을성 있게 듣고 있었으나 한계에 이르러 있었다. 그 모든 이야기가 그에게는 어설픈 잠꼬대로밖에 여겨지지 않았다. 그래서 그는 마침내 말문을 열었다.

"훌륭한 강연이군요. 유념해 두겠소. 아마 적군(赤軍)의 지원을 잃지 않으려면 그 모든 것을 아무 반대 없이 받아들여야 하겠지요."

"물론입니다."

"그런데 존경하는 리도치카 선생! 제기랄, 포병과 기병을 포함한 우리 3개 연대 병력이 오랜 전투 끝에 적을 격퇴하고 난 지금에 와서 당신의 그 유치한 각본에 따르라, 이겁니까?"

'정말 대단하군! 정말 강력한 힘이야!' 코스토에도프는 그렇게 생각했다.

티베르진이 두 사람 사이에 끼어들었다. 그는 리베리의 오만한 말투가 못마땅해서 입을 열었다.

"실례지만, 보고자 동지! 나는 자신이 없군요. 어쩌면 내가 지시사항 가운데 한 대목을 잘못 받아썼는지도 모릅니다. 내가 한번 읽어 보겠습니다. 제대로 적었는지 확인하고 싶어서요. '혁명 당시 전선에 가서 군대조직에 소속되어 있었던 고참병을 위원회로 끌어들이는 것은 매우 바람직하다. 하사관 한두 명과 군사기술자 한 명을 위원회 위원에 포함하는 것이 좋다. 어떻습니까, 코스토예도프 동지, 정확합니까?"

"정확합니다. 한 단어도 틀리지 않았어요."

"그렇다면 이 같은 지적을 해야겠군요. 나는 군사전문가에 대한 사항이 마음에 걸립니다. 1905년의 혁명에 가담했던 우리 노동자들은 군인이라면 불신하는 버릇이 있습니다. 그들 가운데는 언제나 반혁명 분자들이 끼어 있으니까요."

사방에서 고함이 들끓었다.

"그만두시오! 어서 결의문을! 결의문을 채택합시다. 해산할 시간입니다. 너무 늦었어요."

"나는 다수 의견에 찬성합니다." 브도비첸코가 굵직한 저음으로 말했다. "시적인 표현을 빌린다면, 시민적 제도는 대지에 심은 나무가 뿌리를 내리듯이 민주주의를 바탕으로 밑에서부터 성장해야 합니다. 자코뱅 독재 정권의 과오가 바로 거기에 있었고, 국민공회가 테르미도르 파*10에 의해 무너진 것도 바로 그런 까닭이니까요."

"오늘은 참으로 신성한 날이오." 방랑벽이 있는 친구 스비리드가 거들었다. "그건 어린아이들도 다 아는 사실이지. 조금 더 일찍 생각해 냈더라면 좋았을 걸, 오늘은 이미 늦었소. 지금 우리의 사명은 물불 가리지 않고 싸워서 한 걸음씩 전진하는 것이오. 어쨌든 참고 견뎌 봅시다. 일단 발을 내딛었으니 이대로 물러설 수는 없지 않겠소? 스스로 차려 놓은 음식이니 먹도록 합시다. 우리 자신이 바다로 뛰어든 이상 불평하지 말고 풍덩 빠지는 거요."

"결의(決議)요, 결의!" 사방에서 촉구하는 소리가 일어났다. 토론이 좀 더 이어졌으나 누가 무슨 말을 하는지 산만해서 알아들을 수가 없었다. 그들은 집회를 마치고 한 사람씩 조심스럽게 집으로 돌아갔다.

---

*10 프랑스 혁명, 로베스피에르가 타도된 1794년 7월 27일의 쿠데타.

7

가도를 따라 그림처럼 아름다운 장소가 한 군데 있었다. 가파른 비탈을 내려오듯이 하며 뻗어 있는 쿠테이느이 포사드 마을과 그 아래로 드문드문 흩어져 있는 말르이 예르몰라이 마을인데, 물살이 빠른 파진카 강이 흘러 양분되어 있으나 거의 맞붙어 있는 것처럼 보였다. 쿠테이느이 포사드에서는 군대에 징집된 신병들의 송별회가 열리고, 말르이 예르몰라이에서는 부활절로 한때 중단되었던 징병검사가 재개되었다. 징병위원회는 시트레제 대령의 지휘 아래, 말르이 예르몰라이와 인접 지역 징집 해당자들을 검사했다. 징병검사를 할 때면 기마 민경(民警)과 카자크병이 마을에 주둔하곤 했다.

이날은 부활절의 사흘째 되는 날로, 계절에 걸맞지 않게 따뜻하고 바람 한 점 불지 않는 이른 봄날이었다. 출발 준비를 갖춘 신병들을 위해 음식이 마련된 테이블이, 통행에 지장을 주지 않도록 가도 한쪽에서 조금 떨어진 쿠테이느이 포사드의 길바닥에 차려져 있었다. 하얀 식탁보가 땅에 닿을 듯이 깔려 있는 테이블은 반듯하게 나란히 놓여 있지 않고 찌그러진 호스처럼 길게 이어져 있었다.

마을 사람들은 음식을 추렴해서 신병들을 대접했다. 기본적으로 장만된 음식은 부활절 준비를 위해 만들고 남은 훈제햄 두 쪽과 부활절용 원통형 빵 몇 개, 부활절 치즈케이크 두세 개였다. 그 긴 테이블 위에는 소금에 절인 버섯과 오이, 새콤한 양배추 절임이 담긴 깊은 접시와, 집에서 구워 두툼하게 썬 흑빵 접시, 염색한 부활절 달걀이 높이 쌓여 있는 넓적한 접시도 몇 개 차려졌다. 그 빛깔은 장미색이나 하늘색이었다.

겉은 장미색 아니면 하늘색이지만 속은 새하얀 달걀껍질이 식탁 주변의 풀밭 위에 여기저기 떨어져 있었다. 젊은이들이 양복 속에 받쳐 입은 셔츠도 장미색이거나 하늘색이었고, 여자들의 드레스도 마찬가지였다. 하늘에 유유히 떠도는 구름 또한 장밋빛, 하늘도 마치 처녀들과 함께 흘러가는 것처럼 보였다.

블라스 파호모비치 갈루진이 루바시카 허리에 두른 인조 비단띠도 장미색이었다. 그는 장화 뒤축으로 쿵쿵거리며 발을 좌우로 내던지듯이 하면서, 거의 뛰다시피 파프누트킨 씨네—그 집은 테이블이 놓여 있는 위쪽의 언덕 위에 있었다—현관 계단에서 테이블 쪽으로 내려와서 축사를 시작했다.

"여러분, 나는 샴페인 대신 집에서 담근 이 술 한 잔을 여러분의 건강을 위해 들겠습니다. 길 떠나는 젊은이들이여, 여러분의 앞날을 축복하고, 또한 무사 안녕을 위해! 신병 여러분, 여러 가지 이유로 나는 여러분과 축배를 들고 싶습니다. 잘 들어 주세요. 여러분 앞에 놓인 험난한 길은, 동족상잔의 피로 조국의 산하를 물들인 압제자들로부터 조국을 결사적으로 수호하기 위한 십자가의 길입니다. 인민들은 피를 흘리지 않고도 혁명을 달성할 수 있으리라는 희망을 품어 왔으나, 볼셰비키당은 외국 자본의 앞잡이가 되어 총칼의 야만적인 힘으로 인민들의 염원인 헌법제정회의를 해산하고, 아무런 방어도 하지 못한 사람들의 피로 강물을 이루게 했습니다. 장도에 오르는 젊은이들이여! 우리의 동맹국에 대한 의무로써 러시아군의 실추된 명예를 회복합시다. 우리는 적군(赤軍) 뒤에서, 또다시 파렴치하게 고개를 쳐든 독일과 오스트리아를 지켜봄으로써 스스로를 치욕에 빠뜨리고 있습니다. 여러분, 신께서 우리를 보호해 주시기를."—갈루진은 얘기를 더 계속했지만, 이미 만세 소리와 블라스 파호모비치를 헹가래 치자는 소리가 그의 목소리를 뒤덮었다. 그는 술잔을 입에 대고, 찌꺼기가 제대로 걸러지지 않은 흐린 보드카를 천천히 마셨다. 그는 술이 마음에 들지 않았다. 더욱 세련된 향내가 풍기는 포도주에 길들여져 있었던 것이다. 그러나 사회적으로 수많은 희생자가 나올 거라는 의식이 그를 더욱 흥분시켰다.

"자네 부친은 대단한 분이야. 정말 놀라운 언변이더군! 국회에서 연설한 밀류코프*[11] 의원과도 어깨를 겨룰 만해." 술에 취해 떠들고 있는 사람들 속에서 고르시카 랴브이흐가 옆자리에 앉은 친구인 테렌티 갈루진에게, 반쯤 꼬부라진 혀로 그의 아버지를 추켜세웠다. "정말 옳은 말씀이지, 대단한 분이야. 뭐, 괜히 열을 올리시는 것 같지는 않아, 저 연설로 자네를 징집면제가 되도록 하실 모양인데."

"무슨 소릴 하는 거야, 고르시카! 부끄럽지도 않아? '징집면제'라니, 그런 말이 어디 있어. 너하고 같은 날 통지서를 받았는데, 징집면제라니. 우리는 같은 부대에서 근무하게 될 거야. 난 실업학교에서 쫓겨났어, 쓰레기 같은 놈들. 어머니께서 얼마나 가슴 아파하시는지 몰라. 어쩌면 특별의용병이 될지도 모른다고. 우린 일개 졸병이 되는 거야. 너희 아버지는 정말 멋진 연설을 하시지, 그 방면으론 명인이셔. 정말 어디서 그런 재주를 얻으셨는지, 타고나셨나 봐. 체계

---

*11 1859~1943년, 역사가이자 카데트당의 리더, 백군에 참가, 1920년에 망명.

적인 교육이라곤 전혀 받으신 적이 없으니까."

"사니카 파프누트킨에 대한 소문은 들었어?"

"들었지. 정말 중병에 걸린 모양이던데?"

"고칠 수도 없어. 평생 앓다가 죽을 거야. 다 제 잘못이지. 뭐, 찾아가지도 말라더군. 어떤 상대를 사귀는지가 문제야."

"그 사람은 이제 어떻게 되는 거야?"

"비극이지. 자살을 기도했어. 지금 예르몰라이의 위원회에서 징병검사를 받고 있는데, 합격할 거야. 자기 말로는 빨치산 부대에 들어가고 싶다더군. 사회의 악에 대해 복수하겠대."

"이봐, 코시카. 넌 감염될 거라고 말하지만 그 사람한테 가지 않더라도 다른 병에 걸릴 수 있잖아."

"네가 무슨 이야길 하고 싶어 하는지는 알고 있어. 물론 너도 그런 경험이 있지만, 그건 병이 아니고 비밀스러운 악습일 뿐이야."

"코시카, 그런 소리를 지껄이면 낯짝을 갈겨 버리고 말겠어. 친구한테 그런 소리를 하다니, 이런 거짓말쟁이!"

"농담을 해 본 것뿐이니 진정해. 너한테는 이런 이야기를 하고 싶었어. 나는 파진스크에서 부활절을 보냈거든. 그런데 파진스크에서 잠시 머무는 한 여행자가 '개인의 해방'이라는 제목으로 강연을 했는데 매우 흥미롭더군. 난 그런 것이 마음에 들어. 난 무정부주의자가 될 생각이야. 그 사람 말로는 힘은 우리의 내부에 있다는 거야. 성(性)과 성격이라고 하더군. 그건 동물적인 전기(電氣)의 각성이래. 어때? 대단한 천재라는 생각이 들지 않아? 그런데 난 술이 오르는 모양이야, 주위에서 너무 고함을 질러 대서 귀가 멍멍한 게 아무것도 못 알아듣겠어. 더 이상 참을 수가 없군. 테레시카, 입 다물어. 이 암캐 젖통이, 주둥이 틀어막으란 말이야, 여자 앞치마 같은 놈아!"

"코시카, 다시 이야기해 봐. 나는 사회주의에 대한 건 한 마디도 이해할 수가 없어. 예를 들면 사보타주, 이건 무슨 뜻이야? 앞으로 어떻게 될 거라는 얘기지?"

"내가 말했잖아, 테레시카, 난 그런 말이라면 교수 뺨칠 만큼 잘 알아. 귀찮게 굴지 마, 난 취했어. 사보타주는, 서로 한패거리란 뜻이지. 사보타주니크라고 하면 너하고 그 상대는 한패라는 거야, 알겠어? 이 멍텅구리야."

"난 완전히 욕인 줄로만 알았어. 하지만 전기의 힘에 대해서는 네 말이 맞아. 난 광고를 보고 페테르부르크에서 전기 밴드를 주문하기로 결심했지. 활력을 높이려고 말이야, 대금은 물론 물건과 맞교환이야. 그런데 갑자기 새 혁명이 일어나는 바람에 밴드까지 신경을 쓸 수가 있어야지."

테렌티는 그 다음 말을 할 여유가 없었다. 가까운 곳에서 엄청난 폭발음이 울려, 술에 취해 시끄럽게 떠드는 목소리를 집어삼켰다. 1분쯤 지나자 그 소음은 더욱 무질서한 위력을 발휘하기 시작했다. 테이블 앞에 앉아 있던 사람들의 반이 자리에서 벌떡 일어선 채 잔뜩 얼어붙어 있었다. 어떤 사람들은 비틀거리며 그 자리에서 달아나려고 했지만 견디지 못하고 식탁 밑으로 쓰러져 그대로 코를 골기 시작했다. 여자들은 비명을 질렀다. 대소동이 시작되었다.

블라스 파호모비치는 원인을 찾으려고 사방을 두리번거렸다. 처음에 그는 쾅 하는 폭발음이 어딘가 쿠테이느이 바로 옆, 어쩌면 테이블 바로 근처에서 난 것이 아닌가 생각했다. 그는 목이 뻣뻣해지고 얼굴은 새빨개져서 목청껏 소리쳐 댔다.

"우리 대열에 몰래 숨어들어 이렇게 부끄러운 짓거리를 하는 유다 같은 놈이 누구냐? 어느 망할 녀석이 이런 수류탄 놀이를 하고 있어? 어떤 놈의 소행인지 밝혀지기만 하면, 내 자식놈이라고 해도 그런 불한당 같은 놈은 모가지를 비틀어 버리겠어! 여러분, 이따위 장난을 친 놈을 그냥 두어서는 안 됩니다! 당장 색출해 내야 합니다. 쿠테이느이 포사드 마을을 포위해서 그놈을 잡아들입시다! 그 못된 놈이 빠져나가지 못하게 해야 합니다!"

처음에는 그의 말에 귀를 기울였지만, 곧이어 사람들은 말르이 예르몰라이의 면사무소에서 하늘로 서서히 치솟는 검은 연기 기둥에 정신이 팔렸다. 그들은 그곳에서 무슨 일이 벌어졌는지 보려고 절벽을 향해 달려갔다.

불타고 있는 예르몰라이 면사무소에서는 징집 대상자의 신체검사를 하고 등급을 매기고 있던 다른 군인들과 시트레제 대령이 몇몇 신병들과 함께 뛰쳐나왔는데, 어떤 신병은 신발도 신지 못한 채 바지만 겨우 걸치고 있었다. 마을 입구에서는 카자크 병사들과 민경대원들이 짧은 채찍을 휘두르며, 말 위에서 몸과 손을 일렬로 뻗으면서, 마치 구불거리는 뱀에 올라탄 것 같은 모습으로 이리저리 내달았다. 누군가가 색출되고 누군가가 체포되었다. 수많은 사람이 길을 따라 쿠테이느이 쪽으로 달아나고 있었다. 그들을 뒤쫓듯이 예르몰라이 마을의 종탑에서 비상경종이 빠르고 불안하게 울려 퍼지기 시작했다.

사건은 더욱 무서운 속도로 꼬리를 물고 일어났다. 수색은 어둠이 깔릴 때까지 이어졌고, 시트레제 대령과 카자크 병사들이 예르몰라이 마을에서 옆 마을인 쿠테이느이로 거슬러 올라갔다. 순찰대가 마을을 포위하자 집집마다 이 잡듯이 수색이 시작되었다.

그 무렵, 환송회에 모인 사람들의 절반은 술을 너무 마신 탓으로 인사불성이 되어 땅바닥에 쭈그리거나 식탁에 엎어져 코를 골고 있었다. 어둠이 깔리고 나서야 민경대가 마을에 들어왔다는 소식이 전해졌다.

몇몇 젊은 사내들이 민경대를 피하려고 서로 발길질을 하고 밀치락달치락하면서 마을 뒤쪽을 빠져나왔다. 그들은 맨 처음 눈에 띈, 지면에 틈이 벌어져 있는 창고의 담장 아래로 기어 들어갔다. 어둠 속이라 누구네 창고인지는 알 수 없었지만, 생선과 석유 냄새가 나는 것으로 보아서 소비조합 매점의 창고인 것 같았다.

거기에 숨어든 젊은이들은 아무런 양심의 가책도 받지 않았다. 잘못이라고 하면 숨은 죄뿐이었다. 당황하고 놀라서 술 취한 눈으로 생각할 새도 없이 달아난 것이다. 몇몇은 서로 아는 사이였고, 그들은 불한당 같은 놈들이어서 가능하면 죽이고 싶은 자들이었다. 그런데 지금은 그 모든 사람이 정치적 색채를 띠고 있었다. 소비에트 지역에서는 단순한 난폭과 비행도 극우의 흑색 백인조*[12]로 간주되어, 백군 지역에서는 볼셰비키로 여겨지고 있었다.

마루 밑에는 이미 먼저 숨어든 사람들이 있었다. 흙바닥과 창고 마루 사이의 공간은 사람들로 꽉 차 있었다. 쿠테이느이와 예르몰라이 마을 사람들이 뒤섞여 있고, 먼저 온 사람들은 거의 죽은 듯이 취해 있었다. 그들 가운데 일부는 코를 골면서 이를 갈거나 헛소리를 해 대고, 토하는 사람도 있었다. 창고 밑은 한 치 앞도 보이지 않을 만큼 깜깜하고 공기도 통하지 않아 악취가 심했다. 맨 뒤에 들어온 젊은이들은 밖에서 보이지 않도록 구멍을 돌과 흙으로 막았다. 잠시 뒤 코 고는 소리와 신음이 멎자 사방이 고요해졌다. 사람들은 모두 평온한 모습으로 잠들어 있었다. 다만 겁에 질린 테렌티 갈루진과 예르몰라이의 싸움꾼인 코시카 네흐발렌느이흐만 끊임없이 작은 소리로 속삭일 뿐이었다.

---

*12 1905년 혁명 때 결성된 국수주의적 반혁명 극우반동단체.

"이봐, 목소리를 낮춰! 이러다가는 모두 끝장나고 말겠어. 귀를 기울여 봐. 시트레제 대령과 그 일당이 왔다 갔다 하는 소리 들리지? 마을 끝에서 줄을 지어 오고 있어, 금방 이곳에 올 거야. 봐, 왔잖아. 죽은 듯이 있어! 숨소리를 냈다간 목을 졸라 버리고 말겠어. 운 좋은 줄 알아, 멀리 가 버렸어, 옆으로 지나간 모양이야. 이 멍청아, 넌 왜 이곳에 왔니? 숨어야 할 까닭이 없잖아! 누가 너를 건드린다던?"

"들렸어, 고르시카가 이 바보야, 숨어! 하고 소리쳤어. 그래서 들어왔어."

"고르시카야 그럴 만한 이유가 있지. 랴브이흐 씨네 가족은 모두 요주의 인물로 찍혀 있으니까. 호다트스코예에서 직공으로 일하는 친척들이 있단 말이야. 순전한 노동자지. 가만히 있지 못해, 이 바보 녀석아! 조용히 누워 있어. 사람들이 토하고 똥을 싸질러서 움직이면 너만 더러워지는 게 아니라 나한테도 똥이 묻는단 말이야. 냄새가 고약하지도 않아? 넌 시트레제가 왜 마을을 돌아다니는지 알기나 해? 파진스크 사람들을 쫓고 있는 거야. 이방인이니까."

"도대체 어찌 된 일이야, 코시카? 어째서 이런 일이 벌어졌지?"

"모두 사니카 녀석 탓이야, 사니카 파프누트킨 탓이라고. 우리는 옷을 벗고 신체검사를 받고 있었어. 사니카 차례가 되었는데, 사니카가 옷을 벗지 않는 거야. 그 녀석은 이미 잔뜩 취한 채로 집무실에 왔어. 서기가 존댓말까지 하면서 옷을 벗으라고 말했지. 사니카는 군인인 서기한테 무례한 태도로 벗지 못하겠다고 하는 거야, 자기 신체의 일부를 남에게 보여 주기 싫다면서. 마치 부끄럼을 타는 것처럼 말이야. 그러고는 서기 쪽으로 마치 턱이라도 갈겨 버릴 것처럼 팔을 쳐들고 다가가더군. 어떻게 됐을 것 같아? 말릴 새도 없었어. 녀석은 눈 깜짝할 사이에 잉크병이고, 군사문서고, 책상 위에 있는 것은 죄다 마룻바닥에 엎어 버릴 것처럼 사무책상 모서리를 붙잡고 허리를 굽혔어. 바로 그때 시트레제가 사무실 문에 나타나서 소리쳤어.

'난폭한 짓은 용서하지 않겠다. 무혈혁명과 징병집무실에서의 무법한 행동은 용납되지 않는다는 것을 가르쳐 줄 테다. 선동자가 누구야?'

사니카가 창문으로 다가가서 소리쳤어. '살려줘, 옷을 집어, 동지들! 여기 있다가는 모두 끝장이야.' 나는 옷을 주워 입으면서 사니카 쪽으로 달아났지. 사니카는 주먹으로 유리창을 깨고 거리로 훌쩍 뛰어나가더니 온데 간데 없이 사라졌어. 나도 놈을 뒤쫓아갔지. 그리고 몇몇이 우리를 따라오더군. 뒤도 안 돌아보고 달아났지. 그들이 우리를 뒤쫓기 시작했어. 왜 이런 일이 벌어졌느냐고? 그건 아무도 몰라."

"그럼 폭탄은?"

"폭탄이라니!"

"누가 폭탄을 던졌느냐 말이야. 아니, 폭탄이 아니라 수류탄인가?"

"맙소사, 우리가 그런 짓을 했다는 거야?"

"그럼 누구야?"

"그걸 내가 어떻게 알아. 누군가 다른 놈이 그랬겠지. 아마도 혼란한 틈을 이용해서 폭탄을 터뜨릴 생각을 한 사람이 있는 모양이지. 그런 때라면 의심을 받지 않을 테니까. 어떤 활동가가 그랬을 거야. 여긴 파진스크 활동가들이 우글거리니까. 조용히 해. 입 다물란 말이야, 사람 목소리가 들리잖아. 시트레제 일당이 되돌아오고 있어. 이젠 안 들리는군. 조용히 하고 있어."

목소리가 다가왔다. 장화 소리와 박차 소리가 들려왔다.

"따지려 들지 마. 난 그렇게 만만한 사람이 아니야. 분명히 어디서 말소리가 들렸는데."

그것은 페테르부르크식의 뚜렷한 발음으로 명령하는 대령의 고압적인 목소리였다.

"잘못 들으신 겁니다, 각하." 말르이 예르몰라이 마을의 촌장이자 수산업 경영자인 오트바진스틴 노인이 말했다.

"마을에서 이야기 소리가 들렸다고 해서 이상할 것은 없지 않습니까? 여긴 공동묘지가 아닙니다. 사람들이 이야기를 나눌 수도 있겠죠. 말 못하는 벙어리들만 살고 있는 것도 아니고요, 그렇지 않으면 누군가가 귀신에게 가위눌린 거겠죠."

"아니, 그렇지 않아! 당신이 바보 행세를 하고 있다는 것쯤 다 알고 있어. 귀신이라니! 제법 머리를 썼군. 이러다가는 나중에 국제적인 문제까지 떠벌리겠군. 나중에 후회하게 될 거야. 귀신이라니!"

"그럴 리가 없습니다, 각하. 대령님! 국제적인 문제라뇨! 우거진 전나무 숲도 빠져나갈 줄 모르는 바보천치들인데요. 옛 기도서도 겨우 더듬더듬 읽을 정도인걸요. 그런데 혁명이라니요?"

"첫 번째 증거가 나타날 때까지는 당신들은 그렇게 말하곤 하지. 어쨌든 소비조합의 상점을 구석구석 다 뒤져라. 여기저기 다시 싹 훑어보고 진열대 밑도 들여다 봐. 인접한 건물도 수색하고."

"알겠습니다, 각하."

"파프누트킨, 랴브이흐, 네흐발렌느이흐가 살았건 죽었건 상관없어. 바닷속까지 뒤져서라도 기어이 찾고야 말겠어. 그리고 갈루진의 꼬마 녀석도 마찬가지야. 제 아비가 아무리 애국적인 연설을 많이 하고 떠벌리고 다녀도 난 관심 없어. 입으로만 떠들 뿐이지, 반동이야. 우리를 속일 수는 없어. 장사치 주제에 연설을 하고 다니는 것부터 벌써 어딘가 미심쩍단 말이야. 아무래도 자연스럽지가 않아. 비밀정보에 따르면 크레스토보즈드비젠스크에 있는 그놈의 집에 활동가들이 숨어서 비밀집회를 열고 있다더군. 그 아들놈을 잡아 와! 아직 그놈을 어떻게 할 건지는 결정하지 않았지만, 잘못이 드러나면 본보기로 가차 없이 처형하겠어."

그들이 멀리 이동했다. 그들이 멀리 가 버린 다음, 코시카 네흐발렌느이흐는 죽은 듯이 꼼짝 않고 있던 테레시카 갈루진에게 물었다.

"들었어?"

"그래." 그는 허둥대는 목소리로 속삭였다.

"이젠 너하고 나하고, 사니카하고, 고르시카가 갈 곳은 숲 속뿐이야. 영원히 그곳에 있겠다는 건 아니야. 놈들이 마음을 바꿔 먹을 때까지 있자는 거야. 사태가 가라앉으면 그때 돌아올 수 있을지도 몰라."

제11장
숲의 의용군

1

유리 안드레예비치가 숲의 빨치산에게 납치된 지 벌써 1년쯤 지났다. 포로의 몸이지만 그 한계가 지극히 모호했다. 그는 사방이 벽으로 둘러싸여 있는 곳에 포로로 잡혀 있는 것도 아니었고, 감시나 미행을 당하지도 않았다. 빨치산 부대는 끊임없이 이동하고 있었고 유리 안드레예비치도 그들과 함께 이동했다. 이 군단은 마을과 읍내를 이동할 때는 다른 민중과 구별이 가지 않았고, 담장 같은 것으로 분리되지도 않았다. 그들은 함께 뒤섞여서 그들 속에 융합하고 있었다.

의사는 예속이나 포로의 상태가 아닌 자유의 몸이었지만 다만 그 자유를 누리지 못하고 있을 뿐인 것처럼 보였다. 포로로서 의사가 받고 있는 속박은 눈에 보이지 않고 손으로 만질 수 없는 다른 다양한 인생의 강제와 그리 다르지 않았다. 그것도 실제로는 존재하지 않는 하나의 키마이라*[1]나 허구라고 할 수도 있었다. 차꼬나 쇠사슬, 감시자도 없었지만, 의사는 겉으로 보기에는 허구처럼 보이는 자유롭지 않은 상태에 예속되어 있어야 했다.

그는 세 차례나 달아나려 했으나 번번이 실패로 끝났다. 아무 처벌도 받지 않았지만 그것은 불장난이나 다름없었다. 그는 더 이상 도주를 시도하지 않았다.

빨치산 대장인 리베리 미쿨리친은 지바고를 후하게 대우하고 있었다. 자신과 같은 막사에서 재우고 그와 이야기하는 것을 좋아했다. 유리 안드레예비치는 이 강제적인 친밀함이 거북하고 답답했다.

---

*1 그리스 신화에 나오는 괴물.

2

그 무렵 빨치산 부대는 거의 쉬지 않고 동쪽으로 후퇴하고 있었다. 그 이동은 때로는 콜차크군(軍)을 서(西)시베리아에서 몰아내기 위한 총공격 작전의 일환이었다. 때로는 백군이 빨치산 후방에서 포위하려고 시도했기 때문에 그 방향의 이동이 중단되는 경우도 있었다. 의사는 오랫동안 그러한 작전의 의미를 이해하지 못했다.

그 이동은 대부분 가도와 평행하게 진행되었고, 때로는 가도로 갈 때도 있었다. 어떻게 되었거나, 연도의 작은 도시와 마을들은 전국(戰局)의 움직임에 따라 적군의 수중에 있기도 하고 백군이 점거할 때도 있었다.

겉으로만 봐서는 그곳이 어느 쪽의 지배하에 있는지 알 수 없는 경우가 대부분이었다.

농민의용군이 그러한 작은 도시와 마을들을 통과할 때는 으레 도시와 마을들을 길게 줄지어 지나가는 이 대군이 그곳의 주역이었다. 도로 양옆의 집들이 마치 땅속으로 흡수되어 버리기라도 한 듯, 진흙밭 속을 나아가는 기병과 말, 대포, 둘둘 만 외투를 등에 지고 떼 지어 걸어가는 키 큰 저격병들이 길가의 집들보다 높이 솟아 있는 것처럼 보였다.

어느 날 그러한 도시 하나에서 의사는 영국제 군용의약품의 재고를 전리품으로 접수하는 임무를 맡았다. 퇴각한 카페리군*2 기병장교 부대가 버리고 간 것이었다.

비가 내리는 우중충한 날에는 모든 것이 두 가지 색깔로 보였다. 빛이 닿는 곳은 모든 것이 하얗게 보였고, 빛을 받지 않는 곳은 모든 것이 검게 보였다. 그리고 그렇게 단순화된 어둠이, 그 확연한 대조를 완화해 주는 변화나 음영도 없이 사람들 마음까지 뒤덮었다.

끊임없는 군대의 이동으로 완전히 반죽이 되다시피 한 길은 마침내 검은 진흙의 강으로 바뀌어, 건널 수 없는 곳도 한두 군데가 아니었다. 길을 하나 건너는 데도, 건널 수 있는 곳이 서로 멀리 떨어진 몇 지점밖에 없어서 멀리 빙빙 돌아가야 했다. 그런 상황 속에서 의사는 파진스크 시(市)에서, 전에 기차에서

*2 카페리 오스카로비치 중장. 1919년에 적군에 패한 백군이 옴스크에서 퇴각할 때 모스크바 군단을 지휘하고, 1919년 12월에는 동부전선을 지휘했다가, 1920년 1월, 백군의 이르쿠츠크 퇴각 때 전사. 자바이칼과 극동의 콜차크군 잔병 부대는 '카페리군'이라고 자칭했다.

동행했던 펠라게야 차구노바를 우연히 만났다.

그녀가 먼저 그를 알아보았다. 분명히 눈에 익은 얼굴이었으나 그는 그 여자가 누구인지 얼른 생각이 나지 않았다. 여자는 도로 건너편에서 마치 운하의 대안(對岸)이라도 바라보는 것처럼 망설이는 시선을 던지고 있었는데, 만약 그가 알아보면 인사라도 하고 싶지만 그렇지 않으면 그대로 지나쳐 버리더라도 어쩔 수 없다는 듯한 표정이었다.

잠시 뒤 그는 모든 것이 떠올랐다. 만원인 화물열차의 온갖 이미지, 강제노동으로 동원되어 가던 사람들, 그들의 호송병, 땋은 머리를 가슴 앞에 늘어뜨린 여자승객들이 추억의 그림 속에서 아련히 되살아났다. 3년 전에 온 가족이 함께 이주해 왔던 상황이 세부에 이르기까지 선명하게 되살아나고, 그가 죽을 만큼 그리워하고 있는 가족의 얼굴들이 눈앞에 생생하게 떠올랐다.

그는 머리를 끄덕이고는, 차구노바에게 도로의 조금 위쪽, 진흙에서 솟아 있는 돌을 밟고 건널 수 있는 곳을 가리키며 그리로 오라고 신호했다. 그는 그 장소에 가서 차구노바 쪽으로 건너가 그녀와 인사를 나누었다.

그녀는 그에게 쌓이고 쌓인 이야기를 들려주었다. 같은 화차 안에 불법으로 강제징용 당했던 순진한 미소년 바샤를 그에게 상기시켜 주고 나서, 자기가 바샤의 어머니 집에서 지냈던 일을 이야기했다. 그녀는 그들과 함께 잘 지냈다. 그러나 베레텐니키 마을 사람들은 그녀가 이곳 사람이 아니라는 이유로 그녀를 곱지 않게 보았다. 그녀가 마치 바샤와 가까운 사이이기라도 한 것 같은 헛소문 때문에 비난까지 받았다. 끝내는 쫓겨나기 전에 제 발로 마을을 떠나야 했다. 그녀는 크레스토보즈드비젠스크 시(市)에 사는 언니 올리가 갈루지나를 찾아갔다. 여기에 온 것은 파진스크에서 누가 프리스툴리예프를 보았다는 소문을 들었기 때문이었다. 그 소문은 근거 없는 것이었지만 일자리를 얻어 이곳에 눌러앉게 되었다.

그러는 동안 소중한 사람들에게 불행이 덮쳤다. 베레텐니키 마을에서는 식량징발의 법률*3을 어겼다는 이유로 마을이 군사제재를 받았다는 소식이 있었다. 브르이킨 씨네 집은 불타 버리고, 바샤의 가족 가운데 누군가가 죽었다는 소문이었다. 크레스토보즈드비젠스크에서는 갈루진 씨의 집과 재산이 몰수

---

*3 1919년 1월부터 인민위원회의결정에 따라, 잉여곡물이라는 명목으로 곡물, 곡물사료의 강제징발이 시작되었다.

되었다. 형부인 갈루진은 투옥되었다든가 총살당했다는 이야기였다. 조카는 행방불명이 되었다. 파산한 뒤 언니 올리가는 한동안 입에 풀칠도 못하는 지경에 이르렀으나, 지금은 즈보나르스카야 마을에 있는 먼 친척의 농가에 몸을 의탁해 허드렛일을 하면서 살아가고 있다.

우연이지만 차구노바는, 의사가 재산을 압수할 예정인 파진스크의 약국에서 부엌일을 하고 있었다. 이 징발은 차구노바를 포함, 약국에서 일하며 생계를 꾸려 가는 사람들을 모두 파멸로 몰아넣게 되었다. 그러나 의사에게는 그 징발을 멈출 권한이 없었다. 차구노바는 물품을 인도하는 작업에 입회하게 되었다.

유리 안드레예비치의 짐마차는 약국 뒤뜰의 창고 문 앞에 대어져 있었다. 창고 안에서 고리짝, 고리버들로 감은 커다란 병과 궤짝이 운반되어 나왔다.

약국 마구간에 매여 있던 지저분하고 삐쩍 마른 말도 사람들과 함께 이 반출 작업을 슬픈 눈으로 바라보고 있었다. 비가 내리는 하루도 서서히 저물어 가고 있었다. 푸른 하늘이 조금 열렸다. 한순간 비구름 사이로 태양이 얼굴을 내밀었다. 해는 서산으로 넘어가고 있었다. 저녁 햇살이 칙칙한 청동빛을 마당에 던지자 질척한 분뇨가 쌓인 웅덩이가 음산한 황금빛으로 물들었다. 바람도 웅덩이의 오물을 흔들지 못했다. 질척한 분뇨는 너무 묵직해서 움직일 수가 없었다. 그 대신 길에 고인 빗물은 바람이 부는 대로 잔물결을 일으키며 유사(流砂)처럼 군데군데 반짝거리고 있었다. 군대는 사람도 말도 깊은 물웅덩이와 움푹 팬 곳을 피하면서 길의 가장자리를 따라 나아갔다. 압수한 의약품 속에서 코카인이 한 통 나타났다. 빨치산 대장은 그 무렵 코카인 중독에 빠져 있었다.

3

빨치산 속에서 의사가 할 일은 태산같이 많았다. 겨울에는 발진티푸스, 여름에는 이질, 게다가 군사작전이 재개된 뒤로는 부상병의 수가 날로 늘어났다.

빨치산 부대는 잦은 패배와 퇴각에도 불구하고 농민군이 통과하는 지역에서 새롭게 봉기하는 자들과 적(敵) 진영에서 탈주병이 가세해 끊임없이 수가 불어났다. 의사가 빨치산과 함께 있었던 1년 반쯤 사이에 병력이 열 배로 불어났다. 크레스토보즈드비젠스크의 지하사령부 회의에서 리베리 미쿨리친은 자신의 병력을 열 배로 부풀렸는데, 이제는 실제로 그만한 규모가 되어 있었다.

유리 안드레예프에게는 어느 정도 경험이 있는 간호병 몇 명이 조수로 딸려 있었다. 의무대에서 그의 오른팔은 헝가리인 공산당원으로, 숙영지에서는 라유시치 동무로 불리고 있는 포로 출신의 군의 케레니 라이오시였고, 역시 오스트리아군 포로[*4]로 크로아티아인 간호장 안겔랴르도 있었다. 유리 안드레예비치는 라유시치와는 독일어로 말했으나, 안겔랴르는 발칸의 슬라브인이어서 그럭저럭 러시아어가 통했다.

4

국제적십자 협약에 따르면, 군의와 위생대원은 무장하고 전투행동에 참가하지 못하게 되어 있었다. 그러나 딱 한 번 의사는 의지에 반해 그 규칙을 어기지 않을 수 없었다. 그가 싸움터에 있었을 때 작은 충돌이 시작되어, 전투원과 운명을 같이하며 응사하지 않을 수 없었던 것이다.

의사가 부대의 통신병과 함께 엎드려 있었던 빨치산의 산병선은 숲가에 있었다. 뒤는 밀림이고 앞은 탁 트인 숲 속의 빈터로, 차폐물이 아무것도 없는 넓은 공간이 펼쳐져 있었다. 그곳으로 백군이 진격해 왔다.

적들은 바짝 다가와 벌써 눈앞에 있었다. 의사에게는 그들 한 사람 한 사람의 얼굴까지 똑똑히 보였다. 수도의 지식인층 출신의 소년과 젊은이들, 그리고 예비역에서 동원된 중년의 병사들이었다. 그러나 부대의 사기를 주도하고 있는 것은 전자, 최근에 지원병이 된 대학생과 최종 학년의 고전중학교 학생들이었다.

의사는 그들 가운데 아는 사람은 아무도 없었지만, 그 절반가량은 어디선가 본 적이 있는 듯한, 이상하게 눈에 익은 얼굴로 느껴졌다. 몇몇은 중학교 시절의 급우들을 떠오르게 했다. 어쩌면 그들의 동생들이 아닐까? 또 옛날에 극장이나 한길에서 만났을 것 같은 얼굴도 있었다. 어딘지 모르게 사람을 끄는 풍부한 표정을 지닌 그들의 얼굴이 같은 계층의 친척처럼 느껴졌다.

자기 나름의 나라에 대한 의무감에 고무되어 용기를 과시하고 있는 그들은 막무가내로 도전해 왔다. 산개 대형으로 정규 정예부대도 무색할 만큼 꼿꼿하게, 뛰거나 지면에 엎드리지도 않고, 마음만 먹으면 몸을 숨길 수 있는 지형의 요철도 무시한 채 허세를 부리며 의젓한 자세로 전진해 왔다. 빨치산의 총알이

---

*4 독일군은 슬라브인, 헝가리인, 독일인의 혼성군으로, 고국은 체코, 헝가리, 오스트리아 등 다양했다.

거의 백발백중, 그들을 우수수 쓰러뜨렸다.

백군이 전진하고 있는 헐벗은 넓은 들판 한복판에 불에 탄 죽은 나무가 한 그루 서 있었다. 벼락을 맞았거나 모닥불에 탔거나, 아니면 이전의 전투에서 포화를 받아 쪼개지고 불타거나 한 것이었다. 진격해 오는 의용병들의 저격병은 저마다 그 나무를 쳐다보면서 그 나무 뒤에 숨어 더욱 안전하게 표적을 노리고 싶은 유혹과 한 순간 싸우지만 마침내 그 유혹을 뿌리치고 다시 전진해 왔다.

빨치산은 실탄의 재고가 한정되어 있어서 함부로 쏠 수 없었다. 근접거리에 올 때까지 쏘지 말라, 확실하게 보이는 목표만 쏘라는 명령이 있었다.

의사는 무기도 없이 풀 위에 엎드려 상황을 지켜보았다. 그의 마음은 용감하게 죽어 갈 소년들 쪽에 공감과 동정을 보내고 있었다. 그는 진심으로 그들이 승리하기를 바랐다. 그들은 아마도 정신적으로 똑같은 교육, 똑같은 도덕관, 똑같은 사고를 지닌, 그와 비슷한 가정의 자식들일 것이었다.

그의 마음속에서 들판의 그들 쪽으로 뛰어나가 투항하고 그들에게 구조되고 싶다는 생각이 꿈틀거렸다. 그러나 그것은 죽기 아니면 살기의 위험천만한 모험이었다.

두 손을 들고 달려 나가 들판 한복판에 닿기도 전에, 아군에게는 배신의 본보기로, 상대 쪽은 그의 의도를 이해하지 못해, 양쪽에서 등과 가슴에 총알세례를 받을 가능성이 있었다. 지금까지 여러 차례 비슷한 상황에 놓인 적이 있었으나, 그 가능성 여부를 요모조모 충분히 생각한 끝에 그러한 탈주는 아무 소용이 없다는 것을 오래전부터 알고 있었다. 그래서 의사는 모순된 감정을 달래면서 여전히 풀 위에 엎드린 채 들판을 쳐다보며 총도 없이 풀 속에서 상황을 지켜보고 있었다.

그러나 주위에서 죽느냐 사느냐 하는 전투가 벌어지고 있는데, 아무 행동도 하지 않고 있는 것은 인간의 인내를 넘어서는 일이었다. 문제는 그가 포로로 있는 진영에 대한 충성이나 그 자신을 위한 자기방어가 아니라, 지금 이 상황의 결과를, 다시 말해 지금 자기 눈앞과 주위에서 일어나고 있는 사태의 법칙을 따르는 것이었다. 전투에 참여하지 않고 국외자로 머무는 것은 규율 위반이었다. 다른 사람들처럼 응사하지 않으면 안 되었다.

자기와 나란히 산병선에 있던 통신병이 부르르 몸을 떨더니 이윽고 몸을 쭉 뻗으며 움직이지 않자, 유리 안드레예비치는 통신병에게 기어가 탄약합을 끌러 그의 총을 손에 쥐고 자기 자리로 돌아와서 총을 쏘기 시작했다.

그러나 가엾은 생각이 들어서, 자기가 매력과 공감을 느낀 젊은이들을 조준해서 쏠 마음은 들지 않았다. 그런데 또 허공에 대고 총을 쏘는 것은 너무나 어리석고 무의미한 짓거리였고 그의 의도에도 모순되는 헛된 행위였다. 그래서 불에 탄 나무를 겨냥한 뒤, 그 사이를 전진해 오는 사람이 아무도 없는 순간을 노려 방아쇠를 당겼다.

겨냥을 하고 조준이 차츰 정확해짐에 따라 천천히 방아쇠를 당겼는데, 마치 총을 쏠 의도가 전혀 없는 것처럼 방아쇠를 끝까지 당기지는 않았다. 그러는 동안 저절로 공이치기가 공이를 쳐 예기치 않게 총알이 발사되는 것이었다. 의사는 손에 익은 정확함으로 죽은 나무 주위에 떨어져 있는 아래쪽의 말라 죽은 가지를 잇따라 쏘기 시작했다.

그런데 오, 이게 웬일인가? 사람에게는 맞지 않도록 그토록 주의했건만, 한 사람, 또 한 사람 결정적인 순간에 그와 나무 사이에 뛰어들어 발사 순간에 화선(火線)을 가로질러 갔다. 그리하여 그는 두 사람에게 부상을 입혀 쓰러뜨렸는데, 나무 옆에 갑자기 나타난 불행한 세 번째 사람은 치명상이었다.

마침내 백군의 지휘관도 무의미한 시도라고 판단하고 퇴각 명령을 내렸다.

빨치산은 소수였다. 그 주력 부대의 일부는 행군 중이었고, 다른 일부는 조금 떨어진 지점에서 적의 대부대와 교전하며 측면으로 후퇴하고 있었다. 빨치산은 병력이 적은 것을 드러내지 않으려고, 퇴각하는 적을 추격하지는 않았다.

간호장 안겔랴르가 들것을 든 위생병 두 명을 수풀 가로 불러왔다. 의사는 부상병 간호를 그들에게 맡기고, 자기는 아까부터 꼼짝도 않고 누워 있는 통신병에게 다가갔다. 아직 숨이 붙어 있어 살릴 수 있을지도 모른다는 어렴풋한 기대가 있었다. 그러나 통신병은 이미 숨져 있었다. 최종적으로 확인하려고 유리 안드레예비치는 그의 셔츠를 헤친 뒤 심장 고동 소리를 들어 보았다. 심장이 멈추어 있었다.

전사자의 목에는 부적이 든 주머니가 끈에 매달려 있었다. 유리 안드레예비치는 그것을 끌러 보았다. 안에는 접은 모서리가 헐어서 썩어 가는 종이쪽지가 누더기 천에 싸여 있었다. 의사는 반쯤 넝마가 되어 가는 종이쪽지를 펼쳐 보았다.

그 쪽지에는 〈시편(詩篇)〉 제 90편*5에서 발췌한 글이 적혀 있었는데, 그 글귀에는 민중이 기도할 때 덧붙이거나 변경한 데가 몇 군데 있었다. 그래서 그 기도는 되풀이되는 동안 차츰 원전에서 멀어진 것이 되었다. 교회슬라브어 원문의 단편(斷片)이 러시아 문자로 고쳐 씌어 있었다.

〈시편〉에는 '전능하신 분의 그늘 아래 머무는 사람아'라고 되어 있는데, 그 쪽지에는 '생생한 가호'로 주문(呪文)의 표제가 바뀌어 있었다. 〈시편〉의 '밤에 덮치는 무서운 손, 낮에 날아드는 화살을 두려워 마라'는 '싸움에서 날아오는 화살을 두려워하지 마라'라는 격려의 말로 바뀌어 있었다. 또 〈시편〉의 '나의 이름을 아는(야코 포즈나 이먀 마요) 자를'은 '나의 이름은 나중으로 늦춰지고(포즈나 이먀 마요)'로, '환난 중에 그와 함께 있으리니(스 니무 에스미 흐 스코르비, 이즈무 에보)'는 '이윽고 겨울에 그를(스코로 브 짐 에보)'이 되어 있었다.

〈시편〉의 이 대목은 총알로부터 보호해 주는 부적으로서 영험이 있는 것으로 알려져 있었다.

병사들은 지난번의 제국주의전쟁 때부터 그것을 부적으로 몸에 지니고 있었다. 그것을 죄수들이 옷에 누벼 두고 한밤중에 취조관의 심문에 불려 나갈 때마다 그 구절을 소리내어 암송한 것은 그로부터 몇십 년도 더 지난 뒤의 일이었다.

유리 안드레예비치는 통신병 곁을 떠나 자기가 쏘아 죽인 젊은 백군의 시체가 있는 묘지로 갔다. 청년의 아름다운 얼굴에는 순진한 특징이 새겨져 있고 고뇌의 표정은 깨끗하게 사라져 있었다. '왜 그를 죽였을까?'—의사는 생각했다.

그는 죽은 사람의 외투 단추를 끄르고 앞자락을 넓게 펼쳤다. 그 안감에는 어머니의 손길이 틀림없어 보이는 정성과 사랑이 담긴, 세료자 란세비치라는 전사자의 이름이 흘림체로 수놓아 있었다.

세료자의 셔츠 깃 밑에서 사슬에 달린 십자가와 목걸이, 그리고 뭔가 납작한 금케이스인지 코담뱃갑 같은 것이, 뚜껑이 못으로 친 것처럼 망가진 채 굴러 나와 대롱대롱 매달렸다. 거기서 접혀 있는 종이쪽지가 나왔다. 의사는 그것을 펴 보고 자신의 눈을 의심했다. 그것 또한 〈시편〉 제 90편이었다. 그런데

---

*5 대한성서공회에서 펴낸 《공동번역성서》에는 제 91편으로 되어 있음.

그것은 교회슬라브어의 원문대로 인쇄되어 있었다.

그때 세료자가 신음을 내더니 몸을 죽 뻗었다. 그는 살아 있었다. 나중에 안 일이지만, 그는 가벼운 뇌진탕으로 실신한 것뿐이었다. 총알은 어머니에게서 받은 부적 뚜껑에 맞았고, 그 덕분에 목숨을 건질 수 있었던 것이다. 그러나 의식을 잃고 누워 있는 이 소년을 어떻게 할 것인가?

그 무렵 교전하는 양쪽의 잔학함은 극에 달해 있었다. 포로는 정해진 장소까지 살아서 다다른 적이 없고, 적의 부상병은 그 자리에 내버려졌다.

숲의 민병 구성원은 유동적이어서, 새로운 지원병들이 들어오기도 하고 고참 대원들이 달아나서 적 쪽으로 넘어가기도 했다. 그래서 란세비치도 비밀을 굳게 지켜 최근에 입대한 신참으로 위장할 수가 있었다.

유리 안드레예비치는 자신의 생각을 안겔랴르에게 털어놓고 그의 도움을 빌려, 전사한 통신병에게서 윗옷을 벗긴 다음 그것을 의식이 돌아오지 않은 소년에게 갈아입혔다.

그와 간호장은 소년이 회복될 때까지 간호했다. 완쾌한 란세비치는 생명을 구해 준 은인들에게, 콜차크군(軍)으로 돌아가 적군과 싸움을 계속할 작정이라고 숨김없이 말했다. 그래도 그들은 그를 놓아 주었다.

5

가을이 되자 빨치산은 리시 오토크*[6]를 근거지로 정했다. 높은 언덕 위에 있는 작은 숲으로, 그 기슭은 삼면이 강으로 둘러싸여 있는데, 빠른 물살이 기슭을 파먹으면서 흐르고 있었다.

그곳은 빨치산 부대가 오기 전에 카펠군이 겨울을 난 곳이었다. 그들은 인근 마을사람들의 노동을 빌려 이 숲을 요새로 만들었으나 봄이 되자 그곳을 떴다. 빨치산은 그들이 만든 엄폐호와 참호, 참호통로에 진을 치고 있었다.

리베리 아베르키예비치는 의사를 흙으로 지은 자신의 오두막에서 함께 기거하게 했다. 그는 내리 이틀째 밤을 의사와 이야기하며 그를 자지 못하게 했다.

"내가 매우 존경하는 아버님, 존경하는 파테르*[7]가 지금 어떻게 지내고 계신지 알고 싶군요."

---

*6 '여우의 수풀'이라는 뜻.

*7 역시 아버지라는 뜻.

'아, 이 놀아나는 꼴은 정말 더 이상 참을 수가 없어.' 의사는 한숨을 쉬면서 생각했다. '아버지를 쏙 빼닮았잖아!'

"지금까지의 이야기로 미루어 보면, 당신은 아베르키 스테파노비치에 대해 꽤 많이 알고 있어요. 그리고 그분에 대해서 나쁘지 않게 생각하고 있는 것 같아요. 어떻습니까, 선생님?"

"리베리 아베르키예비치, 내일은 선거를 앞둔 집회가 있습니다. 게다가 밀주를 빚은 위생병에 대한 재판도 코앞에 닥쳤어요. 나와 라이오시는 아직 이 사건에 대한 자료를 준비하지 못했습니다. 이 일로 내일 라이오시와 만나기로 약속되어 있습니다. 그리고 나는 이틀 동안 자지 못했습니다. 이야기는 나중에 합시다. 제발 좀 봐 주십시오."

"안 돼요, 다시 아베르키 스테파노비치의 이야기로 돌아가서, 그 노인을 어떻게 생각하십니까?"

"당신 아버님은 아직도 한창 젊으십니다, 리베리 아베르키예비치. 당신은 어쩌자고 그런 식으로 말하시죠? 그렇다면 대답하지요. 당신에게 가끔 얘기했지만, 나는 여러 종류의 사회주의에 대해 그 섬세한 차이를 잘 모르고 있고, 또 볼셰비키와 다른 사회주의자들 사이의 특별한 차이도 모르겠어요. 당신 아버님은, 최근 러시아의 혼란과 소요에 대해 책임을 져야 할 사람들 가운데 한 분입니다. 아베르키 스테파노비치는 혁명적 인물의 한 전형이고 한 성격입니다. 당신과 마찬가지로 그는 러시아의 발효요소(醱酵要素)의 대표자입니다."

"그래서 칭찬하시는 겁니까, 비난하시는 겁니까?"

"다시 한 번 부탁하겠습니다, 이 논의는 적당한 기회로 미루기로 합시다. 그건 그렇고, 당신이 코카인을 남용하고 있는 것에 주의를 촉구합니다. 당신은 내가 관리 책임을 지고 있는 비축품에서 마음대로 그것을 가져가고 있습니다. 그것은 다른 목적을 위해 우리에게 필요한 물품입니다. 물론 그것이 독물인 데다 내가 당신의 건강에 책임을 져야 하는 처지인 것은 더 말할 것도 없지요."

"당신은 어제도 강습을 빼먹었어요. 당신의 뒤처진 사회의식은 일자무식한 시골아낙네들이나 보수반동인 속물의 그것과 조금도 다를 게 없어요. 그런데도 당신은 높은 교양을 지닌 의사인 데다 무엇인가 글을 쓰고 있는 모양이더군요. 그것이 어떻게 서로 합치하는지 설명할 수 있습니까?"

"글쎄요, 어떻게 된 건지 모르겠습니다. 아마도 어떻게도 합치하지 않겠지요,

어쩔 수 없는 일이죠. 나는 불쌍한 존재입니다."

"지나친 겸손은 오만보다 더 나빠요. 왜 그렇게 신랄하게 비웃는 겁니까? 우리의 학습 프로그램에 대해 잘 이해하신다면 그렇게 거드름만 피우고 있지는 못하실 텐데요."

"별말씀을요, 리베리 아베르키예비치! 거드름은 무슨 거드름입니까! 나는 당신의 교육활동에 고개를 숙이고 있습니다. 통지서를 통해 문제 일람을 되풀이해 보고 있습니다. 그것을 읽고 있어요. 병사들의 정신적 발전에 대한 당신의 의견은 잘 알고 있습니다. 나는 그것에 감탄하고 있습니다. 동지들, 약자들, 의지할 데 없는 자들, 여성들, 순결과 명예에 대한 인민군 병사들을 대하는 태도에 대해 당신이 말한 것은 모두 두호보르 교도*8의 조직 원리와 거의 같습니다. 그것은 톨스토이주의입니다. 이상적인 삶에 대한 몽상이에요. 나도 10대 때는 그런 생각으로 머리가 가득했어요. 내가 어떻게 그것을 비웃을 수 있겠습니까?

그러나 말입니다, 첫째로 10월 혁명 이후에 등장한 전체의 완전화라는 이념은 나를 불타오르게 하지 않아요. 둘째로, 실현되기까지는 아직 먼 데도, 그것에 대해 아직도 이러니저러니 말만 하느라 이토록 엄청난 피로 대가를 치렀어요. 그러나 목적이 수단을 정당화할 수는 없어요. 셋째로, 이것이 가장 중요한 점인데, 삶의 개조니 하는 말을 들으면 나는 자제심을 잃고 절망에 빠지고 맙니다.

삶의 개조! 그런 생각을 할 수 있는 사람은, 어쩌면 인생 경험은 많이 쌓았을지 모르지만 삶이 무엇인지 생각해 본 적이 한 번도 없고, 그 정신, 그 영혼을 느껴 본 적이 없었던 사람들일 겁니다. 그런 사람들에게 그것은 아직 자기네 손이 닿아 고상해지지 않은 것, 그래서 그들이 더 좋은 것으로 가공할 필요가 있는 원재료 덩어리일 뿐입니다. 그렇지만 삶은 지금까지 원재료였거나 물건이었던 적이 한 번도 없습니다. 삶 그 자체라는 것은 말입니다, 아시겠습니까, 자기 자신을 끊임없이 갱신하고, 영원히 자신을 변화시켜가는 기반입니다. 삶 자체는 당신과 나의 어리석은 이론을 훨씬 뛰어넘고 있는 거죠."

"뭐 그렇지만, 역시 집회에 나가 우리의 훌륭하고 기적적인 사람들과 교류하는 것은, 틀림없이 당신의 기분을 고양해 줄 겁니다. 당신은 우울한 기분에 빠

---

*8 18세기 중반에 러시아 남부에서 일어난 종파로, 러시아 정교의 전례와 사제, 수도원생활을 부정하고 병역을 거부했다. 19세기 말 캐나다로 이주. 톨스토이가 응원한 것으로 알려져 있다.

지지 않게 될 거예요. 나는 그 원인이 어디에 있는지 알고 있어요. 당장은 우리가 당하고 있으니까 앞날이 보이지 않아서 당신은 의기소침해 있는 겁니다. 하지만 친구, 결코 두려움에 사로잡힐 필요는 없습니다. 개인적으로도 관계가 있는 일이지만, 나는 훨씬 더 무서운 일을 알고 있습니다만—지금은 그것을 밝힐 필요가 없지만—그래도 나는 흔들리지 않습니다. 우리의 패배는 일시적인 것이고, 콜차크의 멸망은 피할 수 없는 일입니다. 내 말을 잊지 마십시오. 두고 보십시오. 우리는 이깁니다. 마음을 밝게 가지십시오."

'아니, 이건 뭐 쇠귀에 경 읽기로군!' 의사는 생각했다. '정말 어린아이 같군! 얼마나 시야가 좁은 것인가! 나는 입이 아플 만큼 우리의 견해가 정반대라는 것을 말했는데도, 이자는 나를 힘으로 제압하고 힘으로 옆에 붙들어 두면서, 자신의 패배가 나를 실망시켰을 거라고 여기고, 그의 예상과 희망이 나에게 용기를 불어넣어 줄 거라고 생각하고 있어. 제 앞도 못 보는 장님이지 뭔가! 그에게는 혁명이든 태양계의 존재든 똑같은 것이다.'

유리 안드레예비치는 얼굴을 찌푸렸다. 그는 아무 대답도 하지 않고, 리베리의 유치함에 화가 머리끝까지 치밀어 오르는 것을 겨우 참고 있다는 것을 숨기지 않고 어깨를 으쓱했다. 리베리도 그것을 알아차렸다.

"주피터여, 그대가 화났다면 그대가 옳은 것이로다." 그가 라틴어 속담을 말했다.

"이제 그럭저럭 알 만도 하지 않소? 그런 것은 나하고는 전혀 무관하다는 것 말이오. '주피터'니 '두려워한다'느니 'A라고 말했으면 B라고 말해야 한다'느니 '무어인은 제 할 일을 했으니 무어인은 돌아가도 괜찮다' 등등—이러한 진부하기 짝이 없는 비속한 말은 나에게는 해당하지 않아요. 나는 'A'라고 말해도 'B'라고는 말하지 않겠소. 비록 능지처참을 당하는 일이 있더라도. 당신네가 러시아의 횃불이자 해방자이고 당신네가 없으면 러시아는 빈곤과 무지 속에 빠져 망하고 만다는 것, 인정하겠소. 하지만 그렇다 치더라도 나에게 당신은 아무것도 아니오, 침이나 뱉어 주고 싶을 뿐. 난 당신네가 싫소. 당신네 따윈 모두 엿이나 먹으라고 말해 주고 싶소.

당신네의 정신적 지도자들은 틀에 박힌 속담을 아주 좋아해서 오류를 범하고, 환심은 억지로 살 수 없다는 중요한 사실을 잊고 있소. 게다가 원하지도 않은 사람들을 해방해 놓고는 행복하게 해 줬다고 잔뜩 생색을 내는 버릇이 들었지. 틀림없이 당신도 나에게 당신 캠프와 집단보다 더 좋은 곳은 없다고 생각하고 있겠지. 내가 포로가 되고 가족과 자식과 집과 일로부터, 다시 말해 나에게 소중하기 이를 데 없는, 나에게 살아가는 보람인 모든 것으로부터 나를 벗어나게 해 준 것에 대해 아직도 당신에게 감사라도 해야 한다는 것이오?

러시아인이 아닌 누구인지도 모르는 부대가 바르이키노를 습격했다는 소문이 나돌고 있소. 마을은 파괴될 대로 파괴되고 약탈을 당할 대로 당했다는 이야기요. 카멘노드보르스키는 그것을 부정하지 않고 있어요. 내 가족과 당신 가족은 어떻게 무사히 도망친 모양이지만. 그 어떤 신화적인, 눈꼬리가 치켜 올라간 사람들이 솜을 넣은 방한복에 높은 털모자를 쓰고, 혹한으로 얼어붙은 르인바 강을 건너, 한 마디 말도 없이 마을 사람들을 모두 쏘아 죽이고 나타났을 때와 마찬가지로 허깨비처럼 사라져 버렸다더군. 그것에 대해 뭐 알고 있는 것이라도 있소? 그게 사실이오?"

"말도 안 되는 소리, 허위 날조요, 그건. 근거도 없는 유언비어를 퍼뜨리는 자들이 하는 헛소리요."

"만일 당신이 병사들의 도덕 교육에 대해 설교했던 것처럼 선량하고 고결하다면 나를 놓아 주지 않겠소? 내 가족을 찾으러 가겠소. 나는 그들이 살아 있는지, 어디에 있는지조차 모르고 있어요. 만일 그게 안 된다면 제발 입 다물고 날 좀 가만히 내버려 두시오. 그 밖의 어떤 것에도 나는 흥미가 없고 내가 한 말에 책임을 질 수 없기 때문이오. 어쨌든 마지막으로 말하겠소만, 나에게도, 제기랄, 잠을 잘 권리는 있지 않겠소!"

유리 안드레예비치는 해먹 위에서 얼굴을 베개에 묻고 엎드렸다. 그는 리베리의 변명을 듣지 않으려고 죽을힘을 다해 노력했다. 리베리는 그를 안심시키려고, 봄까지는 백군이 꼭 격멸될 것이라는 얘기를 늘어놓았다.

—내전은 끝나고 자유와 평온한 생활, 평화가 찾아올 것이다. 그때는 아무도 의사를 붙잡아 두려고 하지 않는다. 그때까지는 견뎌 내야 한다. 이렇게까지 모두가 견뎌 내고 이만큼 희생을 치러 가면서 그날이 오기를 기다려 왔으니 이제 얼마 남지 않았다. 그때 선생은 어디라도 갈 수 있다. 의사 자신의 신상을 위해서라도 지금은 그를 혼자 어디에도 보내 줄 수 없다!

'또 그놈의 언제나 똑같은 말, 나쁜 놈! 또 그놈의 잔소리로군! 몇 년이고 똑같은 말만 되풀이하고 있으면서, 그래, 부끄럽지도 않은가?' 유리 안드레예비치는 한숨을 푹 쉬며 분개했다. '말만 번지르르한, 불쌍한 코카인 중독자가 제 말에 스스로 도취해 있군. 그에게는 밤이 밤이 아니야, 제기랄, 잠을 잘 수가 있어야지, 이 저주받은 놈과 함께 사는 건 사는 게 아니야. 오, 정말 얄미운 녀석 같으니라고! 이렇게 나가다가는 정말이지 언젠가 저 녀석을 죽이게 될지도 모르겠군.

오, 토냐, 나의 가련한 사람이여! 당신은 살아나 있는지? 당신은 도대체 어디에 있소? 오, 틀림없이 오래전에 아기를 낳았을 텐데! 무사히 몸을 풀었을까? 아들일까, 딸일까? 나의 그리운 가족, 모두 어떻게 지내고 있는지! 토냐, 나의 영원한 죄, 나의 양심의 가책이여! 라라, 그대의 이름을 부르기가 두렵소, 내 넋이 그대의 이름과 함께 빠져 나갈 것 같아. 신이여, 아! 이놈의 가증할, 감정도 없는 짐승 같은 녀석은 아직도 연설을 늘어놓고 있군. 제발 그 입 좀 다물어! 오, 언젠가는 더 이상 참지 못하고 저놈을 죽일 거야, 저놈을 죽이고 말 거야.'

6

아낙네의 여름*[9]이라 부르는 초가을이 지나갔다. 황금빛 가을의 맑게 갠 날이 이어졌다. 리시 오토크의 서쪽 한구석, 의용군이 구축한 작은 목조 요새가 그대로 남아서 지면에 솟아 있었다. 유리 안드레예비치는 거기서 조수인 라이오시 의사와 만나 여러 가지 일에 대해 의논할 예정이었다. 유리 안드레예비치는 약속 시간에 그곳으로 갔다. 동료를 기다리는 동안 그는 허물어진 참호 언저리를 돌아다니다가 망루에 올라가 기관총 진지 앞의 총안 사이로 강 건너저 멀리 펼쳐진 경치를 바라보았다.

가을은 벌써 침엽수림과 활엽수림의 경계를 뚜렷이 구별 짓고 있었다. 침엽수는 숲 속에서 거의 검은색의 음울한 벽처럼 서 있고, 활엽수는 조금 떨어져서 불꽃 같은 포도주색 얼룩처럼 타오르고 있었는데, 마치 성채와, 울창한 숲 속에 그 숲에서 벌목한 통나무로 세운 황금빛 망루의 성이 있는 고대도시를 방불케 했다.

의사의 발아래 참호 속의 흙과, 수레바퀴 자국이 새벽의 서리로 단단하게 얼어붙은 임도에는, 바싹 말라서 원통형으로 말린 버들잎이 마치 낫으로 베어 낸

*9 러시아에서는 8월 15일부터 9월 1일 내지 7일까지를 이렇게 부른다.

것처럼 잔뜩 덮여 있었다. 그 아릿하고 씁쌀한 갈색 잎과 그 밖의 온갖 향신료에서 가을 냄새가 풍기고 있었다. 유리 안드레예비치는 가슴 가득히 얼음물에 담근 사과, 씁쓰름한 마른 가지, 달콤한 습기, 그리고 물을 끼얹은 모닥불과 방금 끈 불에서 피어오르는 것 같은 푸른 9월의 연무를 걸신들린 듯 들이마셨다.

유리 안드레예비치는 라이오시가 바로 뒤에 다가온 것도 모르고 있었다.

"안녕하세요, 선생님." 그가 독일어로 말했다. 두 사람은 일을 시작했다.

"세 가지 문제가 있어요. 보드카를 밀조한 자들에 대해, 진료소와 약국의 재편에 대해, 그리고 세 번째는 내 제안인데, 행군 중이라는 조건 속에서 정신병의 외래진료에 대해서요. 어쩌면 당신은 꼭 그럴 필요는 없다고 생각할지 모르지만 내가 관찰한 바로는, 친애하는 라이오시, 우리 모두 서서히 발광하고 있소. 그리고 이 현대적 광기는 전염성을 다분히 지니고 있소."

"매우 흥미로운 문제로군요. 하지만 그 문제는 나중에 다루기로 하고, 그 전에 드릴 말씀이 있습니다. 숙영지 내에 불온한 움직임이 있습니다. 보드카 밀조자를 동정하고 있는 사람들이 있습니다. 그뿐 아니라 백군에 점령당한 마을에서 피란해 오고 있는 가족들의 운명도 많은 사람들을 흥분시키고 있어요. 빨치산 일부는 그들의 아내, 자식, 노인들을 태운 수송대가 도착하기를 기다려야 한다고 출동을 거부하고 있어요."

"그렇지, 당연히 기다려야지."

"그런데 이런 상황에서 통합사령부의 선거가 있어요. 직접 우리 관할이 아닌 다른 빨치산 부대도 포함한 총사령부의 선거 말입니다. 내 생각으로는 리베리 동무가 유일한 후보자입니다. 그런데 젊은 그룹에서는 다른 사람을 추천하고 있는데, 바로 브도비첸코입니다. 이 자를 미는 사람들은 우리와는 이질적인 일파인데, 그들이 보드카 밀조자, 부농(富農)과 장사치 자식들의 그룹에 붙어 있는 모양이에요. 특히 그들이 소란을 피우고 있습니다."

"보드카를 밀조해서 판 위생병은 어떻게 될 거라고 생각하시오?"

"내 생각으로는 총살형이 선고되고 그들이 탄원하면 집행유예로 감형될 것 같습니다."

"아, 이런! 한참 옆길로 샜군. 그럼 일을 시작할까? 진료소 개편, 이걸 맨 먼저 검토하고 싶은데."

"좋습니다. 하지만 미리 말씀드리지만, 선생님이 제안하신 정신병 예방문제는 하나도 놀랄 것이 없습니다. 나도 같은 생각입니다. 가장 전형적인 성질을 띤 정신병이 퍼지고 있는데, 거기에는 시대의 일정한 특징이 있습니다. 그리고 시대의 역사적 특징에 따라 직접적으로 관련이 있는 어떤 정신 질환이 발생해 퍼져 가고 있음은 부정할 수 없는 사실입니다. 여기에 구제정(舊帝政) 군대의 병사로, 아주 의식이 높고 태어날 때부터 계급적 본능을 타고난 팜필 팔르이흐라는 사람이 있어요. 바로 그런 사람이 자기와 가까운 사람들에 대한 걱정 때문에 정신이 이상해진 겁니다. 만일 자기가 전사했을 때, 그리고 그들이 백군에 붙잡히면 자기 때문에 보복을 당하지 않을까 해서 말입니다. 참으로 복잡한 심리 상태지요. 그 사람의 가족들도 아마 피란민 대열에 섞여 우리를 따라오고 있을 겁니다. 말이 잘 통하지 않아서 그에게 자세히 캐묻지는 못하겠어요. 안겔랴르나 카멘노드보르스키에게 좀 물어 봐 주시지 않겠습니까. 진찰해 봐야 하지 않을까요?"

"팔르이흐라면 잘 알고 있소. 내가 어찌 모를 수가 있겠소. 한때 군(軍) 평의회에서 그와 곧잘 충돌했으니까. 이마가 좁고 매우 음울한 냉혈한이죠. 언제나 극단적인 조치를 내리고, 잔인한 데다 사형에 찬성하는 자였소. 그래서 늘 나와 부딪쳤지요. 하지만 좋아요, 그를 진찰해 보지요."

7

맑게 갠 화창한 날이었다. 지난 한 주도 내내 그랬던 것처럼 조용하고 건조한 날씨였다.

야영지 안쪽에서는 대규모 숙영지 특유의 먼 해명(海鳴) 같은 둔한 음향이 들려왔다. 숲을 돌아다니는 발걸음 소리, 사람들의 목소리, 도끼 소리, 모루 위에서 말편자를 두드리는 소리, 말 울음소리, 개 짖는 소리, 수탉들의 노랫소리가 번갈아가며 들리고 있었다. 햇볕에 타서 이빨만 유난히 하얀 사람들이 웃는 얼굴로 숲 속을 돌아다니고 있다. 의사를 알고 있어 인사하는 사람들도 있고, 모르는 사람들은 인사를 하지 않고 그냥 옆을 지나쳐 갔다.

뒤쫓아 오고 있는 가족들의 짐마차가 도착할 때까지는 리시 오토크를 떠날 것에 동의하지 않았지만, 그 가족들이 지금쯤 야영지에서 며칠 안 걸리는 곳까지 와 있을 것이기 때문에, 숲 속에서는 슬슬 진지를 철수해 더욱 동쪽으로 이동하기 위한 준비가 진행되고 있었다. 뭔가를 수선하거나 청소하고, 궤짝에 못을 박고, 짐마차의 수를 다시 헤아리고, 고장은 없는지 점검도 했다.

숲 한복판에 풀이 짓밟힌 커다란 빈터가 있었다. 일종의 쿠르간,*[10] 또는 고성(古城)의 폐허 같은 데로, 이 고장에서는 고대(古臺)라는 의미인 브이시차라 불리고 있었다. 그곳은 평소에 군사 집회가 열리는 곳이었다. 오늘도 중대 발표를 위해 그곳에서 전체 집회가 예정되어 있었다.

숲 속에는 아직도 노랗게 물들지 않은 푸른 잎들이 많이 남아 있었다. 숲 속 깊숙한 데 있는 나무는 거의 모두 싱싱하고 푸르렀다. 조금 서쪽으로 기운 오후의 태양이 숲 뒤쪽에서 그 빛을 투사하고 있었다. 햇빛이 나뭇잎을 투과하면서 투명한 유리병의 녹색 불꽃처럼 뒤쪽에서 불타고 있었다.

문서 보관소 옆의 탁 트인 풀밭에서 연락장교 우두머리인 카멘노드보르스키가, 자기가 입수한 카펠군의 연대(聯隊) 문서 가운데에서 검토가 끝나 불필요해진 종잇조각 더미를, 자기가 관할하는 빨치산과 관련된 보고서와 함께 태우고 있었다. 모닥불의 불길은 태양을 등지고 있었다. 태양은 숲의 푸른 잎과 마찬가지로 투명한 화염을 통해 빛나고 있었다. 불꽃은 보이지 않았고, 뜨겁게 달아오른 공기가 운모(雲母)처럼 흔들리는 것을 보고 무언가가 붉게 타고 있음을 알 수 있었다. 숲의 여기저기를 온갖 종류의 익은 장과류(漿果類)가 알록달록 물들이고 있었다. 화려한 술이 달린 황새냉이, 갈색의 나긋나긋한 딱총나무, 나무딸기의 윤기 나는 엷은 암적색 술들. 얼룩덜룩한 무늬의 불꽃 같기도 하고 나뭇잎 같기도 한 투명한 잠자리가 유리 같은 날개로 희미한 날개 소리를 내면서 천천히 공중을 날고 있었다.

유리 안드레예비치는 어렸을 때부터 타는 듯한 저녁놀이 비쳐 드는 숲을 좋아했다. 그런 순간에는 마치 그 빛의 기둥이 자기의 몸을 꿰뚫고 지나가는 것만 같았다. 마치 살아 있는 정령의 선물이 그의 가슴속에 들어와서 그의 온 존재를 가로지르고, 마침내 한 쌍의 날개처럼 어깻죽지 밑에서 밖으로 빠져나가는 것 같았다. 각자에게 한평생이 걸려 형성되며 그 뒤 자신의 내면적인 얼굴, 자신의 개성으로 영원히 기능하게 되는 이러한 젊은 시절의 원형이 그 원초의 힘을 가지고 그의 내부에서 되살아났다. 그리하여 자연이고 숲이고 저녁놀이고, 눈에 보이는 모든 것을 그와 마찬가지로 본원적인 모든 것을 포용하는 한

---

*10 조그만 산처럼 만들어진 고대의 분묘.

소녀의 모습으로 변모시켰다. "라라!" 그는 눈을 감고 반쯤 속삭이듯이, 아니 자기의 모든 삶을 향해, 성스러운 대지 전체를 향해, 햇빛을 받으며 자기 앞에 끝없이 펼쳐져 있는 공간 전체를 향해 마음속으로 불러 보았다.

그러나 초미의 사태가 잇따라 닥쳐와 러시아에서는 10월 혁명이 일어났고 그는 빨치산의 포로가 되었다. 그리고 지금 그는 자기도 모르는 사이에 카멘노드보르스키의 모닥불 쪽으로 다가가고 있었다.

"서류를 태우고 있는 겁니까? 아직도 태우지 않고 있었나요?"

"웬걸요! 아직도 며칠이나 더 걸려야 할지 모르겠어요."

의사는 장화 끝으로 종이 더미를 하나 차서 무너뜨렸다. 백군 참모본부가 주고받은 통신문이었다. 이런 서류 속에서 뜻밖에 란세비치라는 이름이 발견되는 것은 아닌가 하는 생각이 어렴풋이 떠올랐으나 그 생각은 이내 빗나갔다. 암호화된 작년의 보고서들이 수북이 쌓여 있었고, 모두 뜻을 알 수 없게 생략된 재미없는 것들뿐이었다. '옴스크, 장군, 방, 상(上) 제1에 대한, 복사, 옴스크, 자군(自軍), 지역, 지도, 예니세이, 강의, 40베르스타, 도착하지 않음' 그는 다른 더미를 발로 찼다. 그 더미에서는 빨치산의 오래된 집회 회의록이 굴러 나왔다. 맨 위의 종이에는 이렇게 적혀 있었다. '최지급(最至急). 휴가에 대하여. 심사위원회 위원 선출. 당면한 문제. 이그나토드보르차 마을의 여교사에 대한 고발은 근거가 불충분해 군사 소비에트로서는……'

그때 카멘노드보르스키가 주머니에서 무언가를 꺼내 의사에게 주면서 말했다.

"야영지를 떠날 때의 당신네 의료반에 대한 출발 지시서입니다. 빨치산 가족을 태운 짐마차가 가까운 곳까지 와 있습니다. 캠프 안의 다양한 이견도 오늘 안으로 정리될 겁니다. 언제든지 철수할 수 있어요."

의사는 그 종이쪽지를 흘끗 보고는 놀란 목소리로 말했다.

"이건 지난번보다 수가 적잖아요. 부상자는 더 불었는데! 경상자는 걸어서 갈 수 있지만, 그 수는 얼마 안 됩니다. 중상자를 어떻게 옮기라는 겁니까? 게다가 약품, 해먹, 기구 따위도 실어 날라야 합니다!"

"어떻게든 압축해 보세요. 상황에 순응하는 수밖에 없습니다. 그런데 이야기가 좀 다르지만, 우리 모두가 당신에게 청이 하나 있습니다. 실은 신념이 투철하고 믿을 만한, 충실하고 훌륭한 전사가 한 사람 있는데 아무래도 기색이 좀 이상합니다."

"팔르이흐 말인가요? 라이오시에게서 들었습니다."

"맞습니다. 그에게 가서 진찰을 좀 해 주시겠습니까?"

"뭔가 정신적인 건가요?"

"그런 것 같습니다. 그의 말로는 무슨 원령(怨靈)이라고 하는데, 저는 환각이라고 생각합니다. 잠을 자지 못하고 머리가 아픈 모양입니다."

"알겠습니다. 곧 가 보지요. 마침 한가하니까요. 집회는 몇 시부터입니까?"

"곧 시작될 것 같은데요. 하지만 당신은 관계가 없잖습니까? 보세요, 나도 가지 않을 겁니다. 우리가 없어도 잘될 거예요."

"그럼 팜필을 진찰하러 가겠습니다. 실은 잠이 와서 죽을 지경이에요. 리베리 아베르키예비치가 밤마다 철학 이야기를 좋아해서 통 잠을 자지 못했어요. 팜필은 어디 있죠? 그의 숙사는 어딥니까?"

"쇄석장(碎石場) 뒤의 어린 자작나무 숲을 아십니까? 그 숲입니다."

"찾게 되겠지요."

"숲의 빈터에 사령관의 텐트가 있어요. 그중 하나를 팜필이 쓰고 있는데 거기서 가족을 기다리고 있죠. 수송대와 함께 아내와 아이들이 오는 모양입니다. 그래서 사령관 텐트에 있는 겁니다. 대대장 대우로요. 혁명의 공로가 있기 때문이죠."

8

팜필을 진찰하러 가던 의사는 더 이상 한 발짝도 걸어갈 수 없음을 느꼈다. 피곤에 절어 지칠 대로 지쳐 버린 것이다. 며칠 동안 한숨도 자지 못했기에 엄습해 오는 졸음을 이길 수가 없었다. 엄폐호로 돌아가 잠깐 눈을 붙일 수도 있었다. 그렇지만 유리 안드레예비치는 그곳으로 돌아가는 것이 두려웠다. 언제 리베리가 들어와서 잠을 방해할지 몰랐다.

그는 숲 속의 풀이 그다지 우거져 있지 않은 곳에 누웠다. 주위를 빙 둘러싸고 있는 나무에서 황금빛 나뭇잎이 떨어져 풀밭에 잔뜩 깔려 있었다. 그 황금빛 나뭇잎 융단 위에도 햇살이 쏟아지고 있었다. 이중으로 교차하는 빛과 그림자에 눈이 어른거렸다. 그 때문에 글씨가 작은 인쇄물을 읽거나 뭔가 단조롭고 불명확한 중얼거림을 듣는 것처럼 이내 졸음이 쏟아졌다.

의사는 나무의 울퉁불퉁한 뿌리를 쿠션처럼 뒤덮고 있는 이끼 위에 팔베개를 하고 누웠다. 그는 이내 잠에 빠져들었다. 햇빛이 어른거리는 얼룩이 격자무늬가 되어 지면에 길게 누운 그의 몸을 가득 뒤덮고 있어, 빛과 낙엽의 만화경 속에 그의 모습이 뒤섞여 있어 구별이 가지 않았다. 마치 투명인간이 되게 하는 마법의 모자를 쓴 것 같았다.

그러나 잠에 대한 갈망이 너무 강했던 탓인지 그는 이내 다시 잠에서 깼다. 원인은 균형이 잡혀 있는 범위 안에서만 직접적으로 작용한다. 한계를 벗어나면 오히려 역작용이 일어난다. 휴식하지 못하고 또렷이 깨어 있는 그의 의식이 흥분해 공전(空轉)을 계속하고 있었다. 이런저런 상념의 단편이 회오리바람처럼 또 수레바퀴처럼, 마치 부서진 마차 같은 소리를 내면서 빠르게 달려갔다. 이 마음의 혼란에 의사는 괴로워하며 화를 냈다. '리베리, 이 악당 같은 놈!' 그는 분개하고 있었다. '지금 세상에는 사람을 미치게 하는 것들이 이렇게도 많은데, 그래도 그자에게는 부족한 모양이다. 포로라느니 우정이니 하면서 달갑지도 않은 대화를 늘어놓아 쓸데없이 멀쩡한 사람을 신경쇠약 환자로 만들고 있단 말이야. 언젠가는 그자를 죽이고 말겠어.'

갈색 나비 한 마리가 햇볕 쪽에서 색깔 있는 천을 개었다 폈다 하면서 날아왔다. 의사는 졸린 눈으로 나비의 뒤를 좇았다. 나비가 제 빛깔과 가장 비슷한 것을 골라 갈색 반점이 있는 소나무에 앉자, 그 껍질의 빛깔과 하나가 되어 전혀 구분이 되지 않았다. 나무껍질 위에서 어느 틈에 모습을 감춰 버린 나비는, 유리 안드레예비치가 어른거리는 햇빛과 그림자의 그물에 싸여 다른 사람의 눈에 흔적도 없이 사라져 버린 것과 마찬가지였다.

유리 안드레예비치는 전부터 익숙한 사색의 사슬에 사로잡히고 말았다. 그것은 의학에 대한 논문 몇 편 가운데서도 그가 여러 차례 간접적이나마 손을 댔던 상념이었다. 의지와, 진보하는 순응의 결과인 합목적성에 대하여. 의태(擬態)에 대하여, 모방과 보호색에 대하여. 가장 순응한 것의 생존에 대하여, 어쩌면 자연도태에 의한 길이 의식의 형성과 탄생의 길일지도 모른다는 것에 대하여. 주체(主體)란 무엇인가? 객체(客體)란 무엇인가? 그 둘의 동일성을 어떻게 정의할 것인가? 의사의 사색 속에서 다윈은 셸링*11을 만난 한편, 날아간 나비

---

*11 독일 관념론의 대표적인 철학자 가운데 한 사람.

는 현대회화, 인상파의 미술을 만났다. 그는 창조와 피조물, 생명, 창작과 창작 활동, 겉치레와 기만을 생각했다.

그는 다시 잠이 들었다가 이내 또 잠에서 깨어났다. 바로 가까이에서 숨 죽인 듯이 얘기하는 소리에 깨어난 것이다. 띄엄띄엄 들려오는 몇 마디의 말을 엿들은 것만으로도 유리 안드레예비치는 이내 그것이 무언가 비밀스럽고 비합법적인 계획을 꾸미고 있는 것임을 깨달았다. 물론 분명히 음모를 꾸미고 있는 자들은 그가 있는 줄은 꿈에도 모르고 있고 가까이에 누가 있으리라고는 생각지도 못하는 듯했다. 만일 지금 그가 조금이라도 몸을 움직여 자기가 있는 것을 알려 버리는 날에는 목숨을 빼앗기게 될 것이다. 유리 안드레예비치는 죽은 듯이 숨어서 미동도 하지 않은 채 귀를 기울였다.

몇 사람의 목소리는 귀에 익었다. 빨치산에 끼어든 아무 짝에도 쓸모없는 소년들, 사니카 파프누트킨, 고르시카 랴브이흐, 코시카 네흐발렌느이흐, 이들의 편을 들어 왔던 테렌티 갈루진, 그리고 비열한 짓이라면 안 하는 것이 없는 마구간 담당들이었다. 그 밖에 자하르 고라즈두이흐도 그들과 함께 있었다. 그는 매우 음흉한 인물로, 밀주 사건에 관여했으면서도 주범들을 밀고했기 때문에 일시적으로 고발을 면한 자였다. 놀랍게도 거기에 대장의 개인경호원으로 '백은(白銀) 중대'의 빨치산 시보블류이도 끼어 있었다. 이 심복은 리베리의 신임이 두터워서, 스텐카 라진과 푸가초프를 모방해 아타만*12의 귀로 불리고 있었다. 그러한 그 또한 음모에 가담하고 있는 것인가.

음모자들은 적의 전선 기병 장교가 보낸 밀사들과 교섭을 벌이고 있었다. 적측 대표들의 목소리는 전혀 들리지 않았다. 배신자들에게 이야기하고 있는 적측 대표들의 목소리가 하도 낮아, 유리 안드레예비치는 속삭이는 소리가 이따금씩 끊길 때마다 지금은 적측 대표들이 이야기하는 중이구나 하고 짐작할 뿐이었다.

줄곧 상스러운 말로 욕지거리를 하면서 숨이 찬 쉰 목소리로 누구보다 가장 많이 지껄여 대고 있는 것은 자하르 고라즈두이흐였다. 아마도 그가 주동자인 모양이었다.

"그런데 말이야, 여보게들, 잘 들어. 중요한 것은 아무도 모르게 해치워야 한

*12 카자크 집단의 우두머리를 일컫는 말.

다는 거야. 만일 겁을 먹고 배신하는 놈이 있는 날엔 이 나이프를 봐, 이 나이프로 배때기를 콱 찔러 버릴 거니까. 알겠어? 우리는 말이야, 지금 아무 데도 빠져나갈 데가 없어. 어디로 가나 교수대가 기다리고 있는 형편이라고. 그렇게라도 해서 어떻게 죄를 사면받도록 해야 하는 거야. 세상을 깜짝 놀라게 할 만한 수를 써야 해. 이 사람들은 그자를 산 채로, 포승이 묶인 채로 넘겨 달래. 방금 들었지? 이 숲을 향해 그들의 카자크 대장인 굴레보이가 다가오고 있어(이름이 틀렸다고 귀띔한 자가 있었는데 그 말을 잘 알아듣지 못하고 '갈레예프 장군'이라고 정정했다). 이런 기회는 두 번 다시 없을 거야. 저쪽 대표들도 이렇게 와 있어. 이제부터 너희에게 모든 것을 이야기해 줄 거야. 이 사람들은 꼭 산 채로 잡아서 넘겨 달라는 거야. 직접 동지들에게 물어보시오. 자, 뭐라고 말해 봐, 여보게들."

적의 사자들이 이야기를 시작했다. 유리 안드레예비치는 한 마디도 알아들을 수 없었다. 모두 침묵하고 있는 것으로 보아 이야기 내용을 상상할 수 있었다. 또다시 고라즈두이흐가 이야기했다.

"들었어, 형제들? 그 녀석이 얼마나 훌륭한 녀석인지, 자, 이제 너희도 알았을 거야. 그 따위 녀석 때문에 목숨을 잃을 필요가 있을까? 그게 인간이냐 말이야! 그건 한낱 코흘리개 아니면 고행자처럼 버림받은 놈이야, 바보천치라고. 이봐, 테레시카, 왜 히죽거리고 있지! 그러다 얻어맞는 수가 있어, 이 소돔 같은 놈아! 네 말을 하고 있는 게 아니야. 그렇지. 아직도 사춘기를 못 벗어난 고행자야. 그 녀석이 하는 말을 듣다가는 필경에는 모두 수도사나 고자가 되고 말 거야. 그 녀석의 연설 좀 들어 보지? 욕지거리를 하지 마라, 술을 마시지 마라, 여자하고 자지 마라. 그래, 어떻게 그렇게 살 수 있느냐 말이야? 그건 그렇고, 내 결론은 이거야. 오늘 밤 내가 그 녀석을 나루터로 꾀어내면 거기서 모두 한꺼번에 달려드는 거지. 그런 녀석 따위 해치우는 건 일도 아니야. 그런 건 식은 죽 먹기라고. 아직도 이해 안 되는 게 있어? 그들은 생포하기를 바라고 있어. 포박하라는 거야. 그래서 만일 생각대로 일이 진행되지 않을 때는 나 혼자서 해치우겠어, 내 손으로 처치하겠단 말이야. 그들도 응원할 사람들을 보내 도와줄 거야."

그는 음모 계획을 계속 설명하고 있었으나 나머지 사람들과 함께 멀리 가 버려서 의사는 더 엿들을 수가 없었다.

'비열한 놈들, 그러니까 리베리를 해치우려는 것이구나!' 유리 안드레예비치는 자기 자신이 그 박해자를 얼마나 저주하고 그가 죽기를 얼마나 바라고 있었는지 다 잊어버리고 놀라며 분개했다. '쓰레기 같은 놈들이 그를 백군(白軍)에 팔아넘기거나 죽일 작정이로군. 이 일을 어떻게 저지한다? 우연인 것처럼 모닥불로 다가가서 이름은 대지 않고 카멘노드보르스키에게 알려야 해. 어떻게든 리베리에게 닥친 위험을 막아야 한다.'

카멘노드보르스키는 아까 그 자리에 없었다. 모닥불은 다 타 가고 있었다. 불이 번지지 않도록 카멘노드보르스키의 부하가 불을 지켜보고 있었다.

그러나 암살은 실행에 옮겨지지 않고 끝났다. 미연에 저지된 것이다. 나중에 안 일이지만 음모는 이미 발각되어 있었다. 그날 중으로 전모가 드러나 일당은 붙잡히고 말았다. 시보블류이가 염탐과 선동이라는 이중 역할을 하고 있었던 것이다. 의사는 더욱 불쾌해졌다.

9

아이들을 데리고 도망 나온 피란민들이 벌써 이틀 거리까지 와 있다고 했다. 리시 오토크에서는 가족과의 머지않은 재회에 따라 야영지를 철수하고 떠날 준비가 진행되고 있었다. 유리 안드레예비치는 팜필 팔르이흐를 찾아갔다.

의사가 찾아갔을 때 그는 손에 도끼를 들고 텐트 입구에 서 있었다. 텐트 앞에는 어린 자작나무 통나무가 높이 쌓여 있었다. 팜필은 아직 그것들을 다듬지 않고 있었다. 그 자리에서 벤 나무도 있는지, 나무 무게로 쓰러지면서 부러진 큰 가지의 끝이 축축한 흙 속에 박혀 있었다. 그는 가까운 곳에서 다른 나무를 끌고 와서 그 위에 또 쌓아 올렸다. 자작나무는 짓눌린 탄력 있는 나뭇가지에 받쳐져 부들부들 몸을 떨면서, 지면에 닿지도 않고 서로 겹쳐지지도 않고 있었다. 마치 자작나무가 자신들을 베어 눕힌 팜필로부터 자신의 힘으로 달아난 것처럼, 초록색 잎이 무성한 생나무 그대로 팜필의 텐트 입구를 가로막고 있었다.

"귀한 손님들을 맞기 위해서야." 팜필은 자기가 하고 있는 일을 설명했다. "아내나 아이들에겐 천막이 너무 낮아. 그리고 비가 오면 새서 말이야. 말뚝으로 위를 받칠 생각이야. 그래서 도리로 쓸 굵은 나무를 베어 왔지."

"쓸데없는 짓 작작하게, 팜필, 가족을 천막에서 살게 해 줄 것 같아? 비전투원인 여자와 어린아이들을 군대 안에서 함께 살게 하는 데가 어디 있어? 어디든 외곽의 짐마차에서 살게 될 거야. 시간이 나면 언제든지 만나러 갈 수 있어. 군(軍) 텐트에는 어림도 없어. 그건 그렇고, 내가 찾아온 건 다른 일 때문이야. 자넨 요즘 계속 여위고 있고 먹지도 않는 데다 잠도 자지 못한다더군. 겉으로는 괜찮아 보이긴 해, 그저 수염이 좀 자랐을 뿐."

팜필 팔르이흐는 검은 고수머리에 구레나룻을 기른 건장한 농민이었다. 울퉁불퉁한 이마는 이마뼈가 커서 남보다 두 배나 커 보이고 관자놀이에는 고리나 구리테를 끼운 것 같았다. 그 때문에 팜필의 인상은 이마 너머로 밑에서 비스듬하게 쳐다보는 듯한 기분 나쁜 느낌을 주었다.

혁명 초기에는, 1905년 혁명과 마찬가지로 이번 혁명도 식자층의 역사 속에 일어난 단기간의 사건으로, 저변의 하층 계급에는 파급되지 않고 끝나는 게 아닌가 하는 우려가 있었다. 그래서 전력을 기울여 민중을 선동하여 믿게 하고, 혁명 이념을 침투시켜 소란을 일으키고, 동요시키고, 격분시켰다.

이 혁명 초기, 병사 팜필 팔르이흐 같은 사람들은 특별히 선동하지 않아도 지식 계급과 귀족 계급, 장교 계급을 흉포할 만큼 증오하면서 원한을 품고 있었기에, 열광적인 좌익 인텔리겐차에게는 좀처럼 얻기 힘든 횡재로 여겨져 매우 소중한 대우를 받았다. 그들의 잔인성은 계급의식의 경이로 여겨졌고, 그들의 야만성은 프롤레타리아 불굴의 의지와 혁명적 본능의 본보기로 보였다. 그가 얻은 명성은 그런 것이었다. 그는 빨치산 대장과 당 지도자들 사이에서 높은 평가를 얻었다.

유리 안드레예비치에게는 이 음울하고 비사교적인 장사(壯士)가 그 냉혹한 성격과 단순함, 그리고 그의 기호와 관심사의 빈곤함으로 보아 도저히 정상적인 사람으로 생각되지 않았다.

"텐트 안으로 들어가세." 팜필이 말했다.

"아니야, 그럴 것 없어. 내가 기어들어 갈 게 뭐 있나. 밖이 더 나아."

"그래, 그럼 자네 말대로 하세. 거의 움막이나 다름없으니까. 저 빛(그는 쓰러져 있는 긴 나무들을 그렇게 불렀다) 위에 앉아서 이야기하세."

두 사람은 탄력 있게 흔들리는 자작나무 줄기 위에 앉았다.

"말은 쉽고 실천은 어렵다는 말이 있지만, 내 이야기는 그렇게 간단하지 않아. 3년이 걸려도 모자랄걸. 어디서부터 이야기해야 할지 모르겠군.

어쨌든 난 아내와 함께 살고 있었어. 우린 젊었지. 아내는 집안 살림을 맡아

하고 난 들일을 했어. 아이들도 생겼어. 나는 군대에 끌려갔지. 측위로 전선에 보내졌어. 그래, 전쟁이었어. 그것에 대해 자네한테 이야기할 필요는 없겠지. 자네도 겪었을 테니까, 의사 선생. 그리고 혁명이 일어났어. 나는 눈을 떴지. 졸병들의 눈이 열렸어. 적은 독일이 아니라 아군인 자기 나라 군대라고 말이야. 세계 혁명의 병사들이여, 총검을 버려라, 전선에서 돌아가 부르주아를 쳐부수자! 어쩌고저쩌고. 이건 자네도 다 알고 있는 일이야, 군의관 동무. 그래서 이러고저러고 하게 된 거야. 내전이 일어났지. 나는 빨치산에 들어갔어. 이 대목은 빼먹겠어, 한번 시작했다간 언제 끝날지 모르니까. 자, 한마디로 말해 지금 내가, 이 내가 무엇을 보고 있다고 생각하나? 적은, 그 기생충 같은 녀석 말이야, 러시아 전선에서 제1, 제2 스타브로폴리 연대를 철수시켰어. 그리고 제1 오렌부르그 카자크 부대도. 나도 어린애가 아닌 한 모를 리가 있겠어? 나도 다 군대에서 복무해 왔어. 군의관 선생, 아무래도 상황이 좋지 않아, 심상치 않다구. 적이 무엇을 노리고 있는지 알아? 그 악당 녀석 말이야. 적은 굼벵이들의 대군으로 우리를 덮칠 작정이야. 우리를 포위할 생각이라고.

그런데 지금 나에게는 아내와 어린아이들이 있어. 만일 적이 이긴다면 아내와 아이들은 어디로 달아나지? 적이 과연 여편네나 아이들에겐 죄가 없고 그들은 아무런 상관도 없다는 걸 생각해 주겠어? 인정사정없을 거야. 나 대신 여편네를 결박하고 고문하겠지. 나 대신 여편네와 어린아이들을 괴롭히면서 몸뚱이의 뼈란 뼈는 다 으스러뜨려 놓을걸. 이런 판국에 어떻게 잠을 자고 먹고 마실 수 있겠나. 무쇠로 만들어진 인간이라도 미치지 않고는 못 배길 거야."

"자넨 정상이 아니야, 팜필. 난 이해할 수가 없어. 몇 년이고 내팽개쳐 둔 채 소식을 전혀 모르면서도 아무렇지도 않았잖은가. 그러다가 이제 하루 이틀이면 만날 수 있게 되었는데 기뻐하기는커녕, 이건 뭐 장례라도 지내는 것처럼 난리잖아."

"전에는 그랬지만 지금은 달라. 지금은 백군 놈들에게 당하려 하고 있는 판국이야. 게다가 또 나는 어떻게 되든 일없어. 어차피 죽을 몸인걸. 아무래도 그게 내 운명이야. 하지만 난 사랑하는 가족을 저세상에 같이 데리고 가지는 않겠어. 만일 그것들이 그놈들에게 잡히는 날엔 그들은 온몸의 피를 마지막 한 방울까지 짜내고 말 거야."

"그래서 허깨비가 보이나? 허깨비가 자네한테 나타난다고 하던데."

"뭐 괜찮아, 의사 선생. 아직도 다 이야기한 것은 아니야. 사실 중요한 건 얘기하지 않았어. 기분 나빠하지 말고, 나의 뼈를 깎는 듯한 진실을 털어놓을 테니 들어 보게, 죄다 이야기하겠어. 자네 얼굴을 똑바로 보고 얘기하지.

난 자네 같은 사람들을 많이 죽였어. 내 손은 나리 양반들과 장교 계급의 피로 물들어 있지만, 그런 건 아무것도 아니었어. 그 녀석들의 수나 얼굴을 외고 있지는 않아. 피가 강물처럼 흘렀으니까. 그런데 애송이 녀석 한 놈이 머리에서 영 떠나질 않는 거야. 난 그 녀석을 총알 한 발로 죽여 버렸지. 잊을 수가 없어. 왜 그 녀석을 죽였을까? 그 녀석은 나를 배가 아플 만큼 웃겨 주었어. 말이 안 되는 소리지만, 너무 우스워서 그 녀석을 죽였어. 이유도 없이.

2월 혁명 때였지. 케렌스키 정부 때. 우리는 반란을 일으켰어. 어딘가의 철도였는데 어린 선전원이 우리에게 파견되어 온 거야. 연설로 선동해 우리를 공격에 가담시키려는 거였어. 승리할 때까지 끝까지 싸우자는 거지. 우리를 혀끝으로 진압하려고 온 녀석은 견습사관학교 생도 애송이였어. 아주 비실비실한 놈이었지. '승리하는 그날까지'라는 것이 그 녀석의 슬로건이었어. 그 슬로건을 외치면서 방화용 수통 위로 뛰어 올라갔어. 방화용 수통이 역에 놓여 있었거든. 그 위에 올라간 것은 즉 높은 데서 전선 복귀를 호소할 작정이었던 거지. 그런데 갑자기 물통 뚜껑이 홱 뒤집히면서 그 녀석이 물속에 빠진 거야. 발을 헛디뎠던 거지. 그 꼴이 얼마나 우스웠겠나! 뱃살을 그러안고 웃었어. 웃다가 죽을 것만 같았어. 걸작이었지! 그때 내 손에는 총이 들려 있었어. 나는 웃고 웃고 또 웃고, 도저히 멈출 수가 없었어. 마치 그 녀석이 내 온몸을 간질이는 것 같았지. 난 조준을 하고 그 자리에서 쾅 하고 쏘았어. 어떻게 해서 그렇게 된 건지 나도 모르겠어. 누군가가 그렇게 하라고 내 팔뚝을 찌른 것 같았어.

그래, 이것이 내가 말한 원령이라는 거야. 밤만 되면 그 정거장이 눈에 어른거려. 그때는 배를 붙잡고 웃었지만 지금은 불쌍한 생각이 들어."

"멜류제예보 시의 비류치라는 역이었지?"

"몰라, 잊어버렸어."

"즈이부시노 주민들과 함께 반란을 일으켰던 것 아니야?"

"잊어버렸어."

"전선이라는 건 어디였나? 어느 전선이었어? 서부전선?"

"서부전선이었나? 어쩌면 그럴지도 모르겠군. 기억나지 않아."

제12장
눈 속의 마가나무

1

빨치산의 가족들이 어린아이들, 가재도구와 함께 짐마차를 타고 주력 부대를 따라다닌 지도 벌써 오래되었다. 그 피란민의 짐마차 대열에서 한참 뒤쪽에 몇천 마리나 되는 엄청난 가축이 뒤따르고 있었는데 주로 젖소였다.

빨치산의 아내들과 함께 숙영지에는 새로운 얼굴이 나타났다. 병사의 아내로 즐르이다리하 또는 쿠바리하라고 불리는 여자인데, 주술로 가축을 치료하는 수의사이며 은밀하게 무당 노릇도 하는 여자였다.

그녀는 언제나 만두처럼 생긴 모자를 비스듬히 쓰고 황록색 외투를 입고 있었다. 그것은 스코틀랜드 저격병의 외투로, 영국군이 최고사령관 콜차크군에 지급한 군복 가운데 하나였다. 그녀 자신은 죄수의 둥근 모자와 긴 웃옷을 자기가 고친 것이라고 말했다. 이렇다 할 이유도 없이 콜차크군에 붙잡혀 케지마의 정치 감옥에 갇혀 있었는데 적군(赤軍)이 해방해 주었다고 했다.

그 무렵 빨치산 부대는 새로운 곳에서 숙영하고 있었다. 처음에는 주변을 정찰하고, 본격적인 장기 월동에 적합한 숙영지를 찾을 때까지 임시로 머물 작정이었다. 그런데 그 뒤 사정이 달라져 마침내 빨치산 부대는 그곳에서 겨울을 나게 되었다.

이 숙영지는 최근에 철수한 숙영지 리시 오토크와는 완전히 다른 곳이었다. 인적도 드문 그곳은 울창한 밀림이 끝없이 펼쳐져 있었다. 한길과 숙영지에서 한 걸음만 나가면 한쪽은 끝없는 밀림이었다. 처음 며칠, 부대가 새 야영지에 캠프를 설치하고 그곳에 자리를 잡을 준비를 하는 동안, 유리 안드레예비치는 어느 정도 시간적 여유가 있었다. 그는 숲을 살펴볼 양으로 여기저기 밀림 속을 깊숙이 들어가 보았는데, 숲에서는 아주 길을 잃기 쉽다는 것을 알았다. 그 가운데 두 군데가 그의 주의를 끌었는데, 그는 이 최초의 산책에서 마음을 정했다.

야영지 밖, 지금은 가을 나뭇잎이 모두 떨어져서 모든 것이 훤히 들여다보이는 숲에서의 출구 옆에, 마치 그 텅 빈 숲에 문을 연 것처럼 단 한 그루, 모든 나무 가운데 유일하게 잎이 떨어지지 않고 있는 고독하고 아름다운 적갈색 마가나무가 자라고 있었다. 이 마가나무는 낮고 질척질척한 소택지의 조그만 언덕배기 위에서, 단단한 선홍빛 열매를 잔뜩 매달고 평평하고 가지런하게 핀 꽃을 하늘로 향한 채, 겨울을 앞둔 납빛 하늘 속에 높이 몸을 뻗고 있었다. 피리새와 박새 같은, 혹한의 놀처럼 산뜻한 빛깔의 깃털에 싸인 겨울새들이 가지에 앉아 느긋하게 알맹이가 큰 열매를 골라 쪼아 먹으면서, 조그만 머리를 뒤로 홱 젖혀 목을 길게 늘여서 가까스로 삼키고 있었다.

새들과 마가나무 사이에는 뭔가 살아 있는 친밀한 관계가 형성되어 있는 것 같았다. 마가나무는 마치 모든 것을 다 알고 있다는 듯이 오랫동안 고집을 부리다가, 그래도 새들이 불쌍한 생각이 들어 제 쪽에서 양보하고, 어머니가 갓난애에게 젖을 물릴 때처럼 단추를 끌러 '그래, 알았다, 알았다. 어쩌겠니, 먹어라, 먹어. 실컷 먹어라' 하는 듯이 앞가슴을 풀어헤치고 쓴웃음을 짓고 있었다.

숲 속의 또 한 곳은 더욱더 훌륭했다.

그곳은 높다란 언덕 위였다. 이 산은 쉬한이라 불리고 있는, 꼭대기가 뾰족한 언덕의 일종이며 한쪽이 가파른 낭떠러지로 되어 있었다. 얼핏 보기에는 낭떠러지 아래쪽에 언덕 꼭대기와는 다른 무엇, 강이나 골짜기, 그렇지 않으면 잡초가 자랄 대로 자란 풀밭이 있을 것 같았다. 그렇지만 실은 낭떠러지 아래도 꼭대기와 다를 것이 하나도 없었다. 다만 아찔한 심연의 밑바닥, 발아래 저 멀리 또 하나의 높이에서 나무 우듬지가 가지런히 팔을 뻗고 있었다. 아마 그것은 산사태의 결과이리라.

마치 이 묵직한, 구름을 찌를 듯이 솟은 거인 같은 숲이, 그 옛날 발을 헛디뎌 낭떠러지 아래로 그대로 떨어진 것 같았다. 본디는 땅을 뚫고 지옥에 떨어졌어야 하지만, 결정적인 순간에 기적적으로 지표 위에 멈춰 서서, 지금처럼 아무 일도 없었던 듯이 저 아래에서 술렁거리고 있는 것이다.

그러나 이 산 위의 숲이 볼 만한 것은 다른 특징 때문이었다. 이 산 위의 대지는 둘레를 깎아낸 것처럼 수직으로 치솟은 거대한 바위 절벽으로 되어 있었다. 그것은 선사시대의 유적 돌멘*1에서 볼 수 있는, 납작하게 다듬은 묘석과 비슷했다. 이 광장에 처음 찾아왔을 때 유리 안드레예비치는, 이 바위로 이루어진 장소가 결코 저절로 된 것이 아니라 분명히 사람의 손길이 가해진 결과라는 걸 확신할 수 있었다. 그 옛날 여기는 알려져 있지 않은 우상숭배자들의 어떤 이교적인 신전으로, 그들의 성스러운 기도와 번제물을 바치던 장소였을 것 같았다.

춥고 음산하게 흐린 날 아침, 바로 이 자리에서 음모사건 주모자 열한 명과 보드카를 밀주한 두 위생병의 사형이 집행되었다.

사령부에 소속된 특별경호병의 중핵과 혁명에 매우 충실한 스무 명의 빨치산들이 그들을 여기로 끌고 왔다. 총을 든 호위병들이 사형수들을 반원형으로 에워싸고 원 안의 그들을 바위가 많은 광장 가장자리로 바짝 몰아붙였다. 거기서는 낭떠러지에서 몸을 던지는 것 말고는 달아날 길이 없었다.

심문과 오랜 구금, 굴욕적인 고문으로 그들의 몰골은 인간의 형상이 아니었다. 머리털이고 수염이고 자랄 대로 자라고 얼굴은 새까맣고 초췌하기 짝이 없으며 표정은 망령처럼 무서웠다.

그들은 취조를 받기 시작할 때부터 무장 해제되어 있었다. 그래서 처형 전에 다시 몸수색을 할 생각은 아무도 하지 않았다. 그것은 죽음을 눈앞에 둔 그들을 사람들 앞에서 지나치게 우롱하는 비열한 행위로 생각되었기 때문이다.

갑자기 브도비첸코와 나란히 걷고 있던 그의 벗, 그와 마찬가지로 철저한 무정부주의자인 늙은 르자니츠키가 호송병 대열의 시보블류이를 겨냥해 권총을 세 발 쏘았다. 르자니츠키는 명사수였으나 흥분해 손이 떨리는 바람에 빗나가고 말았다. 이때도 마찬가지로 호송병들은 지난날의 동지들에 대한 예의와 연민 때문에, 르자니츠키에게 달려들거나 발포 명령 없이 그를 쏘아 죽이지도 않았다. 르자니츠키의 권총에는 아직 총알이 세 발 남아 있었는데, 아마 그는 빗나간 것에 약이 올라 흥분한 나머지 그 사실을 잊어버렸는지, 권총을 바위에 내동댕이치고 말았다. 그 충격으로 네 번째 총알이 발사되어 사형 선고를 받은 파치콜랴의 발에 맞아 버렸다.

---

*1 켈트족의 브리튼어로 '테이블 돌'이라는 뜻. 고대인의 무덤으로 우리나라의 고인돌과 같은 것.

위생병인 파치콜랴는 외마디 소리를 지르며 한쪽 발을 붙잡고 쓰러져서는 고통으로 마구 비명을 질러 댔다. 바로 옆에 있던 파프누트킨과 고라즈두이흐 두 사람이 그를 일으켜 세워 양쪽에서 부축하며 끌고 갔다. 모두가 흥분한 상태여서 이 혼란 속에 동료들에게 밟혀 죽지 않도록 하기 위해서였다. 다친 발을 디딜 수 없는 파치콜랴는 끊임없이 신음하면서 한쪽 발로 껑충거리며, 처형될 동료들이 모여 있는 바위 가장자리로 걸어갔다. 그가 내지르는 괴상한 울음소리가 모든 사람에게 전염되었다. 마치 무슨 신호라도 받은 것처럼 모두 한꺼번에 자제력을 잃고 말았다. 욕지거리가 빗발치면서 호소하거나 애원하는 외침이 들려오고 저주하는 말들이 들끓었다.

미성년자인 갈루진은 아직도 노랗게 테두리가 둘러져 있는 실업학교 학생 모자를 쓰고 있었는데, 그것을 냅다 벗어 던지고 무릎을 꿇고는, 그대로 기어서 동료들이 있는 무서운 바위 쪽으로 뒷걸음질쳐 갔다. 그는 호송병들을 향해 땅바닥에 머리를 박고 엉엉 울면서 반쯤 실성한 듯이 말을 길게 늘이며 살려 달라고 애걸했다.

"잘못했어요, 형제들, 용서해 주세요, 이제 다시는 하지 않겠어요. 죽이지만 말아 주세요. 살려 주세요. 나는 살고 싶어요, 죽기에는 너무 어리다고요. 나는 더 살고 싶어요. 한 번만이라도 좋으니 엄마를, 엄마를 만나고 싶어요. 용서해 주세요, 형제들, 제발 불쌍히 여겨 주세요. 형제들의 발에 입을 맞추겠어요. 형제들을 위해 물을 길어 올게요. 아, 살려 줘요, 살려 줘요—엄마, 엄마, 이제 전 죽어요."

그들 속에서 누군가가 울면서 애원하는 소리가 들렸다.

"친절하고 선량한 동무들! 어떻게 이런 일이 있을 수 있나? 좀 생각해 보게. 두 번의 전쟁에서 함께 피를 흘린 사이가 아니던가. 하나의 같은 사업을 위해 싸워 오지 않았느냐고. 가련히 여기고 용서해 주게. 그 은혜는 평생 잊지 않겠네, 열심히 일해서 감사하는 마음을 증명해 보이겠어. 자네들 귀가 먹었는가, 왜 대답이 없나? 자네들은 신도 두렵지 않은 모양이군!"

누군가가 시보블류이를 향해 소리쳤다.

"야 이놈아, 넌 그리스도를 팔아넘긴 유다야! 우리가 너에게 어떻게 배신자란 말이냐? 이 개놈아, 너는 세 번이나 배신했어, 너야말로 교수형이야! 충성을 맹세한 황제를 쳐 죽인 것만으로도 모자라서, 우리에게 충성을 맹세해 놓고 우리를 배신했어. 또다시 배신하기 전에 네놈의 악마인 레스누이프*2에게 입이나 맞춰라, 네놈은 다시 그를 배신하고 말 테니까."

브도비첸코는 죽음을 눈앞에 두고도 자세가 조금도 흐트러지지 않았다. 고개를 오만하게 쳐들고 백발을 바람에 나부끼면서, 그는 모두가 들을 수 있는 큰 소리로 마치 코뮌 참가자*3가 동료에게 말하듯이 르자니츠키에게 말했다.

"자기 자신을 욕되게 하지 말게, 보니파치! 자네의 항의는 저 자들에게 통하지 않아. 이 새로운 오프리치니크*4들, 새로운 고문실의 이 사형집행인들이 자네의 말을 이해할 리가 있겠어? 하지만 실망할 것 없네. 역사가 모든 것을 가려 줄 거야. 후대의 자손들이 이 인민위원 제국에서 벼락출세한 장교들과 그들의 악행을 공개 광장에서 만천하에 폭로할 걸세. 우리는 세계혁명의 여명에 이상을 위해 순교자로서 목숨을 바치는 거야. 정신혁명 만세! 세계의 무정부주의 만세!"

저격병들만 알 수 있는 소리 없는 신호에 따라, 스무 자루의 총이 일제히 굉음을 울리며 사형수의 절반을 쓰러뜨렸고, 그 대부분이 즉사했다. 남은 자들에게 두 번째 일제사격이 불을 뿜었다. 테렌티 갈루진 소년이 가장 오랫동안 경련하고 있었으나, 그도 마침내 몸을 길게 뻗은 채 움직이지 않았다.

2

새롭게 겨울을 날 곳을 찾아 다시 동쪽으로 이동하려는 계획은 곧 포기하지 않을 수 없었다. 브이타와 케지마 강의 분수령을 따라 계속해서 기병 척후가 파견되고, 지형 정찰이 오랫동안 이어졌다. 리베리도 자주 의사를 혼자 남겨 놓고 숙영지를 비우고 밀림 속에 들어갔다.

그러나 어딘가로 이동하기에는 이미 늦어 버렸고 이동할 만한 데도 없었다. 이 시기에 빨치산은 최대의 역경에 빠져 있었다. 백군은 마지막 괴멸을 앞두고 건곤일척의 공격으로 숲의 빨치산과 마지막 결판을 낼 각오로 사방에서 온 힘을 다해 포위망을 형성했다. 빨치산은 사방에서 압박 받고 있었다. 포위망의 반경이 조금만 더 좁았다면 빨치산은 파멸하고 말았을 것이다. 포위망이 너무나도 넓었던 것이 그들에겐 다행이었다. 적은 겨울의 문턱에서 통행이 불가능한

---

*2 리베리를 가리킴.

*3 1871년의 파리 코뮌.

*4 16세기 이반뇌제의 친위대.

광대한 밀림으로 전선의 날개를 펼쳐 농민군을 압박할 여력이 없었다.

어쨌든 어디로든 이동하는 것은 불가능해졌다. 물론 군사적으로 확실한 이점이 있는 이동 계획이 있다면, 새로운 진지를 향해 포위망 돌파를 강행하는 작전이 감행되었을 것이다.

그러나 그런 면밀한 계획은 하나도 나오지 않았다. 사람들은 지칠 대로 지쳐 있었다. 젊은 지휘관들은 본인부터 사기가 떨어져 부하를 통솔할 힘이 없었다. 고참들은 저녁마다 군사회의를 열어 앞뒤가 맞지 않는 결정을 내리고 있었다.

겨울을 날 곳을 다른 데서 찾는 계획은 미루고, 지금 있는 숲의 깊은 곳에서 겨울을 날 수 있도록 진지를 단단히 구축해야 했다. 겨울이 되면 눈이 깊어져서 스키 장비가 충분하지 않은 적군이 접근할 수 없는 이점도 있었다. 참호에 몸을 숨기고 식량을 비축해야 했다.

빨치산의 병참 주임인 비슈린은 밀과 감자가 턱없이 모자란다는 것을 여러 차례 보고했다. 그러나 가축이 넉넉해 비슈린도 겨울 동안의 주식은 고기와 우유가 될 것이라고 내다보았다.

겨울옷도 모자랐다. 빨치산의 일부는 겨우 최소한만 가리고 다니는 정도였다. 숙영지의 개는 모두 도살당했다. 가죽을 가공한 경험이 있는 사람들이 동원되어 빨치산들을 위해 털이 거죽에 오도록 한 외투를 지었다.

의사는 짐마차 사용이 금지되었다. 짐마차는 더욱 중요한 용도로 돌려졌다. 지난번 이동 때는 중상자들을 들것에 싣고 도보로 40베르스타나 운반했다.

유리 안드레예비치에게 남아 있는 의약품은 키니네, 요오드, 글라우버 염(鹽)뿐이었다. 수술과 붕대를 갈 때 필요한 요오드도 고체밖에 없어서 알코올에 녹여야 했다. 그렇게 되자 밀주 설비를 죄다 부숴 버린 것을 후회하며, 죄상이 가벼워 처형을 면한 증류전문가에게 부서진 증류기를 수리하거나 새로운 증류기를 만들라는 명령이 내려졌다. 폐지되었던 밀주 양조가 의료용이란 명목으로 재개되었다. 숙영지에서는 모두 서로 눈짓을 하며 고개를 저을 뿐이었다. 또다시 폭음이 늘어나 숙영지의 붕괴를 조장하는 원인이 되었다.

증류된 알코올은 거의 100도에 가까웠다. 그만하면 결정 약제를 충분히 녹일 수 있었다. 유리 안드레예비치는 키나 껍질을 담근 이 밀주로 그 뒤 초겨울에 추위와 함께 다시 시작된 발진티푸스를 치료했다.

3

그 무렵, 의사는 팔르이흐와 그의 가족을 만났다. 그의 처자는 여름 내내 흙먼지가 이는 길을 이리저리 도망 다니고 있었다. 그들은 온갖 무서운 일을 다 겪어 위축되어 있었고 새로운 공포에 떨고 있었다. 이 방랑 생활은 그들에게 지울 수 없는 후유증을 남겼다. 팜필의 아내와 세 아이, 아들 하나와 딸 둘은 밝은 아마빛 머리카락이 햇볕에 바래 있었고, 바람을 맞아 거칠어지고 새까맣게 그을린 얼굴의 눈썹은 험악했다. 아이들은 아직 너무 어려서 고난의 흔적이 얼굴에 남아 있지는 않았지만, 어머니의 얼굴에서는 그녀가 겪은 끔찍한 공포와 위험 때문에 생기가 완전히 사라져 버리고, 남아 있는 것은 메마르고 단정한 얼굴, 자기 방어를 각오한 고통의 긴장으로 입술을 꽉 다문 무표정뿐이었다.

팜필은 가족, 특히 아이들을 눈에 넣어도 아프지 않을 만큼 사랑하고 있었다. 그가 날카롭게 간 도끼날의 한쪽 귀퉁이를 교묘하게 써서 토끼, 곰, 수탉 같은 목각 인형을 아이들에게 깎아 주는 솜씨에 의사는 혀를 내두르며 놀라곤 했다.

가족이 도착하자 팜필은 눈에 띄게 명랑해져서 기력도 회복되고 병도 낫기 시작했다. 그러나 가족이 함께 있으면 숙영지의 사기에 좋지 않은 영향을 준다는 이유로 빨치산에게서 가족을 떼어 놓아 불필요한 비전투원을 캠프에서 쫓아낸 뒤, 난민의 짐마차 부대를 충분한 경호 아래 어딘가 좀 더 떨어진 장소에서 겨울 동안의 숙영을 준비하게 되었다. 이 분리에 대해서는 실제로 그렇게 준비할 수 있는가 하는 커다란 이견이 있었다. 의사는 이 계획은 실행할 수 없을 거라고 생각했다. 그러나 팜필은 음울해지기 시작했고, 그 원령이 그에게 다시 돌아왔다.

4

겨울이 눈앞에 닥쳤을 무렵 몇 가지 원인이 겹쳐, 숙영지는 오랫동안 불안과 의혹, 무서운 혼란 상태 등으로 기묘하게 모순된 상황에 빠졌다.

백군은 반란자들의 포위를 예정대로 완료했다. 이 작전의 지휘를 맡은 것은 비츠이프, 크바드리, 그리고 바살르이고 장군이었다. 이 장군들은 모두 불굴의 의지와 단호한 결단력으로 이름을 떨치고 있는 사람들이었다. 그들의 이름을 듣기만 해도 숙영지 안에 있는 반란자의 아내들과, 아직 고향을 버리지 못하고 적의 포위망 뒤쪽의 자기 마을에 남아 있던 평화로운 주민들은 두려움에 벌벌 떨었다.

이미 말했듯이, 적의 포위망이 더 좁아질 염려는 없었다. 그 점에 대해서는 안심할 수 있었다. 그렇다고 포위 상황에 대해 아무 대처도 하지 않고 있을 수는 없었다. 순순히 상황에 내맡기고 있으면 적의 사기만 올라갈 뿐이다. 독 안에 든 쥐가 된 이상, 설령 그 독 안이 안전하다 하더라도 거기서 나가 포위망 돌파를 위한 시위 작전을 펼칠 필요가 있었다.

빨치산은 이를 위해 대병력을 갈라 포위망 서쪽 정면에 집결했다. 여러 날에 걸친 치열한 전투 끝에 빨치산 부대는 백군을 격퇴, 그 지점에서 포위망을 뚫고 적의 뒤쪽으로 돌아갔다.

이 돌파 작전으로 통로가 열려 밀림 속에 숨어 있던 반란자들에게 드나들 수 있게 되었다. 그들과 합류하려고 새로운 난민들이 떼를 지어 몰려왔다. 이 평화로운 마을 사람들 속에는 빨치산과 아무런 연고가 없는 자들도 있었다. 백군의 보복이 두려운 인근의 농민들이 모조리 조상의 고을을 버리고 자기들이 보호자로 의지하는 숲의 농민군에 합류한 것이다.

그러나 숙영지 쪽은 자신들이 먹여 살려야 하는 이 식객들을 피하고 싶은 심정이었다. 아무런 연고도 없는 새로운 난민들까지 돌볼 여력이 없었다. 빨치산은 대표자를 보내 난민들을 중간에 멈추게 하고 칠림카 강가에 있는 숲 속의 경작지 칠림스크로 향하게 했다. 이것은 지주 저택의 제분소를 중심으로 숲 속의 개간지에 형성된 마을로, 드보르이라고 불리고 있었다. 이 드보르이에 난민의 월동시설을 만들어 그들에게 할당된 식량을 배분할 예정이었다.

그런 대책이 강구되고 있는 동안에 사태는 자꾸자꾸 진전되어 빨치산 사령부로서도 도무지 손을 쓸 수 없게 되고 말았다.

모처럼 승리를 거두었지만, 상황은 더욱 복잡해져 있었다. 빨치산 부대에 전선이 뚫려 뒤로 밀려났던 백군은 이내 연락을 회복해 돌파구를 폐쇄하는 데 성공했다. 적의 배후에 침투했다가 습격을 당한 빨치산 부대는 밀림으로 돌아갈 길을 차단당해 고립되고 말았다.

피란민도 난처한 상황에 있었다. 길도 없는 깊은 숲 속에서는 길이 엇갈리기 십상이었다. 파견된 대표자들은 난민들을 만나지 못하고 그들과 길이 엇갈린 채 다시 되돌아오곤 했다. 그런데 여자들은 본능적인 힘으로 밀림 안쪽에 깊숙이 들어가 놀라운 창의력을 발휘, 양쪽의 나무를 베어 다리를 놓고 나뭇가지와 통나무를 깔아 길을 내고 있었다.

그것은 빨치산 사령부의 의도와는 정면으로 맞서는 것이어서, 리베리의 계획과 그 예상을 근본적으로 뒤집어 버렸다.

5

바로 그런 상황 때문에 리베리는, 덫을 놓아 짐승을 잡는 사냥꾼 스비리드에게 약이 잔뜩 올라 이야기하고 있었다. 둘은 밀림 가장자리에서 그리 멀리 떨어지지 않은 큰길 근처에 서 있었다. 큰길 위에서는 참모 몇 명이 도로를 따라 뻗어 있는 전신선을 자를 것인지의 여부를 놓고 입씨름을 벌이고 있었다. 마지막 결단은 리베리의 몫인데, 그는 방랑자이자 사냥꾼인 스비리드와 정신없이 얘기하고 있었다. 리베리는 그들에게 손을 흔들어 금방 그리로 갈 테니 그 자리를 떠나지 말라고 알렸다.

스비리드는 브도비첸코가 유죄 선고를 받고 총살당한 것을 오랫동안 못마땅하게 여기고 있었다. 그의 영향력이 리베리의 권위와 맞서게 됨으로써 숙영지 내에 분열이 초래된 것 말고는 아무 죄도 없었던 것이다. 스비리드는 빨치산에서 떠나 다시 전처럼 자유로운 생활로 돌아가고 싶었다. 그러나 그것은 어림도 없는 일이었다. 그는 고용되고 종속되어 있었기 때문이다. 만약 그가 지금 숲의 형제들을 떠난다면 총살당한 자들과 똑같은 운명을 감수해야 한다.

날씨는 상상도 할 수 없을 만큼 최악이었다. 간헐적으로 뜨거운 바람이 그을음 같은 검은 구름 조각을 땅에 닿을 듯이 싣고 왔다. 갑자기 그 조각 먹구름에서 어떤 하얀 광기가 발작을 일으킨 것처럼 눈이 쏟아지기 시작했다.

눈 깜짝할 사이에 세상은 온통 새하얀 휘장에 싸이고 땅에도 하얀 천이 깔렸다. 그러나 다음 순간 하얀 천은 흔적도 없이 타올라 완전히 녹아 버렸다. 숯처럼 검은 땅과 검은 하늘이 모습을 드러내고, 그 검은 하늘에 몸을 웅크리고 있는 비스듬한 부종(浮腫) 같은 구름에서 멀리 소나기가 쏟아졌다. 땅은 더 이상 빗물을 받아들일 수가 없었다. 이따금씩 하늘이 개면 마치 하늘을 환기하듯이 상공에서 먹구름이 흩어져 창문이 모두 열리며 차가운 유리 같은 흰 빛이 반짝거렸다. 땅 위에서도 흙이 빨아들이고 남은 물이, 크고 작은 온갖 물웅덩이를 창문처럼 열고는, 똑같이 반짝거리면서 응답하고 있었다.

습기는 연기처럼 침엽수림의 테레빈유와 나뭇진을 머금은 침엽에 엉겨 붙지만 방수포처럼 수분을 튕겨 냈다. 전신선에는 빗방울이 실에 꿴 유리구슬처럼 매달려 있었다. 빗방울은 서로 떨어지지 않으려는 듯이 빈틈없이 바짝 붙어 있었다.

스비리드는 피란 온 여자들을 맞이하기 위해 깊은 밀림 속으로 파견된 사람들 가운데 하나였다. 그는 자기가 목격한 것을 대장에게 꼭 이야기하고 싶었다. 여러 가지로 모순된 명령이 내려지고 있어서 쓸데없이 혼란만 야기되고 있을 뿐 아무것도 실행되고 있지 않다는 것, 여자들 가운데서도 가장 심지가 약하고 자신감을 잃은 사람들이 저지르고 있는 광적인 만행에 대해 이야기하고 싶었다. 자루며 보따리를 이고 지고 갓난애를 그러안은 채 걸어서 이동해 온 젊은 어머니들은 젖도 나오지 않고 다리도 지칠 대로 지쳐서, 마침내 제정신을 잃고 제 자식을 길바닥에 내던지고 자루에 든 밀가루를 땅바닥에 흘리고 있었다. 언제까지나 굶주림에 허덕일 바에는 차라리 죽는 편이 낫다, 적의 손에 떨어지는 것보다는 차라리 숲 속의 짐승에게 먹히는 것이 낫다는 심산이었다.

한편 의지가 강한 여자들은 남자 못지않은 용기와 극기심을 발휘했다. 스비리드에게는 그 밖에도 많은 정보가 있었다. 이를테면 숙영지 안에 새로운 폭동의 위험이 도사리고 있다는 것에 대해서도 꼭 대장에게 경고하고 싶었다. 이 반란은 사기가 떨어지는 것보다 훨씬 더 위험했지만, 리베리가 너무 성급하게 다그치는 통에 말문이 막혀 끝내 말을 하지 못하고 말았다. 그런데 리베리가 스비리드의 말을 줄곧 가로막았던 것은, 길에서 그를 기다리고 있는 참모들 때문이 아니라 두 주일 전부터 이미 같은 의견을 귀에 못이 박힐 만큼 듣고 있었기 때문이었다. 리베리도 모든 사태를 알고 있었다.

"그렇게 다그치지 말게, 대장 동무. 그렇잖아도 난 말주변이 없는 사람일세. 말이 목에 걸려 숨이 막힐 것 같아. 내가 말하고 싶은 건 이거야. 난민의 짐마차 대열에 좀 가서 말이야, 그 시베리아 여자들에게 어리석은 짓거릴랑 그만 좀 하라고 일러 주게. 모든 게 엉망진창이 되어 있어. 도대체 어떻게 나가자는 건가, '모든 힘을 다해 콜차크를 타도하자!'는 건가, 아니면 여자들의 지옥으로 나가자는 건가?"

"제발 좀 간단하게 말해, 스비리드. 저길 봐, 모두 나를 부르고 있어. 장황한 얘긴 그만해."

"그런데 그 숲의 즐르이다리하인가 하는 악마 말이야. 뭐 그따위 여편네가 다 있나. 가축을 보살피게 해 달라고 주둥이를 놀리지 뭔가."

"수의(獸醫) 말이군, 스비리드."

"그래, 그래, 그 여자 말이야. 가축의 병을 고치는 데에 관심을 기울이라는 거야. 그런데 어떤 줄 아나, 가축을 돌보기는커녕, 그 여편네 말이야, 구교도의 무성직자파(無聖職者派)*5 여교조(女敎祖)로 둔갑해 가지고서는 암소한테 예배를 올리지 않나, 새로 온 난민 여편네들을 꾀어 나쁜 길로 끌어들이고 있지 않나, 또 뭐라고 주둥아릴 놀리는지 아나? 스스로 책임을 져라, 모두 자업자득이다, 치맛자락을 걷어 올리고 붉은 깃발을 따라가게 될 거라는 거야. 이제 두 번 다시 도망치거나 하지 말게."

"어떤 난민 여자들을 두고 하는 말인지 모르겠군. 우리 빨치산인가, 아니면 다른 피란민들인가?"

"물론 다른 피란민들을 두고 하는 말이지. 다른 지역 사람들 말이야."

"그렇다면 드보르이 마을의 칠림카 제분소로 보내라는 명령이 내려져 있잖아. 어떻게 해서 여기에 나타났지?"

"뭐라고, 드보르이 마을이라고? 자네의 그 드보르이 마을인가 하는 곳은 진작에 홀랑 타 버렸어, 제분소고 뭐고 깡그리. 남아 있는 건 재뿐이야. 그들이 칠림카에 도착해서 본 것은 아무것도 없는 허허벌판이었어. 절반은 정신이 나가 엉엉 울부짖으면서 백군에게 되돌아가 버렸지. 나머지 반은 뒤로 돌아 짐마차와 함께 이리로 온 거야."

"그 울창한 밀림을 뚫고 늪을 지나서?"

"그러나 도끼와 톱이 있는 건 무엇 때문이지? 우리 쪽에서 호위로 보낸 남자들도 그야 거들기는 했지. 길을 30베르스타나 냈다더군. 다리도 다 놓고, 맹랑한 여자들이더군. 여편네들이 그렇지 뭐. 설마 그런 짓을 하리라고는 꿈에도 생각하지 못했어."

"빌어먹을 녀석 같으니라고! 30베르스타의 길을 낸 것이 무엇이 그리 기뻐. 이거야말로 바스인이나 크바드리 같은 장군 녀석들에게는 더할 나위 없이 좋은 일이잖아, 밀림에 길을 뚫어 주었으니. 대포도 지나갈 수 있어."

---

*5 구교도는 17세기 러시아 정교가 분열된 뒤의 분리파를 가리킴. 그 뒤 분리파는 크게 나뉘어 성직자를 인정하는 파와 무성직자파로 분류되는 갖가지 종파로 분열됨.

"엄호부대, 엄호부대야. 엄호부대를 보내면 그만이라고."
"네놈이 말하지 않아도 그런 것쯤은 생각하고 있어."

6

해가 짧아졌다. 다섯 시면 어두워졌다. 황혼 무렵에 유리 안드레예비치는 며칠 전 리베리와 스비리드가 입씨름을 하던 곳에서 큰길을 가로질렀다. 의사는 숙영지로 돌아가는 길이었다. 숲 속의 빈터 가까이, 숙영지의 경계로 치고 있는 마가나무가 자라고 있는 작은 언덕 가까이 오자, 그가 농담으로 자신의 라이벌이라고 부르고 있는 가축 치료사인 무당 쿠바리하의 장난기 섞인 생생한 목소리가 들려왔다. 그의 라이벌은 쩌렁쩌렁 울리는 목소리로 무엇인지 밝고 씩씩한, 속요(俗謠)의 일종이 분명한 노래를 부르고 있었다. 듣고 있는 사람들이 많은 듯했으며 남녀의 공감하는 웃음소리에 노래가 이따금 멈춰지곤 했다. 이윽고 모든 것이 잠잠해졌다. 사람들은 모두 흩어진 것 같았다.

그러자 쿠바리하는 주위에 아무도 없다고 생각하고는 혼자서 낮은 목소리로 다른 노래를 부르기 시작했다. 유리 안드레예비치는 늪에 빠지지 않도록 조심하면서 어둠 속을 더듬어 갔다. 마가나무 앞의 질척이는 풀밭을 빙 돌아가는 오솔길을 빠져나가다가, 갑자기 그 자리에 못 박힌 것처럼 걸음을 멈췄다. 쿠바리하는 오래된 러시아 노래를 부르고 있었다. 유리 안드레예비치가 모르는 노래였다. 어쩌면 그녀의 즉흥곡인지도 모른다.

러시아 노래는 봄의 방죽에 갇힌 물 같다. 그 물은 가만히 멈춘 채 움직이지 않고 있는 것처럼 보인다. 그러나 깊은 곳에서 물은 쉴 새 없이 물레방앗간의 수문으로 흘러가고 있고, 수면의 잔잔함은 거짓이다.

그 노래는 반복과 대구 같은 온갖 수단으로, 서서히 발전해 가는 내용의 진행을 억제하고 있다. 그 내용은 어떤 한계에 이르러 갑자기 전개되어 듣는 사람을 대번에 놀라게 한다. 자기를 억제하고 자기를 통제하고 있는 애수의 힘이 자기를 표현하는 것이다. 그것은 언어로 시간을 멈추게 하는 광기의 시도이다.

쿠바리하는 반은 노래하고 반은 중얼거리고 있었다.

토끼가 하얀 세상으로 뛰어갔다
하얀 세상을, 하얀 눈 위를

마가나무 옆으로 토끼가 뛰어가
마가나무에게 하소연했다
나는 소심한 토끼,
언제나 가슴은 콩닥콩닥
토끼인 나는 짐승의 발자국이 무섭다
짐승 발자국, 굶주린 늑대의 배가 무섭다.
나를 가여워해 다오, 마가나무 숲아
마가나무 숲아, 예쁜 마가나무야
네 아름다움을 심술궂은 원수에게 맡기면 안 돼
심술궂은 원수에게, 심술궂은 까마귀에게
부디 붉은 열매 한 줌 바람에
바람에, 하얀 세상에, 하얀 눈 위로 뿌려라
그것을 그리운 고향 땅에 전해 다오
숲 변두리 그 구석진 집에,
그 구석진 창문에, 그 통나무 오두막 방에
그곳은 내 그리운 사람이
세상을 버리고 숨어 있는 곳
내 사랑하는 사람에게 귀엣말로 전해 다오
뜨거운 사랑의 말을
병사인 나는 포로가 되어 괴로워하며
병사인 나는 타향 땅에서 그리워하고 있노라
하지만 나는 고단한 포로의 몸에서 달아나
내 사랑하는 예쁜 여자 곁으로 날아갈 거라고

7

병사의 미망인인 쿠바리하는 팜필의 아내, 속어로는 파테브나라고 불리고 있는 아가피야 파티예브나 팜필의 병에 걸린 암소에게 굿을 하기로 되어 있었다. 사람들은 암소를 무리에서 격리한 다음 덤불 속으로 끌고 가서 뿔을 나무에 잡아맸다. 암소 앞다리 옆의 나무 그루터기에 임자가 앉고 뒷다리 옆의 착유대(搾乳臺)에 무당이 앉았다.

나머지 수많은 소들은 그리 크지 않은 숲 속의 빈터에 빽빽이 들어차 있었다. 어두운 침엽수림이 소 떼를 사방에서 산처럼 높은 삼각형의 전나무 벽으로 에워싸고 있었다. 전나무는 아래쪽 가지를 사방으로 펼치고 있어 마치 살찐 엉덩이를 땅바닥에 대고 앉아 있는 것 같았다.

시베리아에서는 스위스에서 상을 받은 우량종이 사육되고 있었는데, 거의 검은색인 털에 엷은 갈색 얼룩이 있는 소였다. 사람들 못지않게 사료가 부족한 데다 먼 길을 이동해 왔을 뿐만 아니라, 너무나 빽빽이 모여 있어서 숨 쉬기도 괴로운 지경이었다. 서로 옆구리를 비벼 대며 밀치락달치락하여 암소들은 제정신을 잃고 있었다. 머리가 멍해진 암소들은 수소처럼 울어 대면서 무겁게 늘어진 유방을 겨우 위로 끌어올려 서로의 등에 기어오르고 있었다. 어미 소 밑에 깔린 송아지들은 꼬리를 세우고 밑에서 필사적으로 빠져 나와 숲으로 달아났다. 그러면 늙은 목동과 어린 목동들이 큰 소리를 지르면서 그 뒤를 쫓아갔다.

겨울 하늘에서 전나무 우듬지가 그려 내는 좁은 범위 안에 갇힌 것처럼, 숲의 빈터 위를 거뭇한 하얀 눈구름도 격렬하고 무질서하게 밀치락달치락하면서 뒷다리로 서서 서로의 등에 기어오르고 있었다.

조금 떨어진 데서 무리 지어 서 있던 호기심 많은 구경꾼들이 무당을 방해하고 있었다. 그녀는 무서운 눈초리로 그들을 머리끝에서 발끝까지 훑어보고 있었다. 그러나 그들이 있으면 방해가 된다고 솔직하게 말하는 건 자신의 권위를 떨어뜨리는 일이었다. 그녀는 예술가에게 있는 것과 같은 자존심에서, 그들 따위는 안중에도 없다는 듯한 거만한 자세를 취했다. 의사는 구경꾼들 뒤에 숨어서 그녀를 관찰했다.

그가 그녀를 차분히 관찰하는 건 이번이 처음이었다. 그녀는 여전히 영국군의 챙 없는 모자를 쓰고 외국 간섭군의 황록색 외투를 입고 있었는데, 그 깃은 아무렇게나 젖혀져 있었다. 그러나 이 젊지 않은 여인의 내부에 숨겨진 정열을 드러내듯이 애젊은 검은 눈동자와 눈썹은 그녀의 용모를 한결 오만해 보이게 만들어, 무엇을 어떻게 입든 그런 것에는 전혀 아랑곳하지 않음을 명백히 보여주고 있었다.

그러나 팜필 아내의 얼굴은 유리 안드레예비치를 놀라게 했다. 그녀는 몰라볼 만큼 변해 있었다. 불과 며칠 사이에 무서울 만큼 늙어 있었다. 부어오른 눈은 금방이라도 눈구멍에서 빠져나올 것만 같았다. 목은 달구지의 채처럼 길게 뻗어 있고 관자놀이가 잔뜩 부풀어 꿈틀거리고 있었다. 그녀의 내부에 도사리고 있는 공포가 그녀를 그렇게 만들어 버린 것이다.

"젖이 나오지 않아요, 선생님." 아가피야가 말했다. "젖이 잠시 밭아서 그런 건가 했지만, 그게 아니에요. 진작 젖이 나왔어야 할 때인데도 전혀 나오지 않아요."

"젖이 밭기는 뭐가 밭아. 이거 봐, 젖꼭지에 부스럼 딱지가 있어. 라드에 담근 약초를 줄 테니까 문질러서 발라 주라고. 물론 주문도 외어 주겠어."

"그리고 또 한 가지 고민은 남편에 대한 거예요."

"바람을 피우지 못하도록 바람기를 잡아 주지. 그건 일도 아니야. 당신에게 딱 달라붙어 떼려도 뗄 수 없게 될 테니까. 세 번째 고민은 뭐지?"

"바람을 피우는 것이 아니에요. 차라리 바람이라도 피우면 낫게요. 그 반대니까 탈이죠. 나하고 아이들에게 달라붙어 노상 걱정만 하고 있는 거예요. 그 사람이 무슨 생각을 하고 있는지는 알고 있어요. 숙영지가 갈라지면 우리는 따로따로 떨어지게 된다는 거지요. 우리가 바살르이고 군(軍)에 잡히더라도 그 사람은 우리와 함께 있지 못해요. 우리를 보호해 줄 사람이 아무도 없는 거죠. 그 자들은 우리를 괴롭힐 것이고 우리가 고통스러워하는 것을 보면서 즐거워할 거예요. 난 그 사람의 생각을 알고 있어요. 바보 같은 짓을 저지르면 큰일인데."

"같이 한번 생각해 보지. 슬픔을 덜어 주겠어. 이제 세 번째 고민을 말해 봐."

"세 번째는 없어요. 암소와 남편에 대한 것이 전부예요."

"뭐라고, 그것뿐이라고! 그건 하느님께서 당신에게 자비를 베푸신 거야. 요새는 당신 같은 사람 찾기 힘들어. 딱 두 가지 고민밖에 없는 데다, 한 가지는 남편이 너무나 생각해 줘서 탈이라니 말이야. 그런데 암소를 낫게 해 주면 무엇을 줄 거야? 슬슬 굿을 시작할까."

"원하는 것이 뭔데요?"

"고운 밀가루로 만든 둥근 빵 한 덩어리하고 당신 남편."

주위에서 웃음소리가 터져 나왔다.

"아니, 사람을 놀리는 거예요?"

"아니, 너무 비싸다면 둥근 빵은 그만두겠어. 남편만으로 흥정을 끝내는 게 어때?"

웃음소리가 더욱 커졌다.
“이름이 뭐지? 물론 남편이 아니라 암소 말이야.”
“이쁜이예요.”
“여기 있는 암소의 거의 절반이 이쁜이잖아. 그래, 알았어. 어디, 시작해 볼까.”
그녀는 암소에게 주문을 외기 시작했다. 처음에는 확실히 그녀의 주문은 암소에 대한 것이었다. 그러나 이윽고 흥분해 무아지경에 이르자 마법의 규칙과 그 방법에 대해 고스란히 아가피야에게 훈계를 하는 것이었다. 유리 안드레예비치는 마치 주술에 걸린 것처럼 고대의 장식 문자를 떠오르게 하는 환상적인 주문의 말에 귀를 기울였다. 그것은 전에 유럽 러시아에서 시베리아로 옮겨 왔을 때 마부 바크흐의 화려한 중얼거림에 귀를 기울였을 때와 같았다.
병사의 미망인이 말했다.
“모르고시야 아주머니, 우리의 손님으로 오소서. 화요일, 수요일에 오셔서 썩은 부스럼을 떼어 주소서. 암소의 젖퉁이에서 고통이 사라지게 해 주소서. 얌전히 서 있어, 이쁜이. 걸상은 뒤집어엎지 마라. 산처럼 얌전하게 서서 강처럼 젖을 흘려라. 얼마나 괴롭고 무서웠느냐. 옴딱지를 싹 벗겨 쐐기풀 속에 던져 주소서. 마법의 주문은 황제의 말씀처럼 영험이 뚜렷하도다.
아가피시카, 너는 무엇이나 다 알고 있어야 하느니라. 금지, 명령, 피해 가는 말, 받아들이는 말 등등. 저기 저것을 너는 숲으로 보고 숲이라 생각하고 있다. 하지만 그렇지 않느니라. 저것은 마물이 영국군과 상대로 서로 죽고 죽이고 있는 것이다. 바로 너희와 바살르이고 군이 싸우고 있는 것처럼.
그렇지 않으면 내가 가리키는 쪽을 보려무나. 아니야, 그쪽이 아니야, 이봐. 뒤통수로 보지 말고 눈으로 보란 말이야. 내가 손가락으로 가리키는 쪽을 보아. 그렇지, 그렇지. 너는 저것을 무엇이라고 생각하느냐? 바람 때문에 자작나무의 가지와 가지가 칭칭 얽힌 것으로 생각하느냐? 새가 둥우리를 칠 작정이었던 거라고 생각하느냐? 어딜, 그렇지 않아. 사실인즉 저것은 진짜 악마의 짓거리야. 물의 요정 르사르카가 제 딸에게 화관을 엮어 주려고 했던 거야. 그런데 사람들이 옆을 지나가는 소리를 듣고는 그냥 집어치워 버린 거지. 경계심 때문에 말이야. 밤이 되면 다 엮을 테니 두고 봐.
그렇지 않으면 또 너희의 저 붉은 깃발을 예로 들어 볼까. 너는 어떻게 생각하고 있지? 저것이 깃발이라고 생각하느냐? 잘 봐, 저건 깃발이 아니야. 저건 죽은 처녀들이 암적색 플라토크를 흔들어 사람을 꾀고 있는 거야. 그렇지, 꾀고 있는 거야. 무엇 때문에 꾀고 있느냐고? 젊은 사내들에게 그 플라토크를 흔들어 보이고 눈짓을 해 그들을 학살과 죽음으로 꾀어 들이고 역병에 걸리게 하려는 거지. 그런데 너희는 저것을 깃발로 믿고 있거든. 전 세계의 프롤레타리아와 가난한 자들이여, 모여라, 하는 깃발로 말이야.

지금은 모든 것을 알고 있어야 해, 아가피야 아주머니. 무엇이나 다, 그야말로 무엇이나 다. 새건, 돌이건, 풀이건. 이를테면 저 새는 옛날이야기에 나오는 찌르레기라든가, 저 짐승은 오소리라든가.

그건 그렇고, 이를테면 네가 누군가에게 반했다고 치자. 그러면 말만 해. 설령 상대가 누구이건 너에게 미쳐 오금을 못 쓰게 할 테니까. 너희의 대장인 레스노이*6이건, 콜차크이건, 이반 왕자*7이건. 내가 우쭐해서 거짓말을 하고 있다고 생각하겠지? 거짓말이 아니야. 자, 잘 보고 잘 들어 봐. 겨울이 오고 들판에 눈보라가 불어치면 회오리바람이 일어나 눈보라의 기둥이 말려 올라갈 거야. 그러면 나는 그 눈보라의 기둥, 그 눈의 소용돌이를 단도로 찌르겠어. 칼자루까지 들어가도록 푹 찌르는 거야. 그러고 나서 단도를 쑥 빼면 피로 빨갛게 물들어 있을 거야. 어때, 보았어? 어때? 그래도 내가 거짓말을 한다고 생각해? 천만에! 말해 봐, 미친 듯이 몰아치는 눈보라에서 피가 나왔나? 그것은 그저 바람, 즉 공기이고 눈의 먼지인 건 틀림없어. 그런데 이거 봐, 그 눈보라는 단순한 바람이 아니야. 그것은 마법으로 변신한 이혼녀가 잃어버린 딸을 찾아 들판을 헤매며 울고 있는 거야. 내 단도가 푹 찌른 것은 바로 그 여자야. 그래서 피가 나온 거지. 당신이 그 흔적을 원한다면 그걸 도려내어 당신 치맛자락에 명주실로 꿰매어 붙여 주지. 그러면 콜차크건 스트렐리니코프건 새로운 황제건 네 뒤를 그림자처럼 따라다니며 떨어지지 않을걸. 그래도 내가 허풍쟁이라고 생각하고 있겠지? 모든 나라의 맨발인 자들과 프롤레타리아여, 뭉쳐라, 이게 거짓말이라고 생각하나?

또 이를테면 지금 하늘에서 돌이 떨어지고 있어, 비처럼 쏟아지고 있어. 한 남자가 집 현관을 나서자마자 그만 머리에 돌을 맞는 판이야. 혹은 누군가가 본 것처럼 기사(騎士)들이 하늘을 질주해 가는 것을 보는 거야. 말발굽이 지붕

*6 산감독이라는 뜻의 러시아어. 리베리를 일컬음.
*7 러시아 동화에 자주 나오는 이목구비가 반듯한 영웅.

을 차면서 날아가. 혹은 아득한 옛날 마법사들이 말한 건데, 그 여자는 자기 몸 안에 곡식을, 꿀을, 담비 가죽을 가지고 있었지. 갑옷 입은 병사들이 보석상자를 비틀어 열듯이 여자의 어깨를 칼로 갈라 열고 어깨뼈에서 대량의 밀을, 암다람쥐 가죽을, 꿀벌 집을 꺼냈지."

사람은 이 세상에서 가끔 크고 강렬한 감정을 경험할 때가 있다. 그 감정에는 언제나 연민이 섞여 있다. 우리가 숭배하는 대상이 우리에게 희생자라고 생각하면 할수록, 우리는 더욱 뜨겁게 사랑한다. 어떤 사람에게는 여성에 대한 동정이 생각할 수 있는 모든 한계를 뛰어넘는다. 가슴속에서 솟구쳐 오르는 동정은 그 여성을 이 세상에 존재할 수 없는, 오로지 상상의 세계에만 존재할 수 있는, 도달할 수 없는 높이에 놓는다. 그리고 그녀가 호흡하는 공기를, 자연의 법칙을, 그녀가 태어나기 전까지 흘러간 몇천 년의 세월을 시샘한다.

유리 안드레예비치는 나름대로 충분한 지식이 있었기에, 무당의 마지막 말에는 왜곡이 쌓이고 쌓여 외전(外典)이 되어 버린 원시 연대기, 노브고로드 연대기, 또는 이파티예프 연대기*8의 첫 부분이라고 상상할 수 있었다. 그러한 것들은 여러 세기에 걸쳐 무당들과 이야기꾼들이 구전(口傳)으로 후대에 전하는 사이에 겹겹이 왜곡된 것이었다. 그 이전에도 이미 여러 필사생들이 잘못 옮겨 써서 왜곡하기도 했다.

도대체 무엇 때문에 그는 구비(口碑)의 힘에 그토록 사로잡혀 버린 것일까? 무엇 때문에 그는 이해할 수 없는 잠꼬대 같은 소리, 이 무의미하고 밑도 끝도 없는 말을, 마치 현실적인 상황인 것처럼 받아들인 것일까?

라라의 왼쪽 어깨가 갈라졌다. 찬장 속에 만들어져 있는 철의 샛길로 통하는 문을 열쇠로 열듯이, 칼이 비틀리면서 그녀의 어깨뼈가 열렸다. 입을 딱 벌린 넋의 공동(空洞) 저 깊숙한 곳에 소중히 감춰 두었던 비밀이 환히 드러났다. 전에 찾아간 적이 있는 낯선 도시, 낯선 거리, 낯선 집, 낯선 공간이 리본 뭉치가 풀리듯이, 리본 꾸러미가 밖으로 내던져진 듯이 잇따라 펼쳐졌다.

아, 그는 얼마나 그녀를 사랑하고 있었던 것인가! 그녀는 얼마나 아름다운 여자였던가! 그가 언제나 동경하며 꿈속에서 그려 왔던 바로 그대로의 여자, 얼마나 그에게 필요한 존재였던가! 그러나 무엇이, 그녀의 어떤 점이 그러했던

*8 러시아 고대 12세기 무렵에 쓰인 것.

가? 무어라고 이름 지을 수 있고 어떻다고 분석할 수 있는 그 무엇에 의해서였던가? 오, 아니다, 오, 그렇지 않다! 그러나 조물주가 위에서 아래까지 완벽하게 그려낸, 비길 데 없이 단순하고 힘찬 한 가닥의 선에 의해서인 것이다. 그리고 이 거룩한 윤곽 그대로, 마치 목욕한 뒤의 갓난애를 강보에 꼭 싸듯이 그녀는 이 신성한 선묘(線描) 그대로 그의 팔에 맡겨졌던 것이다.

그런데 지금 그는 어디에 있고 그에게 무슨 일이 일어나고 있는 것인가? 숲, 시베리아, 빨치산 부대. 그들은 포위당해 있고 그도 그들과 운명을 같이하고 있다. 이 무슨 기괴하고 이 무슨 기막힌 처지인가. 그러자 또다시 유리 안드레예비치는 눈앞이 희미해지고 머리가 몽롱해지기 시작했다. 모든 것이 그의 눈앞에서 너울거렸다. 그때 기다리고 있던 눈 대신 빗방울이 투둑투둑 떨어지기 시작했다. 도시의 한길 위, 건물과 건물 사이에 내건 커다란 천 플래카드처럼, 숲속 빈터의 한쪽 끝에서 다른 쪽 끝으로 몇 배나 확대된 환영이 어렴풋이 공중에 펼쳐졌다. 그것은 하나의 놀라운 성모의 얼굴이었다. 그 얼굴은 울고 있고, 거센 비가 그것에 입을 맞추며 쏟아지고 있었다.

"가도 돼." 무당이 아가피야에게 말했다. "암소에게 주문을 다 외었으니까 이내 나을 거야. 성모님께 기도나 해. 그분이야말로 빛의 궁전이자 살아 있는 언어의 책이니까."

8

밀림의 서쪽 경계에서 전투가 끊이지 않고 있었다. 그러나 그 밀림은 너무 커서, 밀림의 눈으로 보면 전투는 아득히 먼 국경 지대에서 벌어지고 있는 것이나 마찬가지였다. 한편 그 밀림 속에 숨어 있는 숙영지에는 사람들이 너무 많아, 아무리 많은 사람들이 전투에 나가더라도 언제나 그보다 더 많은 사람들이 남아 있어서 결코 비는 일이 없었다.

먼 곳에서 들려오는 전투의 굉음도 숙영지의 밀림 속까지는 미치지 않았다. 갑자기 숲 속에서 몇 발의 총소리가 울렸다. 총소리는 바로 가까운 데서 차례차례 연거푸, 단번에 무질서한 속사(速射)로 바뀌었다. 총소리가 들리는 장소에 있다가 갑작스런 충격에 놀란 사람들이 혼비백산해 사방으로 달아났다. 숙영지에 지원예비군으로 편입되어 있던 사람들은 저마다 자신의 짐마차 쪽으로 뛰어갔다. 숙영지 안이 발칵 뒤집혔다. 모든 사람이 전투태세를 갖추기 시작했다.

그러나 소동은 이내 가라앉았다. 실제 위험한 상황은 아니었음이 드러났다. 사람들은 다시 총격이 일어났던 장소로 몰려가기 시작했다. 차츰 군중이 불어났다. 서 있는 사람들에게 새로 온 사람들이 다가갔다.

사람들은 피투성이가 되어 있는 인간 통나무를 에워싸고 있었다. 무참한 몰골의 그는 아직도 숨을 쉬고 있었다. 오른팔과 왼쪽 다리가 잘려 있었다. 남은 한쪽 팔, 한쪽 다리로 이 불행한 사람이 어떻게 숙영지까지 기어 올 수 있었는지는 아무도 몰랐다. 잘린 팔과 다리는 소름이 오싹 끼칠 만큼 무참한 피투성이 살덩어리가 되어, 장황한 글이 씌어 있는 판자와 함께 그의 등에 매어져 있었다. 그 판자에는 무지막지한 욕설과 함께, 이것은 이러저러한 적군 부대의 잔학행위에 대한 보복으로 취해진 조치라고 씌어 있었다. 그러나 그 부대는 숲의 빨치산과는 아무 관계도 없는 부대였다. 그 밖에도 거기에는 정해진 날짜까지 빨치산이 항복하고 비스인 군단에 무기를 인도하지 않으면 전원이 이와 똑같은 꼴을 당하게 될 거라고 덧붙여져 있었다.

팔과 다리를 잃은 수난자는 피를 흘리면서 금방이라도 끊어질 것 같은 가냘픈 목소리와 꼬부라지는 혀로, 가물거리는 의식 속에서, 비스인 장군이 지휘하는 후방군의 취조와 징벌부대에서 받은 학대와 고문에 대해 얘기했다. 그는 교수형을 선고받았으나 정상이 참작되어 팔다리를 잘렸으며, 빨치산에 겁을 줄 양으로 처참하기 짝이 없는 모습으로 숙영지에 돌려보내진 것이었다. 적은 숙영지의 첫 번째 경비 지점까지 그를 손으로 날라 온 뒤 땅바닥에 내려놓고 기어가라고 명령했다. 뒤에서 공포를 쏘며 그를 몰아댔다는 것이다.

희생자는 겨우 혀를 움직이고 있었다. 그가 하는 말을 알아듣기 위해 사람들은 허리를 낮게 구부리고 귀를 기울였다. 그가 말했다.

"조심들 하게, 형제들, 적은 자네들을 돌파했어."

"엄호부대를 보냈어. 저쪽에서 대격전이 벌어지고 있어. 자네들은 버틸 수 있을 거야."

"돌파, 돌파. 그는 기습을 노리고 있어. 난 알아. 아, 이제 글렀어, 형제들. 피를 너무 많이 흘렸어, 목구멍으로 피가 올라와. 이제 끝장이야."

"이봐, 가만히 누워서 좀 쉬게. 말은 그만하고. 여보게들, 말 시키지 마, 해로워."

"그놈 때문에 내 몸뚱이에 살아 있는 데가 하나도 없어. 흡혈귀 같은 놈, 개자식. 네놈이 뭘 하는 놈인지 말하지 않으면 네놈의 피로 낯짝을 씻어 주겠다고 말했어. 하지만 형제들, 내가 그야말로 진정한 도망병이라면 뭐라고 말하겠나. 그래, 난 그놈의 부대에서 이리로 도망쳐 오고 있었지."

"자네는 그놈, 그놈 하고 말하는데, 도대체 자네를 이 꼴로 만들어 놓은 놈이 누군가?"

"오, 형제들, 가슴이 답답해 죽겠어. 숨 좀 돌리게 해 주게. 바로 얘기할 테니. 카자크 두목 베케신. 시트레제 대령. 비스인의 부하들이야. 당신들은 숲 속에 있어서 아무것도 몰라. 도시는 온통 신음으로 가득 차 있어. 산 사람을 무쇠솥에서 삶고 있거든. 산 사람의 가죽을 벗겨 혁대를 만들고 있다고. 냅다 멱살을 움켜잡고 어딘지 모를 깜깜한 어둠 속으로 끌고 가는 거야. 주위를 더듬어 보면 우리 안이야, 화물차야. 한 우리 안에 속옷 바람의 인간을 마흔 명 넘게 처넣었어. 그렇게 해 놓고서는 뻔질나게 우리의 문을 열고 화물차 안으로 손을 집어넣는 거야. 그러고는 손에 잡히는 대로 밖으로 끌어내는 거지. 닭 모가지를 비트는 것과 똑같아. 거짓말이 아니야. 목을 매달기도 하고, 총 개머리로 치기도 하고, 심문도 해. 한 줄로 세워 놓고 채찍으로 때리고는 상처에 소금을 비벼 넣고 끓는 물을 끼얹어. 토하거나 아래로 싸거나 하면, 그것을 먹으라는 거야. 어린아이들과 여자들이 무슨 일을 당하고 있는지 알아? 오, 하느님!"

불행한 사내는 숨이 끊어져 가고 있었다. 그는 말을 끝맺지 못하고 갑자기 비명을 지르더니 숨을 토해 냈다. 사람들은 그가 죽은 것을 알고 모자를 벗고 성호를 그었다.

그날 저녁, 그 일보다도 더욱더 무서운 새로운 소식이 숙영지 전체에 퍼졌다.

팜필 팔르이흐도 죽어 가던 사람을 둘러싸고 있던 군중 속에 끼어 있었다. 그는 그 사내를 보았고 이야기를 들었으며 판자에 씌어 있는 협박 글귀도 전부 읽었다.

자기가 죽으면 가족의 운명이 어떻게 될까에 대한 끊임없는 공포가 그 순간 극에 달했다. 상상 속에서 그는 이미 서서히 고문당하는 가족의 모습을, 고통으로 일그러진 그들의 얼굴을 보고, 그들의 신음과 도움을 청하는 외침을 듣고 있었다. 그들을 이 미래의 괴로움에서 벗어나게 하고 자신의 고통도 줄이기 위해 그는 광란 상태에서 자기 손으로 그들을 해치워 버렸다. 두 딸과 끔찍이도 사랑했던 아들 플레누시카에게 목각 인형을 깎아주던, 바로 그 면도날처럼 날카로운 도끼로 아내와 세 자식을 참살한 것이다.

그 끔찍한 짓을 저지른 뒤 곧바로 그가 자살하지 않은 것은 놀라운 일이었다. 그는 무엇을 어떻게 할 심산이었을까? 그의 앞날에 무엇이 남아 있을 수 있을까? 어떤 계획, 어떤 의도가 있는 것일까? 그는 명백한 미치광이, 다시는 돌이킬 수 없는, 인생에 종지부를 찍은 존재였다.

리베리, 의사, 그리고 군(軍) 소비에트 위원들이 그를 어떻게 처리할 것인지를 두고 논의하는 동안 그는 고개를 툭 떨어뜨리고 숙영지 안을 자유롭게 서성거리고 있었다. 이마 너머로 치뜨고 있는 그 탁하고 누런 눈은 아무것도 보고 있지 않았다. 그의 얼굴에서는 어떤 힘으로도 제거할 수 없는 비인간적인 고뇌를 드러낸, 공허하고 초점이 흔들리는 미소가 떠나지 않고 있었다.

그를 동정하는 사람은 아무도 없었다. 모두가 그를 외면했다. 그에게 린치를 가하자는 목소리가 사방에서 일어났다. 그것은 지지를 얻지 못했다.

이제 이 세상에서 그가 할 일은 아무것도 없었다. 새벽녘에 그는 마치 광견병에 걸려 미친 개가 자기 자신으로부터 달아나듯이 숙영지에서 자취를 감췄다.

9

겨울에 들어선 지 이미 오래였다. 공기가 쨍 하고 갈라지는 듯한 혹한이 이어지고 있었다. 갈기갈기 찢어진 소리와 아무런 맥락도 없는 형태가 얼음 안개 속에 나타나 멈추며 움직였다가는 사라져 갔다. 지상에서 늘 보아 오던 것이 아닌, 뭔가 다른 것으로 바꿔치기한 듯한 태양이 새빨간 공이 되어 숲에 걸려 있었다. 그 태양에서 꿀처럼 짙은 호박색 광선이 꿈속이나 동화 속처럼 서서히 흘러나와 도중에 공중에서 굳어 나무에 얼어붙었다.

펠트 장화를 신어서 보이지 않는 발이 둥근 발바닥으로 겨우 지면에 닿아 한 발짝마다 뽀드득 뽀드득 눈을 깨우면서 사방으로 움직이고 있었다. 그리고 그것을 보충하려는 듯이 뾰족한 방한 두건을 쓰고 짧은 외투를 입은 모습이 마치 우주 공간을 돌고 있는 천체처럼 대기 속을 돌고 있었다.

아는 사람끼리는 걸음을 멈추고 이야기를 주고받았다. 그들은 수세미처럼 얼어붙은 구레나룻과 콧수염을 기른, 방금 목욕을 하고 나온 듯한 새빨간 얼굴을 서로 가까이 가져갔다. 그들의 입에서는 끈적끈적하고 짙은 증기의 둥근 소용돌이가 토해져 나오고 있다. 그 엄청난 양은 두 사람의 얼어붙은 듯 짤막짤막 이어지는 빈약한 말수와는 너무나도 어울리지 않았다.

오솔길에서 리베리는 의사와 딱 마주쳤다.

"아니, 선생 아니오? 이거 정말 오래간만이군요! 저녁에 내 방으로 오시오. 내 방에서 묵도록 해요. 옛날을 생각하면서 얘기나 좀 합시다. 알려 줄 것도 있고."

"특사가 돌아왔습니까? 바르이키노 소식이 있어요?"

"내 가족이나 당신 가족에 대한 건 없어요. 하지만 그 점에서 나는 정말 안도할 만한 결론을 내렸어요. 말하자면 늦지 않게 도망쳤다는 겁니다. 그렇지 않다면 그들에 대해 어떤 풍문이라도 있었겠지요. 어쨌든 나중에 만나서 천천히 얘기합시다. 그럼 기다리고 있겠소."

오두막으로 찾아간 의사는 똑같은 질문을 되풀이했다.

"내 가족에 대해서 무엇이든 알고 있는 것이 있으면 그것만 말해 주지 않겠소?"

"또다시 당신은 자기 코끝밖에 보려고 하지 않는군요. 우리의 가족은 안전한 곳에 무사히 있어요. 하지만 중요한 건 그게 아닙니다. 아주 멋진 뉴스예요. 살코기 좀 드시겠어요? 얼린 송아지 고기입니다."

"아니오, 됐어요. 다른 데로 새지 말고 얼른 말해 주시오. 얘기를 듣고 싶소."

"소용없어요. 나는 먹겠소. 숙영지에 괴혈병이 만연하고 있소. 사람들은 빵이 뭔지 채소가 뭔지 다 잊어버렸어요. 여자들이 이곳에 있었던 가을에 조직적으로 호두와 딸기를 모아 두어야 했는데. 그런데 지금 우리의 상황은 이보다 더 좋을 수가 없어요. 내가 늘 예상했던 일이 그대로 된 겁니다. 얼음이 움직이기 시작했고 콜차크군은 모든 전선에서 퇴각하고 있어요. 이건 완전히 자연의 힘에 의한 괴멸이라 할 수 있죠. 어때요? 내가 말한 의미를 아시겠어요? 그런데 당신은 줄곧 한탄만 하고 있었죠."

"내가 언제 한탄만 했다는 겁니까?"

"언제나 그랬죠. 특히 비스인이 우리를 포위했을 때."

의사는 최근에 지나간 가을을, 반란자들의 총살, 팔르이흐의 처자 살해, 언제 끝날는지 모르는 피비린내 나는 폭력과 살인을 생각했다. 백군과 적군의 만행은 누가 더 잔인한지 서로 겨루면서, 잔학이 잔학을 낳으며 기하급수적으로 붙어났다. 속이 메스꺼워지는 피 냄새가 목구멍까지 치밀어 오르고 머리로 치받치며 눈은 핏발이 선 채 부풀어 올라 있었다. 이것은 한탄하는 것과는 전혀 다른 그 무엇이다. 그렇지만 그것을 리베리에게 어떻게 설명할 수 있을까?

오두막 속에는 향긋한 숯 연기가 배어 있었다. 그것이 입천장에 스며들어 코와 목구멍을 간질였다. 오두막은 작은 쇠 삼발이 위에서 타고 있는 나무껍질 횃불 한 조각으로 희미하게 비치고 있었다. 하나가 다 타면 새빨간 끝부분이 밑에 있는 물이 담긴 대야 속에 떨어진다. 그러면 리베리는 새로운 횃불에 불을 붙여 쇠테 속에 꽂는다.

"무엇을 태우고 있는지 아시겠죠. 기름이 나와요. 장작은 너무 바짝 말라 있어요. 횃불은 금방 타 버리죠. 참, 숙영지의 괴혈병 문제 말입니다. 정말로 송아지 고기 먹지 않겠어요? 괴혈병 말인데요, 당신 생각은 어때요, 의사 선생? 참모들을 모아 상황을 설명하고, 괴혈병과 그 대책에 대해 한바탕 강의를 해야 하지 않겠어요?"

"제발 좀 귀찮게 하지 마시오. 우리 가족에 대해 뭐 정확히 알고 있는 건 없습니까?"

"아까도 말했지만 정확한 정보는 아무것도 없어요. 하지만 최근의 전황에 대해 군사보고서를 통해 알게 된 것을 아직 말하지 않았군요. 내전은 끝났어요. 콜차크는 완벽하게 분쇄되었지요. 적군(赤軍)이 철도 간선을 따라 동쪽으로 뒤쫓고 있어요, 바닷속에 처넣으려는 거지요. 적군 별동대는 우리와 합류하려고 서두르고 있어요. 후방에 분산되어 있는 다수의 적을 소탕하기 위해섭니다. 러시아 남부는 완전히 소탕되었어요. 어때요, 기쁘지 않아요? 그래도 부족합니까?"

"물론 기쁘고말고요. 그런데 우리 가족은 어디 있는 겁니까?"

"바르이키노에는 없어요. 그건 정말 행운이죠. 아니나 다를까, 여름에 카멘노드보르스키가 퍼뜨렸던 소문은 내가 생각했던 대로 사실무근이었어요. 무엇인지 알 수 없는 민족이 바르이키노를 습격했다던가 하는 어리석은 풍문을 기억하십니까? 하지만 바르이키노는 완전히 텅텅 비어 있었어요. 아무래도 거기서 무슨 일이 있었던 모양인데, 내 가족이나 당신 가족이나 그곳을 떠난 것은 아주 잘된 일이지요. 척후의 보고에 따르면, 많지 않은 잔류자들은 그렇게 생각하고 있는 모양이에요."

"그럼 유리아틴은? 거기는 어떻게 되었소? 거긴 어느 쪽 수중에 있어요?"

"역시 뭐가 뭔지 모를 이야기지만, 명백한 착오예요."

"그렇다면?"

"아직 백군이 있다는 거지요. 물론 당치도 않은 얘기지만, 결코 있을 수 없는 일이라고요. 그건 내가 지금 확실히 증명하겠어요."

리베리는 새로운 횃불을 꽂아 넣은 뒤 오래 써서 너덜해진 군용지도를 꺼내 필요한 구역이 겉으로 나오게 하고, 나머지는 안쪽으로 개켜 넣은 뒤 연필을 들고 지도 위에서 설명하기 시작했다.

"자, 보십시오. 이 전투지역 전체에서 백군은 격퇴되었습니다. 여기, 여기, 여기, 이 모든 범위에서. 잘 보세요."

"예."

"그러니까 백군은 유리아틴 방면에 있을 수가 없어요. 그렇지 않으면 보급로가 차단되어 독 안의 쥐가 되고 맙니다. 백군 장교가 아무리 무능하다 해도 그걸 모를 리가 없지요. 아니, 외투를 입었군요? 어딜 가시려고?"

"잠깐 실례하겠소. 금방 돌아오리다. 이곳은 마호르카*9 때문에 속이 좋지가 않아요. 바깥바람을 좀 쐬고 오겠소."

엄폐호에서 땅 위로 나온 의사는, 출구 옆에 걸상 대신 놓여 있는 굵은 통나무 위의 눈을 장갑으로 털어 냈다. 그 위에 앉아 허리를 구부리고 두 손으로 턱을 괸 의사는 생각에 잠겼다. 겨울의 밀림, 숲의 숙영지, 빨치산 속에서 지낸 8개월, 그것은 이제 그의 머릿속에 없었다. 다 잊어버렸다. 지금 그의 머릿속에 있는 것은 가족에 대한 생각뿐이었다. 그들의 신상에 대해 잇따라 무서운 추측이 꼬리에 꼬리를 물고 떠올랐다.

지금 토냐는 슈로치카를 안고 눈보라 속을 혼자 걸어가고 있다. 슈로치카는 담요에 싸여 있다. 그녀의 발은 눈 속에 깊이 빠져 있다. 있는 힘을 다해 발을 빼내려고 애쓰는 그녀를 눈보라가 휩쓸고 바람이 쓰러뜨린다. 쓰러졌다가 다시 일어나지만 힘이 빠질 대로 빠진 다리로는 제대로 서 있을 수가 없다. 오, 그런데 그는 지금까지 내내 잊고 있었다, 그녀에게는 아이가 둘이나 있다는 것을. 아랫놈한테는 아직도 젖을 물리고 있는 몸이다. 칠림카에서 보았던 견딜 수 없

*9 러시아, 폴란드 등에서 생산되는 조악한 담배.

는 긴장과 고통으로 이성을 잃은 그 여자 난민들처럼 그녀도 두 팔이 자유롭지 못하다.

그녀는 두 팔로 아이들을 안고 있고 주위에는 도와 줄 사람이 아무도 없다. 슈로치카의 아버지는 어디에 있는지도 모른다. 그는 먼 곳에 있다, 언제나 먼 곳에, 한평생 그들로부터 멀리 떨어진 곳에 있다. 이러고도 그는 진정한 아버지라고 할 수 있을까? 알렉산드르 알렉산드로비치는 어디에 있는 것인가? 뉴샤는 어디에 있고? 다른 사람들은? 오, 그런 물음은 차라리 자기 자신에게 던지지 않는 것이 낫다, 생각하지 않는 것이 낫다, 차라리 생각하지 말아야지.

의사는 엄폐호로 돌아갈 요량으로 통나무에서 일어섰다. 갑자기 그의 머릿속에 새로운 생각이 번득였다. 그는 리베리에게 돌아가려던 생각을 바꿨다.

스키, 건빵이 담긴 자루, 달아나는 데 필요한 것은 이미 오래전부터 준비되어 있었다. 그 물건들은 경계선 밖에 있는 커다란 전나무 밑에 파묻고, 정확을 기하기 위해 나무에 특별한 표시도 새겨 두었다. 그는 눈 더미 한복판에 다져진 오솔길을 따라 그쪽으로 갔다. 밝은 밤이었다. 보름달이 빛나고 있었다. 의사는 야간 경비 배치를 알고 있었으므로 무사히 그들을 피해 빠져나갈 수 있었다. 그러나 얼어붙은 마가나무 나무가 있는 풀밭 가까이 왔을 때, 멀리서 보초가 그를 불러 세우더니 맹렬한 속도로 스키를 지치면서 곧바로 그에게 미끄러져 왔다.

"서랏! 쏜다! 누구야? 똑바로 대!"

"무슨 일인가, 형제! 정신 나갔나? 아군이야. 몰라본 모양이군, 자네들의 의사인 지바고일세."

"실례했군요. 화내지 마시오, 지엘바크*10 동무. 몰랐소. 하지만 설령 지엘바크라고 할지라도 여기서부터는 더 나아갈 수 없소. 규칙대로 어김없이 해야 하니까."

"그런가, 미안하네. 암호는 '붉은 시베리아'이고, 응답은 '간섭군 타도'일세."

"그렇다면 이야기는 달라지지. 가고 싶은 데로 가시우. 그런데 무엇 때문에 밤중에 서성거리고 있는 거요? 환자라도 생겼나?"

"잠은 오지 않고 목이 마르고 해서 눈이라도 좀 집어먹어 볼까 하고 생각했

---

*10 빨치산 사이에서 통용되는 지바고의 별명으로 '혹', '부스럼'이란 뜻의 러시아어.

지. 보니까 마가나무 열매가 얼어붙어 있기에 조금 따 먹어 보려고 그러네."

"겨울에 나무열매라, 그게 바로 상류층 사람들의 바보 같은 생각이지. 3년 동안 때려 댔어도 여전히 낫지 않는 일종의 병이야, 병. 도무지 의식이라는 것이 없어. 마가나무가건 뭐건 마음대로 드시우, 이상한 양반일세. 내가 알 게 뭐야!"

보초는 속도를 더욱 올려 전속력으로 질주하며, 곤추선 자세로 바람을 가르는 소리를 내면서 처녀설 위로 끝없이 미끄러져 내려갔다. 그리하여 이윽고 듬성듬성해진 머리털처럼 성긴, 벌거벗은 겨울의 덤불 뒤로 사라졌다. 의사가 걷고 있던 오솔길은 방금 얘기했던 마가나무 나무로 그를 이끌었다.

마가나무 나무는 반은 눈에 덮이고 반은 얼어붙은 잎과 열매를 매단 채, 눈을 잔뜩 이고 있는 가지 두 개를 의사 쪽으로 내밀고 있었다. 그는 라라의 크고 흰 팔, 둥그스름하고 풍만한 팔을 떠올리며, 가지를 붙잡아 자기 쪽으로 끌어당겼다. 마가나무는 마치 의식적으로 응답하듯이 그의 머리에서 발끝까지 온몸에 눈을 뿌렸다. 그는 자기가 무슨 말을 하고 있는지도 모르면서 무심하게 중얼거렸다.

"너를 꼭 찾으리라, 그림에서 빠져나온 듯한 나의 미녀, 나의 왕비여, 그리운 피를 나눈 혈육이여."

휘황하게 밝은 밤이었다. 달빛이 환히 비치고 있었다. 그는 다시 밀림 속 비밀의 전나무가 있는 곳까지 깊이 헤치고 들어가 묻어 두었던 물건을 파내어 숙영지를 떠났다.

제13장
여인상 있는 집 맞은편

1

쿠페체스카야 거리는 말라야 스파스카야 거리와 노보스발로치느이 골목길을 향해 조그만 언덕길을 구불구불 내려간다. 그 거리에서는 도시의 한결 높은 지대의 집과 교회가 올려다 보인다.

한길 모퉁이에 여인상의 기둥으로 꾸며진 짙은 잿빛 집이 서 있다. 그 건물의 비스듬히 경사진 토대를 이루고 있는 거대한 장방형 돌은 새롭게 붙인 정부의 신문과 포고, 결의문 등으로 거무스름하게 뒤덮여 있었다. 통행인들이 몇 사람씩 모여 오랫동안 서서 묵묵히 게시물을 읽곤 했다.

최근에 녹은 눈도 말라 버린 건조한 날씨였다. 기온이 내려가 추위가 현저하게 심해졌다. 얼마 전까지만 해도 벌써 어두컴컴해졌을 시간인데도 주위는 아직 낮처럼 밝았다. 겨울이 지나간 것은 이즈막의 일이었다. 그 뒤의 빈 장소를 채우고 있었던 밝은 빛은 저녁이 되어도 떠나가지 않고 우물거리고 있었다. 그 밝은 빛은 마음을 들뜨게 해 먼 곳으로 이끌고 가서는, 놀라게 하고 긴장시키고 있었다.

백군이 적군에게 도시를 넘겨주고 떠난 것도 이즈막의 일이었다. 총격과 유혈, 전쟁의 불안은 끝이 났다. 겨울이 지나가고 봄이 깊어진 것과 마찬가지로, 그 일도 사람들을 놀라게 하고 긴장시켰다.

길어진 낮의 빛 속에서 통행인들이 읽고 있던 게시물에는 다음과 같이 적혀 있었다.

'주민에게 알림. 유자격자들을 위한 노동수첩을 한 권에 50루블에 배부함. 접수는 유리아틴 소비에트, 전(前) 게네라르 그베르나트르스카야, 현(現) 오크차브리스카야 거리, 5, 137호실.

노동수첩을 소지하지 않거나 부정하게 소지한 자, 특히 허위등록한 자는 전시하의 모든 엄정한 조치에 따라 엄벌함. 노동수첩의 이용에 대한 상세한 설명은 유리아틴 시 집행위원회 공보 금년 제86호(통산 1013호)에 공표되어 유리아틴 소비에트 식량부 137호실에 게시됨.'

다른 고시에서는, 시중에 있는 식량 비축은 충분하지만, 그것을 부르주아가 은닉해 식량 배급을 방해하고 식량 사정을 혼란에 빠뜨리고 있다고 씌어 있었다. 이 고시는 다음과 같은 말로 끝맺어져 있었다.

'식량을 저장 또는 은닉한 죄상이 드러난 사람은 즉각 총살함.'

세 번째 고시는 이렇게 되어 있었다.

'식량문제의 올바른 해결을 위해 착취계급에 속하지 않은 사람들은 소비조합 코뮌에 가입할 것. 자세한 것은 유리아틴 식량부, 전 게네라르 그베르나트르스카야, 현 오크차브리스카야 거리, 5, 137호실에 문의.'

군인들에 대해서는 다음과 같은 경고가 나와 있었다.

'무기를 인도하지 않은 자, 또는 신규 허가증을 교부받지 않고 무기를 휴대하고 있는 자는 법에 좇아 엄정하게 재판에 회부함. 허가증 갱신은 오크차브리스카야, 6, 63호실, 유리아틴 혁명위원회에서.'

2

게시물을 읽고 있던 한 무리의 사람들에게 초췌한 몰골의 한 사내가 다가갔다. 오랫동안 씻지 않아 꾀죄죄한 얼굴에, 배낭을 어깨에 걸치고 지팡이를 들고 있는 거친 모습이었다. 자랄 대로 자란 머리에는 아직 새치는 보이지 않지만, 제멋대로 자란 거무스름한 갈색 구레나룻에는 흰색이 섞여 있었다. 그는 의사 유리 안드레예비치 지바고였다. 모피 외투는 아마도 도중에 강탈당했거나 아니면 식량과 교환했으리라. 그 대신 몸에 맞지 않는 반소매 헌옷을 춥게 걸치고, 어깨에 멘 배낭에는 마지막으로 지나왔던 교외의 한 마을에서 동냥한 먹다 남은 빵 한 조각과 라드 한 조각이 들어 있을 뿐이었다. 그는 약 한 시간 전에 철도 쪽에서 시내로 들어왔는데, 시의 관문에서 이 네거리까지 오는 데 꼬박 한 시간이나 걸렸다. 며칠 내내 걸어오느라 완전히 지치고 쇠약해져 있었던 것이다. 그는 자주 걸음을 멈췄는데, 그럴 때마다 땅바닥에 엎드려 이 도시의 포석에 입을 맞추고 싶은 충동을 가까스로 참았다. 이렇게 다시 볼 수 있으리라고는 생각지도 못했던 도시인만큼, 마치 살아 있는 사람을 만나기라도 한 것처럼 이 도시의 모습에 기쁨을 느꼈다.

그는 이 기나긴 도보 여행 동안 거의 절반을 철도 선로를 따라 걸어왔다. 철도는 어디나 방치되어 있어서 제 기능을 잃고, 모든 것이 눈에 묻혀 있었다. 그가 지나온 길 옆에는 백군의 객차와 화차를 연결한 편성열차가 통째로 눈 더미에 가로막히거나, 콜차크군의 총퇴각으로 내버려지거나, 연료가 떨어져서 오도 가도 못하고 서 있었다. 이렇게 가다가 서서 눈 속에 묻혀 버린 열차가 거의 빈틈없이, 리본처럼, 몇십 베르스타나 이어져 있었다. 그것은 철도를 따라 노략질을 하고 다니던 무장 도둑 떼의 요새가 되고, 형사범들과 정치적 도망자, 그리고 이 시기에 어쩔 수 없이 방랑자 신세가 된 자들의 은신처가 되었다. 그러나 그것은 무엇보다도, 철로를 따라 맹위를 떨치며 부근의 마을들을 전멸시킨 발진티푸스와 혹한에 희생된 사람들의 공동묘지와 납골당이 되어 있었다.

'인간은 모두 늑대'라는 옛 속담을 실증한 시대였다. 나그네는 나그네를 보면 방향을 바꾸고, 우연히 마주치면 자기가 죽임을 당하지 않기 위해 상대를 죽였다. 드물긴 해도 인육을 먹는 일도 있었다. 야수의 법칙이 세상을 지배했다. 인간은 유사 이전 혈거시대(穴居時代)의 꿈을 꾸고 있었다.

이따금 길 양쪽을 숨죽이며 걷다가 두려운 듯이 오솔길을 먼저 빠져나가는 고독한 사람들, 유리 안드레예비치는 될 수 있으면 그들을 피해 돌아갔지만, 그에게는 낯익은, 어디선가 만난 적이 있는 사람들처럼 생각되었다. 그에게는 그들 모두가 빨치산 숙영지에서 도망쳐 나온 사람들 같았다. 대부분은 잘못 안 것이었는데, 딱 한 번 들어맞은 적이 있었다. 국제 침대열차의 차체를 완전히 뒤덮은 눈 더미에서 한 소년이 기어 나와 용변을 보고는 이내 다시 눈 더미 속으로 돌아갔는데, 그는 분명히 숲의 형제 가운데 한 사람이었다가 총살을 당해 죽은 줄 알았던 테렌티 갈루진이었다. 그는 총알이 급소를 빗나가 오랫동안 정신을 잃고 쓰러져 있다가, 의식이 돌아오자 처형장에서 기어 나가 잠시 숲 속에 몸을 숨기고 상처가 낫기를 기다렸다. 그런 뒤 가명을 쓰면서, 눈에 묻힌 열차의 사람들로부터 몰래 몸을 숨기며 고향인 크레스토보즈드비젠스크로 가는 길이었다.

이러한 정경은, 무엇인지 이 세상의 일이 아닌 것 같은 초월적인 인상을 가져다 주었다. 어딘가 미지의 다른 행성에서 실수로 지상에 내려온 신비로운 존재의 한 조각인 것 같았다. 오로지 자연만이 역사에 충실하게 남아, 근대의 화가

들이 그린 것과 똑같은 광경을 눈앞에 펼쳐 주고 있었다.

따뜻하고 밝은 잿빛과 짙은 장밋빛으로 물든 조용한 저녁이었다. 밝은 저녁놀을 배경으로 가느다란 자작나무의 검은 우듬지가 고대문자처럼 뚜렷하게 떠올랐다. 잿빛 운무 같은 엷은 얼음 밑으로 검은 개울이 흐르고, 그 양쪽에 산처럼 쌓인 흰 눈도 아래쪽은 그 검은 개울물에 젖어 있었다. 그리고 버들개지 솜털처럼 부드러운 저녁이 차갑고 투명한 잿빛으로, 어루만지듯이, 한 시간 뒤면 유리아틴의 여인상이 있는 집에 찾아오려 하고 있었다.

의사는 관보를 읽기 위해 집의 돌벽에 걸려 있는 중앙 출판국의 게시판에 다가갔다. 그러나 그의 시선은 반대쪽, 맞은편 건물 2층의 몇몇 창문으로 자꾸만 벗어났다. 한길 쪽으로 난 그 창문은 전에는 하얗게 회칠이 되어 있었다. 창문 안의 두 방에는 집주인의 세간이 가득 차 있었다. 추위가 창문턱 아래를 엷은 얼음막으로 뒤덮고 있을 뿐, 지금은 회칠이 벗겨져 버려서 창문이 투명하게 보였다. 이 변화는 무엇을 뜻하는 것일까? 집주인이 돌아온 것일까? 그렇지 않으면 라라는 이곳을 떠나고 새로운 사람들이 들어와 그곳이 모두 바뀐 것일까?

그 미지(未知)가 의사를 동요시켰다. 그는 어찌할 바를 몰라 자신을 억제할 수가 없었다. 한길을 가로질러 정면의 차도에서 현관으로 들어간 그는 미칠 듯이 그리워했던 낯익은 정면 계단을 올라갔다. 숲의 숙영지에 있었을 때 그는 얼마나 자주 이 주철제 계단의 격자무늬를, 마지막의 소용돌이무늬까지 생각해 내곤 했던가. 계단 모퉁이에서 발밑의 격자무늬 너머로 아래를 내려다보자, 계단 밑에 어지러이 쌓여 있는 낡은 물통과 함지, 부서진 의자가 눈에 들어왔다. 지금도 그 모퉁이는 그대로였다. 아무것도 변하지 않고 모든 것이 옛날 그대로였다. 의사는 모든 것이 과거 그대로 간직되어 있는 계단에 거의 감사하고 싶은 심정이었다.

전에는 문에 초인종이 있었다. 그러나 의사가 숲의 빨치산에게 납치되기 전에 이미 부서져 버려서 소리가 나지 않았다. 문을 노크하려고 했으나, 전과는 달리 문에 무거운 자물통이 채워져 있었다. 자물통을 매단 고리는, 군데군데 떨어져 있기는 했지만 훌륭한 장식이 붙어 있는 예스러운 떡갈나무 외장에 아무렇게나 박혀 있었다. 전 같았으면 이런 야만스러운 짓거리는 허용되지 않았을 것이다. 문 속에 파서 박은 잘 잠기는 자물통을 쓰고, 그것이 부서지면 곧 자물통장이가 와서 고치곤 했다. 하찮은 일이었지만, 이것 또한 그가 없는 사이에 전반적인 형편이 더욱더 나빠졌음을 말해 주는 것이었다.

라라와 카테니카는 집에 없는 게 틀림없다. 어쩌면 유리아틴에도 없을지 모르고, 또 어쩌면 이 세상에마저 없을지도 몰랐다. 그는 아무리 끔찍한 사태에도 절망하지 않을 마음의 준비를 했다. 다만 나중에 마음에 남는 일이 없도록, 전에 그와 카테니카가 그토록 두려워했던 벽의 구멍을 더듬어 보기로 마음먹었다. 그는 갑자기 쥐가 손에 닿는 일이 없도록 먼저 벽을 발로 한 번 찼다. 그러나 그 구멍에서 무언가를 찾을 수 있을 것이라는 기대는 전혀 하지 않았다. 구멍은 벽돌로 막혀 있었다. 유리 안드레예비치는 벽돌을 꺼내고 손을 집어넣었다. 오, 이 무슨 기적인가! 열쇠와 편지가 들어 있는 것이 아닌가! 편지는 커다란 종이에 꽤 길게 씌어 있었다. 의사는 계단 층계참의 창문으로 다가갔다. 더 큰 기적, 더욱 있을 수 없는 일이었다! 편지는 그에게 쓴 것이었다! 그는 단숨에 읽어 내려갔다.

'오, 얼마나 행복한지 몰라요! 당신이 살아 있는 모습을 보았다는 거예요. 도시 근교에서 당신을 본 사람이 나한테 달려와서 알려 주었어요. 먼저 바르이키노에 들르시리라 생각해, 나도 카테니카를 데리고 그리로 당신을 맞으러 갑니다. 만일을 위해 열쇠를 그때 그 장소에 숨겨 둡니다. 내가 돌아올 때까지 어디에도 가지 말고 기다리고 계세요. 아 참, 당신은 모르시지만, 난 지금은 집의 앞부분에 살고 있어요, 한길 쪽으로 난 두 개의 방에서요. 그래도 당신은 이내 짐작하실 거예요. 집 안은 넓어진 데다 어질러져 있어요. 주인의 세간을 일부 팔지 않을 수 없었어요. 먹을 것을 조금 남겨 둡니다. 주로 삶은 감자이지만, 쥐가 손대지 못하도록 내가 해 놓은 것처럼 냄비 뚜껑 위에 다리미나 뭔가 무거운 것을 올려 놓으세요. 기뻐서 죽을 것 같아요.'

거기서 편지 앞쪽은 끝나 있었다. 의사는 뒤쪽에도 편지가 빽빽이 씌어 있는 것을 알아채지 못했다. 손바닥에 펼쳐진 종이를 입술로 가져간 다음 잘 보지도 않고 종이를 접어 열쇠와 함께 주머니에 집어넣었다. 그의 미칠 듯한 기쁨에 찌르는 듯한 고통의 감정이 섞여 들었다. 그녀가 아무런 망설임도, 한 마디의 설명도 없이 바르이키노에 간다고 말한 것은, 그의 가족이 거기에 없다는 것을 뜻하지 않는가. 그 사실이 일깨운 불안뿐만 아니라, 가족을 생각하니 더욱 견딜 수 없는 아픔과 슬픔을 느꼈다. 어째서 그녀는 가족들에 대해, 그들이 어디에 있는지에 대해, 마치 그들이 전혀 존재하지 않았던 것처럼 한 마디도 하지 않은 것일까.

그러나 이것저것 생각하고 있을 시간이 없었다. 한길은 어스름이 깔리고 있었다. 어두워지기 전에 해야 할 일이 많았다. 무엇보다 한길에 게시되어 있는 포고를 읽어 두어야 했다. 마음을 놓을 수 없는 시절이었다. 법적 구속력을 가진 어떤 결정을 몰라서 위반하면 목숨을 잃을 수도 있다. 그는 문의 자물쇠도 열지 않고 지친 어깨에서 배낭을 내려놓지도 않은 채 한길로 내려가, 온갖 인쇄물이 잔뜩 붙어 있는 벽으로 다가갔다.

3

그 인쇄물은 신문기사, 회의 의사록, 회의에서의 연설, 포고 등이었다. 유리 안드레예비치는 제목을 죽 훑어 나갔다. '유산계급의 징발과 과세 제도에 대하여. 노동자에 의한 관리에 대하여. 공장위원회에 대하여'. 이것은 여기서 시행되던 선행 제도를 대신하여, 도시에 들어온 새로운 권력의 명령이었다. 이 명령은 자신들 원칙의 무조건성에 대해, 백군이 지배하던 시기에 주민들이 잊어버렸을까 봐 새롭게 상기시키려는 것이었다. 그러나 유리 안드레예비치는 끝없이 이어지는 그 천편일률적인 되풀이에 현기증이 났다. 이러한 제목은 도대체 어느 해의 것이었을까? 제1혁명 때였나, 아니면 그 다음 시기였나, 그 사이에 백군이 몇 번인가 저항을 시도한 뒤의 일인가? 도대체 무슨 내용이지? 작년? 아니면 재작년? 그는 평생에 딱 한 번, 이 한 발짝도 양보하지 않는 말과 직설적인 이 사상의 절대성에 환희를 느낀 적이 있었다. 그렇지만 신중하지 않게 딱 한 번 환희를 느낀 죄로, 이제 앞으로는 절대로 몇 년이고 몇십 년이고 바뀌지 않은 채, 날이 가면 갈수록 생활과 더욱 동떨어지고 더욱 이해할 수 없고 더욱 실현 불가능해지는 이 미치광이 같은 절규와 요구 외에는 인생에서 아무것도 볼 수 없는 벌을 받아야만 하는 것인가? 너무나도 민감했던 그 공명의 한순간 때문에 영원히 자신을 노예로 만들어 버린 것인가?

어디선가 보고서 조각이 그의 손에 들어왔다. 그는 그것을 읽어 보았다.

'기아에 대한 정보는 지방 조직의 믿을 수 없는 태만을 보여 주고 있다. 불법 행위 사실들은 명백하고 암거래가 공공연히 이루어지고 있지만, 현지 노동조합 단체 지도부는 무엇을 했는가, 시와 지방공장위원회는 무엇을 했는가? 유리아틴 화물역 창고, 유리아틴—라즈빌리에, 및 라즈빌리에—르이발카 지구에서 일제 수색을 실시하고, 그 자리에서 투기꾼을 총살하는 등의 준엄한 테러 수단을 취하지 않는 한 굶주림에서 벗어나지 못할 것이다.'

'얼마나 부러운 맹목인가!' 의사는 생각했다. '자연에서는 곡물 따위가 자취를 감춘 지 이미 오래 되었는데, 이제 와서 무슨 놈의 곡물 이야기를 하고 있는 거람? 무슨 유산계급에 무슨 투기꾼? 그것도 오래전에 근절되고 없을 텐데? 자신들이 지시하고 조치해 이미 생활에서 철저하게 파괴되고 하나도 남지 않은 지 오래거늘, 이 무슨 망각인가? 오래전에 현실성을 잃어버린 빈껍데기나 다름없는 테마를 해마다 식지 않는 정열로 잠꼬대처럼 늘어놓으며, 주위의 현실은 전혀 알려고도 돌아보려고도 하지 않으니 도대체 어떻게 되어 먹은 인간들인가.'

의사는 머리가 어찔해졌다. 그는 의식을 잃고 길바닥에 쓰러졌다. 정신을 차리자 사람들이 그를 부축하면서 가는 곳까지 데려다 주겠다고 했다. 그는 사람들에게 고맙다고 인사하고, 길 바로 맞은편이라고 설명하며 도움을 거절했다.

4

그는 다시 2층으로 올라가 라라가 거주하는 집의 문을 열쇠로 열기 시작했다. 계단 층계참은 아직도 완전히 밝았고, 아까 왔을 때에 비해 조금도 어두워지지 않았다. 해가 길어진 것을 알자 그는 무척 기쁘고 감사하는 마음이 들었다.

문 여는 소리에 방 안에서 대소동이 일어났다. 아무도 없는 방은 생철 깡통이 넘어지면서 서로 부딪치는 요란한 소리로 그를 맞이했다. 큰 쥐들은 일제히 마룻바닥에 뛰어내려 사방으로 달아났다. 아마도 이곳에서 엄청 많이 번식했을 이 불쾌한 생물에 대해 의사는 무력감을 느끼며 욕지기가 났다.

여기서 하룻밤을 지내자면 무엇보다 먼저 쥐 떼의 습격을 막아야 했다. 어딘가 따로 격리되어 있고 문이 잘 잠기는 방으로 피신한 뒤, 깨진 유리와 생철 조각으로 쥐구멍을 모두 막아야겠다고 마음먹었다.

그는 현관방에서 왼쪽으로 돌아, 이 집에서 아직 낯선 구역에 들어갔다. 통로를 대신하는 어두운 방을 지나서, 한길 쪽으로 창문이 두 개 나 있는 밝은 방으로 들어갔다. 창문 바로 맞은편에 한길을 사이에 두고 여인상이 있는 집이 어두컴컴하게 보였다. 그 집의 벽 아래쪽에는 신문이 군데군데 붙어 있었다. 지나가던 사람들이 이쪽 창문에 등을 돌리고 서서 신문을 읽고 있었다.

방 안에도 바깥과 마찬가지로 초봄 저녁의 싱그럽고 산뜻한 빛이 비치고 있었다. 방 안팎의 빛이 똑같이 밝아서, 마치 방과 바깥을 구분하는 벽이 전혀 없는 것 같았다. 딱 하나 작은 차이가 있었다. 유리 안드레예비치가 서 있는 라라의 침실은 바깥의 쿠페체스카야 거리와 비교해 조금 싸늘한 편이었다.

유리 안드레예비치가 한두 시간 전에 가까스로 시내에 접근해 그 마지막 노정을 걷고 있었을 때 갑자기 심하게 체력이 떨어짐을 느꼈는데, 그때는 이러다 병이 나는 게 아닐까 두려웠다.

그런데 지금 방 안과 바깥의 빛이 똑같다는 사실이 그를 아무 까닭도 없이 기쁘게 했다. 싸늘한 대기의 기둥은 방 안팎이 똑같아서, 그것이 그를, 황혼의 한길을 지나가는 사람들과 도시의 분위기, 그리고 이 세상의 삶과 따뜻하게 맺어 주는 것이었다. 그의 두려움은 씻은 듯이 사라지고 없었다. 병의 예감 같은 것은 이제 머리에 없었다. 곳곳에서 스며들고 있는 봄날 저녁의 투명한 빛이 그에게 희망이 가득한 앞날을 약속해 주는 것 같았다. 모든 것이 좋아지고, 그도 인생에서 모든 것을 손에 넣을 수 있으며, 모든 사람을 찾아내어 화해시키고, 모든 것을 생각하고 표현할 수 있을 거라는 믿음이 생겼다. 그리고 바로 그 증명으로서 라라와의 기쁜 재회를 기다리고 있었다.

조금 전까지 느꼈던 체력의 소모감은 어디론지 자취를 감춰 버리고, 광적인 흥분과 억제할 수 없는 조급함이 그것을 대신했다. 이 예사롭지 않은 활기는 조금 전까지의 소모보다 훨씬 더 확실한 발병 조짐이었다. 유리 안드레예비치는 가만히 앉아 있을 수가 없었다. 다시 한길로 뛰쳐나가고 싶었다. 그것은 이런 이유에서였다.

이곳에 눌러앉기 전에 그는 머리를 자르고 수염을 깎아 두고 싶었다. 그럴 생각으로 그는 시내를 지나오면서 예전의 이발소 유리창을 이미 들여다보았다. 그 건물의 일부는 빈집이거나 다른 용도로 쓰이고 있었다. 여전히 이발소를 하고 있는 가게는 자물쇠가 채워져 있었다. 이발이나 면도를 할 수 있는 곳은 아무 데도 없었다. 유리 안드레예비치에게는 면도기가 없었다. 만일 라라한테 가위라도 있다면 아쉬운 대로 수염이라도 깎을 수 있으리라. 그래서 라라의 화장대를 부라부라 뒤져 보았지만 가위는 나오지 않았다.

그는 전에, 말라야 스파스카야 거리에 봉제공장이 있었던 것이 생각났다. 그 가게가 만일 아직도 그곳에서 영업을 하고 있다면, 그리고 가게가 문을 닫기 전에 그리로 갈 수 있다면, 그곳 재봉사한테 부탁해서 가위를 빌릴 수 있지 않을까 하는 생각이 들었다. 그는 다시 한길로 뛰어나갔다.

5

기억이 틀리지는 않았다. 봉제공장은 원래의 장소에 그대로 있었고, 일도 계속하고 있었다. 그곳의 봉제공장은 반지하가 아니라 보도와 똑같은 높이에서 거리를 향해 전면 진열장이 나 있었다. 창문으로 들여다보니 작업장 맞은편 벽까지 보였다. 재봉사들이 일하고 있는 모습이 길 가던 사람들에게도 보였다.

실내는 비좁아 보였다. 진짜 재봉사 이외에 분명히 취미로 하는 재봉애호가, 그러니까 유리아틴의 나이 많은 상류층 부인들도, 여인상이 있는 집 벽에 게시되어 있는 포고대로 노동수첩을 교부받기 위해 이곳에 와서 일하고 있는 것이리라.

민첩한 진짜 재봉사들과 비교하면 그녀들의 동작은 금방 구별되었다. 가게에서 만들고 있는 것은 군용 피복뿐이었다. 솜바지와 솜점퍼, 재킷, 그리고 빨치산 숙영지에서 유리 안드레예비치가 이미 본 적 있는, 털색이 다양한 개가죽을 광대풍으로 조각조각 이어 붙인 모피외투였다. 재봉애호가인 부인들은 서투른 손놀림으로 접어 넣은 옷단을 재봉틀 바늘 밑에 밀어넣고, 거의 모피 가공이라고 할 수 있는, 손에 익지 않은 일을 해내느라 애를 먹고 있었다.

유리 안드레예비치는 창문을 노크하고 문을 열어달라고 손짓을 했다. 개인 주문은 받지 않는다고 저쪽에서도 똑같은 손짓으로 대답했다. 유리 안드레예비치는 포기하지 않고 똑같은 몸짓을 되풀이하면서, 가게 안에 들어가서 이야기를 하게 해 달라고 졸랐다. 상대방은 고개를 저으며, 급한 일을 하고 있으니 방해하지 말고 냉큼 가라고 대답한다. 한 재봉사가 의아해 하는 얼굴로 부아가 난 듯이 손바닥을 배 모양으로 모아 앞으로 내밀며, 도대체 무슨 볼일이냐고 눈으로 물었다. 그는 집게손가락과 가운뎃손가락으로 수염을 자르는 시늉을 했다. 이 몸짓은 상대방에게 통하지 않았다. 누군지, 돼먹지 못한 놈이 그들을 희롱하며 즐기고 있다고 생각한 모양이었다. 남루한 옷차림과 기묘한 행동 때문에 그는 환자나 미치광이 같은 인상을 주었다. 가게 안에서 킥킥거리고 웃으면서 손짓으로 그를 창가에서 쫓아 버리려고 했다. 마침내 그는 건물 안마당으로 통하는 길에 생각이 미쳤고 이내 그것을 찾았다. 작업장으로 통하는 문을 찾아내자, 뒤곁에서 문을 두세 번 노크했다.

6

문을 열어 준 사람은 검은 원피스를 입고 얼굴이 가무잡잡하며 용모가 단정한 중년으로, 아마도 이 가게의 주인인 성싶었다.

"정말 끈질긴 사람이로군! 정말 악착같아. 그래, 무슨 일인지 빨리 말해요, 바쁘니까."

"놀라지 마시고, 저는 가위가 필요합니다. 잠깐만 빌려 주십시오. 당신이 있는 자리에서 수염만 깎고 바로 돌려 드리겠어요."

재봉사의 눈에 수상쩍어 하며 놀라는 기색이 나타났다. 틀림없이 좀 모자라는 사람일 거라고 생각한 모양이었다.

"나는 먼 데서 왔습니다. 이제 막 이 도시에 도착했는데, 이렇게 수염이 덥수룩하게 자라서요. 깎았으면 싶습니다. 그런데 이발소가 한 군데도 없군요. 나 혼자서 깎을까 생각했지만 가위가 있어야죠. 좀 빌려 주시지 않겠습니까?"

"알았어요. 그럼 내가 깎아 드리죠. 그런데 잘 알아 두세요. 만일 당신에게 뭔가 달리 꿍꿍이속이 있어서 변장을 할 양으로 외모를 바꾸려 하는 것이거나, 또 무슨 정치적인 수작을 하는 날에는 가만두지 않겠어요. 당신 같은 사람 때문에 목숨을 잃을 수는 없으니까, 기분 나빠하지는 마세요. 지금은 워낙 시절이 그렇잖아요."

"별말씀을, 그런 걱정은 하지 않으셔도 됩니다!"

재봉사는 의사를 안으로 들이고 헛간 정도 넓이의 옆방으로 안내했다. 잠시 뒤 그는 이발소에서처럼 목둘레에 커다란 타월을 단단히 두르고 의자에 앉아 있었다.

재봉사는 이발용 도구를 가지러 나갔다가 이내 가위와 빗, 크기가 다른 몇 종류의 바리캉, 가죽띠와 면도칼을 가지고 돌아왔다.

"안 해본 일이 없어요." 이발 도구가 전부 갖춰져 있는 것에 의사가 놀라는 것을 보고 그녀가 설명했다. "이발사 노릇도 했어요. 요 앞의 전쟁에서는 간호사가 되어 이발과 면도를 배웠지요. 먼저 가위로 수염을 자르고 나서 깨끗하게 면도를 합시다."

"머리는 조금 짧게 깎아 주시면 좋겠소."

"해 보지요. 아무리 무지한 시늉을 해도 당신이 인텔리라는 건 금방 알 수 있어요. 요새는 날짜를 일주일 단위가 아니라 열흘 단위로 세고 있어요. 오늘은 17일이고 7일은 이발소가 쉬는 날이죠. 당신은 그걸 모르는 것 같군요."

"전혀 몰랐소. 어째서 내가 가장하고 있다고 생각합니까? 내가 말했잖아요. 먼 데서 왔다고. 이곳 사람이 아닙니다."

"가만히 있어요, 움직이지 말고. 다치겠어요. 그렇다면 외지에서 왔나요? 무엇을 타고 왔죠?"

"두 발로요."

"가도를 걸어서 왔단 말인가요?"

"가도를 걷기도 하고 철도 선로를 따라 걷기도 했지요. 열차가 눈 속에 파묻혀 어디에나 뒹굴고 있었소! 일등열차든 특급열차든 온갖 종류의 것이 말입니다."

"자, 이제 여기가 조금 남았어요. 여기만 깎으면 준비가 다 된 거예요. 가족 일 때문인가요?"

"가족의 일이라니요! 이전의 신용조합 일 때문입니다. 순회 검사관이죠. 회계감사차 출장을 나갔는데, 말도 안 되는 곳으로 갔다가 동(東)시베리아에서 발이 묶이고 말았어요. 돌아오려고 해도 돌아올 수가 있어야죠. 기차가 어디 있습니까. 어쩔 수가 없어서 걸었죠. 한 달 반 걸렸어요. 죽을 고생을 했지요. 도중에 목격한 일은 죽을 때까지 말할 수 없을 겁니다."

"그런 이야기는 하지 않는 것이 좋아요. 현명한 방법을 가르쳐 드려야겠군요. 그건 그렇고, 자, 거울 여기 있어요. 타월 밑으로 손을 내밀어 받으세요. 들여다보세요. 그래, 어때요?"

"조금 더 쳐 주었으면 좋았을 걸 그랬습니다. 조금 더 짧게 말입니다."

"너무 짧게 치면 머리카락이 일어서 버려요. 아무튼 아무 말도 하지 않는 것이 좋아요. 요즘은 무슨 일이든 입을 다물고 있는 것이 상책이에요. 신용조합이니, 일등열차가 눈을 뒤집어쓰고 있었다느니, 검사관, 회계감사원, 그런 말은 아예 잊어버리세요. 그런 말을 했다가는 무슨 봉변을 당할지 몰라요! 그런 건 이제 통하지 않는 시절이라니까요. 차라리 의사나 교사라고 거짓말하는 편이 나아요. 자, 이제 수염을 대충 잘랐으니까 이번에는 면도로 깨끗이 밉시다. 비누칠을 한 다음 싹싹 밀면 한 10년은 젊어 보일 거예요. 물이 식어서 뜨거운 물을 가져올 테니 잠깐 기다리세요."

'이 사람이, 이 여자가 누구더라?' 기다리는 동안 의사는 생각했다. '뭔가 연관이 있는 것 같은 느낌이 드는데. 틀림없이 아는 사람이야. 만난 적이 있거나 소문으로 들은 적이 있거나. 그녀가 누군가를 생각나게 하는 건 틀림없어. 제기랄, 답답해 죽겠군, 도대체 누구지?'

재봉사가 돌아왔다.

"자, 이제는 면도를 할 차례예요. 그래요, 쓸데없는 말은 하지 않는 것이 나아요. 옛날부터 침묵은 금, 말은 은이라는 속담이 있잖아요. 특급열차니 신용조합이니 하는 말은 하지 말고, 기왕이면 의사나 교사라고 둘러대세요. 온갖 고생을 다 했다느니 하는 건 혼자 마음속에만 간직하세요. 요새는 그런 말에 놀랄 사람 아무도 없어요. 면도 괜찮아요?"

"조금 아프군요."

"따끔따끔할 거예요, 날이 잘 들지 않는 것 같아요. 어쩔 수 없으니 조금만 참아요. 수염이 자랄 대로 자라서 억센 데다 살갗이 면도에 익숙하지 않아서 그런 거니까. 그래요, 요즘은 어지간한 일에는 사람들이 놀라지 않아요. 이곳 사람들도 이만저만 혼이 난 게 아니거든요. 백군이 지배하고 있었을 때는 정말 처참했죠! 약탈, 살인, 납치. 그들은 인간 사냥을 했으니까요. 이를테면, 보잘것없는 말단 총독이 한 사람 있었는데, 어떤 중위가 이 자의 마음에 들지 않았던 모양이에요. 크라풀리스키 관(館) 건너편 교외의 숲 근처에 병사를 보내 매복하게 했지 뭐예요. 마침내 중위는 무기를 빼앗기고 라즈빌리예로 호송당하고 말았어요. 그런데 그 무렵의 라즈빌리예라고 하면 지금의 현(縣) 체카*[1]와 마찬가지였어요. 처형장이었죠. 왜 그렇게 고개를 움직이세요? 얼얼하세요? 그럴 거예요, 그럴 거예요. 하지만 어쩔 수 없어요. 여기는 거꾸로 밀어야 할 데인 데다 털이 솔처럼 빳빳해서요. 까다로운 데예요. 그래서 마누라가 히스테리에 빠져 버렸어요, 중위의 마누라 말이에요, 콜랴! 나의 콜랴! 그리고 사령관에게 직접 호소하러 찾아갔죠. 직접 찾아갔다고 해도 그건 그저 말이 그럴 뿐이었어

*1 1918년부터 1922년까지 존속했던 비밀첩보기관, KGB의 전신.

요, 누가 들여보내 주기나 하나요. 그런데 그렇게 하도록 해 준 사람이 있었어요. 비호해 준 거죠. 그때 바로 이웃 거리에 한 여자가 있었는데, 사령관을 알고 있어서 사람들을 위해 이리저리 뛰어다녀 주었거든요. 게다가 그 총사령관도 좀처럼 찾아볼 수 없을 만큼 특별히 인간적이고 인정이 많은 사람이었어요. 갈리울린 장군이라는 사람이었죠. 그런데 주위에는 린치, 잔학행위, 질투극뿐이지 뭐예요. 완전히 스페인 소설처럼요."

'라라 얘기를 하는 거로군.' 의사는 짐작했지만 신중하게 입을 다물고 자세히 캐묻지 않았다. '"스페인 소설처럼요"라고 말했을 때 또다시 누군가가 몹시 생각났어. 이 자리에는 어울리지 않는 엉뚱한 말로.'

"지금은 물론 완전히 바뀌었어요. 그야 심리니 밀고니 총살이니 하는 건 지금도 있지만요. 하지만 이건 완전히 근본정신이 달라요. 첫째로 새 정권이라는 점이죠. 이제 막 통치하기 시작했을 뿐, 궤도에 오르지는 않았어요. 둘째로 뭐니 뭐니 해도 그들은 서민 편이에요, 거기에 그들의 강점이 있죠. 우리는 나까지 합쳐서 네 자매였어요. 모두 노동을 하고 있었죠. 자연히 우리는 볼셰비키 편이 될 밖에요. 정치 활동가에게 시집간 언니는 죽었어요. 형부는 이곳에 있는 어느 공장에서 지배인으로 일했어요. 아들이 하나 있는데, 내 조카죠. 지금은 숲의 봉기자들의 우두머리예요, 유명인이라고 할 수 있죠."

'맞아, 그랬군!' 유리 안드레예비치는 이제야 수수께끼가 풀렸다. '이 여자는 리베리의 이모가 아닌가. 이 고을의 명물로, 미쿨리친 전처의 여동생, 이발사인가 하면 재봉사이자 전철수이기도 한, 못 하는 게 없는 그 유명한 여자가 아닌가. 하지만 꼬리가 밟히지 않도록 역시 잠자코 있자.'

"조카는 어렸을 때부터 나로드에 대해 강한 애착을 느끼고 있었어요. 스바토고르 보가투이리의 아버지한테서 노동자들에게 둘러싸여 자랐죠. 바르이키노의 공장에 대해서는 들은 적 있겠죠? 아니, 이게 무슨 짓이람! 아, 내가 왜 이렇게 바보일까. 턱의 절반은 미끈한데, 나머지 절반은 밀지 않았군요. 얘기에 열중하느라 그랬어요. 보고 있으면서도 왜 가만히 있었어요? 비누거품이 다 말라 버렸군요. 물을 다시 데워 올게요. 다 식어 버렸어요."

툰세바가 돌아오자 유리 안드레예비치가 물었다.

"바르이키노라고 하면 신이 보호해 주는 산간벽지, 어떠한 격동도 미치지 않는 산 속의 외딴 곳 아닙니까?"

"뭐, 신이 보호해 주는 벽지라고 할 수도 있지만, 그 벽지가 여기보다 더 무참한 일을 당한 모양이에요. 어디의 누구인지도 모르는 무장 집단이 바르이키노를 지나갔어요.

우리가 모르는 언어를 쓰더라나요. 한 집 한 집 훑으면서 안에 있는 사람들을 모조리 한길로 끌어내 총살해 버렸어요. 그러고는 한 마디도 없이 사라진 거죠. 시체는 그대로 눈 위에 버려져 있었어요. 겨울에 있었던 일이죠. 왜 그렇게 몸을 움직여요? 하마터면 목을 벨 뻔했잖아요."

"당신 형부도 바르이키노에 살고 계셨다고 했는데, 역시 화를 당하신 겁니까?"

"아니에요, 하늘이 돌봐 주셨죠. 그분은 부인과 함께 제때에 도망치셨어요. 마나님이라야 두 번째 부인, 재취이지만요. 어디에 있는지 행방은 모르지만 살아 있는 건 확실해요. 모스크바에서 이주해 온 한 가족이 있었는데, 그 사람들은 그보다 더 먼저 떠났어요. 젊은 의사가 가장이었는데 행방불명이 되고 말았죠. 그래요, 소식이 없다는 것은 무엇을 의미할까요! 남은 사람들을 슬프게 하지 않을 양으로 그저 그렇게 말만 할 뿐이에요. 사실은 죽었거나 살해당했겠죠. 어지간히 찾았지만 발견되지 않았던 모양이니까. 그러는 동안에, 나이가 많은 또 한 사람에게 조국의 소환 명령이 내려진 거예요. 대학 교수이자 농업전문가였다나요. 내가 듣기로는 정부에서 직접 불렀다나 그래요. 그들은 두 번째 백군이 들어오기 전에 유리아틴을 거쳐 떠났어요. 이런, 또 움직이는군요, 동무? 면도칼을 대고 있는데도 그렇게 꿈지럭거리면 베이기 십상이에요. 당신은 이발사에게 요구가 너무 많군요."

'그러니까, 모스크바에 있다는 거군!'

7

'모스크바에 있다, 모스크바에!' 그는 세 번째로 주철제 계단을 올라가면서 한 발짝마다 그렇게 가슴속으로 외쳤다. 텅 빈 집은 이번에도 뛰어내리고 달리고 이리저리 달아나는 쥐들의 대소동으로 그를 맞이했다. 유리 안드레예비치는 이 불쾌함 속에서는, 아무리 지쳐 있다 하더라도 한순간도 눈을 붙일 수 없었다. 그는 여기에 묵을 준비를, 먼저 쥐구멍부터 막는 것으로 시작했다. 마루고 벽 아래쪽이고 수리가 거의 되어 있지 않은 다른 방에 비해, 침실은 그나마 좀 나아서 쥐의 수도 훨씬 적었다. 그러나 서둘러야 했다. 벌써 밤이 닥쳐와 있었다. 아니나 다를까, 부엌 테이블 위에는 벽에서 내려 기름을 절반쯤 부어 둔 램프와 뚜껑이 열린 성냥통이 놓여 있었다. 아마도 그가 찾아올 거라고 예상한 모양이었다. 유리 안드레예비치가 세어 보니 성냥은 열 개비였다. 그러나 성냥이든 기름이든, 뭐든 일단 아끼고 봐야 했다. 침실에는 심지가 있는 접시 등잔이 또 하나 있었지만 거기에는 등잔 기름이 자국만 남아 있었다. 틀림없이 쥐들이 바닥까지 핥아먹어 버린 것이리라.

벽의 하단 가장자리에 댄 널빤지가 마루에서 떨어져 나와 틈이 벌어진 곳이 몇 군데 있었다. 유리 안드레예비치는 깨진 유리 조각을 뾰족한 쪽이 안으로 가게 해 몇 겹으로 차곡차곡 쌓아 올려 그 틈새를 막았다. 침실 문은 문지방에 잘 맞았다. 그 문을 꼭 닫고 자물쇠를 잠그면, 틈새 투성이의 다른 방으로부터 완전히 격리될 수 있다. 한 시간 남짓 걸려, 유리 안드레예비치는 그 작업을 끝마쳤다.

침실 한구석에 타일을 붙인 난로가 비스듬히 자리를 차지하고 있고, 천장까지 닿지 않는 타일 장식 띠가 둘러쳐져 있었다. 유리 안드레예비치는 라라에게서 두 아름쯤의 장작을 약탈하기로 마음먹고, 한쪽 무릎을 짚고 왼팔 위에 장작을 얹기 시작했다. 그것을 침실로 날라다가 난롯가에 쌓아 놓고 방 안을 살폈는데, 그는 이내 그녀가 어떤 생활을 하고 있었는지 짐작할 수 있었다. 방문을 잠그고 싶었지만 자물쇠가 망가져 있어서 문 틈바구니에 종이를 꽉꽉 채워 열리지 않도록 했다. 그런 다음 유리 안드레예비치는 느긋하게 난로에 불을 지폈다.

아궁이에 장작개비를 쌓는 동안 장작을 쪼갠 절단면에 도장이 찍혀 있는 것이 얼핏 눈에 들어왔다. 그는 놀라서 그 도장을 읽었다. 그것은 오래된 소인(燒印)의 흔적으로, 처음의 두 글자는 '카(K)' 와 '데(455^각주끝^)'였다. 그것은 톱으로 켜기 전에 통나무가 어디에 있는 창고에서 반출된 것인지를 의미하고 있었다. 일찍이 크류게르 시절, 공장이 남아도는 장작을 팔고 있었을 때, 바르이키노의 클라브이셰프 벌채지 통나무에 이 문자의 소인이 있었던 것이다.

라라의 부엌에 이런 장작이 있다는 것은 그녀가 삼데뱌토프를 알고 있으며, 전에 의사와 그 가족에게 필요한 것을 모두 대 주었던 것처럼 라라도 그가 돌봐 주고 있음을 뜻했다. 이 발견은 의사의 심장을 칼로 도려내는 듯했다. 전에도 그는 안핌 예피모비치의 원조를 오히려 부담스럽게 생각한 적이 있었다. 지금 그때 입은 호의에 대한 부담감이 다른 감정을 불러일으킨 것이다.

안핌이 라리사 표도로브나를 돌봐 주고 있는 것은 단순히 그녀의 아름다운 눈동자 때문만은 아닐 것이다. 유리 안드레예비치는 안핌 예피모비치의 자유분방한 매너와 여성인 라리사의 경솔함을 생각해 보았다. 두 사람 사이에 아무런 일도 없었을 거라고 장담할 수는 없었다.

난로 속에서는 바짝 마른 클라브이셰프의 장작이 파지직 파지직 불똥 튀는 소리를 내면서 맹렬하게 타올랐고, 불기운이 퍼짐에 따라 처음에는 어렴풋한 의혹에 지나지 않았던 유리 안드레예비치의 질투는 이윽고 확고부동한 확신에 이르렀다.

그의 마음은 갈기갈기 찢어졌고 하나의 고통이 다른 고통을 밀어냈다. 그는 그 의혹을 쫓아 버릴 수가 없었다. 그의 생각은 구태여 그가 애쓰지 않더라도 저절로 하나의 대상에서 다른 대상으로 비약해 갔다. 새로운 힘으로 밀려왔던 가족에 대한 그리움이 질투가 낳은 망상을 일시적으로 밀어낸 것이다.

'그렇다면 사랑하는 이들이여, 당신들은 모스크바에 있는 거로군?' 그는 그들이 무사히 모스크바에 도착한 것을 툰세바가 증명했다고 생각했다.

'그러니까 당신들은 내가 없는 동안 다시 한 번 그 길고 고통스러운 여로를 되풀이한 셈이로군? 거기까지 어떻게 간 거야? 알렉산드르 알렉산드로비치의 귀환 명령, 그 소환의 내용은 어떤 것이었을까? 아마 대학에서 다시 강의를 해 달라는 것이었겠지? 우리 집은 어떻게 되었을까? 아니, 그보다도 그 집이 아직 남아 있을까? 아, 신이여, 얼마나 괴롭고 힘들었을까! 그래, 생각하지 말자, 생각하지 말아야지! 생각이 뒤엉켜 버렸어! 내가 어떻게 된 거지, 토냐? 어쩐지 병에 걸린 것 같아. 토냐, 토네치카, 토냐, 슈로치카, 알렉산드르 알렉산드로비치, 나와 당신들 모두는 앞으로 어떻게 될까? 영원한 빛이여, 어찌하여 나를 버리셨나이까! 어찌하여 한평생 나에게서 당신들을 멀리 떼어 놓는 것인가? 어찌하여 우리는 언제나 헤어져 있어야 하는 것인가? 하지만 가까운 날에 다 같이 만나게 되겠지, 만나지겠지, 안 그렇소? 만일 어떠한 수단도 없다면 난 걸어서라도 당신들이 있는 데까지 찾아갈 것이오. 그러면 우리 모두 만날 수 있겠지. 그리고 모든 것이 다시 다 잘될 거야, 그렇지 않소?

그렇지만 이러한 나를 대지는 잘도 받쳐 주고 있구나. 토냐는 임신을 하고 있었으니까 틀림없이 출산했을 텐데, 나는 그것을 까맣게 잊고 있었으니! 물론 이 건망증은 이번이 처음이 아니야. 무사히 낳았을까? 모스크바로 가는 길에 그들은 유리아틴에 들렀다고 한다. 비록 라라가 그들과 알고 지낸 건 아니라 해도, 아무런 관계도 없는 그 재봉사이자 이발사까지 그들의 운명에 대해 알고 있는데, 라라가 편지 속에서 그들에 대해 한 마디도 하지 않은 것은 어떻게 된 일일까. 참으로 이해할 수 없는 무관심이요 냉담함이 아닌가! 삼데뱌토프와의 관계에 대해 그녀가 침묵하고 있는 것과 마찬가지로 설명이 되지 않는 일이다.

유리 안드레예비치는 다시 침실 벽을 찬찬히 바라다보았다. 주변에 놓여 있거나 벽에 걸려 있는 물건이 하나도 라라의 것이 아니라는 것, 행방을 모르는 미지의 집 주인의 세간은 라라의 취향을 조금도 말해 주지 않았다.

그러나 어쨌든 역시 벽에 걸린 확대 사진에서 자기를 바라보고 있는 남녀의 시선을 느끼자, 그는 갑자기 기분이 나빠졌다. 무취미한 가구류에서는 그 어떤 적의가 느껴졌다. 그는 이 침실에서는 자신이 이질적이고 쓸모없는 존재임을 느꼈다.

그런데 어리석게도 그는 이 집을 얼마나 자주 떠올리고 그리워하며, 이 방에 얼마나 자주 들어갔던가. 그것도 마치 방이 아니라 라라에 대한 그리움의 향수 속으로 들어가듯이 말이다! 이런 감상은 옆에서 보면 얼마나 우스꽝스러울 것인가! 삼데뱌토프처럼 강하고 실제적이며 잘생긴 사람들이 과연 이렇게 살고 이렇게 행동하며 이렇게 자기를 표현할까? 하지만 어찌하여 라라는 성격적으로 결함이 있는 그를, 그리고 그의 불가해하고 현실과 동떨어진 사랑의 말을 좋아하는 것일까? 정말로 이 황당무계한 일이 그녀에게 필요한 것일까? 그녀 자신은 자기가 그에게 필요한 존재이기를 바라고 있을까?

그러나 그가 방금 표현했듯이 그녀는 그에게 어떤 존재일까? 오, 그에게는 이 물음에 대한 답이 언제나 준비되어 있었다.

지금 저 바깥은 봄날 저녁이다. 대기 전체가 소리를 가득 안고 있다. 놀이에 정신이 팔린 어린아이들의 목소리가, 마치 공간 전체가 생명으로 넘쳐나고 있음을 보여 주듯이, 멀고 가까운 온갖 장소에서 다가오고 있다. 그리고 저 멀리 펼쳐져 있는 광경, 그것이 바로 러시아이다. 바다 저편까지 이름을 떨치고 있는 광막한 공간, 비할 데 없이 거룩한 어머니, 수난자이자 고집쟁이이며 미치광이이자 맹목적인 사랑인 러시아, 결코 예견할 수 없는, 영원히 위대하고 파멸적인 위험이 도사린 모험에 뛰어들지 않고는 못 배기는 러시아인 것이다! 오, 살아 있다는 것은 얼마나 달콤한 일인가! 이 세상에 살면서 삶을 사랑하는 것은 얼마나 달콤한 일인가! 오, 이 삶 자체에, 존재 그 자체에 대해, 얼마나 감사의 말을 하고, 그 감사를 삶 자체와 정면으로 마주보며 표현하고 싶었던가!

그리고 바로 그것이 라라이기도 한 것이다. 그러한 삶 자체와 얘기를 나눌 순 없지만, 그녀는 그 대표자이고, 그 표현이며, 말 없는 존재의 근원에 부여된, 듣고 말하는 천성인 것이다.

그리고 그가 방금 그녀를 한 순간이나마 의심하고 중상한 모든 것은 진실이 아니다, 천부당만부당한 거짓이다. 그녀 속에는 모든 것이 얼마나 완벽하고 나무랄 데 없이 갖춰져 있는 것일까!

환희와 회한의 눈물이 흘러 눈앞이 흐려졌다. 그는 난로의 아궁이를 열고 부지깽이로 난로 속을 뒤적거렸다. 불이 잘 붙어 활활 타오르고 있는 장작을 맨 뒤로 밀어 넣고, 다 타지 않은 굵은 잉걸을 통풍이 좋은 난로 앞쪽으로 긁어냈다. 잠시 그는 난로를 닫지 않고 그대로 두었다. 얼굴과 손에서 즐겁게 뛰노는 불꽃의 열기와 빛의 감촉이 느껴졌다. 움직이는 불꽃의 반사가 마침내 그를 미혹에서 깨어나게 했다. 오, 지금 그는 그녀가 없다는 사실이 너무나 쓸쓸하게 느껴져 견딜 수가 없다. 지금 이 순간 그녀를 생생히 실감나게 해 주는 무언가가 있으면 얼마나 좋을까!

그는 주머니에서 구겨진 그녀의 편지를 꺼냈다. 아까 읽은 쪽이 아니라 뒤집어서 접혀 있었으므로 이제야 비로소 뒤쪽에도 무언가가 잔뜩 적혀 있는 것을 알았다. 그는 구겨진 종이를 펴서, 뜨겁게 타오르는 난로의 춤추는 듯한 불빛에 비추면서 읽어 나갔다.

'당신의 가족에 대해서는 알고 계시겠죠? 그들은 모스크바에 있어요. 토냐는 딸을 낳았고요.' 그 뒤 몇 줄이 지워져 있고 그 다음은 이렇게 이어져 있었다. '글을 몇 줄 지운 것은 편지에 써 봤자 무의미하기 때문이에요. 눈과 눈을 마주하고 실컷 얘기하기로 해요. 서두르고 있어요, 말을 빌리러 갑니다. 만일 빌리지 못하면 어떻게 하죠? 그러면 카테니카를 데리고 가는 건 어려울 거예요…….' 마지막 문장은 지워져서 읽을 수가 없었다.

'안핌에게 말을 빌리러 달려갔군. 떠난 것을 보면 틀림없이 말을 빌린 모양이야.'—유리 안드레예비치는 편안한 마음으로 생각했다. '만일 그녀의 양심에 조

금이라도 거리낌이 있었다면 이렇게 자세히 쓰지는 않았을 것이다.'

8

난로가 따뜻해지자 의사는 통기구 뚜껑을 덮고 요기를 했다—음식이 들어가자 갑자기 졸음이 밀려와 견딜 수가 없었다. 옷도 벗지 않고 소파 위에 그대로 누운 그는 곧 깊은 잠에 빠져들었다. 방의 문과 벽 뒤에서 시작된 귀가 먹먹해질 만큼 요란한 쥐의 소동을 그는 듣지 못했다. 그는 괴로운 꿈을 두 개 잇따라 꿨다.

그는 모스크바의 어느 방 안에 있었다. 유리가 끼워진 문을 잠그고, 그래도 마음이 놓이지 않아 문손잡이를 잡고 열리지 않도록 안쪽에서 잡아당기고 있었다. 문 밖에서는 그의 불행한 아들 슈로치카가 어린이 망토에 수병의 바지를 입고 베레모를 쓴 귀여운 모습으로 오들오들 떨면서 문을 두드리며 열어달라고 울고 있었다. 아이 등 뒤에서는, 지금 같은 시절에는 흔히 있는 일이지만, 수도관인지 아니면 하수관인지가 터져 폭포 같은 물이 굉음과 함께 아이와 문에 물보라를 쏘고 있었다. 아니, 어쩌면 어떤 황량한 계곡이 이 문 앞에서 가로막혀, 여러 세기에 걸쳐 계곡에 축적되어 있던 냉기와 암흑이 미친 듯한 분류가 되어 문을 광포하게 두드리고 있는 건지도 모른다.

무서운 소리와 함께 세차게 떨어지는 물에 소년은 극도로 두려워하고 있었다. 아이가 뭐라고 외치고 있는지는 들리지 않고 둔중한 굉음이 아이의 외침을 삼켜 버리고 있었다. 그러나 유리 안드레예비치는 아이의 입 모양으로 보아 '아빠! 아빠!' 하고 외치고 있음을 알았다.

유리 안드레예비치는 가슴이 천 갈래 만 갈래로 찢어지는 것만 같았다. 그는 온몸으로 아이를 가슴에 꼭 그러안고 뒤도 돌아보지 않고 냅다 도망치고 싶었다. 그러나 눈물을 줄줄 흘리면서도 그는 잠긴 문의 손잡이를 잡아당기며 아이가 안에 들어오지 못하게 했다. 아이의 어머니가 아닌 다른 여성이 반대쪽 문에서 금방이라도 들어올 것 같아, 그녀에 대한 거짓된 체면과 의무감 때문에 아이를 희생시키고 있는 것이었다.

유리 안드레예비치는 땀과 눈물로 범벅이 되어 잠에서 깨어났다. '열이 있군. 병에 걸린 모양이다.'—그는 곧 생각했다. '하지만 이건 티푸스가 아니야. 이건 그 질병의 형태를 한 무겁고 위험한 피로다. 무서운 전염병에 걸린 것과 마찬가지로 위험이 따르는 어떤 병이야. 그건 삶과 죽음 가운데 어느 쪽이 이기느냐에 달려 있어. 그나저나 왜 이렇게 잠이 쏟아질까!' 그는 다시 잠들어 버렸다.

다시 꿈을 꿨는데 어두운 겨울 아침, 가로등이 켜진 모스크바의 어느 번잡한 길이었다. 거리는 이른 아침부터 붐비고 있어 첫 전차가 종을 울리면서 달려가고, 새벽녘의 포도(鋪道)에 쌓인 잿빛 눈에 가로등 불빛이 노란 줄무늬를 그리고 있는 것으로 보아 혁명 전인 것 같았다.

길게 뻗어 있는 공동 숙사. 수많은 창문이 한쪽으로만 나 있고, 높이는 고작해야 2층쯤인 듯한데, 어느 창문에나 커튼이 마루까지 낮게 드리워져 있다. 방에서는 사람들이 여장을 풀지 않은 채 다양한 모습으로 잠을 자고 있었다. 열차 안을 생각하게 할 만큼 난잡했다. 기름이 밴 신문지를 편 위에 먹다 남은 도시락, 토스트, 뜯어먹고는 치우지 않은 닭뼈와 날갯죽지, 칼 따위가 뒹굴고 있고, 마루 위에는 짝을 이룬 구두가 여러 켤레 놓여 있었다. 그것은 한동안 손님으로 와 있는 친척과 지인, 여행자와 떠돌이들이 밤에 잘 때 벗어 둔 구두였다. 잠옷 위로 아무렇게나 허리띠를 맨 라라가 긴 숙사를 끝에서 끝까지 바삐 뛰어다니면서 소리 없이 돌봐 주고 있었다. 그는 어리석게 그 뒤를 집요하게 따라다니면서 뭔가 엉뚱한 변명을 하고 있었지만, 그녀는 그를 상대하고 있을 짬도 없이, 변명을 늘어놓고 있는 그를 향해 고개를 돌리고 미심쩍은 듯이 조용한 눈길을 보내며, 은방울을 굴리는 듯한 독특한 웃음을 순진하게 터뜨릴 뿐이었다. 그것이 두 사람 사이에 아직도 남아 있는 친밀한 관계의 유일한 표현이었다. 그러나 그가 모든 것을 바친 그녀는, 그가 누구보다 사랑하고 또 그녀를 위해서는 모든 것을 헌신짝처럼 버렸던 그녀는, 너무나도 멀고 너무나도 차갑고 너무나도 매혹적인 존재였다.

9

그 자신이 아니라 그 자신보다 더욱 전체적인 무엇인가가, 어둠 속에서 발광체처럼 빛나는 부드럽고 밝은 언어로, 그의 내부에서 눈물을 흘리며 통곡하고 있었다.

'나는 병에 걸린 거야, 병자야.' 꿈과 열에 들뜬 헛소리와 인사불성 사이사이에 순간적으로 의식이 돌아오면, 그는 생각했다. '역시 이건 티푸스의 일종이다. 참고서에도 실려 있지 않고 의과대학에서도 배우지 않았던 거야. 뭐든 만들어

서 먹어야 한다, 그러지 않으면 굶어 죽을 거야.'

그러나 한쪽 팔꿈치를 짚고 몸을 일으키려고 했지만 자기에게는 옴짝달싹 할 힘도 없다는 것을 알고 그는 다시 의식을 잃고 잠들어 버렸다.

'옷을 입은 채로 여기에 드러누워 버린 지 얼마나 되었을까?' 잠시 의식을 회복한 순간 그는 이렇게도 생각했다. '몇 시간? 며칠? 내가 쓰러진 것은 봄이 시작할 때였는데 지금은 창문에 성에가 끼어 있다. 질척하고 지저분한 성에, 그래서 방 안이 어두운 거야.'

부엌에서는 쥐 떼가 접시를 뒤집어엎고 벽을 타고 요란하게 올라갔다가 묵직한 몸으로 바닥으로 뛰어내리며, 흐느끼는 듯한 역겨운 알토 목소리로 비명을 질렀다.

또 잠들었다가 다시 눈을 뜬 그는 성에의 그물 무늬가 허옇게 뒤덮인 창문에 장밋빛 홍조가 비쳐 드는 것을 발견했다. 크리스털 잔에 따른 붉은 포도주 같은 진홍빛 놀이었다. 그는 이 놀이 아침놀인지 저녁놀인지 알 수 없어 자문자답했다.

한번은 어딘지 바로 가까이에서 사람 목소리가 들리는 것 같았는데, 그것을 마침내 착란이 시작된 징후로 생각한 그는 절망에 빠졌다. 자기 자신에 대한 연민으로 눈물을 흘리면서 그는, 소리 없는 속삭임으로 자기에게 등을 돌리고 자기를 저버린 하늘을 원망했다.

'영원한 빛이여, 어찌하여 나를 버리셨나이까! 어찌하여 가련한 나를 저주스러운 깊은 어둠으로 덮으시나이까!'

그러다가 갑자기 그는 깨달았다. 나는 꿈을 꾸고 있는 것이 아니라 모든 것이 의심할 여지없는 현실이다, 나는 옷을 벗고, 몸이 깨끗하게 씻겨 깨끗한 셔츠를 입고 소파가 아니라 새 시트를 깐 침대 위에 누워 있다. 그리고 라라가 침대 옆에 앉아 자신의 머리와 그의 머리가, 자신의 눈물과 그의 눈물이 한데 뒤섞이도록 그에게 몸을 구부리고 그와 함께 울고 있었다. 그는 기쁜 나머지 또 다시 의식을 잃어버렸다.

10

조금 전에는 헛소리를 하며 무정한 하늘을 원망했던 그였는데, 이제 하늘은 끝없이 옷자락을 펼치며 그의 침대에 내려와, 그 크고 하얀 두 팔을 그에게 내밀고 있었다. 그는 기쁨으로 눈앞이 캄캄해지는 것을 느끼면서 의식이 마비되는 듯한 끝없는 행복의 심연에 빠져들었다.

한평생 그는 거의 쉴 새 없이 무언가를 해 왔다. 가족을 위해 일하고, 병자를 치료하고, 사색하고, 연구하고, 작품을 탄생시키며 끊임없이 바쁘게 일해 왔다. 그런 만큼 지금 바쁘게 움직이는 것, 무엇인가를 얻으려고 노력하는 것, 생각하는 것 등을 모두 그만두고, 그 모든 일을 잠시 자연에 맡겨 버리는 것이 너무나 행복했다! 자비롭고 매혹적이며 아낌없이 아름다움을 주는 자연 속에서 자기 자신이 하나의 사물이 되고 구상이 되고 작품이 되면 그만인 것이다!

유리 안드레예비치는 빠른 속도로 회복하고 있었다. 라라는 백조처럼 하얗고 아름다운 모습과 촉촉하고 나지막한 목소리로 묻고 대답하면서 극진하게 간호하며 식사를 시키고 돌봐 주었다.

작은 목소리로 주고받는 두 사람의 대화는 아무리 사소한 것도 플라톤의 대화처럼 깊은 의미가 있었다.

그들을 하나로 묶고 있었던 것은, 영혼의 합일보다 더욱 강하게 두 사람을 다른 세계로부터 떼어 놓고 있는 심연이었다. 그들이 둘 다 몹시 싫어한 것은, 현대의 인간이 지니고 있는 전형적인 모든 것, 판에 박힌 진부한 열광과 겉만 번지르르한 의기양양함, 그리고 끔찍하도록 평범한 상상력이었다. 그것을 기를 쓰고 무수한 과학자와 예술가들이 유포해 천재를 거의 찾아볼 수 없게 만들고 있는 것이다.

두 사람의 사랑은 위대했다. 그러나 사람들은 그 미증유의 감정을 알아채지 못한 채 사랑하고 있다.

두 사람에게는—그리고 바로 그 점에 그들의 독자성이 있었지만—파멸에 이르게 될 둘의 인간 존재 속에 마치 영원으로부터 불어오는 것처럼 열정의 바람이 날아드는 그 순간순간은, 자신과 인생에 대해 끊임없이 새롭게 발견하고 인식하는 순간이었다.

11

"당신은 꼭 가족에게 돌아가야 해요. 나는 하루라도 쓸데없이 당신을 여기에 붙잡아 둘 생각은 없어요. 하지만 사정이 이러니까요. 우리가 소비에트 러시아와 일체가 된 순간, 그 황폐한 러시아가 우리를 집어삼키고 말았어요. 소비에트 러시아는 시베리아와 극동에서 잠시 버티고 있을 뿐이에요. 하지만 당신은 아무것도 몰라요. 당신이 병을 앓고 있는 동안 시내는 완전히 달라지고 말았어요. 우리의 창고에 비축된 식량은 자꾸자꾸 중앙으로, 모스크바로 실려 가고 있어요. 하지만 모스크바에서 그것은 바다에 물 한 방울 떨어뜨리는 거나 마찬가지예요. 아무리 퍼 날라도 밑 빠진 독에 물 붓기이고, 우리에겐 아무것도 남아 있지 않아요. 우편도 끊어져 버렸고, 기차도 여객 열차는 모두 없어지고 곡물수송 열차만 움직이고 있어요. 시중에서는 다시 가이다의 반란*2처럼 불만의 목소리가 일어나, 그 불온한 공기에 대해 또다시 체카가 날뛰고 있어요.

그런데 그처럼 피골이 상접한 몸으로 겨우 살아났는데 도대체 어디를 갈 수 있다고 그래요? 또 걸어가려고요? 절대로 못 갈 걸요! 회복되어 체력이 붙으면 그때는 또 몰라도.

꼭 권하는 것은 아니지만, 내가 당신이라면 일을 조금 해 보겠어요, 그것도 반드시 전문 분야에서. 크게 대접을 받고 있어요. 나 같으면, 이를테면 현(縣) 보건부에 근무하겠어요. 현 보건부는 예전의 위생국에 존속하고 있어요.

하지만 그건 스스로 판단하세요. 당신은 자살한 시베리아 백만장자의 아들이고, 아내는 이곳의 공장주이자 지주인 사람의 딸이에요. 당신은 빨치산에 있었지만 도망쳤어요. 이건 아무리 변명해도 전시 혁명군으로부터의 이탈이고 병역기피예요. 공민권을 상실한 자로서 일도 하지 않고 빈둥거리고 있다가는 큰일 나요. 내 입장도 당신과 마찬가지로 결코 안전하다고 할 수 없어요. 그래서 현 인민교육부에 취직할 작정이에요. 내 발등에도 불이 떨어졌어요."

"발등에 불이 떨어졌다고? 스트렐리니코프는 어쩌고?"

"바로 그 사람 때문이에요. 그 사람에게는 적이 많다고 전에도 이야기했죠. 적군(赤軍)이 승리한 지금, 수뇌부에 가까이 있었기에 너무 많은 것을 알고 있는 비당원 군인부터 모가지예요. 모가지로 끝난다면, 흔적도 없이 사라져 살해당하지만 않는다면 그나마 행운이죠. 하지만 파샤는 그 군인들 가운데 최전열에 있어요. 그는 커다란 위험에 처해 있어요. 그는 극동에 있었는데 들리는 얘기로는 도망쳐서 자취를 감췄대요. 수색하고 있다나요. 하지만 그 사람 이야기는 이제 그만하겠어요. 난 우는 건 좋아하지 않아요, 그 사람 이야기를 한 마디

*2 1918년 5월 말, 러시아 영내에서 포로가 된 체코 군단의 무장해제 때 일어난 반란, 그 지도자가 라돌라 가이다 대위. 1919년 1월부터 7월까지 콜차크의 시베리아군을 지휘했다.

라도 더 하면 큰 소리로 울음을 터뜨릴 것만 같아요."

"사랑하고 있었군, 지금도 아직 그를 사랑하고 있지?"

"그 사람과 결혼한 몸이잖아요. 그 사람은 내 남편이에요, 유로치카. 그는 고매하고 밝은 사람이에요. 난 그 사람한테 큰 죄를 지었어요. 내가 그 사람한테 해될 짓을 전혀 하지 않았다고 말한다면 그건 거짓말이 될 걸요. 그는 굉장한 가치가 있는 더없이 정직한 사람이고, 난 보잘것없는 여자, 그 사람과는 비교도 되지 않아요. 그래서 그 사람에게 죄스러워요. 하지만 그 이야기는 그만둬요. 이 이야기는 언젠가 기회가 있으면 내 쪽에서 먼저 하겠어요, 약속해요. 그건 그렇고, 당신 부인 토냐는 정말 훌륭한 여성이에요. 보티첼리의 그림 같은 사람이죠. 난 그녀의 출산을 도와줬고 우린 완전히 친해졌어요. 하지만 이 이야기도 나중으로 미뤄요. 같이 일을 합시다. 둘이서 벌어요. 많은 월급을 꼬박꼬박 받을 수 있어요. 여기서는 최근의 권력 교체 전까지는 시베리아 화폐가 통용되고 있었어요. 그런데 이즈막에 완전히 무효가 되어 그로부터 오랫동안, 당신이 병을 앓고 있는 동안 내내 돈 한 푼 없이 지냈어요. 그래요, 상상할 수 있겠어요? 믿어지지 않겠지만, 그래도 어떻게 그럭저럭 견뎌냈죠. 그런데 지금은 이전의 재무국에 화물열차 가득 지폐가 실려 왔는데, 화물열차가 적어도 마흔 대는 된다더군요. 파랑과 빨강 두 가지 색으로 큼직한 종이에 인쇄되어 있는데, 우표처럼 여러 장으로 떼도록 되어 있대요. 파란 것은 5백만 루블이고 빨간 것은 천만 루블이래요. 인쇄가 또렷하지 않고 조잡해서 색이 번져 있다나 봐요."

"그 돈은 본 적이 있어. 우리가 모스크바를 떠나기 직전에 발행된 거요."

12

"바르이키노에서 그렇게 오랫동안 뭘 하고 있었지? 아무도 없는 빈집이잖아? 무엇을 하느라고 이렇게 오래 걸린 거요?"

"카테니카와 집을 치우고 있었어요. 당신이 그리로 먼저 갈 줄 알고요. 당신에게 그런 꼴이 되어 있는 모습을 보여 주고 싶지 않았어요."

"어떤 꼴이었기에? 심하게 어질러져 있었나?"

"어질러질 대로 어질러져서 엉망이었죠. 내가 치웠어요."

"뭔가 모호한 대답이군. 당신은 그리 얘기하고 싶어 하지 않는 것 같아. 뭐 숨기는 것이라도 있나? 하지만 억지로 들을 생각은 없어. 토냐에 대해서나 얘기해 줘. 아기의 세례명은 뭐지?"

"마샤예요. 당신 어머니의 이름을 따서 지은 거예요."

"가족 이야기나 좀 해 줘."

"그건 나중에 할 게요. 울음을 가까스로 참고 있다고 말했잖아요."

"당신에게 말을 빌려준 그 삼데뱌토프, 흥미로운 사람이야. 당신은 어떻게 생각해?"

"정말 재미있는 사람이에요."

"나는 안핌 예피모비치를 아주 잘 알고 있어. 여기서는 우리 가족하고 잘 지냈어. 우리가 낯선 고장인 여기서 자리를 잡는 것을 여러 모로 도와주었지."

"그랬다더군요. 그가 얘기해 줬어요."

"아주 친하게 지냈소? 당신을 도와주려고 열심히 애써 주었겠지?"

"그는 나에게 그저 선행을 베풀어 주었을 뿐이에요. 그 사람이 아니었으면 정말 어떻게 되었을지."

"그랬을 거야. 틀림없이 친밀한 동지 관계로 허물없이 교제했겠지? 보나마나 당신 뒤를 어지간히 쫓아다녔을 거야."

"물론이에요, 집요할 만큼."

"그럼 당신은? 아니, 미안해. 거기까지 묻는 게 아닌데. 내가 무슨 권리로 당신에게 캐물으려 들지? 용서해. 내가 좀 지나쳤어."

"오, 아니에요. 당신의 관심은 다른 것—그 사람과의 관계 같은 거겠죠? 그 사람과의 교제 속에 뭔가 더욱 개인적인 것이 생기지 않았는지 알고 싶은 거죠? 물론 그런 일은 없었어요. 안핌 예피모비치에게는 헤아릴 수 없을 만큼 많은 신세를 졌으면서도 아무런 보답도 하지 못하고 있지만, 설령 그 사람이 수만금의 금은보화를 갖다 준다 해도, 또 나를 위해 목숨까지 바친다 해도, 나는 그 사람에게는 조금도 끌리지 않을 거예요. 나는 태어나면서부터 그런 유형의 사람에게는 적의를 품고 있어요. 그렇게 세상살이에 능숙하고 자신만만하며 고압적인 사람들은 마음의 문제에서는 잔뜩 뻐기는 말만 앞세우고 허세만 떠벌려서 역겨워요. 그뿐만이 아니에요. 도덕적인 면에서 안핌은 더욱 눈을 돌리고 싶어지는 다른 인물을 생각나게 해요. 나를 이런 여자로 만들어 버린 장본인, 그리고 또 그 덕분에 지금의 내가 있게 된 인물을."

"이해가 가지 않는군. 이런 여자라니, 어떤 여자? 무슨 말을 하고 싶은 거지?

설명해 봐. 당신은 이 세상에서 누구보다도 훌륭한 사람이잖아."

"아, 유로치카, 너무해요. 나는 진지하게 얘기하고 있는데 당신은 마치 살롱 객실에 있는 것처럼 빈말만 하는군요. 내가 어떤 여자냐고요? 난 이미 금이 가 버린 여자—한평생 금이 간 채 살아야 하는 여자예요. 난 너무 어린 나이에 용서할 수 없을 만큼 빨리 여자가 되어 버렸어요. 그것도, 전 시대의 자신감 넘치는 중년남자, 뭐든지 누릴 수 있고 뭐든지 자기 뜻대로 할 수 있는 기생충으로부터, 거짓되고 추악한 해석을 통해 최악의 바닥에서 인생을 알게 된 여자라고요."

"짐작은 하고 있었어. 그럴 거라고 생각했지. 하지만 조금만 기다려 봐. 그 무렵의 당신이 아직 성숙하지도 않은 처녀를 빼앗기고, 소녀로서 너무나 큰 고통, 미지의 것에 대한 공포로 얼마나 떨었을지 상상이 가. 하지만 그건 이미 지난 일이잖아. 나는 이렇게 말하고 싶어. 그것에 대해 슬퍼해야 하는 것은 당신이 아니라 당신을 사랑하고 있는 나 같은 사람이라고. 어찌하여 한발 늦었던가, 그때 내가 당신 곁에 있었더라면 그런 꼴은 당하지 않았을 테니까. 정말로 그것을 슬퍼하며 머리를 쥐어뜯으며 절망해야 할 사람은 오히려 나야. 이상한 일이지만, 난 나 자신보다 못한 인간, 아무런 인연도 없는 인간에 대해서만 못 견딜 만큼 가슴이 타는 듯이 격렬한 질투를 느끼는 것 같아. 상대가 나 자신보다 훨씬 나은 사람일 경우에는 전혀 다른 감정을 느낄 거야. 이를테면 나와 마음이 통하는 사람, 내가 좋아하는 사람이 내가 사랑하는 여자를 똑같이 사랑한다면, 나는 그 사람에 대해 슬픈 형제애의 감정을 느낄 망정 정면으로 논쟁하고 다툴 생각은 하지 않을 거야. 물론 내가 숭배하는 대상을 그 사람과 한시라도 공유할 수는 없지. 하지만 난 물러설 거야, 질투와는 전혀 다른 감정, 풀풀 연기를 내면서 타거나 피비린내가 나지는 않지만 견딜 수 없는 고뇌의 감정을 품으면서. 나와 같은 분야의 일에서 도저히 따라갈 수 없는 압도적인 재능으로 나를 굴복시키는 예술가와 대결할 때도 역시 똑같은 일이 일어날 거야. 틀림없이 나는 내 모색을 단념할 거야, 나를 압도하는 그의 시도를 어떻게 내가 되풀이할 수 있겠어.

그런데 이야기가 빗나갔군. 나는 말이야, 만일 당신이 무엇에 대해서도 불평하지 않고 후회하지 않는 사람이었다면 이렇게까지 열렬하게 당신을 사랑하지는 않았을 거라고 생각해. 나는 넘어지거나 발을 헛디디거나 한 적이 없는 언제나 바른 여성은 좋아하지 않아. 그런 여성의 미덕은 생명이 없는 무가치한 것이야. 그런 여성에게는 인생이 참된 아름다움을 드러내 주지 않아."

"바로 그거예요, 내가 말하고 싶은 건 바로 그런 아름다움이에요. 그것을 보려면 때 묻지 않은 상상력과 어린아이처럼 순수한 감수성이 필요하다고 나는 생각해요. 그런데 난 바로 그것을 빼앗겨 버린 거예요. 내가 만일 인생의 첫걸음부터 나와는 아무런 인연도 없는 그처럼 속악한 각인이 찍힌 인생을 보지 않았다면, 나에게는 어쩌면 나대로의 인생을 보는 눈이 길러졌을지도 몰라요. 하지만 그뿐만이 아니에요. 막 첫발을 내딛기 시작한 내 인생에 어떤 부도덕하고 자기 향락적인 범용함이 끼어들었기에 그 크고 훌륭한 사람과의 결혼마저 순조롭게 결실을 맺지 못하고 말았어요. 그처럼 뜨겁게 나를 사랑했고, 나도 똑같은 사랑으로 응답할 수 있었던 사람과의 결혼 생활마저도요."

"잠깐만. 당신 남편 이야기는 나중에 하지. 내가 질투를 하는 건 나보다도 못한 사람에 대해서이지 대등한 사람에 대해서는 그렇지 않다고 말했지. 당신 남편에 대해서 나는 질투하지 않아. 그보다도 그 사람은?"

"그 사람이라뇨?"

"당신을 불행하게 만든 그 방탕아 말이야. 도대체 어떤 작자야?"

"모스크바에서 꽤나 저명한 변호사예요. 아버지의 친구인데, 아버지가 돌아가시고 우리가 가난하게 지냈을 때 엄마를 물질적으로 도와줬어요. 독신이고, 부자였죠. 내가 너무 그 사람 욕을 하니까 오히려 그 사람에 대해 과도한 관심과 있지도 않은 의의를 증폭시킨 것 같군요. 흔히 있는 일이죠. 궁금하다면 이름을 가르쳐 드리겠어요."

"괜찮아. 알고 있어. 한 번 본 적이 있어."

"정말이에요?"

"언젠가 호텔에서였지, 당신 어머니가 음독자살을 기도했을 때. 밤이 꽤 깊었을 무렵인데 그때 우리는 아직 어린 중학생이었어."

"아, 기억나요. 당신들은 호텔 방 현관의 어두운 곳에 서 있었어요. 어쩌면 나 스스로는 그런 장면을 결코 생각해 내지 못했을지도 모르는데, 전에 한 번 당신이 나에게 그 일을 상기시켜 주었죠. 아마 멜류제예보에서였을 거예요."

"그 자리에 코마롭스키도 있었지."

"그랬어요? 그랬을지도 몰라요. 난 그 사람과 같이 있는 일이 많았으니까. 우리는 자주 같이 있었어요."
"왜 그렇게 빨개졌지?"
"당신 입에서 '코마롭스키'라는 이름을 들어서예요. 처음 있는 일인 데다 뜻밖이니까요."
"난 그때 나와 동급생인 친구와 함께 있었어. 그때 그 방에서 그 친구가 나한테 가르쳐 주었지. 그는 그 코마롭스키가 자기가 묘한 데서 우연히 본 인물과 같다는 걸 안 거야. 미하일 고르돈이라고 하는데, 고전중학생이었던 그 친구는 언젠가 여행 도중에, 백만장자였던 내 아버지가 자살하는 것을 목격했어. 미샤는 내 아버지와 같은 기차에 타고 있었던 거지. 아버지는 달리고 있던 기차에서 몸을 던져 돌아가셨어. 그때 아버지와 동행한 사람이 법률고문이었던 코마롭스키이고. 코마롭스키는 아버지를 술에 빠지게 해 사업을 어려운 처지에 몰아넣었고, 끝내 파산으로까지 몰고 가서 아버지를 파멸시킴으로써 죽음으로 떠밀었던 거야. 아버지가 자살한 것도, 내가 고아가 된 것도 다 그 작자 때문이야."
"정말요? 어떻게 그런 일이! 그래, 정말이에요! 그럼, 그 사람은 당신에게 악의 화신이잖아요? 어쩜, 우리는 똑같은 인연으로 맺어져 있는 거로군요! 이건 숙명이라고밖에 할 수 없어요!"
"바로 그래서 난 상상도 할 수 없을 만큼 미친 듯이 그자를 질투하고 있는 거야."
"무슨 말을 하는 거예요? 난 그 사람을 사랑하지 않는 정도가 아니라 혐오하고 있어요."
"당신은 자기 자신의 전부를 그렇게 잘 알고 있나? 인간의 본성은, 특히 여성의 본성은 참으로 알쏭달쏭한 모순으로 가득 차 있어! 당신은 그 사람을 지극히 혐오하고 있지만, 어쩌면 그 혐오의 한구석에서 그 사람에게 예속되어 있는 건지도 몰라. 강요당한 것이 아니라, 당신이 당신의 자유의지로 사랑하는 다른 사람 이상으로."
"정말 무서운 말을 하는군요. 하지만 당신이 하는 말은 언제나 정곡을 찌르니까 그 모순이 진실처럼 들려요. 아, 정말 그렇다면 얼마나 무서운 일인가요!"
"마음을 가라앉혀. 내 말을 귀담아들을 건 없어. 내가 말하고 싶은 건 내가 당신을 질투하고 있다는 거야, 그 어두운 무의식적에 대해, 설명할 수 없는 것에 대해. 게다가 그것에 대해서는 추측도 할 수 없으니까. 당신 화장대 위의 물건들에 대해, 당신의 살갗에 배어 나온 땀 한 방울, 당신에게 달라붙어 당신의 피에 해를 줄지도 모를, 공중에 떠돌고 있는 전염병에 대해서까지 나는 질투하고 있어. 이 전염병에 대해서와 마찬가지로 나는 코마롭스키를 질투하고 있는 거야. 언젠가는 그자가 당신을 빼앗아 가는 것이 아닌가, 언젠가는 나의, 혹은 당신의 죽음이 우리를 갈라놓는 것이 아닌가 생각하면 견딜 수가 없어. 난 알고 있지만, 당신은 내가 알 수 없는 소리만 잔뜩 늘어놓고 있다고 생각할 거야. 그것을 좀 더 이해하기 쉽게 잘 설명할 수는 없지만, 난 미칠 듯이 모든 것을 잊고 한없이 당신을 사랑하고 있어."

13

"당신 남편에 대해 더 얘기해 주겠소? '우리는 운명의 책의 같은 줄에 적혀 있다'고 셰익스피어도 말했어."

"어디서요?"

"《로미오와 줄리엣》에서."

"그 사람에 대해서는 멜류제예보에 있었을 때 당신한테 많이 얘기했어요. 그때 난 그의 행방을 찾고 있었죠. 그 뒤 이 유리아틴에서 당신을 처음 만났을 때 그 사람이 자기 차량에서 당신을 체포하려고 했다는 얘길 들었을 때도. 난 그 사람이 자동차에 타는 것을 먼발치에서 본 것 같다는 얘기도 한 것 같은데요. 어쩌면 얘기 안 한 건지도 모르겠군요. 그렇게까지 경비가 삼엄한 것을 보고 깜짝 놀랐어요! 내 느낌으로는 그 사람은 거의 하나도 변하지 않았더군요. 여전히 아름답고 성실하고 의연한 얼굴, 내가 이 세상에서 본 얼굴 가운데 가장 성실한 얼굴이었어요. 허세를 부리지 않는 남성적인 성격, 티끌만큼도 젠 체하지 않는 모습, 언제나 그랬지만, 그 사람은 그대로였어요. 그런데 딱 한 가지 변한 것이 있는 것을 보자 불안한 생각이 들더군요.

뭔가 추상적인 것이 그 사람의 용모에 숨어들어 생기를 빼앗아 버린 듯한 느낌이었죠. 살아 있는 사람의 얼굴을 어떤 사상이나 권화, 원리가 뒤덮어 버린 것처럼 보였어요. 그것을 보고 나는 심장이 옥죄어 드는 것만 같았어요. 나는 이내 알아차렸어요. 아, 이건 그 사람이 자기 한 몸을 내던진 권력의 결과라는 것을요. 고매하지만 울적하고 비정하며, 언젠가는 그 사람 자신도 그 먹이가 되고 말 권력이었어요. 그것은 사신(死神)의 손가락 흔적이고, 그것이 그의 숙명이라고 생각했어요. 어쩌면 내가 잘못 생각한 건지도 몰라요. 당신이 그 사람을 만났던 이야기를 듣고 영향을 받았기 때문인지도 몰라요. 나와 당신 사이에는 감정의 공통성이 있다는 점 외에도, 나는 여러 가지로 당신의 영향을 받고 있나 봐요!"

"그렇진 않아. 혁명 전의 당신들 생활에 대해 이야기해 봐요."

"소녀 시절 난 일찍부터 순수함을 꿈꾸어 왔어요. 그 순수함의 구현이 그 사람이었죠. 우리는 거의 같은 집에서 자란 것이나 다름없어요. 나와 그 사람과 갈리울린. 난 그 사람의 어린 첫사랑의 대상이었어요. 나와 얼굴이 마주치면 그 사람은 망연자실해 그 자리에서 얼어붙을 정도였죠. 이런 말을 하는 건 좋지 않다는 걸 알지만, 그래도 모르는 척하고 있는 건 더 나빠요. 난 소년인 그의 연인이었어요. 어린아이의 자존심에서 숨기려고 하지만 저도 모르게 얼굴에 나타나 모든 사람에게 들키고 마는, 숨기려야 숨길 수 없는 정열의 대상 말이에요. 우리는 친구였어요. 나와 그 사람은 성격이 전혀 달랐어요, 당신과 내가 똑같은 것과는 정반대로. 벌써 그 무렵부터 나는 마음으로 그 사람을 선택했어요. 어른이 되면 이 훌륭한 소년과 인생을 함께해야겠다고 마음먹고 있었으니까, 마음속으로는 벌써 그때부터 그와 결혼한 셈이죠.

그는 재능이 얼마나 뛰어난지 몰라요! 비상한 재능이었어요! 고작해야 평민 출신 전철수나 건널목지기의 아들인 그가 오직 자신의 재능과 끈질긴 노력만으로 높은 수준에—이것만으로는 불충분한 표현이에요—도달하여, 아니 정점이라고 해야겠군요, 현대 학문의 최고 정점에 도달했으니까요. 그것도 수학과 인문의 두 가지 전문 분야에서요. 이건 좀처럼 쉽지 않은 일이에요!"

"그럼 왜 가정생활이 순조롭지 않았지, 그렇게까지 서로 사랑했다면?"

"어떻게 대답해야 할지 어려운 문제로군요. 이제부터 그 점에 대해 얘기해 볼게요. 그렇지만 이상한 느낌이 드는군요. 나 같은 연약한 여자가 당신처럼 현명한 사람에게 어떻게 설명할 수 있을까요? 지금 러시아에서의 삶에, 인간의 삶에 무슨 일이 일어나고 있는지, 그리고 왜 가정이 붕괴되고 있는지, 그 속에 당신의 가정도 내 가정도 포함되지만. 요컨대 사람들에게 문제가 있는 건 아니에요. 성격의 불일치나 애정이 있고 없고 하는. 창조된 모든 것, 복구되고 완성된 모든 축적, 일상생활의 습관과 인간의 보금자리, 질서와 관련된 모든 것, 그 모든 것이 사회 전체의 혁명과 사회 개혁과 함께 무로 돌아가고 말았어요. 모든 일상생활이 근본부터 뒤집히고 파괴되어 버렸어요. 남은 것은 오직 한 가지, 비일상적인 아무짝에도 못 쓸 힘뿐이에요. 그 힘은 발가벗긴 채 입을 것도 빼앗긴 다정한 마음이에요. 그리고 그것만은 하나도 변하지 않았어요. 왜냐하면 이 다정한 마음은, 언제 어느 시대에나 추워서 얼어붙어 오들오들 떨면서, 바로 옆에 있는, 마찬가지로 벌거벗은 외로운 사람들에게 손을 뻗고 있었기 때문이죠. 당신과 나는 마치 최초의 인간인 아담과 이브 같아요. 두 사람은 세상이 시작될 때 몸을 가릴 것이 아무것도 없었고, 또 지금의 우리 또한, 마찬가지로 세계의 종말 속에서 몸에 걸친 것도 살 집도 없이 떨고 있어요. 그리고 당신과 나는 무수한 위대한 것에 대한 추억이에요. 그 위대한 것은 이 세상에서 수천 년에 걸쳐, 그 세월과 우리 사이에서 창조된 것이에요. 그리고 우리는 이 사라진 기적을 기념하기 위해, 지금 호흡하고, 사랑하고, 울고, 그리고 서로 부둥켜안고 서로 달라붙어 있는 거예요."

14

잠시 입을 다문 뒤, 그녀는 더욱 차분한 목소리로 말을 이어 갔다.

"당신에겐 이렇게 말하고 싶어요. 만일 스트렐리니코프가 다시 옛날의 파샤 안티포프로 돌아와 준다면. 만일 그 사람이 광기어린 반역을 그만둬 준다면, 만일 시간을 처음으로 되돌릴 수 있다면, 만일 어딘가 먼 곳에서, 세상 끝에서 우리의 집 창문에 기적처럼 불이 켜지고 파샤의 책상 위에 램프가 켜지고, 책이 놓여 있는 것이 보인다면, 난, 난 이렇게 생각해요, 두 무릎으로 기어서라도 거기로 가고 싶다고요. 모든 것이 내 안에서 날갯짓해요. 난 지나간 과거가 부르는 소리에, 정절(貞節)이 부르는 소리에 무너지고 말 거예요. 난 모든 것을 희생할 거예요. 가장 소중한 것, 당신마저도. 이렇게도 자연스럽고 자유롭고 너무나도 자명한 당신과 나의 친밀함도. 오, 용서하세요. 내가 말하려던 건 그런 것이 아니었어요. 그건 진심이 아니에요!"

그녀는 그의 목에 매달려 격렬하게 흐느껴 울었다. 그러나 그녀는 금방 격정을 누르고 눈물을 닦으면서 말했다.

"그렇지만 이것은 당신을 토냐에게 밀어내는 의무의 목소리이기도 해요. 아, 우리는 왜 이다지도 불쌍할까요! 우리는 도대체 어떻게 될까요? 우리는 어떻게 해야 하죠?"

그녀는 완전히 마음을 가다듬고 나서 말을 이었다.

"하지만 우리의 가정이 왜 붕괴해 버렸는가 하는 당신의 질문에는 아직 대답하지 않았군요. 나중에 가서야 나는 그것을 똑똑히 알았어요. 그걸 얘기할게요. 이건 비단 우리만의 이야기가 아닐 거예요. 그건 다른 수많은 사람들의 운명이기도 하니까요."

"얘기해 봐요, 나의 현명한 사람."

"우리는 전쟁 직전, 그러니까 전쟁이 시작되기 2년 전에 결혼했어요. 우리가 일자리를 얻어 돈을 벌고 집을 장만한 바로 그때 전쟁이 터졌죠. 지금은 확신을 가지고 말할 수 있는데, 그 전쟁이 모든 것의 원인, 그때부터 오늘에 이르기까지 줄곧 우리 세대가 겪고 있는 모든 불행의 원인이에요. 난 소녀 시절을 지금도 잘 기억하고 있어요. 아직은 평화로운 지난 세기의 개념이 유효했던 시대였어요. 이성의 목소리를 믿고 살아갈 수 있었던 시대였죠. 양심의 목소리가 속삭이는 것을 사람들은 마땅하고 필요한 것으로 생각했어요. 한 인간이 다른 인간의 손에 죽는 건 아주 드문 일, 비정상적이고 예외적인 일이었어요. 살인은 연극이나 탐정소설, 신문 사회면에서나 볼 수 있는 일이지, 일상생활 속에서는 절대로 일어나지 않는 일이라고 누구나 생각했죠.

그런데 이 온화하고 소박하고 규칙적인 생활에서, 갑자기 유혈과 통곡의 세계로 도약해서, 집단광기가, 날마다 매시간 되풀이되는 살육이 시작되었고, 그것이 합법적인 행위, 찬미의 대상이 되고 말았어요.

그런 일들이 아무 일 없이 지나갈 리가 있겠어요. 어떻게 그 모든 것이 한꺼번에 무너져 버렸는지는 아마 당신이 나보다 더 잘 기억하고 있을 거예요. 열차 운행도, 도시로의 식량 보급도, 가정생활 전통의 기반도, 의식의 도덕적 규범도."

"계속해요. 당신이 무슨 말을 하려는지 난 알 수 있어. 당신은 모든 것을 참으로 잘 이해하고 있어! 당신 이야기를 들으면 정말 즐거워!"

"그때 우리의 땅 러시아에 허위가 찾아온 거예요. 자기 자신의 의견이 지닌 가치를 믿지 않게 된 것이 애초에 불행이었어요. 그 뒤에 일어난 모든 악의 근원이었죠. 이제 도덕적 직관의 가르침에 따르던 시대는 지나가 버렸다, 지금은 모든 사람이 목소리를 맞춰 함께 노래해야 한다, 억지로 강요된 관념으로 살아가야 한다는 생각이 번진 거예요. 알맹이 없는 미사여구가, 처음에는 제정주의(帝政主義)의 그것에서 시작되어 나중에는 혁명 쪽의 그것이 되어 군림하게 된 거예요.

사회 전체에 번진 이 잘못된 생각에는 모든 것을 삼켜 버리는 전염성이 있어요. 모든 것이 그 영향을 받고 말았죠. 우리의 가정도 그 파멸적인 영향에 저항할 수 없었어요. 가정 안에서 무언가가 흔들리기 시작했어요. 우리의 가정을 가득 채웠던 자유롭고 활달한 공기가 사라지고 어리석은 호언장담이 우리의 대화에 스며들었어요. 판에 박힌 세계적인 주제를 허식적으로 그럴 듯하게 이야기하면서 영리한 체하게 되었던 거예요. 파샤처럼 섬세하고 자기 자신에게 충실한 사람이, 언제나 본질과 겉만 그럴싸한 외관을 어김없이 구별할 수 있었던 사람이, 이처럼 가정에 몰래 숨어든 거짓을 어떻게 알아채지 못하고 놓칠 리가 있겠어요?

그런데 바로 그때 그 사람은 돌이킬 수 없는 운명적인 실수를 저지르고 말았어요. 그 사람은 시대정신, 말하자면 보편적인 사회악을 개인적이고 가정적인 악으로 잘못 받아들인 거예요. 우리의 논의가 부자연스럽고 틀에 박힌 듯이 딱딱해진 것은 자기 탓이다, 자기가 융통성이 없는 상자 속의 사나이*3이기 때문에 그런 것이다, 이렇게 생각해 버린 거예요. 당신은 믿지 못하겠지만, 그런 쓸데없는 일이 부부의 생활에서는 뭔가를 의미할 때가 있어요. 그것이 얼마나 중요한 일이었는지, 그런 어린애 같은 생각 때문에 파샤가 얼마나 어리석은 짓을 하고 말았는지, 당신은 상상도 할 수 없을 거예요.

그 사람은 누가 자기에게 요구한 것도 아닌데, 스스로 전쟁에 나갔어요. 자기의 존재가 우리에게 부담이 되고 있다고 생각하고, 그 부담에서 우리를 벗어나게 해 주려고 그런 짓을 한 거죠. 거기서 그 사람의 광기가 시작되었어요. 그 사람은 어릴 때 방향을 잘못 잡은 어떤 자존심 때문에, 보통 사람들이 아무렇지도 않게 생각하는 인생의 어떤 일에 대해 분노를 터뜨린 거예요. 그는 혁명의 움직임에, 역사에 대해 심통을 부리기 시작한 거지요. 그의 역사와의 불화가 시작된 셈이죠. 그리고 지금도 그 사람은 역사와 싸우고 있어요. 거기서 그의 도전적이고 상궤를 벗어난 행동이 나오고 있는 거예요. 그 사람은 그 어리

*3 체호프의 단편 가운데 같은 이름의 작품이 있다.

석은 야심 때문에 확실히 파멸의 길을 걷고 있어요. 오, 내가 그 사람을 구출할 수만 있다면 얼마나 좋을까요!"

"당신은 믿을 수 없을 만큼 순수하고 강렬하게 그를 사랑하고 있군! 그를 사랑해, 얼마든지 사랑해. 그 사람에 대해서는 난 질투하지 않아, 당신을 방해하지 않겠어."

15

어느새 여름이 찾아왔다가 지나갔다. 의사는 완전히 회복되었다. 머지않아 모스크바로 떠날 생각으로 그는 당분간 세 군데에서 일자리를 잡았다. 화폐가치가 급속히 떨어지고 있어서 몇 가지 일을 해 자금을 확보해야 했다.

의사는 날마다 수탉이 울 때 일어나서 쿠페체스카야 거리로 나가, 영화관 '거인' 옆을 지난 뒤, 지금은 '붉은 식자공'으로 명칭이 바뀐, 이전의 우랄 카자크 군(軍) 인쇄소 쪽으로 내려간다. 고로츠카야 대로 모퉁이에 있는 총무국 문에서는 '청원 접수' 표지판이 그를 맞이한다. 광장을 비스듬히 가로질러 말라야 부야노프카로 나간 다음, 스텐고프 공장을 지나 병원 뒷마당을 가로질러 육군병원 진료소로 들어간다. 그곳이 그의 주된 일터였다.

그가 다니는 길의 절반은, 한길 위에 울창하게 가지를 드리운 나무 그늘로 덮여 있고 그 옆에는 대부분 솜씨를 잔뜩 부린 목조 주택들이 늘어서 있다. 집집마다 뾰족한 삼각 지붕, 격자 담장, 문양을 넣은 대문, 장식테를 두른 덧문이 있었다.

진료소 옆은 전에 여자 상인 고레글랴도바가 남긴 정원이 있는데, 옛 러시아풍의 아담한 건물이 호기심을 불러일으켰다. 옛 모스크바공국 시대 대귀족의 저택처럼 그 집에는 유약을 바른 다면체 타일과 뾰족한 피라미드 모양의 작은 각뿔로 뒤덮여 있었다.

유리 안드레예비치는 열흘에 서너 차례 이 진료소에서 스타라야 미아스카 거리에 있는, 이전의 리게티의 집으로 간다. 거기에 자리잡고 있는 유리아틴 현 보건부의 회의에 출석하기 위해서다.

도시의 정반대 쪽, 아주 멀리 떨어진 지구에 안핌의 아버지 예핌 삼데뱌토프가 시(市)에 기증한 건물이 있었다. 안핌을 낳다가 죽은 아내를 기념해 기증한 것이었다. 전에 이 건물에는 삼데뱌토프가 세운 산부인과 연구소가 자리잡고 있었는데, 지금은 로자 룩셈부르크*[4]를 기념하는 내외과 속성 양성소가 되어 있다. 유리 안드레예비치는 거기서 일반병리학 외에 몇 가지 선택과목 강의를 맡고 있었다.

그가 모든 일을 마치고 한밤중에 지칠 대로 지쳐 고픈 배를 안고 돌아오면, 라리사 표도로브나는 식사 준비를 하고 빨래를 하는 등 집안일에 한창이었다. 머리칼이 헝클어진 채 양쪽 소매를 걷어붙이고 옷자락이 젖어 있는 산문적이고 일상적인 그녀의 모습에서 그는 깜짝 놀라 숨이 막힐 만큼 거룩한 매력을 느끼곤 했다. 무도회에 나가기 직전, 대담하게 앞가슴을 드러낸 셔츠에 옷자락이 바스락거리는 풍성한 스커트를 입고 하이힐을 신어 키가 더욱 훤칠해 보이는 그녀를 보았다 해도 이보다 더 매력을 느낄 순 없었을 것이다.

그녀는 요리를 하고, 빨래를 하고 남은 비눗물로 마루를 닦았다. 어떤 때는 흥분한 기색도 없이 차분하게 자기의 것과 그의 것, 그리고 카테니카의 속옷을 다리거나 수선을 했다. 그런가 하면 식사 준비며 빨래며 청소를 해치우면서 카테니카에게 공부를 가르치기도 했다. 때로는 개혁 뒤의 새로운 학교에 여교사로 복귀하기 위한 준비로서, 자기 자신을 정치적으로 재교육하기 위해 참고서와 씨름하기도 했다.

두 모녀에 대한 애정이 강해지면 강해질수록 그는 오히려 두 사람을 가족처럼 친밀한 존재로 생각하지 않도록 했다. 자기 가족에 대한 의무감과 처자를 배신하고 있다는 아픔이 두 사람과 자신 사이에 더욱 엄격하게 선을 긋게 했던 것이다. 선을 긋는 그의 태도에 라라와 카테니카는 전혀 모욕을 느끼지 않았다. 반대로, 그로서는 이러한 비가족적인 방식이야말로 흉허물 없이 툭 터놓고 지내는 걸 배제한 깊은 존경의 표현이었던 것이다.

이 모순은 언제나 고통스럽고 슬펐지만, 유리 안드레예비치는 가끔 상처가 벌어져 아물지 않는 상태에 익숙해지듯이 그것에 익숙해졌다.

16

그리하여 두세 달이 지났다. 10월 어느 날, 유리 안드레예비치가 라리사 표도로브나에게 말했다.

---

*4 독일의 여류 혁명가, 사회민주당 좌익 급진파.

"아무래도 일을 그만둬야 할 것 같아. 언제나 똑같은 해묵은 일의 되풀이일 뿐이야. 처음에는 더 바랄 수 없을 만큼 만사가 잘되어 나가더니만 말이야. '성실한 일은 언제나 대환영이다. 특히 새로운 사상에 대해서는 더 말할 것도 없다. 어찌 환영하지 않을 수 있겠는가. 잘해 보자. 일하고 싸우고 탐구하는 거야' 하는 생각이었지.

그러나 정작 일을 해 보니까, 사상이니 하는 것은 그저 껍데기일 뿐, 혁명과 최고권력을 찬양하기 위한 말의 장식이었어. 이젠 정말 듣기에도 지겨워. 게다가 난 그 분야의 명인도 아니야.

그런데 어쩌면 그들이 옳을지도 모르지. 물론 난 그들과 의견을 같이할 수는 없지만 말이야. 하지만 난 그들이 영웅이고 빛나는 개성이며, 그런 한편 내가 인간의 어둠과 노예근성을 옹호하는 하찮은 인간이라는 생각에는 타협할 수가 없어. 당신은 니콜라이 베데냐핀이라는 이름을 들은 적 있어?"

"네, 그럼요. 당신과 가까워지기 전에도 들은 적이 있고, 당신도 곧잘 얘기했잖아요. 시모치카 툰세바도 그분 이야기를 자주 해요. 그 여자는 그분의 신봉자예요. 하지만 부끄럽게도 그분의 책은 아직 읽지 않았어요. 난 철학만 다룬 저술은 좋아하지 않아요. 철학이라는 건 예술이나 인생에 대한 소량의 양념 구실을 하는 것으로 족하다고 봐요. 철학에만 골몰하는 것은 겨자만 먹는 것처럼 이상한 느낌이에요. 미안해요, 쓸데없는 이야기로 말허리를 잘라서."

"그렇지 않아, 그 반대야. 나도 같은 의견이야. 내 생각에 아주 가까워. 그래, 외숙부에 대해서는 그 말이 맞아. 어쩌면 난 사실 외숙부에게 나쁜 영향을 받은 건지도 몰라. 그렇지만 그들은 이구동성으로 나를 천재적인 진단의(診斷醫), 천재적인 진단의 하면서 치켜세우고 있잖아. 그리고 실제로 난 좀처럼 오진(誤診)하는 일이 없어. 그러나 실은 바로 그것이 그들에게는 가증스러운 직관이지. 그리고 내가 그 직관에 의해, 마치 단숨에 사물을 파악하는 완전한 인식의 죄를 범하고 있다고 하는 거니 미칠 노릇이지.

나는 주위 환경의 색채에 대한 유기체의 능력에 의해 일어나는 의태 문제에 사로잡혀 있어. 이 색채에 의한 의태에는 내부에서 외부로의 놀라운 이행이 숨겨져 있어.

나는 대담하게 강의에서 그 점을 다뤄 보았지. 그랬더니 당장 '꺼져!'라고 하더군. '관념론이다, 신비주의다, 괴테의 자연철학이다, 신(新)셸링주의다' 하는 말이 이구동성으로 쏟아져 나왔어.
아무래도 그만둬야 할까 봐. 난 현 위생보건부*5와 연구소는 나 스스로 물러나지만, 병원 쪽은 쫓아낼 때까지 버텨 볼 작정이야. 당신을 놀라게 하고 싶지는 않지만, 때때로 당장 오늘내일은 아니더라도 언젠가 체포당할 것 같은 느낌이 들어."

"괜찮아요, 유로치카. 다행히도 아직까지는 그런 일이 없었잖아요. 그렇지만 당신이 옳아요. 조심해서 나쁠 건 없겠죠. 내가 알고 있는 한 새로운 정권이 뿌리를 내릴 때까지는 몇 가지 단계를 거칠 거예요. 첫 번째는 이성의 승리, 비판 정신, 편견에 대한 싸움이죠.
다음에 두 번째 단계가 찾아와요. 공감을 가장하고 '도박에 가담한 동료들'의 어두운 세력이 우위를 차지하죠. 시기, 밀고, 음모, 증오가 횡행하게 돼요. 당신 말대로 우리는 지금 이 두 번째 단계에 있어요.
실례를 멀리서 찾을 것도 없어요. 호다트스코예에서 이전의 정치유형수 두 사람이 이곳 혁명재판소 위원으로 옮겨 왔는데, 둘 다 노동자 출신이에요. 티베르진과 안티포프.
둘 다 나에 대해 잘 알고 있는 사람들로, 한 사람은 남편의 아버지, 그러니까 내 시아버지예요. 사실 이분들이 전임 온 것은 아주 최근의 일인데도, 난 벌써 우리 모녀의 인생이 걱정되어 못 견디겠어요. 무슨 짓을 할지 모르는 사람들이거든요. 안티포프는 나를 싫어해요. 언젠가 그 사람들이 나를, 그리고 파샤까지도 최고의 혁명적 정의니 하는 명분으로 말살하는 일이 일어날 거예요."
이 대화의 결과는 매우 빨리 닥쳐왔다. 마침 그 무렵 진료소 옆에 있는 말라야 부야노프카 거리의 건물 48호실, 과부 고레글랴도바의 집에서 한밤중에 가택수색이 벌어졌다. 수색 결과, 감춰둔 무기가 발견되고 반혁명 조직이 적발되었다. 많은 시민들이 체포되고, 그 뒤에도 가택수색과 체포가 이어졌다. 용의자 일부는 강을 건너 달아났다는 풍문이 떠돌았다. 사람들은 수군거렸다. '달아난들 별 수 있나? 강도 강 나름이지. 만약 볼라고베시첸스크이기나 하다면 아무르 강 이쪽은 소비에트 정권, 건너편은 중국이니까 물로 텀벙 뛰어들어 헤엄쳐 건너면 굿바이, 흔적도 없어. 그래야 진짜 강이라고 할 수 있지. 하지만 여기는

*5 혁명 뒤, 1921~22년 무렵까지 현은 주로 이름이 바뀌고 행정구획도 바뀌었으나, 여기서는 제정 때부터의 습관을 좇아 현이라고 부르고 있음.

사정이 전혀 달라.'

"어수선해졌어요." 라라가 말했다. "우리가 안전할 수 있는 시기는 끝난 것 같아요. 당신이나 나나 틀림없이 체포당할 거예요. 그렇게 되면 카테니카는 어떻게 되는 거죠? 나도 어머니예요. 그 불행을 피하기 위해 뭔가 손을 써야 해요. 그 해결책을 준비해 둬야 해요. 생각만 해도 머리가 돌 것 같아요."

"생각해 보기로 합시다. 하지만 이런 판국에 무슨 방법이 있을까. 우리가 그 일격을 미리 막을 수 있을까? 이건 운명이라고밖에 할 수 없어."

"아무 데도 달아날 곳이 없어요. 그렇지만 어딘지 사람들 눈에 띄지 않는 데에 틀어박혀 숨을 죽이고 있을 수는 있어요. 이를테면 바르이키노로 가는 거예요. 난 가끔 바르이키노의 집을 생각해요. 꽤 멀고 황폐해질 대로 황폐해져 있지만, 거기라면 여기처럼 사람들 눈에 띄는 일은 없을 거예요. 겨울이 다가오고 있어요. 거기서 겨울을 날 준비는 내가 할게요. 우리에게 손이 뻗칠 때까지 끈질기게 1년 동안 더 버틸 수 있어요. 그렇게만 되면 괜찮을 거예요. 시내와의 연락은 삼데뱌토프가 도와 줄 거예요. 아마 우리를 숨겨 주는 데 동의해 줄지도 몰라요. 어때요, 당신 생각은? 분명히 거기라면 지금 아무도 없고 텅 비어 있어 아주 음산할 거예요. 적어도 내가 3월에 갔을 때는 그랬어요. 더구나 늑대도 나온다고 해서 무서워요. 하지만 지금은 인간이, 그중에서도 특히 안티포프나 티베르진 같은 인간이 늑대보다 더 무서워요."

"어떻게 말해야 할지 모르겠군. 빨리 모스크바로 가라, 출발을 늦추지 말라고 언제나 나를 몰아세웠던 건 당신이었잖아. 이제는 여행도 훨씬 쉬워졌어. 역에 가서 알아보았지. 암상인에 대해서도 눈을 감아 주고 있는 것 같고, 무임승차하는 사람도 열차에서 끌어내지는 않는 모양이야. 사살하는 데도 지친 거지, 좀 덜해졌어.

모스크바에 아무리 편지를 보내도 답장이 오지 않아 걱정이야. 어떻게든지 그리로 가서 가족의 안부를 알아봐야겠어. 당신도 늘 나에게 말했던 일이잖아. 그런데 당신이 지금 바르이키노에 대해 이야기하는 것을 도대체 내가 어떻게 받아들여야 하나. 설마 당신 혼자서 그런 무섭고 쓸쓸한 데로 간다는 것은 아니겠지?"

"물론이에요, 당신이 없으면 물론 생각도 할 수 없는 일이죠."

"그러면서 나를 모스크바로 쫓아 보내려는 거야?"

"그래요, 반드시 그렇게 해야 해요."
"이러면 어떨까? 좋은 계획이 있는데, 모스크바로 같이 가지. 카테니카도 데리고 나와 같이 떠나."
"모스크바로요? 정신 나갔군요! 뭐하러요? 안 돼요, 난 남아 있어야 해요. 여기 어디 근처에서 기다리고 있어야 해요. 여기서 파샤의 운명이 결정될 거예요. 그가 나를 필요로 하면 금방 뛰어갈 수 있는 여기서 그의 운명을 기다리고 있어야 해요."
"그럼 카테니카의 장래는 어떻게 되는 거지?"
"이따금 시무슈카가 찾아오고 있어요, 시마 툰세바 말이에요. 며칠 전에 당신과 이야기했잖아요."
"그랬지. 당신한테 찾아오는 것을 자주 봤어."
"정말 놀랐어요. 남자들의 눈은 도대체 어디에 붙어 있는지 모르겠어요. 내가 당신이라면 난 틀림없이 그 사람에게 반했을 거예요. 정말 멋진 사람이에요! 인물도 정말 좋아요! 키도 크고 몸매도 좋고, 총명하고 박식해요. 선량하고 분별심도 있어요."
"이곳으로 도망쳐 온 날, 그 사람의 언니가 면도를 해 주었어, 재봉사인 글라피라 말이야."
"알고 있어요. 그 자매들은, 사서로 일하고 있는 맨 큰언니 아브도차와 함께 살고 있어요. 성실하고 부지런한 가족이죠. 만일의 경우에는, 그러니까 당신과 내가 끌려가거나 할 때는 카테니카를 그 자매에게 부탁해 볼 생각이에요. 아직 결심한 건 아니지만."
"그렇지만 그건 정말로 막다른 골목에 다다랐을 때의 이야기야. 그렇게까지 되려면 아직도 멀었어."
"시마는 머리가 어떻게 조금 이상해진 것이 아니냐는 이야기가 있어요. 분명히 그 사람은 완전히 정상적인 여자라고는 할 수 없어요. 그렇지만 그건 그 사람이 아주 깊이가 있고 독창적인 사람이기 때문이에요. 그 사람은 아주 교양이 있어요. 하지만 그건 지식인의 교양이 아니라 민중적인 교양이죠. 그 사람과 당신의 사상에는 놀랄 만큼 공통점이 있어요. 그 사람에게라면 마음 놓고 카테니카의 양육을 맡길 수 있을 것 같아요."

17

그는 다시 한 번 역으로 가 보았으나 아무것도 얻지 못하고 빈손으로 돌아왔다. 모든 것이 미진한 채로 남아 있었다. 그도 라라도 언제 어떻게 될지 한 치 앞도 내다볼 수 없었다. 첫눈이라도 내릴 것처럼 어둡고 추운 날이었다. 길게 뻗은 한길보다도 더 넓게 바라보이는, 네거리 위의 하늘에서는 벌써 겨울빛이 느껴지고 있었다.

유리 안드레예비치가 집에 돌아와 보니 라라에게 손님이 와 있었다. 두 사람이 주고받는 대화에는 손님이 주부에게 강의를 하고 있는 듯한 느낌이 있었다. 유리 안드레예비치는 여자들을 방해하고 싶지 않았다. 게다가 잠시 혼자 있고 싶었다. 여자들은 옆방에서 이야기를 나누고 있었다. 방문이 그녀들 쪽으로 조금 열려 있었다. 문에는 문틀에서 마룻바닥까지 커튼이 쳐져 있었는데, 그 커튼 너머로 여자들의 이야기가 또렷이 들려왔다.

"내가 바느질을 해도 신경 쓰지 마세요, 시모치카. 온몸으로 듣고 있으니까요. 옛날에 학교에서 역사와 철학 강의를 들은 적이 있어요. 당신 생각은 정말 내 마음에 꼭 와 닿아요. 게다가 당신 이야기를 듣고 있으면 마음이 편안해져요. 요새는 여러 가지로 걱정이 많아서 잠도 제대로 자지 못해요. 우리에게 만약의 일이 있을 경우 카테니카를 그 불행한 위험에서 구해 내는 것이 엄마인 내가 할 일이죠. 그 아이에 대해서 진지하게 생각해 둬야 해요. 그런 일에서는 난 그다지 강하지 않아요. 그걸 생각하면 우울해지죠. 이렇게 우울해지는 건 피로와 수면 부족 탓도 있겠죠. 당신 이야기를 듣고 있으면 마음이 가라앉아요. 게다가 또 금방이라도 눈이 내릴 것 같군요. 눈이 오는 날, 지적인 긴 이야기를 듣는 건 정말 즐거운 일이죠. 눈이 내릴 때 문득 창문을 바라보면, 마치 누군가가 마당으로 걸어 들어오는 것 같은 느낌이 들거든요. 자, 강의를 시작하세요, 시모치카. 들을 테니까요."

"지난번에 어디까지 이야기했더라?"

유리 안드레예비치에게는 라라가 뭐라고 대답했는지 들리지 않았다.

"문화니 시대니 하는 말을 쓸 수도 있어요. 그렇지만 이런 말들은 사람에 따라 해석이 갖가지예요. 그런 모호한 말은 혼란을 일으킬 우려가 있으니까 쓰지 말기로 하고 다른 표현으로 바꿀게요.

나는요, 인간은 두 가지 요소로 이루어져 있다고 말하고 싶어요. 즉 신(神)

과 일로 말이지요. 인간정신의 발달은 꽤 오랜 기간에 걸쳐 성취된 개개의 일로 성립되어 있다고 생각해요. 그 일들이 여러 세대의 사람들에 의해 실현되어, 하나가 또 하나의 뒤를 이어 왔지요. 이집트가 그런 일의 하나였고, 그리스도도 그런 일의 하나였어요. 예언자들의 성서 속의 신에 대한 인식 또한 그런 일의 하나였어요. 그런 일 가운데서 시대적으로 가장 새롭고 그것에 대체될 것이 아직 아무것도 없으며, 영감에 의해 모든 현대인에게 작용하고 있는 일—그것이 그리스도교예요.

나는 당신에게 그리스도교가 이 세상에 가져다 준 새로운 미증유의 것을 신선한 그대로, 당신이 알고 있고 익숙한 것이 아닌 예기치 못한 방법으로 더욱 소박하고 더욱 직접적으로 제시하려 해요. 기도서 가운데서 몇 가지 단편을, 얼마 되지도 않지만 그것마저 간략한 형태로 인용해 보겠어요.

송가(頌歌)의 대부분은 구약과 신약의 표상을 나란히 잇고 있지요. 구약 세계의 상황, 이를테면 타지 않는 떨기나무, 이스라엘 백성의 이집트 탈출, 불타고 있는 아궁이 속 어린아이들, 고래 배 속에 들어간 요나, 이런 것들과 대비되고 있는 것이 신약의 세계, 이를테면 성모 수태와 그리스도의 부활에 대한 표상이에요.

그 표상들이 빈번하게, 끊임없이 중첩되어 있기에 구약의 예스러움, 신약의 새로움, 그리고 그 둘의 차이가 한결 또렷하게 드러나죠.

송가에는 성모마리아의 처녀잉태와 유대인이 홍해를 건넌 것을 견주는 대목이 정말 많아요. 이를테면 '흑해의 수면에는 이따금 처녀인 신부의 모습이 비치도다'*[6]라는 송가에는 '이스라엘 백성이 건넌 뒤 바다는 닫히고, 임마누엘*[7]을 낳은 뒤 순결한 동정녀는 더러워지지 않았도다'라는 말이 있어요. 다시 말해 바다는 이스라엘 백성이 건넌 뒤 다시는 건널 수 없게 되었고, 동정녀는 주님을 낳은 뒤에도 여전히 순결했다는 거지요. 이 대비 속에는 어떤 사건이 놓여 있을까요? 양쪽 다 초자연적인 사건이에요. 양쪽 다 기적으로 인정되고 있는 사건이지요. 그러면 이처럼 서로 다른 시대, 가장 오래된 시대, 태고 시대

---

*6 러시아 정교회의 기도서 4장 성모 송가의 다섯 번째 노래에 있으며, 원문에도 흑해라는 말이 씌어 있음.

*7 히브리어로 '임마누엘'은 '하느님께서 우리와 함께 계시다'는 뜻이며, 예수의 히브리어 호칭으로 되어 있음. 〈마태복음〉 1장 23절 참조.

가, 그리고 훨씬 뒤의 새로운 로마 시대가, 도대체 어떤 것을 기적으로 보았을까요?

하나는, 민족의 지도자인 족장 모세가 마법의 지팡이를 한 번 휘두르면서 명령을 내리자 바다가 둘로 갈라지고 한 민족 전체, 몇십만 명이나 되는 방대한 수의 사람들을 지나가게 했다는 것, 그 마지막 사람이 지나가자 바다는 다시 닫혀 뒤쫓아 오던 이집트인들을 삼켜 익사하게 했다는 거예요. 이러한 정경은 고대 정신에 부합되고 있어요. 마술사의 목소리에 순순히 따르는 대자연의 힘, 로마 원정군을 연상시키는 무수한 사람들, 민중과 지도자 등등, 모든 것이 생생하게 눈에 보이고 귀에 들려 그야말로 압도당할 것 같아요.

또 하나는 한 처녀, 고대 세계 같으면 돌아다보지도 않았을 평범한 한 처녀가 몰래 한 아기에게 생명을 주고, 이 세상에 생명을 가져다 주어, 생명의 기적을, 만인의 생명을 가져다 주는데, 나중에 이것은 '만인의 생명'이라 불리게 돼요. 그녀의 출산은 학자들에게서 혼외의 불법적인 것으로 간주되었어요. 그리고 이 출산은 자연의 법칙에도 어긋난 것이지요. 그녀는 필연의 힘에 의해서가 아니라 기적에 의해, 영감에 따라 자식을 낳은 거예요. 그것이 바로 범용함에 대해서는 독자성을, 일상성에 대해서는 축제를 대치하는 복음서가, 모든 강제에 맞서 생명을 건설하고자 하는 영감이었던 거예요.

얼마나 거대한 의미의 전환일까요! 어찌하여 하늘에는(왜냐하면 이 모든 것은 하늘의 눈으로 평가되어야 하고, 하늘의 면전에서, 유일하고 거룩한 틀 속에서 이루어지기 때문이에요), 어찌하여 하늘에는 고대(古代)의 관점에서 보면 그야말로 보잘것없는 개인적인 인간의 상황이 민족대이동과 같은 가치를 가지는 것으로 비쳤을까요?

그리하여 이 세상에 어떤 움직임이 생겨났어요. 로마가 끝나고, 수(數)의 지배가 끝났어요. 무기의 힘에 의해 개개인뿐만 아니라 주민 모두가 가축 무리처럼 똑같이 살아야 하는 의무가 끝난 거지요.

그것을 대신해 등장한 것이 개인과 자유의 설교였지요. 개개인의 인간으로서의 삶이 신의 이야기가 되고, 그 내용으로 전우주의 공간을 가득 채우게 된 거예요. 수태 고지절*8 노래의 하나에서 불리고 있듯이 아담은 신이 되려 했

*8 구력 3월 25일로, 성경에서 가브리엘 천사가 마리아에게 예수의 잉태를 알린 것을 기념하는 날. 러시아에서는 이날, 새를 새장에서 날려 보내는 풍습이 있다.

다가 잘못을 저질러 신이 되지는 못했지만, 지금은 아담을 신으로 만들기 위해 신이 인간이 되는 거예요('아담을 인간으로 만들기 위해 신이 인간이 되다')."

시마의 얘기는 계속되었다.

"같은 테마로 좀 더 얘기할게요. 잠시 얘기를 벗어날 거예요. 근로자들을 염려하고 모성을 보호하고 권력과 싸우고 하는 점에서는, 우리의 혁명 시대는 영원히 잊을 수 없는 미증유의 시대로, 후세에 영원히 남을 업적을 이룩했어요. 지금 한창 뿌리를 내리고 있는 인생에 대한 이해나 행복의 철학에 대해 말하자면, 그것은 진지하게 이야기되고 있기는 하지만 우스꽝스럽기 짝이 없는 지난 시대의 유물이고 전혀 믿을 수 없어요. 지도자들과 민중에 대한 미사여구는, 만일 그것이 삶을 거꾸로 되돌려 놓고 역사를 몇천 년 전으로 뒷걸음질 치게 할 힘을 가지고 있다면, 우리를 유목민과 족장들의 구약성서 시대로 되돌려 놓게 될 거예요. 하지만 다행히도 그것은 불가능해요.

그리스도와 막달라 마리아에 대해 잠시 얘기하겠어요. 이건 그녀에 대해 적혀 있는 복음서의 이야기가 아니라 부활절 전 수난주간의, 화요일이나 수요일이지 싶은데, 그때의 기도에 있는 말이에요. 하지만 라리사 표도로브나, 내가 말하지 않아도 당신도 잘 알고 있을 거예요. 난 다만 당신에게 조금 상기시키고 싶을 뿐이고, 가르칠 생각은 전혀 없어요.

'스트라스티[정열]'라는 말은, 슬라브어에서는 당신도 잘 알다시피, 무엇보다 먼저 고뇌라는 의미예요. 주의 스트라스티, '속박 없는 스트라스티로 나아가시는 주여'(스스로 고뇌로 나아가는 주여)라고 하는 것처럼 말이지요. 그리고 이 말은 나중에 러시아어에서는 성적 방종이나 육욕의 의미로 연결돼요. '나의 넋은 가축처럼 스트라스티의 노예가 되어'라느니 '낙원에서 쫓겨난 뒤 나의 스트라스티를 억누르려고 노력하노니' 하고요. 내가 몹시 타락한 여자라서 그런 건지도 모르지만, 관능의 억제와 금욕에 바쳐진 이런 경향의 기도 문구를 나는 좋아하지 않아요. 난 이처럼 조악하고 평범한 기도는, 다른 종교 경전의 고유한 시정(詩情)이 없고 배가 불룩 나오고 개기름이 번들번들한 수도사들이 지은 거라고 늘 생각해요. 하지만 문제는 그들 자신이 계율을 어기는 생활을 하면서 다른 사람들을 속여 온 데 있는 것이 아니에요. 수도사들은 자기네 양심에 따라 살면 그만이지요. 문제는 그들에게 있는 것이 아니라 그 기도문의 내용에 있어요. 이러한 한탄의 말은 육체의 갖가지 결함, 몸이 살쪘는가, 아니면 말랐는가 하는 것에 필요 없는 의미를 부여하고 있어요. 그게 불쾌하다는 거예요. 여기서는 뭔가 불결하고 본질적이지 않은 이의적(二義的)인 것이, 본디 있지도 않은 높이로 치켜 올려져 있어요. 미안해요, 내가 그만 중요한 얘기를 미루고 말았군요. 옆길로 빗나간 것에 대해 곧 당신에게 보상하겠어요.

나는 늘 궁금했어요, 어째서 막달라 마리아에 대한 언급이 부활절 바로 전날, 그리스도의 죽음과 부활의 경계에 놓여 있는 것일까요? 그 이유는 모르지만, 생명과 이별하는 순간, 그리고 생명이 부활하기 직전에 생명이란 무엇인가 하는 것을 화제에 올리는 것은 참으로 시의에 딱 들어맞는 것이라고 생각해요. 그런데 그처럼 화제에 올리는 것이 얼마나 실제적인 스트라스티로 솔직하게 이루어지고 있는가 하는 것이 문제예요.

그녀가 막달라의 마리아인지, 이집트의 마리아인지, 아니면 또 다른 마리아인지에 대해서는 논란이 있지만, 그것이 누구이건 아무튼 마리아는 주께 이렇게 말했어요.

'내 머리털을 풀듯이 내 빚을 풀어 주옵소서', 즉 '내가 머리털을 풀듯이 내 죄를 용서해 주옵소서'라는 뜻이에요. 용서와 회한의 갈망이 얼마나 훌륭히 물질로 표현되어 있는지요! 마치 손으로 만질 수도 있을 것 같아요.

이와 비슷한 외침이 같은 날*[9]을 위한 다른 성가에도 더욱 상세하게 들어 있는데, 거기서는 의심할 여지없이 막달라 마리아에 대해 얘기되어 있지요.

거기서 마리아는 자기의 과거를, 몸에 밴 이전의 버릇 때문에 밤마다 몸뚱이를 불태우는 괴로움을, 무서우리만치 생생하게 한탄하고 있어요. '오, 밤은 억누를 수 없는 음욕의 불길로 나를 불태우며 달빛도 없는 암흑의 죄악인 정욕으로써 나를 괴롭히도다.' 그녀는 그리스도에게, 자기 회한의 눈물을 받아들여 주고, 그 깨끗한 발을 머리카락으로 씻기 위해 자기 마음으로부터의 한숨에 귀를 기울여 달라고 청원했던 거지요. 그런데 그 머리카락의 소리 속에는 마찬가지로 낙원에서 망연자실한 채 부끄러워한 이브가 숨어 있어요. '깨끗한 당신의 발에 입을 맞추며 내 머리털로 발을 닦으리로다. 그러면 낙원의 이브, 대낮의 소음에 귀가 먹으며 두려워서 몸을 숨기리라.' 그리고 이 머리카락 이야기에 이어 갑자기 찢어지는 듯한 탄식의 외침이 일어나요. '나의 수많은 죄

---

*9 성화요일.

를, 당신의 운명의 심연을, 그 누가 헤아릴 수 있으리오?' 신과 생명, 신과 개인, 신과 여성은 얼마나 친밀한가요, 얼마나 평등한가요!"

18

유리 안드레예비치는 역에 나갔다가 지쳐서 돌아왔다. 이 날은 열흘마다 돌아오는 그의 휴일이었다. 여느 때 같으면 이런 휴일에는 다음 주를 위해 실컷 잠을 잤을 것이다. 그는 소파에 기대고 앉아, 이따금 비스듬히 눕거나 그렇지 않으면 완전히 몸을 죽 뻗고 누워 있었다. 갑자기 쏟아지는 졸음 속에서 시마의 목소리에 귀를 기울이고 있는 그에게 그녀의 이야기는 큰 기쁨을 주었다. '물론 이건 전부 콜랴 아저씨의 말을 그대로 말하는 것이지만'—그는 생각했다. '그나저나 정말 재능이 많고 현명한 여자다!'

그는 소파에서 벌떡 일어나 창가로 갔다. 라라와 시무슈카가 지금 작은 목소리로 속삭이고 있는 옆방과 마찬가지로 이 방의 창문도 마당으로 나 있었다.

날씨가 급변하고 있었다. 마당은 어두웠다. 까치 두 마리가 마당에 날아들어, 어디에 앉을지 장소를 찾으며 빙빙 돌았다. 바람에 까치의 깃털이 가볍게 떨면서 부풀어 올랐다. 까치는 먼저 쓰레기통 뚜껑 위에 내려앉았다가 곧이어 땅바닥에 내려와 마당을 돌아다녔다.

'까치는 눈이 내릴 징조지.'—의사는 생각했다. 바로 그때 두꺼운 커튼 뒤에서 말소리가 들려왔다.

"까치는 소식이 있을 징조예요."—시마가 라라에게 말하고 있었다. "당신한테 손님이 찾아오거나, 아니면 편지가 올 거예요."

잠시 뒤, 밖에서 철사에 매달아 둔 초인종이 울렸다. 고장이 나서 유리 안드레예비치가 고친 지 얼마 안 되는 초인종이다. 라리사 표도로브나가 커튼 뒤에서 나와 종종걸음으로 현관문을 열러 갔다. 유리 안드레예비치는 그녀가 문간에 서서 얘기하는 목소리를 통해 시마의 언니인 글라피라 세베리노바가 찾아왔음을 알았다.

"동생을 데리러 오신 건가요?" 라리사 표도로브나가 물었다. "시무슈카가 와 있어요."

"아니에요, 동생을 데리러 온 건 아니에요. 하지만 뭐, 집으로 돌아가려던 참이었으면 같이 가도 되죠. 그런데 난 전혀 딴 일로 왔어요. 당신 친구에게 온 편지를 가져왔죠. 내가 전에 우체국에 근무했던 것이 다행이에요. 몇 사람의 손을 거쳐 마지막으로 아는 사람을 통해 내 손에 들어온 거예요. 모스크바에서 왔더군요. 다섯 달이나 걸렸어요. 수취인을 찾지 못해서 그래요. 하지만 난 그가 누구인지 알고 있으니까요. 전에 면도를 해 준 적이 있거든요."

꼬기작꼬기작 구겨지고 손때가 묻어 있으며, 뜯어져서 누더기가 되다시피 한 여러 장의 긴 편지는 토냐한테서 온 것이었다. 의사가 미처 의식하기도 전에 편지는 그의 손에 쥐어져 있었고, 그는 라라가 자기에게 봉투를 건네 준 것도 알지 못했다. 편지를 읽기 시작했을 때만 해도 의사는 아직 자기가 어느 도시에 있으며 누구의 집에 있는지 의식하고 있었으나, 편지를 읽어나가는 동안 그 의식이 차츰 멀어져 갔다. 시마가 나와서 그에게 작별인사를 했다. 그는 기계적으로 대답했을 뿐, 그녀에게 주의를 기울이지 않았다. 그녀가 돌아간 것도 그의 의식에는 없었다. 그는 차츰 자기가 어디에 있고, 자기 주위가 어떻게 되어 있는지 완전히 잊어버렸다.

'유라'—안토니나 알렉산드로브나가 그에게 쓰고 있었다. '우리에게 딸이 생긴 것을 알고 있어요? 돌아가신 당신 어머니 마리야 니콜라예브나의 이름을 따서 세례명은 마샤라고 지었어요.

이제 완전히 다른 소식을 전하겠어요, 입헌 민주당과 우파 사회당의 몇몇 유명한 사회활동가와 교수들이 러시아에서 국외로 쫓겨나게 되었어요. 멜리구노프, 키제베테르, 쿠스코바와 그 밖의 몇 사람, 그리고 니콜라이 알렉산드로비치 그로메코 숙부, 아버지와 그 가족인 우리도요.

이건—특히 당신이 없다는 점에서 매우 불행한 일이지만 따르지 않을 수 없겠죠. 이처럼 무서운 시대에 이렇게 너그러운 추방에 그친 것에 대해 신께 감사해야겠죠. 훨씬 더 나쁘게 될 수도 있었잖아요. 만약 당신을 찾아서 여기에 함께 있다면 같이 갈 수 있을 텐데, 그나저나 지금 당신은 어디에 계세요? 이 편지는 안티포바 씨의 주소로 부칩니다. 혹시라도 당신을 찾게 되면 전해주겠죠. 다행히 신의 은총으로 나중에 당신을 찾았을 때 우리 가족의 한 사람으로 당신도 출국 허가를 받을 수 있을지 어떨지 몰라서 무척 걱정돼요. 나는 당신이 살아 있어서 언젠가는 만날 수 있을 거라고 믿고 있어요. 사랑하는 내 마음이 나에게 그렇게 귀띔하고 있고, 나는 그 목소리를 믿고 있어요. 당신이 발견되고 러시아의 사정이 완화될 무렵에는, 틀림없이 당신 자신이 국외로 나갈 수 있는 특별 허가를 얻을 수 있을지도 몰라요. 그렇게 되면 우리는 다시 한자리에 모이겠죠. 하지만 이렇게 쓰고 있으면서도 그런 꿈 같은 행복이 실현되리라고는 나 자신도 믿지 못하고 있어요.

무엇보다 슬픈 것은, 나는 당신을 사랑하고 있는데 당신은 나를 사랑하고 있지 않다는 점이에요. 나는 이러한 선언의 의미를 찾아내어 그것을 해석하고, 어쩔 수 없는 일이라고 인정하도록 노력하면서, 나 자신의 마음속을 파헤쳐 나의 모든 인생을, 그리고 내가 나 자신에 대해 알고 있는 모든 것을 돌이켜보며 점검하고 있지만, 그것이 어떻게 시작되었는지 좀처럼 모르겠고, 도대체 내가 무엇을 어떻게 했기에 내 몸에 이 같은 불행이 닥쳤는지 아무리 해도 알 수가 없어요. 아무래도 당신이 나를 오해하고 있는 듯한 느낌이 들어요. 당신은 나를 비뚤어진 눈으로 보고 있어요, 나를 일그러진 거울에 비춰 보고 있어요.

그래도 나는 당신을 사랑하고 있어요. 아, 당신을 얼마나 사랑하고 있는지, 당신이 그것을 상상할 수만 있다면! 나는 사랑하고 있어요, 당신의 남다른 점을 모두, 좋은 것이든 나쁜 것이든 모두, 당신의 평범하면서도 특별한 결합에 의한 모든 소중한 측면을, 그게 없었으면 틀림없이 추하게 생각되었겠지만 그 내면이 배어 나오고 있는 듯한 기품 있는 얼굴을, 강한 의지가 보이지 않는 점을 보완해 주는 듯한 당신의 재능과 총명함을. 나에게는 그 모든 것이 더할 나위 없이 소중해요, 나는 당신보다 뛰어난 사람은 보지 못했어요.

그렇지만 말이에요, 내가 당신에게 무슨 말을 하려는지 아세요? 예컨대 당신이 나에게 이렇게까지 소중한 존재가 아니고, 내가 이렇게까지 당신을 좋아하지 않는다 하더라도, 나의 사랑이 식었다는 슬픈 진실을 깨닫지 못하고 마음으로는 언제나 당신을 사랑하고 있다고 생각하겠지요. 당신을 사랑하지 않는다는 것이 얼마나 굴욕적이고 비참한 벌인가 하는 것만 두려워한 나머지, 무의식적으로 내가 당신을 사랑하고 있지 않다는 걸 깨닫는 것을 피하겠지요. 나나 당신이나 그 사실을 알지 못할 거예요. 나 자신의 마음이 나에게서 진실을 감추겠죠. 왜냐하면 사랑하지 않는다는 것은 사람을 죽이는 것과 거의 같고, 나는 누구에게도 그런 타격을 주는 건 견디지 못할 테니까요.

비록 아직까지는 최종적으로 결정된 것은 아무것도 없지만, 우리는 아마 파리로 갈 겁니다. 당신이 어렸을 때 따라갔던 먼 나라, 아버지와 숙부님이 자랐던 나라로 가게 될 거예요. 아버지께서 당신에게 안부를 전해 달라 하셔요. 슈라는 많이 자랐어요. 미남은 아니지만 실팍한 사내아이로 자라, 당신 얘기만 나오면 언제나 울음을 터뜨려서 좀처럼 달랠 수가 없어요. 더 이상 쓸 수가 없군요. 눈물로 심장이 터질 것 같아요. 그럼 안녕히. 끝없는 이별, 고난, 미지를 위해, 당신의 어둡고 기나긴 여로를 위해 당신에게 축복의 성호를 긋게 해 주세요. 나는 당신을 조금도 원망하거나 비난하지 않아요, 당신이 원하는 대로, 다만 당신에게 원하는 자신의 인생을 살아가 주세요.

그 무섭고 파멸적인 우랄을 떠나기 전에, 나는 매우 짧은 동안이기는 하지만 라리사 표도로브나와 알고 지냈습니다. 그녀에게 감사를 전해 주세요. 그녀는 내가 힘들었을 때 언제나 곁에 있어 주었고, 해산할 때도 나를 도와 주었어요. 그녀가 훌륭한 사람이라고 진심으로 인정해야 하지만, 솔직히 말하면 나와는 정반대되는 사람이에요. 나는 인생을 단순히 살며 올바른 길을 찾으려고 이 세상에 태어났지만, 그 사람은 인생을 복잡하게 살며 정도(正道)에서 벗어나기 위해 태어났어요.

이제 그만 써야겠어요, 여기서 끝내야겠어요. 편지를 가지러 왔고, 이제 떠날 준비를 해야겠어요. 아, 유라, 유라, 사랑하는 사람, 나의 소중한 사람, 나의 남편, 우리 아이들의 아버지, 도대체 어쩌다 이렇게 되었을까요? 우리는 이제 다시는, 다시는 만나지 못하게 돼 버렸잖아요. 지금 나는 이렇게 쓰고 있지만 당신은 그 말뜻을 이해하셨나요? 당신은 이해하시겠어요? 정말 이해하시겠어요? 나를 재촉하고 있군요, 마치 이제부터 나를 형장으로 끌고 가려는 것처럼. 유라! 유라!'

유리 안드레예비치는 편지에서 눈물 한 방울 없는 멍한 눈을 들었다. 슬픔으로 말라 버리고 괴로움에 짓이겨진 눈이었다. 그는 주위의 아무것도 보지 못하고 아무것도 의식하지 못했다.

창밖에는 눈이 내리고 있었다. 바람이 공중에서 눈을 옆으로 날려 보내고 있었고, 눈은 차츰 빨리, 차츰 많이 내리기 시작했다. 마치 끊임없이 뭔가를 메우려고 서두르고 있는 것 같았다. 눈앞의 창밖을 바라보는 유리 안드레예비치의 눈에는, 마치 눈이 내리고 있는 것이 아니라 아직도 토냐의 편지를 계속 읽고 있으며, 눈앞을 어른거리며 잇따라 지나가는 것은 조그맣고 메마른 눈의 결정이 아니라 빼곡하게 쓴 가늘고 검은 글자 사이의, 하얀 종이의 좁은 행간이, 하얗게, 하얗게, 끝없이 언제까지나 이어지고 있는 것처럼 보였다.

유리 안드레예비치는 무의식적으로 신음을 내며 가슴팍을 움켜잡았다. 그는 정신을 잃고 쓰러지는 자신을 느끼며 몇 발짝 비틀거리는 걸음으로 소파로 걸어간 뒤 그대로 소파 위에 쓰러져 정신을 잃었다.

제14장
다시 바르이키노에서

1

겨울이 왔다. 함박눈이 펑펑 쏟아지고 있었다. 유리 안드레예비치는 병원에서 돌아왔다.

"코마롭스키가 왔어요." 그를 맞으러 나온 라라가 쉰 목소리로 침울하게 말했다. 그녀는 호되게 얻어맞기라도 한 것처럼 넋이 나간 모습이었다.

"어디에? 누구를 찾아서? 지금 여기에 있어?"

"아니에요, 물론. 오전에 찾아왔어요, 저녁에 다시 오겠대요. 곧 나타날 거예요. 당신에게 할 이야기가 있대요."

"무슨 일로 왔을까?"

"그 사람의 이야기를 들었지만 무슨 소린지 잘 모르겠어요. 극동으로 가는 길에 우리를 만나러 일부러 길을 돌아 유리아틴에 들렀다고 하는데, 당신과 파샤를 만나기 위해서래요. 당신들 두 사람에 대한 이야기를 꽤 많이 했어요. 그 사람 말로는, 우리 세 사람, 즉 당신과 파샤와 나는 생사와 관련된 위험한 상황에 놓여 있는데, 그 사람이 시키는 대로 하면 살아날 수 있다는 거예요. 자기가 우리를 구할 수 있다나요."

"나는 나가겠어. 그를 만나고 싶지 않아."

라라는 와락 울음을 터뜨리더니 의사 앞에 무릎을 꿇고 그의 두 다리를 껴안으며 얼굴을 묻으려고 했으나, 그는 억지로 그녀를 부둥켜안아 일으켰다.

"나를 봐서라도 있어 주세요, 부탁이에요. 그 사람과 단둘이 있는 것이 두려워서 그러는 건 아니에요. 그렇지만 차마 같이 있을 수가 없어요. 부탁이에요, 제발 그 사람과 단둘이 있게 하지 말아 주세요. 게다가 그 사람은 실제적이고 노련한 사람이에요. 어쩌면 실제로 무언가 좋은 조언을 해 줄지도 몰라요. 당신이 그 사람을 혐오하는 건 당연해요. 하지만 제발 꾹 참고 좀 있어 주세요."

"정말 어떻게 된 거야, 당신? 마음을 가라앉혀요. 무슨 짓을 하려는 거야? 무릎을 꿇는 짓은 그만둬. 자, 일어나서 기운을 내요. 악마의 유혹 따윈 떨쳐 버리라고. 그 작자는 당신을 평생 두려움에 떨게 하는군. 내가 있잖아. 만일 필요하다면, 당신이 말하기만 하면 그자를 죽여 줄 수도 있어."

30분쯤 지나자 해가 졌다. 완전히 어두워졌다. 지난 반년 동안 마룻바닥의 쥐구멍은 어디나 모두 막혀 있었다. 유리 안드레예비치가 새 구멍이 생기는 족족 판자로 막아 버렸기 때문이다. 털이 북슬북슬한 커다란 고양이도 키우고 있었다. 이 고양이는 늘 가만히 앉아 수수께끼 같은 명상에 빠져 있을 뿐이었다. 쥐들은 집을 나간 것은 아니지만, 한결 더 조심스러워졌다.

코마롭스키를 기다리는 동안, 라리사 표도로브나는 배급받은 흑빵을 썰어서 찐 감자 몇 개와 함께 접시에 담아 테이블에 두었다. 전 집주인이 식당으로 쓰던 방이 그대로 있어서 거기서 손님을 맞기로 했다. 그 방에는 커다란 떡갈나무 식탁과, 마찬가지로 검은 떡갈나무로 만든 어두운 색의 묵직한 대형 식기장이 있었다. 식탁 위에는 피마자 기름병에 심지를 드리운 의사의 휴대용 램프가 타고 있었다.

코마롭스키는 한길에 쏟아져 내리고 있는 눈을 온몸에 뒤집어쓴 모습으로 섣달의 어둠 속에서 나타났다. 그의 모피외투, 모피모자, 덧신에서 눈이 쏟아져 내려 마루 위에서 녹아 물이 고였다. 전에는 수염을 기르지 않았는데 지금은 콧수염과 구레나룻을 자라는 대로 내버려 두어, 거기에 붙었던 눈이 녹자 마치 어릿광대의 수염처럼 보였다. 그는 조금도 해진 데가 없는 양복을 입고 있고, 줄무늬 바지에는 줄이 서 있었다. 인사를 하기 전에 그는 먼저 주머니에서 작은 빗을 꺼내 젖고 헝클어진 머리를 잘 빗고, 젖은 콧수염과 눈썹을 손수건으로 문질렀다. 그리고 말없이 의미심장한 표정으로 양손을 동시에, 왼손은 라리사 표도로브나에게, 오른손은 유리 안드레예비치에게 내밀었다.

"서로 아는 사이라고 봐도 되겠지요." 그는 유리 안드레예비치에게 말했다. "당신도 알고 있겠지만, 난 아버님과 잘 아는 사이였소. 내 품에서 숨을 거두셨지. 아까부터 당신을 보면서 어딘지 닮은 데가 없나 하고 찾고 있었는데, 아무래도 아버님을 닮지는 않은 것 같군요. 그는 호방한 성품이었소. 한번 마음먹으면 냅다 해치우는 성격이었지. 얼굴만 보면 어머니를 닮았군. 상냥한 여성이었소. 몽상가였고."

"라리사 표도로브나가 당신 이야기를 들어 보라고 부탁하더군요. 나에게 무슨 용건이 있으시다고요. 그래서 응낙하기는 했지만, 나로서는 그다지 내키지 않습니다. 나는 내 쪽에서 당신과 알고 지내고 싶은 마음도 없고, 당신과 아는 사이라고 생각하지도 않습니다. 그러니까 얼른 용건으로 들어갑시다. 무슨 일이시죠?"

"인사나 좀 합시다, 친애하는 두 분. 나는 모든 것을 완전히 이해하고 있어요. 모든 것을 철저하게 알고 있소. 실례의 말이지만, 두 사람은 참으로 잘 어울리는군요. 정말 잘 조화를 이룬 최고의 한 쌍이오."

"말씀은 고맙지만 더 이상 들을 수가 없군요. 아무 상관도 없는 일에 끼어들지 말아 주세요. 당신에게 공감 같은 건 바라지 않습니다. 자기 자신을 잊고 계시군요."

"그렇게 발끈할 일이 아니오, 젊은 양반. 아니, 그러고 보니 오히려 아버님을 닮은 것 같군. 아버님도 성질이 불 같으셨지, 이만저만 급하지 않았소. 그래요, 그래, 당신의 용서를 구하고 당신들을 축복하고 싶소, 내 자식과 다름없는 당신들에게. 하지만 유감스럽게도 당신들은 말뿐만 아니라 실제로 아무것도 이해하지 못하고, 무엇 하나 생각하지 않는 철부지 어린아이들이오. 나는 이곳에 온 지 딱 이틀밖에 되지 않았는데도, 당신들에 대해서는 당신 자신들이 알고 있는 것보다도 더 많이 알고 있어요. 당신들은 스스로 알아채지 못하면서 절벽 가장자리를 걷고 있소. 위험을 벗어나기 위해서 무슨 대책을 세우지 않으면 자유는커녕 목숨마저 잃어버릴 수 있어요.

공산주의적 스타일이라는 것이 있어요. 그 기준에 딱 들어맞는 사람은 그렇게 많지 않아요. 그렇지만 유리 안드레예비치, 당신처럼 이렇게 공공연히 삶의 방식과 사고에 대해 그 스타일을 깨고 있는 사람은 없어요. 왜 그렇게까지 쓸데없이 자극을 주는 건지 난 이해하기 어렵구려. 당신은—이 세계를 비웃고 모욕하고 있소. 그것이 당신만 아는 비밀로 그친다면 몰라도 이곳에는 모스크바에서 온 유력자들이 있어요. 당신의 속마음을 그 사람들은 훤히 알고 있어요. 당신들 두 사람은 이곳에 있는 정의의 여신 테미스의 신관들에게는 영 비위에 맞지 않아요. 안티포프와 티베르진 동무는 라리사 표도로브나와 당신에게 엄니를 드러내고 있어요. 당신은 남자요. 말하자면 자유분방한 카자크라고 할 수 있소. 무모한 짓을 하고, 자기의 생명을 가지고 노는 것은 당신의 신성한 권리요. 그러나 라리사 표도로브나는 자유로운 사람이 아니오. 그녀는 어머니요. 자식의 생명, 어린아이의 운명이 이 사람에게 달려 있어요. 그녀는 공상에 빠져 구름 위에서 노닐고 있을 처지가 아니란 말이오.

나는 아침나절 내내 입이 아프게 이곳의 사정을 좀 더 진지하게 생각하도록 설득하고 충고했지만, 이 사람은 내 말을 귀담아들으려고 하지 않아요. 그러니 당신도 한마디 거들어, 라리사 표도로브나가 말을 듣도록 해 주시오. 이 사람에게는 카테니카의 안전을 경시할 권리가 없어요, 내 생각을 무시해서는 안 될 거요."

"나는 지금까지 내 의견을 남에게 강요한 적이 한 번도 없습니다. 더구나 가까운 사람에게는 더 말할 것도 없어요. 라리사 표도로브나가 당신의 말을 듣고 안 듣고는 그 사람 자유이고, 그녀의 문제입니다. 게다가 또 나는 도대체 무슨 이야기인지도 전혀 모릅니다. 당신의 의견이라는 것이 어떤 것인지 나는 전혀 몰라요."

"이런, 당신은 갈수록 아버님을 연상시키는군. 그 양반도 당신처럼 완고하고 얘기가 통하지 않았소. 그렇다면 본론으로 들어가지요. 그렇지만 이건 매우 복잡한 이야기니까 꼭 참고 끝까지 들어 주시오.

지금 상부에서는 큰 전환을 준비하고 있소. 아니, 아니, 이건 절대적으로 믿을 만한 데서 나온 정보니까 의심하지 않아도 돼요. 더욱 민주주의적 궤도로 옮겨가 전체의 법 질서를 수정하겠다는 거요. 그것도 아주 가까운 장래에.

그러나 바로 그 결과로 폐지 대상이 된 징벌 기관은 최후를 앞두고 극도로 흉포해져서, 지방에서 그 원한을 풀려고 서두르고 있소. 유리 안드레예비치, 이제 당신의 말살은 시간문제입니다. 요주의자 명단에도 이름이 올라 있어요. 이것은 농담이 아니라 내 눈으로 직접 본 것이니 믿어도 돼요. 늦기 전에 살 길을 생각해야 합니다.

하지만 이건 아직 서론에 지나지 않아요. 이제부터 본론으로 들어가겠소.

지금 태평양 연안 지역에서는 전복된 임시정부와 해산당한 제헌회의에 충성을 맹세한 정치세력들이 결집하고 있어요. 국회의원, 사회활동가, 옛 지방자치기관의 가장 저명한 의원들, 미완실업가, 기업주들. 그리고 백군의 의용군 장군들도 거기에 잔존 병력을 집결하고 있소.

소비에트정권은 이 극동 공화국의 성립을 못 본 척하고 있어요. 변경에 그런 공화국이 생기는 것은 적화(赤化) 시베리아와 외부세계 사이의 완충지대가 되기 때문에 소비에트정권으로서도 잘된 일이지. 이 공화국 정부는 연립정권이 될 거고, 각료 의석의 반 이상은 공산주의자들 손에 넘어갈 거요. 그건 기회가 오면 그들의 도움으로 쿠데타를 일으켜 공화국을 손아귀에 넣기 위한 것이오. 그들의 뱃속은 훤히 들여다보이지만, 문제는 오직 하나, 남겨진 시간을 어떻게 활용할 것인가 하는 데 있어요.

나는 혁명 전에 블라디보스토크에서 아르하로프, 메르쿨로프 형제와 그 밖의 상사(商社)와 은행의 소송을 다룬 적이 있어요. 그쪽에서는 나를 잘 알고 있지요. 그래서 내각을 조직 중인 정부에서 특사가 찾아와 반은 비밀리에, 반은 소비에트 정권이 묵인하는 가운데, 나에게 극동정부의 법무상 자리에 초빙하겠다고 찾아왔어요. 나는 그것을 승낙하고 지금 그곳으로 가는 중이오. 방금 말한 것처럼, 이건 모두 소비에트 정권의 묵인 아래 진행되고 있지만, 그다지 공공연한 일은 아니라서 이 일에 대해서는 이러고저러고 떠벌려서는 안 되오.

나는 당신과 라리사 표도로브나를 함께 데리고 갈 수 있어요. 거기서라면 당신은 바다를 건너 손쉽게 가족에게 갈 수 있을 거요. 물론 그들의 추방에 대해서는 이미 알고 있을 거고. 세상을 떠들썩하게 한 사건이었소, 지금도 모스크바에서는 이 추방 이야기로 시끄러울 정도지. 라리사 표도로브나에게는 파벨 파블로비치를 위험에서 구해 주겠노라고 약속했소. 독립된 합법적인 정부의 일원으로서 나는 동시베리아에서 스트렐리니코프를 찾아내어 우리의 자치령으로 넘어오도록 원조할 생각이오. 만일 그 사람이 도망쳐 나오지 못할 때는, 내가 동맹국이 억류하고 있는 자들 가운데 모스크바 중앙정부에 필요한 인물과 교환할 것을 제의하겠소."

라리사 표도로브나는 이야기의 내용을 겨우 따라가고 있었으나, 그 의미는 아직 이해하지 못하고 있었다. 그러나 의사와 스트렐리니코프의 안전에 대해 언급한 코마롭스키의 마지막 말에, 그녀는 자기와는 상관없다는 듯 방관하고 있던 침묵을 깨고, 귀를 종긋 세우고 얼굴을 살짝 붉히면서 끼어들었다.

"유로치카, 이 계획이 당신이나 파샤에게 얼마나 중요한지 이해하시겠어요?"

"이봐, 당신은 너무 쉽게 사람을 믿으려 들어. 이제 겨우 계획에 지나지 않는 것을 실현된 것으로 받아들여선 안 돼. 빅토르 이폴리토비치가 의식적으로 우리를 속이고 있다는 얘기는 아니야. 하지만 이건 아직 완전한 공중누각이잖아! 그런데 빅토르 이폴리토비치, 나도 몇 마디 하겠습니다. 내 운명을 걱정해 주시는 건 고맙지만, 설마 내가 그녀를 당신에게 맡길 거라고 생각하시는 건 아니겠죠? 스트렐리니코프에 대해 당신이 염려해 주시는 것에 대해서는 라라가 생각해야 할 일입니다."

"문제의 핵심이 뭐라고 생각해요? 우리가 이 사람이 제안한 대로 함께 갈 것인지, 안 갈 것인지 하는 문제일 따름이에요. 당신을 떼어 놓고 나 혼자 가지는 않을 거라는 걸 잘 아시잖아요."

코마롭스키는 유리 안드레예비치가 진료소에서 가지고 와 식탁 위에 내놓은 희석한 보드카에 자주 손을 내밀고 감자를 먹으면서 차츰 취해 가고 있었다.

2

벌써 밤이었다. 이따금 불탄 심지를 떼어 주면 심지는 파지직거리면서 타올라 방 안을 밝게 비췄다. 이윽고 모든 것은 다시 어둠 속에 잠겼다. 주인들은 졸음이 쏟아졌고, 단둘이서 할 이야기도 있었다. 그런데 코마롭스키는 아직 돌아갈 기색이 없었다. 그가 있는 것만으로도, 육중한 떡갈나무 식기장이며 창밖의 얼어붙은 섣달의 어둠처럼 방 안을 답답하게 압박하는 느낌이었다.

그는 두 사람 쪽을 보는 것이 아니라, 두 사람 머리 너머 어느 한 점을, 취기가 돌아 동그랗게 뜬 눈으로 가만히 바라보고 있었다. 그리고 졸린 듯 꼬부라진 혀로 똑같은 말을 끝도 없이 늘어놓았다. 극동이 지금 그의 이야기에 가장 자주 나오는 단어였다. 그 이야기를 장황하게 되새김질하면서 라라와 의사에게 몽골의 정치적 의의에 대한 자기의 의견을 피력했다.

유리 안드레예비치와 라리사 표도로브나는 어쩌다가 이야기가 몽골 쪽으로 비약해 버렸는지 그 연관성을 도무지 파악할 수가 없었다. 몽골 이야기로 어떻게 옮겨 갔는지 놓쳤기에, 두 사람은 더욱더 이 상관없는 주제가 지루하게만 느껴졌다.

코마롭스키가 말했다.

"흔히들 말하고 있듯이, 시베리아는 무진장한 가능성을 안고 있는 새로운 아메리카라고 할 수 있소. 그건 위대한 러시아 미래의 요람이고, 러시아의 민주화와 번영과 정치적인 건전화의 보장이오. 그러나 그보다도 더욱 매력적인 가능성을 지니고 있는 것은 극동에 있는 우리의 위대한 이웃 외몽골의 미래라오. 그것에 대해 뭐 알고 있는 것 있소? 당신들은 귀를 기울이지 않고 하품을 하고 눈만 깜박거리고 있으면서도 부끄럽지 않은 모양이군. 하지만 이건 10억 5천만 평방베르스타의 광대한 면적에 무한한 지하자원이 잠자고 있는 선사시대의 처녀지란 말이오. 중국이고 일본이고 미국이고 죄다 여기에 손을 뻗으려고 호시탐탐 노리고 있소. 물론 그 경우 우리 러시아의 권익은 손실을 입게 되겠지. 이 지구의 머나먼 한쪽 구석에서 세력권을 어떻게 분할하든 러시아의 권익은 모든 당사국이 인정하고 있기는 하지만.

중국은 몽골의 봉건적 신권정치의 후진성을 이용해서, 몽골의 라마교 승려와 귀족들에게 영향력을 행사하고 있소. 일본은 그곳의 농노제 지지자들인 왕족—몽골어로는 호슌을 발판으로 삼고 있어요. 공산주의인 적색 러시아는 함첼스, 다시 말해 몽골의 반란 유목민연합과 동맹을 맺고 있소. 나로 말할 것 같으면, 나는 몽골이, 자유선거를 통해 선출된 후룰타이*[1]가 통치하는 실제로 행복한 나라가 되는 모습을 보고 싶소. 개인적으로 우리를 끌어당기는 점은 이런 거요. 즉 몽골의 국경에 한 걸음 발을 들여놓으면 당신들의 발밑은 자유이고, 당신들은 새처럼 자유로워질 거라는 것."

두 사람과는 아무 관계도 없는 화제를 넌더리가 날 만큼 장황하게 늘어놓는 바람에 라리사 표도로브나는 끝내 화가 나고 말았다. 도저히 참을 수 없을 만큼 이어지는 지루함에 지쳐 버린 그녀는 마침내 결연히 코마롭스키에게 작별의 손을 내밀고, 불쾌한 기분을 숨기지 않고 노골적으로 적의를 드러내며 말했다.

"너무 늦었어요. 이젠 돌아가 주셔야겠어요. 자야 할 시간이에요."

"날 이렇게 냉대하지 마시오. 설마 이 시간에 나를 바깥으로 내쫓으려는 건 아니겠지. 이 밤중에 불빛도 없는 낯선 도시에서 길을 찾을 수 있을지 자신이 없소."

"좀 더 일찍 그런 것을 생각하고 이렇게까지 오래 눌러앉아 있지 마셨어야지요. 당신을 붙잡은 사람이 있는 것도 아니고."

---

*1 몽골의회.

"오, 왜 그렇게까지 매정하게 말하는 거지? 숙소는 어떻게 정했는가 하는 것쯤 물어봄직도 한데."

"전혀 관심 없어요. 이런 말에 모욕을 느낄 분도 아니지만. 설사 당신이 묵고 싶어 해도 나와 카테니카가 자는 방에 당신을 재울 수는 없어요. 그리고 다른 방들은 쥐가 있어서 안 돼요."

"나는 쥐 따위는 두렵지 않소."

"그럼, 알아서 하세요."

3

"당신, 무슨 일 있소? 벌써 며칠째 한숨도 자지 않고 음식에는 전혀 손도 대지 않은 채 실성한 사람처럼 온종일 돌아다니고 있잖아."

"병원에서 수위 이조트가 또 찾아왔어요. 그 사람, 이 집의 세탁부와 사이가 좋잖아요. 그래서 여기도 일부러 잠깐 들러 위로의 말을 해 주고 갔어요. 무서운 비밀을 가르쳐 주겠다는 거예요. 당신의 구금은 피할 수 없다, 기다리고 있는 수밖에 없다, 당장 오늘내일은 아니라도 끌려간다, 그리고 그 다음은 가엾게도 내 차례래요. 내가 어디서 그런 얘길 들었냐고 물었더니, 틀림없는 데서 들었으니 믿어도 된다, 폴칸*2에서 나온 이야기다. 폴칸이라는 건, 당신도 짐작하겠지만 이스폴콤(집행위원회)을 두고 한 말인가 봐요."

라리사 표도로브나와 의사는 한바탕 크게 웃었다.

"그 사람 말이 옳아. 드디어 위험이 문앞까지 와 있는 셈이군. 당장이라도 사라져야겠어. 문제는 어디로 갈 것인가 하는 것뿐이야. 모스크바로 달아나는 건 생각할 것도 없어. 그러자면 떠날 준비가 너무 복잡해서 금방 눈치챌 거니까. 아무튼 아무도 모르게 비밀리에 해야 해. 소중한 사람, 이건 어때? 당신 생각을 실행하기로 하지. 얼마 동안은 지하로 들어가 모습을 감춰야 하는데, 기왕이면 바르이키노가 좋겠어. 한 보름이나 한 달쯤 그곳에 머뭅시다."

"고마워요, 정말 고마워요. 오, 이렇게 기쁠 수가! 그런 결정을 내리기가 얼마나 어려웠을지 잘 알아요. 하지만 당신 집으로 가자는 건 아니에요. 거기서 산다는 건 당신에게는 생각도 할 수 없는 일일 테니까요. 텅 빈 방을 보기만 해

---

*2 러시아 전설상의 반신반견 괴물.

도 마음에 걸리고 여러 가지 생각이 떠오르겠죠. 내가 모를 줄 아세요? 그건 타인의 고통 위에 행복을 쌓는 짓이고 당신 마음속의 소중하고 신성한 것을 짓밟는 짓이에요. 당신에게 그런 희생을 치르게 할 생각은 털끝만큼도 없어요. 게다가 문제는 그뿐만이 아니에요. 당신 집은 아주 망가질 대로 망가져서 방을 쓸 수 있는 상태로 손을 보는 건 거의 무리예요. 나는 비어 있는 미쿨리친 씨네 집을 생각하고 있었어요."

"그것도 옳은 말이야. 배려해 줘서 고맙군. 하지만 조금만 기다려. 줄곧 물어봐야겠다고 생각하면서도 잊곤 했어. 코마롭스키는 어디에 있지? 아직도 이곳에 있는 거야, 아니면 떠난 거야? 내가 그 작자하고 말다툼을 하다가 계단에서 떠밀어 버리고 난 뒤로는 아무 얘기도 듣지 못했는데."

"나도 아무것도 몰라요. 알 게 뭐예요. 왜 그 사람 걱정을 하는 거죠?"

"그의 제안에 대해 우리는 저마다 다르게 대응했어야 하지 않았나 하는 생각이 자꾸 들어. 우리는 서로 처지가 같지 않거든. 당신은 딸을 보호해야 할 입장에 있어. 설사 당신은 나와 함께 파멸의 길을 가고 싶더라도 그렇게 해서는 안 되는 처지야.

어쨌든 바르이키노 이야기로 돌아가자고. 물론 한겨울에 식량도 없고 힘도 없고 희망도 없이 그 황량한 벽지로 가는 건 이만저만 미친 짓이 아니지. 하지만 나의 소중한 사람, 우리에게 이 무분별한 짓 외에 아무것도 남아 있지 않다면, 이 무분별한 짓을 감행하는 수밖에 없어. 다시 한 번 고개 숙이는 거야. 안핌한테서 말을 한 필 빌리자고. 그리고 그 사람이 거래하는 암상인에게서 밀가루하고 감자를 구합시다. 그것도 아무런 보증 없이 신용으로 빌리는 거야. 그리고 우리에게 호의를 베풀었다고 해서 금방 바르이키노로 찾아오지 말고, 꼭 말을 돌려받아야 할 필요에 쫓길 경우에만 찾아오도록 그 사람을 설득하자고. 잠시 우리끼리만 사는 거야. 나의 소중한 사람, 갑시다. 그리고 집의 창문과 문틀을 뜯어서 일주일 동안 장작으로 씁시다. 아껴 쓰면 꼬박 1년은 땔 수 있는 장작을 일주일 동안에 때는 거야.

이거 또 버릇이 나왔군. 흥분해서 중언부언해서 미안해. 이렇게 어리석은 감상이 없이 당신과 이야기할 수 있다면 얼마나 좋을까! 하지만 우리에겐 이제 실제로 선택의 여지가 없어. 파멸은, 그것을 뭐라고 부르든, 사실 우리의 문을 두드리고 있다고나 할까. 우리가 자유롭게 지낼 수 있는 시간은 불과 며칠밖에

되지 않아. 그러니까 그것을 우리 나름대로 마음껏 쓰는 거야. 인생과의 송별을 위해, 이별 전의 마지막 시간을 위해 그것을 유효하게 쓰자고. 우리에게 소중했던 모든 것에, 우리가 길들어 온 관념에, 우리가 그렇게 살기를 꿈꾸었고 양심이 우리에게 가르쳐 준 모든 것에 작별을 고합시다. 수많은 희망에 작별을 고하고, 서로에 대해 작별을 고하는 거야. 한 번 더 아시아의 대양의 이름*3 처럼 위대하고 잔잔한 밤의 밀어를 나눕시다. 나의 숨겨진 금단의 천사, 당신이 내 인생 최후에, 전쟁과 혁명의 하늘 아래 나와 함께 있는 것은 까닭이 없는 일이 아니야. 당신은 먼 옛날, 내 소년 시절의 평화로운 하늘 아래에서 지금과 마찬가지로 내 인생의 시작 때 만난 사람이기 때문이야.

당신은 그날 밤 여자 고전중학교의 졸업반으로, 커피색 제복을 입고 변두리 호텔방의 어두컴컴한 곳에 있었지. 그때도 당신은 지금의 당신과 조금도 다르지 않았어, 그리고 지금과 마찬가지로 입이 다물어지지 않을 만큼 아름다웠어.

그 뒤 나는 인생 속에서 가끔, 그때 당신이 나의 내부에 불러일으켰던 매혹의 세계를, 그 서서히 퇴색해 가는 빛과 사라져 가는 소리를 정의하고 명명하려고 시도했어. 그때 이후 그것은 당신 덕분에 나의 전 존재 속에 흘러들어와 이 세상의 다른 모든 것을 통찰할 수 있는 열쇠가 되었지.

당신이 여학생 제복을 입은 모습이 방 안쪽의 어둠에서 그림자처럼 떠올랐을 때, 소년인 나는 당신에 대해 아무것도 모르면서도 당신에게 끌려들어 가는 힘을 괴롭게 느끼면서 확실히 깨달았어. 이 연약하고 여윈 소녀는, 이 세상에서 생각할 수 있는 모든 여성적인 것으로 마치 전기처럼 한도까지 충전되어 있다는 걸. 만일 이 소녀에게 가까이 다가가거나 손가락 하나라도 건드리면, 한순간 섬광이 방 안을 대낮처럼 비추고 나는 그 자리에서 곧바로 감전되어 죽거나, 한평생 그 불꽃에 자석처럼 끌려가서 그 무거운 짐과 슬픔으로 충전될 거라고. 내 온몸은 눈물로 넘치고, 나는 온몸의 내부에 빛을 번뜩이며 울고 있었지. 소년인 내가 못 견디게 가엾었고, 그 이상으로 소녀인 당신이 가엾었어. 나의 전존재는 경악하면서 이렇게 물었지. 만일 사랑하는 것과 여성의 자력을 흡수하는 것이 이토록 괴로운 일이라면, 여자가 되는 것, 자력이 되는 것, 사랑을 일깨워 주는 것은 얼마나 더 괴로운 일일까 하고.

---

*3 태평양을 말함.

드디어 이렇게 털어놓아 버리고 말았군. 이것으로 미치광이가 되어도 좋아. 난 온몸으로 미쳐 있어."

몸이 좋지 않은 라리사 표도로브나는 입은 옷 그대로 침대 가장자리에 누워 있었다. 그녀는 몸을 웅크리고 누워 숄을 두르고 있었다. 유리 안드레예비치는 그 옆의 의자에 앉아 한 번 길게 사이를 둔 뒤 다시 조용조용히 말을 이어갔다. 라리사 표도로브나는 이따금 팔꿈치를 짚고 몸을 약간 일으켜, 손으로 턱을 괴고는 입을 크게 벌린 채 유리 안드레예비치의 얼굴을 바라보았다. 이따금 그의 어깨에 몸을 꼭 붙이고 눈물이 흐르는 것도 의식하지 못한 채 행복에 겨워 조용히 흐느껴 울었다. 마침내 그녀는 침대 가장자리 밖으로 몸을 내밀어 그를 그러안고 기쁨에 차서 속삭였다.

"유로치카! 유로치카! 당신은 정말로 총명한 사람이에요! 당신은 모든 것을 알고 있고, 모든 것을 꿰뚫어 보아요. 유로치카, 당신은 나의 성채, 나의 피란처, 그리고 나의 확신이에요. 내가 이렇게 말해도 하느님은 모독으로 생각하지 않고 용서해 주시겠죠? 아, 난 얼마나 행복한 사람인가요! 나의 소중한 사람, 네, 갑시다, 가요. 거기에 도착하면 내가 불안하게 생각하고 있는 것을 얘기하겠어요."

그는 그녀가, 어쩌면 아닐지도 모르지만, 자신이 임신한 사실을 넌지시 내비치고 있는 거라고 판단하고 이렇게 말했다.

"알고 있어."

4

그들은 희끄무레한 잿빛 겨울 아침에 도시를 떠났다. 평일이었다. 한길에는 사람들이 저마다의 일로 오가고 있었다. 아는 사람들을 자주 마주쳤다. 바닥이 울퉁불퉁한 네거리의 낡은 급수장에서는 집에 우물이 없는 주민들이 물통과 멜대를 옆에 놓고 줄을 서서 차례를 기다리고 있었다. 의사는 누르께한 잿빛 털이 오글오글하고 땅딸막한 시베리아종 사브라스카가 앞으로 내달리려는 것을 고삐로 제어하면서, 무리 지어 있는 주부들을 조심스럽게 우회했다. 썰매를 조금 빨리 몰면, 흘린 물이 얼어붙어 뭉긋하게 올라온 포도에서 옆으로 미끄러지면서 인도로 넘어가, 가로등이며 인도의 갓돌에 부딪히곤 했다.

한길을 걸어가고 있던 삼데뱌토프를 전속력으로 달려 따라잡은 뒤, 그가 자신들과 자기 말을 알아보았는지, 그리고 뒤쫓아 오면서 뭐라고 소리치지 않는지 뒤돌아보고 확인하지도 않고 그대로 지나갔다. 다른 곳에서는 코마롭스키를 앞질렀는데, 아직도 유리아틴에 있구나 생각했을 뿐 인사도 나누지 않았다.

글라피라 툰세바가 반대쪽 인도에서 큰 소리로 외쳤다.

"어제 떠났다고들 하던데, 사람들 얘기는 믿을 수가 없단 말이야. 감자를 사러 가는 거예요?" 그리고 대답이 들리지 않는지 한 손을 내젓더니, 여행 잘하라는 듯이 뒤에서 손을 흔들었다.

시마를 만나서 언덕 위의 불편한 장소에서 멈추려고 했으나 말을 세우기가 여간 어렵지 않았다. 그렇잖아도 자꾸만 내달리는 말을 통제하기 위해 줄곧 고삐를 세게 잡아당기고 있어야 했다. 위에서 아래까지 숄 두세 장으로 몸을 감싸고 있는 그녀의 모습은 추위에 얼어붙은 통나무처럼 보였다. 무릎이 구부러지지 않는 뻣뻣한 다리로 포도 한가운데까지 다가온 그녀는, 작별인사를 하며 행운을 빌어 주었다.

"돌아오시면 드릴 말씀이 있어요, 유리 안드레예비치."

마침내 시내를 빠져나왔다. 겨울에도 이 길을 다닌 적이 없지 않지만, 그가 기억하고 있는 것은 오직 여름 길이었기에 지금은 초행길처럼 낯설었다.

식량이 담긴 자루와 그 밖의 짐은 건초 속에 깊이 넣어, 썰매 앞부분의 활목(滑木) 끝 쪽에 밀어넣고 단단히 잡아매어 두었다. 유리 안드레예비치는 이 고장에서는 코쇼프카라 불리는—낙낙하고 폭이 넓은 썰매 밑바닥에 무릎을 짚고 서거나, 썰매 가장자리에 옆으로 앉아 삼데뱌토프에게서 얻은 펠트장화를 신은 두 발을 밖으로 늘어뜨린 채 말을 몰았다.

한낮이 지나, 해가 질 때까지는 아직 멀었는데 벌써 해가 기울어지고 있는 듯한 느낌이 들자, 유리 안드레예비치는 조랑말에 사정없이 채찍질을 했다. 말은 쏜살처럼 질주했다. 코쇼프카는 수레바퀴 자국이 깊게 팬 눈길을 보트처럼 떴다 가라앉았다 하면서 달려갔다. 카차와 라라는 모피 외투를 입고 있어서 몸놀림이 둔했다. 길이 옆으로 기울어져 있거나 푹 꺼져 있는 데서는 비명을 지르고 깔깔 웃어대면서 썰매 한쪽 끝에서 다른 쪽 끝으로 굴러가 굼뜬 가마니처럼 건초 속에 처박혔다. 이따금 의사는 일부러 한쪽의 활목을 눈 더미 위로 올라가게 해 썰매가 옆으로 넘어지게 해서 라라와 카차를 눈 속에 내팽개치곤 했다. 물론 전혀 다칠 일은 없었고 장난삼아 한 짓이었다. 그는 몇 걸음

주르륵 말고삐에 끌려 갔다가 조랑말을 세워 썰매를 본디대로 되돌려 놓았다. 그러면 눈을 털고 썰매에 다시 올라탄 라라와 카차는 웃다가 화를 냈다가 하면서 눈을 흘겼다.

"내가 빨치산에게 붙잡힌 곳을 가르쳐 주지." 시내에서 꽤 멀리 떨어진 데서 의사는 두 사람에게 약속했지만, 벌거벗은 겨울 숲, 죽음 같은 정적, 게다가 주위에 아무것도 없어서 식별할 수 없는 장소로 변해 있었기에 약속을 지킬 수가 없었다. "아, 여기다!" 잠시 뒤 그가 소리쳤다. 눈밭에 서 있는 모로와 베트친킨의 첫 번째 광고탑을 빨치산에게 붙잡혔던 숲 속의 두 번째 광고탑으로 잘못 본 것이었다. 그 광고탑은 사크마 분기점이 있는 숲의 같은 장소에 그대로 남아 있었다. 그들이 그 옆을 질주했을 때는, 눈을 어른거리게 하는 짙은 서리의 격자무늬가 검은빛과 은빛으로 숲을 정교하게 뒤덮고 있어서 미처 못 보고 지나치고 말았다.

나는 듯이 달려 아직 해가 지기 전에 바르이키노에 들어간 그들은, 전의 지바고네 집에서 썰매를 세웠다. 미쿨리친 씨네 집에 가는 길에 지바고 네 집이 있기 때문이었다. 약탈자처럼 우르르 집 안으로 들어갔지만 금방 밤이 될 터였다. 집안은 벌써 컴컴했다. 서둘러야 해서, 부서지고 지저분해진 집안 꼴을 유리 안드레예비치는 절반도 살펴보지 못했다. 눈에 익은 가구의 일부는 아직 온전했다. 바르이키노는 버려진 상태였고, 더 이상 그것을 철저하게 손상할 사람은 아무도 남아 있지 않았다. 가족의 소유물은 하나도 눈에 띄지 않았다. 가족이 떠날 때 그는 여기에 있지 않았으므로, 그들이 무엇을 가져가고 무엇을 두고 갔는지 알 리가 없었다. 옆에서 라라가 말했다.

"서둘러야 해요. 금방 밤이 돼요. 감상에 젖어 있을 겨를이 없어요. 만일 여기서 살 것 같으면 말은 광에, 식량은 현관에, 우리는 이 방에 자리를 잡아야죠. 하지만 난 반대예요. 우리는 그것에 대해 충분히 얘기를 나눴어요. 당신 마음만 무거워질 뿐이고, 그렇게 되면 내 마음도 그럴 거예요. 여기는 무엇이 있었죠, 당신의 침실? 아니군요, 어린아이 방이에요. 당신 아들의 침대가 있어요. 카차에게는 작겠어요. 그래도 창문은 완전하고 벽과 천장도 금이 가지 않았네요. 게다가 이 멀쩡한 난로. 지난번에 왔을 때 난 이 난로에 감탄하고 말았죠. 만일 당신이 꼭 여기 있겠다고 우긴다면, 내 의견은 반대지만, 그때는 난 외투를 벗고 당장 일을 시작하겠어요. 가장 먼저 난로에 불부터 지펴야죠. 불을 때고, 때고, 계속 때는 거예요. 첫날은 밤낮으로 불을 꺼뜨리지 말고 때야 해요. 그런데 나의 다정한 사람, 왜 그래요. 아무 말도 하지 않고."

"아니, 아무것도 아니야. 미안해. 당신 말이 맞아, 역시 미쿨리친 씨네 집을 보러 가는 게 낫겠어."

그들은 다시 썰매를 몰았다.

5

미쿨리친 씨네 집 문에는 빗장에 자물쇠가 잠겨 있었다. 유리 안드레예비치는 오랫동안 씨름한 끝에 가까스로, 나사못에 붙어 함께 떨어져 나온 판자째로 자물쇠를 잡아뗐다. 지바고네 집에서와 마찬가지로 서둘러 뛰어 들어가면서, 외투도 모자도 벗지 않고 펠트장화를 신은 채 방에 들어갔다.

맨 먼저 눈에 띈 것은 집 안 구석구석에 놓여 있는 물건들이 참으로 잘 정돈되어 있다는 인상이었는데, 이를테면 아베르키 스테파노비치의 서재가 그랬다. 이곳에는 누군가가 살고 있었던 것 같았다, 그것도 아주 최근까지. 도대체 누구일까? 만일 주인 내외이거나 그 한 사람이라면 어디로 몸을 숨겨 버린 것일까? 그리고 왜 현관문에는 홈을 파서 끼운 자물쇠가 아니라 일부러 맹꽁이자물통을 채워 놓은 것일까? 또 만일 주인 내외가 여기서 오랫동안 살고 있었다면 왜 집 안이 모두 치워져 있지 않고 아주 일부만 치워져 있는 것일까? 아무리 봐도 이건 미쿨리친 씨 부부는 아니라는 생각이 들었다. 그렇다면 도대체 누구일까? 의사와 라라는 이 알 수 없는 일에 불안을 느끼지는 않았다. 그들은 그런 일에 골머리를 썩이지는 않았다. 요즘은 가재도구의 절반을 도둑맞은 빈집이 적지 않았다. 쫓겨다니면서 숨어 있는 사람들도 많지 않을까? '수배를 받고 있는 백군 장교일 가능성이 있다'고 두 사람은 결론을 내렸다. "돌아오면 이야기를 하고 함께 지내는 거야."

전에도 그랬듯이 유리 안드레예비치는 이번에도 서재의 문지방 위에 못 박힌 것처럼 서서, 그 널따란 내부에 놀라고 창가에 놓여 있는 서탁(書卓)의 크기와 쾌적함에 놀랐다. 틀림없이 이렇게 안정되고 쾌적한 환경에서는 긴 호흡으로 커다란 성과를 올릴 수 있는 일이 하고 싶어질 거라는 생각이 새삼 들었다.

미쿨리친 씨네 집 마당의 부속 건물 한복판에 광과 딱 붙어 있는 마구간이 있었다. 그러나 그것은 잠겨 있어서 유리 안드레예비치는 그 안이 어떻게 되어 있는지 알 수 없었다. 시간이 빠듯해서, 첫날 밤에는 문이 잠겨 있지 않은 광에 말을 두기로 했다. 그는 조랑말을 썰매에서 푼 다음, 말이 얼어 있어서 우물에서 길어 온 물을 먹였다. 썰매 바닥에 깔았던 건초를 말에게 먹일 작정이었으나, 그것은 위에 앉아 있던 모두의 무게 때문에 가루처럼 부서져 있어서 사료로는 쓸 수가 없었다. 다행히 광과 마구간 위에 있는 널찍한 건초장에 벽을 따라 네 구석에 충분한 양의 건초가 있었다.

그날 밤에는 옷도 벗지 않고, 모피 외투를 입은 채, 온종일 뛰어놀다 지친 어린아이들처럼 행복한 기분으로 달콤하고 깊은 잠에 빠졌다.

6

잠에서 깨어난 유리 안드레예비치는 창가의 매혹적인 서탁을 아침 일찍부터 넋을 잃은 채 바라보았다. 그러나 지금 당장 거기 앉아서 뭔가를 쓰고 싶은 기분은 들지 않았다. 그는 그 즐거움을 라라와 카차가 잠자리에 드는 저녁까지 미루기로 했다. 방은 두 개뿐이지만 그것도 치우자면 일이 많았다.

저녁의 집필에 대해 이래저래 꿈꾸고 있기는 했지만 특별한 목적이 있는 것은 아니었다. 그저 붓을 들고 뭔가 쓰고 싶은 정열에 사로잡혀 있을 뿐이었다.

그는 뭐든 좋으니까 그저 아무거나 끼적이고 싶었다. 처음에는 아직 메모해 두지 않은, 무언가 오래 묵은 느낌을 생각나는 대로 써 봄으로써, 너무나 오랫동안 쓰지 않고 내버려 두어 어느새 잠들어 버린 능력을 흔들어 깨우는 것만으로 만족할 생각이었다. 그러는 동안 라라와 그가 이곳에 조금이라도 오래 머무를 수 있게 되어, 뭔가 새로운 의의가 있는 일을 시작할 시간의 여유가 생기리라.

"당신, 바빠요? 뭐하고 계세요?"

"불을 때고 있어. 왜?"

"빨래통이 있어야겠어요."

"이렇게 때다가는 사흘도 못 가서 장작이 떨어지겠는걸. 우리 집 헛간에 갔다 와야겠어. 어때, 아직도 남아 있지 않을까? 제법 남아 있으면 몇 차례 오가면서 이리로 날라 와야지. 그것이 내일 할 일이야. 빨래통이 있어야겠다고? 분명히 어디서 본 것 같은데……. 그게 어딘지 얼른 생각이 나지 않는군. 머리가 안 돌아가."

"나도 그래요. 어디선가 봤는데 잊어버렸어요. 분명히 어딘가 엉뚱한 곳에 있었기에 생각이 안 나는 걸 거예요. 하는 수 없지, 어떻게 되겠죠. 청소할 물을 많이 데워 놓았으니 잊지 말아요. 그 물이 남으면 나와 카차의 속옷을 빨려고요. 당신 것도 더러워진 것이 있으면 모두 내 놓으세요. 청소가 끝나고 그런대로 준비가 갖춰지면, 저녁에 자기 전에 모두 목욕을 해요."

"곧 속옷을 가져오겠어. 고마워. 찬장과 무거운 것은 당신이 말한 대로 모두 벽에서 떼어 놓았어."

"잘 하셨어요. 그럼 빨래대야 대신 설거지통으로 빨래를 해 봐야겠군요. 하지만 기름이 아주 끈적거려요. 먼저 개수통의 기름부터 씻어 내야겠어요."

"난로가 더워지면 아궁이 뚜껑을 덮고 다시 서랍을 정리하겠어. 책상과 찬장은 서랍을 열 때마다 온갖 새로운 것들이 나와. 비누, 성냥, 연필, 종이, 문방구. 그리고 바로 눈앞에 마찬가지로 뜻밖의 것이 놓여 있기도 해. 이를테면 탁상 램프에 석유가 가득 들어 있는데, 이건 미쿨리친의 것이 아니야, 난 알고 있어. 이건 어딘가 딴 데서 가져온 거야."

"멋진 선물이군요! 그건 모두 수수께끼의 셋방살이를 하는 사람의 선물이에요. 마치 쥘 베른의 세계 같아요. 어머나, 이게 뭐야! 또 쓸데없는 수다를 늘어놓는 동안 물이 끓고 있잖아."

둘은 바쁘게 서둘렀다. 두 손에 여러 가지 것을 들고는 이 방 저 방으로 뛰어다녔다. 몇 차례인지 서로 부딪치기도 하고, 길을 가로막고 서서 두 사람을 방해하는 카테니카에게 부딪치기도 했다. 계집아이는 방 안을 이 구석 저 구석으로 왔다 갔다 하면서 청소를 훼방 놓고, 꾸지람을 들으면 토라졌으며, 몸이 얼어붙은 것처럼 춥다고 칭얼거리기도 했다.

'요즘 아이들은 불쌍해, 우리의 집시 같은 생활에 희생당하고 있어. 우리의 방랑 생활에도 불평하지 않는 어린 참가자!' 의사는 마음속으로 그렇게 생각하면서 아이에게 말했다.

"미안해, 귀여운 카차. 그렇게 고슴도치처럼 심술부릴 것 없어. 그건 거짓말이고 생떼잖아? 봐, 이렇게 난로가 벌겋게 타고 있는데."

"난로는 따뜻해도 난 춥단 말이에요."

"그럼 저녁까지 좀 참으렴, 카추샤.[*4] 내가 불을 활활 지펴 줄 테니까. 그리고

*4 카테니카의 또 다른 애칭.

엄마가 널 뜨거운 물로 씻겨 준다는 얘기 너도 들었지? 그러니까 그때까지 이걸 가지고 놀아라." 그는 싸늘한 광에서 리베리의 오래된 장난감들을 모조리 꺼내 와서 마룻바닥에 쏟아 놓았다. 어떤 것은 온전하고 어떤 것은 망가져 있었다. 크고 작은 블록, 기차, 그리고 증기기관차, 주사위 놀이나 모조화폐 놀이를 하는 데 쓰는, 바둑무늬 칸에 갖가지 색을 칠하고 숫자를 쓴 두꺼운 마분지 따위였다.

"하지만 이것만으로는 부족해요, 유리 안드레예비치 아저씨." 카차는 어른처럼 화를 냈다. "이건 모두 안 돼요. 어린아이들이나 갖고 노는 거예요. 난 컸단 말이에요."

그러나 곧 카테니카는 양탄자 한가운데 편안하게 자리잡고 앉아 장난감을 모두 건축 재료처럼 써서, 그녀가 가지고 온 인형 닌카가 살 집을 지었다. 그 집은, 카테니카가 지금까지 계속 끌려다녀 온, 쉴 새 없이 바뀌었던 피란처보다는 훨씬 더 안정적이고 큰 의미를 지니고 있었다.

부엌에서 딸아이의 소꿉장난을 보고 라리사 표도로브나가 말했다. "가정에 대한 저 본능 좀 보세요. 그 어떤 것도 무너뜨릴 수 없는 가정과 질서에 대한 갈망이에요. 아이들이란 정직하고 성실해서 진실을 두려워하지 않아요. 하지만 우린 시대에 뒤떨어지는 게 두려워서 우리에게 가장 소중한 것을 배반하기도 하고, 우리가 이해하지 못하는 것에 찬성하고 있지 뭐예요."

"빨래통을 찾았어." 어두운 입구의 문에서 의사가 통을 들고 나오면서 말했다. "정말 엉뚱한 곳에 있더군, 빗물이 새는 천장 바로 아래의 마루에 놓여 있었어. 지난 가을부터 내내 거기 있었던 것 같아."

7

시내에서 가져온 식량으로 사흘은 충분히 먹을 수 있는 음식을 장만해 놓은 라리사 표도로브나는 감자수프와 구운 양고기에 감자를 곁들여, 여태껏 보지 못한 진수성찬을 차렸다. 카테니카는 왕성한 식욕을 보이며 양껏 먹어 대고, 깔깔거리며 까불어 대더니, 이윽고 배도 부른 데다 몸이 따뜻하게 녹자 소파 위에서 어머니의 숄을 덮고 잠이 들었다.

라리사 표도로브나는 막 식사 준비를 끝낸 참이라 지치고 땀에 젖어 딸만큼이나 졸렸으나, 요리를 멋지게 해낸 데 대해 흡족해 하며, 설거지는 뒤로 미룬 뒤 한숨 돌리려고 가볍게 자리에 앉았다. 카테니카가 잠이 들었다는 것을 확인하고 나서, 그녀는 손으로 턱을 괴고 식탁 위로 몸을 내밀면서 말했다.

"이 생활이 헛되지 않고 어떤 목적에 도움이 된다면, 난 노예처럼 힘든 일을 한다 해도 행복할 거예요. 우리가 이곳에 있는 건 당신과 함께 있기 위한 것이라는 걸 나에게 끊임없이 일깨워 줬으면 좋겠어요. 내가 계속 기운을 낼 수 있고 또 아무 생각도 하지 못하게 틈을 주지 마세요. 엄격히 얘기해서, 상황을 냉정한 눈으로 살펴본다면 우리는 과연 어떻게 될까요? 남의 집에 느닷없이 쳐들어와서 제 집인 양 떡하니 자리를 차지해서는, 이제 제정신이 아니게 자신을 채찍질하기까지 하잖아요. 이게 생활이 아니라 연극이고, 진짜가 아니라 아이들 말마따나 '일부러' 그러는 것이고, 우스꽝스럽기 짝이 없는 인형극에 지나지 않는다는 걸 모르는 척하기 위해서 말이에요."

"하지만 나의 천사, 이 여행을 고집한 사람은 바로 당신이잖아. 내가 오랫동안 반대하면서 동의하지 않은 것, 당신도 기억하고 있지?"

"물론 내가 고집을 부렸어요. 그걸 부인하진 않아요. 그러니 잘못한 건 나예요! 당신이라면 다시 생각하고 망설이는 건 당연하지만, 난 모든 것이 한결같이 논리적이어야 해요! 우리가 당신 집에 들어갔을 때, 당신은 아들의 침대를 보고는 거의 정신을 잃을 뻔했죠. 당신에겐 권리가 있지만, 나에게는 그게 허락되지 않아요. 카차에 대한 걱정도, 미래에 대한 생각도, 당신에 대한 사랑 앞에서 버려야만 해요."

"라루샤*5! 나의 천사, 정신을 차려요. 생각을 고쳐먹고 결심을 바꾸는 건 지금도 늦지 않았어. 난 처음부터 코마롭스키의 계획을 좀 더 진지하게 들어야 한다고 조언했어. 지금 우리에게는 말이 있어. 당신이 원한다면, 내일 당장 유리아틴으로 돌아가자고. 코마롭스키는 아직 거기에 있어. 아직 돌아가지 않았을 거야. 썰매에서 길을 가고 있던 그 사람을 보았잖아, 그가 우리를 알아챈 것 같지는 않지만. 아직 틀림없이 그를 찾을 수 있을 거야."

"난 거의 아무 말도 하지 않았는데, 당신은 짜증난다는 투로 말하는군요. 하지만 말해 봐요, 과연 내가 잘못한 걸까요? 정처 없이 운에 몸을 맡기고 숨어 있는 거라면 유리아틴에서도 할 수 있어요. 만약 우리가 정말로 목숨을 건질

*5 한결 더 친밀한 애칭.

생각이라면, 그건 분명히 가능했어요. 결국은, 비록 구역질이 나는 인간이긴 해도, 실무적이고 수완가인 그 사람이 궁리하고 제안한 계획이 있었으니까요. 다른 어떤 곳보다도 이곳이 우리에게 가장 위험해요. 생각해 보세요! 눈보라가 휘몰아치는 가없는 평원에 우리뿐이에요! 밤중에 눈 밑에 묻히게 되면, 아침이 되어도 기어 나갈 수가 없어요! 아니면, 우리의 수수께끼 같은 은인이 집에 불쑥 나타났는데, 그게 강도라면요? 우릴 찔러 죽일 거예요. 하다 못해 당신에게 총이라도 하나 있나요? 그렇지 않죠! 그것 좀 보세요. 난 당신의 그 구김살 없는 태평함이 두려워요. 하지만 당신은 나까지 그렇게 물들여 버렸어요. 그래서 난 제대로 생각을 할 수가 없단 말이에요!"

"그렇다면 당신은 어떻게 하고 싶은데? 나더러 무엇을 어떻게 하라고 명령하는 거지?"

"뭐라고 대답해야 할지 나도 모르겠어요. 끊임없이 나를 지배해 주기를 바라요. 온종일 나에게 상기시켜 주세요. 난 당신을 맹목적으로 사랑하는 당신의 연인이고, 불평불만을 말할 줄 모르는 노예라는 것을요.

오, 그래요. 당신의 토냐와 나의 파샤는 우리보다 처지가 천 배는 나아요. 하지만 그게 우리와 무슨 상관이에요? 문제는 사랑의 재능은 다른 모든 재능과 같다는 거예요. 사랑은, 그게 위대한 것임은 틀림없지만, 그것은 축복이 없이는 드러나질 않아요. 당신과 나는 말하자면, 마치 하늘나라에서 서로 입맞춤하는 것을 배우고, 그 뒤 서로 이 사랑의 능력을 확인하기 위해, 어린아이가 되어 동시에 살기 위해 이 세상에 보내진 것 같아요. 다시 말해 표리도 없고, 지위의 차이도 없고, 높고 낮은 것도 없이, 함께 살아가는 하나의 완전한 결혼이에요. 그리고 전존재가 평등하고 모든 것이 기쁨을 가져와, 모든 것이 영혼이 되었어요. 하지만 이렇게 야성적이고 끊임없이 복병이 기다리고 있는 사랑의 부드러움에는, 뭔가 어린아이처럼 길들여지지 않은 것, 금지된 것이 있어요. 그건 분방하고 파멸적인 자연의 힘 같은 것으로, 가정의 평화는 돌아보지 않는 것이죠. 나의 의무는 그것을 두려워하고 그것을 믿지 않는 거예요."

그녀는 두 팔로 그의 목을 그러안고 눈물을 억지로 참으면서 말을 마쳤다.

"그래요, 우린 서로 입장이 달라요. 당신에겐 구름 위로도 날아오를 수 있는 날개가 주어져 있지만, 여자인 나는 지면에 몸을 붙이고 날개를 펼쳐서 어린 병아리를 위험에서 보호해 주어야 하는 걸요."

그녀의 말 한 마디 한 마디가 깊은 감동을 주었지만, 그는 스스로 자기 감정에 사로잡히지 않으려고 겉으로 나타내지는 않았다. 그는 자신을 억제하면서 말했다.

"지금 우리가 하고 있는 이 집시 같은 생활이 거짓이고 흥분상태인 것은 사실이야. 당신 말이 백 번 옳아요. 하지만 이런 생활을 생각해 낸 건 우리가 아니야. 이렇게 몸부림치며 떠돌아다니는 미치광이 같은 짓은 모든 사람의 운명이고 시대정신이야.

나 자신도 아침부터 거의 같은 문제에 대해 생각해 봤어. 나는 조금이라도 오래 이곳에 머물도록 노력을 기울이고 싶어. 내가 얼마나 일을 하고 싶어 하는지는 말하지 않아도 알겠지. 농사를 짓고 싶다는 뜻이 아니야. 그건 전에 우리가 여기서, 온 가족이 했던 일이고 또 성공도 했었지. 하지만 이제는 다시 그 일을 할 기력이 없어. 난 그 일은 다시 하고 싶지 않아.

생활이 모든 측면에서 차츰 질서를 되찾아가고 있어. 아마도 언젠가 책도 펴낼 수 있게 되겠지.

그래서 나는 이런 것을 생각해 봤어. 삼데뱌토프와 계약을 맺어서, 물론 그에게 유리한 조건으로—내가 여기 머무는 동안 시집 같은 문학 관련 책이나 의학 교과서 따위를 저술한다는 조건으로, 우선 그 비용으로 반 년쯤 그가 우리를 부양해 줄 수 없을까. 아니면 뭔가 세계적으로 유명한 외국 작품을 번역하는 것도 생각할 수 있겠지. 어학이라면 자신 있으니까. 요전번에 광고를 보니 페테르부르크에서 번역물만 전문으로 하는 대형 출판업자가 있더군. 그런 일이라면 분명히 돈을 벌 수 있을 거야. 그런 종류의 일을 하게 되면 정말 좋을 텐데."

"나도 같은 생각이어서 반가워요. 나도 오늘 그런 어떤 일을 생각하고 있었거든요. 그렇지만 난 우리가 여기서 눌러앉을 수 있다는 확신이 서지 않아요. 반대로, 머지않아 어딘가 훨씬 더 먼 곳으로 휩쓸려 가 버릴 것 같은 예감이 들어요. 하지만 우리가 이곳에 머무는 동안만이라도 당신한테 부탁하고 싶은 것이 있어요. 앞으로 며칠 남지 않은 저녁이지만 나를 위해 몇 시간씩 할애해서, 나에게 여러 번 들려줬던 시들을 모두 적어 두지 않겠어요? 그 시들 가운데 반은 잊어버리고, 나머지 반은 적어 두지 않았잖아요. 난 당신이 그걸 전부 잊어버릴까 봐 걱정이에요. 전에도 가끔 그런 일이 있었다고 했죠?"

8

하루가 끝나자 그들은 세탁하고 남은 뜨거운 물을 실컷 쓰면서 목욕을 했다. 라라는 카테니카를 씻겨 주었다. 유리 안드레예비치는 날아갈 듯한 개운함을 느끼며 창문 앞의 책상에 앉았다. 그가 등지고 있는 방에서는 목욕가운을 걸치고 향긋한 비누 냄새를 풍기면서 수건으로 머리를 터번처럼 말아 올린 라라가, 카테니카의 잠자리를 보살펴 주고 자기도 잠자리에 들 준비를 하고 있었다. 유리 안드레예비치는 집필의 집중력이 온몸에 차오르기를 기다리면서, 주위에서 일어나고 있는 일들에 대해 하나하나 주의를 기울이며 행복한 마음으로 그것들을 받아들였다.

줄곧 잠든 척하고 있던 라라가 마침내 정말 잠이 든 것은 새벽 한 시였다. 그녀와 카테니카가 입은 속옷과 방금 새로 깐 침대 시트는 청결하게 다림질 되어 레이스처럼 반짝거렸다. 심지어 그 시절에도 라라는 어떻게든 속옷에 풀을 먹이는 걸 게을리 하지 않았던 것이다.

유리 안드레예비치는 행복감에 젖어 황홀한 듯 생명의 숨결을 내뿜고 있는 정적 속에 있었다. 램프의 불빛은 새하얀 종잇장 위에 따뜻한 노란 빛을 뿌리고, 밝은 황금빛 얼룩이 되어 잉크병의 잉크 표면에서 반짝거리고 있었다. 창밖에는 차가운 겨울밤이 파르스름하게 보였다. 유리 안드레예비치는 그 풍경을 더 잘 볼 수 있는, 깜깜한 옆방에 들어가 창밖을 내다보았다. 온통 눈으로 뒤덮인 설원 위에 비치는 보름달의 달빛은, 마치 달걀 흰자위나 걸쭉한 페인트처럼 끈적하게 만져질 것 같았다. 그 혹독하게 추운 밤의 호사스러움은 말로 표현할 수 없을 정도였다. 의사의 마음은 평화로웠다. 그는 따뜻하고 환한 방으로 돌아가 붓을 들었다.

그는 전에 쓴 시를 떠올려 보았다. 이전의 형태에서 조금씩 좋아지고 모습이 바뀐 것 가운데 가장 완성도가 높고, 또 자신이 암송하고 있는 〈성탄절의 별〉과 〈겨울밤〉을, 그리고 그것과 비슷한, 나중에 잊히고 내버려진 뒤로 아무도 발견하지 못한 시들을 하나하나 써 내려갔다. 자간을 넓게 잡은 필적으로, 글씨가 손의 생생한 움직임을 잘 전달할 수 있도록, 그리고 거기에 넋이 들어가지 않아 듣지도 말하지도 못하게 되어 개성을 잃지 않도록 애썼다.

그 뒤 그는 그대로 남아 있던 미완의 작품에서, 이전에 쓰기 시작했다가 내팽개쳐 둔 것으로 옮겨 갔다. 그 속에 푹 빠져서, 당장 끝까지 다 쓸 수 있을 거라고는 생각하지 않으면서도 빠르게 그 뒤를 계속 써 내려갔다. 그러는 동안 흥이 나고 도취경에 빠진 그는 자연스럽게 새로운 작품으로 옮겨 갔다.

자연스럽게 넘쳐나기 시작한 두세 연의 시구와 그 자신을 놀라게 한 몇 가지 비유를 쓰고 나자, 이제는 시가 그를 굴복시켜, 그는 이른바 영감이라는 것이 다가오는 것을 경험했다. 그 순간 창조를 지배하는 힘 관계가 역전한다. 우위에 서는 것은 시인도 아니고 시인이 그 표현을 찾고 있는 영혼의 상태도 아니며, 그가 그것을 표현하는 수단인 언어 그 자체이다. 아름다움과 의미를 담는 그릇이자 집인 언어 자체가 인간을 위해 생각하고 말하기 시작해서는 이내 언어 전체가 음악이 된다. 그러나 그것은 외적으로 청각에 들리는 울림이라는 점에서가 아니라, 그 내적 흐름의 정열과 격렬함이라는 점에서이다. 그때, 세차게 흐르면서 강바닥의 돌을 매끄럽게 갈고 닦는 거대한 물줄기와 방앗간의 회전하는 물레방아처럼, 흐르는 언어의 물줄기 자체가 자신의 규칙의 힘에 따라 흘러가면서 음률을, 각운을, 그리고 더욱 중요한 수많은 형태와 구성을 창조해 낸다. 그러나 그것은 지금까지 알려지거나 확인되지 않았고, 명명되지도 않은 것이다.

그런 순간 유리 안드레예비치는 그 중요한 일을 하고 있는 것은 자기 자신이 아니며, 자기보다 훨씬 높은 곳 저 위에 존재하는 어떤 힘이 자기를 지배하고 있음을 느낀다. 그것은 바로 우주의 생각과 시정(詩情)의 상태이다. 그것은 미래에 이룩되어야 하는 '일'이며, 다음에 올 한 걸음, 그것이 '일'의 역사적 발전 속에서, 일이 나아가야 할 한 걸음인 것이다. 그리고 그는 자신이, 일이 움직이기 시작하는 데 필요한 계기이고 지점(支點)에 지나지 않는다고 느꼈다.

그러한 느낌은 얼마 동안 그를 자책감과 자기 자신에 대한 불만으로부터 벗어나게 해 주었다. 자신은 하찮은 존재라는 감정에서 그를 잠시 놓아 주었다. 그는 고개를 들어 주위를 둘러보았다.

눈처럼 하얀 베개 위에 잠들어 있는 라라와 카테니카의 머리를 보았다. 그들의 깨끗한 얼굴, 청결한 속옷, 청결한 방이, 밤, 눈, 별, 달의 순결함이 의미의 물결을 이루며 의사의 가슴속을 꿰뚫고 밀려왔다. 그 물결에 합류하면서, 존재의 환희에 찬 순결함에 그는 떨 듯이 기뻐하면서 감동의 눈물을 흘렸다.

"주여! 주여!"—그는 소리 내어 속삭였다. "이 모든 것이 저에게 주어진 것입니까? 당신은 어찌하여 저에게 이토록 많은 것을 주시는 겁니까? 어찌하여 당신은 당신이 임하시는 곳에 저를 허락하시고, 당신의 더할 나위 없이 소중한 이 대지 속에 발을 들여놓게 하신 겁니까? 당신의 이 별들 아래에, 이 무모하고, 순종적이고, 불운하고, 아무리 봐도 싫증나지 않는 이 대지의 발아래 있도록 허락하셨나이까?"

새벽 세 시에 유리 안드레예비치는 원고에서 눈을 들었다. 몸과 마음이 몰입되어 있었던 절대적인 집중력에서 현실의 자신으로 돌아온 그는 행복과 힘이 넘치는 것을 느꼈고 마음은 안정되어 있었다. 갑자기 창밖으로 멀리 뻗어 있는 툭 트인 공간의 정적 속에서 흐느끼는 듯한 구슬픈 소리가 들려왔다.

그는 창밖을 내다보려고 불이 꺼져 있는 옆방으로 들어갔다. 그러나 그 방 유리창에는 그가 일을 하고 있던 사이에 성에가 잔뜩 끼어 있었다. 유리 안드레예비치는 틈새로 들어오는 바람을 막으려고 현관 입구에 둘둘 말아서 밀어 놓은 양탄자를 옆으로 치우고 외투를 어깨에 걸치고 밖으로 나갔다.

그림자 한 점 없이 온통 새하얀 눈밭 위에 달빛이 비쳐 너무나 눈이 부신 나머지 그는 처음에는 아무것도 볼 수가 없었다. 그러나 한순간 목소리를 죽여 낮게 흐느끼는 듯이 부르짖는 소리가 멀리서 다시 들려왔다가 거리 때문인지 이내 가늘어졌다. 그는 골짜기 저편의 눈밭 언저리에 짧게 그은 선보다 굵지 않은 네 개의 그림자가 나란히 있는 것을 보았다.

늑대들은 한 줄로 늘어서서 머리를 치켜들고 주둥이는 미쿨리친 집 쪽을 향하고서, 달을 향해, 또는 창문 위에 비친 달의 은빛 그림자를 향해 짖어 댔다. 그러나 유리 안드레예비치가 그것이 늑대라는 것을 깨닫자마자, 놈들은 마치 의사의 생각이 그들에게 전해지기라도 한 듯이, 겁을 먹은 개처럼 꼬리를 내리고 모습을 감춰 버렸다. 의사는 놈들이 어느 쪽으로 숨어 버렸는지 확인하지 못했다.

'반갑잖은 손님인데!'—그는 생각했다. '더 있을지 몰라. 설마 가까운 곳에 저 놈들의 소굴이 있는 건 아닐까? 어쩌면 골짜기 안에 있을지도 몰라. 왠지 끔찍스러운데! 게다가 헛간에는 삼데뱌토프의 말도 있잖아! 틀림없이 말 냄새를 맡은 모양이군.'

그는 라라가 겁을 먹지 않도록 당분간 그 이야기를 하지 않기로 마음먹었다. 다시 들어가면서 현관문을 잠그고, 따뜻한 공간에 찬 공기가 들어오지 못하도록 중간문을 닫은 뒤, 그 틈새와 금간 곳을 막은 다음 책상으로 돌아갔다.

램프는 아까처럼 기세 좋게 타고 있었다. 그러나 더 이상 글을 쓸 기분이 아니었다. 그는 마음을 가라앉힐 수가 없었다. 그의 머릿속에는 늑대와 그들이 처한 상황밖에 떠오르지 않았다. 게다가 그는 실제로 피곤했다. 바로 그때 라라가 깨어났다.

"당신은 아직도 타오르고 있었군요. 나의 밝은 촛불님!" 그녀는 잠에 취해 잠긴 것 같은 촉촉한 목소리로 조용히 말했다. "이리 와서 잠깐만 내 곁에 앉아요. 내가 무슨 꿈을 꾸었는지 들려 줄 테니까요."

그는 램프의 불을 껐다.

9

또 하루가 조용한 광기 속에서 지나갔다. 집 안에서 어린이 썰매를 찾아냈다. 외투를 입고 얼굴이 발갛게 달아오른 카테니카는 깔깔거리면서, 의사가 그녀를 위해 삽으로 눈을 단단히 다지고 그 위에 물을 부어 얼린 비탈길에서 눈을 치우지 않은 오솔길로 미끄러져 내려갔다. 새끼줄로 썰매를 끌고 언덕꼭대기로 몇 번이고 기어 올라가는 그녀의 얼굴에서 웃음이 떠나지 않았다.

기온이 내려가고 갑자기 추위가 심해졌다. 밖에서는 해가 비치고 있었다. 눈은 대낮의 빛 속에서 노란색으로 보이고, 그 벌꿀 같은 노란색 속에 벌써 찾아온 석양의 오렌지빛 여운이 스며들어 달짝지근한 침전물처럼 가라앉았다.

라라가 어제 빨래를 한 데다 온 식구가 목욕을 해서 집 안이 온통 눅눅했다. 김 때문에 창문에는 성에가 두껍게 꼈고, 벽지에는 습기 때문에 시커먼 얼룩이 생겼다. 실내는 어둡고 음침했다. 유리 안드레예비치는 장작과 물을 나르면서 끊임없이 집 안을 살펴보며 자꾸만 새로운 것을 찾아냈다. 그러면서 그는 장작을 나르고 물을 길어 오는 등, 끝없이 꼬리에 꼬리를 무는 라라의 집안일을 도와주었다.

이런 저런 일을 하느라 바삐 움직이다 우연히 손이 닿으면, 두 사람의 손은 서로의 손 속에 계속 남아, 운반하기 위해 들고 있던 무거운 짐을 바닥에 내려놓고, 목적지까지 가지 못한 채, 두 사람은 서로를 향해 맹렬하게 끓어오르는 다정한 마음의 발작에 몸을 맡긴다. 그러면 모든 것이 두 사람 손에서 빠져나가고 의식에서 사라져 버린다. 그리고 몇 분 몇 시간이 지나가고, 그러다가 너무 늦어 버린 것을 알고 제정신을 차린 두 사람은 오랫동안 혼자 내버려 두었던 카테니카를, 물도 건초도 주지 않은 말을 생각해 내고는 깜짝 놀라, 멈췄던 일에 다시 허겁지겁 뛰어들면서 양심의 가책을 느끼며 미안해 했다.

의사는 수면부족으로 머리가 개운하지 않았다. 마치 숙취에서 깨어나지 못한 것처럼 달콤한 안개가 머릿속에 남아 있어, 지끈지끈 쑤시고 아픈 것 같은 나른한 행복감에 젖어 있었다. 그는 멈추었던 집필을 계속하고 싶어서 애타는 마음으로 밤을 기다렸다.

실은 그 자신에게 차 있는, 이 졸음을 일으키는 안개의 베일이 그를 위해 미리 작업의 반은 해 주고 있었다. 주위의 모든 것이 몽롱하고 흐릿했고, 그의 사고도 그런 상태 속에 있었다. 그 베일이 모든 것을 안개처럼 감싸고 있는 이 아련한 모호함은, 최종적으로 정확한 형상화를 앞둔 특징적인 단계였다. 아무렇게나 쓴 초고의 혼란과 마찬가지로, 낮 동안의 무료한 비활동성은 밤의 집필을 위해 꼭 필요한 사전 준비 역할을 했다.

비록 기진맥진하기는 했지만, 그가 손을 대지 않고 그대로 둔 것은 하나도 없었다. 모든 것이 변형되어 다른 모습이 되었다.

유리 안드레예비치는 바르이키노에 머무르고자 하는 자신의 꿈이 실현되지 않을 것이며, 라라와 이별할 시간이 바로 눈앞에 다가왔다는 것, 그녀를 잃는 것은 피할 수 없는 일이고, 그녀를 잃어버리는 동시에 살아갈 의욕도, 아마 삶 그 자체도 잃어버리고 말 거라고 느끼고 있었다. 그 우수가 그의 마음을 괴롭히고 있었다. 그러나 그에게 가장 큰 고통은 애타는 마음으로 밤을 기다려, 이 우수를, 누구나가 눈물을 흘리며 우는 듯한 표현으로 토로하고 싶다는 간절한 소망이었다.

온종일 그의 머릿속을 떠나지 않던 늑대는, 더 이상 달빛 비치는 설원 위의 늑대가 아니라 늑대의 테마가 되어, 의사와 라라를 파멸시키거나 그들을 바르이키노에서 몰아내는 적대적인 힘의 상징이 되었다. 저녁이 오면 이 적의의 관념이 자라나서, 밤이 깊어지면 슈티마에서 태곳적 괴물의 발자국이 발견되고, 그 골짜기에 의사의 피를 빨아먹고 라라를 갈망하는 동화 속의 어마어마하게 큰 용의 모습을 하고 나타났다.

밤이 찾아왔다. 의사는 간밤처럼 책상 위에 램프를 켰다. 라라와 카테니카는 전날 밤보다 일찍 잠자리에 들었다.

간밤에 그가 쓴 글은 두 가지로 분류되었다. 예전에 쓴 시를 손질해 깨끗하게 정서한 원고는 단정한 필기체로 씌어 있었다. 새로운 작품은 점(點)과 생략 투성이로 알아볼 수 없을 만큼 휘갈겨 썼다.

그렇게 휘갈겨 쓴 초고들을 검토하면서도 의사는 여느 때와 같은 환멸을 느꼈다. 지난밤에는 이 다듬어지지 않은 단편(斷片)들이 그를 눈물이 나올 만큼 감동시켰고, 뜻하지 않은 몇몇 표현에 대해서는 그 자신도 깜짝 놀랐다. 그런데 바로 그 구절들이 이제는 고통스러울 만큼 또렷하게, 억지로 짜 맞춘 것처럼 보이는 것이었다.

평생 그는 소리가 매끄럽게 억제되어 겉으로는 눈에 띄지 않지만 그 속에 감춰진, 매우 일반적으로 쓰이는 형식의 독창성에 대해 꿈꾸었으며 또 평생 그 억제된 꾸밈없는 문체를 다듬는 일에 정진해 왔다. 그의 글을 읽고 듣는 사람은 그 문체에 의해, 자신들이 어떻게 해서 그 내용을 이해할 수 있었는지도 모르는 채 그것을 자신의 것으로 만들 수 있는 것이다. 그는 평생 아무런 주의도 끌지 않는 자연스러운 스타일에 마음을 쓰면서, 자신이 아직도 이 이상과 동떨어져 있는 것에 대해 오싹함을 느꼈다.

지난밤에 그는 거의 어린아이의 뜻 모를 말처럼 소박하고 자장가처럼 애잔한 수법을 써서, 사랑과 두려움 그리고 용기가 뒤섞인 자신의 기분을, 언어와는 거의 아무런 상관없이 감정 자체가 저절로 말하는 것처럼 표현할 생각이었다.

지금, 하루가 지나 그 다듬지 않은 초고를 훑어본 그는, 거기에는 맥락이 없는 시구들을 하나로 이어주는 내용의 끈이 없다는 것을 깨달았다. 유리 안드레예비치는 간밤에 써 놓은 것을 지워 버리고, 서정적인 느낌은 그대로 유지하면서 용사 성(聖) 게오르기*6의 전설을 이야기하기 시작했다. 그는 광대한 공간을 표현할 수 있는 5음보를 사용해 보았다.

내용과는 관계없이 운율 자체가 지니고 있는 편안한 울림이, 그 뻔하고 부자연스러운 조화로 그를 짜증스럽게 만들었다. 그는 산문에서 요설과 싸울 때처럼, 시절(詩節)을 4음보까지 줄이고, 시 속에 휴지(休止)가 있는 과장스러운 음보를 포기했다. 쓰기가 더욱 어려워졌지만 훨씬 더 매력적이 되었다. 그 결과 작업은 더욱 생동감이 넘쳐흘렀으나, 역시 그 속에 쓸데없는 얘기가 너무 장황했다. 그는 억지로 음보를 더욱 짧게 줄였다. 3음보 속에서 언어는 긴밀해지면

*6 용을 물리쳤다는 러시아 전설 속의 용사.

서 그때까지의 무기력함이 글에서 사라지자, 그는 타오르는 듯한 흥분을 느꼈다. 시절의 좁은 간격 자체가, 시절을 채우는 이상의 암시를 가져다 주었다. 짧은 행들을 채워 넣을 적절한 어휘들이 운율에 자극받아 머릿속에 떠올랐다. 시행 속에 거의 언급되지 않은 사물들이 구체적인 이미지를 불러일으키기 시작했다. 쇼팽의 발라드에서 느리게 걷는 말발굽 소리를 들을 수 있듯이, 그는 시의 표면 위에서 말발굽 소리가 울리는 것을 들었다. 성 게오르기는 말을 타고 광활한 대초원 위를 달려가고, 유리 안드레예비치는 그 게오르기가 차츰 멀어지면서 작아져 가는 것을 뒤에서 바라보았다. 유리 안드레예비치는 저절로 제자리를 찾아 몰려가면서 마구 쏟아져 나오는 언어들을 미처 따라잡을 수 없을 만큼 정신없이 써 내려갔다.

그는 라라가 침대에서 일어나 책상으로 다가오는 것도 몰랐다. 긴 잠옷을 입은 그녀의 모습은 매우 여위어 보였고, 실제보다 키가 훨씬 더 커 보였다. 유리 안드레예비치는 갑자기 그녀를 알아보고 몸을 떨었다. 그녀가 창백하고 잔뜩 겁먹은 얼굴로 그에게 손을 뻗으며 나지막하게 속삭였기 때문이다.

"당신 들려요? 개가 짖고 있어요, 두 마리나. 아, 정말 끔찍해요! 나쁜 징조인 것만 같아요. 어떻게든 아침까지는 견디고 바로 떠나요, 떠나자고요! 이제 이곳에는 잠시도 더 있고 싶지 않아요."

오랜 설득 끝에, 한 시간 뒤 라리사 표도로브나는 겨우 마음을 가라앉히고 다시 잠이 들었다. 유리 안드레예비치는 현관으로 나갔다. 늑대들이 간밤보다 더 가까이 와 있었으나 훨씬 더 빨리 모습을 감춰 버렸다. 이번에도 유리 안드레예비치는 그놈들이 어디로 사라졌는지 확인해 볼 여유가 없었다. 늑대들은 떼를 지어 서 있었는데, 그는 그 수를 다 헤아릴 수 없었다. 늑대가 더 늘어났다고 그는 생각했다.

10

바르이키노에 머문 지 열사흘이 지났으나 달라진 것은 아무것도 없었다. 전날 밤에는 주 중에 사라졌던 늑대들이 다시 나타나 짖어 댔다. 이번에도 그놈들을 개로 착각한 라리사 표도로브나는 그 불길한 징조에 잔뜩 겁을 집어먹고 지난번과 똑같이 내일 아침에는 떠나겠다고 결심했다. 이번에도 무거운 불안의 발작 상태가 돌아온 것이다. 이것은 일을 열심히 하는 여성에게는 아주

당연한 불안이었다. 왜냐하면 온종일 자신의 감정을 쏟아내는 일에 익숙하지 않고, 하물며 시간이 남아돌아 절도 없이 애정을 즐기는 사치는 허락되지 않는다고 생각했기 때문이다.

모든 것이 정확하게 똑같이 되풀이되었고, 두 주째인 이날 아침, 라리사 표도로브나가 그전에 몇 번이나 그랬던 것처럼 또다시 짐을 꾸리기 시작했을 때는, 그들이 도착한 뒤 보낸 열사흘의 날들은 전혀 존재하지 않았던 것 같았다.

집 안은 다시금 눅눅해졌고, 방은 잿빛으로 잔뜩 흐린 날씨 때문에 어두웠다. 혹한은 수그러들었지만 시커멓고 낮게 드리운 구름을 보니 당장 눈이 쏟아질 것 같았다. 유리 안드레예비치는 며칠째 잠을 제대로 자지 못해 심신이 지칠 대로 지쳐 있었다. 두 다리에는 힘이 없고 머릿속은 뒤죽박죽이었다. 그는 쇠약해진 탓에 심한 한기를 느끼면서 몸을 웅크리고 손을 비비며, 라리사 표도로브나가 어떤 결심을 하고 그녀의 결심에 대해 자신이 어떻게 대응해야 할지 모르는 채, 온기가 없는 방 안을 서성거리고 있었다.

그녀는 어떻게 하고 싶은 건지 태도가 모호했다. 지금 그녀로서는 자신들이 이렇게 혼돈된 자유가 아니라 아무리 힘들더라도 자리만은 완전히 잡을 수 있는 일상적인 생활 영역에 있었다면, 다시 말해 자신들에게 직무가 있어, 일하러 다니고 이성적이고 성실하게 살아갈 수만 있다면 기꺼이 자기 생애의 반을 내던졌을 것이다.

그녀는 여느 때처럼 하루를 시작해 침대를 정리하고, 방 안을 치우고 청소한 뒤 의사와 카차에게 아침을 차려 주었다. 그런 다음 그녀는 짐을 꾸리기 시작하더니 의사한테 말을 준비해 달라고 부탁했다. 그녀는 떠나기로 마음을 굳힌 것이다.

유리 안드레예비치는 말리지 않았다. 자신들이 최근에 자취를 감춘 뒤, 두 사람에 대한 체포의 물결이 최고조에 달해 있는 유리아틴으로 돌아가는 것도 미치광이 짓이지만, 나름대로 위험이 있는 이 겨울의 사막에 무기도 없이 홀로 남아 있는 것 또한 미친 짓이었다.

더군다나 헛간이나 광에 남아 있는 건초 더미는 한 아름도 되지 않았다. 물론 오랫동안 머물 가능성이 높다면 의사는 식량과 말먹이를 구할 새로운 방법을 찾아 뛰어다녔을 것이다. 그러나 불확실한 며칠을 지내기 위해 그렇게까지 할 필요는 없었다. 의사는 마침내 자포자기하는 심정으로 말을 준비하러 나갔다.

그는 말에 마구를 채우는 것이 서툴렀다. 삼데뱌토프한테서 마구 채우는 법을 배웠지만 그의 가르침을 자꾸만 잊어버렸다. 어쨌든 그는 서툰 솜씨로 필요한 일은 모두 끝냈다. 채에다 멍에를 가죽끈으로 묶고 느슨해진 띠를 감은 뒤, 쇠붙이로 꾸며진 벨트 끝 부분을 채 중의 하나에 단단히 두르고, 한쪽 발을 말 옆구리에 의지한 채 목에 대는 마구의 양쪽 끝을 세게 잡아당겨 단단히 죄었다. 마침내 그는 말을 현관 앞으로 끌고 가 잡아매 놓고 라라에게 떠날 준비가 되었음을 알리러 안으로 들어갔다.

그녀는 극도로 동요하고 있었다. 카테니카와 함께 당장 떠날 수 있는 차림새를 하고 짐도 다 꾸려져 있었으나, 라리사 표도로브나는 두 손을 맞잡고 눈물을 글썽거리며 유리 안드레예비치에게 잠깐만 앉아 보라고 부탁했다. 그녀 자신도 안락의자에 몸을 내던졌다가 다시 일어서서, 빈번하게 자신의 말을 탄식하는 소리로 멈추곤 했다. "안 그래요?"—그녀는 노래하는 듯, 호소하는 듯한 높은 목소리로 매우 빠르게, 앞뒤가 맞지 않는 말을 쏟아 냈다.

"내 잘못은 아니에요. 어떻게 이 지경이 되었는지 나도 모르겠어요. 하지만 당신도 알다시피 우리가 지금 떠날 수가 없는 것이, 너무 늦어서 곧 날이 어두워질 거고, 우린 당신의, 그 무서운 숲 속에서 어둠에 갇혀 옴짝달싹 못하게 될 거예요. 당신 생각은 어때요? 난 당신 뜻에 따르겠어요. 난 내 자유의사로는 도저히 결정할 수가 없어요. 뭔가가 자꾸만 나를 말리고 있어요. 내 심장이 제자리에 없는 것 같아요. 하지만 당신은 모를 거예요. 안 그래요? 당신은 왜 한마디도 하지 않는 거죠? 우린 오전 내내 멍하니 보내고 말았어요, 반나절을 뭐 하느라 보냈는지도 모르겠어요. 내일은 두 번 다시 이런 일 되풀이하지 않을 거예요, 우리도 더욱 신중해질 거고요. 안 그래요? 아니면 하룻밤 더 있기로 할까요? 내일은 더 일찍 일어나서 동이 트면 여섯 시나 일곱 시에 떠나도록 해요. 당신 생각은 어때요? 당신은 난로에 불을 지피고 하루 저녁 더 글을 쓰고, 여기서 하룻밤 더 지내는 거예요. 정말 둘도 없이 매력적인 밤이 될 거예요! 왜 아무 말도 하지 않는 거죠? 맙소사, 내가 또 뭘 잘못했군요, 아, 불쌍한 나!"

"당신은 너무 과장하고 있어. 날이 저물려면 아직 멀었어. 아직은 이른 시간이란 말이야. 하지만 당신 좋을 대로 해, 남아 있기로 하지. 아무튼 마음을 가라앉혀, 당신은 지금 지나치게 흥분해 있어. 자, 외투를 벗고 짐을 풀어요. 그리고 카테니카가 배고프다고 하잖아. 뭘 좀 먹읍시다. 당신 말이 맞아. 이렇게 갑작스럽게 준비도 거의 없이 떠나는 건 무모한 짓이지. 제발 그렇게 흥분 좀 하지 말고, 울지 마. 금방 난로에 불을 지필 테니까. 하지만 그 전에, 모처럼 현관 앞에 썰매를 채운 말이 있으니까 그걸 끌고 가서 지바고네 헛간에 남아 있는 마지막 장작을 가져 와야겠어. 이제 장작도 금방 바닥이 날 테니까. 제발 울지 좀 말라니까. 곧 돌아올게."

11

헛간 앞 눈 위에는 유리 안드레예비치 자신이 낸 썰매 자국이 몇 군데 원을 그리면서 남아 있었다. 문 앞에 다져져 있었던 눈은 이틀 전에 장작을 나르느라 더럽혀져 있었다.

아침부터 하늘을 뒤덮고 있던 구름이 흩어졌다. 하늘은 맑게 개고 날씨는 한결 추워졌다. 이 일대를 다양한 간격으로 에워싸고 있는 바르이키노의 공원이 헛간 바로 가까이까지 뻗어 있어, 마치 의사의 얼굴을 들여다보면서 그에게 무슨 생각을 일깨우려 하는 듯했다. 그해 겨울에는 눈이 두꺼운 층을 이루며 헛간의 문지방보다 높이 쌓여 있고, 헛간 문의 상인방이 휘어져 헛간은 마치 새우등처럼 휘어져 있었다. 지붕에서는 거의 의사의 머리 위까지, 거대한 버섯갓 같은 모양으로 눈이 드리워져 있었다. 처마 바로 위에는, 마치 눈(雪)에 날카롭게 박힌 것처럼, 갓 태어난 초승달이 거친 천을 도려낸 듯한 잿빛 불꽃이 되어 반짝이고 있었다.

날은 아직 환했지만, 의사는 마치 늦은 저녁에 자신 삶의 어둡고 울창한 숲 속에 서 있는 듯한 기분을 느꼈다. 자신의 마음속에 그런 어둠이 있는 것을 느낀 그는 몹시 슬펐다. 어린 초승달은 이별의 전조처럼, 고독한 형상으로 거의 그의 얼굴 앞에서 불타고 있었다.

유리 안드레예비치는 피로로 쓰러질 것만 같았다. 그는 헛간에서 여느 때보다 장작을 조금씩 안아다 썰매 위에 부려 놓았다. 장갑을 꼈어도, 추위 속에서 눈이 얼어붙어 있는 장작을 만지는 일은 고통스러웠다. 몸을 아무리 빨리 움직여도 몸이 더워지는 느낌이 들지 않았다. 그의 내부에서 무언가가 멈추더니 툭 끊어져 버렸다. 그는 자신의 불행한 운명을 저주하면서, 그 슬픔에 젖은 순종적이고 성실하며 깨끗한, 그림처럼 아름다운 사람의 생명을 보호해 달라고 하느님께 기도했다. 초승달은 여전히 헛간 위에 걸린 채 타오르고 있지만 따뜻해지지는 않고, 빛나고 있지만 밝게 비춰 주지는 않았다.

갑자기 말이 왔던 쪽을 돌아보더니 머리를 쳐들고, 처음에는 작은 소리로 조심스럽게, 다음에는 확신을 가지고 큰 소리로 히힝거렸다.

'왜 저러지?'—의사는 생각했다. '뭐가 좋아서 저러는 걸까? 무서워서 울 리는 없고. 말은 공포 때문에 우는 일은 없는데, 왜 이런 엉뚱한 짓을? 바보 같은 녀석이군, 저 녀석이 만약 늑대 냄새를 맡은 거라면 오히려 그놈들에게 신호를 보내 주는 짓이잖아. 아무래도 기분이 좋은 모양인데, 아마도 집에 빨리 돌아가고 싶어 저러는 게 분명해. 잠시만 기다려라, 곧 떠날 테니까.'

유리 안드레예비치는 헛간을 뒤져 장작 외에도 불쏘시개로 쓸 나무부스러기와 장화의 몸통처럼 말려 있는 커다란 자작나무 껍질을 더 얹고, 짐을 자루로 덮은 뒤 밧줄로 묶어서 썰매에 싣고는 썰매와 나란히 걸으면서 미쿨리친 씨네 광으로 장작을 날랐다.

말이 또다시 힝힝거렸는데, 이번에는 멀리서 힝힝거리는 다른 말한테 보내는 대꾸였다. '도대체 누구의 말일까?' 그러다가 의사는 깜짝 놀라 생각했다. '우리는 바르이키노에 사람이 없다고 생각하고 있었는데, 그게 아니었어.' 그는 자신들의 집에 손님이 있고, 말 울음소리가 미쿨리친 씨네 현관 쪽, 즉 마당에서 들려오고 있다고는 생각하지 못했다. 그는 썰매를 끌고 뒷마당을 멀리 돌아 공장 부지의 부속 건물 쪽으로 나아갔는데, 집을 덮고 있는 눈 더미에 가려 집 정면은 보이지 않았다.

그는 천천히—무엇 때문에 서둘러야 한단 말인가?—장작을 헛간에 던져 넣고, 말에서 마구를 풀어 준 뒤 썰매를 광에 넣어 두었다. 그러고 나서 그는 말을 바로 옆의 찬바람이 도는 텅 빈 마구간으로 끌고 가, 바람이 덜 들어오는 오른쪽 모퉁이 칸에 넣고, 남은 건초 몇 줌을 구유 안에 던져 넣어 주었다.

그는 불안한 마음을 가누며 집으로 걸어갔다. 정면 현관 옆에 마구가 채워져 있는, 반들반들하고 살찐 검정 암말이 끄는 널찍하고 편안한 시골 썰매가 하나 서 있었다. 그 옆에는 말과 똑같이 윤기가 흐르고 살집이 좋은 낯선 젊은이가 고급 반코트를 입고, 가끔 손바닥으로 말 옆구리를 철썩 때리거나 말발굽 뒤쪽 위에 털이 난 곳을 살펴보기도 하면서 말 주위를 서성거리고 있었다.

집 안에서 소음이 들려왔다. 엿들을 생각도 없었고 또 거리가 멀어 어쩌다가

한 마디씩 알아들을 수 있을 뿐이어서, 유리 안드레예비치는 자기도 모르게 걸음을 늦추다가 불현듯 그 자리에 우뚝 서고 말았다. 라라와 카테니카에게 이야기하고 있는 코마롭스키의 목소리를 알아들은 것이다. 그들은 아마 출구 옆의 첫 번째 방에 있는 모양이었다. 그들은 다투고 있었는데, 그녀의 목소리로 미루어 라라는 흥분해서 울부짖으며 그의 말에 맹렬히 반박하고는, 이내 다시 그의 말에 동의하기도 하는 것이었다. 유리 안드레예비치는 바로 그 순간, 코마롭스키가 어쩐지 자기에 대한 이야기를 하고 있는 듯한 느낌이 들었다. 그는 믿을 만한 위인이 못 된다거나('양다리를 걸치고 있다'는 소리를 유리 안드레예비치는 들은 것 같았다), 라라와 자기 가족 가운데 어느 쪽을 더 소중히 여기는지 알 수 없다거나, 의사에게 의지해서는 안 된다, 그랬다가는 '두 마리 토끼를 쫓다가 이도 저도 아닌 꼴이 된다'는 얘기였다. 유리 안드레예비치는 집 안으로 들어갔다.

그가 예상한 대로 그들은 첫 번째 방에 있었다. 코마롭스키는 바닥까지 닿는 모피 외투를 입고 있었고, 라라는 카테니카의 외투 깃을 잡고 단단히 여미고 있는 중이었다. 그러나 고리를 찾지 못해 화가 나서 아이에게 꼼지락거리지 말라고 소리치자 카테니카는 "살살 해요, 엄마. 숨이 막혀 죽겠어요." 하고 투덜거렸다. 이제 세 사람 모두 외출복을 입고 떠날 채비를 갖추고 서 있었다. 유리 안드레예비치가 방 안에 들어서자, 라라와 빅토르 이폴리토비치가 앞다투어 그에게 달려들었다.

"당신 어디 있었어요? 그렇게 찾았는데 말이에요!"

"안녕하시오, 유리 안드레예비치! 지난번에 서로 거친 말이 오갔는데도, 이렇게 또다시 불청객 노릇을 하러 왔소."

"안녕하십니까, 빅토르 이폴리토비치."

"도대체 어디 갔었어요?" 라라가 또다시 물었다. "이제 그가 하는 얘길 들어보고 나서, 당신과 내가 어떻게 해야 할지 빨리 결정을 내리세요. 시간이 없어요. 서둘러야 해요."

"왜 이렇게 모두 서 있는 겁니까? 앉으세요, 빅토르 이폴리토비치. 그런데 라로치카, 어디를 갔었느냐는 얘긴 도대체 무슨 소리야? 장작을 가지러 간 건 당신도 알잖아. 갔다 와서는 말을 돌봤어. 빅토르 이폴리토비치, 자, 좀 앉으실까요?"

"그래, 이 사람을 보고도 놀랍지 않나요? 어째서 놀란 기색이 없는 거예요? 우린 그가 가 버린 뒤 그의 제안을 받아들이지 않은 걸 후회했잖아요? 그런데 지금 그가 바로 당신 눈앞에 있는데도, 당신은 놀라지 않는군요! 하지만 그의 새로운 정보를 들으면 틀림없이 놀랄 걸요. 빅토르 이폴리토비치, 그걸 그에게 얘기해 주세요."

"라리사 표도로브나가 어떻게 이해하고 있는지 모르겠지만, 내 이야기는 바로 이런 거요. 즉, 난 일부러 내가 떠났다는 소문을 퍼뜨리고는, 며칠 동안 더 머무르고 있었소. 우리가 서로 얘기한 문제를 다시 한 번 생각해서 좀 더 어른스럽게, 아마 더욱 신중하게 결심할 수 있는 시간을 당신과 라리사 표도로브나에게 주기 위해서였지요."

"하지만 이제 더는 늦출 수 없어요. 지금이 떠나기에는 가장 좋은 기회예요. 내일 아침에요—하지만 당신에겐 빅토르 이폴리토비치가 직접 얘기하는 게 낫겠어요."

"잠깐만, 라로치카. 죄송합니다, 빅토르 이폴리토비치. 하지만 우리가 왜 외투를 입은 채 서서 이러고 있는 거죠? 외투를 벗고 앉도록 하지요. 이렇게 중대한 문제를 잠깐 사이에 결정해 버릴 수는 없지 않습니까? 미안하군요, 빅토르 이폴리토비치. 우리의 논쟁은 어쩐지 마음의 미묘한 부분을 건드리는 문제인 것 같군요. 그런 문제를 이러니저러니 하는 것은 우스꽝스럽고 난처한 노릇입니다. 그러나 사실 난 당신과 함께 떠나는 건 한 번도 생각해 본 적이 없습니다. 라리사 표도로브나는 다르지만요. 우리 두 사람은 서로 다른 불안을 안고 있고, 또 우리가 하나가 아니라 저마다 다른 운명을 가진 둘이라는 것을 이제 막 깨닫고 있던 참에 이런 좀처럼 얻을 수 없는 기회가 찾아왔으니, 나로서는 라라, 특히 카차를 위해 당신의 계획에 대해 좀 더 생각해야 한다고 여기고 있습니다. 그리고 사실 그녀는 끊임없이 그 문제를 생각하고 있었어요, 수없이 그 가능성에 대해 이야기하면서요."

"하지만 그건 당신이 함께 간다는 전제하에서예요."

"우리가 서로 헤어지는 건 나에게나 당신에게나 상상도 할 수 없는 일이지만, 우린 그것을 감수하고서라도 희생을 치러야 할지 몰라. 내가 간다는 건 말도 안 되니까 말이야."

"하지만 당신은 아직 아무것도 모르잖아요. 처음부터 얘기를 잘 들어봐요.

내일 아침에…… 빅토르 이폴리토비치!"

"라리사 표도로브나는 내가 이미 그녀에게 들려준 소식을 염두에 두고 있는 것 같군요. 유리아틴에 극동 정부의 직원용 열차가 언제라도 떠날 채비를 하고 기다리고 있어요. 모스크바에서 어제 도착했는데 내일 동부로 떠날 거요. 그건 우리 교통부 소속의 열차로, 열차의 반이 국제침대차량으로 구성되어 있소.

난 이 열차를 타고 가야 해요. 내 동료로 초빙된 사람들을 위한 좌석이 몇 개 배정되어 있어서 아주 편안하고 쾌적하게 여행할 수 있소. 이런 기회는 두 번 다시 오지 않아요. 난 당신이 무책임한 말을 하는 사람이 아니고, 우리와 함께 떠나지 않기로 한 결심을 뒤집지 않을 것임을 알고 있어요. 당신의 결단은 단호하다는 것도 알고 있고. 하지만 아무리 그렇다 해도, 역시 라리사 표도로브나를 위해 다시 한 번 생각해 주기를 바랍니다. 당신이 안 간다면 자기도 가지 않겠다는 그녀의 이야기를 들었겠죠. 블라디보스토크까지는 안 가더라도, 적어도 유리아틴까지만이라도 우리와 함께 갑시다. 거기서 다시 생각해 보기로 하고 말이오. 우린 정말 서둘러야 해요. 잠시도 머뭇거릴 시간이 없어요. 난 말을 잘 다루지 못해서 마부를 한 사람 데려왔는데 내 썰매에는 그와 다섯 사람이 다 탈 수는 없소. 그런데 당신한테 삼데뱌토프에게 빌린 말이 한 필 있는 걸로 알고 있소. 그 말로 장작을 가져왔다고 했지요? 아직 마구를 풀지 않았겠죠?"

"아닙니다, 이미 풀어 놓았어요."

"그렇다면 서둘러 마구를 다시 채우시오. 내 마부가 당신을 도와줄 거요……. 아니, 생각해 보니 괜히 골머리를 썩였군. 썰매 걱정은 잊어버리시오. 불편하겠지만 내 썰매로 어떻게 가 봅시다. 아무튼 제발 좀 서둘러 주시오. 여행에 꼭 필요한 것만 챙기면 됩니다. 집은 이대로 두고 자물쇠도 채우지 마시오. 어린아이의 목숨이 달려 있는데 자물쇠를 채우느라 머뭇거릴 시간이 없어요."

"빅토르 이폴리토비치, 난 당신이 하는 말을 이해할 수가 없군요. 당신은 마치 내가 같이 가겠다고 동의한 것처럼 말하는군요. 라리사 표도로브나가 원한다면 데리고 떠나세요. 집 걱정은 할 필요 없습니다. 난 여기 남아서 당신들이 떠나고 나면 집을 청소하고 잠가 둘 테니까요."

"무슨 말을 하는 거예요, 유라? 당신 자신도 믿지 않는 그런 뻔한 잠꼬대 같은 말을 해서 어쩌자는 거예요? '라리사 표도로브나가 원한다면'이라뇨! 내가 당신과 함께가 아니면 가지 않는다는 것을, 나 혼자서는 아무런 결정도 내릴 수 없다는 것을 다 알고 있잖아요. 그런데도 '집은 내가 청소하고 잠가 두겠다'고요?"

"그러니까 마음이 철석같이 굳어졌단 말인데. 그렇다면 다른 부탁이 있소. 라리사 표도로브나의 허락을 얻어서, 괜찮다면 단둘이서 몇 마디 나누고 싶소만."

"좋습니다. 꼭 그래야 한다면 부엌으로 가시죠. 반대하지 않겠지, 라루샤?"

12

"스트렐리니코프는 체포되어 최고형 선고를 받고 사형이 집행되었소."

"뭐라고요? 아! 그게 정말입니까?"

"나는 그렇게 들었소. 아마 확실할 거라고 생각해요."

"라라한테는 얘기하지 마십시오. 아마 미쳐 버릴 겁니다."

"알고 있소. 그래서 당신하고 단둘이 얘기하자고 청했던 거요. 그가 총살되었으니, 그녀와 딸아이는 눈앞에 위험이 닥친 셈이오. 저 모녀를 구할 수 있도록 나를 좀 도와주시오. 무슨 일이 있어도 함께 가는 건 거절할 거요?"

"그렇다니까요. 이미 말했잖습니까."

"하지만 당신과 같이 가지 않으면 그녀는 떠나지 않을 거요. 도무지 어찌해야 할지 모르겠군. 그렇다면 다른 방법으로라도 날 도와주어야겠소. 말만이라도 좋으니, 거짓으로라도 양보해 줄 듯한 낌새를 좀 보여 주시오. 설득당할 것처럼 말이오. 난 당신과 헤어지는 건 상상할 수가 없군요. 만약 당신이 정말로 우리를 전송하러 온다면, 여기서나, 아니면 유리아틴 역에서나, 당신도 함께 간다는 것을 그녀가 믿게 해야 해요. 지금 당장은 함께 가지 않더라도, 나중에 당신에게 기회를 마련해 주면, 당신은 그것을 받아들이겠다고 약속하는 거요. 그때 당신은 그녀에게 거짓 맹세라도 해야 할 거요. 하지만 사실 이건 괜히 빈말로 하는 제안이 아니오. 맹세하겠소만, 당신이 나에게 그렇게 해 달라는 신호만 보내면 곧바로 당신을 여기서 우리가 있는 곳으로 호송하고, 더 먼 곳으로, 어디든 당신이 원하는 곳에 갈 수 있도록 조치할 수 있소. 라리사 표도로브나는 당신이 우리를 배웅하러 올 거라고 믿을 게 틀림없소. 아무튼 그녀가 그렇게 믿도록 온 힘을 기울여 주시오. 예컨대 시늉만 하는 것이지만, 서둘러 썰매를 준비하러 가면서 그렇게 기다릴 시간이 없으니 지금 당장 먼저 떠나라고 우리를 설득해 주시오."

"파벨 파블로비치의 총살 소식을 듣고 너무나 충격을 받아서 정신이 하나도 없군요. 당신이 한 말도 제대로 귀에 들어오지가 않아요. 하지만 난 당신 말에 동의합니다. 스트렐리니코프가 처형된 뒤에는, 사실 라리사 표도로브나와 카차의 목숨 또한 위협받고 있다고 봐야지요. 그녀가 되었든 내가 되었든 누군가는 틀림없이 체포될 테니, 어차피 우린 헤어지게 될 겁니다. 그럴 바에야 차라리 당신이 우리를 갈라놓고, 그들을 땅끝으로라도 멀리 데려가 버리는 편이 나아요. 내가 지금은 당신에게 이렇게 말하고 있지만, 모든 일은 이미 당신 계획대로 진행되고 있습니다. 어쩌면 종국에는 내가 온통 무너져 내려 자존심이고 긍지고 모조리 내팽개치고 당신한테 기어가, 그녀와 내 목숨, 그리고 내 가족에게 갈 수 있는 배편과 나 자신의 구원을 애걸하며, 당신을 통해 그 모든 것을 받아들이기 위해 당신 무릎에 매달릴지도 모르지요. 하지만 이 모든 것에 대해 나에게도 생각할 여유를 주셔야 합니다. 난 그 소식을 듣고 멍해져 버렸어요. 너무 괴로워서 제대로 생각하고 판단할 수가 없습니다. 어쩌면 나 자신을 당신 손에 맡김으로써 돌이킬 수 없는 실수를 저지르고 있고, 그것이 죽는 날까지 날 소름끼치게 할지도 모릅니다. 하지만 난 도무지 갈피를 잡을 수가 없는 상태여서 당장 내가 할 수 있는 일이라고는 고작해야 당신 말에 기계적으로 찬성하고 어쩔 도리 없이 당신 말에 따르는 것뿐입니다. 그럼 저 사람의 행복을 위해 연극을 하겠어요. 썰매를 준비해서 곧 뒤따라가겠다고 그녀에게 얘기하지요. 그리고 나는 여기 혼자 남아 있겠습니다. 그런데 문제가 하나 있어요. 이제 곧 어두워질 텐데, 지금 어떻게 떠나시겠습니까? 길이 숲 속으로 나 있는데 거기엔 늑대들이 있어요. 조심하십시오."

"알고 있소. 걱정하지 마시오. 소총과 권총을 한 자루씩 가지고 있어요. 그리고 추위를 잊게 해 줄 보드카를 좀 구해 왔는데, 나눠 드릴까요? 양은 충분하니까."

13

'내가 무슨 짓을 한 거지? 내가 무슨 짓을 한 거야? 넘겨주고 포기하고 양보해 버렸어. 당장 그들을 쫓아가서 다시 데려와야겠다. 라라! 라라!

들릴 리가 없지. 맞바람이 불고 있어. 게다가 그들은 아마 큰 소리로 이야기하고 있을 거야. 그녀에게는 마음 푹 놓고 행복해 할 이유가 있어. 그녀는 자기가 속고 있고 잘못 생각하고 있다고는 의심조차 못하고 있을 거야.

그녀는 아마도 이렇게 생각하겠지. 모든 것이 자기가 원한 대로 잘되었다고. 자신의 유로치카, 그 고집불통 몽상가가 하늘이 도와서 마침내 고집을 꺾었다, 그리고 자신과 함께 안전한 곳으로, 자기들보다 훨씬 현명한 사람들이 있는 곳으로, 법과 질서가 보호해 주는 곳으로 갈 수 있다, 예컨대 그가 자신의 입장을 고수하면서 강한 의지를 관철하기 위해 고집을 부려 내일 함께 기차를 타지 않는다 해도, 빅토르 이폴리토비치가 그를 위해 다른 기차를 보내 그를 데려올 테니 금방 우리와 합류할 거야.

물론 이 순간 그는 마구간에서 흥분에 들떠 어쩔 줄 몰라 하며, 굼뜬 손길로 말에 썰매를 채우고 있겠지. 그리고 말을 채찍질해 전속력으로 우리를 따라올 거야, 그렇게 되면 아직 숲에 들어가기 전 들판 한복판에서 우리를 따라잡게 될 거야.'

그렇다, 그녀는 틀림없이 그렇게 생각하고 있을 것이다. 그들은 작별 인사도 제대로 하지 못했다. 다만 유리 안드레예비치만이 마치 사과 조각이 걸린 것처럼 목구멍을 막고 있는 고통을 삼켜 버리려고 애쓰면서 그녀에게 손을 흔들고는 고개를 돌려 버렸다.

의사는 모피외투의 한쪽 소매만 팔에 꿴 채 정면 계단에 서 있었다. 소매를 꿰지 않은 한쪽 손으로는 처마 바로 밑, 현관 계단의 가늘고 잘록한 기둥을 마치 목을 졸라 죽여 버릴 것처럼 온 힘을 다해 움켜쥐고 있었다. 그의 모든 신경은 저 멀리 있는 하나의 점에 온통 쏠려 있었다. 거기에는 언덕의 오르막길이 좀 보이고, 그 가장자리에 자작나무 몇 그루가 군데군데 서 있었다. 이 탁 트인 공간 위에 뉘엿뉘엿 지는 해의 마지막 햇살이 나지막하게 떨어지고 있었다. 지금은 얕은 협곡을 지나느라 보이지 않지만, 금방이라도 썰매가 기세 좋게 질주하는 모습을 드러낼 터였다.

"안녕, 잘 가거라." 그 순간을 고대하면서 의사는 몇 번이고 같은 말을 되풀이했다. 그러나 가슴속에서 치솟아 오른 말들은 황혼의 얼어붙은 대기 속으로 소리도 없이 빨려 들어갔다. "잘 가거라, 오직 하나뿐인 내 사랑이여, 영원히 잃어버린 사람이여!"

"달리고 있다! 달리고 있다!" 그가 메마르고 핏기 없는 입술로 속삭이는 사이에, 썰매는 움푹 팬 곳에서 쏜살같이 튀어나와 자작나무를 하나하나 지나쳐 달리다가 서서히 속도를 늦추더니, 아, 얼마나 기쁜 일인지! 마지막 자작나무 앞에서 멈춰 섰다.

오, 그의 심장이 얼마나 요란하게 방망이질하고, 그의 두 다리는 또 얼마나 후들거렸는지! 극도로 흥분한 나머지 온몸이 마치 어깨에서 미끄러져 내리는 모피외투처럼, 부드러운 펠트처럼 흐물거리는 것 같았다!

'오, 하느님, 당신은 저에게 그녀를 되돌려 주시기로 한 겁니까? 도대체 무슨 일일까? 해질녘이 가까운 저 능선에서 무슨 일이 일어난 것인가. 어떻게 된 일이지? 왜 꼼짝 않고 서 있을까? 아니야, 다 끝났어. 다시 움직이기 시작했다고. 그들은 떠났어. 틀림없이 그녀가 집을 마지막으로 한 번 더 보려고 멈춘 것이리라. 아니, 어쩌면 내가 출발해서 뒤따라오고 있는지 확인하고 싶어서 그런 건지도 몰라. 하지만 가 버렸다. 이제 그들은 가 버렸어.

다행히 해가 아직 지지 않는다면(어두워지면 그들의 모습을 볼 수 없을 테니까), 그들은 다시 한 번 언뜻 모습을 보여 줄 거야, 그때는 진짜 마지막이다. 그저께 밤에 늑대들이 서 있던 골짜기 쪽의 눈밭에서.'

그리고 마침내 그 순간도 와서는 지나가 버렸다. 검붉은 태양은 눈 덮인 산의 푸른 선 위에서 아직도 둥글게 보였다. 태양이 달콤한 파인애플 색깔의 빛을 들판 가득히 뿌리자 눈은 그 빛을 탐욕스럽게 빨아들였다. 그리고 그들이 다시 나타나 질주하면서 지나가 버렸다. '안녕, 라라, 저세상에서 다시 만날 때까지 안녕, 나의 아름다움이여, 안녕. 나의 기쁨, 결코 마르지 않는 나의 영원한 기쁨이여.' 이윽고 그들이 시야에서 사라졌다. '이제 두 번 다시 그대를 만나지 못하리, 이 세상에서는 영원히 그대를 만나지 못하리.'

날이 어두워지고 있었다. 눈 위에 흩뿌려진 황혼녘의 붉은 구릿빛 반점이 금세 빛을 잃고, 아스라한 잿빛 원경(遠景)은 짙은 자줏빛을 띤 라일락색 어스름 속으로 빠르게 가라앉았다. 갑자기 얇아진 것처럼 창백해진 분홍빛 하늘을 배경으로 희미하게 윤곽이 떠오른 길옆 자작나무의 섬세하게 수놓은 듯한 모습은 자욱한 안개 때문에 얼룩처럼 보였다.

마음속의 슬픔으로 유리 안드레예비치의 감각은 날카로워져 있었다. 그에게는 모든 것이 몇십 배나 예민하게 느껴졌다. 주위의 모든 것이, 공기조차 독특

하고 유일한 특징을 띠고 있었다. 겨울밤은 모든 것에 우호적인 목격자처럼 동정심으로 충만해 있었다. 이런 어스름은 지금까지 한 번도 본 적이 없었고, 이 밤도 지금 이 순간 외로움과 이별의 슬픔에 빠져 있는 그를 위로하기 위해 오늘 처음으로 깃드는 듯했다. 언덕 위의 숲은 늘 그렇게 지평선을 등지고 파노라마처럼 둘러서 있었던 것이 아니라, 그에게 동정심을 보내기 위해 방금 땅에서 솟아 나와 그 자리에 진을 치고 있는 듯했다.

의사는 이 시각의, 손으로 만질 수 있을 것 같은 아름다움을, 마치 동정하려고 달라붙는 사람들을 대하듯이 손을 흔들어 뿌리치고는, 아직도 머뭇거리고 있는 저녁놀을 향해 '고맙다, 하지만 난 괜찮아' 하고 거의 중얼거리는 듯한 기분이 되었다.

그는 세상을 등지고 닫힌 문 쪽으로 얼굴을 향한 채 현관 계단에 서 있었다. '나의 찬란한 태양은 졌구나.' 그의 내부에서 무언가가 되풀이해 암송되고 있었다. 그에게는 이 말을 소리 내어 말할 기력이 없었다. 목구멍이 경련을 일으켜 말이 도중에 끊어졌다.

그는 집 안으로 들어갔다. 이중의, 두 종류의 독백이 시작되어 그의 내부에서 이어졌다. 하나는 무미건조하고 사무적인 독백이고, 또 하나는 라라를 향해 끝없이 넘쳐나는 독백이었다. 그의 생각은 이렇게 펼쳐져 갔다. '이젠 모스크바로 가야지. 무엇보다 살아남아야 해. 억지로 잠을 청할 필요는 없어. 지쳐서 곯아떨어질 때까지 일을 해야지. 그래, 또 할 일이 있군. 당장 침실 난로에 불을 피워야 해. 오늘 밤 여기서 얼어 죽을 필요는 없잖아?'

그러나 한편으로는 다음과 같은 내면의 이야기도 있었다. '나의 잊을 수 없는 아름다운 여인이여, 내 팔과 손이 그대를 기억하고 있는 한, 아직 그대가 내 두 팔과 입술 위에 있는 한, 나는 그대와 함께 있는 것이다. 나는 그대에 대한 내 눈물을, 그대만큼 값진, 길이 남을 작품 속에서 흘리고 씻어 버리리라. 나는 그대에 대한 기억을 한없이 부드럽고 슬픈 묘사로 기록하리라. 그 일을 끝낼 때까지는 이곳에 머무르리라. 그런 다음 나 또한 이곳을 떠나리라. 나는 그대를 이렇게 그리고 싶다. 무시무시한 폭풍이 바다를 휘저어 놓은 뒤 더욱 강력하고 가장 멀리까지 뻗어가는 파도의 흔적이 모래 위에 남듯이, 그대의 특징을 그려 놓으리라. 해초, 조개껍데기, 병마개, 조약돌, 파도가 바다 밑바닥에서 들어 올릴 수 있는, 너무 가벼워서 저울로도 달 수 없는 것들, 이런 것들이 밀려

올라와 모래밭에 군데군데 끊어진 구불구불한 선을 그려 놓는다. 원경 속으로 무한하게 뻗어 가는 이 선이 가장 높은 파도의 경계선이지. 인생의 폭풍도 그런 식으로 그대를 내 해안으로 밀어 올렸어, 오 나의 사랑, 나의 사람이여, 이렇게 나는 그대를 그릴 거야.'

그는 집 안으로 들어가 문을 잠그고 모피 외투를 벗었다. 그날 아침 라라가 정성들여 잘 정돈해 두었지만 급히 짐을 싸느라 다시 엉망이 되어 버린 침실에 들어섰을 때, 헝클어진 침대를 보고 또 의자와 마룻바닥에 어지럽게 던져져 있는 물건들을 보았을 때, 그는 무릎을 꿇고 딱딱한 모서리에 가슴을 기댄 채 이부자리에 머리를 묻고서 어린아이처럼 훌쩍훌쩍 울었다. 그러나 오래 울지는 않았다. 유리 안드레예비치는 금방 다시 일어나 얼른 눈물을 닦은 뒤, 지치고 넋이 나간 표정으로 주위를 둘러보다가 코마롭스키가 남기고 간 술병을 꺼냈다. 마개를 뽑고 컵에 반쯤 따라서 물을 넣고 눈을 섞은 다음, 자기가 방금 흘렸던, 위로받을 길 없는 눈물과 거의 똑같은 쾌감을 느끼면서 그 칵테일을 갈증을 달래려는 듯이 천천히 꿀꺽꿀꺽 삼켰다.

14

유리 안드레예비치는 어딘가 이상해져 가고 있었다. 그는 서서히 미쳐 갔다. 전에는 결코 이렇게 기묘한 생활을 한 적이 없었다. 그는 집을 돌보지 않았고 자기 몸도 제대로 돌보지 않았으며, 밤낮이 뒤바뀌어서 라라가 떠난 지 며칠이나 지났는지 시간 관념도 잃어버리고 말았다.

그는 보드카를 마시고 라라에게 바치는 글을 썼다. 그러나 쓴 것을 지우고 다시 쓰고 할수록, 그의 시와 노트 속의 라라는 실제로 살아 있는 라라로부터, 그녀의 딸 카차와 함께 떠나 버린 살아 있는 어머니의 모습으로부터, 자꾸만 멀어져 갔다.

그러나 그것은 내면적인 자제의 감정에 따른 것이었다. 개인적인 경험과, 픽션이 아닌 실제로 있었던 일을 지나치게 노골적으로 드러낼 수는 없었다. 기록과 경험한 것에 직접적으로 관련이 있는 사람들을 상처 주거나 피해를 주고 싶지 않아서였다. 끓으려야 끓을 수 없이 절실하고, 아직도 김을 올리며 식지 않고 있는 것은 시에서 배제되었고, 그 피가 튀어서 병의 원인이 되는 것 대신 시 속에 나타난 것은 온화하고 넓은 비전이었다. 그 넓은 비전은 특수한 케이스를 누구나가 잘 알고 있는 보편성으로 끌어올렸다. 그는 그 목적에 이르지 못했지만, 이 느긋한 비전 자체는 여행 도중에 라라가 보낸 위로의 말처럼, 멀리서 보내 온 라라의 인사처럼, 꿈에 나타난 그녀의 모습처럼, 또는 그의 이마에 닿는 그녀의 손길처럼 그에게 찾아왔다. 그리고 그는 시(詩) 위에 있는 그 고상한 흔적들을 사랑했다.

라라를 위한 애가를 쓰면서 그는 동시에, 다양한 시기의 모든 것에 대해, 자연에 대해, 나날의 생활에 대해 휘갈겨 써 두었던 메모를 서둘러 손질했다. 그가 글을 쓸 때면 언제나 그랬듯이, 개인과 사회의 삶에 대한 온갖 생각들이 머릿속에 떠올랐다.

그는 새삼스럽게 역사란 무엇인가에 대해 생각했다. 이른바 역사라 불리고 있는 것에 대해 그는 보통 사람들과는 전혀 다르게 생각하고 있었다. 그는 역사를 식물계와 비슷한 것으로 그려 보았다. 눈 덮인 겨울에 앙상한 활엽수림의 나뭇가지들은 어느 노인의 사마귀에 난 털처럼 연약하고 초라하다. 그러나 봄이 오면 숲은 불과 며칠 사이에 변모해 구름까지 닿게 되고, 잎이 무성한 숲 속에서 우리는 길을 잃을 수도 있고 숨을 수도 있다. 이런 변화는 동물보다 훨씬 빠른 속도로 진행된다. 그것은 동물이 식물만큼 빨리 자라지 않기 때문이지만, 식물의 경우에도 우리가 식물이 자라는 것을 직접 눈으로 관찰할 수 있는 것은 아니다. 숲은 움직이지 않는다. 숲이 그 장소를 변화시키는 것은 아니며, 우리가 그 변화 과정을 포착하기 위해 기다리고 있을 수도 없다. 숲은 언제 보아도 움직이지 않는 것처럼 보인다. 영원히 성장하고 끊임없이 변화하며 그 변모를 확인할 수 없는 사회의 삶과 역사가 우리의 눈에 움직이지 않는 것처럼 보이는 것도 그러한 까닭에서다.

톨스토이가 나폴레옹과 통치자들, 장군들 같은 선구자의 역할을 부정했을 때, 그는 그 생각에 대해 철저하게 설명하지는 않았다. 그는 똑같은 것을 생각하고 있었지만 그것을 뚜렷하게 단언할 수 없었다. 어느 누구도 역사를 만들 수 없다. 풀이 자라는 것을 볼 수 없듯이 역사도 볼 수 없는 것이다. 전쟁, 혁명, 황제들, 로베스피에르 같은 사람들—그들은 역사의 유기적인 한 부분을 이루는 역사의 대행자요, 역사의 효모이다. 혁명은 활동적인 사람들, 편협한 광신자, 자기를 규제하는 천재들에 의해 수행된다. 그들은 몇 시간 또는 며칠 사이에 이전의 질서를 엎어 버리고, 이 대변동은 몇 주일 몇 년이나 이어지며, 대변동으로 이끈 편협한 정신은 그로부터 몇십 년, 또는 몇백 년 동안 성물처럼 숭배의 대상이 된다.

라라의 애가를 쓰면서, 그는 멜류제예보에서의 그 아득한 여름을 생각하며 눈물을 흘렸다. 그때 혁명은 하늘에서 지상으로 강림한 그 무렵의 신(神)이었다, 그 여름의 신이었다. 그리고 누구나 다 미쳐 있었고, 그리고 저마다의 삶은 저절로 자신에게 어울리는 모습으로 존재하며, 일목요연하지는 않아도 최고의 정책 정당성을 확신하고 있었다.

이러한 온갖 잡다한 생각들을 메모하면서 그는 다시 검토하고 기록했다. 예술이란 미(美)에 봉사하고, 미는 형식을 지니는 데서 오는 기쁨이며, 형식은 바로 존재의 유기적 생명의 열쇠이며, 존재하기 위해, 또 그리하여 예술이—물론 그 속에 비극적인 것이 포함되어 있더라도—존재의 기쁨에 대한 이야기이기 위해서는, 살아 있는 모든 사람은 이 형식을 지녀야만 하는 것이다.

이러한 사색과 메모도 그에게 행복을 안겨 주었다. 그것은 또한 매우 비극적이고 눈물로 가득 차 있어서, 그 때문에 머리가 피곤하고 지끈지끈할 정도였다.

안핌 예피모비치가 그를 보러 왔다. 그도 보드카를 내 와서 안티포바와 그녀의 딸이 코마롭스키를 따라 떠난 것에 대해 얘기했다. 선로보수용 수동차(手動車)를 타고 온 안핌 예피모비치는 말을 제대로 관리하지 않는다고 의사를 나무라고는, 유리 안드레예비치가 사나흘만 기다려 달라고 부탁하는 것도 뿌리친 뒤 말을 끌고 가 버렸다. 그 대신 그만큼 지나면 자기가 의사를 데리러 와서 최종적으로 바르이키노에서 데리고 나가 주겠다고 약속했다.

유리 안드레예비치는 글을 쓰거나 일에 몰두하다가 이따금 불현듯 떠나가 버린 여인을 생생하게 떠올리며 상실의 슬픔과 날카로운 아픔으로 괴로워했다. 어린 시절 어느 여름날, 무성한 자연 속에서 새들이 지저귀는 가운데 돌아가신 어머니의 목소리가 들리는 것 같았던 그때처럼, 라라에게 길들여지고 그녀의 목소리에 익숙해진 청각이 때때로 그를 속이곤 했다. '유로치카!' 하고 이따금 옆방에서 부르는 듯한 환청을 들었다.

그 일주일 동안 그에게 또 다른 감각의 혼란이 일어났다. 그 주가 끝날 무렵의 밤에, 그는 갑자기 집 근처에 있는 용의 골짜기에 대해 종잡을 수 없는 악몽을 꾸다가 깨어났다. 그는 눈을 떴다. 골짜기 속에서 섬광이 번쩍거렸고, 누군가가 발사한 총소리의 작열하는 듯한 신음이 울려 퍼졌다. 놀랍게도 그는 그 이상한 일이 일어난 뒤 바로 다시 잠들었고, 아침이 되자 그는 모든 것이 꿈이었다고 스스로 결론을 내렸다.

15

그런 나날 가운데 어느 날 일어난 일이었다. 의사는 마침내 이성의 목소리에 귀를 기울였다. 그는 무슨 일이 있어도 자살할 거라면 더욱 빠르고 효과적이며 더욱 고통이 적은 방법을 찾는 게 좋겠다고 스스로 다짐했다. 그는 안핌 예피모비치가 오는 대로 이곳을 떠나겠다고 자신에게 약속했다.

땅거미가 내려앉기 직전, 아직도 빛이 남아 있는 동안, 그는 눈 위를 저벅저벅 밟는 커다란 발소리를 들었다. 누군가가 힘차고 의연한 걸음으로 침착하게 집 쪽으로 다가오고 있었다.

이상하군! 누굴까? 안핌 예피모비치라면 자기 말을 타고 올 텐데. 텅 빈 바르이키노를 지나가는 사람은 없을 테고. '그들이 나를 데리러 왔구나.' 유리 안드레예비치는 그렇게 결론을 내렸다. '시내로 호출하거나 소환하려는 거야. 아니면 체포하러 온 건가? 그렇다면 그들은 나를 무엇에 태워서 데려갈 작정일까? 그런 경우라면 두 명이 오겠지. 이건 미쿨리친이야. 아베르키 스테파노비치다.' 그는 발걸음으로 보아 그런 느낌이 들어 손님을 유추하면서 즐거운 생각에 잠겼다. 아직 정체 모를 낯선 이는 맹꽁이자물통이 거기 있을 거라고 예상한 듯 빗장이 부서진 문을 더듬거렸다. 그러고는 자신 있게 걸어 들어와서 중간 문을 열고 들어온 뒤 조심스럽게 문을 닫았다.

그 이상한 현상이 책상을 향해 앉아 있던 유리 안드레예비치를 찾아왔다. 그는 방문을 등지고 책상을 마주하고 있었다. 그가 그 미지의 인물을 환영하기 위해 의자에서 일어나 얼굴을 문 쪽으로 돌린 순간, 이미 저쪽은 문지방 앞에 못 박힌 듯이 멈춰 서 있었다.

"누굴 찾으십니까?" 의사는 아무 생각 없이 기계적으로 물었지만 뭔가 대답을 기대한 것은 아니었고, 그래서 아무 대답을 듣지 못한 것에 대해 놀라지도 않았다.

방에 들어온 사람은 잘생긴 얼굴에 균형 잡힌 늘씬한 체격의 사내로, 짧은 모피 재킷과 모피 바지 차림에 따뜻한 산양 가죽 장화를 신었으며, 소총을 가죽 끈으로 묶어 어깨에 메고 있었다.

의사는 그가 나타난 그 순간에만 놀랐을 뿐이지, 그가 온 사실에 대해서는 그다지 놀라지 않았다. 이 집에 사람이 살았던 흔적이 있는 것으로 봐서, 그런 것쯤은 충분히 예상할 수 있었다. 이 사람은 이 집에서 발견된 식량 등을 비축한 바로 그 사람이 틀림없었다. 그의 용모는 의사에게는 전에 만난 적이 있는 듯한 낯익은 느낌이 들었고, 아마 이 방문자도 이 집에 누군가가 살고 있다는 얘기를 들은 모양이었다. 조금도 놀라는 기색이 없었던 것이다. 틀림없이 안에서 의사가 나올 것을 예상하고 있었으리라. 어쩌면 그 자신이 의사를 알고 있는 건지도 모른다.

'도대체 누구였지? 누구더라?' 유리 안드레예비치는 고통을 느끼면서 기억을 되짚어 보았다. '아, 도대체 그를 어디서 봤더라? 혹시? 몇 년도인지는 기억나지 않지만 뜨거운 5월 아침나절. 라즈빌리예의 철도역. 불길하기 짝이 없는 군사위원의 차량, 명석한 사고, 강직성, 직선적인 논리, 원칙을 고수하는 엄격함, 정당성, 정당성, 정당성. 스트렐리니코프다!'

16

그들은 오랫동안 이야기를 나눴다. 러시아에 사는 러시아 사람들만이 이야기할 수 있는 그런 방식으로, 특히 공포와 우울, 미칠 듯한 격정에 빠진 그 무렵 러시아 사람들이 하던 식으로 그들은 이야기를 나누었다. 날이 저물어 주위가 어두워졌다.

누군가와 얘기할 때의 그 조급한 수다와 함께, 스트렐리니코프는 뭔가 또 다른 자기만의 이유가 있어서 쉴 새 없이 얘기를 이어나가는 것 같았다.

그는 고독을 잊기 위해 지치지도 않고 계속 지껄이면서 의사와의 대화에 매달리고 있었다. 그는 양심의 가책이나 그에게 달라붙어 떠나지 않는 슬픈 기억을 두려워하고 있는 것인가, 아니면 그 속에서는 견딜 수 없이 치욕스러워서 죽고 싶을 만큼 자기 불만에 스스로 시달리고 있는 것인가. 그것도 아니라면, 그는 뭔가 무섭고 단호한 결심을 했지만 혼자서는 그 결심을 감당하기가 힘들어서, 가능한 한 의사와 함께 잡담을 나눔으로써 그 실행을 뒤로 미루려는 것인가?

어쨌든 스트렐리니코프는 그를 괴롭히고 있는 어떤 중대한 비밀을 은폐하고, 그런 만큼 더욱 다른 이야기로 끝없이 속마음을 털어놓고 있었다.

그것은 세기의 질병이요, 시대의 혁명의 광기였다. 모든 사람의 마음속은 그들의 외관이나 말과는 달랐다. 양심이 더럽혀지지 않은 사람은 아무도 없었다. 누구나 자신은 모든 것에 대해 죄를 지었고, 숨은 범죄자이며, 아직 적발되지 않은 사기꾼이라고 느낄 만한 이유가 있었다. 아주 하찮은 구실만 있어도 상상력을 발휘해 자학의 향연을 벌였다. 사람들은 공상에 빠져, 공포의 작용뿐만 아니라 파멸적이고 병적인 애착으로 인해, 자발적으로 형이상학적인 무아지경 상태와, 그대로는 제동이 걸리지 않는 자책의 열정에 사로잡혀 자신을 스스로 비방 중상했다.

지난날 군의 고관이자 때로는 군사재판의 당사자였던 스트렐리니코프도, 그러한 죽음을 앞둔 진술을 서면으로든 구두로든 얼마나 눈으로 읽고 귀로 들어왔던가. 그런데 지금 그 자신이 똑같은 자기 폭로의 발작에 사로잡혀, 자신의 모든 것을 재평가하고 모든 것을 총결산하고, 열띤 흥분 속에서 모든 것을 참언(讒言)의 상태처럼 왜곡하고 있었다.

스트렐리니코프는 이 고백에서 저 고백으로 넘어가면서 두서없이 얘기를 이어갔다.

"이것들은 모두 치타 근처에서 구한 겁니다. 내가 이 집 장식장과 상자 속에 가득 채워 놓은 진귀한 물건들을 보고 깜짝 놀랐겠지요? 그 모든 것은 우리 적군(赤軍)이 동(東)시베리아를 점령했을 때 징발한 것들입니다. 물론 전부 다 나 혼자서 여기로 가져온 건 아닙니다. 내 주위엔 늘 믿음직하고 헌신적인 사람들이 있었지요. 양초, 성냥, 커피, 차, 필기도구 등등, 이 모든 것은 군사용품으로 징발한 것들인데, 일부는 체코군, 일부는 일본이나 영국군 것입니다. 진귀한 것들이죠, 안 그래요? '안 그래요?'는 내 아내가 즐겨 쓰던 표현이었는데 당신도 틀림없이 아실 겁니다. 지금 당장 당신한테 말을 해야 할지 말아야 할지 판단이 서지 않았지만, 지금 고백하지요. 나는 그녀와 딸을 만나러 왔어요. 그들이 여기 있다는 정보가 너무 늦게 들어왔지요. 그래서 보시다시피 이렇게 된 겁니다. 소문과 보고를 통해 당신이 그녀와 가까이 지낸다는 사실을 알고 처음으로 '닥터 지바고'라는 이름을 들었을 때, 어떻게 된 일인지 나는 지난 몇 년 사이에 보았던 수많은 얼굴 가운데, 어렴풋하기는 하지만, 심문을 받기 위해 내 앞에 불려 왔던 그런 이름의 의사가 있었던 것을 기억해 낸 겁니다."

"그때 그 사람을 총살하지 않았던 걸 후회했나요."

스트렐리니코프는 이 질문을 묵살해 버렸다. 어쩌면 그에게는 상대가 자신의 독백에 끼어든 이 말이 들리지도 않았을 것이다. 그는 방심 상태에서 깊은 생각에 잠겨 독백을 이어갔다.

"물론 나는 그 문제로 당신을 질투했습니다. 사실 지금도 질투하고 있어요. 어떻게 안 그럴 수가 있겠습니까? 극동에 있는 나의 다른 은신처가 발각되어 몇 달 전에 이 지역에 와서 잠복하고 있었습니다. 나는 날조된 죄목으로 군법회의에 회부될 처지였습니다. 군법회의로 넘어가면 그 결과가 어떻게 될지는 쉽게 짐작할 수 있었죠. 나는 아무 죄가 없습니다. 여건이 좋아지면 나는 언젠가 나 자신의 결백을 증명하고 명예를 회복할 수 있을 거라는 희망을 가지고 있었습니다. 그래서 나는 체포되기 전에 행방을 감추고, 당분간 여기저기 떠돌아다니며 숨어 지내기로 작정했지요. 마침내 언젠가는 구제될 테니 말이오. 나를 팔아먹은 것은 나의 신뢰를 이용해 배신한 그 젊은 악당이었습니다.

나는 사람들이 다니는 길을 피해 굶주리면서 도보로 시베리아를 가로질러 서쪽으로 가고 있었습니다. 늘 눈 더미 속에 몸을 숨기거나 눈에 묻힌 열차 안에서 머물렀는데, 시베리아 철도간선에 열차들이 끝없이 줄지어 눈에 파묻혀 있었어요.

그 도망 중에 우연히 한 떠돌이 소년을 만난 거지요. 그 녀석 하는 말이, 일렬로 늘어서서 총살당할 뻔했는데, 빨치산의 총탄이 빗나갔다는 거였어요. 그는 시체 더미에서 살살 기어 나와 숲 속에 몸을 숨겼다더군요. 몸이 회복된 뒤로는 나처럼 이 은신처에서 저 은신처로 떠돌아다녔답니다. 어쨌든 그 녀석의 말은 그랬어요. 녀석은 아무 쓸모없는 미성년으로 음흉하고 수줍어했지요. 실업학교 2학년 때 낙제해서 학교에서 쫓겨났다더군요."

스트렐리니코프가 자세한 이야기를 덧붙일수록 의사는 더욱더 그 소년에 대해 짚이는 데가 있었다.

"그의 이름은 테렌티, 성은 갈루진 아니었습니까?"

"맞습니다."

"아, 그렇다면 빨치산과 총살에 대해 그가 한 이야기는 모두 사실입니다. 그는 한 마디도 꾸며 대지 않았어요."

"단 하나 그 소년의 좋은 점은 자기 어머니를 끔찍이 사랑한다는 것이었습니다. 그의 아버지는 인질로 잡혀 총살당했는데, 어머니도 투옥되어 아버지와 같은 운명을 기다리고 있다는 것을 알고 어머니를 구출해 낼 수만 있다면 무슨 짓이라도 하기로 작심했어요. 그는 그 지역의 군(郡) 체카에 출두해서 자수하고 그들을 위해 일하겠다고 제의했습니다. 그들은 어떤 중대한 배신과 교환하는 조건으로 그의 죄를 용서해 주겠다고 약속했습니다. 그는 내가 숨어 있던 장소를 일러바쳤어요. 그러나 나는 다행히 그의 배신을 알고 때맞춰 자취를 감췄죠.

옛날이야기 속에나 나올 법한 어마어마한 노력과 천신만고 끝에 나는 시베리아를 횡단해 이곳에 겨우 도착했습니다. 나는 이곳에는 워낙 잘 알려진 사람이니까, 그들은 내가 설마 이곳에 숨어 있으리라고는 생각하지 못할 거라고 여긴 거지요. 그들은 내가 이토록 대담한 행동을 할 줄은 꿈에도 몰랐을 겁니다. 그리고 실제로 내가 이 집이나, 안전하다고 생각되는 다른 은신처에 숨어 있는 동안 그들은 오랫동안 치타 방면에서 계속 나를 수색했습니다. 그러나 이제는 그것도 끝이 났어요. 여기서도 그들은 내 꼬리를 잡았으니까요. 가만 있자, 어두워지는군요. 내가 그다지 좋아하지 않는 시간이 찾아오고 있어요. 오래전부터 불면증에 시달리고 있습니다. 그게 얼마나 큰 고통인지 당신도 잘 아실 겁니다. 혹시 당신이 내 양초를 아직 다 쓰지 않았다면—질이 좋은 진짜 스테아린 양초! 안 그래요?—조금 더 이야기를 합시다. 당신만 괜찮다면 촛불을 켜 놓고 호사스럽게 밤새도록 이야기를 나눌까요?"

"양초는 얼마든지 있습니다. 나는 한 통밖에 뜯지 않았어요. 난 여기서 찾아낸 등유 램프를 사용해 왔습니다."

"흑빵은?"

"없습니다."

"그럼 뭘 먹고 살았습니까? 아, 내가 바보 같은 질문을 했군요. 알겠어요, 감자였겠죠."

"맞아요. 감자는 얼마든지 있소. 여기서 살았던 부부는 경험이 풍부한 살림꾼들이었어요. 그들은 감자 저장법을 알고 있더군요. 지하실에 모두 온전하게 저장되어 있습니다, 썩거나 얼지 않고 말짱하게."

스트렐리니코프는 갑자기 혁명에 대해 얘기하기 시작했다.

17

"이건 모두 당신을 위한 이야기는 아닙니다. 당신은 아마 이해하지 못할 겁니다. 당신은 전혀 다른 방식으로 성장했을 테니까요. 도시 변두리의 세계, 철도와 병영 같은 노동자 주택, 그런 세계가 있었지요. 불결하고, 좁고, 가난하고, 일하는 사람에 대한 모욕과 여성들에 대한 능욕. 또 방탕한 자식들, 하얀 비단 안감을 댄 제복을 입은 대학생과 젊은 상인들의 조소적인, 처벌받는 일이 없는 뻔뻔스러운 방탕, 그런 세계가 있었어요. 그녀들은 농담이나 무시한 울분을 폭발시킴으로써, 알몸으로 벗겨지고 모욕당하고, 물건 취급을 받은 눈물과 넋두리로부터 벗어나고자 했습니다. 무슨 일에도 고민하지 않고, 세상에 아무것도 요구하지 않고, 세상에 아무것도 주지 않고 아무것도 남기지 않았던 기생충, 식객들의 당당한 변절은 또 어떻던가요!

우리는 생활을 군사 전투처럼 받아들이고, 우리가 사랑하는 사람들을 위해 거대한 바위를 움직였습니다. 우리가 그녀들에게 슬픔밖에 주는 것이 없더라도, 우리는 그녀들을 털끝만큼도 모욕하지 않았어요. 우리도 그녀들 이상으로 고통을 당했으니까요.

그러나 이야기를 계속하기 전에, 당신에게 말해 줘야 할 것이 있습니다. 문제는 이겁니다. 만약 당신이 목숨을 소중히 여긴다면 곧바로 이곳을 떠나야 합니다. 나에 대한 포위망이 차츰 좁혀 오고 있습니다. 내게 무슨 일이 일어나면 당신도 그 일에 휩쓸리게 됩니다. 나와 지금 얘기하고 있는, 바로 이 일만으로도 당신은 이미 연루되어 있는 겁니다. 이런 모든 문제를 제쳐 두고라도 여기엔 늑대가 너무 많아요. 며칠 전에는 나 자신을 보호하기 위해 총을 쏠 수밖에 없었습니다."

"그럼 총을 쏜 사람이 당신이었군요."

"그렇습니다. 물론 당신도 들었겠죠? 나는 또 다른 은신처로 가던 중이었는데, 그곳에 다다르기 전에 여러 가지 낌새로 봐서 그곳이 이미 발각되었고 거기 있던 사람들이 살해당한 것을 알았습니다. 나는 이곳에 오래 머무르지는 않을 겁니다. 오늘 밤만 보내고 아침엔 떠날 겁니다. 그러니 허락해 주신다면 이야기를 계속하겠습니다.

그러나 트베르스카야의 마부 거리와, 젊은 아가씨들을 고급 마차에 태우고 모자를 눌러쓰고 각반을 친 바지를 입은 멋쟁이들은 단지 모스크바에만, 단지 러시아에만 있는 것일까요? 거리, 밤의 거리, 세기의 밤의 거리, 그리고 준마와 구렁말들은 어디에나 있었습니다. 그러나 19세기에 통일성을 부여하고, 19세기를 하나의 역사적 시기로 구별 짓게 한 것은 무엇일까요? 그것은 사회주의 사상의 출현이었습니다. 혁명이 일어나고 헌신적인 젊은이들이 바리케이드에 올라갔지요. 사회정치 평론가들은 금전의 동물적인 뻔뻔스러움에 어떻게 재갈을 물려 가난한 자들의 인간적 가치를 높이고 지켜나갈지 머리를 짜냈습니다. 마르크스주의는 악의 뿌리가 어디에 있는지, 어디에 그 치유책이 있는지 갈파했습니다. 마르크스주의는 세기의 강대한 세력이 되었어요. 이것은 모두 세기의 트베르스카야 마부 거리였습니다. 더러움도, 성스러운 것의 광채도, 방탕도, 노동자 지역도, 정치 삐라, 그리고 바리케이드도.

아, 여학생이었던 시절, 그녀는 얼마나 아름다웠는지! 당신은 모르실 겁니다. 그녀는 브레스트 철도 직원들이 살고 있는 건물에 학교 친구들을 자주 찾아가곤 했어요. 그 철도는 처음에는 브레스트 철도라고 불렸는데 그 뒤로 명칭이 몇 번 바뀌었죠. 내 아버지는 지금 유리아틴 특별법정의 위원이지만 그때는 철도기사였습니다. 나는 늘 그 아파트에 들러 거기서 그녀를 만났어요. 그녀는 아직 어린 소녀였지만, 그 얼굴과 눈에서는 이미 과민한 생각과 세기의 불안을 읽을 수 있었습니다. 시대의 모든 테마, 시대의 모든 눈물과 원망, 시대의 축적된 모든 보복과 긍지가, 그녀의 얼굴과 행동거지, 그 소녀다운 수치심과 그 대담한 아름다운 자태에 나타나 있었어요. 그녀의 이름으로, 그녀의 입으로 시대를 고발하고 있었던 겁니다. 이것은 중요한 어떤 것이죠, 안 그래요? 그것은 어떤 운명, 그 표식입니다. 자연이 그녀에게 부여한 어떤 것, 그녀가 그것에 대해 생득권(生得權)을 가지고 있는 어떤 것 말입니다."

"그녀에 대해 참으로 잘 표현하시는군요. 나도 그 시절에 당신이 묘사한 바로 그대로의 그녀를 보았습니다. 중학교 여학생에 지나지 않았지만 그녀 안에서 어른인 비밀스러운 여주인공과 하나가 되어 있었지요. 그녀의 그림자는 용의주도한 자기방어의 움직임이 되어 벽에 비치고 있었어요. 나는 그러한 그녀의 모습을 보았고, 그러한 그녀를 기억하고 있습니다. 당신은 그것을 참으로 훌륭하게 표현했어요."

"당신도 보았고 기억하고 있다고요? 그래서 당신은 어떤 행동을 취했습니까?"

"그건 전혀 다른 얘깁니다."

"그런데 아시겠습니까, 이 19세기 전체와 그 모든 파리의 혁명가들, 게르첸에서 시작되어 몇 세대에 걸친 러시아의 망명자들, 불발로 끝나거나 성취된 모든 차르의 암살 계획, 세계의 모든 노동운동, 의회와 유럽 대학의 모든 마르크스주의, 사상체계의 모든 새로움, 온갖 결론의 혁신과 속도, 연민이라는 이름으로 고안된 무자비한 방법, 이 모든 것을 자기 속에 흡수하고 종합적으로 표현한 것이 바로 레닌이었고, 그것은 모두 그때까지 이루어진 것에 대한 복수의 화신이 되어 구세계에 달려들기 위한 것이었지요.

레닌의 등장과 더불어 전 세계의 눈앞에 거대한 자태의 러시아가 인류의 모든 슬픔과 불행을 보상해 주는 구원의 촛불처럼 힘차게 떠올랐습니다. 그런데 내가 도대체 왜 이런 이야기를 하는 걸까요? 당신에게 이런 이야기는 그저 시끄러운 심벌즈의 공허한 소리에 지나지 않을 텐데 말입니다.

나는 그 소녀를 위해 대학에 갔고 그녀를 위해 교사가 되어, 그 무렵엔 전혀 몰랐던 유리아틴으로 갔습니다. 나는 그 소녀를 위해 책을 산더미처럼 쌓아 놓고 탐욕스럽게 읽어 치웠고, 상당한 양의 지식을 흡수해서 그녀가 내 도움을 필요로 할 경우에는 언제라도 써먹을 수 있게 했습니다. 3년의 결혼생활 뒤에 나는 다시 한 번 그녀의 마음을 얻기 위해 전쟁터로 나갔습니다. 전쟁이 끝나고 억류 생활에서 돌아와서는, 내 이름이 전사자 명단에 올라 있는 것을 이용해 가명을 써서 온몸으로 혁명에 뛰어들었지요. 그녀가 겪었던 온갖 부당한 처사를 몽땅 갚아 준 뒤, 그녀의 마음에서 그 불쾌한 기억들을 씻어 내어 다시는 과거로 돌아가는 일이 없도록 하고, 또 두 번 다시 트베르스카야 마부 거리 같은 것이 존재하지 못하도록 하기 위해서였습니다. 그러나 그녀들, 아내와 딸은 바로 곁에 있었습니다. 바로 이곳에 있었어요! 그들에게 달려가서 만나고 싶은 간절한 마음을 참느라고 죽을힘을 다했습니다! 하지만 나는 먼저 내 필생의 과업을 끝까지 수행하고 싶었습니다. 아, 지금 나는 그들을 한 번이라도 볼 수 있다면 모든 것을 내던질 수 있습니다! 그녀가 방 안에 들어오면 마치 창문이 활짝 열린 것처럼 방 안이 공기와 빛으로 가득 찼지요."

"그녀가 당신에게 얼마나 소중한 존재인지 알고 있습니다. 하지만 당신은 그녀가 당신을 얼마나 사랑하고 있었는지 알고 계십니까?"

"죄송합니다만, 방금 뭐라고 하셨죠?"

"그녀가 당신을 얼마나 사랑하는지 아시느냐고, 세상 어느 누구보다도 당신을 사랑한다는 것을 아시느냐고 물었습니다."

"당신은 그걸 어디서?"
"그녀 자신이 내게 이야기했습니다."
"그녀가? 당신한테?"
"그렇습니다."
"용서해 주시오. 이런 부탁은 해선 안 되는 줄 알지만, 지나치게 무례한 일이 아니라면, 당신이 대답해 주실 수만 있다면, 그녀가 당신한테 한 말을 나에게 정확하게 되풀이해 주실 수 없겠습니까?"
"기꺼이 얘기해 드리죠. 그녀는 이렇게 말했습니다. 당신은 이상적 인간의 구현으로, 당신만 한 남자는 만나 본 적이 없으며, 진정 높은 경지에 다다른 유일한 사람이라고 말했습니다. 그리고 그녀는, 당신과 함께 살았던 그곳으로 되돌아갈 수만 있다면 지구 끝에서 무릎으로 기어서라도 가겠다고 하더군요."
"미안하지만, 너무 사적인 부분을 건드리는 게 아니라면, 그녀가 언제 어떤 상황에서 그런 말을 했는지 기억하실 수 있겠습니까?"
"그녀가 이 방을 치우면서 담요를 털려고 밖으로 나갈 때였죠."
"어떤 담요였습니까? 이 방에 두 개가 있는데."
"저기, 큰 쪽입니다."
"그녀가 들기엔 너무 무거웠을 텐데, 당신이 거들어 주셨겠지요?"
"예."
"당신은 담요의 반대쪽 끝을 잡고, 그녀는 몸을 뒤로 젖히고 그네를 타듯이 팔을 높이 치켜들어 흔들어 대고는 먼지를 피하느라 얼굴을 이리저리 돌렸겠죠. 그러고는 눈을 가늘게 뜨고 소리 내어 웃음을 터뜨렸지요. 안 그래요? 나는 그녀의 버릇을 잘 알아요. 그러고는 당신들은 마주보고 다가가면서 무거운 담요를 처음에는 두 겹, 다음엔 네 겹으로 접었을 것이고 그녀가 농담을 하면서 장난을 쳤을 겁니다, 안 그래요? 틀렸습니까?"
그들은 자리에서 일어나 서로 다른 창문 쪽으로 걸어가서 서로 다른 쪽을 바라보았다. 잠시 침묵한 뒤, 스트렐리니코프가 유리 안드레예비치에게 다가갔다. 그의 두 손을 꼭 잡고 자기 가슴에 얹으면서 스트렐리니코프는 조금 전처럼 뭔가에 쫓기듯이 이야기를 계속했다.
"용서해 주십시오. 내가 뭔가 소중한 비밀에 손을 댔다는 것을 잘 알고 있습니다. 하지만 만약 가능하다면, 더욱 자세히 묻고 싶습니다. 가지 말아 주십시오. 나를 혼자 내버려 두지 마세요. 나는 곧 갈 겁니다. 생각해 보세요, 6년에 걸친 이별을, 6년에 걸친 가혹하기 짝이 없는 인내를. 그러나 아직 모든 자유를 얻은 건 아니라고 나는 생각했습니다. 자유를 얻게 되면 내 손은 차꼬에서 해방될 것이고 그녀들한테 돌아갈 수도 있을 겁니다. 그러나 지금 내가 쌓아 올린 모든 구축물은 무너지고 말았습니다. 나는 내일 체포될 겁니다. 당신은 그녀를 사랑하고 있고 그녀와 가장 가까운 사람입니다. 당신은 아마도 언젠가는 그녀를 만나겠지요. 아, 아니, 내가 지금 무슨 부탁을 하려는 거지! 이건 미친 짓이야. 난 체포될 것이고, 변명 한 마디 못 하게 될 겁니다. 그들은 다짜고짜 나에게 달려들어 고함과 욕설로 내 입을 틀어막아 버릴 겁니다. 그들이 어떻게 할지 내가 어떻게 모르겠습니까!"

18

결국 그는 정말로 잠들고 말았다. 유리 안드레예비치는 오랜만에 침대에 눕자마자 자기도 모르는 사이에 잠에 곯아떨어졌다. 스트렐리니코프는 이 집에서 머물기 위해 남았다. 유리 안드레예비치는 그를 옆방에 재웠다. 유리 안드레예비치는 몇 번인가 잠에서 깨어나 몸을 뒤척이거나 바닥에 미끄러진 담요를 주워 올리는 짧은 순간에, 잠이 주는 강한 활력의 회복을 느끼면서 곧 다시 쾌락을 느끼며 잠들었다. 새벽에 동이 틀 무렵, 어린 시절의 꿈이 눈이 어지러울 만큼 변하면서 그의 꿈속에 나타났다. 그 꿈들이 너무나 또렷하고 앞뒤가 들어맞아서 현실로 착각할 정도였다.

예를 들면 그런 꿈속에서, 벽에 걸려 있는 이탈리아의 해변을 그린 어머니의 수채화가 갑자기 바닥에 떨어져서, 유리 깨지는 소리에 유리 안드레예비치는 잠에서 깨어났다. 그는 눈을 떴다. 아니, 이건 뭔가 다른 소리다. 이건 분명히 안티포프다, 라라의 남편, 성은 스트렐리니코프, 파벨 파블로비치가, 바크흐가 말한 것처럼 슈티마 골짜기에서 늑대들을 위협하고 있는 것이다. 아니, 그게 아니야, 그럴 리가 없어. 물론 그림 액자는 벽에서 떨어졌다. 저기, 산산조각이 나서 마룻바닥에 떨어져 있다. 그는 다시금 꿈나라로 돌아가서 계속되는 꿈속에서 그것을 이해했다.

그는 너무 오래 잔 탓으로 두통을 느끼며 늦어서야 일어났다. 그는 자신이 어디에 있는 건지, 어느 쪽 세계에 있는 건지 얼른 판단이 서지 않았다.

그러다가 그는 불현듯 생각이 났다. '그래, 스트렐리니코프가 찾아와서 머물고 있지. 늦었어, 옷을 갈아입어야겠군. 지금쯤 그도 일어났을 거야. 아직 자고 있으면 내가 깨워 주고 함께 커피를 마셔야지.'

"파벨 파블로비치!"

아무 대답도 들리지 않았다. '아직 자고 있군. 깊이 잠들었나 본데.' 유리 안드레예비치는 서두르지 않고 옷을 입은 뒤 옆방으로 갔다. 스트렐리니코프의 모피모자는 책상 위에 있지만 그는 집 안 어디에도 보이지 않았다. '산책을 나간 모양이군.' 의사는 생각했다. '모자도 쓰지 않고 나가다니, 몸을 단련하려는 건가. 난 오늘 바르이키노를 떠나야 하는데, 너무 늦었어. 게다가 늦잠을 자고 말았어, 아침마다 이 모양이라니까.'

유리 안드레예비치는 난로에 불을 붙인 다음, 양동이를 들고 우물물을 길러 나갔다. 현관 계단에서 몇 걸음 안 되는 곳에, 오솔길을 가로지르는 듯이 파벨 파블로비치가 얼굴을 눈 더미에 파묻은 채 누워 있었다. 총으로 자살한 듯, 그의 왼쪽 관자놀이 아래의 눈이 피에 물들어 붉은 덩어리로 응고해 있었다. 옆으로 튄 작은 핏방울들이 눈과 엉겨서, 마치 얼어붙은 마가목 열매처럼 작고 붉은 구슬이 되어 있었다.

제15장
모두 끝나다

1

이제 죽기 전까지 유리 안드레예비치의 생애 마지막 8, 9년 동안의, 그다지 복잡할 것 없는 이야기만 남아 있다. 이 기간 동안 그는 차츰 쇠약해져서, 의사로서의 지식과 기능을 잃어버리고 작가로서의 그것도 상실한 채 자기 자신을 방치해 가고 있었다. 물론 잠깐씩 우울과 침체의 늪에서 벗어나 생기를 되찾으면 털고 일어나서 자신의 활동으로 되돌아오기도 했지만, 이처럼 짧은 분발의 시기가 지나면 다시금 자기 자신과 세상의 모든 것에 대한 오랜 무관심 상태에 빠지곤 했다. 그 몇 해 동안, 그의 오랜 지병이었던 심장병이 악화되어, 이미 오래전에 스스로 진단을 내린 적이 있지만 병세의 심각함에 대해서는 깨닫지 못하고 있었다.

그가 모스크바에 도착한 것은 소비에트체제 시대에서 가장 이중적이고 기만적이었던 네프*[1] 초기였다. 그는 빨치산의 포로가 되었다가 유리아틴으로 귀환했을 때보다 훨씬 초췌해져서 수염도 머리도 더부룩하고 남루한 모습이었다. 그는 또다시 여행을 하면서 차츰차츰 값 나가는 옷가지를 벗어 빵과 바꿨고, 대신 알몸으로 있을 수는 없어서 낡고 해진 누더기를 얻어 입었다. 두 번째로 장만한 모피 외투와 양복도 그렇게 팔아먹은 그는 잿빛 모피 군모를 쓰고 다리에는 각반을 감고, 다 해진 군대 외투를 입고서는 모스크바 거리에 나타났다. 그러한 모습은 수도의 광장과 산책로, 역에 넘쳐나고 있는 수많은 적군(赤軍) 병사와 전혀 구별이 되지 않았다.

그는 모스크바에 혼자 온 것이 아니었다. 그의 뒤에는 어디에 가든 예쁘장한 시골 아이가 졸졸 따라다녔는데, 그 아이도 그와 똑같은 병사차림을 하고

*1 1921년, 제10차 러시아 공산당대회에서 채택된 신경제정책.

있었다. 그런 모습으로 그들은 무사히 남아 있던 모스크바 지인들의 객실에 나타났다. 그곳은 모두 유리 안드레예비치가 어린 시절을 보낸 곳이었다. 사람들은 그들을 기억했고, 그들이 여행 뒤에 목욕을 했는지 안 했는지 미리 확인한 뒤—아직도 전염성 높은 티푸스가 맹위를 떨치고 있을 때여서—동행과 함께 반겨 주었다. 사람들은 유리 안드레예비치가 나타난 첫날, 그의 가족이 모스크바를 떠나 외국으로 간 사정에 대해 얘기해 주었다.

그들은 두려움에 질려 사람을 만나는 것을 꺼리면서, 혼자 손님으로 가서 침묵을 지키면 안 되거나 대화에 끼어들어야만 하는 경우는 극력 피했다. 그들은 대개 사람들이 많이 모여 있을 때 둘이서 함께 키가 껑충한 모습으로 지인들의 집에 나타나곤 했는데, 가능한 한 눈에 띄지 않도록 어딘가 구석에 숨어 묵묵히 저녁 시간을 보내면서 모두의 대화에 끼어드는 일이 거의 없었다.

어린 친구를 데리고 다니는, 남루한 차림에 키가 크고 수척한 이 의사는 마치 민중 출신의 진리 탐구자 같았고, 언제나 그를 따르는 젊은이는 맹목적으로 순종하며 헌신하는 제자나 추종자 같았다.

2

유리 안드레예비치는 모스크바에 가까워진 여행 끝 무렵에는 열차를 탔지만, 그 전까지는 거의 내내 도보로 여행했다.

그가 지나 온 시골 풍경은 시베리아와 숲의 포로가 되었다가 탈출했을 때 우랄에서 보았던 것보다 하나도 나을 것이 없었다. 단지 그때는 한겨울이었고, 지금은 늦여름의 따뜻하고 건조한 가을 날씨여서 여행하기가 훨씬 편했다.

그가 지나 온 마을의 절반은 마치 적의 습격이 휩쓸고 지나간 것처럼 텅 비어 있었고, 논밭은 수확되지 않은 채 버려져 있었다. 그 모든 것은 전쟁, 내전의 결과였다.

9월 말, 이삼 일 동안 도로는 높은 절벽을 이룬 강변을 따라 이어져 있었다. 유리 안드레예비치를 향해 흘러오는 강은 그의 오른쪽에 있었다. 길 왼쪽에는 구름이 덮인 지평선까지 주인을 잃은 논밭이 끝없이 펼쳐져 있었다. 때때로 참나무, 느릅나무, 단풍나무가 주종을 이룬 활엽수림이 나타나곤 했다. 숲은 깊은 골짜기를 이루며 강을 향해 달려와서 절벽이나 가파른 비탈이 되어 길을 가로막고 있었다.

추수를 못한 들판의 잘 익은 호밀은 이삭이 무거워 고개를 들지 못하다가 저절로 떨어져 땅 위에 흩어졌다. 유리 안드레예비치는 호밀로 죽을 끓일 수 없는 최악의 경우에는, 땅에 떨어진 낟알을 한 움큼 입에 넣고 힘겹게 씹으면서 끼니를 때웠다. 제대로 씹지도 않은 생 낟알은 소화하기가 힘이 들었다.

유리 안드레예비치는 그렇게 어두운 갈색, 잔뜩 바랜 암황색을 띤 호밀은 본 적이 없었다. 제때에 수확을 하면 호밀은 대체로 이보다 훨씬 밝은 빛을 띤다.

불 없이 타오르는 불길의 색채, 소리 없는 외침으로 도움을 호소하며 울고 있는 호밀밭을 이미 겨울빛을 띤 광막한 하늘이 차갑고 평온하게 뒤덮고 있고, 그 하늘을 마치 얼굴 위에 그림자를 드리우듯이 가운데는 검고 가장자리는 하얗게 몇 겹의 층을 이룬 긴 눈구름이 쉴 새 없이 흘러가고 있었다.

모든 것이 서서히 그리고 규칙적으로 움직이고 있었다. 강이 흐르고, 그 강물 쪽으로 도로가 지나가고 있었다. 그 길 위를 의사는 천천히 걸어갔다. 그가 가는 쪽으로 구름이 뻗어 있었다. 그러나 호밀밭도 움직이지 않고 있는 것은 아니었다. 호밀밭 위를 무언가가 움직이며 혐오감을 불러일으키는 미세한 스멀거림으로 온통 뒤덮고 있었다.

지금까지 한 번도 본 적이 없는 수많은 들쥐가 우글거리고 있었다. 호밀밭에서 밤을 맞아 어느 밭둑 옆에서 노숙을 하게 되었을 때, 쥐들은 의사의 얼굴과 팔뚝을 타고 다니면서 옷소매와 바지 속까지 파고들었다. 낮에는 욕심껏 배를 채운 수많은 쥐 떼가 길 위를 바쁘게 돌아다니며 사람 발에 밟히는 대로 찍찍거렸다.

털이 자랄 대로 자라 들개처럼 되어 버린 무서운 동네 개들이 의사에게 달려들어 물어뜯을 기회를 살피는 양 서로 눈짓을 주고받으며 적당한 거리를 두고 따라다녔다. 개들은 들판에 깔린 생쥐도 마다하지 않고 사체를 닥치는 대로 먹고 살았는데, 멀리서 의사를 주시하면서 무언가를 기다리듯이 자신 있게 그의 뒤를 따라오곤 했다. 이상하게도 그 개들은 숲 속에는 들어가지 않고, 숲이 가까워지면 조금씩 뒤처져서 마침내 방향을 돌려 자취를 감추고 말았다.

그 무렵 숲과 들판은 완전히 대조적이었다. 인간이 떠나 버린 들녘은 주인이 없는 동안 저주받은 고아처럼 버려져 있었다. 그러나 사람으로부터 해방된 숲은 자유의 몸이 된 죄수처럼 자유롭고 아름다워 보였다.

사람들은, 특히 시골 사람들은 호두가 익기를 기다리지 않고 아직 파르스름한 열매를 따 버리곤 했다. 지금 언덕과 골짜기의 숲이 우거진 비탈은 온통 사람의 손길이 닿지 않은 까칠까칠한 금빛 잎으로 뒤덮여 있어, 마치 햇볕에 타서 피부가 거칠어지고 먼지가 낀 것처럼 보였다. 그중 가장 탐스러운 것은 마치 리본으로 묶은 것처럼 서너 개씩 한데 뭉쳐서 예쁘게 불거진 호두였다. 호두는 여물 대로 여물어서 금방이라도 터질 것처럼 가지에 매달려 있었다. 유리 안드레예비치는 여행을 하는 동안 끊임없이 호두를 소리 내어 깨물어 먹었다. 배낭 속에도 주머니에도 호두가 늘 가득 채워져 있었다. 일주일 내내 호두가 그의 주식이었다.

의사의 눈에 들판은 중병에 걸려 열병에 시달리고 있고 숲은 건강이 회복되어 희망적인 상태에 있는 것처럼 보였다. 또 숲에는 신이 살고 있지만, 들판에서는 악마의 비웃음소리가 들리는 것 같았다.

3

여행을 하던 바로 그 무렵, 한번은 완전히 불타 버려 주민들마저 떠난 마을을 지나간 적이 있었다. 불타 버리기 전의 이 마을에는 강에서 도로를 사이에 두고 집들이 한 줄로 늘어서 있었다. 강과 맞닿은 곳에는 집이 없었던 것이다.

마을에는 그나마 외부만 시커멓게 그을린 집이 몇 채 남아 있었다. 그러나 그 집들도 이미 텅 비어 사는 사람이 없었다. 다른 농가들은 잿더미가 되어 까맣게 그을린 굴뚝만 서 있었다.

강가의 절벽은 이전에 주민들이 맷돌을 만든다고 쪼아 낸 자국으로 벌집처럼 구멍이 나 있었다. 옛날에는 이 맷돌이 그들의 생계 수단이었다. 남아 있는 집 가운데, 동네 끝에 무사히 남아 있던 어느 집 정면에 맷돌이 되다 만 둥그런 돌덩어리가 세 개 놓여 있었다.

유리 안드레예비치는 그 집에 들어갔다. 고요한 저녁 무렵이었는데, 의사가 들어서자 한 줄기 바람이 집 안으로 불어닥치는 것 같았다. 지푸라기와 검불 따위가 바닥에서 사방으로 굴러가고, 벽에서는 아직도 붙어 있던 종잇조각들이 펄럭거리기 시작했다. 집 안의 모든 것이 들썩거리고 바스락거렸다. 쥐들이 온 집 안을 찍찍거리며 돌아다녔는데, 주변 일대가 전부 그랬던 것처럼 이 농가에도 쥐들이 우글거리고 있었던 것이다.

의사는 농가에서 나왔다. 등 뒤의 들판 너머로 해가 지고 있었다. 따뜻한 금빛 저녁놀이 건너편의 강변을 물들이고, 그 강변에 흩어져 있는 관목 수풀과 웅덩이가 그 바랜 빛을 반사하며 강 한복판까지 뻗어 있었다. 유리 안드레예비치는 길을 건너가서 수풀 속에 놓여 있는 맷돌에 걸터앉았다.

그때 강둑 위로 밝은 아마빛 머리가 쑥 올라오더니 이어서 어깨, 그리고 손이 나타났다. 누군가가 강에서 물을 양동이에 가득 받아 오솔길을 올라오고 있었다. 그는 의사를 보자 윗몸만 올라온 채 멈춰 섰다.

"물 좀 드시겠어요? 좋은 분이시겠죠? 당신이 날 건드리지 않으면 나도 당신을 해치지 않겠어요."

"고맙군요. 그럼 좀 마시게 해 주시오. 걱정 말고 이리 오시오. 내가 왜 당신을 해치겠소?"

강둑으로 모습을 드러낸 사람은 아직 어린 미성년자로 보였다. 그는 맨발에 옷은 찢어지고 머리는 헝클어질 대로 헝클어져 있었다.

그의 호의적인 말에도 소년은 불안한 눈빛으로 집어삼킬 듯이 의사를 응시했다. 무슨 이유에서인지 소년은 이상하게 흥분해 있었다. 그는 흥분상태에서 물통을 털썩 내려놓더니 갑자기 의사를 향해 달려오다가 문득 멈춰 서서 중얼거렸다.

"설마…… 아닐 거야…… 그래, 아니야, 그럴 리가 없어. 내가 꿈을 꾸는 걸 거야. 저…… 실례지만 동무, 뭘 좀 물어봐도 될까요? 혹시 내가 아는 분이 아닌가 하는 생각이 들어서요. 아, 맞다! 맞아요! 의사 아저씨 아니에요?"

"그런데 너는 누구지?"

"절 못 알아보시겠어요?"

"모르겠는걸."

"모스크바를 떠날 때 같은 열차에 탔었잖아요, 같은 찻간에요! 저는 노무자로 징발되어 호송되던 중이었어요."

소년은 바샤 브르이킨이었다. 그는 의사 앞에 쓰러져서 그의 두 손에 입을 맞추면서 흐느껴 울었다.

불타 버린 그 마을은 베레텐니키라는 고장으로 바샤의 고향이었다. 그의 어머니는 돌아가시고 안 계셨다. 마을이 파괴되고 불길에 싸였을 때 바샤는 채석장의 땅굴 속에 숨어 있었는데, 어머니는 바샤가 도시로 끌려간 줄 알고 슬퍼하다가 실성해서 이 펠가 강에 몸을 던졌다. 그리고 지금 의사와 바샤는 바로 그 강가에 앉아 얘기하고 있는 것이다. 바샤의 여동생 알룐카와 아리시카는 다른 지방의 고아원에 있다는 것만 어렴풋이 듣고 있었다. 의사는 바샤를 모스크바로 데려가기로 했다. 오면서 그는 유리 안드레예비치에게 수없이 겪었던 무서운 경험들을 들려주었다.

4

"들에 버려진 곡식은 지난해 가을보리예요. 열매가 익어서 막 터지려는 찰나에 그들이 습격해 왔어요. 폴랴 아주머니가 막 떠난 뒤였지요. 팔라시아*[2] 아주머니 기억하세요?"

"아니, 전혀 모르겠는걸. 누군데?"

"펠라게야 닐로브나를 모르신다고요? 함께 기차를 탔었잖아요. 차구노바요. 살이 통통하게 찌고 얼굴은 하얗고 활발하던 아주머니 말이에요."

"머리를 언제나 땋았다 풀었다 하던 사람 말이지?"

"맞아요, 머리를 땋아 내린 사람, 맞아요!"

"오, 그래 기억나는구나. 가만 있자, 그러고 보니 그 뒤 시베리아에서 만난 적이 있어. 어느 도시의 길가에서."

"정말이에요? 팔라시아 아주머니를 만나셨다고요?"

"왜 그러니, 바샤? 어째서 미친 듯이 내 팔을 잡아 흔드는 거냐. 그만 해라, 손이 떨어져 나가겠구나. 그런데 왜 소녀처럼 얼굴을 붉히고 있는 거냐?"

"아주머니는 어떻게 지내고 계셨어요? 빨리 이야기해 주세요, 빨리요."

"내가 만났을 때는 건강하게 잘 있더구나. 너에 대해 이야기했었지. 너희 집에 갔다던가, 함께 지냈다고 말했던 것 같은데, 기억이 잘 안 나는구나."

"아, 맞아요, 맞아요. 우리 집에 계셨어요. 우리 엄마는 그 아주머니를 친동생같이 사랑하셨어요. 얌전하고 일을 잘했지요. 바느질 솜씨가 훌륭했어요. 아주머니와 함께 사는 동안은 무척 행복했어요. 그런데 나쁜 소문이 퍼져서 베레텐니키에서 쫓겨나고 말았어요.

우리 마을에 '썩은 코 하를람'이라는 농부가 있었는데, 그 사람이 폴랴를 쫓아다녔어요. 밀고쟁이였는데 코가 없는 사람이었지요. 아주머니는 그를 거들떠

*2 폴랴의 애칭.

보지도 않았어요. 그 때문에 그 사람은 나에게까지 이를 갈았어요. 그 사람은 나하고 폴랴 아주머니에 대해 나쁜 소문을 퍼뜨리고 다녔어요. 그래서 아주머니가 마을을 떠나 버린 거예요. 그 사람이 우리를 얼마나 괴롭혔는지 몰라요. 거기서부터 모든 일이 시작되었어요.

이 근처에서 무시무시한 살인사건이 일어났는데, 부이스코예 마을 근처 숲에 있는 농장에서 혼자 살던 과부가 살해되었어요. 그 여자는 고무끈으로 묶는 남자 부츠를 신고 다녔어요. 사나운 개가 한 마리 있었는데, 이 개는 묶여 있어 줄이 닿는 대로 농장 안을 돌아다닐 수 있었어요. 그 개의 이름은 고를란이었어요. 이 여자는 집안일이고 농사일이고 남의 힘을 빌리지 않고 혼자 해냈지요. 그런데 뜻밖에도 겨울이 빨리 닥쳐왔어요. 눈도 일찍 내렸고요. 이 과부는 미처 감자를 캐지 못하고 있었어요. 그래서 그 여자는 베레텐니키 마을에 와서 돈이나 감자를 품삯으로 줄 테니 도와 달라고 청했어요.

나는 감자를 캐 주기로 승낙했답니다. 그런데 농장에 가 보니 하를람이 먼저 와 있었어요. 그가 나보다 먼저 그 일을 하게 해 달라고 졸랐던 것인데, 그녀가 내게 그걸 말해 주지 않은 거예요. 그런 문제로 다투고 싶지 않아서 함께 일을 하기로 했죠. 우리는 고약한 날씨 속에서 감자를 캤어요. 비와 눈 때문에 온통 진창이었지만, 우리는 감자를 캐고 또 캐고, 감자 잎과 줄기를 태워 따뜻한 연기로 감자를 말렸어요. 일이 끝나자 그녀는 양심적으로 품삯을 치러 주었어요. 하를람을 보낸 뒤 그녀는 나에게 눈짓을 하면서 부탁할 일이 있으니 나중에 다시 오든지 남아 있으라더군요.

그래서 나중에 다시 찾아갔지요. 그랬더니 여분의 감자를 정부에 공출당하고 싶지 않다, 넌 참 좋은 청년이니 밀고하지 않을 거라고 믿는다, 그래서 이렇게 털어놓는 거다, 감자를 저장할 굴을 하나 파고 싶은데, 날씨가 이 모양이라 굴 파기에는 너무 늦었다, 겨울이 너무 빨리 왔어, 나 혼자 힘으로는 감당할 수가 없구나, 네가 이 일을 도와준다면 품삯은 톡톡히 치러 줄 테니, 같이 감자를 말려서 묻어 주지 않겠니.

그래서 난 그녀를 위해 비밀 은신처처럼 굴을 팠죠. 밑으로 갈수록 넓게, 위의 목은 물병처럼 좁게 팠어요. 그러고는 불을 피워 굴 안을 건조하고 따뜻하게 했지요. 심한 눈보라가 치고 있었어요. 굴에 감자를 숨기고 위를 흙으로 덮어 버렸어요. 정말 감쪽같이 해 놓았지요. 물론 굴에 대해서는 한 마디도 하지 않았어요. 어머니와 누이들에게도요. 그건 맹세할 수 있어요!

아, 그런데 한 달쯤 지나서 농장에 강도가 들었어요. 부이스코예에서 와서 그곳을 지나가던 사람들 말로는, 문이 활짝 열려 있고, 집 안은 온통 어질러져 있는데, 과부의 모습은 보이지 않고 고를란은 사슬을 끊고 달아났다는 거예요.

그리고 얼마가 더 지났지요. 겨울 들어 처음으로 눈이 녹은 적이 있었어요. 새해 전의 성바실리의 날 전야*3에 비가 많이 와서 눈이 녹아 땅이 드러났죠. 고를란이 돌아와서 눈이 녹아 드러난 땅, 바로 감자를 묻은 굴을 앞발로 파헤치기 시작했어요. 고를란이 흙을 미친 듯이 파고 또 파자 마침내 고무끈이 달린 장화를 신은 과부의 발이 나타났어요. 정말 끔찍한 일이었어요!

베레텐니키 마을 사람들은 모두 그 과부를 동정해 불쌍히 여겼어요. 그러나 하를람을 의심한 사람은 아무도 없었지요. 어떻게 그런 의심을 하겠어요. 상상도 할 수 없는 일이었죠. 만일 그가 그런 일을 저질렀다면 그 약삭빠른 녀석이 멀쩡한 얼굴로 베레텐니키 마을에 남아서 어정거리고 있겠어요? 걸음아 날 살려라 하고 어디론가 멀리 내뺐을 테지요.

마을의 부농들은 이 끔찍한 사건을 듣고 은근히 좋아했답니다. 마을 사람들을 선동하는 데 둘도 없이 좋은 기회였으니까요. 그들은 이렇게 말하고 다녔어요. '이건 도시 사람들에게는 더없이 좋은 구실이 된다. 이건 당신들 농민에 대한 교훈이고 위협이다. 곡물을 감추거나 감자를 몰래 파묻어 숨기지 말라는 경고다. 그런데 당신들은 어리석게도 숲 속의 강도를 의심하고, 비적들이 그런 일을 저질렀다고 믿고 있다. 어리석은 민중이여! 당신들은 그들, 즉 도시 사람들보다 훨씬 수가 많다. 잘 들어라, 그들은 마음만 먹으면 당신들을 굶어 죽게 만들 수도 있다. 재산이 소중하거든 우리가 시키는 대로 하라. 우리가 좋은 방법을 가르쳐 주겠다. 당신들이 피땀 흘려 거둔 것을 빼앗으려고 그들이 몰려올 텐데, 그때는 남는 곡식은 한 톨도 없다고 말해야 한다. 그리고 갈고랑이를 들고 맞서도록 해라. 농촌공동체에 저항하는 자는 조심하는 게 좋을 거다. 그래서 마을 장로들이 머리를 맞대고 회의를 열었지요. 그러자 하를람이 기다렸다는 듯이 얼씨구나 하고 시내에 들어가서 몰래 밀고해 버렸어요. 지금 마을에서 이런 일이 벌어지고 있는데 당신들은 앉아서 구경만 할 작정이냐고. 거기에

---

*3 12월 31일 저녁을 성바실리의 저녁이라고 하며, 고기만두를 빚는 풍습이 있었다.

는 계급투쟁을 가져올 빈민위원회가 필요하다. 명령만 하면 내가 곧바로 그들을 가려 줄 수 있다. 그러더니 어느 틈엔지 자취를 감추고 다시는 나타나지 않았어요.

당연히 그 다음부터 일이 벌어졌죠. 누가 획책한 것도, 누구에게 죄가 있는 것도 아니었어요. 시내에서 적군(赤軍)이 파견되어 순회재판이 열렸어요. 곧 내가 체포되었어요. 하를람이 소문을 퍼뜨렸기 때문이었죠. 강제노동을 피해 달아났고, 마을에 반란을 선동했으며, 과부를 죽였다는 혐의였어요. 나는 감금되었으나 요행히 마룻바닥을 들어내고 달아났답니다. 난 동굴 지하에 숨었어요. 내 머리 위에서 마을이 불탔어요. 내 머리 위에서 나의 소중한 어머니가 강의 얼음 구멍에 몸을 던졌지만 나는 그것도 모르고 있었지요. 이렇게 해서 모든 일이 일어난 거예요. 적군 병사들에게 농가 한 채를 제공하자 그들은 죽을 만큼 술을 퍼마셨어요. 밤에 불을 끄지 않아 집에 불이 붙었고 이웃집으로 번져 갔어요. 마을 사람들은 창밖으로 뛰어내려 달아났지만 외지인인 적군 병사들은 누가 그들에게 불을 지른 것도 아닌데, 당연히 한 사람 남김없이 산 채로 불타 죽었지요. 화재를 당한 우리 베레텐니키 마을 주민들은 아무도 정든 집에서 추방되지 않았어요. 하지만 그들 스스로 무슨 일이 일어날지 모른다는 공포 때문에 모두 떠나 버렸어요. 게다가 부농들이 열 사람 가운데 한 사람은 총살될 거라고 부추겼어요. 내가 나왔을 때는 이미 아무도 보이지 않았고, 마을 사람들은 모두 뿔뿔이 흩어진 뒤였어요. 모두 지금 어디선가 방황하고 있겠죠."

5

의사와 바샤는 네프 초기인 1922년 봄에 모스크바에 도착했다. 따뜻하고 화창한 날씨가 이어졌다. 구세주 성당의 둥근 금빛 지붕 위에 반사된 햇살이, 네모난 돌로 포장된 틈새에 풀이 무성하게 자라난 광장으로 쏟아지고 있었다.

개인 거래 금지가 풀려, 엄격한 범위 안에서이긴 하지만 자유로운 상거래가 허용되고 있었다. 시장에서 고물에 한해 거래가 이루어졌다. 그러한 매우 작은 규모의 거래가 오히려 투기적인 암거래를 조장해 불법행위로 이어지고 있었다. 암상인들의 미미한 활동은, 시중의 황폐에 대해 어떠한 새로운 재화나 실질적인 도움을 주지 않았다. 그러나 무익한 전매가 되풀이되어 열 배나 되는 이익을 올렸다.

꽤 아담한 개인 장서를 가지고 있던 사람들은 어느 한 곳에 자신들의 책을 꺼내다 놓았다. 그들은 시(市) 소비에트에 협동조합서점을 열겠다고 신청했다. 그리고 마땅한 장소의 사용 허가를 받았다. 그들은 혁명이 시작된 최초의 몇 달 이래 비어 있던 구두 창고나, 그 무렵 폐쇄되어 있던 화원의 온실 사용을 허락받아, 그 넓고 둥근 천장 밑에서 자신들이 이따금 사 모은 빈약한 장서들을 판매했다.

전에 세상이 험악했던 때에 몰래 흰 빵을 구워 팔았던 대학 교수의 아내들이, 이제는 모든 자전거가 징발되어 놀고 있는 자전거포 같은 곳에서 공공연히 빵을 구워 팔았다. 그녀들은 이데올로기의 전향(轉向)인 도표전환(道標轉換)*4을 해 혁명을 받아들이고, '예' '좋습니다' 라고 말하는 대신 '아', '좋지' 따위의 말을 거침없이 하게 되었다.

모스크바에서 유리 안드레예비치가 말했다.

"바샤, 너도 뭔가 일을 해야 할 텐데."

"전 공부를 좀 하고 싶어요."

"물론 그래야지."

"그리고 또 한 가지, 기억을 되살려서 어머니의 초상화를 그리고 싶은 꿈이 있어요."

"참 좋은 생각이다. 하지만 그러려면 그림을 좀 그릴 줄 알아야 하는데, 전에 해 본 적 있어?"

"아프락신에서 아저씨가 안 보는 틈을 타서 목탄으로 그려 본 적이 있어요."

"오, 그래. 다행이구나. 한번 해 보자."

바샤는 그림에 큰 재능을 보이지는 않았으나 응용미술을 배울 만한 자질은 충분했다. 그래서 유리 안드레예비치는 아는 이를 통해 바샤를 구(舊) 스트로가노프 학교*5의 보통과에 입학시킨 뒤 나중에 인쇄기술학부로 옮겼다. 거기서 바샤는 석판인쇄술, 인쇄와 제본 기술, 그리고 예술적 장정의 기술을 익

---

*4 네프를 자본주의로의 복귀로 받아들이고 소비에트 정권과의 협력을 주창한 지식인들을 가리켜 '도표전환'파라는 이름으로 불렀음. 1921년 프라하에서 나온 문집 〈도표전환〉에서 따옴.

*5 1825년 스트로가노프 백작이 창설, 현재의 모스크바 예술공대의 전신으로 응용미술, 공예가 중심.

혔다.

의사와 바샤는 서로의 힘을 합치게 되었다. 의사는 여러 가지 문제에 대한 16쪽짜리 소책자를 집필하면, 바샤는 그것을 자신의 시험제작이라는 명목으로 학교에서 인쇄했다. 이 소책자들은 아주 적은 부수였지만, 아는 사람들이 연 몇 군데의 서점에서 판매되었다.

그 책자의 내용은 유리 안드레예비치의 철학과 그의 의학에 대한 견해, 건강과 질병에 대한 정의, 생물 변이설(變異說)과 진화, 유기체의 생물적 기초인 개인에 대한 고찰, 역사와 종교에 대한 견해(이것은 그의 니콜라이 외숙이나 시마의 사상과 공통점이 많았다), 그리고 의사가 머문 적이 있었던 푸가초프의 사적(史跡)에 대한 기록, 유리 안드레예비치의 시와 단편소설 같은 것들이었다.

그의 책은 평이한 대화체로 서술되었지만, 논쟁의 여지가 있을 만큼 자의적이고, 검증은 불충분하나 생생한 독창성이 담겨 있었기에 대중적으로 널리 읽히는 편은 아니었다. 그러나 이 책들은 매진되었고 팬들이 그 책의 가치를 평가해 주었다.

그 무렵에는 시작(詩作)이나 예술 작품의 번역 등 모든 것이 전문화되기 시작해, 모든 문제에 대해 이론적 연구가 저술되었고, 모든 것을 위해 연구소가 창설되었다. 각종 사상의 회관과 예술사상의 아카데미가 등장했다. 이 같은 허울 좋은 시설의 절반쯤에서 유리 안드레예비치는 전임의사로 일했다.

의사와 바샤는 오랫동안 친구처럼 함께 살아갔다. 이 기간 동안 그들은 곳곳의 거의 무너져 가는 집을 전전했는데, 그 어느 곳이든 살기 불편하기는 마찬가지였다.

모스크바에 오자마자 유리 안드레예비치는 시프세프에 있는 그의 옛집을 찾아갔다. 거기서 그가 알게 된 것은, 그의 가족이 모스크바를 경유할 때 그곳에 한 번도 들르지 않았다는 것이었다. 가족들의 국외추방으로 모든 것이 변해 있었다. 의사와 그의 가족들에게 할당되어 있는 방들에는 다른 사람들이 입주해 있었고, 그와 그의 가족 소유의 가재도구는 아무것도 남아 있지 않았다. 위험한 인물이라고 여기는지, 모두 유리 안드레예비치를 꺼려 했다.

마르켈은 출세하여 이미 시프세프에 살고 있지 않았다. 스벤티스키 씨네 집이 있는 무치노이 고로도크의 주택관리인이 된 것이다. 그는 직책에 따라 그와 가족에게 할당된 방은 그대로 두고, 흙바닥이지만 수도와 커다란 페치카가 있는 옛 문지기의 집에서 살고 싶어 했다. 이 도시의 수도관과 난방장치는 겨울이면 얼어 터져 버렸으나 이 문지기의 집만은 따뜻하고 수도도 얼지 않았던 것이다.

이때쯤 의사와 바샤 사이에 틈이 벌어지기 시작했다. 바샤는 그동안 눈부시게 성장했다. 말하고 생각하는 것이, 전에 베레텐니키 마을의 펠가 강가에 살던 맨발에 머리털이 덥수룩한 꼬마는 이미 아니었다. 그는 혁명이 선언한 진실의 뚜렷함과 자명성(自明性)에 갈수록 매료되어 갔다. 그리고 이해하기 어렵고 비유적인 의사의 말은 잘못된 의견으로 여겼다. 자신의 약점을 의식하고 있기에 얼버무릴 수밖에 없는 의견이라고 그를 비난했다.

의사는 여러 정부기관을 찾아다녔다. 그것은 두 가지 문제 때문이었다. 가족의 정치적 복권과 조국으로의 귀환 허가, 그리고 또 하나는 자신의 출국여권을 얻어 아내와 아이들이 있는 파리로 가도록 허락해 달라는 것이었다.

바샤는 의사의 이 같은 노력에 열의가 없고 부진한 것에 놀라워했다. 유리 안드레예비치는 아무리 노력을 기울여도 실패할 거라고 지레 포기해 버린 채, 자기로서는 할 만큼 했으니 그 정도로 만족하고 더 이상의 노력은 헛수고라고 확신하는 것이었다.

바샤는 더욱더 자주 의사를 비판하게 되었다. 정당한 비판이었으므로 그도 화를 내지 않았다. 그러나 그와 바샤의 사이는 금이 가 있었다. 마침내 그들은 절교를 선언하고 서로 헤어지기로 했다. 의사는 함께 쓰던 방을 바샤에게 쓰도록 하고, 자신은 무치노이 고로도크로 옮겼다. 주택 관리의 전권을 쥐고 있는 마르켈이 그를 위해 옛 스벤티스키 씨네 집의 구석 방을 마련해 주었다. 그 구석진 방에는 낡아서 못쓰게 된 스벤티스키 씨네의 욕실, 그 옆에 창문이 하나밖에 없는 방이 하나 있고, 거의 무너져서 기울어진 부엌, 그 부엌에는 반쯤 무너져 바닥이 내려앉은 부엌문이 있었다. 유리 안드레예비치는 그곳으로 이사한 뒤 의사 일을 그만두고, 불결하고 지저분한 사람으로 타락해, 지인을 만나는 것도 그만두고 더욱 곤궁해져 갔다.

6

무거운 잿빛 겨울의 어느 일요일이었다. 난로 연기는 똑바로 지붕 위로 올라가지 않고, 창문의 통풍구에서 검은 구름이 되어 바람에 흩어졌다. 그 통풍구에 사용이 금지되어 있는 간이 난로의 양철 연통이 이어져 있었기 때문이다.

도시의 생활은 아직도 정상화되지 않고 있었다. 무치노이 주민들은 세수도 하지 않은 지저분한 어린아이 같은 모습으로 돌아다녔고, 여기저기 종기가 나고 추위에 얼어서 감기로 고생하고 있었다.

일요일에 마르켈 시차포프의 가족은 모두 집에 모여 있었다.

시차포프 씨네 사람들은 식탁에 둘러앉아 식사를 하고 있었는데, 옛날에는 바로 그 식탁 위에서 배급표의 흑빵을 규정대로 분배했던 것이다. 새벽이 되면 건물 전체 입주자들의 흑빵 배급표를 가위로 잘라 몫을 나누고, 계산하고, 분류해 묶은 것을 종이에 싸서 빵집에 가져갔다. 빵을 받아 집에 돌아오면, 일정량의 흑빵을 재단하고 자르고 잘게 쪼개고 무게를 달아서 고로도크의 주민들에게 나눠 주었던 것이다. 그러나 이제는 그 모든 작업도 옛날이야기가 되어 버렸다. 식량 배급 규정이 바뀌어 다른 조정 방법이 채택되고 있었다. 마르켈의 가족들은 긴 식탁에 둘러앉아 게걸스럽게 소리 내면서 먹고 마시며 맛있게 씹어 대고 있었다.

문지기의 집 절반은, 그 한가운데 우뚝 솟은 듯한, 폭이 넓은 러시아 난로가 자리를 차지하고 있었고, 같은 높이의 널빤지 침상에서는 솜을 넣은 이불 끝자락이 난로와 나란히 내려와 있었다.

입구 정면 벽에는 세면대 위에 얼지 않는 수도꼭지가 튀어나와 있었다. 방의 양옆에는 기다란 벤치가 놓여 있고, 그 벤치 밑에는 신변용품이 든 보따리와 트렁크가 들어 있었다. 왼쪽에는 식탁이 놓여 있고, 식탁 위 벽에는 식기용 선반이 붙어 있었다.

난로가 활활 타고 있어서 실내는 더울 정도였다. 난로 앞에는 팔꿈치까지 소매를 걷어붙인 마르켈의 아내 아가피야 치호노브나가 서서 난로 속까지 닿는 긴 부젓가락으로 난로 속에 늘어놓은 냄비 사이의 간격을 좁히거나, 필요에 따라 더욱 간격을 넓히기도 하고 있었다. 땀에 젖은 그녀의 얼굴은 숨 쉬는 난로의 뜨거운 불꽃에 비쳐 흔들렸고, 때때로 냄비에서 피어오르는 수증기에 가려지곤 했다. 냄비들을 한쪽으로 밀어 놓은 다음, 그녀는 난로 깊숙한 곳에서 철판 위에 있는 피로그*6를 꺼내어 뒤집은 뒤, 노릇노릇하게 잘 구워지도록 다시 난로 속에 집어넣었다. 그때 유리 안드레예비치가 양동이를 두 개 들고 방에

*6 러시아식 만두.

들어왔다.

"맛있게 드십시오."

"어서 오세요. 앉아서 같이 식사해요."

"고맙습니다만 벌써 먹었습니다."

"뭐 제대로 드시지도 않았을 텐데, 이리 와서 따뜻한 것이라도 좀 드세요. 체면 차릴 것 없어요. 냄비 속에는 구운 감자, 만두와 죽, 소금에 절인 돼지비계도 있어요."

"아닙니다, 정말 먹었어요. 고맙습니다. 이렇게 자주 드나들면서 방 안에 찬바람을 일으켜 미안합니다, 마르켈. 물을 좀 많이 길어 가고 싶어서요. 스벤티스키 씨네 욕조를 깨끗이 씻었는데 거기에 물을 가득 채우려고 합니다. 대여섯 번만 길어 가겠습니다. 그러면 한동안 폐를 끼치지 않아도 될 테니까요. 이거 참, 번번이 죄송합니다. 달리 부탁할 데가 있어야지요."

"별말씀을. 마음껏 가져가세요. 시럽이면 몰라도 물이야 얼마든지 있으니까요. 쓰실 만큼 맘껏 가져가세요. 물값을 받을 우리는 아니니까요."

그들은 식탁에 앉아서 소리 내어 웃었다.

그러나 유리 안드레예비치가 세 번째로 와서, 다섯 번째와 여섯 번째의 양동이에 물을 길어 가려 하자 그들의 말투가 달라졌다.

"사위 녀석들이 누구냐고들 묻는군요. 내가 말해도 믿지를 않아요. 물을 길어 가는 건 얼마든지 좋지만 마룻바닥에 흘리지는 마시오. 더러워지잖소. 문간에 엎지른 물이 안 보이시오? 그게 얼어붙으면 물을 또 길러 올 수 있겠소? 그리고 문을 꼭 닫으셔야지, 멍청한 사람 같으니. 밖에서 찬바람이 들어오잖소. 사위들한테 당신이 어떤 사람인지 말했는데, 믿지를 않아요. 당신 같은 사람에게 그렇게 많은 돈이 허비되다니! 그래, 공부하고 또 공부한 결과, 어떤 성과가 있었는지 알고 싶구려."

유리 안드레예비치가 다섯 번인가 여섯 번째 들어왔을 때, 드디어 마르켈이 눈살을 찌푸렸다.

"자, 이제 한 번만 더 하고 그만이오. 이보시오, 형제, 염치가 있어야 하지 않겠소? 내 딸년 마리나가 역성을 들지만 않았어도 문을 잠가 버렸을 거요. 당신의 출신 성분이 아무리 고귀하다고 해도 말이오. 우리 마리나를 기억하겠죠? 저기 식탁 끝에 있는 머리가 새까만 계집아이 말이오. 얼굴을 붉히고 있는 것 좀 보시오. 저 아이가 말하더군요, 아버지, 그 사람에게 너무 심하게 하지 말아요, 하고. 심하게 대하긴 누가 심하게 대한다고, 원. 마리나는 중앙전신국의 전신기사인데 외국어를 잘해요. 저 애는 당신이 불쌍하다는군요. 당신 일이라면 물불을 가리지 않을 만큼 당신을 동정하고 있어요. 하지만 당신이 불행해진 건 내 탓이 아니잖소? 사실 그 위험한 시기에 집을 버리고 시베리아로 달아난 게 잘못이지. 그건 정말 당신의 책임이오. 아시겠소? 우리는 그 기아의 시기를 전부, 백군의 봉쇄도 전부 참고 견디면서 흔들림 없이 살아남았단 말이오. 그건 당신 잘못이에요. 당신은 토니카마저도 지켜 주지 못했고, 그녀는 갈 곳도 없이 외국에서 허덕이고 있을 거요. 뭐, 그렇다고 내가 뭘 할 수 있겠소. 당신의 문제이지. 그런데 한 가지 묻고 싶은 것이 있는데, 도대체 그 많은 물은 어디에 쓸 겁니까? 설마 안마당에 뿌려 얼려서 스케이트장이라도 만들 셈은 아니겠지? 어허 나 원, 어이가 없어서 말이 안 나오는군, 물에 빠진 암탉 꼴이라니."

그들은 또다시 웃음을 터뜨렸다. 마리나는 불만스러운 눈초리로 모두를 돌아보고, 얼굴을 붉히며 그들에게 뭔가 말하기 시작했다. 유리 안드레예비치는 그녀의 목소리를 듣고 놀랐으나, 아직 그 목소리의 비밀을 알지는 못했다.

"마르켈, 집 안에 물청소 할 곳이 많아요. 청소도 해야 하고 바닥도 닦고 이것저것 세탁할 것도 있어서요."

모두 좀 놀라는 눈치였다.

"그런 말씀을 하시다니 부끄럽지도 않으세요, 저절로 씻어지는 게 어디 있어요? 누구는 씻지도 않고 살아가는 줄 아나 보지요!"

"유리 안드레예비치, 괜찮으시다면 딸을 올려 보내드리지요. 그 애가 빨래도 하고 청소도 해 줄 겁니다. 필요하다면 바느질도 해 줄 거예요. 얘야, 넌 아무것도 두려워할 것 없다. 이분은 다른 사람들하고 달라, 얼마나 선량하신지 모른단다. 파리 한 마리도 해치지 않으실 분이야."

"아닙니다, 무슨 말씀을, 아가피야 치호노브나, 그러실 필요 없습니다. 저는 단호하게 사양하겠습니다. 마리나가 저를 위해 손에 구정물을 묻히다니요. 그녀가 왜 저를 위해 궂은일을 해야 합니까? 저 혼자 해낼 수 있습니다."

"당신은 더러운 물을 만질 수 있으면서 왜 저는 못한단 말이에요? 왜 그렇게 고집을 부리시나요, 유리 안드레예비치? 왜 망설이세요? 제가 댁의 방에 손님으로 가면 정말로 저를 쫓아내시겠어요?"

마리나는 가수가 되어도 좋았을 것이다. 그녀는 노래하는 듯한 높고 힘 있는 목소리를 지니고 있었다. 작은 소리로 말하는데도 보통의 대화에 필요한 것보다 강한 목소리였다. 그 목소리는 그녀 자신의 것이라기보다 목소리 자체에 생명이 있는 것처럼 생각되었다. 마치 다른 방이나 그녀의 등 뒤에서 들려오는 것 같았다. 그 목소리는 그녀를 보호하는 수호천사였다. 그런 목소리를 가진 여성을 모욕하거나 슬프게 하고 싶지 않았다.

바로 이 일요일, 물을 길러 간 일에서 의사와 마리나의 우정이 시작되었다. 그녀는 자주 그를 찾아가서 가사를 돌봐 주었다. 그러던 어느 날, 그녀는 그의 곁에 남아서 더 이상 집으로 돌아가지 않았다. 그때부터 마리나는 첫 아내와 이혼하지 않은 상태였던 유리 안드레예비치의 세 번째 아내가 되어 정식으로 혼인신고를 하지 못한 채 살아갔다. 두 사람 사이에 아이들이 생겨났다. 시차포프 내외는 딸이 의사의 아내가 되었다고 자랑스러워했다. 마르켈은 유리 안드레예비치가 마리나와 결혼식도 올리지 않았고 혼인신고도 하지 않았다고 불만을 토로했으나 그의 아내는 이를 반박했다. "당신, 정신 나갔어요. 안토니나가 아직 살아 있는데 중혼을 하란 말이에요?" 마르켈도 지지 않았다. "어리석은 건 당신이야. 토니카와 무슨 관계가 있어. 토니카는 없는 거나 마찬가지야. 그녀를 보호해 줄 법은 아무데도 없단 말이야."

유리 안드레예비치는 가끔 자신들의 결혼은, 열두 장이나 열두 통의 편지로 구성된 소설이 있듯이, 열두 양동이의 소설이라고 농담을 했다.

마리나는 이 시기에 나타난 의사의 괴벽을 잘 받아 주었다. 그것은 자신의 타락을 의식하고 있는 인간이 지닌 광기 같은 것이었다. 마리나는 지바고가 집안을 어질러 놓거나 무질서하게 구는 것도 너그러이 받아 주었고 그의 불평이나 신경과민, 분노도 잘 참아냈다.

그녀의 헌신적인 사랑은 거기서 끝나지 않았다. 그들은 유리 안드레예비치의 잘못으로 곤경에 빠질 때가 많았는데, 그런 때에 마리나는 그를 혼자 두지 않으려고 우체국 근무도 팽개치고 함께 있어 주었다. 그녀는 직장에서 좋은 평가를 받고 있었기에 이 어쩔 수 없는 휴직 뒤에는 곧 다시 출근하여 근무할 수 있었다. 유리 안드레예비치의 환상을 받아들이면서, 그녀는 함께 밖으로 나가 이 집 저 집 돌아다니며 품삯을 받고 일을 해 주었다. 아래위층 할 것 없이 주민들을 위해 장작을 톱으로 켜 주는 일이었다. 네프 초기에 한몫 잡은 일부

투기꾼들과 정부 쪽에 가까운 학자나 예술가들은 자신의 집을 짓고 가구를 만들기 시작했다. 한번은 마리나와 유리 안드레예비치가 톱밥이 묻은 신발로 집 안을 더럽히지 않으려고 조심스럽게, 땀을 흘리며 어떤 주택의 서재 안으로 장작을 운반하고 있었는데, 주인은 거만하게 무슨 책에 몰두한 채 지바고 부부에게는 눈길도 주지 않았다. 두 사람에게 나무를 주문하고 값을 치른 것은 그 집 안주인이었다.

'저 돼지 같은 놈은 도대체 뭘 그리 열심히 읽고 있지?' 의사는 호기심이 발동했다. '도대체 뭘 저렇게 연필로 밑줄까지 치고 있는 걸까?' 의사는 장작을 나를 때 책상 옆을 지나가면서 어깨 너머로 힐끗 그가 읽고 있는 것을 보았다. 그 책상 위에 놓여 있는 것은 이전에 바샤가 미술공예학교에서 인쇄했던 유리 안드레예비치의 소책자들이었다.

7

마리나와 의사는 스피리도노프카에서 살았고, 그 옆의 말라야 브론나야 거리에 고르돈이 방 하나를 세 얻어 살고 있었다. 마리나와 의사 사이에는 카프카와 클라시카라는 두 딸이 있었다. 카피톨리나 또는 애칭으로 카펠리니카는 일곱 살이고, 얼마 전에 태어난 클라브지야, 곧 클라시카는 7개월짜리였다.

1927년 초여름은 무척 더웠다. 친구들은 모자도 쓰지 않고 반소매 차림으로 몇 개의 거리를 가로질러 서로 방문하는 것이 예사였다.

고르돈의 방은 구조가 독특했다. 그곳은 한때 양장점이 있었던 건물로, 아래위 2층으로 나눠진 방이었다. 이 두 개의 층은 밖에서 보면 하나의 유리진열장으로 이어져 있었다. 그 유리창 위에 금빛 문자로 재단사의 성과 직업이 씌어 있었다. 진열장 안쪽에는 나선형 계단이 아래위 층을 잇고 있었다.

지금 이 건물은 세 칸으로 나눠져 있었다.

위층에 다시 바닥을 만들어서 한 칸을 추가했고, 거기에 살림방치고는 특이한 창문이 하나 있었다. 이 창문은 바닥에서 1미터 높이에 있는데, 그 창문은 금빛 문자로 뒤덮여 있었다. 그 문자의 여백 사이로 방에 있는 사람들의 다리가 무릎까지 보였다. 바로 그 방에 고르돈이 살고 있었다. 그의 방에 지바고와 고르돈, 그리고 마리나가 아이들을 데리고 앉아 있었다. 어른들과는 달리 아이들은 그 유리창을 통해 온몸이 다 보였다. 잠시 뒤에 마리나가 아이들을 데리고 밖으로 나갔고 세 남자만 남았다.

같은 학교에 다녔고 서로 이해관계를 떠나 오랜 우정을 나누고 있었던 그들은, 한여름의 느긋한 잡담을 끝도 없이 오래도록 나누고 있었다. 그러한 친구들 사이의 대화는 보통 그런 것 아니겠는가!

이런 대화에서는 누군가 풍부한 이야깃거리를 제공하는 사람이 있게 마련이다. 그런 사람은 늘 지적인 이야기를 자연스럽게 이끌고 나가야 한다. 여기 세 사람 가운데 그런 입장에 있는 사람은 유리 안드레예비치뿐이었다.

나머지 두 사람은 늘 말문이 막혀 버리곤 했다. 그들에게는 말재주가 없었다. 그들은 이야기하면서 부족한 어휘를 보완하기 위해 방 안을 거닐거나 담배를 빽빽 빨아대고 양손을 휘저으며 똑같은 말을 몇 번씩 되풀이했다.

"아, 이 사람아, 이건 수치스러운 일이야. 정말 수치스러운 일이지. 암, 수치스러운 일이고말고."

그들은 의식하지 못했지만, 그들의 교제에서 볼 수 있는 이 같은 과장된 연극성은 자신들의 정열적인 성격이나 너그러움을 나타내는 것이 아니라, 정반대로 그들의 지식 부족이나 결함을 나타내는 것이었다.

고르돈과 두도로프는 둘 다 훌륭한 교수 서클에 속해 있었다. 그들은 좋은 책, 훌륭한 사상가, 뛰어난 작곡가들 사이에서 언제나, 어제도 오늘도 뛰어난 작곡가의 멋진 음악만 들었다. 그들은 평범한 미적 취미를 가진 불행에 비해 몰취미의 불행 쪽이 훨씬 더 낫다는 사실을 깨닫지 못하고 있었다.

고르돈과 두도로프는, 자기들이 지바고에게 퍼붓는 비난조차 친구에 대한 진심이나 어떤 감화를 주고 싶은 마음에서 나오는 것이 아니라, 단지 자유롭게 생각하거나 뜻대로 대화를 이끌어 나갈 능력이 없기 때문이라는 것을 모르고 있었다. 그래서 비탈길을 내려가는 마차처럼 그들의 대화는 그들을 완전히 엉뚱한 곳으로 데려가 버리곤 했다. 그러나 그들은 이야기의 방향을 돌이키지 못하고 결국 무언가에 충돌하고, 무언가에 막혀서 타박상을 입지 않을 수 없었다. 그래서 그들은 전속력으로 유리 안드레예비치에게 부딪치며 설교와 교훈을 늘어놓고 비난했다.

그에게는 그들의 기계적인 사고와 모호한 공감, 그들 열정의 동기가 빤히 들여다보였다. 그렇다고 그들에게 이렇게 말할 수도 없는 노릇이었다. '여보게들, 자네들이나 자네들이 속한 서클, 그리고 자네들이 좋아하는 이름과 권위자들의 영광과 예술 따위는 어쩌면 그토록 절망적일 만큼 범용한 것뿐인가! 자네들에게 유일하게 활력이 있고 명백한 것은, 바로 자네들이 한때나마 나와 동시대를 살고 있고 나를 알고 있다는 사실뿐일세.' 그러나 친구들에게 이 같은 고백을 한다고 무엇이 달라지겠는가! 그래서 유리 안드레예비치는 그들의 마음을 상하게 하지 않으려고 얌전히 그들의 설교에 귀를 기울였다.

두도로프는 얼마 전에 최초의 형기를 마치고 유형지에서 돌아왔다. 한때 박탈당했던 권리를 되찾은 그는 대학에 복직해 강의를 할 수 있는 허가도 받았다.

지금 그는 유형 때 자신이 느꼈던 감상과 마음의 상태를 친구들에게 얘기하고 있었다. 그는 친구들과 거짓 없이 진지하게 얘기했다. 그의 의견은 두려움이나 제삼자적인 판단에서 나온 것은 아니었다.

그의 이야기에 따르면 유죄판결의 논거와, 감옥에서나 출옥했을 때의 대우, 특히 취조관과 눈과 눈을 마주한 대화가, 그의 두뇌에 새 바람을 불어넣어 정치적으로 그를 재교육해 주었고, 그 덕분에 그는 많은 것에 눈이 열리고 인간적으로 성장했다는 것이었다.

두도로프의 이러한 생각에 이노켄티는 고개를 끄덕이며 공감하고 찬성했다. 두도로프가 말하고 느끼는 진부한 감상, 바로 그것이 고르돈의 마음을 특히 감동시킨 것이다. 그는 이 진부한 감정의 모방성을 자신들의 보편적 인간성을 나타내는 것으로 생각했다.

이노켄티의 경건한 상투어는 시대의 정신에 속하는 것이었다. 그러나 바로 그들의 합리성과 성인군자연하는 태도가 유리 안드레예비치를 격분시켰다. 자유롭지 않은 인간은 언제나 자신의 노예 상태를 이상화한다. 중세가 그러했고, 위선자들은 늘 그런 점을 이용했다. 유리 안드레예비치는 소비에트 지식인들 최고의 업적, 즉 그 무렵 말하던 대로라면 시대의 정신적 절정이라고 칭하는 정치적 신비주의를 참을 수가 없었다. 유리 안드레예비치는 논쟁을 일으키고 싶지 않아서 그러한 인상을 친구들에게는 숨기고 있었다.

그러나 그는 완전히 다른 것, 두도로프가 말한 보나파티 오를레초프의 이야기에 마음이 끌렸다. 그는 이노켄티의 감방 동지였던 티혼파 사제였다.[*7] 체포

*7 10월 혁명 뒤 소비에트 정권에 순응하지 않았던 총주교 티혼파. 게페우의 엄격한 탄압을 받았다.

된 이 사제에게는 흐리스티나라는 여섯 살 난 딸이 있었다고 한다. 사랑하는 아버지의 체포와 그 뒤의 운명은 어린 딸에게는 크나큰 타격이었다. '성직자'니 '공민권 상실'이니 하는 말은 이 어린 딸에게는 치욕적인 오명으로 여겨졌다. 아마도 이 딸은 그 오명을 언젠가 자신의 집안 이름에서 씻어 버리겠다고 어린 마음에 굳게 맹세한 모양이었다. 이렇게 어린아이가 자신에게 부여한 목적은 그녀 안에서 꺼지지 않는 결의가 되어 불타올라, 지금까지도 그녀를 열렬한 공산주의 추종자가 되게 했다는 것이었다.

"나는 이제 가야겠어." 유리 안드레예비치가 말했다. "나쁘게 생각하지 말아 주게, 미샤, 방 안은 답답하고 거리는 찌는 듯이 덥군. 숨도 쉬지 못하겠어."

"이렇게 통풍구가 열려 있지 않나. 아, 미안하군. 우리가 담배를 너무 많이 피웠나 보네. 자네와 함께 있을 때는 담배를 피워선 안 되는데, 늘 잊어버려. 나보다도 저렇게 멍청이 같은 집 구조를 원망하게. 다른 방이나 하나 알아봐 주게나."

"그럼 난 돌아가겠네, 고르도샤*8 그만하면 실컷 이야기했어. 나를 그토록 걱정해 줘서 고맙네, 친구들. 내가 변덕을 부리는 것이 아니라 내 병 때문이야. 심장 혈관의 경화증인지 뭔지. 심근벽이 닳아서 얇아졌어. 어느 날엔가 갈라져 터지겠지. 난 아직 마흔도 안 되었고 술꾼도 방탕아도 아닌데 말이야."

"무슨 소릴. 자네 장송곡을 부르려면 아직 멀었어. 더 살아야지."

"현대는 미세한 형태의 심장출혈이 많이 늘어났어. 그렇다고 반드시 죽는 건 아니야. 어떤 경우에는 살아남기도 하니까. 이건 전형적인 현대병일세. 내 생각에 그 원인은 정신적 질서에 있는 것 같아. 사람들 대부분은 항구적이고 조직적인 이중성의 체계 속에 살기를 요구받고 있거든. 날마다 자신이 느끼는 것과는 반대로 표현하고, 좋아하지 않는 것을 변호하며, 불행을 가져다 주는 것에 기뻐하는데 어떻게 질병에 걸리지 않을 수 있겠나. 우리의 신경조직은 유명무실한 것도 허구도 아니라네. 그것은 물리적인 육체의 일부란 말일세. 우리의 영혼은 공간을 차지하며, 입속의 치아처럼 우리 몸속에 자리를 잡고 있는 것이지. 무한정으로 대가 없이 혹사할 수 있는 것이 아니야. 이노켄티, 자네가 유형생활에서 성장하고 재교육 받았다는 식의 이야기는 참 듣기 괴로웠네. 그것은

---

*8 고르돈의 애칭.

마치 말이 저 스스로 자신의 허리를 부러뜨렸다고 말하는 것과 같아."

"나는 두도로프의 편을 들겠어. 요컨대 자네는 사람들의 말에 익숙하지 않을 뿐이야. 이제 인간의 언어가 자네한테 통하지 않게 된 거라고."

"그럴지도 모르겠군, 미샤. 어쨌든 미안하지만 난 이제 그만 가야겠어. 숨이 막혀. 아, 정말 엄살이 아니야."

"잠깐만, 그건 하나의 구실이지. 우리는 보낼 수 없어. 자네가 우리에게 정직하고 진실한 대답을 해 주기 전에는. 이제는 자네도 사고방식을 바꿔 개혁을 할 때가 되었다는 데 동의하나? 자네의 그 관계를 어떻게 할 셈인가. 토냐와 마리나에 대한 관계를 확실히 해야 하지 않을까? 그들은 자네 머릿속에 멋대로 존재하는 불모의 관념이 아니라, 살아 있는 존재, 고통 받고 느낄 줄 아는 여성이란 말일세. 그리고 또 하나, 자네 같은 인물이 무익하게 세월을 허비하는 건 부끄러운 일이야. 몽상과 나태에서 깨어나 정신을 차려서, 그 용납할 수 없는 오만은 버리고 사물을 직시하란 말이야. 그래, 바로 그거야, 그 눈 뜨고 보기 어려운 교만을 버리고 주어진 환경 속에서 자신의 직책으로 돌아가 의사로서의 실천을 계속해야 해."

"정 그렇다면 내가 대답해 주지. 나 자신도 요즈음 자주 그런 생각을 해 보았어. 그래서 부끄러움을 무릅쓰고 자네들에게 무언가를 약속하겠네. 모든 것이 잘되리라고 나는 믿어. 그것도 빠른 시일 안에 말이야. 자네들은 이해할 거야. 아니, 이해 못할지도 모르겠군. 모든 것이 바람직한 방향으로 가고 있어. 난 믿을 수 없을 만큼 정열적으로 살고 싶어졌어. 산다는 것은 언제나 더 높은 곳으로, 최고를 향해, 완벽을 향해 나아가는 일이고 그것을 성취하는 것 아니겠나.

고르돈, 자네가 마리나를 옹호해 주어 기쁘네. 전에는 토냐를 위해 그랬듯이. 하지만 난 그녀들과의 사이에 불화 같은 건 없어, 난 그녀들과 싸우지도 않고 어느 누구와도 그 문제로 다투지 않겠어. 자네는 처음에 나를 비난했지. 내가 마리나를 너라고 부르는데 마리나는 나를 당신 또는 부칭까지 붙여서 유리 안드레예비치라고 부르는 것을 내가 아무렇지도 않게 생각한다고 말이야. 하지만 그런 부자연스러움에서 느껴지는 난센스는 이미 오래전에 사라졌어. 이제 우리는 서로 평등하게 대우하고 있다네.

자네에게 또 하나 좋은 소식을 전해 주겠네. 파리에서 다시 편지가 왔어. 아이들이 많이 커서 제 또래의 프랑스 아이들과 아주 자유롭게 지내고 있다더군. 슈라는 그곳의 초등학교, 즉 에콜 프리메르를 마치고, 마냐는 곧 입학한다는 거야. 물론 나는 내 딸에 대해서는 아무것도 모르고 있지만. 그들은 프랑스 국적을 가지게 되었지만, 나는 왜 그런지 그들이 곧 돌아올 거고 그렇게 되면 저절로 모든 일이 잘되리라는 믿음을 갖고 있어.

여러 가지로 미루어, 장인과 토냐는 마리나와 아이들에 대해 알고 있는 것 같아. 여기 사정이 제삼자를 통해 그들에게 알려진 게 분명해. 토냐 때문에 알렉산드르 알렉산드로비치는 아버지로서 마땅히 격분하고 마음이 상했을 거야. 거의 5년이나 편지가 오지 않은 건 그 때문일 거야. 알다시피 모스크바로 돌아온 뒤 한동안 편지 왕래가 있었거든. 그러다가 갑자기 답장이 오지 않았지. 모든 것이 단절되었어.

그런데 바로 얼마 전부터 다시 편지가 오고 있다네. 이번에는 온 식구가, 아이들까지 편지를 보내고 있어. 참 따뜻하고 애정이 넘치는 편지들이지. 뭔가 좀 누그러진 모양이야. 아마 토냐에게 무슨 변화가 있었는지, 제발 누군가 새로운 사람을 만났으면 하네만, 모르겠어. 나도 이따금 편지를 보내고 있어. 아, 그런데 이젠 정말 더 견딜 수가 없네. 난 가야겠어. 안 그러면 여기서 숨이 막혀 죽을 것 같아. 그럼 또 만나세."

다음 날 아침, 마리나가 사색이 되어 고르돈에게 달려왔다. 집에 아이를 맡겨 둘 사람이 아무도 없어서, 그녀는 작은딸 클라시아를 담요에 둘둘 싸서 한 손으로 가슴에 안고 다른 한 손으로는 뒤에 처져서 끌려오는 카파의 손을 잡고 있었다.

"유라가 여기 오지 않았어요, 미샤?"—그녀는 겁에 질린 목소리로 물었다.

"간밤에 집에서 자지 않았어요?"

"아뇨, 집에 오지 않았어요."

"그럼 이노켄티한테 갔나 보군."

"거기도 가 보았어요. 이노켄티는 대학에 나가고 없던걸요. 이웃 사람들이 유라를 알고 있는데 거기에 오지 않았대요."

"그렇다면 도대체 어디 갔을까?"

마리나는 클라시아를 소파에 내려놓고 갑자기 큰 울음을 터뜨렸다.

8

고르돈과 두도로프는 이틀 동안 마리나 곁을 떠나지 않았다. 그들은 번갈아 그녀를 보살피며 혼자 두지 않았다. 그리고 교대로 의사를 찾으러 돌아다녔다. 그가 갔을 만한 곳은 샅샅이 뒤졌다. 무치노이 고로도크와 시프세프에 있는 옛집에도 가 보았고, 그가 전에 근무했던 사상의 회관과 사상의 집은 물론, 그의 옛 지인들을, 그 사람들에 대해 거의 아무것도 모르고 주소도 알아낼 수 없었지만, 수소문하며 찾아다녔다. 그러나 모두가 헛수고였다.

민경(民警)에 신고할 수는 없었다. 거주 등록도 되어 있고 경찰 조서에 오른 적도 없었지만 그때의 사정으로는 도저히 모범적이라고 할 수 없는 사람에 대해 관헌의 주의를 끌 필요는 없다는 생각에서였다. 그래서 마지막 극단적인 경우가 아니라면 민경에 그의 수색을 의뢰하지 않기로 결정한 것이다.

사흘째 되던 날, 마리나와 고르돈과 두도로프 세 사람 모두에게 유리 안드레예비치의 이름으로 각각 편지가 왔다. 그 편지에는 불안과 걱정을 끼친 것에 대해 거듭 사죄하는 말이 적혀 있었다. 그는 이대로 자신을 가만히 내버려 두었으면 좋겠다고 간절히 부탁하고, 성스러운 모든 것에 맹세코, 결국은 헛되이 끝날 테니 더는 자신을 찾지 말아 달라고 간청했다.

그는 될 수 있는 대로 빨리, 그리고 완전하게 자신의 운명을 바꾸기 위해 얼마 동안 홀로 지내면서 집중해 집필에 전념하고, 새로운 활동 무대에서 조금이나마 자기를 확립, 그 전환이 이루어진 뒤에는 두 번 다시 옛날의 생활로 돌아가지 않을 거라고 확신하며, 그때는 자신의 비밀 은신처를 떠나 마리나와 아이들이 있는 곳으로 돌아가겠노라고 말했다.

그는 고르돈에게 보내는 편지에서, 마리나를 위해 그에게 돈을 부치겠다고 말했다. 마리나가 자유로워져서 직장에 다시 나갈 수 있도록 보모를 구해 달라는 부탁이었다. 그가 그녀 앞으로 송금하면 수령통지서에 기록된 총액이 강탈당할 우려가 있어서 조심하는 것이라고 설명했다.

곧 돈이 왔는데, 그 금액은 의사나 그의 친구들 형편에는 어울리지 않을 만큼 큰돈이었다. 아이들을 돌볼 유모를 고용했고, 마리나는 다시 전신국에 복직했다. 그녀는 오랫동안 마음이 편치 않았으나 유리 안드레예비치의 그런 불가사의한 행동에는 전부터 익숙해 있던 터라 마침내 이 비상식적인 행동과도 타협했다. 유리 안드레예비치의 부탁과 경고에도 불구하고, 친구들과 그의 가족인 이 여인은 그의 예고가 옳다는 것을 알면서도 계속해서 그의 행방을 수소문했다. 그들은 그를 찾아내지 못했다.

9

그런데 그는, 그동안 그들과 얼마 떨어지지 않은 바로 코앞에, 그들이 찾아다닌 곳에서도 가장 가까운 곳에 살고 있었다.

그가 사라진 그날, 그는 어스름이 깔리기 전 아직 밝은 시간에, 브론나야 거리에 있는 고르돈의 집에서 나와 스피리도노프카에 있는 집 쪽으로 백 걸음도 못 간 곳에서 이쪽으로 걸어오던 이복동생 예브그라프 지바고를 우연히 만났다. 유리 안드레예비치는 3년이 넘게 그를 보지 못했기에 그에 대한 소식을 전혀 모르고 있었다. 예브그라프는 우연히 모스크바에 오게 되었는데, 바로 얼마 전에 도착했다는 것이었다. 늘 그랬듯이 하늘에서 툭 떨어진 것처럼, 의사가 캐묻는 말에는 아무 대답도 하지 않고 웃음이나 농담으로 얼버무렸다. 그러더니 그는 사소한 생활담은 빼고 곧바로 유리 안드레예비치에게 두세 가지 물어보고는 그의 불행과 곤궁함을 간파하고, 바로 그 자리, 좁게 구불거리는 골목길 모퉁이에서, 두 사람을 스쳐 지나가기도 하고, 이쪽을 향해 오기도 하는 인파 속에서, 형을 도와 구출하기 위한 실질적인 계획을 세웠다. 유리 안드레예비치가 잠적해 숨어 살게 된 것은 바로 예브그라프의 생각이었고 그의 궁리였던 것이다.

그는 유리 안드레예비치에게, 그 무렵 아직 카메르게르스키라는 이름을 갖고 있었던 그 뒷골목에 방을 하나 구해 주었다. 바로 옆에 예술극장이 있는 곳이었다. 그는 생활 자금을 제공하고, 의사가 연구 생활의 전망이 있는 좋은 일자리를 얻어 언젠가 병원에서 일할 수 있도록 백방으로 뛰어다녔다. 그는 형에게 생활 전반에 걸쳐 모든 종류의 지원을 아끼지 않았다. 게다가 그는 형에게 파리에 있는 그의 가족의 불안정한 상황이 곧 끝날 거라고 약속해 주었다. 유리 안드레예비치가 그들이 있는 곳으로 가거나, 그들 자신이 그에게 찾아올 수 있을 것이며, 그 일은 예브그라프가 몸소 맡아 모든 것을 정리해 주겠다고 약속했다. 동생의 지원은 유리 안드레예비치에게 새로운 기운을 불어넣었다. 이전에도 그랬듯이, 그가 가지고 있는 권력의 수수께끼는 여전히 풀리지 않은 상태였다. 유리 안드레예비치는 굳이 그 비밀을 파헤치지는 않았다.

10

방은 남향이었다. 그 방에 있는 두 창문은 예술극장 맞은편 집들의 지붕을 마주하고 있고, 그 지붕 너머로는 오호트느이 거리 위로 여름 해가 높이 떠서 골목의 포장도로에 그림자를 떨어뜨리고 있었다.

유리 안드레예비치에게 이 방은 일하는 곳 이상의 것이고 또 서재 이상의 것이었다. 탐욕스럽게 활동한 그 시기, 그의 집필 계획이나 작품 구상을 담기에는 책상 위에 쌓아놓은 공책이 모자랄 정도였다. 마음에 떠오르는 수많은 계획과 생각은, 화가의 작업실 벽에 미완성 그림들이 가득 걸려 있는 것처럼 구석구석 공기 속에 떠 있었다. 의사의 거실은 정신의 풍요로운 향연장이었고 정신착란의 광이었으며 계시의 창고였다.

다행히 병원 당국과의 교섭이 늦춰져, 유리 안드레예비치가 새로운 직장에 나갈 날은 무한정으로 미루어졌다. 이렇게 늦춰지는 시간을 활용해 그는 글을 쓸 수 있었다.

유리 안드레예비치는 이미 써 둔 시 작품을 정리하기 시작했다. 그 단편을 떠올리거나, 예브그라프가 어디선가 입수해 가져다주기도 했다. 일부는 유리 안드레예비치의 자필 원고이고 일부는 누군가가 베껴 쓴 원고들이었다. 그러나 자료가 너무 두서가 없어서 처음부터 새로 쓰는 것보다 더 많은 노력을 들여야 했다. 그는 곧 이 작업을 포기하고, 미완성이었던 작품을 완성하는 것보다 새로운 스케치에 치중해 새로운 작품을 써 나갔다.

그는 바르이키노에 처음 갔을 때 재빨리 기록했던 것처럼 논문의 개요를 간략하게 구성해 보거나, 머리에 떠오른 시편의 조각들, 첫 구절이나 끝, 또는 중간 구절을 생각나는 대로 써 보았다. 때때로 그는 갑자기 몰려오는 생각의 갈피를 잡지 못해서, 어떤 단어의 첫 음절이나 약자로 속기를 해도 그 생각들을 따라잡지 못할 정도였다.

그는 마음이 다급해졌다. 그의 상상력이 지쳐서 집필이 지지부진할 때는, 공책 여백에 그림이라도 그려서 상상력을 일으켜 붙잡으려고 애썼다. 그 여백에는 숲 속의 빈터나 중앙에 '모로와 베트친킨 회사. 파종기. 탈곡기'의 광고탑이 서 있는 도시의 네거리가 그려져 있었다.

논문이나 시의 주제는 오로지 한 가지였다. 그것은 언제나 도시에 대한 것이었다.

11

나중에 그가 쓴 것 속에서 다음과 같은 메모가 발견되었다.

'1922년, 나는 모스크바로 돌아왔다. 그때 나는 모스크바에 사람이 거의 없고 도시의 반은 파괴되어 있는 것을 발견했다. 모스크바의 그러한 모습은 혁명의 처음 몇 년의 결과였는데, 지금도 여전히 똑같은 모습을 하고 있다. 주민은 줄어들었고, 새로 지은 건물은 없으며, 오래된 건물은 복구되지 않고 있었다.

그러나 그런 모습으로도 모스크바는 여전히 현대의 대도시이고, 여전히 진실로 새롭고 현대적인 예술의 유일한 영감을 주는 존재이다.

블로크나 베르하렌,*[9] 휘트먼*[10] 같은 상징주의 시인들의 작품에 나타난, 외견상 서로 조화를 이루지 못하고 제멋대로인 듯한 사물과 개념의 무질서한 나열은 문체상의 변덕스러움이 아니다. 그것은 온갖 인상의 새로운 구조로, 현실 생활 속에서 얻거나 자연에서 스케치한 구조이다.

그들이 시 한 줄 한 줄에 따라 형상을 연속적으로 이끌어 가듯이, 19세기 분주한 도시의 거리 자체가 당시의 군중과 사륜마차를 싣고 우리 앞에 흘러간다. 그 뒤 20세기 초가 되면 도시의 거리는 전기와 지하철도의 차량을 싣고 지나가는 것이다.

이러한 조건 속에서는 목가적인 소박함 따위는 어디에서도 볼 수 없다. 그런 거짓된 자연스러움은 문학적 모조품이고 부자연스러운 진부함이자, 실제의 전원에서 오는 것이 아니라 학자들의 도서관에서나 나오는 교과서적인 표현일 뿐이다. 오늘날의 시대정신과 생생하게 이어져 자연스럽게 부응하는 살아 있는 언어—그것은 우르바니즘*[11]의 언어이다.

나는 분주한 도시의 교차로에서 살고 있다. 햇빛에 눈이 멀 것 같은 여름날의 모스크바는, 마당의 아스팔트 위에서 작열하고 높은 곳의 유리창처럼 빛을 반사하면서, 비구름과 산책로에 흐드러진 꽃 속에서 호흡하며 내 주위를 돌아 내 머리를 몽롱하게 하고, 그리고 내가 모스크바를 찬양하는 시를 써서 다른 사람들의 머리도 몽롱하게 해 주기를 바라고 있다. 모스크바는 그런 뜻에서 나를 길러 주고 나의 손에 예술을 쥐여 주었다.

---

*9 20세기 초 벨기에의 최대 시인.

*10 미국 현대시의 원류가 된 미국시인.

*11 대도시주의.

밤낮으로 담 너머에서 끊임없이 웅성거리는 거리는 현대의 정신과 긴밀하게 결부되어 있다. 그것은 마치 오페라의 서곡이, 어둠과 비밀 속에서 아직 올라가지는 않았지만 이미 조명을 받아 붉게 물든 극장의 무대막과 긴밀하게 이어져 있는 것과 같다. 끊임없이 움직이며 대문과 유리창 밖에서 둔하지만 활기찬 소리로 아우성치는 도시는 우리 각자에게 끝없이 거대한 삶을 제시한다. 바로 그런 특징에서 나는 도시에 대해 쓰고 싶어 하는 것이다.'

지바고가 남긴 시작 노트에는 그와 같은 시는 찾아볼 수 없었다. 어쩌면 〈햄릿〉이라는 시가 그 범주에 속한다고 할 수 있을까?

12

8월 말 어느 아침, 유리 안드레예비치는 가제트느이 거리의 길모퉁이 정거장에서 한 량짜리 노면전차를 탔다. 그 전차는 대학교에서 쿠드린스카야 거리 방면으로 니키츠카야 거리를 올라가는 노선이었다. 그는 그 무렵에는 솔다첸코 병원이라고 불리던 보트킨 병원에 일자리를 얻어 처음으로 출근하는 길이었다. 그 병원에는 전에 사무상 방문한 적이 있으므로 그에게는 처음이 아닌 셈이었다.

유리 안드레예비치는 그날 운이 없었다. 그가 탄 전차는 정말 잘못 만난 전차였다. 이 전차는 가는 도중 내내 불운을 당해야 했다. 노선의 홈에 사륜마차 바퀴가 빠지는 바람에 마차가 움직이지 못해 길이 막히기도 했다. 전차 지붕이나 바닥 밑의 절연체가 고장 나서 누전이 되어 터져 버리기도 했다.

노면전차 운전수는 때로 스패너를 들고 멈춰 선 전차에서 내려 차량을 한 바퀴 돌아본 뒤, 바퀴와 뒷문 사이에 몸을 집어넣어 고장난 곳을 수리했다.

이 운수 사나운 전차는 모든 선로의 운행을 가로막았다. 이미 멈춰 선 전차들과, 그 뒤에 다가오는 전차들이 줄줄이 거리를 메워 온통 야단이 났다. 줄지어 늘어선 전차의 꼬리는 마네지까지 이르렀고, 거기서 더 먼 데까지 이어지고 있었다. 뒷전차에 탔던 승객들은 조금이라도 빨리 가고 싶은 마음에 앞차로 몰려와서, 모든 혼란의 원인이 된 바로 이 전차에 오르고 있었다. 이 무더운 아침에 승객들로 꽉 들어찬 전차 안은 숨이 막힐 지경이었다. 니키타 문(門) 옆에서 우왕좌왕 뛰어다니는 승객들의 머리 위 높은 하늘에는 어두운 보라색 비구름이 서서히 퍼져 가고 있었다. 천둥비가 몰려오고 있었다.

유리 안드레예비치는 왼쪽의 1인용 자리에 몸이 창문에 완전히 짓눌린 상태로 앉아 있었다. 음악원이 있는 니키츠카야 거리의 왼쪽 보도가 내내 그의 눈앞에 있었다. 그는 머릿속이 딴 생각으로 가득한 채 멍한 시선으로, 거리를 걷거나 탈것에 타고 있는 사람들을 하나도 놓치지 않고 뚫어지게 바라보았다.

아마포로 카밀레와 수레국화를 수놓은 가벼운 밀짚모자를 쓰고 몸에 꽉 끼는 구식 보랏빛 드레스를 입은 백발의 부인이 숨을 헐떡이며, 손에 든 납작한 종이 다발로 부채질을 해 가면서 이쪽의 보도 위를 느릿느릿 걸어가고 있었다. 코르셋을 꽉 죄고 있는 데다 더위에 지쳐 축 처져서 땀범벅이었다. 그녀는 레이스 손수건으로 땀에 젖은 눈썹과 입술을 닦고 있었다.

그 노부인은 노면전차와 같은 방향으로 걸어가고 있었다. 유리 안드레예비치는, 수리가 끝난 전차가 출발해 그녀를 앞지를 때마다 그녀의 모습을 시야에서 놓쳐 버리곤 했다. 그리고 다시 새로운 고장을 일으켜 전차가 서면 그 부인이 앞질러 다시 그의 시야에 몇 번인가 돌아왔다.

유리 안드레예비치는 서로 다른 시간에 출발해 다른 속도로 달리는 전차가 목적지에 언제 어떤 순서로 도착하는지를 계산하는 학교의 수학 문제를 떠올렸다. 그는 그 문제를 푸는 공식을 기억해 내려고 했지만 아무것도 떠오르지 않았다. 끝까지 이 문제를 풀지 않고 그는 다른 생각, 훨씬 더 복잡한 사고로 옮겨 갔다.

그는 자기 곁에서 서로 다른 속도로 움직이는 사람들이 계속 늘어나는 것을 보면서, 인생에서 누군가의 운명이 다른 사람의 운명을 앞지를 때 누가 누구보다 오래 살아남는가에 대해 생각했다. 그는 인생의 경기장을 지배하는 일반상대성 원리 비슷한 것을 생각해 냈으나, 끝내는 생각의 갈피를 놓치고 그와 같은 접근을 집어치우고 말았다.

번개가 치고 천둥이 으르렁거렸다. 이 재수 없는 전차는 수도 없이 고장을 일으키다가 결국 쿠드린스카야에서 동물원으로 가는 언덕길에서 다시 멈춰 서고 말았다. 잠시 뒤 보랏빛 옷을 입은 부인이 창틀 안에 나타났다가 전차를 앞질러 멀어져 갔다. 굵은 빗방울이 차도로, 보도로, 그리고 그 부인의 머리 위로 떨어지기 시작했다. 나무들 사이로 거센 바람이 한바탕 몰아쳐 나뭇잎을 흔들면서 부인의 모자를 날려 보내고 스커트를 말아 올리더니 느닷없이 잠잠해졌다.

의사는 몸이 휘청거리는 듯한 현기증의 발작을 느꼈다. 그는 겨우 참으면서 자리에서 일어나, 창문을 열기 위해 창문에 달린 가죽벨트를 아래위로 잡아당겼다. 창문은 그의 힘으로는 꿈쩍도 하지 않았다.

창틀이 못으로 고정되어 있다고 사람들이 소리쳤으나, 발작이 두려워 불안에 사로잡힌 그는 그 소리를 듣지 못했고 들으려고도 하지 않았다. 그는 멈추지 않고 창틀을 아래위로 몇 번 움직이다가 자신을 향해 아래로 세게 잡아당겼다. 그 순간 그는 몸 안에서 한 번도 겪지 못한 참을 수 없는 통증을 느꼈고, 무언가가 몸 안에서 부서져 치명적인 일이 일어났으며 모든 것이 끝났다는 것을 느꼈다. 바로 그 순간 전차가 움직이기 시작했으나, 프레스냐 거리를 따라 아주 조금씩 나아가다가 다시 멈춰 서고 말았다.

유리 안드레예비치는 초인적인 의지의 힘으로 비틀거리면서, 긴 의자 사이의 통로에 빽빽하게 서 있는 승객들을 겨우 헤치고 뒷문까지 나아갔다. 사람들은 자리를 비켜 주지도 않고 그를 밀쳐 댔다. 신선한 공기가 그를 소생시켜 주는 듯했다. 어쩌면 모든 것이 끝난 게 아니라 훨씬 나아진 것 같다는 생각이 들었다.

그가 뒷문의 승객들을 헤치고 나아가자 승객들은 또다시 욕설과 발길질을 해 대며 불평을 늘어놓았다. 그는 그런 소리는 들은 척도 하지 않고 군중 속에서 빠져나와, 서 있는 전차의 승강대에서 내려가 한 걸음, 두 걸음, 세 걸음 내딛다가 포석 위에 거꾸러져 영영 일어나지 못했다.

이야기하는 소리, 말싸움하는 소리, 조언하는 소리 등, 금방 주위가 시끌시끌 소란해졌다. 몇 사람은 전차에서 내려와 쓰러져 있는 그를 에워쌌다. 이윽고 그가 숨을 쉬지 않고 있고 심장이 멎어 버렸다는 것이 확인되었다. 길을 걸어가던 사람들도 시체를 에워싼 사람들 속에 끼어들었다. 죽은 이가 전차에 치인 것이 아니고 전차와는 아무 관계도 없다는 것을 알고 어떤 사람은 안심하고 어떤 사람은 실망했다. 군중이 늘어났다. 보랏빛 옷을 입은 부인도 군중에게 다가와서 죽은 사람을 바라보고 사람들의 이야기에 귀를 잠시 기울이더니 제 갈 길로 가 버렸다. 이 부인은 외국인이었지만, 어떤 사람들은 시체를 전차에 태워 저 앞에 있는 병원으로 옮기라고 조언하고, 또 어떤 사람들은 민경을 불러야 한다고 얘기하는 것은 알아들을 수 있었다. 그녀는 어떻게 결정되는지 끝까지 지켜보지 않고 다시 걸음을 옮겼다.

보랏빛 옷을 입은 부인은 멜류제예보에서 온, 스위스 국적의 미스 플레리였다. 이미 나이가 많은 여자였다. 그녀는 지난 12년 동안 고국으로 돌아갈 수 있도록 출국 허가를 내 달라고 서면으로 계속 신청해 오고 있었다. 그러다가 바로 얼마 전에 그녀의 노력이 결실을 맺어, 출국 비자를 받으러 모스크바에 온 것이었다. 이날 그녀는 포장끈으로 묶은 서류 다발로 얼굴에 부채질을 하면서, 출국 비자를 받기 위해 대사관에 가던 길이었다. 그리고 그녀는 이것으로 전차를 열 번째 앞지르고 지바고도 앞지르면서 그보다 오래 살았다는 것은 전혀 모르는 채 앞으로 나아갔다.

13

복도에서 문 너머로 보이는 방 안의 한구석에 탁자가 비스듬히 놓여 있었다. 그 탁자 위에는 아무렇게나 깎아 만든 통나무배 모양의 관이 좁은 후미가 문 쪽으로 향하게 놓여 있고, 그 끝에 고인의 발이 들어 있었다. 유리 안드레예비치가 글을 쓰던 바로 그 탁자였다. 방 안에는 다른 것은 아무것도 없었다. 초고들은 서랍에 들어가고, 그 탁자 위에 관이 얹혀 있었다. 잘 두드려서 잔뜩 부풀어 오른 베개로 몇 개 받친 시신은 관 속에서 높이 들려서 산처럼 누워 있었다.

이런 계절에는 희귀한 하얀 라일락, 시클라멘, 그리고 시네라리아 꽃이 도기 꽃병이나 바구니에 한 아름이 담겨 시신을 에워싸고 있었다. 꽃들이 창문에서 들어오는 빛을 차단했다. 햇빛은 둘러싼 꽃을 뚫고 고인의 백랍 같은 얼굴과 두 손, 관의 널빤지와 천을 희미하게 비췄다. 탁자 위에는 마치 지금 막 움직임이 멎은 듯한 꽃그림자의 아름다운 무늬가 나타나 있었다.

그 시절에는 화장하는 풍습이 널리 퍼져 있었다. 어린아이들을 위한 연금 혜택에 대한 기대와 아이들의 앞날을 위해, 또 직장에서 마리나의 입장에 해가 되지 않도록 하기 위해 교회장은 포기하고, 일반 시민들과 같이 화장을 하기로 결정했다. 이러한 결정은 관계기관에 통지되었다. 그래서 그들은 당국의 대표자가 오기를 기다리는 중이었다.

그들을 기다리는 동안 실내는 텅 비어 있었다. 마치 옛 거주자가 나가고 새로운 거주자가 들어오는 사이에 비어 있는 방 같았다. 이 같은 정적을 깨는 것은 발끝으로 걷는 조심스러운 발소리와, 작별을 고하는 사람들이 발을 끄는 부주의한 소리뿐이었다. 조문객은 많지 않았지만 그래도 예상했던 것보다는 훨씬 많았다. 거의 이름 없는 이 인물의 죽음 소식은 그들 사이에 놀라운 속도로 퍼져 나갔다. 생전의 다양한 시기에 고인을 알고 있었던 사람들, 또 고인이 살아오면서 잊어버린 사람들이 적잖이 모여들었다. 그의 학술적 사상과 시는 더욱 많은 미지의 사람들을 모여들게 했는데, 그들은 자신들의 마음을 끄는 그 사람을 한 번도 만난 적은 없지만, 처음 그를 만나 마지막 작별 인사를 하기 위해 온 것이었다.

어떠한 의식도 없이 오직 침묵만이 아프도록 상실감을 느끼게 하는 이 시간에, 오직 꽃만이 부족한 성가와 의식을 대신해 주었다.

꽃들은 단순히 향기를 뿜으며 피어 있는 것이 아니라, 마치 합창처럼, 아마도 빨리 흙으로 돌아가기를 재촉하는 듯이 방향을 내뿜어, 뭔가의 의식을 거행하는 것처럼 그 그윽한 힘을 모두에게 나눠 주고 있었다.

식물의 왕국이 죽음의 왕국에 가장 가까운 이웃이라는 것은 쉽게 상상할 수 있다. 아마도 그 대지의 푸른 식물 속에, 묘지의 나무들 사이에, 또 화단에서 뻗어 오르는 꽃망울 속에, 우리가 열심히 추구하고 있는 생명의 수수께끼와 변용의 비밀이 고스란히 담겨 있을지도 모른다. 관에서 나온 예수를 마리아는 처음에는 알아보지 못하고, 묘지로 가는 정원사라고 생각했다. ('마리아는 그가 동산지기인 줄 알고…….')*12

14

마지막으로 살았던 카메르게르스키 골목의 집에 고인이 운구되어, 그의 부음에 충격을 받은 친구들이 현관으로 밀어닥쳐 방문을 활짝 열고 들어왔을 때, 이 공포의 소식에 놀라 초주검이 된 마리나는 오랫동안 넋을 잃고 좌석과 등받이가 있는 긴 대형 궤에 머리를 짓찧으면서 몸부림치고 있었다. 그 긴 궤는 현관에 놓여, 주문한 관이 도착해 방 정리가 끝날 때까지 그 위에 시신이 놓여 있었다. 그녀가 울어서 새빨개진 얼굴로 중얼거리고, 비명을 지르며 목멘 소리로 울부짖는 소리는, 거의 그녀의 의지와 상관없이 미친 듯이 터져 나오고 있었다. 그녀의 푸념은 민간의 곡소리처럼, 누구도 의식하지 않고 누가 누구인지 알아보지도 못하는 채 지리멸렬하게 이어지고 있었다. 마리나가 시신에 매

---

*12 요한 복음 제20장 15절 참조.

달려 있었기에, 청소가 끝나 필요 없는 가구가 치워진 방에 고인을 옮겨 놓고 염을 한 뒤, 도착한 관에 안치하려고 해도 시신에서 그녀를 떼어 놓을 수가 없었다. 이것은 모두 어제의 일이었다. 오늘이 되자 그녀의 걷잡을 수 없었던 고통은 무디고 초연한 모습으로 바뀌어 가라앉아 있었지만, 심신 상실의 상태는 여전해, 말은 한 마디도 하지 않고 자신의 존재조차 의식하지 못하고 있었다.

그녀는 어제 낮부터 밤까지 어디에도 가지 않고 줄곧 그 자리에 있었다. 거기에 젖을 먹이기 위해 클라시카가 안겨 왔고, 카파와 어린 보모도 같이 들어왔다가 다시 안겨서 나갔다.

그녀를 에워싸고 있었던 것은 가족과, 그녀와 마찬가지로 슬픔에 젖어 있던 두도로프와 고르돈이었다. 그 긴 궤 위에 침울하게 흐느끼며 큰 소리로 코를 풀고 있던 그녀의 아버지 마르켈도 함께 앉아 있었다. 울고 있던 어머니와 자매가 그녀의 곁에 다가왔다.

그리고 모여든 사람들 가운데 특히 눈길을 끄는 두 남녀가 있었다. 그들은 가족과 친구들보다 망자와 더욱 친밀한 사이라는 인상을 보이려는 태도는 삼갔다. 그들은 마리나와 그 딸들, 고인의 친구들과 슬픔을 경쟁하지도 않고 그들에게 특별한 경의를 나타내고 있었다. 이 두 사람은 어떠한 요구도 하지 않았지만, 고인에 대해 분명히 자신들의 특별한 권리를 가지고 있는 것 같았다. 두 사람을 에워싸고 있는 듯한, 어딘지 모르게 불가해하고 비밀스러운 권리에 대해 언급하거나 반론하는 사람은 아무도 없었다. 실은 처음부터 차분하게 장례를 지휘하며 모든 일을 이렇게 순조롭고 평온하게 처리한 것은 바로 그들이었다. 그들은 자신들이 그 일을 맡은 것에 대해 만족해 하는 듯한 표정이었다. 이 두 사람의 고매한 마음은 누구의 눈에도 분명히 알 수 있었고, 그것이 사람들에게 기묘한 인상을 주었다. 그들은 다만 장례식뿐만 아니라, 그의 죽음에도 관련이 있는 인물인 것처럼 보였다. 물론 그 죽음의 원인이 되었거나 간접적인 이유가 된 것은 아니지만, 뒤늦게 이 사건을 인정한 뒤 체념하고 받아들이며, 더욱 중요한 것은 다른 데 있음을 알고 있는 인물로 생각되었다. 몇몇 사람이 이 두 사람에 대해 짐작하고 있었을 뿐, 다른 사람들은 그들이 누구인지 전혀 모르고 있었다.

그러나 탐색하는 듯한, 그리고 호기심을 자아내는 가늘고 긴 키르기스인의 눈을 가진 이 사내와, 겸손하고 아름다운 이 여성이 관이 있었던 방에 들어오자, 마리나를 비롯해 앉아 있거나 서서 실내를 서성이던 모든 사람이 아무 반대도 없이 약속이라도 한 듯 벽 가에 놓인 의자와 걸상에서 일어나 한쪽으로 비키면서 일제히 복도와 현관으로 나갔다. 그리고 두 사람만이 문을 닫은 방 안에 남았다. 사정을 잘 알고 있어 불려 온 두 사람이 조용히 아무 방해도 받지 않고 어떤 번거로움도 없이, 뭔가 직접적으로 매장과 관련된 중요한 일을 긴급히 의논하려는 것처럼 보였다. 그렇게 두 사람만 방에 남자 그들은 벽 가에 있는 두 개의 걸상에 앉아 용건을 얘기했다.

"예브그라프 안드레예비치, 뭘 좀 알아보셨나요?"

"화장은 오늘 저녁입니다. 30분 뒤에 의료종사자 노동조합에서 사람이 와서, 시신을 자신들의 조합사무실로 옮겨 갈 겁니다. 4시에 무종교인 장례의 추도식이 열립니다. 서류가 제대로 된 것이 하나도 없었어요. 노동수첩은 기한이 지난 것이고 조합원증도 옛날 것을 바꾸지 않은 채였고, 조합비도 몇 년 동안 내지 않았더군요. 이 모든 것을 정리해야 했지요. 그래서 이렇게 늦어진 겁니다. 시신을 내 가기 전에, 가만 있자, 시간이 얼마 안 남아서 준비를 해야겠는데요. 당신이 원하시는 대로 여기 혼자 있게 해 드리겠습니다. 실례하겠습니다. 듣고 계십니까? 전화가 와서 잠시 실례하겠습니다."

예브그라프 지바고는 복도로 나갔다. 그곳은 의사가 모르는 동료들, 그의 학교 시절 친구들, 병원의 하급 직원들과 서점 점원들로 가득했다. 마리나는 아이들을 코트 자락으로 감싸 두 팔에 안고(날이 추웠고 현관에서 바람이 들어오고 있었다) 벤치 끝에 걸터앉아 방문이 다시 열리기를 기다리고 있었다. 마치 죄수를 면회 온 여자가 간수가 면회실에 데려가 주기를 기다리는 듯한 모습이었다. 복도는 좁았다. 모여든 사람들의 일부는 그곳에 남아 있지 않았다. 계단으로 가는 통로가 비어 있었다. 많은 사람이 서성거리며 현관과 층계참에서 담배를 피우고 있었다. 계단에서는 아래로 내려갈수록 더욱 큰 소리로 자유롭게 이야기하는 소리가 들려왔다. 낮게 웅성거리는 소리 때문에 예브그라프는 귀를 곤두세우면서, 예의를 지키려는 듯이 수화기를 손바닥으로 가린 채 낮은 목소리로 얘기하고 있었다. 아마도 장례식 절차나 의사가 죽은 상황에 대한 내용 같았다. 그는 방으로 돌아왔다. 얘기가 이어졌다.

"화장이 끝난 뒤 제발 그냥 사라지지 마십시오, 라리사 표도로브나. 중요한 부탁이 있습니다. 저는 당신이 어디서 묵고 있는지 모릅니다. 어디서 당신을 만날 수 있는지 좀 가르쳐 주십시오. 저는 아주 가까운 시일 안에, 내일이나 모레쯤 형님의 초고들을 정리하고 싶습니다. 당신의 도움이 필요합니다. 누가 뭐라 해도 당신이 누구보다 가장 많은 것을 알고 계시지 않습니까. 이르쿠츠크에서 오신 지 이틀째라고 얼핏 들은 것 같은데, 모스크바에 오래 머물지는 않을 거라고 하셨지요. 또 형님이 이곳에서 마지막 몇 달 동안 사신 것은 전혀 알지 못한 채 다른 목적으로, 더구나 이런 일이 벌어진 줄은 더더욱 모르고 이 방에 오셨다고 그러셨지요. 당신의 말씀 중에 이해되지 않는 부분도 있지만 설명해 달라고 하지는 않겠습니다. 하지만 그냥 사라지시는 건 안 됩니다. 저는 당신의 주소를 모릅니다. 원고를 정리하는 며칠 동안만 여기서 같이 지내시든지 아니면 가까운 거리에 계시든지, 이 건물에 다른 방이 두 개 있으니까 그건 어떻게 해결될 겁니다. 저는 이 건물 관리인을 알고 있으니까요."

"제가 한 말을 이해 못 하겠다고 하셨어요? 무엇이 이해 안 된다는 건지 모르겠군요. 모스크바에 도착해 짐은 임시보관소에 맡겨 두고 예전의 모스크바 거리를 좀 걸었어요. 절반은 모르겠더군요. 오래되어 잊어버리고 있었던 거죠. 걷고 또 걷다가 쿠즈네츠키 거리를 내려가서 쿠즈네츠키 골목길을 올라가는데, 갑자기 어떤 것을 보고 전율했어요. 몹시 낯익은 카메르게르스키 골목이었죠. 이곳은 총살당한 내 남편 안티포프가 학생 시절에 방을 얻어 살던 곳이었어요. 바로 이 방, 우리가 함께 앉아 있는 여기 말입니다. 그래서 혹시 운이 좋으면, 옛날 주인 부부가 아직도 살고 있을지 모른다는 생각에 들어와 본 거예요. 그런데 그런 사람은 어디에도 없고, 이곳은 모든 것이 변해 있었어요. 그 사실을 나는 나중에, 그리고 오늘에서야 여러 가지 이야기를 듣고 알게 되었죠. 그런데 당신이 여기에 계시는 게 아니겠어요? 아, 내가 왜 이런 말을 해야 하나요? 나는 번개를 맞은 것만 같았어요. 현관문이 활짝 열려 있고 방에는 사람들이 가득하고, 관이 있고, 그 관 속에 시신이 들어 있었어요. 누굴까 하고 나는 안에 들어가서 들여다보았어요. 저는 저 자신이 미쳤다고 생각했어요. 꿈을 꾸고 있는 거라고. 당신도 그 자리에서 모든 것을 보셨잖아요? 아, 당신에게 더 무슨 말을 해야 할까요?"

"잠깐만요, 라리사 표도로브나, 말을 끊어서 미안합니다만 제가 이미 말한 것처럼, 저나 형님이나 이 방이 그런 놀라운 일과 관련이 있을 줄은 꿈에도 몰랐습니다. 이를테면 전에 안티포프가 이곳에서 살았다는 건 상상도 못했어요.

그러나 당신의 말에서 한 가지 놀라운 사실을 알았습니다. 어떤 것인지 말씀드리죠, 용서하십시오. 안티포프, 군사적 혁명활동에서는 스트렐리니코프 말인데, 저는 한때 시민전쟁 초기에 그에 대한 얘기를 자주 들었고, 한때는 날마다 한두 번 그를 개인적으로 만나기도 했습니다. 물론 그때는 이렇게 그의 이름이 가족 문제에서 중요한 의미가 될 줄은 꿈에도 생각지 못했죠. 미안합니다만, 혹시 제가 잘못 들은 건지도 모르지만, 당신은 '총살당한 안티포프'라고 말한 것 같은데—그건 단순한 헛소문에 지나지 않습니다. 그가 권총으로 자살한 사실을 모르셨습니까?"

"네, 그런 말도 들리더군요. 하지만 난 믿지 않아요. 파벨 파블로비치는 결코 자살할 사람이 아니에요."

"하지만 그건 엄연한 사실입니다. 형님 얘기로는, 당신이 블라디보스토크로 가기 위해 유리아틴으로 떠났던 바로 그 집에서 자살했습니다. 당신이 따님과 함께 떠난 뒤 곧 일어난 일이지요. 형님이 자살한 시신을 수습해 매장했다고 합니다. 당신이 그런 이야기를 듣지 못했다니 어떻게 된 겁니까?"

"제가 듣기로는 다르던데요. 그렇다면 그 사람이 권총 자살한 것이 사실이라는 얘기죠? 많은 사람이 그렇게들 말했지만 난 믿지 않았어요. 게다가 바로 그 집에서라고요? 어떻게 그런 일이 있을 수 있죠? 당신이 말씀하시는 것은 사소한 것이라도 나에게 매우 중요합니다. 제발 말씀해 주세요. 그분과 지바고가 만났나요? 서로 이야기를 나누었나요?"

"돌아가신 형님의 말에 따르면, 두 사람은 오랫동안 대화를 나눴답니다."

"정말인가요? 아, 하느님, 감사합니다. 그랬다면 더 바랄 게 없어요(안티포바는 천천히 성호를 그었다). 모든 일이 어쩌면 이렇게 아귀가 맞을 수가 있을까, 마치 하늘이 맺어 준 인연인 것처럼! 나중에 다시 한 번 자세한 이야기를 물어도 괜찮겠지요? 이건 아무리 사소한 것이라도 나에게는 더없이 소중한 얘기예요. 하지만 전 지금 정상이 아니에요. 안 그래요? 전 너무 흥분해 있어요. 잠시 침묵하고 심호흡을 하면서 생각을 가다듬어 봐야겠어요. 안 그래요?"

"오, 그럼요, 물론입니다, 그렇게 하십시오."

"정말 그렇죠?"

"말할 것도 없는 일입니다."

"아 참, 깜박 잊고 있었군요. 화장한 뒤에 사라지지 말라고 부탁하셨지요. 좋아요, 약속하겠어요. 저는 그냥 사라지지 않겠어요. 당신과 함께 이 방으로 돌아와서 당신이 원하시는 대로 필요한 만큼 머물겠어요. 유로치카의 원고를 자세히 정리합시다. 도와 드리겠어요. 전 아닌 게 아니라 정말 당신에게 도움이 될 거예요. 그건 저에게도 위안이 되는 일이고요! 난 그분의 필체를 심장의 피로, 하나하나의 혈관으로 모든 버릇까지 느낄 수 있어요. 그 일이 끝나면 실은 저도 당신에게 부탁 드릴 일이 있어요. 당신은 저에게 필요한 분이에요. 제가 알기로는 법률가라고 하던데, 어쨌든 이전이나 지금의 법률제도를 잘 알고 계시잖아요. 또 한 가지 중요한 것은 어느 기관에 가서 어떤 조회를 해 봐야 하는지 알고 싶어요. 이건 아무나 조사할 수 있는 일이 아니잖아요, 안 그래요? 난 마음이 찢어질 것 같은 어떤 문제로 당신의 조언을 듣고 싶어요. 어떤 어린아이에 대해서지요. 하지만 그건 나중에 화장을 하고 돌아와서 이야기합시다. 전 정말이지 평생을 찾아다녀야만 하는 사람이 있어요. 부디 가르쳐 주셨으면 해요. 이를테면 어떤 아이의 소식을, 타인에게 양육을 맡긴 어린아이의 소식을 무슨 일이 있어도 알아야 할 경우에, 현재 전국에 있는 고아시설의 전체 기록 같은 것이 있는지요? 집 없이 떠도는 아이들에 대한 전국적 조사나 그 명부가 작성되어 있을까요? 아니, 지금 대답하지 않아도 돼요. 제발 부탁이에요, 나중에, 나중에요. 아, 끔찍한 일이에요, 정말 끔찍한 일이에요. 인생이란 어쩌면 이토록 끔찍한 것일까요! 안 그래요? 내 딸이 도착한 뒤에는 어떻게 될지 모르겠지만, 일단은 이 집에 있어야겠어요. 카추샤는 음악과 연기에 아주 뛰어난 재능을 가지고 있어요. 그 애는 놀랄 만큼 남의 흉내를 잘 내고, 자신이 쓴 희곡의 모든 장면을 혼자서 연기하기도 해요. 하지만 그게 다가 아니에요, 오페라의 모든 파트를 악보 없이 노래할 수 있는 정말 놀라운 아이예요, 안 그래요? 저는 연극학교나 음악원 가운데 그 애가 원하는 예과 초급과정에 넣어 주고 싶어요. 입학하게 되면 기숙사에 넣고 싶어요. 전 이 문제로, 그 애가 오기 전에 모든 수속을 밟아 두려고 왔고, 그게 끝나면 돌아갈 거예요. 지금은 모든 것을 다 말씀드릴 수가 없군요. 나중에 다시 말씀드리죠. 자, 이제 마음이 가라앉기를 기다리며 잠시 침묵하면서 생각을 집중하고 두려움을 물리치도록 노력해야겠어요. 그보다 우린 유라의 친지들을 밖에서 너무 오래 기다리게 했나 봐요. 문 두드리는 소리를 두 번이나 들은 것 같아요. 틀림없이 장의조합에서 사람이 온 걸 거예요. 전 여기 앉아서 생각을 좀 하겠으니 문을 열고 사람들을 들어오게 하세요. 정말 이젠 시간이 되었군요, 안 그래요? 잠깐, 잠깐만요. 관 밑에 둘 발판이 필요해요, 안 그러면 유로치카한테 닿을 수가 없겠어요. 발끝으로 서서 시도해 봤는데 무척 힘들어요. 그건 마리나 마르켈로브나와 그 아이들에게도 필요할 거예요. 더구나 이건 장례에서는 빼놓을 수 없는 일이죠. 의례서에도 '나에게 마지막 키스를 해 주오'라고 규정되어 있잖아요. 오, 난 못해요, 할 수 없어요. 너무 고통스러워요, 안 그래요?"

"이제 사람들을 모셔 들이겠습니다. 하지만 그 전에 한 가지, 당신은 무척 수수께끼 같은 말을 하셨고 당신을 괴롭히는 문제에 대해 몇 가지 질문을 하셨는데, 그건 저로서도 대답하기 어려운 문제들입니다. 다만 한 가지만은 알아주셨으면 합니다. 저는 기꺼이, 진심으로, 당신이 걱정하는 모든 문제에 대해 당신의 힘이 되어 드리겠습니다. 이것만은 꼭 기억해 주십시오. 어떠한 경우에도 결코 절망해서는 안 된다는 것을 명심하십시오. 희망을 가지고 행동하는 것이 불행에 처한 우리의 책임입니다. 아무것도 하지 않고 절망하는 것은 의무를 망각하는 것이고 침해하는 것입니다. 이제 고별인사를 하러 온 사람들을 모시겠습니다. 벤치 이야기는 잘 하셨어요. 하나 구해 놓겠습니다."

하지만 안티포바는 이미 듣고 있지 않았다. 그녀에게는 예브그라프 지바고가 방문을 열자 복도에 있던 사람들이 우르르 들어오는 소리도 들리지 않았고, 그가 장례식 도우미와 조문객들과 의논하는 소리도 들리지 않았으며, 사람들이 움직이는 소리, 마리나의 통곡, 남자들의 기침, 여인들의 흐느낌과 신음도 들리지 않았다.

단조로운 소리의 끊임없는 변화가 그녀를 흔들어 현기증을 일으켰다. 그녀는 실신하지 않으려고 있는 힘을 다해 몸을 지탱하고 있었다. 심장이 터질 것 같고 머리가 지끈거렸다. 그녀는 고개를 숙이고 추측과 상상 그리고 회상 속에 빠져 들어갔다. 그녀는 그 속에 잠시, 몇 시간만이라도 사라지고 파묻혀, 그때까지 그녀가 살 수 있을지조차 알 수 없는 어떤 미래를 그려 보았다. 거기서 그녀는 몇십 년이나 늙은 노파가 되어 있었다. 그녀는 자신의 불행 속, 가장 깊은 심연의 밑바닥까지 침잠해 갔다. 그녀는 생각했다.

'이제 아무도 남지 않았다. 한 사람은 죽었고 또 한 사람은 스스로 목숨을 끊었다. 그리고 단 한 사람 살아남은 건, 내가 죽여야 하고, 죽이려 했지만 미수에 그친 남자이다. 그야말로 내 인생을 나도 모르는 범죄의 사슬로 만들어

버린, 이질적이고 쓸모없는 하찮은 인물이다. 그 속된 괴물은 동전수집가들에게나 알려진 아시아의 변경에서 비현실적인 꿈을 꾸며 휘젓고 다니면서 몸부림치고 있지만, 내가 필요로 하는 가까운 사람들은 아무도 남아 있지 않다.

아, 그러고 보니 그때는 크리스마스였지. 그 속물적인 괴물을 쏘기 전에, 바로 이 방에서, 아직 어린 소녀이었던 파샤와 어둠 속에서 이야기를 나누었지. 그리고 지금 여기서 작별하고 있는 유라는 그때는 아직 나의 인생에 들어오기 전이었어.'

그녀는 그 크리스마스 때 파셰니카와 나눈 대화를 기억해 내려고 애썼지만, 창틀 위에서 타오르며 유리창에 낀 얼음을 동그랗게 녹이던 촛불 말고는 아무것도 기억나지 않았다.

지금 이곳에 누워 있는 망자가 그때 썰매마차를 타고 지나가다가 가로에서 그 불빛을 보고 관심을 가졌다는 것을 그녀가 상상이나 할 수 있었을까? 밖에서 불빛을 본 순간부터—'탁자 위에서 촛불이 타오르고 있었다, 촛불이 타오르고 있었다'—그의 운명이 그의 인생 속에서 시작되었다는 것을.

그녀의 온갖 생각들이 흩어져 사라졌다. 그녀는 생각했다. '아무리 그래도 그가 교회에서 장례식을 올리지 못한다는 건 정말 안타까운 일이야! 그 성대하고 장엄한 장례식을! 대부분의 망자는 그럴 가치가 없지. 하지만 유로치카는 그럴 만한 가치가 있는 숭고한 사람이었어! 그는 그 모든 것에 어울리는 자격을 충분히 갖추고 있어. '관 위에 흘리는 눈물은 할렐루야의 노래'가 되고도 남을 사람이었는데!'

이제 그녀는 유리를 생각하면서, 비록 인생의 짧은 기간이었지만 그의 곁에는 함께 있었다는 사실에 대해 자부심과 안도가 파도처럼 밀려옴을 느꼈다. 언제나 그에게서 풍겨 왔던 자유와 너그러움의 숨결이 지금도 그녀를 감싸고 있었다. 그녀는 앉아 있던 걸상에서 조급하게 일어섰다. 뭔가 알 수 없는 그 무엇이 그녀의 몸 안에서 일어났다. 그녀는 그 힘을 빌려, 잠시나마 자유로운 곳으로, 그녀의 고통을 얽어매고 있는 고난의 심연에서 신선한 대기가 있는 곳으로 몸을 해방해, 전에 그랬던 것처럼 해방의 환희를 맛보고 싶었다. 그러한 행복은 그녀에게는 그와 이별하는 행복, 누구에게도 방해받지 않고 그에게 엎드려 실컷 울 수 있는 기회와 권리였다. 그녀는 그 같은 격정과 고통에 사로잡혀, 마치 안과 의사가 강력한 안약을 몇 방울 넣어 준 것처럼 눈물이 글썽거려서 잘 보이지 않는 눈길로 모여 있는 사람들을 둘러보았다. 그러자 사람들은 코를 풀며 옆으로 비켜서 방에서 나갔고, 마침내 그녀만 남겨두고 문을 닫았다. 그녀는 재빨리 성호를 그으면서 탁자와 관에 다가가서, 예브그라프가 준비해 놓은 발판 위에 올라가 시신 위에 커다랗게 세 번 성호를 그었다. 그리고 차가운 이마와 손에 경건하게 입을 맞췄다. 차가워진 이마가 마치 꼭 쥔 주먹처럼 작아진 듯한 감각이 그녀를 스치고 지나갔으나 그녀는 그것을 알아차리지 못했다. 그녀는 심장이 멎을 것 같아서 잠시 아무 말 없이, 아무 생각도 하지 않고, 울지도 않고, 관과 꽃과 그의 몸을 자신의 머리와 가슴과 영혼으로, 그리고 영혼처럼 커다란 두 손으로 감쌌다.

15

통곡을 참느라 그녀는 온몸을 떨고 있었다. 될 수 있는 대로 울음을 참으려 했으나 갑자기 한계를 넘어서서 눈물이 왈칵 터져 나왔다. 눈물이 그녀의 뺨과 옷, 손, 그리고 그녀가 매달려 있는 관 위로 떨어졌다.

그녀는 아무 말도 하지 않고 아무 생각도 하지 않았다. 공통된 사상과 공감대, 인식, 확신 같은 일련의 상념들이 하늘에 떠다니는 구름처럼, 옛날 어느 밤에 그들이 대화했을 때처럼 그녀의 마음속에 자유롭게 떠올랐다가 날아가 버리곤 했다. 실은 바로 그런 것들이 가끔 행복과 해방감을 가져다 주었다. 그것은 머리로 생각하는 것이 아니라 뜨거운, 서로 감명을 주는 이해였다. 본능적이고 직접적인 인식이었다.

그녀는 그와 같은 인식으로 가득 차 있었다. 그러나 지금은 죽음에 대한 어둡고 윤곽이 뚜렷하지 않은 인식, 즉 죽음에 대한 각오, 죽음 앞에서 당황하지 않는 평온함으로 가득 차 있었다. 마치 그녀는 이미 스무 번이나 이 세상에 살면서 수없이 유리 지바고를 잃었고, 또 그 일에 대해 마음의 모든 경험을 축적해 온 듯한 느낌이 들었다. 그처럼 그녀는 이 관 옆에 여러 번 있었던 것처럼 느껴지는 것이었다.

아, 그것은 얼마나 자유분방하고, 미증유의 유일무이한 사랑이었던가! 그들은 다른 사람들이 노래를 부를 때처럼 생각하고 있었다.

그들이 서로 사랑한 것은, 흔히 사랑에 대해 잘못 말하고 있는 것처럼, 필연에 의해서나 '정열에 불타올라서'가 아니었다. 그들이 사랑한 것은 주위의 모든 것, 그들이 서 있는 대지가, 그들 머리 위의 하늘이, 그리고 구름과 나무가 그것을 원했기 때문이었다. 그들 주변에 있는 것들이 아마도 그들 자신보다 훨씬 더 그들의 사랑을 축복했을 것이다. 거리를 지나가는 미지의 사람들, 산책길 저 멀리 펼쳐진 광야, 그들이 만나고 살았던 방, 그런 것들이 더 기뻐했던 것이다.

아, 말할 것도 없이, 그것이 그들을 서로 닮은 존재로 만들고 일체가 되게 한 것이었다. 최고의 선물인 아찔한 행복의 순간에도, 마음을 끌어당기는 가장 숭고한 것이 그들을 버리는 일은 결코, 결코 한 번도 없었다. 그것은 세계의 보편적 표상이라는 환희, 그 그림 전체에 그들 자신이 들어 있다는 감정과 그 모든 광경의 아름다움, 그리고 우주 전체에 속해 있다는 감각이었다.

그들은 오직 그 일체성만을 호흡하고 있었다. 그래서 자연보다 인간을 찬양하는 것, 다시 말해 유행처럼 번지고 있는 인간숭배는 그들에게는 관심 밖이었다. 정치화한 거짓된 사회성의 원리는, 그들에게는 비참하고 조악한 공예품처럼 이해할 수 없는 것이었다.

16

이제 그녀는 평이하고 일상적인 언어로 그에게 마지막 작별을 고하기 시작했다. 그 언어는 발랄하고 격식 없는 생활의 편린을 담은 대화처럼 들렸다. 그래서 그것은 합창이나 비극의 독백처럼, 현실의 틀을 깨는, 의미를 갖지 않는 말이었다. 그녀의 말은 시적 언어나 음악, 그리고 다른 평범한 표현처럼 일관된 논리보다는 감정에 좌우되고 있었다. 그녀의 가볍고 선입견이 없는 이야기의 긴장감을 합리화하고 있는 것은 그녀가 흘리는 눈물이었다. 그 눈물 속에 그녀의 꾸밈없는 일상적인 언어가 가라앉았다가 떠오르면서 헤엄치고 있었다.

바로 이 눈물에 젖은 언어 자체가, 마치 바람이 따뜻한 비를 맞아 오그라든 비단처럼 젖은 나뭇잎을 뒤흔들듯이, 무슨 뜻인지 알아들을 수 없는 그녀의 부드럽고 빠른 속삭임에 달라붙는 것 같았다.

"우린 또다시 함께 있게 됐군요, 유로치카. 하느님은 왜 우리를 다시 만나게 하셨을까요? 아, 생각해 보면 얼마나 몸서리쳐지는 일인가요! 오, 난, 이제 더는 견딜 수가 없어요! 오, 하느님, 저는 큰 소리로, 큰 소리로 외칩니다! 생각해 보세요! 지금 다시, 우리에게 어울리는 뭔가가, 우리의 무기고에서. 당신이 없으면 내 인생은 끝이에요. 또다시 무언가 거대한, 돌이킬 수 없는 일, 인생의 수수께끼, 죽음의 수수께끼, 천재의 매혹, 꾸밈없는 아름다움의 매혹, 바로 그거예요, 그것을 우리는 이해하고 있었어요. 하지만 세상의 자질구레한 일들, 지구를 변화시킨다는 따위는 우리의 일이 아니랍니다.

안녕, 나의 위대한 사람이여, 안녕, 나의 자랑, 안녕, 나의 깊고 빠른 시냇물, 온종일 흐르는 당신의 물소리를 내가 얼마나 좋아했는지 아시나요, 그리고 당신의 차디찬 물결 속에 뛰어드는 것을 내가 얼마나 좋아했는지 아시나요?

눈 속에서 우리가 헤어졌던 그날, 기억해요? 당신은 나를 얼마나 교묘하게 속였던가요! 내가 정말 당신을 두고 떠날 수 있을 거라고 생각했어요? 오, 난 알아요. 알고 있어요. 당신은 일부러 그러셨어요. 그것이 나의 행복이라고 생각하신 거지요. 그리고 그때부터 모든 것이 불행해지기 시작했어요. 내가 당신께 드린 고통, 당신이 나에게 준 고통, 오, 하느님. 하지만 당신은 아무것도 몰라요. 오, 유라, 나는 무슨 짓을 저지르고 말았을까요, 무슨 짓을 저지르고 만 건가요? 난 엄청난 일을 겪었어요. 당신은 모를 거예요! 하지만 내 잘못은 아니에요. 그때 나는 석 달 동안 병원에 입원해 있었고, 그 가운데 한 달은 의식도 없었어요. 그때부터 나는 살아 있는 사람이 아니었어요, 유라! 나는 슬픔과 고통으로 마음이 지옥이었어요. 하지만 난 말하지 않겠어요. 중요한 것은 밝히지 않을래요. 난 그걸 전할 수가 없어요, 그럴 힘이 없어요. 나는 이런 자리에 맞닥뜨리면 공포로 소름이 끼치고 머리칼이 곤두서 버린답니다. 나는 지금 내가 정상인지조차 자신이 없어요. 난 다른 사람들처럼 술을 마시지도 못해요. 그런 길에 빠지지는 않아요, 술에 취한 여자 꼴은 정말 끝장이니까요. 그건 상상도 할 수 없는 일이지요. 안 그래요?"

그녀는 무엇인가 더 얘기하며 통곡하고 괴로워했다. 갑자기 그녀는 놀란 듯이 고개를 들고 주위를 둘러보았다. 방 안에는 아까부터 사람들이 걱정하면서 서성거리고 있었다. 그녀는 발판에서 내려와 휘청거리면서, 손바닥을 눈에 대고 아직도 마르지 않고 남은 눈물을 짜 내어 한 손으로 마루 위에 뿌리듯이 하면서 관에서 물러났다.

남자들이 관으로 다가가서 밑에 수건 세 장이 깔려 있던 관을 들어올렸다. 출관이 시작되었다.

17

라리사 표도로브나는 카메르게르스키에서 며칠 동안 지냈다—예브그라프 안드레예비치와 이야기한 대로, 그녀의 도움으로 초고류가 정리되기 시작했다. 그러나 끝까지 정리하지 못한 채 끝나고 말았다. 그녀가 예브그라프 안드레예비치에게 부탁한 일도 서로 의논되었고 그는 그녀로부터 매우 중요한 사실을 알게 되었다.

어느 날, 라리사 표도로브나는 집에서 나가 다시는 돌아오지 않았다. 그 무렵 흔히 있었던 일이지만 그녀는 거리에서 체포된 것이 분명했다. 그리고 죽었거나, 아니면 어딘지 정확하게 알 수는 없지만, 나중에 소실된 명단 속의 이름 없는 번호가 되어 잊혀 버린 채, 북쪽에 있는 수많은 일반수용소나 여자수용소 가운데 하나에서 소식이 끊어졌다.

제16장

에필로그

1

1943년 여름, 쿠르스크 만곡부 돌파와 오를 시(市) 해방 뒤,*[1] 최근에 소위로 진급한 고르돈과 두도로프 소령은 저마다 자기 부대로 돌아가고 있었다. 고르돈은 모스크바 파견근무를 끝내고, 두도로프는 마찬가지로 모스크바에서 사흘의 휴가를 보내고 귀대하는 길이었다.

둘은 귀대길에서 만나 체르니라는 작은 도시에서 밤을 지내게 되었다. 이곳은 파괴되기는 했지만, 퇴각하는 적군이 지상에서 말살해 버린 '무인지대' 대부분의 거주지처럼 완전히 소멸되지는 않았다.

깨진 벽돌과 미세한 먼지, 가루가 된 나뭇조각이 높은 산을 이루고 있는 도시의 폐허 한복판에서 파괴를 면한 건초장을 발견한 두 사람은, 그곳에서 저녁부터 계속 누워 있었다.

그들은 잠을 이루지 못하고 밤새도록 얘기를 나눴다. 새벽 3시쯤 깜빡 잠들었던 두도로프는 고르돈이 바스락거리는 소리에 잠이 깼다. 고르돈은 물속처럼 허우적거리면서 부드러운 건초 더미 속에 푹 파묻히거나 이리저리 몸을 뒤집으면서, 속옷가지들을 꾸러미에 챙기더니 다시 허우적거리면서 건초 더미 꼭대기에서 건초장 문까지 기어 내려갔다.

"어디로 가려고 그러나? 아직 이른데."

"강가로 내려가려고. 빨래를 좀 해야겠어."

"이봐, 그건 정신 나간 짓이야. 저녁이면 부대에 도착할 테고, 세탁부 타니카가 갈아입을 옷을 내 줄 텐데, 뭘 그렇게 서두르나."

---

*1 1943년 7월 5일~8월 23일, 제2차 대전의 독소전에서 적군이 승리하는 데 하나의 열쇠가 된 대전투. 쿠르스크 전투. 중부 러시아 우크라이나 동부에 쿠르스크 만곡부라 불리던 깊이 150km, 서부 방면으로 뻗은 길이 200km의 양군 전선.

"그때까지 못 참겠어. 땀이 나서 옷이 푹 젖었어. 아침에는 더울 테니까 얼른 물에 헹궈 꼭 짜면 햇볕에 금방 마를 거야. 몸을 씻고 갈아입어야겠어."

"그래도 그건 어울리지 않는 행동이야. 어쨌든 자네는 장교가 아닌가."

"아직은 일러서 모두 자고 있어. 어딘가 나무 밑에서 할 테니 아무도 보지 못할 거야. 자네는 잠이나 자게, 아무 말 말고. 잠이 달아날 테니까."

"나도 잠자기는 글렀으니, 자네하고 같이 가도록 하지."

그리하여 그들은 방금 떠오른 태양볕에 벌써 뜨거워진 하얀 폐허를 지나 강을 향해 걷기 시작했다. 전에는 한길이었던 장소 한가운데의 땅바닥에서, 햇볕을 정면으로 받아 얼굴이 새빨개진 사람들이 땀을 흘리고 코를 골면서 자고 있었다. 그들은 대부분 이 지방에 사는 사람들로 집을 잃은 노인들, 여자들, 어린아이들이었다. 그들 속에는 드물게 뒤처져서 자기 부대를 찾아가는 적군(赤軍) 병사들도 끼어 있었다. 고르돈과 두도로프는 내내 그들을 밟지 않도록 조심스럽게 발밑을 살피면서 자고 있는 사람들 사이를 지나갔다.

"좀 조용히 말해. 그렇지 않으면 온 마을 사람이 깨어나고, 그러면 난 빨래를 못 하게 돼."

그들은 낮은 목소리로 간밤에 하던 이야기를 이어갔다.

2

"이게 무슨 강일까?"

"모르겠는데. 물어보지 않았어. 아마 주샤 강이겠지."

"아니, 주샤 강은 아니고 다른 강일 거야."

"그렇다면 모르겠는데."

"그 일이 일어난 건 주샤 강에서였지. 흐리스티나 사건 말이야."

"그래, 하지만 다른 장소야. 하류 어디였어. 교회에선 그녀를 성자의 반열에 올렸다더군."

"거기에는 '마구간'이라는 이름을 얻은 석조 건물이 있었지. 실제로 그건 소프호즈의 양마장(養馬場)인데, 보통명사가 역사적 명칭이 된 셈이지. 오래되고 벽이 두꺼운 마구간이야. 독일 사람들이 그것을 보강해 난공불락의 요새로 만들었는데, 거기서는 사방을 모두 포격할 수 있어서 우리의 진격이 저지당했지. 우리는 그 마구간을 점령해야만 했어. 흐리스티나는 기적적인 용기와 기지를 발휘해 독일군 진지에 잠입해서 마구간을 폭파하고 생포되어 목이 매달리고 말았지."
"어째서 두도로바가 아니고 흐리스티나 오를레초바인가?"
"우린 그때까지 결혼을 하지 않았기 때문이야. 우리는 1941년 여름에 전쟁이 끝나면 결혼하기로 약속했어. 그 뒤 나는 다른 부대와 함께 돌아다녔고, 우리 부대는 쉬지 않고 계속 옮겨 다녔어. 그 끝없는 이동 속에 그녀와 소식이 끊어졌어. 나는 더 이상 그녀를 만나지 못했지. 나중에 다른 사람들과 마찬가지로 신문과 부대의 포고를 통해서 그녀의 영웅적인 행위와 죽음에 대해 알게 되었어. 여기 어딘가에 그녀의 기념비를 세울 거라고 하더군. 내가 듣기로는 죽은 유리의 동생인 지바고 장군이 이 일대를 돌아다니면서 그녀에 대한 자료를 수집하고 있다더군."
"미안해, 괜히 그 여자 이야기를 꺼내서. 자네에게는 고통스러운 일일 텐데."
"아니, 괜찮아. 우리는 시간 가는 것을 잊고 있었군. 난 자네를 방해하고 싶지는 않아. 옷을 벗고 물에 들어가서 자네 일을 보도록 하게. 나는 강둑에 누워 풀잎이라도 씹고 있겠네. 그러다가 한숨 잘지도 모르고."
얼마 뒤 그들은 다시 이야기를 시작했다.
"자네는 어디서 그렇게 빨래하는 법을 배웠나?"
"필요가 가르쳐 줬지. 우리는 운이 나빴어. 우리는 강제수용소 중에서도 가장 끔찍한 곳으로 떨어졌지. 거의 살아남을 수가 없는 곳이었어. 도착했을 때부터 이야기하지. 우리 조(組)가 열차에서 내리자 온통 눈 덮인 광야였어. 멀리 숲이 보이더군. 총구를 아래로 향한 경비병, 양치기 개들. 동시에 약간의 시차를 두고 다른 새로운 그룹들이 실려 왔어. 우리는 넓은 눈벌판에 커다란 다각형을 만들어 서로를 보지 못하도록 등을 안쪽으로 향하고 서 있었어. 명령으로 무릎이 꿇리고, 총살 위협 때문에 옆을 쳐다보지도 못한 채, 언제 끝날지 모르는 굴욕적인 점호를 받기 시작했지. 그것도 전원이 내내 무릎을 꿇고 선 채로. 그런 다음 우리는 일어서고, 다른 부대들이 각각의 지점으로 끌려가면, 우리에게는 이런 명령이 떨어졌어. '여기가 너희의 수용소다. 각자 알아서 자리를 잡도록.' 탁 트인 하늘 밑에 눈 덮인 벌판, 그 한복판에 '굴라그 92 Я Н 90(굴라그 92 야 엔 90)'이라고 적혀 있는 말뚝 하나, 그뿐, 아무것도 없었어."

"그랬군. 우리는 그렇게까지 나쁘진 않았어. 운이 좋았지. 그건 내가 첫 번째 형기를 마치고 두 번째 형기를 채우고 있었기 때문이었어. 게다가 체포조항과 조건도 달랐어. 석방되자 나는 원래대로 복권해 다시 대학에서 강의할 수 있었지. 그리고 전쟁에 동원되었지만, 자네처럼 징벌로서가 아니라 정식 소령 계급장을 달고 말이야."

"그랬지. '굴라그 92 Я H 90'이라는 번호가 붙은 말뚝, 그것이 전부였어. 처음 우리는 엄동설한에 맨손으로 가늘고 어린 나뭇가지를 잘라 임시 막사를 지었다네. 믿기지 않겠지만, 그렇게 우리 스스로 나무를 조금씩 베어서 막사를 지었어. 나무를 베어 옥사를 짓고 울타리를 치고, 영창과 감시탑도 지었어. 그 모든 것을 우리 손으로 말이야. 그리고 목재를 공급하는 노동이 시작되었다네. 삼림벌채지. 숲을 벌채한 거야. 썰매 한 대에 여덟 명씩, 통나무를 어깨에 지고, 가슴께까지 눈 속에 묻혔지. 우리는 오랫동안 전쟁이 터진 것도 몰랐어. 그들이 숨긴 거야. 그런데 갑자기 이런 제의가 들어왔어. 즉 징벌조에서 전선에 지원하는 자들은 장기전에서 살아서 돌아오는 경우에는 석방하겠다는 거였지. 그때부터 진격, 또 진격, 전기가 통하는 몇 킬로미터의 철조망, 지뢰, 박격포, 몇 달에 걸친 폭풍우 같은 총격이었어. 그러한 중대에서 우리가 특공대라 불린 것도 다 이유가 있었어. 한 사람도 남김없이 전멸했으니까. 나는 어떻게 살아남았을까? 어째서 나는 살아남았을까? 하지만 상상해 보게. 그러한 피의 지옥도 강제수용소의 공포에 비하면 행복했어. 고통 때문이 아니라, 전혀 다른 이유에서 말이야."

"그래, 자네는 고생을 많이 했군."

"그런 데서는 빨래는 아무것도 아니고 배워야 할 것은 전부 배웠다네."

"놀라운 일이야, 자네의 유형의 운명 앞에서뿐만 아니라, 그에 앞선 1930년대의 모든 생활에 대해서도 그렇지만, 자유의 몸으로서, 그리고 대학에서의 연구생활과 책, 금전, 쾌적한 주택 같은 행복한 조건 속에서조차 전쟁은 정화하는 바람, 신선한 공기, 구원의 숨결로서 나타났어.

나는 농업 집단화는 실패한 거짓 정책이라고 생각하지만, 그 오류를 인정할 수는 없었어. 그 실패를 감추기 위해서 모든 공포 수단을 동원해 사람들이 생각하고 판단하는 것을 금지하고, 사람들이 있지도 않은 것을 보고 명백한 사실과 정반대되는 것을 증언하도록 강제해야 했지. 거기서 비할 데 없이 잔학한 예조프시치나*2와, 헌법의 원칙에 따르지 않는 헌법 공포, 선거의 원리에 기초하지 않은 선거 도입이 이루어졌지.

그리하여 전쟁이 일어나자, 전쟁의 현실적인 공포, 현실적인 위험과 현실적인 죽음의 위협은 날조된 비인간적인 통치에 비하면 축복이었고, 그것은 안도감을 가져다 주는 것이었네. 왜냐하면 사문(死文)의 마법의 힘이 그것으로 제한되었기 때문이야.

감옥에 있었던 자네의 상황뿐만 아니라 전방과 후방의 모든 사람이 단호하게, 가슴 가득 더욱 자유롭게 숨을 쉬면서 둘도 없는 기쁨과 진정한 행복을 느끼며, 죽음과 구원의 무서운 전투의 용광로 속에 몸을 내던진 걸세."

"전쟁은 몇십 년에 걸친 혁명의 사슬 속 특수한 고리야. 대변동하는 혁명의 본질 속에 직접적으로 내재해 있던 온갖 원인의 영향은 끝났어.

그 간접적인 결과가, 결실의 결실이, 나쁜 결과의 결과가 나타나기 시작했어. 참화에서 단련된 불굴의 성격, 시련, 영웅주의, 그리고 거대하고 절망적인 미증유의 것에 대한 각오였지. 그 옛날이야기에서 볼 수 있는 놀라운 특질이 세대의 정신적인 색채를 구성하고 있다네.

이런 생각이 흐리스티나의 순교적인 죽음, 나의 부상, 우리의 사상자 수, 전쟁에서 흘린 그 소중한 피의 대가에도 불구하고 나를 행복감으로 가득 채워준다네. 그녀의 죽음과 우리 한 사람 한 사람의 삶을 비춰 주고 있는 자기희생의 빛이, 내가 오를레초바의 죽음의 무게를 견디는 것을 도와준다네.

슬프게도 자네가 끝없는 고통을 견디고 있었던 바로 그때, 나는 자유로운 몸이 되었어. 그때 오를레초바가 역사학부에 입학했어. 그녀가 지닌 관심의 종류가 그녀를 내 지도 밑으로 이끌었지. 나는 이미 오래전에, 그러니까 첫 번째 유형을 마친 뒤, 그녀가 아직 어린아이였을 때, 이 뛰어난 소녀에게 관심을 갖고 있었다네. 유리가 아직 살아 있었을 무렵, 자네도 기억하고 있나, 내가 얘기한 적이 있는데. 어쨌든 그 무렵 그녀는 나의 학생이었어.

그때는 학생들이 선생들을 비판하는 관습이 유행하고 있었어. 오를레초바도 정열적으로 그 일에 빠져들었지. 그녀가 왜 그토록 맹렬하게 나를 물어뜯었는

---

*2 1937~38년의 대숙청, 내무인민위원 예조프의 이름을 따서 이렇게 불리며, 그 기간에 인민의 적으로서 무려 100만 명이 총살당하고 그 가운데 68만 명 이상이 정치와 관련된 사람들이었다.

지는 신만이 아실 거야. 그녀의 공격이 너무나 집요하고 부당해서, 학부의 다른 학생들이 들고 일어나서 나를 옹호하곤 했어. 오를레초바는 유머감각이 뛰어났어. 그녀는 나를 지칭하고 있다는 것을 누구나 알아챌 수 있는 필명을 고안해 내어 벽보 위에서 마음껏 나를 놀려 댔지. 그런데 갑자기, 완전히 우연한 일에서, 그 뿌리 깊은 적의가, 젊고 견고하며 감춰진, 오래전부터 이어져 온 연심을 숨기기 위한 것임을 알게 되었어. 나는 그녀에게 늘 변함없는 태도로 대응하고 있었지만.

우리는 1941년, 그러니까 전쟁 첫해, 그 직전과 선전포고 직후에 멋진 여름을 보냈다네. 모스크바 근교의 다차 마을에서 몇몇 젊은이들, 남녀 대학생들이 머물고 있었는데, 그 속에 그녀도 끼어 있었네. 나중에 우리 부대도 거기에 주둔했지. 그들의 군사훈련, 수도 근교의 의용군 부대 편성, 흐리스티나의 낙하산 훈련, 모스크바 상공에 처음으로 독일군 공습이 있었던 날 밤의 타오르는 불길, 그런 상황 속에서 우리의 우정은 싹트고 무르익어 갔지. 이미 자네에게 말했지만, 그때 우리는 약혼했고, 곧 부대 이동이 시작되어 헤어졌다네.

전세가 갑자기 호전되어 독일군이 몇천 명씩 항복하기 시작했을 때, 나는 두 번 부상을 당해 두 번 다 병원에 입원한 뒤, 고사포 부대에서 제7참모부로 이동했어. 참모부에서는 외국어를 아는 사람들이 필요했지. 그래서 나는 바닷속에서 무엇을 찾아내듯이 자네를 찾아내어, 자네를 우리 부대에 전임시켜 달라고 강력하게 요구했다네."

"세탁부인 타냐가 오를레초바를 잘 알고 있었어. 그녀들은 전선에서 만나 친구가 되었다더군. 그녀는 흐리스티나에 대한 이야기를 많이 했어. 타냐도 유리처럼 온 얼굴에 미소를 짓는 습관이 있는데, 자네 본 적 있나? 한순간 사자코와 각진 얼굴 윤곽이 사라지고, 매력적이고 사랑스러운 얼굴이 된다네. 우리나라에서 아주 흔한 얼굴이야."

"자네가 무슨 말을 하는 건지 알겠어. 그랬을 거야. 난 주의 깊게 보지는 않았지만."

"타니카 베조체레데바라니, 참으로 야만적이고 흉측한 별명 아닌가? 그건 절대로 성(姓)이 아니라 뭔가로 날조되고 왜곡된 거야. 자네는 어떻게 생각하나?"

"그건 그녀가 그렇게 설명했기 때문이야. 그녀는 부모가 누군지 모르는 고아 출신이거든. 아마도 언어가 아직도 순수하고 때 묻지 않은 러시아의 오지 어디에선가는, 그녀는 아버지가 없는 아이라는 의미에서 베즈 오체야라고 불렸을 걸. 길거리 생활에서는 이 별명은 이해하기 어렵고, 뭐든지 귀로 듣고 이해하다 보니 잘못 전해지기 십상이지. 그래서 말하자면 이 별명을 자신들의 길거리 생활에 어울리는 조악한 표현으로 고쳤을 거야."

3

이것은 고르돈과 두도로프가 체트니에서 밤을 함께 보내면서 대화를 나눈 뒤 얼마 안 있어, 철저히 파괴된 카라체프라는 도시에서의 일이었다. 여기서 소속 부대를 따라가던 도중에 그들은 본대를 뒤따르는 자군의 후위대 몇 명을 만났다.

맑고 잔잔한 무더운 가을 날씨가 한 달 넘게 이어지고 있었다. 오룔과 브랸스크 사이에 있는 축복받은 땅 브랸시치나의 비옥한 흑토는, 구름 한 점 없는 푸른 하늘의 열기로 따스해져서, 초콜릿처럼 반짝이는 검은색으로 보였다.

국도와 합류하는, 쭉 뻗은 중앙 도로가 도시를 가로지르고 있었다. 거리 한쪽에는 지뢰에 파괴된 집들이 자갈 더미로 변해 버리고, 과수원에는 뿌리가 뽑힌 채 쪼개지고 새까맣게 탄 나무들이 바닥에 쓰러져 있었다. 도로를 사이에 둔 맞은편에는 황무지가 펼쳐져 있었는데, 아마도 도시가 파괴되기 전에도 건물이 없었기 때문에 파괴할 것이 아무것도 없어서, 방화와 폭약에 의한 파괴를 면한 장소였다.

이전에 건물이 있었던 쪽에서는 집을 잃은 주민들이 타다 남은 잿더미 속을 파헤치면서 무언가를 캐내어, 불에 탄 먼 골목골목에서 한 장소로 모으고 있었다. 다른 주민들은 서둘러 움집을 짓고, 그 지붕에 떼를 입히기 위해 땅을 토막토막 자르고 있었다.

반대쪽의 건물이 없는 곳은 천막으로 하얗게 덮여 있고, 트럭과 임시 수송 부대의 지붕이 있는 짐마차, 사단본부와 연락이 끊어진 야전병원, 길을 잃고 뒤엉켜 서로를 찾고 있는 온갖 보급창과 경리부, 식량창고부대가 복작거리고 있었다. 여기에는 이질로 여위고 초췌해져서 핏기 없는 까만 얼굴을 한 보충 부대의 미성년 병사들이 배를 채우기 위해 걸음을 멈추고 휴식을 취한 뒤, 잿빛 여름 모자를 쓰고 서쪽을 향해 느릿느릿 걸음을 옮기고 있었다.

폭파되어 절반은 잿더미로 변한 도시는 계속 불타고 있고, 먼 곳의 지연작전용 지뢰가 깔린 장소에서는 폭발이 이어지고 있었다. 정원을 파헤치고 있던 사람들은 발밑의 진동으로 자주 일손을 쉬면서, 허리를 펴고 삽자루에 몸을 기대고는, 폭발이 시작된 쪽으로 고개를 돌려 오랫동안 그쪽을 바라보았다.

그 방향에서 먼지구름이 회색, 검은색, 붉은 벽돌색, 그리고 연기를 피우는 불꽃색으로 대기를 향해 치솟아 올랐다. 처음에는 여러 개의 기둥이나 분수처럼 솟구치더니 그 뒤에는 느릿하고 둔중한 덩어리가 되어, 버섯 모양으로 퍼져 나가 사방으로 흩어진 뒤 지면에 떨어져 내렸다. 일손을 멈췄던 주민들은 다시금 일을 시작했다.

건물이 없는 쪽의 초지가 관목으로 에워싸여 있고, 그곳에서 자라고 있는 고목들이 빈틈없이 넓은 그늘을 드리우고 있었다. 그 나무들 덕분에 초지는 다른 세계로부터, 독립가옥이나 서늘한 어둠 속에 가라앉은 지붕이 있는 안마당처럼 차단되어 있었다.

이 초지에서 세탁부 타냐와 연대의 동료 두서너 명, 그들에게 합세한 몇몇 동행자들, 그리고 고르돈과 두도로프까지, 아침부터 트럭이 도착하기를 기다리고 있었다. 그것은 타냐와, 그녀에게 맡겨진 중대의 일용품을 운반하러 오는 트럭이었다. 중대의 일용품은 초지 위에 여러 개의 산더미 같은 상자 속에 들어 있었다. 타냐는 그 상자를 지키면서 한 발짝도 떠나지 않았다. 다른 사람들도 트럭을 타고 갈 수 있는 기회를 놓치지 않으려고 상자 근처에 있었다.

그들은 이미 다섯 시간이 넘게 기다리고 있었다. 기다리는 동안은 할 일이 아무것도 없었다. 그들은 삶의 온갖 풍파를 겪은 이 입담 좋은 젊은 여인의 그칠 줄 모르는 잡담에 귀를 기울였다. 그녀는 이제 막 자신이 지바고 소장을 만난 이야기를 시작한 참이었다.

"그러니까 어제였어요. 나는 장군에게 개인적인 볼일로 불려 갔죠. 지바고 소장에게 말이에요. 그분은 이 근처를 지나갈 때 흐리스티나에 대해 흥미를 갖고 캐묻고 다녔어요. 그녀를 직접적으로 알고 있는 증인들에게 말이죠. 그 사람들이 내 얘기를 했나 봐요. 그녀와 내가 친구라고 말하니까, 나를 불러오라고 명령한 거죠. 그래서 사람들이 와서 나를 데려간 거예요. 그분은 전혀 무서운 사람이 아니었어요. 특별한 데가 하나도 없고 다른 사람들과 똑같은 인간이더군요. 눈은 가늘게 째지고 머리는 검은색이었어요. 나는 내가 알고 있는 사실을 얘기했죠. 다 듣고 나서 그분은 고맙다고 하더군요. 그러고는 나에게 묻는 거예요. 어디 출신이고 누구냐고요. 물론 나는 이리저리 대답을 피했죠. 뭐 자랑할 게 있어야지요. 고아예요, 대충 그 정도죠 뭐. 당신도 잘 아시잖아요. 감화원에 들락날락하고 유랑생활도 했죠. 그래도 그분은 날 보내 주지 않고 이렇게 말하는 거예요. 어려움이나 부담감을 갖지 마라, 하나도 부끄러워할 것 없다. 그래서 뭐, 처음에는 조심스럽게 몇 마디 하다가 차츰 더 말이 많아졌죠. 그분이 고개를 끄덕여 주니까 나도 대담해지더군요. 난 꼭 하고 싶은 얘기가 있었어요. 당신들은 들어도 믿지 않을 거예요. 그리고 꾸며 낸 말이라고 하겠지요. 뭐, 그래도 상관없어요. 내가 이야기를 끝내자, 그분은 일어나서 농가 안을 이 구석 저 구석으로 걸어다녔어요. 그분이 말하더군요. 그래, 어떤 놀라운 이야기인지 얘기해 봐요, 역시, 그랬군. 지금은 내가 시간이 없지만, 나는 다시 당신을 찾을 거요. 걱정하지 마시오. 당신을 찾아서 한 번 더 부르도록 하지. 정말이지 이런 이야기를 들을 줄은 생각도 하지 못했소. 그러고는 이렇게 말했어요. 난 당신을 이대로 내버려 두지 않을 거요. 이 일은 아직 이것저것, 자세한 사항을 밝혀낼 필요가 있소. 어쩌면, 적어도 나는 당신의 숙부가 되고, 당신은 장군의 조카가 될지도 몰라요. 그리고 당신을 원하는 대학에 보내 공부하게 해 주겠소, 이렇게요. 정말 그렇게 말했다니까요. 하긴 못된 장난을 즐기는 사람들도 있지만요."

그때, 폴란드와 서부 러시아에서 건초를 실어 나르는 데 쓰는, 양옆이 높고 길이가 긴 짐마차 한 대가 빈 채로 초지에 들어왔다. 멍에를 한 말 두 필은 옛날 말로 마부라고 불렸던, 현역 군인인 짐마차 치중대 병사가 몰고 있었다. 그는 초지로 들어와 자리에서 뛰어내리더니 말에서 마구를 끄르기 시작했다. 타티야나와 몇몇 군인을 제외한 모든 사람이 마부를 에워싸고, 섭섭하지 않게 줄 테니 마구를 끄르지 말고 그들이 원하는 데까지만 태워 달라고 간청했다. 그러나 군인은, 자기는 말과 짐마차를 달리 이용할 권리가 없고 주어진 특별 임무만 수행해야 한다면서 그들의 청을 거절했다. 그는 마차에서 떼어 낸 말을 데리고 어디론가 가 버리더니 다시는 나타나지 않았다. 땅바닥에 앉아 있던 사람들은 모두 일어나서, 초지에 두고 간 빈 마차에 올라탔다. 마차의 출현과 마부와의 교섭 때문에 멈추었던 타티야나의 얘기가 이어졌다.

"당신은 장군에게 도대체 무슨 얘기를 했소? 괜찮다면 우리에게 그 얘기를 해 주시오." 고르돈이 청했다.

"못할 것도 없지요."

그리하여 그녀는 그들에게 자신의 끔찍한 신상 이야기를 털어놓기 시작했다.

4

"이제부터 내가 하는 이야기는 진짜, 진짜 사실이에요. 사람들은 내가 평민 출신이 아니라고 말했어요. 나는 사람들이 내게 해 준 얘기를 마음속에 넣어 두고 있었어요. 내 어머니는 라리사 코마로바이고, 백군 몽골의 러시아 장관, 코마로프 비밀동지의 아내였다는 말을 들었을 뿐이에요. 이 코마로프는 아마 아버지가 아닐 거예요, 내 친아버지가 아닐 거라는 얘기죠. 물론 나는 교육을 받지 못했고, 아버지도 어머니도 없이 고아로 자랐어요. 어쩌면 당신들에겐 내 이야기가 가소롭게 들릴지 모르지만, 난 내가 알고 있는 것을 말할 뿐이에요. 당신들도 내 입장에서 들어 줬으면 해요.

네, 이제부터 내가 하는 이야기는 전부 실제로 있었던 일이에요. 사건은 크루시니치 너머, 시베리아의 저쪽 끝, 그러니까 카자크 지방 쪽이에요, 중국 국경선 근처 말이에요. 우리가, 즉 우리의 적군(赤軍)이 백군의 주요 도시에 접근했을 때, 바로 이 코마로프 장관은 어머니를 가족과 함께 특별 열차에 태워서 데리고 가라고 명령했어요. 그러자 어머니는 깜짝 놀라서, 가족 모두와 함께 가는 게 아니면 한 발짝도 움직이려 하지 않았지요.

코마로프도 나에 대해서는 모르고 있었어요. 내가 세상에 태어났다는 것을 모르고 있었다는 말이에요. 어머니는 그와 오랫동안 헤어져 있었을 때 나를 낳았고, 누가 그에게 그 사실을 말할까 봐 무척 겁을 먹고 있었어요. 그는 어린아이들을 끔찍이도 싫어했어요. 고함을 치고 발을 동동 구르면서, 어린아이는 집 안의 쓰레기일 뿐이다, 시끄러워서 견딜 수가 없다고 소리치는 사람이었죠.

맞아요, 바로 그때 적군이 가까이 다가와서, 어머니는 나고르나야 대피역의 여자 전철수인 마르파를 부르러 사람을 보냈지요. 그곳은 우리가 있는 도시에서 세 구간이나 떨어진 데였어요. 그것에 대해 설명할게요. 첫 번째가 골짜기를 내려가는 니조바야 역, 다음이 나고르나야 대피역, 그 다음에 삼소노프 고개. 어머니가 어떻게 이 여자 전철수를 알았는지는 이제 와서야 알았어요. 마르파는 도시에서 채소를 팔고 우유를 운반하고 있었거든요. 아마 그래서일 거예요.

그런데 들어 보세요. 난 그때의 일이 아무래도 이해가 가지 않아요. 나는 어머니가 속은 거라고 생각해요. 그들은 어머니에게 거짓말을 했어요. 무슨 소리를 어떻게 들었는지는 신만이 아시겠지만, 아마 하루이틀쯤이면 혼란이 가라앉을 거라고 했던 것 같아요. 어머니는 나를 낯선 사람의 손에 아주 맡길 생각은 아니었어요. 영영 맡기려고 한 것은 아니었다고요. 어머니가 자식을 버리는 건 있을 수 없는 일이잖아요?

물론 어린아이란 다 그렇지요. 아주머니에게 가라, 아주머니가 당밀 과자를 줄 거다, 착한 아주머니니까, 무서워할 것 없단다. 하지만 그때부터 나는 울고 또 울고, 어린 마음이 얼마나 슬프고 불안했겠어요. 그 일은 더 이상 떠올리고 싶지 않군요. 나는 목을 매 죽고 싶었고 어리면서도 실성하다시피 했어요. 그때 나는 아직도 꼬맹이였으니까요. 어머니는 내 양육비로 마르파 아주머니에게 돈을 주었을 거예요, 그것도 많이.

신호소에 부속되어 있는 집과 뜰은 풍요로웠어요. 소와 말, 그리고 여러 종류의 새가 있고, 채소를 가꿔 먹을 땅은 원하는 대로 얼마든지 있을 뿐만 아니라, 집은 무료이고, 노선 바로 옆에는 정부의 초소가 있었어요. 고향 쪽에서 기차가 겨우 올라와서 헐떡이며 고개를 넘었고, 반면에 당신들이 사는 러시아 쪽에서 오는 열차는 빠른 속도로 내려오기에 브레이크를 걸어야만 했지요. 울창한 숲이 단풍으로 물드는 가을엔, 나고르나야 역은 마치 쟁반 위에 있는 것처럼 보였지요.

나는 농민의 풍습대로, 바실리 아저씨를 그냥 아빠라고 불렀어요. 그는 유쾌하고 선량한 사람이었지만 지나치게 사람을 잘 믿었어요. 술에 취하면 난리를 피우면서, 속담에서 말하듯이—돼지가 거세된 돼지에게 전하고, 거세된 돼지가 온 마을에 소문을 퍼뜨리는 식으로 떠벌리는 사람이었죠. 처음 만난 사람에게도 속마음을 다 털어놓았으니까요.

그런데 나는 여자 전철수를 절대로 어머니라고 부르지 않았어요. 난 친어머니를 잊을 수가 없었고, 무슨 이유에선지 그 마르파 아주머니가 너무 무서웠어요. 그래서 난 그 여자 전철수를 마르파 아주머니라고만 불렀어요.

그러는 동안 시간은 흘러갔어요. 해가 바뀌었지요. 몇 년이 지나갔는지 기억도 나지 않아요. 그 무렵 나는 벌써 열차가 오면 깃발을 들고 달려나갔어요. 말에서 마구를 끄르고 암소를 데리러 가는 것은 나에게는 일도 아니었어요. 마르파 아주머니는 나에게 실 잣는 법도 가르쳐 주었어요. 집안일은 말할 것도 없었죠. 마루를 쓸고, 정리정돈하고, 음식을 만들고, 빵을 반죽하는 일은 나에겐 아무것도 아니었어요. 아 참, 깜박 잊고 있었네요, 난 페테니카를 돌봤어요. 페테니카는 다리가 마비되어, 세 살배기인데도 걷지 못하고 누워만 있었거든요. 난 그 아이를 돌봤지요. 그렇게 몇 년이 지났는데, 마르파 아주머니가 내 건강한 다리를 째려보면서, 어째서 내 다리가 마비되지 않는 건지, 페테니카가 아니라 내 다리가 마비되었어야 하는데 하고 말하는 것을 듣고 등골이 오싹해졌죠. 페테니카가 다리를 못 쓰게 된 것이 마치 내 탓이기라도 한 것처럼 노려보는 거예요. 생각해 보세요, 이 세상에는 그런 악의와 어둠이 존재한답니다.

아직 이야기가 남았어요. 이건 흔히 말하는 것처럼, 그저 시작에 지나지 않아요, 그 뒤로 무슨 일이 일어났는지 들으면, 당신들은 아마 깜짝 놀랄 거예요.

네프 정책이 시행되고 있던 때였어요. 그때는 천 루블이 1코페이카까지 가치가 떨어졌지요. 바실리 아파나시예비치는 아랫마을로 내려가 소를 한 마리 팔았는데, 돈을 두 자루나 지고 왔어요. 그 돈은 케렌카 지폐라고 불렸는데, 아니, 틀렸군요, 그게 아니라 레몬, 맞아요, 레몬 지폐*3라고 불렸지요. 그는 술을 마시고, 온 나고르나야 사람들에게 자기가 부자가 되었다고 알리러 갔어요.

바람 부는 어느 가을날이었던 것으로 기억해요. 바람이 지붕을 할퀴거나 날려 보냈고, 증기기관차는 세찬 맞바람을 받아 올라오지도 못할 정도였지요. 나는 언덕 위에서 내려오는 낯선 할머니를 보았어요. 바람에 할머니의 치마와 플라토크가 펄럭이고 있었어요.

여행 중이던 할머니는 배를 부둥켜안고 신음하면서 집 안에 들어가 좀 쉬어가게 해 달라고 간청했어요. 할머니를 벤치에 눕혔어요. 그랬더니 할머니는, 아, 죽을 것처럼 배가 아파, 이러다 죽고 말겠다고 비명을 질러 대더군요. 그러더니 제발 돈은 얼마든지 줄 테니 병원에 데려다 달라는 거예요. 아빠가 우리 집 말 우달로이를 마차에 매고 노파를 태워서, 우리 집에서 15베르스타나 떨어진 읍내 병원으로 데려갔어요.

나와 마르푸샤 아주머니가 잠자리에 든 지 얼마나 되었을까, 우리는 마차가 안마당으로 들어오고 우달로이가 창문 밑에서 히힝 우는 소리를 들었어요. 돌아오기에는 너무 일렀지요. 그래서 마르푸샤 아주머니는 불을 켜고 외투를 걸친 뒤 아빠가 문을 노크하는 것을 기다리지도 않고 문을 열었어요.

---

*3 1920~23년의 루블 가치가 내려간 무렵의 백만 루블짜리 지폐를 가리킨다.

문을 여니 문지방에 아빠가 아니라 머리가 검고 무서운 낯선 사내가 서 있지 뭐예요. 그는 이렇게 말했어요. '소 판 돈이 어디 있는지 말해. 나는 숲에서 네 남편을 죽였어. 그러나 너는 여편네니까 돈이 어디에 있는지만 말하면 살려주지. 말 안 하면 알지? 사정 봐 주지 않겠어. 시간을 끌지 않는 게 좋을 거야. 난 우물쭈물할 시간이 없으니까.'

오, 맙소사, 여러분. 우리의 마음이 어땠을지 입장을 바꿔 놓고 생각해 보세요! 우리는 벌벌 떨면서 이제 죽었구나 했지요. 무서워서 입이 떨어지지 않았어요. 얼마나 무섭던지! 그 사내는 바실리 아파나시예비치부터 죽였다는 거예요. 자기 말로는 도끼로 살해했다고 했어요. 그리고 초소 안에는 우리와 그 강도뿐이었어요. 강도가 집 안에 있었죠, 명백하게 강도였어요.

그때 마르푸샤 아주머니는 이미 넋이 나가 버렸어요, 남편이 죽었다는 소리에 심장이 깨진 거예요. 하지만 정신을 가다듬고 절대로 겉으로 드러내서는 안 됐어요.

마르푸샤 아주머니는 일단 그의 발밑에 몸을 내던졌어요. 그러고는 제발 살려 주세요, 살려 주세요, 나는 돈에 대해서는 모릅니다, 맹세코 돈에 대해서는 들은 적이 없어요, 방금 처음 들은 얘기라니까요, 이렇게 애걸을 했지요. 하지만 그는 그런 말이 통할 만큼 단순한 바보는 아니었어요. 그때 갑자기, 아주머니에게 그 악당을 속여 넘길 꾀가 생각난 거예요. '좋아요, 하는 수 없지요. 마음대로 가져가시우. 돈은 마루 밑에 있으니까.' 아주머니가 말했어요. 그런데 그 악당놈이 아주머니의 속셈을 꿰뚫어 본 거예요. '안 돼, 이 여편네야. 수작 부리지 말고, 네가 직접 기어 들어가, 마루 밑이든 지붕 위든. 나는 돈만 손에 넣으면 돼. 단, 나를 속이거나 바보 취급하면 그냥 두지 않겠어.'

그러자 그녀는 다시 말했어요. '아이고, 왜 그렇게 의심이 많으시우. 나도 그러고 싶지만, 그럴 힘이 없어요. 나는 위에서 불을 비출 테니 걱정하지 마시우. 당신이 믿도록, 내 딸을 함께 밑으로 내려보내리다.' 그 딸이란 바로 나를 두고 하는 말이었죠. 맙소사! 여러분, 그 말을 들었을 때 내 심정이 어땠을지 생각해 보세요! 영락없이 죽겠구나 했죠. 눈앞이 캄캄해지고 다리가 떨려서 서 있을 수가 없었어요.

하지만 악당도 바보가 아니라서, 우리 둘을 한쪽 눈으로 째려본 뒤, 눈을 가늘게 뜨고 온몸으로 이를 드러내며 웃더니, 장난치지 마, 내가 속을 줄 알고?

그러는 거예요. 그녀가 나를 가엾게 생각하지 않는 것을 보고 틀림없이 친딸이 아니라 남의 핏줄이라는 걸 알아채고는, 한 손으로 페테니카를 낚아채고 다른 손으로는 뚜껑의 고리를 잡더니 지하실 통로를 열었어요. 그는 등불을 비추라고 말하고 페테니카와 함께 사다리를 타고 내려갔어요.

그때 마르푸샤 아주머니는 이미 제정신이 아니어서 아무것도 모르고 거의 미쳐 버린 것 같았어요. 악당이 페테니카와 함께 마루 밑으로 내려가자, 아주머니는 입구, 즉 지하실 뚜껑 문을 쾅 닫고 자물쇠를 채운 뒤, 그 위에 무거운 궤짝을 올려놓으려고 했어요. 궤짝이 무거워서 아주머니는 나에게 눈짓으로 도와 달라는 시늉을 했어요. 궤짝을 옮겨 놓자, 정신이 나간 아주머니는 그 위에 앉아서 기뻐하더군요. 그녀가 궤짝 위에 앉자, 밑에서 강도가 지하실 천장을 두드리면서, 문을 여는 것이 좋을 거라고 소리소리 질렀어요. 문을 열지 않으면 당장 페테니카를 죽여 버리겠다는 거예요. 마룻바닥이 두꺼워서 소리가 잘 들리지 않았지만, 말하는 의미는 알 수 있었어요. 그는 숲 속의 짐승보다도 더 흉악한 목소리로 으르렁거리면서 공포를 자아냈어요. 그러고는 당장 네 아들 페테니카를 죽이겠다고 소리쳤어요. 그런데 그녀는 아무것도 이해하지 못하는 거예요. 그녀는 앉아서 웃는 얼굴로 나에게 윙크까지 보내더군요. 밀을 빻아라, 에멜리야, 너의 주(週)다.*4 네놈이 무슨 짓을 해도 나는 이 궤짝 위에서 꼼짝하지 않을 테다, 열쇠는 내 손안에 있으니까, 그녀는 그렇게 말했어요. 나는 아주머니에게 별짓을 다했지요. 그녀의 귀에 대고 고함을 치거나, 궤짝에서 밀어내려고 했죠. 지하실 문을 열고 페테니카를 구해야 했으니까요. 아, 어떡하면 좋아요! 어떻게 아주머니를 설득할 수 없을까!

악당은 계속 지하실 천장을 두드리고 시간은 흘러가는데, 아주머니는 궤짝 위에 앉아 눈알만 굴리면서 꼼짝도 하지 않는 거예요.

시간이 흐를수록—맙소사, 이 일을 어떡해, 어떡하면 좋아, 지금까지 살아오면서 온갖 일을 보고 겪었지만, 그렇게 무서운 일은 처음이었거든요. 죽을 때까지 페테니카의 그 가련한 목소리가 들릴 것 같아요. 천사처럼 귀여운 페테니카가 지하실 밑에서 울며 소리쳤어요. 그 천벌을 받을 악당놈이 페테니카를 목 졸라 죽였던 거예요.

---

*4 아무도 곧이듣지 않는다는 속담.

이제 어떻게 하나, 나는 생각했죠. 이 미치광이 노파와 살인을 저지른 강도를 어떡하면 좋단 말인가. 하지만 시간은 흘러갔고, 그 생각을 한 순간 바깥에서 우달로이가 우는 소리가 들리는 거예요. 말이 마구를 단 채 내내 서 있었던 거였어요. 어서 타요, 타뉴샤, 착한 사람들에게 빨리 가서 도움을 청해요, 꼭 그렇게 말하는 것처럼 우달로이는 울고 있었어요.

창밖을 보니 동이 틀 무렵이었어요. 네 말대로 하자, 우달로이, 가르쳐 줘서 고마워, 네 말이 맞아, 어서 달리자, 막 그런 생각을 하는데, 쉿! 하는 소리가 들려왔어요. 마치 누군가가 숲 속에서 이렇게 말하는 것 같았어요. '기다려, 서두르면 안 돼, 타뉴샤, 우리에겐 다른 방도가 있어.' 그래서 나는 다시금 숲 속에는 나 혼자가 아님을 알았어요. 그것은 마치 우리 집 수탉이 우는 소리 같았어요. 밑에서 낯익은 기관차의 기적 소리가 울렸어요. 나는 기적 소리를 듣고 그 기관차를 알 수 있었어요. 그건 나고르나야 역에서 언제나 증기를 토하고 있었는데, 보조기관차라고 불리고 있었죠. 화물차량이 언덕 위를 올라갈 때 뒤에서 밀어 주는 데 쓰는 거예요. 그것은 혼합 열차인데 밤마다 그 시간에 통과하곤 했어요. 나는 그 소리를 듣고 틀림없이 밑에서 낯익은 기관차가 나를 부르고 있는 거라고 생각했어요. 그 소리를 듣자 심장이 두근거렸어요. 살아 있는 모든 생명이, 말 못하는 모든 기계가, 분명한 러시아어로 나와 얘기를 하다니! 나도 마르푸샤 아주머니처럼 미쳐 버린 걸까?

참, 별 생각을 다 했죠. 하지만 열차는 다가오고, 생각하고 있을 시간이 없었어요. 나는 등불을 움켜쥐고, 아직 날이 완전히 밝기 전에 있는 힘껏 달려 철로 한가운데에 뛰어들어 레일 사이에 서서 등불을 앞뒤로 흔들었어요.

이젠 살았구나. 열차를 세웠어요. 다행히 열차는 바람 때문에 천천히 기어오다시피 했어요. 내가 열차를 세우자 낯익은 기관사가 차창에서 머리를 내밀고 뭐라고 소리 질렀지만, 바람 때문에 알아들을 수가 없었어요. 나는 기관사에게 소리를 질러, 철로 초소에 강도가 들어 사람이 죽었으니 도와 달라고 했어요. 아저씨, 동무, 빨리, 빨리 도와주세요, 그렇게 소리치는 동안 난방화차 안에 있던 적군(赤軍) 병사들이 철로 위로 뛰어내렸어요. 군용 열차였던 거죠. 그들은 뛰어내리면서 무슨 일이냐고 물었어요. 밤중에 열차가 숲 속의 험한 언덕 위에 멈춰 섰으니, 그들도 놀랐던 거죠.

모든 것을 안 그들은 지하실에서 강도를 끌어냈어요. 그는 페테니카보다도 가냘픈 목소리로 비명을 지르면서, 선량하신 분들, 한 번만 봐주십시오, 제발 목숨만은 살려 주십시오, 다시는 안 그러겠습니다, 하고 애걸하더군요. 그는 침목 위로 끌려가서 손발이 레일 위에 묶였고, 기차가 그 위로 지나갔어요—사형(私刑)을 당한 거죠.

나는 너무 무서워서 옷을 가지러 집에 돌아가지도 못했어요. 나는 그들에게 기차에 태워 달라고 부탁했어요. 그들은 나를 기차에 태우고 그곳을 떠나갔어요. 그 뒤 나는 거짓말 하나도 안 보태고, 우리나라와 다른 나라의 반을 부랑아들과 함께 떠돌아다니면서 안 가본 곳이 없어요. 어렸을 때 그런 슬픔을 겪은 지금의 나는 얼마나 자유롭고 행복한지 몰라요! 하지만 사실은 온갖 불행을 다 겪고 죄도 많이 지었죠. 그건 모두 그 뒤에 일어난 일이죠. 그것에 대해선 다음 기회에 얘기할게요. 그런데 그날 밤 철도 관리인이 정부 재산을 접수하고, 마르푸샤 아주머니에 대해 처리하고, 아주머니의 생계를 해결해주기 위해서 기차에서 내려 초소로 갔어요. 어떤 사람들은 아주머니는 그 뒤 정신병원에서 미친 채로 죽었다 하고, 어떤 사람들은 아주머니가 회복되어 나왔다고도 하더군요."

타냐의 이야기를 들은 뒤, 고르돈과 두도로프는 말없이 숲 속의 초지를 오랫동안 이리저리 거닐었다. 잠시 뒤 트럭이 왔다. 트럭이 도로에서 느릿느릿 초지 쪽으로 방향을 틀었다. 트럭에 상자들이 하나 둘 실렸다. 고르돈이 말했다.

"자네는 그 세탁부 타냐가 누군지 알겠나?"

"물론이지."

"예브그라프가 그녀를 돌봐 줄 거야." 잠깐 침묵한 뒤 그는 이렇게 덧붙였다. "역사에는 흔히 그런 일이 있었지. 이상적이고 숭고하게 생각되었던 것이 타락하게 되는 것 말이야. 그렇게 해서 그리스는 로마가 되었고, 그렇게 해서 러시아 계몽운동은 러시아혁명이 되었어. 블로크*5는 어디선가 이렇게 말했지. '러시아의 무시무시한 몇 해에 사는 우리 아이들', 여기에는 바로 시대의 차이가 있어. 블로크가 그 말을 했을 때, 그것은 비유적인 의미로, 수사적으로 이해해야만 했지. 따라서 아이들은 아이들이 아니라 아들이고, 정신적인 어린이이며, 인텔리겐차였어. 공포는 무시무시한 것이 아니고 섭리에 따른 계시였지만, 그것

---

*5 러시아의 상징주의 시인.

과 이건 별개야. 그런데 지금은 비유적인 모든 것이 글자 그대로의 뜻이 되어 버렸어. 그리고 아이들은 아이들이고, 공포는 무시무시한 것이고, 바로 거기에 차이가 있어."

5

5년인가 10년이 지난 어느 날, 고요한 여름 저녁에 고르돈과 두도로프는 또 다시 어느 높은 방에서, 끝없이 펼쳐진 어스름 녘의 모스크바를 내려다보면서 창문이 활짝 열려 있는 창가에 앉아 있었다. 그들은 예브그라프가 편찬한 유리의 작품집 한 권을 읽고 있는 중이었다. 읽고 읽고 또 읽어서 거의 암기하다시피 한 책이었다. 그들은 그것을 읽고 서로 의견을 나눈 뒤, 저마다 생각에 빠져 있었다. 중간까지 읽었을 무렵, 날이 어두워져 램프에 불을 켜야만 했다.

이 작자가 태어난 도시, 이 작자가 반생을 보낸 곳, 그와 관련된 온갖 일들이 일어났던 모스크바가 멀리 눈 아래 펼쳐져 있었다. 그 모스크바는, 이제 그들에게는 그 일들이 일어났던 무대가 아니라, 그날 저녁 그 시집을 손에 들고 그 끝을 향해 다가갔던 긴 이야기의 주인공처럼 생각되었다.

전쟁 뒤에 기다렸던 광명과 해방은 생각했던 것처럼 승리와 함께 찾아오지는 않았지만, 그것과는 상관없이 자유의 전조는 전쟁이 끝난 뒤의 이 대기 속에 충만해 있었다. 그리고 그러한 자유의 예감이 전후의 유일한 역사적인 내용을 구성하고 있었다.

창가에 앉아 있는 초로의 친구들에게 그 영혼의 자유가 찾아왔고, 바로 그날 저녁, 미래는 눈 아래 보이는 거리 위에 손에 잡힐 듯이 내려앉아 있었으며, 그들 자신이 그 미래 속에 발을 들여놓았고, 그리고 지금은 그 속에 있는 거라는 생각이 들었다. 이 성스러운 도시와, 이 모든 대지, 그날 저녁까지 살아남아 이 역사에 참여한 사람들과 그들의 자식들에 대한 감격에 찬 평온한 행복감이 그들에게 스며들어, 주변과 저 멀리까지 펼쳐진 소리 없는 행복의 음악에 감싸여 있었다. 그리고 그들의 손에 있는 책 한 권은 마치 그 모든 것을 알고 있고, 그들의 그러한 감정을 지지하면서 확신을 안겨 주는 것 같았다.

제17장
유리 지바고의 시

1 햄릿

소음이 어느덧 가라앉고 나는 무대로 나선다.
문설주에 기대어,
먼 메아리 소리에 귀 기울인다.
이 시대에 무슨 일이 일어나고 있는 걸까.

밤의 어둠이 무수한 쌍안경을 늘어놓고
가만히 나를 향하고 있다.
아버지, 나의 아버지, 만일 할 수만 있으시다면,
이 잔을 제게서 거두어 가소서.*[1]

저는 당신의 확고한 의지를 사랑합니다.
하여 이 배역에 이의가 없나이다.
하지만 지금 막 다른 연극이 상연 중이오니
이번만은 저를 그대로 있게 해 주소서.

그러나 이미 막은 올랐으니
그 끝은 피할 길 없다.*[2]
나는 오직 혼자인데, 세상엔 득실거리는 바리새인들 뿐.

---

*1 〈마가복음〉 제14장 36절 참조. 겟세마네 동산에서 죽 음을 앞둔 예수의 슬픔의 말.
*2 골고다를 오르는 예수의 '슬픔의 길'이 암시되어 있음.

삶을 어찌 고요한 들숲을 지나는 것에 비하리.[*3]

2 3월[*4]

태양은 땀에 흠뻑 젖을 만큼 뜨거워지고,
골짜기는 미친 듯 들끓고 있다.
튼튼한 몸집의 젖 짜는 아가씨들처럼
봄은 잡일로 정신이 없다.

잔설은 녹아들고, 파리한 정맥 같은 가녀린 가지는
힘없이 빈혈을 앓고 있다.
하지만 외양간 속에선 삶의 김이 끓어오르고
쇠스랑은 터질듯이 약동한다.

이 3월의 밤, 이 3월의 낮과 밤이여!
한낮이면 눈 녹는 물방울 소리,
처마 밑 고드름 야위어가는 모습,
잠들지 않고 재잘거리는 실개천이여!

모든 문 활짝 열어젖힌 마구간과 외양간
비둘기는 눈 속의 귀리알을 쪼아먹고
신선한 공기 냄새를 풍기는
거름더미는 모든 것에 생명을 주는 아버지이며 죄인이다.

3 성주간(聖週間)에[*5]

사방은 여전히 짙은 어둠

*3 러시아 속담.
*4 부활절을 앞두고 러시아에 첫봄의 기운과 함께 눈이 녹기 시작하는 계절.
*5 그리스도의 수난을 기념하는 부활절 전의 1주일. 수난 주간이라고도 한다.

아직 너무 이른 이 세상엔
수많은 별들이 하늘에서
저마다 태양처럼 빛나고 있다.
만일 대지가 말을 할 수만 있다면
〈시편〉 읽는 소리 자장가 삼아
부활절 기간에 잠잘 수 있으리라.

여전히 사방은 짙은 어둠.
세상은 너무나 이른 시간
광장은 네거리에서 길모퉁이까지
영원처럼 엎드려 있고,
새벽과 따뜻함이 오려면
아직도 천 년*6은 기다려야 한다.

여전히 대지는 너무나 헐벗어,
실오라기 하나 걸치지 못한 채,
밤에 종을 흔들며
밖에서 성가대 흉내를 낼 엄두도 못 낸다.

성주간의 목요일*7부터
토요일*8에 이르기까지
강물은 기슭을 할퀴고
소용돌이치며 흘러간다.

숲은 알몸을 드러내고

---

*6 천 년이라는 단위는 '악마이자 사탄인 용'이 천사에게 잡혀 결박당한 다음 무저갱에 던져져 그 위에 인봉당한 햇수이며(《요한계시록》제20장 참조), 또 '주께는 하루가 천년 같고 천 년이 하루 같다'(《베드로 후서》제3장 8절 참조)고도 했다.

*7 제5연의 성주간의 의식이 열리는 날.

*8 부활절 전날 밤.

그리스도의 성주간에는
내내 기도를 드리는 사람들처럼
소나무 줄기들이 무리지어 서 있다.

시내에서는 좁은 공간에서
집회에 나갈 때처럼
알몸의 나무들이
교회 창살 안을 기웃거리고 있다.

나무들의 눈길은 두려움으로 가득하고
그 불안이 또렷이 보인다.
정원들이 교회 경내에서 나와
대지의 질서를 뒤흔든다.
그들이 신을 감추고 있기 때문이다.

그들은 성문(聖門)*9의 불빛을 본다.
검은 플라토크, 줄 지은 촛불,
그리고 사람들의 눈물이 얼룩진 얼굴을—
그러자 갑자기 십자가 행렬이 이쪽을 향해
주의 성의(聖衣)를 받들고 걸어 나온다.
정문 옆의 자작나무 두 그루
옆으로 비켜서야 한다.

행렬은 보도 가장자리를 따라
교회 안마당을 한 바퀴 돌고 나서
거리로부터 현관 안으로,
봄을, 봄의 이야기를,

---

*9 러시아 정교회의 성당에서 지성소(至聖所)를 분리하는 성상(聖像)의 성장(聖障) 한가운데에 있는 두 쪽의 여닫이문.

성찬 떡*[10] 맛이 나는 공기를,
성급한 봄 향기를 실어 온다.

3월은 교회 계단 앞에서
앉은뱅이들에게 은총을 베풀 듯 눈발을 흩뿌린다.
마치 어떤 이가 안에서 나타나
법궤를 꺼내 활짝 열어젖히고
실 한 오라기까지 죄다 나눠주듯이

성가는 새벽녘까지 이어지고
마음껏 흐느껴 운 뒤
〈시편〉과 복음서의 영창은
내면에서 더욱 나지막하게
빈터의 가로등 아래 황무지에 다다른다.

그러나 한밤중에는 동물도 사람도 침묵에 잠겨
이제 날씨가 좋아지기만 하면
부활의 노력으로 죽음을 이길 수 있다는
봄의 소문을 듣는다.

4 백야

나는 먼 시간의 환영을 꿈꾼다.
페테르부르크 하안지구*[11]의 집을.
대초원의 그리 대단찮은 여지주(女地主)의 딸

---

*10 떡 두 개를 쌓아 놓은 것 같은 형상을 하고 있으며, 위쪽에는 십자가와 '예수 그리스도 십자가에 의하여 이기심'이란 글이 약자로 적혀있음.

*11 1914년 이후 페테르부르크는 페트로그라드로 개칭되었다. 페테르부르크 하안지구는 네바강(江)의 도서(島嶼) 지대를 일컫는다.

그대는—쿠르스크*[12] 태생, 그대는 여대생*[13]이었다.

그대는 아름다운 사람, 그대에겐 찬미자가 있어
그 하얀 밤에 그대와 나
그대의 방 창턱에 아늑히 기대어
그대의 마천루에서 아래를 내려다보고 있다.

아침이 첫 전율로
나비 같은 가스등을 스쳤다.
내가 그대에게 은밀히 속삭이는 이야기는
잠들어 있는 먼 곳을 어쩌면 그토록 닮아 있었던가!

우리는 끝없는 네바 강(江) 저편에
파노라마처럼 펼쳐진
페테르부르크처럼
우리 둘은 신비에 대한 겁먹은 믿음에 사로잡혀 있다.

저 멀리 적막에 싸인 울창한 숲에서
저 봄의 하얀 밤에 나이팅게일이
숲의 경계를 구석구석
천둥 같은 찬미로 가득 채우고 있다.

미친 듯한 트레몰로가 굽이치던
자그맣고 가냘픈 새소리가
매혹적인 수풀 속 깊이
환희와 소란을 불러일으킨다.

---

*12 러시아의 중앙흑토대(黑土帶)에 위치한 러시아 고대의 도시로, 1032년 이래로 키예프 러시아의 요새로 알려져 있다.

*13 러시아 역사가인 베스투제프 류민(1829~1897)이 1878년 페테르부르크에 개설한 여자대학 과정을 일컫는다.

그곳에서 밤은 맨발로 순례하는 여자처럼
울타리를 따라 숨어들고
밤이 엿들은 속삭임의 발자국은
창문턱에서 내려와 밤을 뒤쫓아 간다.

얇은 나무울타리를 두른 정원마다
사과나무와 벚나무 가지들이
나직한 대화의 여운에 잠겨
희읍스름한 꽃으로 옷을 입는다.

유령처럼 하얀 나무들은
너무도 많은 것을 보았던 백야(白夜)에게
마치 작별인사라도 하듯
무리지어 길거리로 나아간다.

5 봄의 진창길

저녁놀의 불꽃이 스러지고 있었다.
조용한 침엽수림의 진창길을
한 남자가 우랄산맥 기슭에 있는 먼 마을을 향해
말을 타고 길을 서두르고 있다.

말은 지쳐서 헐떡이고
걸음마다 말굽이 철벅철벅 소리를 내면
그것을 뒤쫓듯이
깔때기 모양으로 뿜어나오는 물소리의 메아리

고삐를 풀고
천천히 가고 있었을 때

봄의 눈석임 물*[14]이
그를 향해 굉음을 내며 다가왔다.

어떤 이는 소리높이 웃고, 어떤 이는 울부짖고
떠내려가는 돌은 부싯돌*[15]에 부딪쳐 부서지고
뿌리째 뽑힌 나무 그루터기는
소용돌이 속으로 빨려 들어갔다.

그리고 저녁 노을 불탄 자리에
멀리 어둑한 침엽수 가지 속에서
날카로운 경종처럼
나이팅게일이 피울음을 토해냈다.

그곳은 버드나무 한 그루가 골짜기를 향해
과부의 화관인 양 가지를 늘어뜨리고
고대(古代)의 도적(盜賊) 솔로베이처럼
나이팅게일은 일곱 그루 떡갈나무 위에서 지저귀고 있었다.

이런 격정은
어떤 불행을, 어떤 연정을 간직하고 있었을까?
총의 굵은 산탄(散彈)처럼 이 밀림에서
나이팅게일은 누구를 향해 울부짖는가?

아마도 그는 금방이라도 숲의 요정*[16]이 되어
탈옥수의 은신처에서 나올 것인가?

---

*14 봄의 눈석임물의 이미지는 모든 것을 휩쓸며 흘러가는 혁명의 격류를 상징한다.
*15 러시아 혁명 뒤의 혼란기, 물자의 결핍으로 생활필수품인 성냥이 사라져 부싯돌이 전성하던 시대를 생각나게 하는 생활의 이미지.
*16 일어서면 나무우듬지처럼 크고 앉으면 풀 속에 들어가 버리는, 러시아 민담에 나오는 숲의 요정으로, 메아리로 사람에게 길을 잃게 하는 장난을 일삼음.

이곳의 빨치산 부대의
기마와 도보의 경계선을 향해

대지와 하늘, 숲과 들판이
이런 진기한 소리에 귀를 기울인다.
광기와 고통, 행복과 고뇌
이 리드미컬한 재잘거림의 조각조각을

6 변명

삶은 그렇게 이유도 없이 되돌아왔다.
언젠가 기묘하게 단절되었던 것처럼
나는 그 옛날의 거리에 서 있다.
그때와 같은 여름의, 같은 시간에

사는 사람들도 같고 나날의 걱정거리도 같고
그리고 해질녘의 불꽃은 아직 식지 않았다.
마네지 광장 위령탑 벽에
죽음의 저녁이 서둘러 일몰을 못 박던 그때처럼

싸구려 원피스를 걸친 여자들이
밤이면 꼭 그때처럼 목 긴 구두를 더럽힌다.
이윽고 그녀들을 다락방이
함석지붕 위에서 똑같이 십자가에 못 박는다.

아, 저기 한 여자가 지친 걸음으로
천천히 문지방으로 나와서,
반 지하실 방에서 올라오더니
안마당을 비스듬히 가로질러 간다.

나는 다시금 변명을 해본다.
나는 또다시 모든 일이 어떻게 되든 상관없다.
이웃여자는 뒤뜰을 돌아가고
은밀히 우리 둘만 남는다.

— — — — —

눈물을 거두고, 부어 오른 입술을 오므리지 말라,
입술에 주름을 짓지 말라.
봄날의 열기로
말라붙은 부스럼딱지를
당신은 떼어내고 싶어 하지만.

내 가슴에서 손을 떼어라.
우리는 전류가 통하고 있는 전선줄
보라, 우리는 이내 또다시
자기도 모르게 서로에게 달려들 것이다.

세월이 흘러 그대는 결혼하고
그대는 우리의 갈등을 잊으리라.
아내가 된다는 것—그것은 위대한 한 걸음
억지를 쓰는 것—그것은 영웅주의일 뿐

나는
여인의 손, 등, 그리고 어깨, 목, 그 기적 앞에서
하녀의 애착을 품고
내 평생 경외하리라.

그러나 밤이 아무리 나를
그리움의 가락지로 묶어 둘지라도,

떠나고자 하는 욕구가 더욱 강하여
정열이 결별로 나를 유혹하고 있다.

7 도시의 여름

조그맣게 얘기하는 소리가 들리고
참을성 없는 몸짓으로 격렬하게
목덜미에서 풍성한 머리카락이
온통 위쪽으로 모여 묶인다.

헬멧을 쓴 여자가
땋아 내린 머리*[17]와 함께 고개를 젖히고
무거운 헬멧의
금속 챙 밑에서 바라보고 있다.

거리에서는
무더운 밤이 악천후를 약속하고
행인들은 지척거리며
집집으로 흩어져 간다.

우레 소리 끊임없이 들려와
날카롭게 퍼져나간다.
세찬 바람이 일어
창문의 커튼이 흔들린다.

정적이 찾아온다.
그러나 대기는 여전히 후덥지근하고
번개도 여전히

---

*17 옛날에는 러시아 처녀들의 젊음과 자유의 상징이었다.

하늘을 손으로 마구 휘젓고 다닌다.

그리고 다시금, 번쩍이며 불타오르는 아침이
가로수길의
밤 사이 내린 소나기가 만든 물웅덩이를
말릴 무렵

아직 꽃을 피우고 있는
향기 그윽한
늙은 보리수는
잠을 설친 찌뿌듯한 얼굴로 바라보고 있다.

8 바람

나는 죽었지만 그대는 아직 살아 있다.
바람은 푸념하고 울부짖으면서
숲과 오두막집을 뒤흔든다.
소나무 한 그루 한 그루씩이 아닌
끝없이 펼쳐진 먼 숲의
모든 나무를 한꺼번에
수면 위에 떠 있는 돛단배의
선체처럼 뒤흔들고 있다.
그것은 무모한 용기
혹은 대상이 없는 격렬한 분노에서가 아니라
그대를 위해 슬픔 속에서
자장가와 노랫말을 찾기 위함이다.

9 홉*[18]

댕댕이덩굴로 뒤덮인 버드나무 수풀 밑*[19]에서
우리는 비를 가릴 은신처를 찾는다.
우리의 어깨는 하나의 비옷으로 가려져 있고
갑자기 내 두 팔은 그대를 휘감는다.

아니, 내가 틀렸다. 이 수풀에 얽혀 있는 것은
담쟁이덩굴이 아니라 향기에 취하게 하는 홉이었다.
뭐 그렇다면 이 비옷은
우리 밑에 널찍하니 펴는 게 낫겠다.

10 따뜻한 초가을

까치밥나무 이파리는 뻣뻣한 천조각
집안에서 웃음소리 요란하고 유리그릇 부딪치는 소리
술 익는 냄새, 후추 냄새 가득하고
정향은 식초에 절여지고 있다.

숲은 이 소동을
비웃듯이 절벽의 가파른 비탈에 쏟아버린다.
그곳엔 화톳불에 그슬린 듯이
개암나무 한 그루가 태양에 타들어가고 있다

---

*18 이 낱말에는 러시아어로 취기(醉氣)라는 뜻도 있으며, 그리스어로 댕댕이덩굴이 환락과 사랑의 상징으로서 바쿠스에게 바쳐졌던 것, 또는 시인이 댕댕이덩굴로 엮은 관을 쓰는 풍습이 있었던 것과 더불어 상징적이다. 또 홉의 열매는 신랑 신부가 교회에서 결혼식을 올리고 돌아왔을 때 빵 부스러기와 함께 그 통로에 뿌려, 황홀한 첫날밤과 앞으로의 즐거운 생활을 기원할 때 쓰인다.

*19 '버드나무 수풀 밑'이라는 표현은 '버드나무 숲에서 혼례를 올린다'는 관용구가 있는 것으로 미루어 보아, 교회에서가 아니라 이교도적으로 결혼한다, 동거생활을 한다는 이미지와도 결부된다.

여기서 길은 말라 비틀어져 골짜기로 내려간다.
여기서 말라 쓰러진 나무줄기도
이 골짜기에 뭐든지 불어 모으는
넝마 줍는 쭈그렁 할멈 같은 가을도
처량하다.

처량하다, 주제넘은 사람이 생각하는 것 이상으로
삼라만상은 더욱 소박하고 단순하기에.
처량하다, 수풀이 마치 물속에 잠긴 것처럼 늘어져 있기에.
처량하다, 무슨 일에나 끝이 있기에.

그대의 눈앞에서 모든 것이 불태워지고
가을의 하얀 그을음이
거미줄처럼 창문에 줄을 그을 때
멍하니 바라보는 것, 처량하구나.

정원으로 나가는 길은 울타리를 뚫고
자작나무 숲 속으로 사라진다.
집 안은 웃음소리와 부산스러운 집안일
멀리까지 그 소란과 웃음소리 퍼져간다.

11 결혼 잔치

온 손님들은 안마당을 가로질러
잔치에 참석하러
아침까지 신부 집으로
저마다 손풍금을 들고 건너왔다.

펠트를 두른
주인네 방문 너머

새벽 한 시부터 일곱 시까지
수다를 떨던 소리가 잠잠해졌다.

그런데 그저 잠들고만 싶은
가장 졸린 새벽 무렵에
결혼 잔치에서 떠나가며
다시금 손풍금이 노래하기 시작했다.

그리고 연주자는
다시 바얀*[20]으로 노래를 뿌리고
손뼉 치는 소리, 반짝이는 목걸이,*[21]
노래와 소란의 야단법석

그리고 잇따라
차스투시카*[22]를 부르는 소리가
술자리에서 자고 있는 사람들의 침대까지
곧장 터져나왔다.

눈처럼 새하얀 한 처녀가
소음과 휘파람소리, 북새통 속에
암공작마냥
간들간들 엉덩이를 씰룩거리며
이리저리 돌아다닌다.

머리를 흔들흔들
오른손을 휘적휘적

---

*20 러시아 민속악기, 버튼식 건반 아코디언.
*21 보통 동전과 유리구슬을 끈에 꿴 것.
*22 러시아 농촌의 민요. 장례식뿐만 아니라 시집을 가거나 징집되어 갈 때 등, 오랫동안 이별할 때 부른다.

마찻길 위에서 춤곡에 맞춰
간들간들 공작이 되어

갑자기 유희의 열정이
윤무의 발소리가
지옥에 떨어져 버린 듯
물속에 섞여버린 듯 사라졌다.

시끄러운 안마당이 잠에서 깨어났다.
잡일을 알리는 종소리가
이야기 소리와
웃음소리 속에 뒤섞여 버렸다.

끝없는 하늘 높이, 높이
비둘기 집에서 날아오른 비둘기*[23]들이
청회색 얼룩의 회오리바람인 양
떼지어 날아간다.

마치 잠결에 문득 생각나서
결혼잔치 뒤에
비둘기들을 풀어 날리는 것이
오랜 꿈이었던 것처럼.

삶 또한 찰나가 아니던가,
그저 우리를 모든
사람들 속에 소멸시키는 것이 아니던가,
마치 그들에게 주는 선물인 것처럼
창문 속까지

---

*23 다산(多産)을 상징하는 경우도 있고, 그리스도가 세례를 받을 때 성령이 비둘기처럼 하늘에서 내려왔다(《요한복음》제1장 32절 참조)는 전설도 있다.

밑에서 틈입해 오는, 다만 결혼잔치일 뿐
다만 노래일 뿐, 다만 잠일 뿐
다만 회청색 양비둘기일 뿐이 아니던가

12 가을

나는 가족을 떠나보냈다.
가까운 사람들은 이미 흩어진 지 오래
마음과 자연은
늘 그렇듯 고독으로 가득 차 있다.

지금 나는 그대와 숲속 오두막에 산다.
숲 속은 아무도 없이 고요 속에 잠겨 있다.
옛 노래처럼 이 샛길도 저 오솔길도
거의 잡초로 뒤덮여 있다.

지금 오두막의 통나무벽이 슬픈 듯이
우리 두 사람을 바라보고 있다.
우리는 속절없이 운명을 뛰어넘지 못한 채
이대로 파멸해 갈 뿐이다.

우리는 한 시가 되면 앉고 세 시가 되면 일어난다.
나는 책을 읽고 그대는 수를 놓는다.
그리고 새벽까지
우리가 언제 키스를 그만둔 지 알아채지도 못하리라.

더욱 화려하고 무모하게
술렁거려라, 흩날려라, 잎새들이여.
그리하여 어제의 슬픔의 술잔에
오늘의 우수를 남실남실 채워다오.

사랑스런 사람, 동경하던 사람, 매혹의 사람이여!
이 9월의 술렁거림 속에 흩어지자꾸나.
그대는 온몸을 나뭇잎 바스락거리는 소리 속에 묻고,
마비되든지 반쯤 미치려무나!

그대 또한 나무들이 잎을 벗어버리듯이
그렇게 옷을 벗어 버린다.
비단술이 달린 잠옷을 입은 그대가
포옹 속에 몸을 맡길 때는.

그대는—파멸로 가는 길의 축복이다.
살아있는 것이 질병보다 힘겨울 때의.
하지만 미의 본질은—용기,
그것이 우리 두 사람을 끌어당기며 놓지 않는다.

13 옛날이야기

먼 옛날, 그 시절에
동화의 나라에서 한 기사가
가시나무 우거진 대초원(大草原)을 따라
풀을 헤치고, 헤치고 나아가고 있었다.

전장(戰場)으로 서둘러 가는 중,
초원의 먼지 속에서
저 멀리 어두운 숲이 나타났다.
그의 가슴으로 문득
불길한 예감이 파고들었다
늪을 피하고,
안장을 바짝 죄어라.

기사는 듣지 않고
전속력으로
숲이 있는 야산을 향해
질주했다.

쿠르간*[24]을 돌아서
말라붙은 골짜기에 들어섰다.
초지를 지나
산을 넘었다.

어느덧 얕은 골짜기에 들어서고
어느덧 숲의 오솔길을 지나
산짐승 발자국을 좇아 물이 있는 곳을 발견했다.

가슴속 외침에도
직감에도 아랑곳없이
벼랑에서 말을 끌어내려
물을 마시게 하려고
개울로 데려갔다.

———

개울가에는 동굴이 있었다.
동굴 앞은—여울목
마치 유황불이
그 입구를 밝히고 있는 듯했다.
눈이 어른거리는
적자색 연기에 싸인

---

* 24 러시아의 고분(古墳).

침엽수림에
아득한 외침소리가 가득 찼다.

그때 기사는
몸을 한번 떨고는
구원의 외침소리를 향해
골짜기를 곧장 나아갔다.

그리하여 기사는
용의 머리를
꼬리와 비늘을 보고
창을 꽉 움켜쥐었다.

용은 입에서
불꽃인 양 빛을 내뿜었다.
어린 처녀의 몸을
세 겹으로 휘감고.

이 큰 뱀의 몸뚱이는
채찍 끝처럼
처녀의 어깨를
목으로 핥고 있었다.

그 나라의 풍습은
아름다운 처녀를 잡아
숲속의 괴물에게 먹이로 바치는 것이었다.

그 제물을 바침으로써
이 땅 사람들은
자기네 보금자리의

안도를 보장받고 있었다.

큰 뱀은 처녀의 팔을 휘감고
목을 비틀며
이 산 제물에게
고통과 공포를 가했다.

말 위의 기사는
기도하듯이 하늘을 높이 올려다보더니
싸우기 위해
창을 비스듬히 쳐들었다.

————

꼭 닫힌 눈꺼풀
아스라한 높이, 흘러가는 구름
흘러가는 물, 흘러가는 여울, 흘러가는 강물
세월 그리고 오랜 세기.

찌그러진 투구를 쓴 기사는
싸움에서 쓰러졌다.
큰 뱀을 발굽으로
짓밟고 있는 충실한 군마

말과 용의 사체는
모래위에 쓰러져 있고
기사는 정신을 잃고
처녀는 망연자실
한낮의 창공은 밝게 빛나고
푸른 하늘은 은은하다.

대관절 이 처녀는 누구인가? 왕녀인가?
대지의 딸인가? 아니면 어느 공주인가?

때로는 행복에 넘쳐
눈물이 세 개의 개울처럼 흐르고
때로는 마음이
혼수와 의식불명에 사로잡혔다.

때로는 정신이 돌아오고
때로는 심한 출혈로
힘을 잃어
맥박조차 사라졌다.

그러나 두 사람의 심장은 뛰고 있다.
때로는 그녀가, 때로는 그가
정신을 가다듬으려고 안간힘을 쓰다가
다시 깊은 잠 속에 빠진다.

꼭 닫힌 눈꺼풀
아스라한 높이, 흘러가는 구름
흘러가는 물, 흘러가는 개울, 흘러가는 강물
세월, 그리고 오랜 세기.

14 **8월**

약속한 대로, 어김없이
이른 아침, 오늘의 태양은
커튼에서 소파까지
샛노란 빛을 사선으로 찌른다.

햇빛은 뜨거운 황토색으로
근처의 숲을, 별장 마을을
나의 침대를
그리고 책장 너머 벽 모서리를 물들여 놓았다.

나는 생각해냈다.
왜 베개가 약간 젖어 있는지
나는 그대들이 나를 장송하려고
잇따라 숲길을 따라 오고 있는 꿈을 꾸었다.

그대들은 무리짓다가 떨어졌다가
다시 한 쌍을 이루어 나아간다
누군가가 갑자기 오늘이 구력(舊曆)으로 8월 6일
현성용(顯聖容) 축일*[25]임을 상기했다.

언제나 이 날은 갈릴리의 타보르 산에서
불꽃 없는 빛이 나타난다.
그리고 그 전조처럼 환한 가을을 향해
사람들은 가만히 시선을 모은다.

그대들은 알몸으로 떨고 있는
작고 보잘것없는 오리나무 숲을 지나
틀에 찍은 당밀과자*[26]처럼 바싹 그을어 버린

---

*25 구력(舊曆)으로 8월 6일이며 신력으로는 8월 19일이 됨. 〈마태복음〉제17장 1, 2절, 〈누가복음〉제9장 28, 29절에서 예수가 베드로, 야고보, 요한을 데리고 높은 산(다볼 산)에 올라가 거기서 자기의 천상형용(天上形容)을 드러냈다고 전해지는 것을 기념하는 축일. 이날은 민간에서는 '두 번째 구세주 축일'이라고도 하며, 사과를 먹는 풍습이 있었다. 첫 번째 구세주 축일은 십자가의 영험을 기념하여 구력 8월 1일에, 세 번째 구세주 축일은 예수가 얼굴을 닦은 수건에 그 형상이 남은 것을 기념하여 구력 8월 16일에 의식이 베풀어진다. 또 그 중간의 두 번째 구세주 축일은 러시아의 농사력으로는 가을이 시작되는 날로 치고 있다.
*26 러시아에서 옛날부터 전해 오는 고유의 일반적인 케이크로, 끈적거리는 기운이 있는 단단

생강처럼 붉은 묘지의 숲속으로 들어갔다.

숲의 고요한 나무우듬지 옆은
하늘이 장중하게 맞닿아 있고
수탉들의 울음소리가
멀리까지 길게 이어지고 있다

숲에서는 묘지 한가운데
죽음이 여자 측량기사처럼 서서
내 키에 맞춰 구덩이를 파기 위해
죽은 나를 들여다보고 있다.

옆에서 누군가의 조용한 목소리가
모두에게 또렷하게 들려왔다.
그때, 생전의 나의 예언적인 목소리가
육체는 썩어도 손상되지 않고
울리고 있었다.

"잘 있게, 현성용(顯聖容) 축일의 푸른 하늘,
이 두 번째 구세주 축일의 황금빛이여.
여성의 마지막 애무로
나의 숙명적인 시간의 고통을 덮어 주오.

안녕, 비참한 세월이여!
우리 작별을 고합시다.
굴욕의 심연에 도전하는 여성이여!
나는—그대의 싸움터
안녕, 똑바로 펼쳐진 날개여

한 과자 같은데, 보통 짐승이나 닭 모양의 틀에 박아 만든다.

꺾이지 않는 자유로운 비상(飛翔)이여
말로 계시된 세계의 형상이여
창조의 작업이여, 기적을 부르는 작업이여."

15 겨울 밤

온 대지 위에 끝없이, 끝없이
눈보라가 몰아쳤다. 눈보라가 휘몰아쳤다.
책상 위에서 촛불이 타고 있었다,
촛불이 타고 있었다.

울 밖에서
날아드는 눈송이는
불꽃을 향해 날아드는 여름날 나방처럼
순식간에 창틀에 모여든다.

혹한의 유리창에
눈보라는 원과 화살 모양을 그리고
책상 위에선 촛불이 타고 있었다,
촛불이 타고 있었다.

불꽃에 흔들리는 천장에
비틀린 그림자가 어린다.
팔이 엇걸리고 다리가 엇걸리고
두 사람의 운명이 엇걸리는 그림자.

이윽고 벗어둔 신짝이
두 마디 소리를 내며 마루 위에 떨어졌다.
밀랍은 침실용 촛대에서
벗어둔 드레스에 후둑후둑 눈물을 뿌렸다.

그리고 모든 것이
눈이 피워내는 허연 어둠 속에 사라져갔다.
책상 위에서 촛불이 타고 있었다,
촛불이 타고 있었다.

문틈에서
바람이 새어 들어오면
천사가 유혹의 불꽃이 되어
두 개의 날개를 십자가 형상으로 날갯짓한다.

2월 내내 눈보라가 몰아쳤다.
그 동안에도 쉴 새 없이
책상 위에서 촛불이 타고 있었다,
촛불이 타고 있었다.

16 이별

문 앞에서 남자가
자신의 집이라는 걸 알지 못하고 바라보고 있다.
그녀의 떠남은 도망과도 같았다.
곳곳엔 파괴의 흔적들.

방 안은 온통 혼돈이다.
그는 눈물과
편두통 발작으로
그 황폐해진 모습을 보지 못하고 있다.

아침부터 귓속에선 그 어떤 소음,
그는 제 정신인가, 아니면 꿈을 꾸고 있는 건가?
그리고 바다에 대한 추억은

왜 그리도 그의 마음을 파고드는가?

유리창에 낀 성에 때문에
바깥세상이 보이지 않을 때
슬픔의 절망은
한층 드넓은 바다를 닮았다.

그 여인은 선(線) 하나까지
너무도 사랑스러웠다.
마치 밀려오는 파도에 의해
바다로 해안선이 다가오듯이.

폭풍이 지나간 뒤
파도가 갈대를 집어삼키듯
그녀의 얼굴과 형상은
그의 영혼 밑바닥에 가라앉았다.

고난의 세월 속에,
뒤틀린 삶의 시대에
그녀는 운명의 파도에 밀려
바다 밑에서 그에게로 달려왔다.

셀 수 없는 장애물 속에
위험을 피하면서
파도는 그녀를 싣고 실어 와
실수 없이 밀어 올렸다.

한데 지금 그녀가 떠나갔다.
어쩌면 그것은 떠나고 싶었던 것이 아니리라
별리가 두 사람을 집어삼키고

슬픔이 뼛속까지 스며들 것이다.

남자는 주위를 빙 둘러본다.
그녀는 떠나는 순간
옷장 서랍에서
모든 것을 꺼내어 뒤죽박죽 헝클어 놓았다.

그는 조심조심 걸어서
흩어진 천조각과 구겨진 종이 옷본을
어두워질 때까지 서랍 속에 채워 넣는다.

그러다가 아직 바늘이 꽂혀 있는
짓다만 옷감을 만지다 바늘에 손가락이 찔린다.
불현듯 그녀의 온몸이 보이고
그는 소리 없이 흐느껴 운다.

17 밀회

눈은 길을 덮고
비스듬한 지붕에 솜이불처럼 쌓인다.
내가 다리를 뻗어 밖으로 나가면
그대는 문 밖에 서 있다.

그대는 홀로 가을 외투를 입고
모자도 고무 덧신도 없이
불안과 다투며
진눈깨비를 되새김질하고 있다.

나무와 울타리들은
저녁 어둠 속으로 아득히 사라지고,

그대는 홀로 내려앉는 눈 속
그 구석에 서 있다.

눈송이가 스카프에서
소매와 옷깃 속으로 흘러내리고,
녹은 눈송이가
머리 위에서 반짝거린다.

그리고 풍성한 금발 머리에
환하게 빛나는 얼굴과
스카프, 그리고 몸
그 초라한 가을 외투도.

눈은 속눈썹을 적시고
그대의 두 눈 속엔 우수가
그리고 그대의 모든 자태가
한데 어우러져 조화를 이루고 있다.

마치 흑금으로 상감해
은빛으로 빛나는
조각인 양
내 가슴에 그대를 조각해 놓은 것이 아닐까.

그 겸허한 선은
영원히 마음속에 새겨지고
그러니 세상이 아무리 몰인정하다해도
그게 무슨 문제이랴.

그리하여 이 눈 내리는 모든 밤은
눈과 어둠으로 더욱 깊어지고,

나는 우리 사이에
경계선을 그을 수가 없다.

그러나 모든 것이 지나가고 나면
우리는 어디서 온 누구란 말인가?
그 모든 세월이 다 흐른 뒤에
우리가 더 이상 존재하지 않게 된다면.

18 **성탄의 별**

겨울이었다.
광야에서 바람이 불어왔다.
동산 비탈 위
동굴 속에 있는 갓난아기는 추웠다.

황소의 입김이 아기를 따스하게 녹여주었다.
가축들은
동굴 속에 서 있고, 구유 위로
따스한 안개가 감돌았다.

침상의 짚 검불과 수수 낟알들을
옷에서 떨어버린 뒤,
한밤중에 양치기들은 졸린 눈으로
벼랑 위에서 먼 곳을 바라보았다.

저 멀리 눈밭과 묘지가 있었다.
나무울타리, 묘비
눈 속에 파묻힌 짐마차의 끌채
그리고 별이 가득한 묘지 위 찬란한 하늘을.

그 가까이에
지금까지 한 번도 본 적이 없는 별 하나가
초소(哨所)의 창문에 걸린 작은 램프보다 더 수줍은 듯이
베들레헴으로 가는 길에서 반짝이고 있었다.

그 별은 하늘과 하느님 옆에서
볏가리처럼 타오르고 있었다.
마치 방화(放火)한 불의 반사처럼
농장과 타작 마루청에 불이 난 것처럼.

그 별은
불타오르는 짚과 건초더미처럼
우주 한가운데 우뚝 솟아올랐다.
우주는 이 샛별에 깜짝 놀랐다.

점점 빨갛게 타오르는 별빛이
무언가를 의미하고 있었다.
그때 세 명의 점성가가
이 미증유의 불꽃이 부르는 곳을 향해 급히 길을 떠났다.

선물을 실은 낙타가 그들을 뒤따랐다.
이윽고 마구(馬具)를 채운 당나귀들이
그 가운데 한 마리는 유독 작았지만
산에서 아장아장 내려갔다.
그러자 멀리, 뒤이어 찾아올 모든 것들이
미래의 신비한 환영이 되어 나타났다.
세기(世紀)의 모든 사고, 모든 꿈, 모든 세계,
박물관과 미술관의 모든 미래,
세상의 모든 크리스마스트리, 아이들의 모든 꿈.

흔들리는 촛불의 모든 떨림, 모든 종이사슬,
금몰 은몰의 모든 화려함……
……광야에서 바람은 점점 더 사납게 불어오고 있었다……
……모든 빨간 사과, 모든 금빛 구슬

늪의 일부는 오리나무 우듬지에 숨어 있었다.
그러나 일부는 이쪽에서
까마귀 둥지와 우듬지 너머로 똑똑히 보이고 있었다.
물방아 둑을 따라 당나귀와 낙타들이 나아가는 것을
양치기들은 또렷이 볼 수 있었다.
—다 함께 가서 기적을 찬양합시다.
그들은 양털가죽 옷을 챙기며 말했다.

눈 위를 걷는 동안 몸이 더워졌다.
환한 눈밭 위에 초라한 동굴을 향해
맨발 발자국이 운모판처럼 찍혀 있었다.
타다 남은 불꽃같은 이 발자국을 향해
양치기개들이 별빛 아래에서 으르렁거리고 있었다.

옛날이야기에 나올 것 같은 추운 밤이었다.
눈이 잔뜩 쌓인 두둑 사이로
누군가가 내내 모습은 보이지 않지만
그들과 함께 가고 있었다.
개들은 두려운 듯 걷다가
한 목동에게 달려들면서 재앙이 일어날 거라고 생각했다.

바로 이 길을, 바로 이 장소를
천사 몇 명이 사람들 속에 섞여서 걷고 있었다.
형체 없는 천사들의 모습은 보이지 않았지만
걸음걸음 발자국은 남기고 있었다.

바위 옆에 수많은 사람들이 모여 있었다.
날이 밝았다. 눈잣나무 줄기가 또렷이 드러났다.
—당신들은 누구십니까? —마리아가 물었다.
—우리는 양치기들이며 하늘의 사도입니다.
당신들을 찬양하기 위해 찾아왔습니다.
—모든 사람이 다 들어올 수는 없습니다. 입구에서 잠시 기다려 주십시오.

동트기 전, 재처럼 희끄무레한 어둠 속에서
소몰이와 양치기들이 추위를 이기려고 발을 굴렀고
걸어 온 사람들은 말을 탄 사람들과 서로 욕설을 퍼붓고
우물 옆에서는
낙타들이 울부짖고 당나귀들이 발길질하고 있었다.
날이 밝았다. 새벽은 불탄 잿가루인 양
하늘에서 마지막 별들을 쓸어갔다.
수많은 군중 속에서
마리아는 동방의 세 박사만 바위틈으로 들어오게 했다.

그는 잠들어 있었다. 온몸에서 빛을 내뿜으면서,
떡갈나무 구유 속에서 나무 동공 속의 달빛처럼.
그를 따뜻하게 감싸고 있는 것은 양가죽 옷이 아니라
당나귀 입술과 황소 콧구멍이었다.

세 박사는 외양간의 어둠 같은 그늘 속에 서서
가까스로 입을 열어 작은 소리로 속삭였다.
갑자기 더 깊은 그늘 속의 누군가가
세 박사 가운데 한 사람을 손으로 밀쳐냈다.
그가 돌아보자 성탄의 별이,
손님처럼 입구에서 성처녀를 바라보고 있었다.

19 새벽

그대는 내 운명의 모든 것을 의미했다.
그 뒤에 전쟁이 일어나 이별이 찾아오고
참으로 오랫동안 그대의 소식을 들을 수도
느낄 수도 없었다.

기나긴 세월이 지나고 또 지나
다시금 그대의 목소리가 나를 뒤흔들어 놓았다.
나는 그대가 남긴 글을 밤새도록 읽고
갑자기 의식을 되찾은 것처럼 되살아났다.

나는 사람들 쪽으로, 그 무리 속에
그들의 떠들썩한 아침 활기 속에 들어가고 싶다.
나는 모든 것을 산산조각내어
모든 사람을 무릎 꿇게 할 준비가 되어 있다.

그리고 나는 단숨에 계단을 달려 내려간다.
마치 난생처음인 것처럼
눈 덮인 거리를
폐로가 된 마찻길을

여기저기서 기지개를 켜며 깨어난 사람들이,
등불을 켜고 단란하게 모여 홍차를 마신 뒤,
서둘러 노면전차를 탄다.
잠깐 사이에
도시는 몰라볼 정도로 모습이 바뀐다.

눈보라가 대문 옆에서
쉴 새 없이 내리는 눈송이로 그물을 짜고

모두들 늦지 않으려고
차도 식사도 하는 둥 마는 둥 달려간다.

마치 그들의 몸이 된 것처럼
나는 그들 모두에게 공감을 느끼고
나 자신은 눈이 녹듯이 녹는다.
나 자신은 아침처럼 눈썹을 찡그린다.

나와 함께 있는 것은 이름 없는 사람들
나무들, 아이들, 집에만 틀어박힌 사람들
나는 그런 그들 모두에게 정복당한다.
그리고 오직 그곳에만 나의 승리가 있다.

20 기적*[27]

그는 베다니아에서 예루살렘을 향해 걷고 있었다.
전부터 불길한 예감에 시달리면서.

벼랑 위 가시투성이 떨기나무는 햇볕에 시들어 있고
근처의 오두막에선 연기조차 피어오르지 않는다.
공기는 뜨겁고 갈대수풀은 죽은 듯이 잠잠하다.
고요한 사해(死海)는 미동조차 하지 않는다.

바다의 씁쓸함에 못지않은 씁쓸함 속에서
그는 몇 장의 작은 구름 덩이와 함께 먼지 이는 길을
어느 여관을 향해, 도시를 향해
제자들의 모임을 향해 걷고 있었다.

---

*27 이 시는 〈마태복음〉 제21장 18~22절에 근거하고 있다.

그때 그가 너무나도 생각에 골몰해 있어서
우울에 잠긴 들판은 쑥 냄새를 풍기기 시작했다.
모든 것이 죽은 듯이 고요했다. 그는 오직 홀로 그 속에 서 있었고
그 고장은 망각 속에 반듯이 누워 있었다.
모든 것이 뒤섞여 있었다. 더위와 황무지가
도마뱀들과 샘과 개울도.

멀지 않은 곳에 무화과나무가 우뚝 서 있었다.
열매 하나 없고 다만 가지와 잎사귀만으로.
그곳에서 그는 나무에게 말했다. "그대는 무엇을 위해 있는 것이냐?
그 망석중이 모습에서 나는 어떤 기쁨을 느껴야 할까?

나는 목마르고 굶주리는데, 그대는—무화과
그대와의 만남은 대리석을 만나는 것보다 더 우울하구나.
오, 그대는 얼마나 무례하고 무능한가!
그대, 죽는 날까지 그렇게 남아 있으라."

이 질책의 전율이 나무에
번갯불이 피뢰침을 흐르듯이 달렸다.
무화과나무는 불타서 재가 되고 말았다.

바로 그때 잎사귀와 가지, 뿌리와 줄기에
한 순간이나마 자유가 있었다면
자연의 법칙들은 이루 간섭할 수 있었으련만

그러나 기적은 기적, 그리고 기적은 하느님.
우리가 당황하고 있는 그때, 그 혼란 속에서 기적은
한 순간 불현듯이 덮쳐온다

21 대지

봄은 파렴치하게
모스크바의 저택 안으로 뛰어든다.
옷장 뒤에 숨은 나방이 훌쩍 날아올라
여름 모자 위를 기어 다니고,
모피 외투는 트렁크 속에 감추어진다.

목조(木造) 복도를 따라
비단향꽃무와 계란풀을 심은
화분들이 놓여 있고
방마다 상큼한 공기가 숨쉬며
고미 다락방에서는 먼지 냄새가 풍긴다.

길거리는 반쯤 열린 창으로 외치는
반가운 인사말들이 한창 오가고,
백야(白夜)와 황혼은
강가에서 서로 지나치지 못한다.

그리고 복도에서 들려온다.
널찍한 공간에서 무슨 일이 일어나고 있는지
4월과 눈석임물이
우연한 대화에서 무엇을 얘기하고 있는지
4월은 인간의 고통에 대해
헤아릴 수 없이 많은 이야기를 알고 있고
울타리를 따라 저녁놀이 얼어붙고
느릿느릿 제 갈 길을 늦춘다.

그 등불과 불안의 바로 그 혼합이
강과 집의 안락함 속에 있고,

곳곳에서 대기는 있는 그대로가 아니며
같은 버드나무의 투명한 잔가지가
같은 갯버들의 부풀어오른 봉오리가
창문에, 네거리에
거리에, 그리고 일터 속에 있다.

왜 안개 속의 먼 곳은 훌쩍훌쩍 울며
그렇게 퇴비냄새를 풍기고 있는 것인가?
이 거리가 지루해하지 않도록 하는 것,
도시의 경계 저편에서
대지가 홀로 외로워하지 않도록 하는 것,
바로 그것이 나의 천직이 아닐까?

삶의 추위를
고뇌의 남모르는 흐름으로 덥히는 것, 바로 그것을 위해
이 이른 봄에 친구들과 나는 모인다.
우리의 저녁은 모두—작별의 말
우리의 조촐한 잔치는 모두—유언이다.

22 불운한 나날들

지난주
그가 예루살렘에 들어갔을 때
호산나 호산나를 외치는 목소리가 우렁차게 울리고,
사람들은 올리브 가지를 들고 그의 뒤를 쫓았다.

그런데 나날은 점점 험악해지고 가혹해져서
사람들의 가슴을 사랑으로 울릴 수가 없었다.
사람들은 눈살을 찌푸리며 경멸한다,
이제 이것으로 마지막, 종말이라는 듯이.

하늘은 납빛의 온 무게로
집집의 지붕 위를 덮치고 있었다.
바리새인들은 여우처럼
그들에게 아첨하면서 유죄의 증거를 찾고 있었다.

그리고 그는 신전(神殿)의 흑심을 품은 세력에 의해
무뢰한들에게 심판을 받는다.
지난주에 그를 찬미했던 바로 그 열광으로
사람들은 이제 저주하고 있다.

이웃 고을에 있던 군중들은
대문에서 엿보았고,
결말에 대해 시끌시끌 떠들면서
우왕좌왕하고 있었다.

인근 사람들 사이에서 귀엣말이 오가기 시작하고
사방팔방에서 소문이 들려왔다.
이집트로의 도망과 어린 시절이
벌써 한낱 꿈처럼 회상되고 있었다.

황무지의 장엄한 비탈이 생각났다.
그리고 악마가 모든 왕국을 주겠다고
그를 유혹했던
그 단애절벽이.

그리고 가나에서의 결혼 잔치가
그리고 기적에 놀라고 있는 식탁이
그리고 마른 땅 밟듯이
그가 안개 속에 작은 배를 향해 걸어갔던 바다가.

그리고 허름한 오두막의 가난한 사람들이
그리고 지하실에 촛불을 들고 내려갔을 때
그곳에서는 죽은 자가 다시 일어나고
갑자기 놀란 촛불이 꺼졌다……

23 막달라 마리아

밤이 되면 나의 악마가 벌써 옆에 와 있습니다.
그것은 과거에 대한 나의 속죄.
내가 뭇사내들의 기분풀이 노예이고
미친 듯이 날뛰는 백치 여자로서
길거리가 내 삶의 터전이었을 때의
방탕했던 추억이 찾아와서는
내 심장의 피를 핥습니다.

몇몇 순간이 아직도 남았기에
금방이라도 죽음의 고요가 찾아오려 합니다.
그러나 그 몇 분이 지나가기 전에
끝에 다다른 나이기에
나는 당신 앞에서 나의 생명을
설화석고상처럼 산산이 부숴버리고 싶습니다.

오, 지금 내가 있을 곳은 어디인가요.
나의 스승이자 나의 구세주여,
만약 내 생업의 그물에 걸린
새로운 손님처럼
밤마다 침대 옆에
영원히 기다리고 있어주지 않는다면.

하지만 내가 모두가 보는 앞에서

끝없는 우수 속 어린 나뭇가지처럼
당신과 하나가 되었을 때
죄는 무엇인지, 죽음의 지옥, 그리고 유황불은 무엇인지
당신은 밝혀 주시겠지요.

당신의 발을, 주 예수여,
나는 내 무릎 위에 얹고
십자가의 기둥을 끌어안는 것을 배울 것이고
그리고 넋을 잃은 채
당신의 무덤을 마련할 때
나는 당신의 몸을 향해 돌진합니다.

24 막달라 마리아 2

사람들은 봄의 축일을 앞두고 몸단장을 하고 있습니다.
이런 북적거림 속에서 멀리 벗어나
나는 조그만 통에서 향유를 따라
당신의 순결한 두 발을 씻어줍니다.

손으로 더듬어 보아도 신을 찾을 수가 없습니다.
눈물이 어려서 나는 아무것도 볼 수가 없습니다.
나의 풀어헤친 머리 타래가
베일처럼 눈앞을 가립니다.

당신의 두 발을 치마폭에 감싸 안고
그 발에 나는 눈물을 흘렸나이다. 예수여,
내 목에서 끄른 구슬 목걸이로 두 발을 휘감고
마치 부르누스*[28]에 두 발을 묻듯이 머리카락 속에 묻었나이다.

---

*28 아라비아 사람들이 입는 두건 달린 외투.

내 눈에는 미래가 아주 소상히 보입니다.
마치 당신이 그것을 잠시 정지시킨 것처럼.
지금 나는 시빌라*[29]의 영능자가 지닌
천리안으로 앞날을 정확하게 예언할 수 있나이다.

내일은 신전의 휘장이 찢어져 떨어지고*[30]
우리는 그 옆에 작게 둘러앉을 것이며
대지는 발밑에서 흔들립니다.
틀림없이 그것은 나에게 보내는 연민이겠지요.

호송병들이 대열을 짜고
말 탄 병정이 움직이기 시작합니다.
마치 폭풍의 용오름처럼 머리 위에서
이 십자가가 하늘에 닿으려 할 것입니다.
저는 못 박힌 예수님의 발아래 몸을 던지고
까무러쳐서 입술을 깨물 것입니다.
당신은 수많은 사람들에게
포옹의 팔을 십자가처럼 벌릴 것입니다.

이 세상의 누구를 위해 저 광활한 공간, 저리도 큰 고통, 그리고 그러한 권력이 있단 말입니까?
이 세상엔 어찌하여 저리도 많은 영혼과 생명이 있단 말입니까?
저렇게 많은 마을과, 도시, 강과 숲은 또 무엇인가요?

그러나 그러한 사흘은 지나가고,
그러한 공허 속으로 떠밀려 버릴 것입니다.

---

*29 고대세계에서 유명했던 여자 예언자(무녀)를 가리킨다. 고대그리스, 로마의 무녀들의 예언을 모은 《시빌라의 서(書)》에는 유일한 신, 그리스도의 탄생을 예언한 것도 있다고 한다.
*30 예수가 죽을 때 신전의 휘장이 위로부터 아래까지 찢어져 둘이 되었다는 것의 패러프레이즈. 〈마태복음〉 제27장 51절 참조.

그리하여 나는 이 무서운 사흘 동안
부활에 이를 때까지 성장할 것입니다.

25 겟세마네 동산

길이 굽어지는 곳에
아득한 별의 반짝임이 무심히 내리비치고 있었다.
길은 올리브 산을 돌고
산 아래에는 케드론 강이 흐르고 있었다.

풀밭은 산중턱에서 갑자기 끊어지고
그 너머에선 은하수가 시작되고 있었다.
은회색 올리브나무들은 허공을 따라
아득히 활보하려 하고 있었다.

풀밭 끄트머리에 그 어떤 이의 동산이 있었다.
그는 제자들을 담 밖에 남겨둔 채
그들에게 말했다. "내 넋은 심히 슬프노니,
그대들 여기에 머무르며 나와 함께 깨어 있으라."

그는 무한한 힘과 기적을 일으키는 힘을
빌린 물건인 것처럼
순순히 포기해 버리고,
이제 우리와 같은 인간이고자 하였다.

지금 밤의 먼 풍경은
괴멸 외에는 아무것도 없는 왕국 같았다.
우주 공간은 불모지,
다만 이 동산만이 생명이 있는 유일한 장소였다.

그리하여, 이 칠흑의, 시작도 끝도 없는
공허한 나락을 응시하면서
이 죽음의 술잔이 지나가게 해달라고
그는 피눈물로 아버지께 기도하였다.

인간적 번민을 기도로 달래고 나서
그는 울타리 너머로 나갔다.
졸음에 겨워 제자들은
길섶 잡초밭에 여기저기 뒹굴고 있었다.

그는 그들을 깨워 말했다.
"하느님은 그대들을
나의 시대에 살도록 허락하셨거늘
그대들은 거기에 침대인 양 누워 있는고.
인자(人子)의 시간이 닥쳐왔느니라.
그가 나를 죄 있는 자들의 손에 넘길지니라."

그렇게 말한 순간, 어디서 왔는지 알 수 없는
노예와 부랑자들의 무리,
횃불과 칼, 그리고 맨 앞에는
입술에 배신의 자국을 지닌 유다.

베드로는 칼을 뽑아 악당들을 반격하며
그들 중 한 사람의 귀를 잘라 버렸다.
그러나 그는 듣는다. "싸움을 칼로 해결해서는 안 되느니,
칼을 제자리에 넣으라, 사람아.

진정, 내 아버지께서 여기 있는 나를 위해
날개 달린 무수한 군사를 보내지 않으시겠느냐?
그때는 내 머리카락 한 오라기도 손대지 못한 채

원수들은 흔적도 없이 사라지리라.

그러나 생명의 서(書)는
어떠한 성물(聖物)보다 귀중한 페이지에 이르렀노라.
씌어 있는 것은 지금 성취되어야만 하느니
그것이 이루어지게 하라, 아멘.

알아두어라, 세월의 흐름은 신의 말과 같아서,
당장 불타오르리라는 것을.
그 말의 가공할 위엄의 이름으로
나는 스스로 고통을 받아들이고 무덤으로 내려가리라.

나는 무덤 속에 들어 사흘 만에 일어나리로다.
그리하여 뗏목이 강을 따라 흘러가듯이,
나의 심판을 받기 위해, 대상(隊商)의 짐배인 양
세기(世紀)는 어둠 속에서 잇따라 내게로 흘러오리라.'

주요 등장인물

지바고, 유리(유라) 안드레예비치

이 책의 주인공, 의사이자 시인. 아버지는 시베리아의 대부호. 어머니 마리야는 베데냐핀 집안 출신. 아버지의 방탕으로 가족이 흩어지고, 어머니가 병사한 뒤 어린 지바고는 먼 친척인 그로메코 집안에 맡겨져, 가족처럼 양육되면서 모스크바 대학 의학부를 졸업. 안나 이바노브나(크류게르 집안 출신)의 유언으로 그로메코 집안의 외동딸 안토니나(토냐)와 결혼. 제1차 대전에 종군한 뒤 귀국해 잠깐 행복한 결혼생활을 하다가, 일가는 혁명 뒤의 모스크바 생활을 포기하고 주경야독을 꿈꾸며, 토냐의 어머니 안나 이바노브나의 아버지(크류게르 집안)의 영지와 제철공장이 남아 있는 우랄의 바르이키노로 이주한다. 이윽고 지바고는 인근의 유리아틴 시에 있는 도서관에 다니는 동안, 토냐와 결혼하기 전에 그 수수께끼에 찬 모습을 기억에 담아두었던 라라를 우연히 만나 라라의 집에 드나들게 된다. 어느 날 집으로 돌아가던 지바고는 내전 중이던 적군(赤軍)의 빨치산부대에 필요한 군의로 납치된다. 지바고는 2년 반 동안 이 숲의 빨치산과 함께 백군(白軍)과의 전투에 함께 행군하다가, 마침내 탈출에 성공, 우랄의 유리아틴 시에 있는 라라 곁으로 돌아간다. 그때 이미 바르이키노의 지바고 일가는 모스크바로 돌아간 뒤였다……

토냐, 안토니나 알렉산드로브나(옛날 성 그로메코)

유리의 아내. 유리와 같은 해에 여자대학을 나와, 유리와 같은 취미와 이상을 품는다. 크류게르 집안의 피를 물려받아 조부를 빼닮았다. 모스크바에서 태어난 아들 사샤가 있다. 우랄에 온 뒤에 딸 마샤가 태어나지만, 그때 남편 유리는 숲의 빨치산에게 납치되어 소식이 끊어졌다. 이 출산을 우연히 도와준 것이 이웃 도시 유리아틴에서 살고 있었던 라라였다. 얼마 뒤 유리와 상봉하지 못한 상태에서, 가족은 아버지 알렉산드르 알렉산드로비치 그로메코가 모스크바에 초빙되어 귀환한다. 그 뒤, 지식인의 대량 국외추방에 휩쓸려 일가는 프랑스로 출국하고 유리와의 편지왕래가 끊어진다……

알렉산드르 알렉산드로비치/안나 이바노브나 그로메코

토냐의 부모. 알렉산드르는 농업대학 교수. 아내 안나는 우랄의 제철공장주이반 크류게르의 딸로, 러시아적 신앙심이 깊은 몽상가. 딸 토냐와 지바고를 결혼시키고 사망.

예브그라프(그라냐) 안드레예비치 지바고

유리 지바고의 이복동생. 유리는 이 이복동생의 존재에 대해 알고는 있었지만, 모든 것은 수수께끼에 싸여 있었다. 시베리아 옴스크의 엔리치 공작부인과 지바고의 아버지 사이에 태어난 아들. 키르기스인의 피를 물려받았다. 아직 젊은 나이이던 그는 혁명직후부터 이미 수수께끼에 싸인 권력을 지니고 있었다. 언제나 느닷없이 나타나서 형 지바고를 곤경에서 구해준다. 우랄을 횡단해 모스크바로 귀환한 형 유리의 마지막 집필 활동을 지원하고, 장례를 주관하며, 유작시집을 펴낸 것도 이 예브그라프다. 나중에 그는 소련 적군 소장이 되어 나타나, 1943년 독소 전쟁 때, 형 지바고와 라라 사이에서 태어난 딸 타냐를 찾아낸다……

베데냐핀, 니콜라이(콜랴) 니콜라예비치

유리의 외삼촌. 수도승에서 환속한 혁신적 철학자이자 작가. 유리는 이 외삼촌의 종교철학, 복음서관(福音書觀)에서 많은 영향을 받는다. 혁명의 진행과 함께 그의 사상도 변화해 볼셰비키화한다. 마지막 소식은 불명.

콜로그리보프, 라브렌치 미하일로비치

진보적인 직물공장 주인으로 부호이다. 딸 나디아는 라라와 여자 김나지움 동급생. 라라가 자립할 수 있도록 도와준다.

라라, 라리사 표도로브나 안티포바(옛날 성 기샤르)

이 책의 주인공. 아버지 기샤르는 우랄의 광산기사(벨기에 인), 어머니는 아마리야 카를로브나(귀화한 프랑스인). 소녀시절을 우랄에서 보내고, 아버지가 죽은 뒤 어머니는 열여섯 살인 라라와 동생 로디아를 데리고, 남편 기샤르의 지인이었던 모스크바의 변호사 코마롭스키를 의지해 모스크바로 옮긴다. 어머니 아마리야는 양장점을 인수, 경영하면서 코마롭스키와 연인관계에 빠진다. 라라는 여자 김나지움에 진학하고, 동생 로디아는 코마롭스키의 권고로 육군 유년학교에 들어간다. 어머니 아마리야는 생활의 불안 때문에 신경병을 앓기 시작한다. 한편 코마롭스키는 라라를 유혹하고 능욕한다. 열여덟 살의 라라는 정욕의 먹잇감이 되어 괴로워한다. 어머니 아마리야는 음독자살을 시도하지만 미수에 그친다. 코마롭스키는 이 자살미수 사건의 처리를 그로메코 교수에게 의뢰한다. 그때 유리 지바고와 친구 미샤 고르돈도 동행, 처음으로 라라를 본다. 라라는 코마롭스키와의 관계를 끊기 위해 성탄절 파티에서 코마롭스키를 권총으로 저격하지만 실패. 이 사건으로 라라는 신경병을 앓고, 김나지움의 동급생 나디아의 아버지인 대부호 콜로그리보프 집안에 몸을 의탁하고, 나디아의 여동생 리파의 가정교사로서 저택에서 생활하며 코라롭스키와의 관계를 끊는다. 라라는 소년시절부터 자신을 숭배하고 사랑하고 있었던 파샤 안티포프를 경제적으로 지원해 대학을 졸업시키고 자신도 여자대학을 졸업한 뒤, 결혼해 새로운 생활을 시작하려고 고향 우랄, 유리아틴의 중학교에 부임한다. 두 사람 다 교사가 된다. 딸 카차가 태어나고 행복한 생활이 이어졌지만, 갑자기 남편 파샤가 물리, 수학교사를 그만두고, 옴스크의 군학교에 입학, 사관으로서 제1차 세계대전의 전선으로 간다. 그 뒤 소식이 끊어지자, 라라는 파샤가 어딘가에 살아 있다고 믿고, 전선에 가는 간호사 자격을 딴 뒤, 딸 카차를 지인에게 맡기고 남편 파샤를 찾으러 전선지대의 이동야전병원을 근무하며 전전한다. 모스크바에서 의사로 일하던 유리 지바고도 징병되어 군의관으로 종군하고 있었다. 라라는 유리 지바고와 함께 일을 하면서 서로 사랑을 느끼는 가운데, 라라는 끝내 남편의 행방도 소식도 알아내지 못한다. 라라는 우랄로, 지바고는 모스크바의 가족에게 돌아간다. 이윽고 1917년 러시아 혁명이 시작되고, 우랄의 바르이키노로 가족과 함께 소개한 유리 지바고는, 어느 날 유리아친 시의 도서관에서 라라를 발견하고, 재회한다……

안티포프, 파벨(파샤) 파블로비치

모스크바의 철도원이자 활동가 파벨 페라폰토비치의 아들. 소년시절부터 연상의 리리를 동경하고 있었다. 대학졸업과 동시에 결혼하고 우랄의 중학교에 함께 부임. 그 뒤 중학교를 그만두고, 군 사관양성학교에 입학, 전선에 종군해 독일의 포로가 되지만, 탈출해 귀국. 그러나 유리아틴의 라라 곁으로 돌아가지 않고, '스트렐리니코프'라는 이름으로 적군의 인민위원이 되어 백군을 소탕하며 용맹을 떨치고 있었다. 백군이 점령한 우랄의 유리아틴 공격 때도, 라라와 자신의 딸 카차가 생존해 있다는 걸 알면서도, 맹렬한 포격을 가해 탈취하지만, 라라는 단호하게 만나려고 하지 않았다. 혁명의 원리주의를 신봉해 자신의 인생을 희생해 왔지만, 이윽고 내전이 끝나 네프기로 이행할 때, 당원이 아니면서 적군의 내부에 대해 너무 많이 알고 있는 군고관에 대해 숙청 바람이 불면서, 그는 군에서 도망해 우랄에 숨는다. 그 은신처의 하나가, 실은 라라와 지바고가 겨울에 도피해 있었던 미쿨리친 집안의 저택. 라라가 코마롭스키의 감언이설에 넘어가 그곳에서 시베리아 극동으로 떠난 뒤 홀로 남은 지바고와 재회한 스트렐리니코프는 배신당한 혁명과 라라의 진정한 사랑에 대해 밤새도록 얘기를 나눈 뒤, 자살한다……

코마롭스키, 빅토르 이폴리토비치

모스크바의 민완변호사. 독신. 이 소설 속의 유일한 악인. 유리 지바고 아버지의 파산처리를 맡지만 그를 끝내 자살로 내몬다. 라라의 어머니 아마리야 기샤르와 연인관계를 맺는 동시에 라라도 능욕한다. 그와의 관계를 끊기 위해 라라는 그를 저격하지만 실패. 그는 자신에 대한 추문을 은폐하기 위해 라라가 체포당하는 것을 면하게 해준다. 그 뒤 라라에게는 접근하지 않지만, 혁명 뒤의 내전 때 지바고와 라라가 도피하고 있던 우랄의 바르이키노의 은신처에 홀연히 나타나, 라라와 딸 카차를 시베리아로 데려간다. 그것은 라라를 구한다는 구실 하의 기만이었다. 그는 소련정부의 묵인 속에, 시베리아에 일본군과의 완충지대로서 건국되는 극동공화국(나중에 적군에 의해 괴멸됨)의 법무장관으로 부임하던 중이었다. 그때 이미 라라는 지바고의 아이를 임신하고 있었다……

카테니카

라라와 안티포프의 외동딸. 나중에 1929년, 우연히 지바고의 장례날에 라라가 홀로 시베리아에서 모스크바로 오는데, 목적은 딸 카차를 음악학교에 입학시킬 사전준비를 위한 것이었다. 장례식이 끝난 어느 날, 라라는 거리에서 체포되어 수용소로 끌려가고 그 뒤의 카차의 운명은 불명……

고르돈, 미하일(미샤) 그리고리예비치

아버지 그리고리 오시포비치는 우랄의 유대인 변호사. 일가는 모스크바로 이사하던 중 아버지와 함께 탄 열차에서, 유리 지바고 아버지의 투신자살을 목격한다. 모스크바의 고전중학교에 들어간 그는 유리 지바고와 동급생이 되어 평생의 친구가 된다. 30년대에는 대학에서 쫓겨나 수용소에서 복역하고, 이윽고 대학의 강좌(철학)와 교단으로 돌아가, 모스크바에 은거하는 만년의 지바고와 교류한다.

두도로프, 이노켄티(니카) 데멘치예비치

유형당한 아나키스트 혁명가 데멘치 두도로프와 그루지야의 공작집안 딸로 혁명활동에 푹 빠지는 니나 가라쿠치노브나의 외아들. 유리보다 연상으로 평생의 친구. 두도로프도 수용소에서 복역한 뒤 대학교수로 복귀한다. 이 두 친구가 독소전쟁의 전선에서 라라와 지바고의 딸 타냐를 만난다. 전쟁이 끝난 뒤 모스크바로 돌아온 두 사람은, 모스크바를 눈 아래로 내려다보면서 지바고가 남긴 시집을 읽는다……

갈류린, 오시프 기마제트진(별명 유수프카)

철도원 아파트에 살던 타타르인 기마제트진의 아들. 견습 기계공이었으나 군에 지원해 사관이 된다. 제1차 세계대전 때, 대독 전선에서 군의관으로 징병되어 있던 지바고를 만난다. 혁명 뒤에 백군에 가담해 장군이 된 그는 우랄 전선에서 지휘채를 잡아 스트렐리니코프의 적군과 싸웠고, 백군이 유리아틴을 점령했을 때는, 옛날에 철도원 아파트에서 알고 지냈던 라라를 만나 그녀를 보호해준다……

삼데뱌토프, 안핌 예피모비치

우랄의 옛날이야기에서 튀어나온 듯한 인물. 상인집안 출신. 우랄지방 볼셰비키의 실력파이지만 융통성이 있다. 우랄지방을 순회하면서 고향의 생활향상을 위해 동분서주한다. 바르이키노의 미쿨리친 집안과 소개해온 지바고 일가를 원조한다.

미쿨리친, 아베르키 스테파노비치

우랄 바르이키노의 크류게르 집안이 경영하던 제철소의 전 지배인으로, 페테르부르크의 학생혁명가 출신이다. 우랄에 도착한 지바고 일가는 그의 저택 별채를 개조해 살게 되어 농사를 시작한다. 그의 조숙한 외아들 리베리(첫 번째 아내 아그리피나는 툰체프 집안 출신)는 숲의 빨치산 지도자가 된다.

리베리(리프카) 아베르키예비치 미쿨리친

숲의 빨치산의 젊은 지도자. 별명 레스누이프(숲의 형제라는 뜻). 광대한 우랄을 이동하면서 동진(東進)하는 백군과 싸워 이긴다. 유리아틴의 라라의 집에서 바르이키노의 자기 집으로 돌아가던 지바고의 납치를 명령한 것도 그다. 숲의 숙영지에서는 지바고와 토론하는 것을 즐겼으나 의견은 정반대. 약속해 놓고 지바고를 석방하지 않는다.

쿠바리하

병사의 과부로, 숲의 빨치산에 종군. 이 의용군에는 농민들이 우마를 데리고 생활하고 있었는데, 그녀는 요상한 주문으로 소의 질병을 치료하는 기도사이다. 지바고는 그녀에게 체현된 민간 포크로아의 언어에 충격을 받는다.

툰체프 자매

아그리피나, 예브도키야, 글라피라, 세라피마, 이 네 사람. 아베르키 미쿨리친(아내 아그리피나는 사망)의 처제들이다. 유리아틴에서 살며 라라와 친한 사이이다. 특히 세라피마(시무시카)는 복음서에 통달한 열렬한 사색가. 지식인 자매.

티베르진, 키프리얀 사벨리예비치

철도원 사벨리 니키티치의 아들. 혁명 지하활동으로 체포되어 유형. 혁명 뒤 석방된 그는 이윽고 유리아틴의 혁명재판소 위원으로 부임. 늙은 친구인 파벨 안티포프(파샤 안티포프의 아버지)도 유형에서 돌아와, 티베르진과 함께 같은 혁명재판소에 부임.

브르이킨, 바샤

강제노동대에 징용되어 우랄로 가던 호송열차에서, 소개해 가던 지바고 일가와 알게 되는데, 도중에 달아나서 친가가 있는 마을로 돌아간다. 그 마을도 전화에 파괴되어 홀로 살아남는다. 지바고는 숲의 빨치산에서 탈출, 모스크바로 가던 길에 지나가던 불탄 마을에서 이 바샤와 재회한다. 그를 제자로서 데리고 모스크바까지 함께 간다. 지바고를 보살피면서 공동생활을 하며 미술학교에서 공부한 바샤는 지바고가 집필한 저작을 인쇄, 출판한다. 마침내 이 둘은 혁명관의 차이로 결별한다.

마리야(마리나, 마린카), **시차포프**

유리 지바고 만년의 내연의 아내. 혁명전까지 그로메코 집안의 문지기였던 마르켈의 막내딸. 혁명 뒤, 아버지 마르켈은 출세해 주택관리인이 되고, 마리야는 전신전화국에 근무한다. 지바고는 우랄을 떠나 모스크바로 돌아온 뒤, 마르켈이 관리하는 옛 스벤티츠키 저택의 방 하나를 빌려 살게 된다. 마리야는 지바고와 어느새 동거생활을 시작하고, 괴팍한 행동을 하기 시작한 지바고를 보살피면서, 두 딸, 카피톨리나와 클라브디아를 키운다.

타냐, 타티아나 베조체레데바

'아버지 없는 타냐'라는 의미의 이름. 실은 라라와 지바고의 딸임이 밝혀진다. 그녀는 어린 시절, 라라가 코마롭스키에게 숨기고 농가에 잠시 맡겨졌으나 그대로 남게 되고 말았다. 타냐는 혹사당하면서 견디다가 이윽고 달아나서, 전쟁고아로서 시베리아 각지를 유랑한다. 독소전 때는 적군의 세탁부가 되어 종군했다. 이 시기에 전지에 있었던 두도로프와 고르돈이 그녀를 만난다. 전선을 시찰하러 온 예브그라프 지바고 소장이 그녀의 내력에 관심을 가지고 그녀와 대면, 형과 라라의 딸임을 확인한다. 모스크바에 나온 라라가 우연히 지바고의 장례식 날 예브그라프를 만났을 때, 지바고와의 사이에 딸이 있음을 털어놓았다……

인간은 모두 지상에 던져진 홀로가 아닌가
《닥터 지바고》를 옮기고 나서

동서양을 넘어 울려 퍼진 낭만

이 거대한 러시아 땅을 씨실과 날실로 촘촘하게 짜 올린 태피스트리 같은 이야기, 라라와 지바고, 스트렐리니코프, 그리고 수많은 인물들. 귀여운 라라의 눈은 분명히 잿빛이었다. 지바고는 키가 컸으나 미남은 아니었다. 백군 장군이 된 타타르인 갈류린은 파멸에 이른다. 키르기스의 기름한 눈에 사슴가죽 외투를 입은, 지바고의 이복동생(영화에서는 이복형으로 나온다) 예브그라프는 위기의 순간에 하늘에서 떨어진 듯 나타나 지바고를 구해준다. 다들 고귀한 태생이었지만 생각해보면 모두 고아이고 유아(遺兒)가 아니었던가. 아니, 이 이야기의 마지막에 미래 러시아의 자식으로서 홀연히 나타난 토냐도 지바고와 라라의 유아이며 고아가 아니었던가. 물론 파리에 망명한 토냐의 아이들까지도…….

혁명 시대 러시아의 역사적, 지리적 광활함을 배경으로 라라와 유리의 사랑을 그린 보리스 파스테르나크(Борис Леонидович Пастернак)의 대하소설 《닥터 지바고(Доктор Живаго)》는 1955년 이탈리아 펠트리넬리사(社)에서 초판이 발행된 뒤, 1988년까지 소련에서 출간을 금지당했다. "10월혁명과 혁명의 주역인 인민, 소련의 사회건설을 비판했다"는 이유였다. 비록 조국에서는 침묵을 강요받았지만 서방 세계에서 뜨거운 찬사를 받은 이 작품으로 파스테르나크는, 1958년 노벨 문학상을 수상한다.

러시아 혁명의 잔혹함과 그 여파 속에서 펼쳐지는 개인의 방황, 정신적 고독, 애틋한 사랑을 서사적으로 그려간 이 작품은 세계적인 베스트셀러가 되었으나 소련에서는 번역본으로만 비밀리에 퍼졌다. 소련과 서방 세계가 보여준 정반대의 반응이, 이 작품이 받아들여지는 방식에 중대한 영향을 미쳤다는 것은 아이러니가 아닐 수 없다.

파스테르나크는 동서양에서 사회주의 국가의 철의 장벽을 넘어, 개인의 자유라는 서구적 낭만을 상징하는 작가가 되었다. 사실 이 책은 '반혁명적'이라기보다는 혁명적 이상이 어떻게 정치권력의 현실과 타협하느냐에 대한 미묘한 진단이라 할 수 있다. 전후 소설에 등장하는 관계 중에서 가장 강렬하다고 볼 수 있는 라라와 유리의 관계는 정의로운 혁명의 가능성에 대한 열정적 환상에서 비롯한다. 개인적으로도 정치적으로도 모두 완벽한 진실을 찾아 이루려는 투쟁이 이 작품의 원동력이다.

이렇게 앞으로 나아가는 이상(理想)의 실패와 개인적, 정치적, 시적 원칙에 충성이 이어질 수 없는 어려움에서 작품의 드라마와 짙은 페이소스가 드러난다. 이 소설에서 가장 인상적인 것 가운데 하나는 놀랍도록 광활하고 아름다운, 눈 내리는 자작나무숲의 러시아 자연 풍경이다. 《닥터 지바고》는 이러한 드넓은 자연에서 비극적인 만남을 주제로 특별한 행복, 그리고 역사 및 인류의 가능성을 그려낸다.

혼란과 격변의 시대 속에서 자기 의지와 상관없이 역사의 소용돌이에 휘말려 살아가는 이들의 이야기는 시대와 민족을 달리하며 되풀이되어 왔다. 집단의 이익이라는 명분 아래 개인의 삶이 무참히 희생되는 가운데에서도 누군가는 사랑하고 누군가는 살아갔다. 《닥터 지바고》의 인간들처럼 말이다.

보리스 파스테르나크의 《닥터 지바고》는 러시아 귀족 사회에서 태어나 부족할 것 없이 자랐지만 1905년 러시아 혁명과 1914년 제1차 세계대전, 1917년 2월 혁명과 10월 볼셰비키 혁명을 겪으면서 평생을 표류하고 방황하며 혼란을 겪어야 했던 시인 의사 유리 지바고의 파란만장한 삶과, 열정적인 사랑의 서사를 노래한다. 특히 1917년에 일어난 러시아 혁명은 러시아인들의 모든 것을 뒤바꿔 놓은 대사건이었다. 궁극적으로는 차르의 절대왕정과 레닌의 공산주의, 백군파와 적군파, 우파와 좌파, 귀족과 평민, 그리고 지주와 노동자 사이의 전쟁이었지만, 두 계층에 속하지 않은 사람들 또한 그들의 의지와는 상관없이 혁명의 격변기 속에서 자신의 삶과 사랑을 희생해야 했다.

지바고 또한 마찬가지. 가족과 자신의 모든 것을 상실해 가는 역경을 겪으면서도 그가 끝까지 살아남을 수 있었던 것은 문학과 예술에 대한 열정이었다. 그리고 그 열정을 불러일으키며 시적 영감을 안겨준 운명의 연인 라라가 있었기 때문이다. 혁명의 소용돌이 속에서 어쩔 수 없이 그녀를 떠나보내면서도 그는 시를 통해 라라를, 굴복하지 않은 아름다운 정신으로 부활시킨다.

보리스 파스테르나크(1890~1960)

삶과 자유를 사랑한 파스테르나크 분신 '유리 지바고'

전쟁과 혁명 속에서도 여전히 인간에 대한 사랑과 동경, 아름다움을 놓지 않고 끝까지 살아남아 그 시대가 남긴 흔적들을 온몸으로 받아들였던 지식인의 전형인 유리 지바고는 작가 보리스 파스테르나크의 분신이라 할 수 있다. 연인 라라와 헌신적인 아내 토냐는 실제 연인이었던 올가 이빈스카야와 아내 지나이다를 연상시킨다. 파스테르나크는 1946년 서른다섯 살의 미망인 올가 이빈스카야를 만나 연인이자 문학적 동반자로 마음을 나눈다. 그녀에게 영감을 얻어 자신의 마지막 창작열을 불태운 작품이 바로 《닥터 지바고》이다.

그는 자신이 몸소 겪었던 혁명과 내전 무렵 역사와 시대 상황, 아내 지나이다와 이빈스카야 사이를 오가며 나눈 사랑, 우랄 지방에서 보낸 경험 등을 바탕으로 글을 써내려갔다. 제2차 세계대전이 끝나고 사상투쟁이 극에 이르렀을 때 자유와 예술, 개인의 삶에 대해 노래하는 그를 막기 위해 스탈린 정부는 그의 연인 이빈스카야에게 스파이 누명을 씌우고 감옥에 가두기까지 했지만 파스테르나크는 자신의 의기를 꺾지 않았다. 《닥터 지바고》에서 드러나는 지바고의 인생관은 자기 영혼의 독립성을 지키는 일이었다. 그는 간접적으로 혁명에 참여하지만, 철저히 아웃사이더로 행동하고 '참여'를 거부한다. 지바고는 혁명 또는 이념보다도 삶과 자유, 생명 자체를 사랑한다. 이러한 자신의 작품에 영감과 용기를 준 이빈스카야와의 연인 관계는 1960년 그가 암으로 숨질 때까지 이어졌다.

스크린으로 세계를 울리는 감동

파스테르나크가 남긴 유일한 장편소설 《닥터 지바고》는 1987년에 이르러서야 고국에서 발간되었고, 그가 세상을 떠난 뒤 만들어진 데이비드 린의 〈닥터 지바고〉 영화 또한 1994년에야 러시아에서 상영 기회를 얻었다.

보리스 파스테르나크의 소설을 거장 데이비드 린이 각색 연출한, 영화사상 가장 위대한 서사극이라 할 수 있는 《닥터 지바고》는 20세기 첫무렵 러시아 사회의 불안을 차례로 기록한다. 제1차 세계대전이 러시아에 미친 엄청난 피해부터 구세계의 질서를 무너뜨린 혁명, 그리고 한 차례의 국내전과 그 뒤 이어지는 정치적 소요와 불안까지. 로버트 볼트의 각본은 《닥터 지바고》의 얽히고설킨 복잡한 이야기를 명민하게 압축, 경제적·사회적 변화가 이어지고 있던 1930년대의 시점에서 회상으로 펼쳐나간다.

지바고(오마 샤리프)는 좋은 가문 출신의 의사이면서 타고난 시인이다. 그는 어린 시절부터 좋아했던 토냐(제랄딘 채플린)와 결혼하고 전쟁터로 떠난다. 거기서 그는 부상을 당해 치료를 받다가 일생의 연인 라라(줄리 크리스티)를 만나는데 그녀는 그 뒤 그들이 헤어져 있는 동안 혁명군 지도자의 아내가 된다.

혁명이 끝난 뒤 지바고의 가족은 시대의 고생을 면치 못하고, 지바고는 내전에서 볼셰비키 군대의 군의관으로 일할 수밖에 없는 처지에 놓인다. 마침내 탈영하지만 이미 가족은 투옥이나 더 나쁜 상황을 피해 파리로 탈출한 뒤이다. 라라와 지바고는 우연히 도서관에서 운명적 만남을 이룬다. 다시 만나 둘이 함께 사는 동안 그의 가장 훌륭한 시편들을 써낸다. 그러나 다시는 만날 수 없는 운명을 뒤로하고 둘은 헤어져야만 한다.

《닥터 지바고》는 줄리 크리스티와 오마 샤리프가 불운한 연인을 훌륭하게 연기해낸 가슴 아픈 러브스토리이지만 이 영화에서 가장 기억에 남는 것은 몇 가지 장엄한 장면이다. 이를테면 카자크인들이 항의하는 사람들에게 검을 휘두르는 장면과 지바고의 가족이 겨울 전장을 누비며 끝없는 여행을 하는 장면, 또 지바고가 버려진 시골집에 있는 라라를 다시 만나기 위해 혹독한 겨울에 사나운 눈보라를 헤치고 가는 장면 등이 그러하다.

▲모스크바 대학교
보리스 파스테르나크는 1909년, 역사·철학부에 들어갔다.

▶마르부르크 대학교
1912년, 이 대학에 유학하여 신칸트파 철학을 공부했다.

▼1910년, 아버지 레오니드가 그린 보리스 파스테르나크 초상화

데이비드 린 감독은 노련한 거장답게 각국에서 데려온 명배우들을 서로 어우러지게 했고, 로드 스타이거, 알렉 기네스, 탐 커트니의 조역 연기가 특히 뛰어났다. 촬영감독 프레디 영은 러시아의 광활하고 거친 겨울 풍광을 생생하게 재현했으며 모리스 자르의 음악은 이야기를 더욱 아름답게 채운다. 잊히지 않는 등장인물들의 강렬한 연기와 함께 중요한 역사적 사건을 감동적으로 그려낸《닥터 지바고》는 세계적으로 엄청난 흥행수익을 올렸으며, 오늘날에도 텔레비전 방영을 통해서 끊임없이 많은 관객을 만나고 있다.

지바고의 현실 속 연인 올가 이빈스카야

《닥터 지바고》를 옮기고 나서 잊을 수 없는 것은 일본의 러시아 문학자이며 시인인 K의 추억담이다. 그는 모스크바 국제펜대회에서 러시아 문학가인 올가 이빈스카야를 만난다. 그 추억은 문예지 〈노브이 미르〉의 편집자였던 그녀와 파스테르나크의 만남에 대한 이야기이다. 그녀는 1946년에 이제 막《닥터 지바고》(제1부 '소년소녀들')를 집필하기 시작한 파스테르나크와 알게 된다. 그때의 파스테르나크는 기적적으로 시대를 살아남은 신과 같은 존재였지만, 소년 같은 순수함이 있었다. 그녀는 서른네 살이었다. 전 남편과의 사이에 아이가 둘 있었다. 두 사람은 이내 사랑에 빠졌다. 3년 뒤인 1949년, 그녀는 반체제인물 파스테르나크와의 교제를 이유로 체포되어, 몰다비아의 수용소에 끌려갔다가 4년 뒤 스탈린 사망과 함께 풀려나 모스크바로 돌아온다. 그동안 미래의《닥터 지바고》는 완성되어 가고 있었다.

파스테르나크는 사랑하는 올가 이빈스카야의 운명에 울부짖으면서 글을 쓰고 있었다. 그리고 다시, 조금도 늙지 않고 건강하게 돌아온 그녀는 파스테르나크 사랑의 오른팔이 된다. 완성된《닥터 지바고》는 '동시대 서정시 및 위대한 러시아의 역사적 전통에 대한 중요한 공적'을 인정받아 출판 1년 만에 노벨문학상 수상작으로 선정되었다.

파스테르나크는 아내 지나이다와 함께 트빌리시의 니나 타비제의 집에 놀러가 쉬고 있던 중 이 전보를 받고 기뻐서 이틀 뒤 이렇게 수상 소감을 전했다. '너무나 고맙고 감동적이며, 자랑스럽고 놀라워 몸 둘 바를 모르겠습니다.' 하지만 이틀 뒤 그는 입장을 바꿔 이런 편지를 보냈다. '제가 속한 사회에 수여하는 이 상의 의미를 곰곰이 생각하고 수상을 사양할 수밖에 없으니 제 결정

에 노여워하지 말아 주십시오.'

그가 갑자기 마음을 바꾸게 된 이유는 정부의 압박과 작가 동료들의 비난 때문이라고도 하고, 수상작 선정 이유가 체제 경쟁자 소련을 비난하기 위한 서방세계의 정치적 목적이라는 동료들의 설득을 받아들였기 때문이라고도 한다. 하지만 스웨덴 한림원은 그의 부탁을 무시하고 일방적으로 수상을 결정해 버렸다.

올가 이빈스카야(1912~1995)
문학가인 올가는 반체제 인물 파스테르나크와의 끈질긴 인연으로 오지의 수용소에까지 끌려간다. 파스테르나크는 불행한 그녀의 운명을 한탄하며 《닥터 지바고》를 완성한다.

결국 그는 소련작가동맹 명단에서 제명되고 급기야 국외로 추방당할 위기에 처하게 되었다. 그러자 파스테르나크는 흐루쇼프에게 '조국을 떠난다는 것은 저에게 죽음을 의미합니다' 간절히 청원했다. 흐루쇼프가 이를 받아들여 그는 겨우 망명만은 면한 채 페레델키노에 숨어 있다시피 지냈다.

그 이야기들이 그녀의 회고록 《파스테르나크 시인의 사랑》에 그려진다. 1960년 5월, 파스테르나크가 세상을 떠나자, 올가 이빈스카야는 딸 일리나와 함께 《닥터 지바고》 인세에 대한 외환 및 외국무역관리법 위반 혐의로 체포되어, 시베리아의 이르쿠츠크 오지의 악명높은 타이셰트 수용소에 끌려갔다가 4년(형기의 반) 만에 석방되어 모스크바로 돌아왔는데, 그때 이미 그녀는 쉰두 살이었다.

K는 1982년 그녀의 회고록을 번역한 뒤, 1985년 6월 페레스트로이카('재건' '재편'의 뜻을 가진 러시아어로, 미하일 고르바초프가 1985년 3월 소련 공산당 서기장에 취임한 뒤 실시한 개혁정책. 국내적으로는 민주화·자유화를, 외교적으로는 긴장 완화를 기조로 한다)가 시작된 시기에 폴란드 바르샤바에 머물던 중 기차를 타고 모스크바에 있는 그녀 아파트를 찾아갔다. 그때 올가 이빈스카

야의 나이는 일흔 살이었다.

두 번째 방문은 2년 뒤인 1987년 11월, 파리에 망명한 일리나 부부를 만나고 그길로 그녀가 어머니 올가 이빈스카야에게 보내는 조그마한 크리스마스 선물 꾸러미를 전하러 갔다. K는 1989년, 〈닥터 지바고론〉이라는 짧은 논문을 쓰기 위해 모스크바에서 석 달 동안 머물렀는데 그때도 그녀를 찾아갔다. 그리고 K가 마지막으로 그녀를 방문한 것은 1990년 5월, 파스테르나크 탄생 100주년 심포지엄에 참석하기 위해 모스크바에 갔을 때였다. 그리고 K가 마지막으로 그녀를 방문한 것은 1990년 5월, 파스테르나크 탄생 100주년 심포지엄에 참석하기 위해 모스크바에 갔을 때였다.

K의 올가 이빈스카야 추억담은 계속된다. 그녀는 나이가 많아 거동은 조금 불편했지만 여전히 보드카를 마시고 담배를 피우는 등 활달했다. 그 모습에서는 가혹한 심문과 고문, 검사조서에 끝까지 서명하지 않고 두 번의 수용소 생활 8년을 견디고 살아남은 사람으로서 고생한 흔적이 조금도 느껴지지 않았다고 한다. 그녀는 금발 머리가 반짝거리는 아담한 몸집이었다. K가 찾아가면, 다리가 불편한 그녀는 침대와 파스테르나크의 제단(커다란 책상으로 그 위에 촛불이 켜져 있고 서랍 속에는 정리되지 않은 파스테르나크의 사진들이 가득했다)이 있는 작은 거실에서 의자에 앉은 채 K를 포옹으로 맞이해 주었다.

그 뒤 소련은 청천벽력처럼 해빙되었다. 이미 1929년 시점에, 마법에 걸린 소련이 이대로 지속될 리가 없다고 그려온 파스테르나크의 꿈이 마침내 현실이 된 것이다. 파스테르나크의 영원한 연인이었던 올가 이빈스카야는 1995년, 여든세 살을 일기로 세상을 떠난다.

처음에 러시아의 파스테르나크 연구자들은 올가 이빈스카야를 멀리했지만 세월이 흐른 지금은 파스테르나크를 이해하는 데 그녀는 없어서는 안 될 존재가 되었다. 그녀는 파스테르나크가 있는 페레델키노의 공동묘지에 잠들어 있다. 파스테르나크 집안의 묘비는 세 그루 소나무 밑에 있는데, 그녀의 묘비는 어디에 있을까?

이 묘지의 완만한 비탈을 이룬 골짜기는 파스테르나크가 《닥터 지바고》를 집필했던 다차의 3층 서재에서 저 멀리 바라보인다. 그 비탈은 비트 밭이 되어 있다. 겨울이 되면 아름다운 하얀 눈밭으로 바뀐다. 그 눈밭의 골짜기를 향해 지바고의 시에 있듯이, 예수의 탄생을 축하하기 위해 동방박사 세 사람이 낙

1924년, 친구들과 함께 파스테르나크(왼쪽에서 두 번째), 릴리아 브릭, 세르게이 아인슈타인(왼쪽에서 세 번째) 그리고 블라디미르 마야코프스키(가운데)

타에 선물을 싣고 찾아오는 것이다.

파스테르나크는 이렇게 시간과 공간을 넘어서 예수와 복음서의 사상을, 그 자신의 겨울 들판 골짜기로 가져왔다. 지바고가 시에서 노래한 여성상은 모두 올가 이빈스카야였으나, 그것은 시 속에서 그녀를 넘어서서 영원한 형상으로 승화되었다. "영원이 기다리고 있지 않다면 이 삶이란 무엇이냐"고 막달라 마리아가 예수에게 질문을 던지지 않았던가.

언제나 예술과 자유를, 파스테르나크 생애

보리스 레오니드비치 파스테르나크는 러시아(소련) 시인으로 모스크바의 부유한 유대계 가정에서 태어나 전형적인 예술가 집안의 분위기 속에서 부유하게 자라났다. 아버지 레오니드는 레프 톨스토이와 친구 사이였으며 저명한 화가로서 모스크바 회화·조각·건축학교 교수였다. 톨스토이 말고도 작곡가 겸 피아니스트 세르게이 라흐마니노프, 시인 라이너 마리아 릴케, 피아니스트 스크랴빈이 그의 집을 찾아오고는 했다. 어머니 로자 카프만은 안톤 루빈시테인

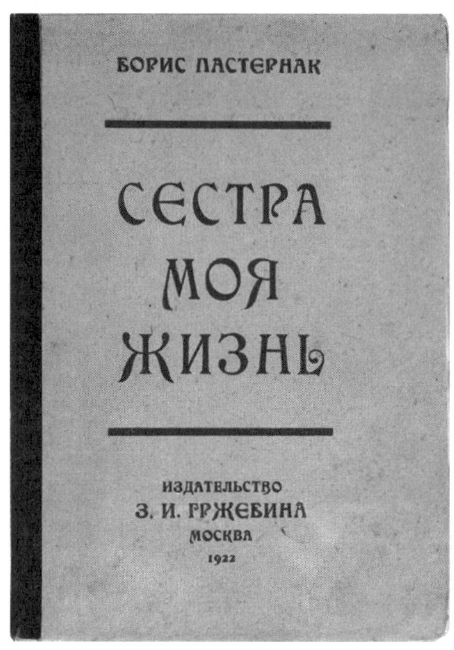

시집 《삶은 나의 누이》(1922)

의 제자인 피아니스트였다.

고전중학(독일 고전중학)에 들어간 파스테르나크는 스크랴빈의 영향을 받아 작곡가가 되기 위한 전문적인 공부를 시작했다. 그 뒤 스크랴빈의 충고로 작곡가가 되기를 단념하고, 모스크바 대학 철학과에 입학하게 된다. 1910년 톨스토이가 여행길에 죽었을 때, 죽은 사람 얼굴을 본뜨는 일을 부탁받은 아버지와 함께 추운 시골마을 아스타포 역으로 급히 가서 톨스토이의 얼굴을 본떴다. 1912년에는 독일의 마르부르크 대학으로 유학을 가서, 그다음 해 모스크바 대학을 졸업했다. 같은 해 문집 〈리리카〉에 시를 발표하고 시인 니콜라이 아세프 등 친구들과 친해지게 된다.

1914년 온건 미래파 〈원심분리기〉에 참가하고, 그때 이미 두각을 나타냈던 시인 마야코프스키와 만나게 된다. 같은 해 처녀시집 《구름 속의 쌍둥이》(아세프의 서문), 1917년에는 제2시집 《장벽을 넘어서》를 출판했다. 게다가 〈1917년 여름〉이라는 부제목을 가진 제3시집 《삶은 나의 누이》(1922, 해설은 뒤에 나옴)를 발표해 시단에서 빛나는 위치를 차지하게 된다. 《삶은 나의 누이》 시들은 마치 소설처럼 이야기의 단락을 이루면서 주인공 '나'가 사랑의 정열을 불태워 죽음에 이르는, 곧 다시 태어나기까지의 격렬한 환희를 그렸으며 이로써 자연 본질을 이야기했다. 연애시가 중심을 이루는 게 매력이지만, 그 특징은 자연이나 대상을 바라보는 '자기 유출'이 확대되어 대상 모두가 생명을 얻게 된 듯 약동적이라는 점에서 그의 세계 속 생명 감각은 '별들의 비', '빛의 소나기'라고 평가된다.

그 뒤 시집으로서는 《주제와 변주》(1923), 《제2의 탄생》(1932)이 출판되었다.

시인으로 출발했음에도 다른 시인과는 달리 일관되게 산문소설의 표현형식에 파고들어, 1925년에는 《아페르레스의 선》(1918), 《공로(空路)》(1924)를 담은 《단편집》이 간행되었다. 시집 《삶은 나의 누이》와 비슷한 형식의 중편소설 《뤼베르스의 소녀시절》은 장편소설 《닥터 지바고》의 맨 처음 주조를 이루는 것으로, 시인의 소설로서 최고라는 평가를 받았으며 릴케의 소설 《말테의 수기》를 떠올리게 하는 참신한 작품으로 여겨졌다.

《닥터 지바고》 초판 표지 이탈리아, 1957.

1925년에는 혁명을 취재한 서사시 《1905년》(1926)과 《슈미트 해군대위》(1927) 등을 쓰기 시작하고, 특히 자기 세대에 있어서 최초의 혁명인 러시아 제1차 혁명과 그 영웅을 그렸다. 이것에 비해 자전적 운문소설 《스펙토르스키》(1924~30년 집필, 1931년 간행)에서는 서정적 성격의 주인공이 러시아 혁명의 현실과 역사의 전개 속에서 고뇌하며 자신의 살 길을 예술적으로 탐구한다. 산문 《중편소설》(1929)도 이런 주제들을 담고 있다.

그의 초기 시는 예술적 향기가 높고 세련되었을 뿐만 아니라 독특한 시풍으로, 그 무렵 러시아 시단에 새바람을 불러왔다. 그러나 공산주의자들은 그의 시에 상징주의적 영향이 엿보이며, 동시대의 문제에서 벗어나려는 경향과 시적 주제가 고독한 지식인의 기분과 체험의 좁은 울타리를 넘어서지 못한다는 이유로 거세게 비난했다. 그의 시에는 '부르주아적, 병적, 염세주의적, 개인주의적'이라는 딱지가 덧씌워졌다.

1926년, 그는 자신의 예술적 견해와 생활을 검증하는 장편 에세이 《안전통행증》을 쓰기 시작했다. 이것은 하나의 자전소설이며, 특이한 표제를 갖고 있듯이 차츰 변질되어 가는 소비에트 혁명의 현실과 예술가들이 온갖 협박 속에서 자신의 본모습을 다시 확인하고 예술적 입장을 변명하는 내용이다. 이것도 1920년대 후반부터 프롤레타리아 작가집단에 따른 이른바 자신의 동반자로 여긴 작가를 향한 공격이 뚜렷하게 나타나고, 소비에트 혁명을 거스를 수 없는 자연적 맹위로 받아들인 파스테르나크 자신을 기회주의자적 모습으로 그려내지 않으면 단 한 걸음도 앞으로 나아갈 수 없다는 압박감 때문이었다. 이 자전은 릴케에게 바치듯 제1부가 1929년에 발표된다.(제2, 3부는 1931년에 발표)

1930년대에 들어서자 스탈린 체제가 확립해 가면서 예술도 이데올로기적 통제를 피할 수 없게 되지만, 아직 자리를 물러나지 않은 정치국원 니콜라이 부하린은 1934년에 시인으로서의 파스테르나크 작품을 공식적으로 칭찬한다. 파스테르나크는 그 무렵에 드디어 모스크바 교외 페레델키노의 작가 마을로 이사하게 되어 그곳에서 남은 삶을 보내게 된다.

같은 해 시인 오시프 만데리시타무가 체포될 때, 파스테르나크는 스탈린에게서 그 사건에 대해 직접 전화를 받고 그를 돕기 위해 바삐 뛰어다닌다. 다음 해에는 파리의 반파시즘 문학옹호국제작가회의에 참석해 앙드레 말로와 그의 친구들을 사귀게 된다.

1936년부터 스탈린에 의해 지식인과 작가의 대숙청이 시작되고, 1937년에는 파스테르나크와 친한 수많은 작가와 시인들이 체포되어 처형되었다. 유대인 출신으로 유아세례를 받고 러시아 종교로 개종한 파스테르나크는 마땅히 유대계 지식인으로서 숙청의 위험까지 올라갔지만 기적적으로 체포를 면할 수 있었다. 파스테르나크가 그 무렵 스탈린의 고향 그루지야의 작품을 번역해 주었던 까닭도 있었고, 스탈린이 보기에 파스테르나크는 너무 자기세계에 빠져 혁명이 뭔지도 모르는 인물로 비쳐졌기 때문에 미하일 불가코프와 함께 숙청 명단에서 제외된다. 실제로 스탈린은 그에 대해서 "구름 속에서 사는 이 사람을 건드리지 말 것"이라고 메모했다고 한다.

파스테르나크는 작가로서는 침묵하면서도 생활을 위해 번역을 하며 셰익스피어 《햄릿》, 괴테의 《파우스트》 등 명작 번역을 남겼다. 또한 앞서 이야기했듯 그루지야 시집 등을 다뤄 시 번역 분야에서도 활약했는데, 세련되고 현대적인 번역으로 대중에게 명역이라고 사랑받았다. 특히 뒷날 영국 왕립극단이 《햄릿》을 무대에 올릴 때, 그의 번역본을 원본과 대조해 가면서 본디 대사의 묘미를 더 살렸다는 일화가 전해질 만큼 번역 능력에도 뛰어났다.

제2차 세계대전 중인 1943년 여름, 그는 작가 군단의 하나로서 전선으로 향했는데, 그때의 경험이 《닥터 지바고》의 에필로그로 쓰이게 된다. 오랜만에 시집 《이른 아침 열차에서》가 같은 해에 출판되었다.

영화 〈닥터 지바고〉 포스터 미국, 1965.

제2차 세계대전이 끝난 뒤 지다노프가 문학을 비판하기 시작해 예술파 작가들이 그 희생양이 되었다. 러시아 농노제를 무대로 한 낭만적인 희곡 《눈 먼 미녀》(미완, 1969년 죽은 뒤 간행)를 집필해, 1959년에는 마지막 서정시집이 된 《마음이 맑아져 올 때》를 출판한다.

1960년 5월 30일, 불우하게 살아가던 파스테르나크는 혈액암이 폐로 전이되어 죽음을 맞이한다. 6월 2일, 그의 시신은 페레델키노 공동묘지에 묻혔다. 그 뒤 《닥터 지바고》는 금서가 되었지만 마침내 '페레스트로이카 정책'에 의해 1988년 〈노비 밀〉 잡지에 연재되어 1989년에는 단행본으로 출판되었다.

영원을 찾아서 지바고와 라라

1955년 완성된 장편소설 《닥터 지바고》는 아버지 레오니드의 유대주의, 구약세계를 신약세계로 바꾸어 펼쳐진다. 러시아를 철저하게 사랑해 토착화되길 바랐던 파스테르나크는 유대인 사상을 그리스도 사상으로 전환해 그것을 러시아의 눈 내리는 광활한 겨울 땅을 무대로 넓히려 했다. 또한 여러 가지 이야기로 펼쳐지는 운명적인 만남과 우연들은 구약 이야기에 바탕을 둔다고도 말할 수 있다. 이와 함께 혁명에 의해 무너진 그리운 러시아의 생활에 대한 작가

보리스 파스테르나크가 1936~60년 마지막까지 살았던 페레델키노에 있는 다차 교외 별장 이곳에서 공동묘지가 바라보인다.

의 진혼가이기도 하리라.

이 기념비적인 작품은 시인으로서 먼저 이름을 알렸던 파스테르나크 시의 주요 주제를 보다 넓게 담아냈다. 시로는 완전히 표현할 수 없었던, 파스테르나크가 이 세상에서 보고 듣고 겪고 생각했던 모든 것을 드러낼 수 있는 형식으로서 한 편의 서사시라고도 할 수 있다.

《닥터 지바고》는 어느 고독한 지식인의 연대기이지만 그 속에는 사회 각계각층을 대변하는 인물이 파노라마처럼 등장한다. 모든 사람들은 복잡하면서도 상징적인 이야기의 한 부분을 이루며 저마다 얽히고설킨 운명으로 이 작품의 중요한 주제를 전한다.

이러한 광대한 규모와 서사시적 전개는 톨스토이의 《전쟁과 평화》에 견줄 만하다. 톨스토이와 파스테르나크는 거대한 역사의 흐름 속에서 개인을 근본적으로 무력한 존재로 그려낸다. 그러나 《전쟁과 평화》 속 개인의 무력함은 그것이 개인에 의해 몰이해되고 부정될 때만 비극적이지만, 《닥터 지바고》에서 그것은 무조건적으로 비극적이다. 혁명에서 비롯되는 황폐함과 개인의 고독과

페레델키노 공동묘지에 있는 파스테르나크의 무덤 올가 이빈스카야 무덤도 같은 공동묘지에 있다.

비극은 작품 곳곳에서 상징적으로 그려지고, 마지막 장에 실린 '지바고의 시'에도 드러난다. 때문에 톨스토이의 《전쟁과 평화》 결말은 가정의 행복이라는 색조를 띠지만 지바고의 세계는 이러한 행복은 결국 망상이라는 날카로운 인식을 남긴다.

파스테르나크는 정치를 덧없는 외부적인 현상으로 다루며, 인간의 정신과 감정, 창조력과 같은 영원한 요소들에 집중한다. 지바고와 라라는 인간다운 본능과 존엄성을 지켜내고자 노력하며, 정치적 폭력에 맞서 그러한 가치들을 끝까지 지켜 나간다. 개성의 자유와 내면의 영원한 가치를 좇는 지바고와 라라의 사랑은 이런 모든 것들을 강조한다. 여기에서 사랑은 인간에 대한 사랑, 예술 창조에 대한 사랑, 희생으로서의 사랑, 즉 그리스도적인 사랑이라는 세 가지 양상으로 나타나며 작품 속에 짙게 배어 있는 '고독'의 색채와 더불어 더욱 깊어진다.

파스테르나크는 인간의 덕성을 믿고 자연과 사랑을 예찬했다. 지바고는 오직 선(善)을 통해서만 최고의 선에 이를 수 있다며 이렇게 말한다.

"만약에 인간 속에 내재해 있는 야수성이 공포와 난폭한 힘을 통해 제어될 수 있다면, 우리의 이상은 회초리를 휘두르는 서커스단의 조련사이지 예수 그리스도는 아닐 것이다."

강압과 억제, 공포와 획일화가 지배하는 사회의 그늘에서 시달리는 지식인의 항의와 내적 생활의 추구, 자유에 대한 끝없는 동경, 개인의 가치 존중 등이 작품 속에 오롯이 표현된 것이다.

그는 문학을 대중 교육 수단으로 다루는 것을 부정하고, 자신이 아끼고 사랑했던 자연, 사랑, 삶, 고독을 자유스러운 형식 안에 담아냈다. 그렇기에 《닥터 지바고》는 오래전부터 이제까지 사람들의 가슴속에 살아남아 있는 것이리라.

《닥터 지바고》 끝부분에 붙여진 '지바고 시편'은 성경의 복음서를 모티프로 한 시들로, 의사이면서 시인이자 철학자이기도 한 주인공 유리 지바고가 그의 미래를 마음에 그린 것이라 할 수 있다.

지바고의 시 한 줄을 떠올려 본다.

> 나는 오직 홀로인데 세상엔 득실거리는 바리새인들뿐
> 삶을 어찌 고요한 들숲을 지나는 것에 비하리오.

보리스 파스테르나크 연보

1890년 2월 10일(구력으로 1월 29일) 모스크바에서 출생. 아버지는 화가 레오니드 오시포비치, 어머니는 피아니스트 로잘리아 이지드로브나(옛날 성 카우프만).

1894년 아버지 레오니드, 모스크바 예술학교(회화, 조각, 건축)의 교사가 된다. 가을에, 파스테르나크 집안의 가정음악회에 톨스토이가 찾아온다.

1898년 아버지 레오니드, 톨스토이의 장편 《부활》 연재에 33매의 삽화 담당. 릴케가 최초의 러시아 여행에서 아버지 레오니드와 알게 된다.

1900년(10세) 보리스는 유대인 기준으로 김나지움 5학년 편입이 허가되지 않아 2학년에 입학. 처음으로 자신이 유대인임을 의식. 릴케, 톨스토이를 찾아간 두 번째 러시아 여행에서 파스테르나크 일가와 역에서 만남.

1901년(11세) 일가, 예술학교 본관으로 이사.

1903년(13세) 여름 별장이 서로 이웃해 있어서 작곡가 스크랴빈과 알게 된다. 8월, 밤의 방목지를 보러 가서 안장 없는 말을 타다 낙마. 후유증으로 오른쪽 다리가 3센티미터 짧아져서 병역부적격자가 된다.

1905년(15세) 페테르부르크에서 러시아 제1차 혁명 시작. 10월에 모스크바–카잔 철도파업이 시작되어 전 러시아 정치 총파업. 보리스는 카자크의 순찰대에 채찍을 맞는다.

1908년(18세) 5월, 김나지움 졸업. 6월, 모스크바 제국대학 법학부 입학.

1909년(19세) 김나지움 재학 중 작곡에 열중. 스크랴빈 앞에서 자작 소나타를 연주한다. 칭찬은 받았지만 작곡가를 단념하고 철학으로 전향. 처음으로 단편과 시를 쓴다.

1910년(20세) 페테르부르크에서 사촌누이인 올가 프라이덴부르크(훗날의 예술학자)가 모스크바에 찾아온다. 그녀의 감화로 문학이 아니라 철학을 공부하기로 결심. 여름에 시베리아의 이르쿠츠크에서 찾아온 열세 살의 옐레나 비노그라드와 알게 되다. 11월 7일, 톨스토이가 사망한 아스타포보 역에 급히 가서 아버지와 함께 데스마스크를 뜬다.

1911년(21세) 문학그룹 〈세르다르타〉(나중에 〈릴리카〉로 개칭)에 들어간다. 일가, 볼혼카 9번지로 이사, 파스테르나크는 단속적으로 1938년까지 이곳에서 산다.

1912년(22세) 4월에 마르부르크 대학 유학. 마르부르크 학파 헤르만 코엔의 제미나르. 7월, 독일에 여행 온 이다 비소츠카야에게 갑자기 청혼했다가 거절당한다. 8월에 마르부르크를 떠나 베네치아로 가서 이탈리아를 돌고 연말에 귀국.

1913년(23세) 문집 《릴리카》에 최초의 시 5편 발표. 연말에 첫 시집 《구름 속의 쌍둥이》 출간.

1914년(24세) 시인 그룹 〈원심분리기〉를 발족시킨다.

1915년(25세) 3월, 독일인 공장주 필리프 집안의 가정교사가 되지만, 모스크바에서 독일인에 대한 포그람에 의해 그 집도 피습, 파괴된다. 5월에 처음으로 마야코프스키를 만난다. 제1차 세계대전 발발. 7월, 독일, 오스트리아·헝가리가 러시아에 선전포고. 그 여름, 우크라이나 하리코프의 시냐코바 자매의 집으로 여행. 10월, 전시(戰時)에 개명한 페트로그라드로 여행. 12월, 우랄로 떠남.

1916년(26세) 1월부터 7월까지 징병면제로 후방 근로동원, 우랄의 프세볼로드빌리바의 소다 화학공장에서 경리조수로 일한다. 카마 강변에 있는 치히에 골루이의 공장주 카르포프 집안에서 가정교사. 이곳의 기사(技師) 가운데 벨기에 사람이 많았다. 두 번째 시집 《장벽을 넘어서》.

1917년(27세) 2월 혁명, 페트로그라드의 노동자, 수비대 병사의 봉기로 제정정부 붕괴. 파스테르나크는 2월에 급거 모스크바로 돌아온다. 3월 임시정부 성립. 봄에 스무 살이 된 옐레나 비노그라드와 재회. (《제냐 류베르스의 소녀시절》에서, 옐레나의 '이르쿠츠크'가 '우랄'로 바뀌어 묘사된다. 파스테르나크는 시베리아를 몰랐기 때문이다). 여름에 《삶은 나의 누이》에 수록되는 시의 대부분을 쓴다. 7월에, 옐레나가 농촌봉사하러 보로네지 근교의 로마노프카로 떠남. 파스테르나크가 뒤쫓아가서 만난다. 10월 혁명. 볼셰비키 정권.

1918년(28세) 페트로그라드에서 미모의 라리사 라이스너(인민위원 부인이 된다)와 알게 된다. 이 '라리사'(그리스어 기원의 대중적인 러시아 이름)는 '갈매기'라는 뜻. 미래의 《닥터 지바고》의 여주인공 '라라'는 그녀한테서 이름만 따왔다고 한다. 2월, 시인 마리나 츠베타예바를 처음으로 만난다. 그때의 대화에서 파스테르나크는, 발자크 같은 사랑과 여주인공이 나오는 대로망을 쓰고 싶다고 말한다. 3월, 옐레나 비노그라도프가 결혼한다. 가을부터 장편소설 《세 개의 그림자》(가제(假題))에 착수. 그 5분의 1에 해당하는 제1부만 중편 《류베르스의 소녀시절》이 되고, 나머지는 좌절. 생계를 위해 번역일에 몰두하면서 이 장편은 중단한다. 등장인물의 구성전개를 현실 속에서 구하려고 기다렸기 때문이라고도 한다.

1919년(29세) 봄에 시집 《주제와 변주》 집필.

1921년(31세) 여름, 예브게니 루리에와 알게 된다. 9월, 부모가 베를린으로 망명. 12월, 소비에트 제9차대회의 입장권을 손에 넣어 레닌을 본다.

1922년(32세) 시인 만델리시탐과 알게 된다. 1월, 예브게니 루리에와 결혼. 4월, 시집 《삶은 나의 인생》 펴냄. 중편 《류베르스의 소녀시절》. 그 무렵 가장 뛰어난 산문작가의 한 사람으로서 높은 평가를 얻는다. 7월, 망명한 츠베타예바와 편지왕래 시작. 8월, 크렘린에서 트로츠키와 만난다. 8월, 아내와 함께 페트로그라드에서 배를 타고 베를린으로 간다. 이 20년대의 10년 동안이 파스테르나크의 문학적 명성의 절정기. 출판사에서 잇따라 의뢰가 들어와 프로자(산문작품)를 계속 쓰지 못하게 된다.

1923년(33세) 시집 《주제와 변주》 출판. 3월, 러시아에 돌아오기 전에 베를린에서 부모를 만나는데 이것이 마지막이 된다. 9월, 아들 예브게니 탄생. 레닌을 묘사한 서사시 《높은 병》.

1924년(34세) 1월 24일, 만델리시탐이 함께 수천 명의 조문객에 섞여 레닌의 관

옆을 지나간다. 2월, 단편 《공로(空路)》 집필. 11월부터 3개월 동안 중앙위원회 부속 레닌 연구소에서 외국문헌 읽는 일을 한다.

1925년(35세) 운문소설 《스펙토르스키》를 쓰기 시작(이것이 산문 중편 《이야기》로 변화). 가을에 서사시 《1905년》의 첫 장.

1926년(36세) 아버지의 편지에서, 릴케가 파스테르나크의 시를 높이 평가하고 있음을 안다. 릴케 사망 소식.

1927년(37세) 트로츠키가 레프 동인을 만난다. 파스테르나크는 레프와 관계를 끊는다.

1928년(38세) 서사시 《1905년》 《슈미트 해군대위》 출판. 중편 《이야기》 집필. 이것은 주인공 세료자의, 제1차 세계대전 세대의 청춘을 그린다.

1929년(39세) 1월, 트로츠키, 터키로 국외추방(32년에 국적박탈). 파스테르나크, 자전적 에세이 《안전통행증》 집필. 《이야기》를 〈노비미르〉지에 발표. 가을에 피아니스트 겐리흐 네이가우스와 아내 지나이다 니콜라예브나와 알게 되다. 12월, 마야코프스키와 화해 시도. 스탈린의 개인숭배, 독재 확립. 농업의 전면집단화와 부농계급의 절멸이 선언된다. 《닥터 지바고》의 주인공 유리 지바고(39세)의 죽음 설정은 바로 이 1929년. 러시아 혁명의 완전한 변질이 피크에 이른다.

1930년(40세) 4월 14일, 마야코프스키 자살.
7월, 네이가우스 부부와 우크라이나의 이르페니에서 피서. 지나이다 부인에게 매료된다. 8월, 키예프 모스크바 사이의 차 안에서 지나이다에게 고백. 10월, 그루지야 시인 파올로 이아슈빌리와 알게 된다.

1931년(41세) 1월 말, 집을 나가 지나이다에게 간다. 그 뒤 4월까지 필리냐크의 아파트에 몸을 의탁한다. 5월, 아내와 아들을 베를린으로 보내고 5월 말, 키예프에 있는 지나이다를 만나러 간다. 7월, 지나이다와 그녀의 아들과 함께 그루지야의 티플리스로 여행. 시인 티치안 타비제와 알게 되다. 12월, 파스테르나크가 베를린으로 오겠다는 약속을 지키지 않자 아내 예브게냐가 모스크바로 돌아온다.

1932년(42세) 2월, 파스테르나크 자살 미수. 작가동맹이 파스테르나크와 지나이다에게 츠베르스카야 블리바르 거리에 방 두 개짜리 주택을 제공한다. 3월, 《안전통행증》 출판. 4월, 러시아 프롤레타리아 작가동맹(라프) 해산. 7월, 지나이다 모자와 함께 우랄의 스베르들로프스크로 여행. 이것은 우랄의 당(党)지방위원회에서의 초빙. 이 여행에서 농업집단화와 쿨라크(부농층) 절멸 정책의 참상에 대해 알게 된다. 이 시기에 작가들은 농업집단화의 성과를 보고하기 위해 각 지방을 여행했다. 파스테르나크는 이 우랄 체재 때 훗날 《닥터 지바고》의 빨치산과 시베리아의 데생을 집필한다. 이때 자신들 세대의 운명에 대한 산문작품을 쓰기로 결심한다. 8월, 시집 《제2의 탄생》 출판. 츠베르스카야의 방은 예브게냐에게 넘기고, 파스테르나크와 지나이다는 볼혼카의 옛집에 들어간다.

1933년(43세) 작가여행단의 일원으로 그루지야 여행.

1934년(44세) 5월, 스탈린을 야유하는 시를 낭독해 만델리슈탐이 체포된다. 7월, 스탈린이 직접 전화해서 만델리슈탐에 대해 질문한다. 8월 29일의 제1회 소련작가동맹대회. 파스테르나크는 기립환영을 받는다. 12월, 정치국원 키로프 암살. 스탈린과 내무인민위원부의 짓이라는 의혹이 제기되고, 그 뒤 레닌그라드에서 대량체포가 시작된다. 스탈린의 심복 지다노프가 레닌그라드의 당조직 우두머리가 되어 지식인을 탄압하기 시작한다.

1935년(45세) 파스테르나크가 번역한 《그루지야 서정시》 간행. 3월부터 8월까지 심한 정신적 울증과 불면. 7월, 병을 무릅쓰고 파리에서 열린 문화옹호 반파시즘 대회에 참석. 이것은 프랑스 측에서 꼭 파스테르나크를 대표단으로 보내달라는 요청에 따라 스탈린 개인의 명령으로 출장. 대회에서 연설. 파리에서 츠베타예바와 재회. 런던을 경유해 배를 타고 레닌그라드로. 8월, 모스크바 교외에서 요양. 10월, 아흐마토바의 내연의 남편 니콜라이 푸닌과, 아흐마토바의 아들 레프 구밀료프가 체포된다. 파스테르나크와 아흐마토바의 이름으로 스탈린에게 편지. 푸닌 석방. 10월 말, 스탈린에게 감사편지와 함께 《그루지야 서정시집》을 보낸다. 투병과 번역일 때문에 자신들 세대의 운명에 대해 쓰는 산문작품은 중단된다.

1936년(46세) 2월, 민스크에서 제3차 소련작가동맹 이사회에서 문학의 획일화에 반대하는 연설을 한다(파스테르나크는 고리키와의 관계 덕분에 처음부터 작가동맹의 이사가 된다). 6월, 고리키 사망(고리키는 31년에 소련에 귀국, 스탈린에게 협력했지만, 소련의 현실에 환멸을 느꼈다. 파스테르나크와 필리냐크의 비호자이기도 했다). 7월, 앙드레 지드가 소련을 방문해 파스테르나크를 만났고, 소련의 진정한 실정을 알게 된다. 이 해는 문화에 대한 국가통제강화, 쇼스타코비치 비판, 트로츠키스트, 지노비예프파 체포, 12월, 민주주의를 가장한 스탈린 헌법 채택, 이 36년 이후, 파스테르나크는 분명하게 반체제 입장에 선다.

1937년(47세) 이 해는 스탈린에 의해 미증유의 대숙청 광풍이 분다. 2월, 파스테르나크를 찬양한 부하린이 체포된다. 7월, 투하체프스키, 야키르, 그 밖의 총살처형에 찬성하는 작가들의 서명부에 서명 거부.

1938년(48세) 셰익스피어의 《햄릿》 번역 시작.

1939년(49세) 장편소설 《지브리트의 수기》를 쓰지만, 전쟁 중에 불타 없어진다. 이 '지브리트'라는 주인공 이름은, '지바고'와 같은 어근(語根)이다. 10년대에 쓴 초기습작에 '렐리크비니 프루비트'라는 시인 주인공이 등장하는데, 이 '프루비트'는 프랑스어의 '푸르 비(삶의 행복)'에서 온 것이라고 한다. 그리하여, 소실된 《지브리트의 수기》의 주인공 이름은 파트리키 지브리트. 그리고 '36년에 쓴 산문작품의 서장(序章)'의 여주인공, 예브게냐 비켄치예브나 이스토미나는 《류베르스의 소녀시절》의 제냐 류베르스의 발전 형상으로, 라라와 마찬가지로 외동딸 카차를 키우고, 그녀의 남편은 우랄 유리아틴의 물리, 수학 교사이며, 제1차 대전에 지원병이 된 뒤 소식이 끊어진다. 이것은 《닥터 지바고》의 라라와 스트렐리니코프의 구성과 같다. 이 무렵에 이미 훗날의 《닥터 지바고》의 중요한 인물 구성이 완성되어 있었던 것이다.

1940년(50세) 페레델키노 시편을 쓴다. 번역 《햄릿》 출판.

1941년(51세) 파스테르나크는 지나이다와의 가정을 버릴 결심을 하지만, 6월 22일 대(大)조국방위전쟁이 시작된다. 독일군 병력 550만 명이 소련을 기습공격, 소련적군은 서부국경에 병력 220만. 아내와 아들이

치스토폴로 소개(疏開)한다(타타르스탄 공화국, 우랄 산맥 서쪽 기슭 카마 강 왼쪽에 있는 도시). 파스테르나크는 모스크바에 남아 소이탄의 소화작업과 총격훈련. 소련에 귀국하여, 옐라부가에 소개한 츠베타예바가 곤궁에 빠져 자살. 파스테르나크는 아프마토바와 같은 열차로, 작가들이 다수 소개해 있던 치스토폴로 소개.

1942년(52세) 《로미오와 줄리엣》 번역. 소개지 티스토폴에서 《이 세계》라는 희곡의 스케치. 등장인물은 장교 두도로프와 고르돈이라는 이름. 여병사 쿠자키나가 독백하는 내용은 《닥터 지바고》의 타냐(라라와 지바고의 딸)와 같다. 이 무렵 《닥터 지바고》의 에필로그의 주요 구상이 완성되었다.

1943년(53세) 6월, 일가는 모스크바로 돌아온다. 7월, 시집 《조기열차에서》 출판. 8월부터 9월 초순까지 작가여행단 일원으로, 독일군으로부터 오룔을 해방한 제3군 전선위문 여행.

'군대로 가는 여행' '해방된 도시'의 르포를 쓴다. 이 전시(戰時)에 파스테르나크는 부활한 것처럼 활기에 차 있었다.

1944년(54세) 전쟁을 테마로 한 연작시 집필.

1945년(55세) 5월 8일, 독일 항복. 소련의 전쟁희생자 2600만 이상. 이 해 겨울, 아직 제목이 정해지지 않은 《닥터 지바고》를 몇 달 만에 완성할 예정으로 집필하기 시작한다.

1946년(56세) 8월, 이른바 지다노프 비판. 9월에 파스테르나크에 대한 공격이 작가회의와 미디어에서 맹렬하게 시작된다. 자택에서 《닥터 지바고》 제1부부터 첫 번째 낭독회를 연다. 10월, 올가 이빈스카야를 알게 된다. ('지바고'라는 성은 모스크바 시내의 문패에서 발견했다고 파스테르나크가 말했다 함)

1947년(57세) 1월, 〈노비미르〉와 로망 개재 계약. 제목은 《이노켄티 두도로프》(소년 소녀들)라는 제목으로, 지바고의 제1부에 해당한다). 4월, 제1부 제3장에 해당하는 '스벤티스키 씨네 욜카 파티'의 낭독회. '햄릿' '성탄의 별' '겨울밤' 등의 시를 써서 낭독회에서 읽는다. 이 무렵, 아직 로망의 최종적인 제목은 결정되지 않고 있었다. 여름 《리어왕》 번역.

1948년(58세) 봄 무렵, 제1권 제4장 '운명의 도래'를 끝내고, 로망의 제목 결정. 소비에트 작가 시리즈에서 기획, 인쇄되었다. 파스테르나크의 시집 25만부가 폐기처분된다.

1949년(59세) 10월, 반체제인물 파스테르나크와 연인관계에 있다는 이유로, 올가 이빈스카야(37세)가 본보기로 체포되어 몰다비아의 수용소로 보내진다. 11월, '막달라마리아' '겟세마네 동산' 등의 시를 쓴다. 《파우스트》 제2부 번역.

1950년(60세) 여름, 《닥터 지바고》 제1부 완성.

1952년(62세) 10월, 중병인 심근경색을 보트킨 병원에서 2개월 동안 치료.

1953년(63세) 2월, 사나토리움에서 요양. 3월 5일, 스탈린 사망. 여름, '지바고의 시' 연작 완성. 1917년 여름 이후의 강렬한 창작의욕을 느낀다. 제9~제14장까지의 초고. 특히 이 무렵, 제2부를 집필할 때, 우랄의 포크로어 관계의 책, 아파나셰프의 《러시아 민화》, 소개지 치스토폴에서 스스로 채집한 포크로어 기록을 참고해, 특히 프로프의 《민담의 역사적 기원》을 숙독한다. '예브그라프'와 '삼데뱌토프'의 형상에 민담의 등장인물과 부합되는 점이 있다고 한다. 9월, 이빈스카야가 스탈린 사망의 대사면으로, 4년 만에 수용소에서 모스크바로 귀환.

1955년(65세) 12월, 《닥터 지바고》 완성. 제2부는 몇 달 만에 단숨에 써내려갔다.

1956년(66세) 〈노비미르〉 등에서 출판 거부의 이유를 첨부해 《닥터 지바고》의 원고를 돌려보낸다. 파스테르나크는 이탈리아, 밀라노의 펠트리넬리사에 원고를 보낸다. 7월, 이탈리아에서는 피에트로 즈베테레미히가 이탈리아어로 번역 시작.

1957년(67세) 11월, 펠트리넬리사에서 《닥터 지바고》 이탈리아어역 출판. 이내 베스트셀러가 된다. 동시에 같은 곳에서 러시아어판도 나온다.

1958년(68세) 10월 23일, 파스테르나크에게 노벨문학상 결정. (실은 이미 47년에 그는 후보에 올랐다). 파스테르나크에 대한 집중공격이 시작되고, 수상을 거부하지만 시민권이 박탈된다. 그 사정은 올가 이빈스카야의 회고록에 상세히 나와 있다.

1959년(69세) 여름, 희곡 '눈먼 미녀'집필.

1960년(70세) 5월 30일 사망. "아침이 되면 창문을 열어주시오"가 마지막 말. 부고도 내지 않았지만, 페레델키노의 묘지에는 4천 명의 조문객이 모여들었다. 8월, 《닥터 지바고》 인세의 외화를 불법으로 환금한 외위법 위반 혐의로 올가 이빈스카야 체포. 이어서 그녀의 딸 이리나도 체포되어, 시베리아의 이르쿠츠크의 오지, 타이셰트 수용소에 보내진다.

1964년 8년의 형기가 반감되어, 이빈스카야 모녀는 모스크바로 돌아온다. 카를로 펠트리넬리 저(著) 《펠트리넬리 이탈리아의 혁명적 출판사》에 의하면, 펠트리넬리는 소련 당국과 은밀하게 교섭해 형기 단축 등을 주선해 주었다고 한다.

1965년 첫 번째 아내 예브게냐 사망.

1966년 두 번째 아내 지나이다 사망.

1988년 〈노비미르〉지의 1~4월호에 《닥터 지바고》 개재(서문은 드미트리 리하초프). 처음으로 러시아 국내에서 읽을 수 있게 되었다. 그때까지 사미즈다트 판이 나돌았지만 공식적으로는 이것이 최초. 곧 단행본이 간행된다.

1989년 아들 예브게니 파스테르나크에게 노벨문학상의 기념비와 증서가 수여된다.

1990년 페레델키노에 파스테르나크 기념관 개관. 파스테르나크 작품집 5권과 그 밖의 책들이 나오기 시작한다. 5월 30일, 고리키 문학대학에서 파스테르나크 탄생 100주년 심포지엄.

1995년 9월 8일, 올가 이빈스카야 사망(83세)

2012년 7월 31일, 예브게니 파스테르나크 사망(88세)

이동현(李東鉉)
러시아문학자. 육군사관학교 교수 및 한국외국어대학교 러시아어과 교수 역임. 《카라마조프네 형제들》로 국제펜클럽한국본부 한국번역문학상 수상. 옮긴책에 도스토옙스키 《죄와 벌》《백치》《가난한 사람들》 톨스토이 《전쟁과 평화》《부활》《참회록》《결혼의 행복》《사람은 무엇으로 사는가》 푸시킨 《오네긴》《대위의 딸》 고골 《외투》《검찰관》 체호프 《체호프 단편집》 솔제니친 《이반 데니소비치의 하루》 파스테르나크 《닥터 지바고》 등이 있다.

World Book 257
Борис Леонидович Пастернак
ДОКТОР ЖИВАГО
닥터 지바고
보리스 파스테르나크/이동현 옮김
1판 1쇄 발행/1988. 4. 1
2판 1쇄 발행/2016. 5. 1
2판 3쇄 발행/2018. 7. 1
발행인 고정일
발행처 동서문화사
창업 1956. 12. 12. 등록 16-3799
서울 중구 다산로 12길 6(신당동 4층)
☎ 546-0331~6 Fax. 545-0331
www.dongsuhbook.com

사업자등록번호 211-87-75330
ISBN 978-89-497-1406-6 04080
ISBN 978-89-497-0382-4 (세트)

월드북(세계문학/세계사상) 목록					
분류	NO.	도서명	저자/역자	쪽수	가격
사상	월드북1	**소크라테스의 변명/국가/향연**	플라톤/왕학수 옮김	824	20,000
사상	월드북2	**니코마코스윤리학/시학/정치학**	아리스토텔레스/손명현 옮김	621	12,000
사상	월드북3	**형이상학**	아리스토텔레스/김천운 옮김	578	9,800
사상	월드북4	**세네카 삶의 지혜를 위한 편지**	세네카/김천운 옮김	624	18,000
사상	월드북5	**고백록**	아우구스티누스/김희보·강경애 옮김	566	14,800
사상	월드북6	**솔로몬 탈무드**	이희영	812	14,000
사상	월드북6-1 6-2	**바빌론 탈무드/카발라 탈무드**	〃	각810	각18,000
사상	월드북7	**삼국사기**	김부식/신호열 역해	914	15,000
사상	월드북8	**삼국유사**	일연/권상로 역해	528	15,000
사상	월드북10	**인간불평등기원론/사회 계약론**	루소/최석기 옮김	530	15,000
사상	월드북11	**마키아벨리 로마사이야기**	마키아벨리/고산 옮김	674	12,000
사상	월드북12	**몽테뉴 수상록**	몽테뉴/손우성 옮김	1,344	24,800
사상	월드북13	**법의 정신**	몽테스키외/하재홍 옮김	720	12,000
사상	월드북14	**학문의 진보/베이컨 에세이**	베이컨/이종구 옮김	574	9,800
사상	월드북16	**팡세**	파스칼/안응렬 옮김	546	14,000
사상	월드북17	**반야심경/금강경/법화경/유마경**	홍정식 역해	542	15,000
사상	월드북18	**바보예찬/잠언과 성찰/인간성격론**	에라스무스·라로슈푸코·라브뤼예르/정병희 옮김	520	9,800
사상	월드북19 20	**에밀/참회록**	루소/정병희 홍승오 옮김	740/718	각12,000
사상	월드북22	**순수이성비판**	칸트/정명오 옮김	770	25,000
사상	월드북23	**로마제국쇠망사**	에드워드 기번/강석승 옮김	544	15,000
사상	월드북25	**헤로도토스 역사**	헤로도토스/박현태 옮김	810	15,000
사상	월드북26	**역사철학강의**	헤겔/권기철 옮김	570	15,000
사상	월드북27-1	**의지와 표상으로서의 세계**	〃	564	9,800
사상	월드북28	**괴테와의 대화**	에커먼/곽복록 옮김	868	15,000
사상	월드북29	**자성록/언행록/성학십도/논사단칠정서**	이황/고산 역해	602	12,000
사상	월드북30	**성학집요/격몽요결**	이이/고산 역해	620	12,000
사상	월드북31	**인생이란 무엇인가**	똘스또이/채수동 옮김	1,164	28,000
사상	월드북32	**자조론 인격론**	사무엘 스마일즈/장만기 옮김	796	14,000
사상	월드북33	**불안의 개념/죽음에 이르는 병**	키에르케고르/강성위 옮김	546	15,000
사상	월드북34	**잠 못 이루는 밤을 위하여/행복론**	카를 힐티/곽복록 옮김	937	15,000
사상	월드북35	**아미엘 일기**	앙리 프레데릭 아미엘/이희영 옮김	1,042	15,000
사상	월드북36	**나의 참회/인생의 길**	똘스또이/김근식 고산 옮김	1,008	15,000
사상	월드북37	**인간적인 너무나 인간적인**	니체/강두식 옮김	1,072	19,800

사상	월드북38	차라투스트라는 이렇게 말했다	니체/곽복록 옮김	1,040	19,800
사상	월드북41	인생 연금술	제임스 알렌/박지은 옮김	824	18,000
사상	월드북42	유토피아/자유론/통치론	모어·밀·로크/김현욱 옮김	506	15,000
사상	월드북43	서양의 지혜/철학이란 무엇인가	러셀/정광섭 옮김	994	19,800
사상	월드북44	철학이야기	윌 듀랜트/임헌영 옮김	528	15,000
사상	월드북45	소유냐 삶이냐/사랑한다는 것	프롬/고영복 이철범 옮김	644	12,000
사상	월드북47	행복론/인간론/말의 예지	알랭/방곤 옮김	528	9,800
사상	월드북48	인간의 역사	미하일 일린/동완 옮김	720	12,000
사상	월드북49	카네기 인생철학	D. 카네기/오정환 옮김	546	9,800
사상	월드북50	무사도	니토베 이나조·미야모토 무사시/추영현 옮김	528	9,800
문학	월드북52	그리스비극	아이스킬로스·소포클레스·에우리피데스/곽복록 조우현 옮김	688	18,000
문학	월드북55	이솝우화전집	이솝/고산 옮김	760	15,000
문학	월드북56	데카메론	보카치오/한형곤 옮김	832	19,800
문학	월드북57	돈끼호테	세르반떼스/김현창 옮김	1,288	16,000
문학	월드북58	신곡	단테/허인 옮김	980	19,800
사상	월드북59	상대성이론/나의 인생관	아인슈타인/최규남 옮김	516	9,800
문학	월드북60	파우스트/젊은 베르테르의 슬픔	괴테/곽복록 옮김	900	14,000
문학	월드북61	그리스 로마 신화	토머스 불핀치/손명현 옮김	530	14,000
문학	월드북62	햄릿/오델로/리어왕/맥베드/로미오와 줄리엣	셰익스피어/신상웅 옮김	655	12,000
문학	월드북63	한여름밤의 꿈/베니스의 상인/말괄량이 길들이기	〃	655	12,000
문학	월드북66	죄와 벌	〃	654	9,800
사상	월드북67	대중의 반란/철학이란 무엇인가?	오르테가/김현창 옮김	508	9,800
사상	월드북68	동방견문록	마르코 폴로/채희순 옮김	478	9,800
문학	월드북69 70	전쟁과 평화 I II	똘스또이/맹은빈 옮김	834/864	각15,000
사상	월드북71	철학학교/비극론/철학입문/위대한 철학자들	야스퍼스/전양범 옮김	592	9,800
사상	월드북72	리바이어던	홉스/최공웅 최진원 옮김	712	15,000
문학	월드북73	사람은 무엇으로 사는가	똘스또이/김근식 고산 옮김	560	14,000
사상	월드북74	웃음/창조적 진화/도덕과 종교의 두 원천	베르그송/이희영 옮김	760	12,000
문학	월드북76	모비딕	멜빌/이가형 옮김	744	18,000
사상	월드북77	갈리아전기/내전기	카이사르/박석일 옮김	520	9,800
사상	월드북78	에티카/정치론	스피노자/추영현 옮김	560	18,000
사상	월드북79	그리스철학자열전	라에르티오스/전양범 옮김	752	12,000
문학	월드북80	보바리 부인/여자의 일생/나나	플로베르·모파상·졸라/민희식 이춘복 김인환 옮김	1,154	16,000
사상	월드북81	프로테스탄티즘의 윤리와 자본주의 정신 /직업으로서의 학문/직업으로서의 정치	막스베버/김현욱 옮김	577	14,800

사상	월드북82	민주주의와 교육/철학의 개조	존 듀이/김성숙 이귀학 옮김	624	12,000
문학	월드북83	레 미제라블 I	빅토르 위고/송면 옮김	1,104	16,000
문학	월드북84	레 미제라블 II	〃	1,032	16,000
사상	월드북85	인간이란 무엇인가 오성/정념/도덕	데이비드 흄/김성숙 옮김	808	15,000
문학	월드북86	대지	펄벅/홍사중 옮김	1,067	18,800
사상	월드북87	종의 기원	다윈/송철용 옮김	664	18,800
사상	월드북88	존재와 무	사르트르/정소성 옮김	1,130	28,000
문학	월드북89	롤리타/위대한 개츠비	나보코프 피츠제럴드/박순녀 옮김	524	9,800
문학	월드북90	마지막 잎새/원유회	O. 헨리 맨스필드/오정환 옮김	572	9,800
문학	월드북91	아Q정전/아침 꽃을 저녁에 줍다	루쉰/이가원 옮김	538	9,800
사상	월드북92	논리철학논고/철학탐구/반철학적 단장	비트겐슈타인/김양순 옮김	730	12,000
문학	월드북93	마의 산	토마스 만/곽복록 옮김	940	15,000
문학	월드북94	채털리부인의 연인	D. H. 로렌스/유영 옮김	550	9,800
문학	월드북95	백년의 고독/호밀밭의 파수꾼	마르케스·샐린저/이가형 옮김	624	12,000
문학	월드북96 97	고요한 돈강 I II	숄로호프/맹은빈 옮김	916/1,056	각15,000
사상	월드북98	경제학·철학초고/자본론/공산당선언/철학의 빈곤	마르크스/김문운 옮김	768	18,000
사상	월드북99	간디자서전	간디/박석일 옮김	622	15,000
사상	월드북100	존재와 시간	하이데거/전양범 옮김	686	22,000
사상	월드북101	영웅숭배론/의상철학	토마스 칼라일/박지은 옮김	500	14,000
사상	월드북102	월든/침묵의 봄/센스 오브 원더	소로·카슨/오정환 옮김	681	12,000
문학	월드북103	성/심판/변신	카프카/김정진·박종서 옮김	624	12,000
사상	월드북104	전쟁론	클라우제비츠/허문순 옮김	992	19,800
문학	월드북105	폭풍의 언덕	E. 브론테/박순녀 옮김	550	9,800
문학	월드북106	제인 에어	C. 브론테/박순녀 옮김	646	12,000
문학	월드북107	악령	도스또옙프스끼/채수동 옮김	869	15,000
문학	월드북108	제2의 성	시몬느 드 보부아르/이희영 옮김	1,072	24,800
문학	월드북109	처녀시절/여자 한창때	보부아르/이혜윤 옮김	1,055	16,000
문학	월드북110	백치	도스또옙스끼/채수동 옮김	788	18,000
사상	월드북111	프랑스혁명 성찰/독일 국민에게 고함	버크·피히테/박희철 옮김	586	15,000
문학	월드북112	적과 흑	스탕달/서정철 옮김	672	12,000
문학	월드북113	양철북	귄터 그라스/최은희 옮김	644	12,000
사상	월드북114	비극의 탄생/즐거운 지식	니체/곽복록 옮김	584	15,000
사상	월드북115	아우렐리우스 명상록/키케로 인생론	아우렐리우스·키케로/김성숙 옮김	543	15,000
사상	월드북116	선의 연구/퇴계 경철학	니시다 기타로·다카하시 스스무/최박광 옮김	644	12,000
사상	월드북117	제자백가	김영수 역해	604	12,000

문학	월드북118	1984년/동물농장/복수는 괴로워라	조지 오웰/박지은 옮김	436	9,800
문학	월드북119	티보네 사람들 I	로제 마르탱 뒤 가르/민희식 옮김	928	16,000
문학	월드북120	티보네 사람들 II	〃	1,152	18,000
문학	월드북121	안나까레니나	똘스또이/맹은빈 옮김	1,056	16,000
사상	월드북122	그리스도인의 자유/루터 생명의 말	마틴 루터/추인해 옮김	864	15,000
사상	월드북123	국화와 칼/사쿠라 마음	베네딕트·라프카디오 헌/추영현 옮김	410	9,800
문학	월드북124	예언자/눈물과 미소	칼릴 지브란/김유경 옮김	440	9,800
문학	월드북125	댈러웨이 부인/등대로	버지니아 울프/박지은 옮김	504	9,800
사상	월드북126	열하일기	박지원/고산 옮김	1,038	18,000
사상	월드북127	위인이란 무엇인가/자기신념의 철학	에머슨/정광섭 옮김	406	9,800
문학	월드북128	바람과 함께 사라지다 I	미첼/장왕록 옮김	644	12,000
문학	월드북129	바람과 함께 사라지다 II	〃	688	12,000
사상	월드북130	고독한 군중	데이비드 리스먼/류근일 옮김	422	9,800
문학	월드북131	파르마 수도원	스탕달/이혜윤 옮김	558	9,800
문학	월드북132	오만과 편견	제인 오스틴/김유경 옮김	422	9,800
문학	월드북133	아라비안나이트 I	리처드 버턴/고산고정일	1,120	16,000
문학	월드북134	아라비안나이트 II	〃	1,056	16,000
문학	월드북135	아라비안나이트 III	〃	1,024	16,000
문학	월드북136	아라비안나이트 IV	〃	1,112	16,000
문학	월드북137	아라비안나이트 V	〃	1,024	16,000
문학	월드북138	데이비드 코퍼필드	찰스 디킨스/신상웅 옮김	1,136	18,800
문학	월드북139	음향과 분노/8월의 빛	윌리엄 포크너/오정환 옮김	816	15,000
문학	월드북140	잃어버린 시간을 찾아서 I	마르셀 프루스트/민희식 옮김	1,048	18,000
문학	월드북141	잃어버린 시간을 찾아서 II	〃	1,152	18,000
문학	월드북142	잃어버린 시간을 찾아서 III	〃	1,168	18,000
사상	월드북143	법화경	홍정식 역해	728	14,000
사상	월드북144	중세의 가을	요한 하위징아/이희승맑시아 옮김	582	12,000
사상	월드북145 146	율리시스 I II	제임스 조이스/김성숙 옮김	712/640	각15,000
문학	월드북147	데미안/지와 사랑/싯다르타	헤르만 헤세/송영택 옮김	546	12,000
문학	월드북148 149	장 크리스토프 I II	로맹 롤랑/손석린 옮김	890/864	각15,000
문학	월드북150	인간의 굴레	서머싯 몸/조용만 옮김	822	15,000
사상	월드북151	그리스인 조르바	니코스 카잔차키스/박석일 옮김	425	9,800
사상	월드북152	여론/환상의 대중	월터 리프먼/오정환 옮김	408	9,800
문학	월드북153	허클베리 핀의 모험/인간이란 무엇인가	마크 트웨인/양병탁 조성출 옮김	704	12,000
문학	월드북154	이방인/페스트/시지프 신화	알베르 카뮈/이혜윤 옮김	522	12,000

문학	월드북155	좁은 문/전원교향악/지상의 양식	앙드레 지드/이휘영 이춘복 옮김	459	9,800
문학	월드북156 157	몬테크리스토 백작 I II	알렉상드르 뒤마/이희승맑시아 옮김	785/832	각16,000
문학	월드북158	죽음의 집의 기록/가난한 사람들/백야	도스토옙스키/채수동 옮김	602	12,000
문학	월드북159	북회귀선/남회귀선	헨리 밀러/오정환 옮김	690	12,000
사상	월드북160	인간지성론	존 로크/추영현 옮김	1,016	18,000
사상	월드북161	중력과 은총/철학강의/신을 기다리며	시몬 베유/이희영 옮김	666	18,000
사상	월드북162	정신현상학	G. W. F. 헤겔/김양순 옮김	572	15,000
사상	월드북163	인구론	맬서스/이서행 옮김	570	18,000
문학	월드북164	허영의 시장	W.M.새커리/최홍규 옮김	925	18,000
사상	월드북165	목민심서	정약용 지음/최박광 역해	986	18,000
문학	월드북166	분노의 포도/생쥐와 인간	스타인벡/노희엽 옮김	712	18,000
문학	월드북167	젊은 예술가의 초상/더블린 사람들	제임스 조이스/김성숙 옮김	656	18,000
문학	월드북168	테스	하디/박순녀 옮김	478	12,000
문학	월드북169	부활	톨스토이/이동현 옮김	562	14,000
문학	월드북170	악덕의 번영	마르키 드 사드/김문운 옮김	602	18,000
문학	월드북171	죽은 혼/외투/코/광인일기	고골/김학수 옮김	509	14,000
사상	월드북172	이탈리아 르네상스 이야기	부르크하르트/지봉도 옮김	565	18,000
문학	월드북173	노인과 바다/무기여 잘 있거라	헤밍웨이/양병탁 옮김	685	14,000
문학	월드북174	구토/말	사르트르/이희영 옮김	500	15,000
사상	월드북175	미학이란 무엇인가	하르트만/ 옮김	590	18,000
사상	월드북176	과학과 방법/생명이란 무엇인가?/사람몸의 지혜	푸앵카레·슈뢰딩거·캐넌/조진남 옮김	538	16,000
사상	월드북177	춘추전국열전	김영수 역해	592	18,000
문학	월드북178	톰 존스의 모험	헨리 필딩/최홍규 옮김	912	18,000
문학	월드북179	난중일기	이순신/고산고정일 역해	540	12,000
문학	월드북180	프랭클린 자서전	벤저민 프랭클린/주영일 옮김	502	12,000
문학	월드북181	즉흥시인	한스 크리스티안 안데르센/박지은 옮김	476	12,000
문학	월드북182	고리오 영감/절대의 탐구	발자크/조홍식 옮김	562	12,000
문학	월드북183	도리언 그레이 초상/살로메/즐거운 인생	오스카 와일드/한명남 옮김	466	12,000
문학	월드북184	달과 6펜스/과자와 맥주	서머싯 몸/이철범 옮김	450	12,000
문학	월드북185	마음은 외로운 사냥꾼/슬픈카페의 노래	카슨 맥컬러스/강혜숙 옮김	442	12,000
문학	월드북186	걸리버 여행기/통 이야기	조나단 스위프트/유영 옮김	492	12,000
사상	월드북187	조선상고사/한국통사	신채호/박은식/윤재영 역해	576	15,000
문학	월드북188	인간의 조건/왕의 길	앙드레 말로/윤옥일 옮김	494	12,000
사상	월드북189	예술의 역사	반 룬/이철범 옮김	674	18,000
문학	월드북190	퀴리부인	에브 퀴리/안응렬 옮김	442	12,000

문학	월드북191	**귀여운 여인/약혼녀/골짜기**	체호프/동완 옮김	450	12,000
문학	월드북192	**갈매기/세 자매/바냐 아저씨/벚꽃 동산**	체호프/동완 옮김	412	12,000
문학	월드북193	**로빈슨 크루소**	다니엘 디포/유영 옮김	600	15,000
문학	월드북194	**위대한 유산**	찰스 디킨스/한명남 옮김	560	15,000
사상	월드북195	**우파니샤드**	김세현 역해	570	15,000
사상	월드북196	**천로역정/예수의 생애**	버니언/르낭/강경애 옮김	560	14,000
문학	월드북197	**악의 꽃/파리의 우울**	보들레르/박철화 옮김	482	15,000
문학	월드북198	**노트르담 드 파리**	빅토르 위고/송면 옮김	614	15,000
문학	월드북199	**위험한 관계**	피에르 쇼데를로 드 라클로/윤옥일 옮김	428	12,000
문학	월드북200	**주홍글자/큰바위 얼굴**	N.호손/김병철 옮김	524	12,000
사상	월드북201	**소돔의 120일**	마르키 드 사드/김문운 옮김	426	16,000
문학	월드북202	**사냥꾼의 수기/첫사랑/산문시**	이반 투르게네프/김학수	590	15,000
문학	월드북203	**인형의 집/유령/민중의 적/들오리**	헨리크 입센/소두영 옮김	480	12,000
사상	월드북204	**인간과 상징**	카를 융 외/김양순 옮김	634	18,000
문학	월드북205	**철가면**	부아고베/김문운 옮김	755	18,000
문학	월드북206	**실낙원**	밀턴/이창배 옮김	648	19,800
문학	월드북207	**데이지 밀러/나사의 회전**	헨리 제임스/강서진 옮김	556	14,000
문학	월드북208	**말테의 수기/두이노의 비가**	릴케/백정승 옮김	480	14,000
문학	월드북209	**캉디드/철학 콩트**	볼테르/고원 옮김	470	12,000
문학	월드북211	**카르멘/콜롱바**	메리메/박철화 옮김	475	12,000
문학	월드북212	**오네긴/대위의 딸/스페이드 여왕**	알렉산드르 푸시킨/이동현 옮김	412	12,000
문학	월드북213	**춘희/마농 레스코**	뒤마 피스/아베 프레보/민희식 옮김	448	12,000
문학	월드북214	**야성의 부르짖음/하얀 엄니**	런던/박상은 옮김	434	12,000
문학	월드북215	**지킬박사와 하이드/데이비드 모험**	로버트 루이스 스티븐슨/강혜숙 옮김	526	14,000
문학	월드북216	**홍당무/박물지/르나르 일기**	쥘 르나르/이가림 윤옥일 옮김	432	12,000
문학	월드북217	**멋진 신세계/연애대위법**	올더스 헉슬리/이경직 옮김	560	14,000
문학	월드북218	**인간의 대지/야간비행/어린왕자/남방우편기**	생텍쥐페리/안응렬 옮김	448	12,000
문학	월드북219	**학대받은 사람들**	도스토옙스키/채수동 옮김	436	12,000
문학	월드북220	**켄터베리 이야기**	초서/김진만 옮김	640	18,000
문학	월드북221	**육체의 악마/도루젤 백작 무도회/클레브 공작 부인**	레몽 라디게/라파예트/윤옥일 옮김	402	12,000
문학	월드북222	**고도를 기다리며/몰로이/첫사랑**	사무엘 베게트/김문해 옮김	500	14,000
문학	월드북223	**어린시절/세상속으로/나의 대학**	막심 고리키/최홍근 옮김	800	18,000
문학	월드북224	**어머니/밑바닥/첼카쉬**	막심 고리키/최홍근 옮김	824	18,000
문학	월드북225	**사랑의 요정/양치기 처녀/마의 늪**	조르주 상드/김문해 옮김	602	15,000
문학	월드북226	**친화력/헤르만과 도로테아**	괴테/곽복록 옮김	433	14,000

문학	월드북227	황폐한 집	찰스 디킨스/정태륭 옮김	1,012	18,000
문학	월드북228	하워즈 엔드	에드워드 포스터/우진주 옮김	422	12,000
문학	월드북229	빌헬름 마이스터 수업시대/편력시대	괴테/곽복록 옮김	1,128	20,000
문학	월드북230	두 도시 이야기	찰스 디킨스/정태륭 옮김	444	14,000
문학	월드북231	서푼짜리 오페라/살아남은 자의 슬픔	베르톨트 브레히트/백정승 옮김	468	14,000
문학	월드북232	작은 아씨들	루이자 메이 올컷/우진주 옮김	1,140	20,000
문학	월드북233	오블로모프	곤차로프/노현우 옮김	754	18,000
문학	월드북234	거장과 마르가리타/개의 심장	미하일 불가코프/노현우 옮김	626	14,000
문학	월드북235	성 프란치스코	니코스 카잔차키스/박석일 옮김	476	12,000
사상	월드북236	나의 투쟁	아돌프 히틀러/황성모 옮김	1,152	20,000
문학	월드북237 238	겐지이야기 I II	무라사키 시키부/유정 옮김	744/720	각18,000
문학	월드북239	플라테로와 나	후안 라몬 히메네스/김현창 옮김	402	12,000
문학	월드북240	마리 앙투아네트/모르는 여인의 편지	슈테판 츠바이크/양원석 옮김	540	14,000
사상	월드북241	성호사설	이익/고산고정일 옮김	1,070	20,000
사상	월드북242	오륜행실도	단원 김홍도 그림/고산고정일 옮김	568	18,000
문학	월드북243~245	플루타르코스 영웅전 I II III	플루타르코스/박현태 옮김	각672	각15,000
문학	월드북246 247	안데르센동화전집 I II	안데르센/곽복록 옮김	각800	각18,000
문학	월드북248 249	그림동화전집 I II	그림형제/금은숲 옮김	각672	각16,000
사상	월드북250 251	신국론 I II	아우구스티누스/추인해 추적현 옮김	688/736	각19,800
문학	월드북252 253	일리아스/오디세이아	호메로스/이상훈 옮김	560/506	14,800
사상	월드북254 255	역사의 연구 I II	토인비/홍사중 옮김	650/520	각18,000
문학	월드북256	이탈리아 기행	요한 볼프강 폰 괴테/곽복록 옮김	794	19,800
문학	월드북257	닥터지바고	보리스 파스테르나크/이동현 옮김	680	18,000
사상	월드북258	세네카 인생철학이야기	세네카/김현창 옮김	576	18,000
사상	월드북259 260	국부론 I II	애덤 스미스/유인호 옮김	568/584	각15,000
사상	월드북261	방법서설/성찰/철학의 원리/세계론/정념론	데카르트/소두영 옮김	784	20,000
사상	월드북262	시와 진실	괴테/최은희 옮김	860	20,000
사상	월드북263	즐거운 서양철학사	S.P. 렘프레히트/김문수 옮김	696	20,000
사상	월드북264 265	정신분석입문/꿈의 해석	프로이트/김양순 옮김	584/600	각15,000
사상	월드북266	군주론/전술론	마키아벨리/황문수 옮김	460	15,000
사상	월드북267 268	황금가지 I II	제임스 조지 프레이저/신상웅 옮김	544/528	각15,000
사상	월드북269	실존주의란 무엇인가	사르트르/이희영 옮김	588	15,000
문학	월드북270 271	안나 까레니나 I II	똘스또이/맹은빈 옮김	544/528	각15,000
문학	월드북272 273	카라마조프 형제들 I II	도스토예프스키/채수동 옮김	504/688	각14,000
문학	월드북274 275	마의 산 I II	토마스 만/곽복록 옮김	440/504	각14,000
사상	월드북276 277	인간의 기원 I II	찰스 다윈/추한호 옮김	464/496	각29,000

월드북시리즈 목록은 계속 추가됩니다.